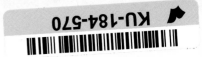

THE BLUE LAGOON ANTHOLOGY OF MODERN RUSSIAN POETRY

by Konstantin K. Kuzminsky & Gregory L. Kovalev

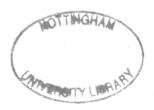

5A VOLUME

Oriental Research
Partners
Newtonville, Mass.

ISBN 0-89250-328-9

Library of Congress: 86-061515

6003766071

OC2226064S

For the Live Voices Supplementary (25 tapes, 40 poets)
write to:
        K.K.Kuzminsky
        PODVAL
        390 Metropolitan Ave.
        Brooklyn, NY 11211

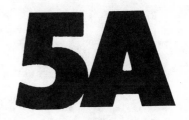

ЭПИГРАФ №1
ДЛЯ ВСЕЙ АНТОЛОГИИ:

"Может быть и здравствуют ныне
там, в большом концлагере всей стра-
ны, или в малых /по сравнению с ней/
целые дюжины поэтов, не худших чем
Василий Бетаки; но предположение это
кажется мне лишенным основания, по-
тому что и полудюжинами за раз такие
поэты, как он, не рождаются вообще
нигде. Он именно поэт недюжинный."

/В.В.Вейдле, в книге
В.Бетаки "Замыкание времени",
Париж, 1974, стр. 7-8/

ЭПИГРАФ №2
ДЛЯ ДАННОГО ТОМА:

"Дайте мне женщину синюю-синюю,
Я проведу по ней красную линию!"

/Ленечка Палей, 1959/

ЭПИГРАФ №3
ДЛЯ ВСЕГО НЕНАПИСАННОГО:

"Писать нужно то, что не можешь
нигде прочитать."

/Валерий Молот, тогда же/

Посвящается И.Х. и Туману.

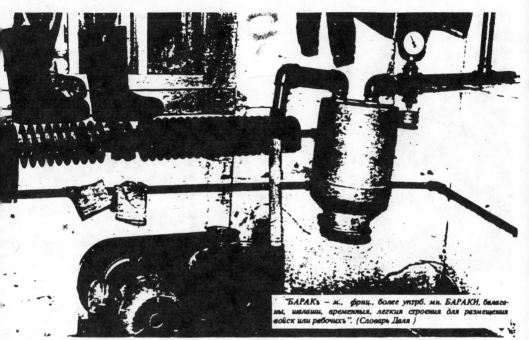

"БАРАКъ — м., фрнц., более упгрб. мн. БАРАКИ, балаганы, шалаши, временныя, легкия строения для размещения войск или рабочихъ". (Словарь Даля)

Некрасов. *Фото, 1960-е.*

БАРАКЪ

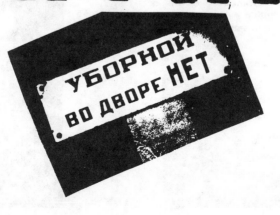

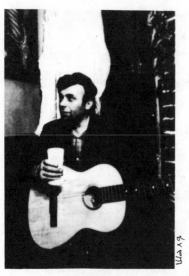

"Я РАБОТАЛ КОЧЕГАРОМ В НОЧНОЙ БАНЕ..." (И. Бродский)

Или, может быть, в женской. Бани служили источником вдохновения не только лишь классику нынешней русской поэзии: Бурлюк как сообщил художник Ермилов харьковчанину Вагричу Бахчаняну, так и лишился ока путем вязальной спицы, сунутой ему в оное, когда подростком подглядывал в деревенскую баню.

Бани начала 50-х, в проходных — "достоевских" — дворах, кто только не подглядывал в их окна: онанисты и художники, будущие поэты, пердячие старички, и просто малость выпимший пролетарьят. В глаз не тыкали, но менты ловили: за поленцами дров, в грязных дворах, было мандражно и сладко.

Барак. Барак не надобно было разыскивать. Петроградская и Васильевский, Мойка и Подъяческие, Калинкин и Аларчин, не говоря

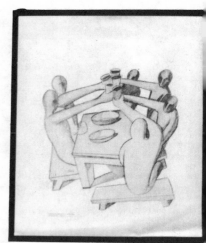

за Лиговку, Боровую, Обводный — давали широкий простор для наблюдателей и наблюденных. 50-е послевоенные, последний всплеск сталинского "победита", инвалиды на Невском, пленные немцы в подвалах Сената-Синода, последние ярмарки и барахолки, — даже мне, 13-летнему тогда, памятно это. И конечно, женские бани. Куда меня в детстве водила мать, за неимением погибшего под Ленинградом отца, а равно и ванны — ванна была, но одна на 9 семей и 11 комнат, в бывшей квартире камерфрейлины Ее Императорского Величества, госпожи Кульневой (предки поминаются у Толстого в "Войне и мире") но помнятся — бани.

Почему я начал именно с них? Потому что на картинах Рихарда Васми ли, или москвича Бориса Штернберга, годами куда как моложе — возникает все тот же, с послевоенного детства знакомый мир.

Когда учебником секса были учебники по

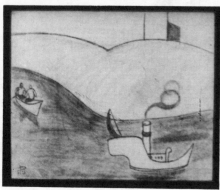

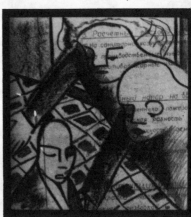

акушерству и гинекологии, дореволюционные анатомические атласы (вспомним Марк Твена, "Том Сойера"!), или же УЛИЦА. Художники, о которых я намереваюсь писать, — это художники УЛИЦЫ, но не уличные, напротив: подвальные и полуподвальные. Впечатления жизни не могли найти выхода внешнего (разумеется — рынок, заказ), переваривались в одиночестве или куда как в узком кругу. Знания — знания добывались одиночками, распространялись изустно, переваривались — сообща. Знания, большею частию — ПРОШЛОГО, лишь немногое — поступало "оттуда". Пластинки "музыки на ребрах" (записи рока на рентгеновских пленках) — были едва ли не единственным "контактом с Западом".

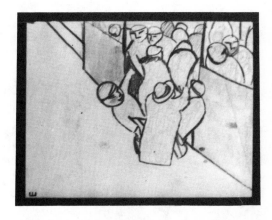

И тем не менее, контакт — был. Не на уровне реалий, но, скорее, на уровне эстетики, духа. Дух был тяжелый не в одном Советском Союзе. Когда же я увидел башню Техасского университета (кальку с той, что на Воробьевых-Ленинских), все встало на свои места. Эстетика ОБЩАЯ (не индивидуальная) зарождается, похоже, повсюду: как бы некий пояс эфира, заражающий сразу всю Землю. К слову: интерьеры и здание Рейхканцелярии строились в 30-х едва ли не тем же архитектором, что возводил Большой Дом на Литейном, здания КГБ и Гестапо (возможно и ФБР) возводились по "типовому проекту". В этой общности массовых идеологий, точнее — идеологий для масс, нет места для — будь то "битников" США или "барачников" СССР, что порождает и сходность течений.

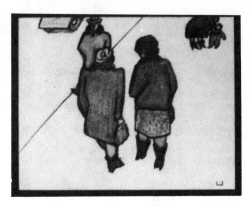

Наркотики, музыка, темы — все было общее, не взирая на океан. Выход был, правда, непропорциональный: на сотню имен поэтов-битников — насчитаю, ну, с дюжину барачников, и те по сей день — на 90% не опубликованы. Творить (не говоря — жить) в России было много опасней.

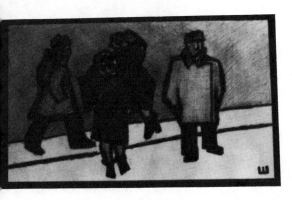

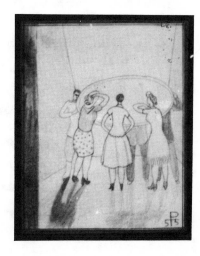

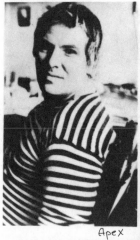

Арех

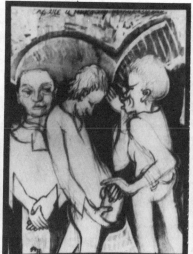

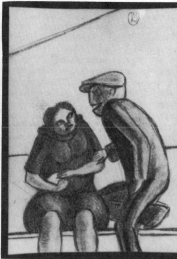

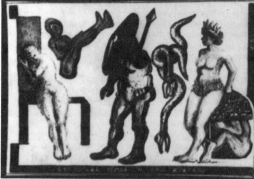

ПАЛЬТИШКО ЛАКТИОНОВА

А рядом шил свои пальтишки Лактионов, намыливал анусы Андрей Андреевич Мыльников, женатый на балеринке из Мариинского — квартирка и студия напоказ, для Запада, автор картины "Фестиваль дружбы" — висит и сейчас в Русском музее; рядом существовал ЛОСХ.

На одной из выставок соцживописи в университетском коридоре, в книге отзывов появилась запись: "А матерьяльчик-то на пальтишке Лактионова — ничего! И костюмчик тоже!" Матерьяльчик прописан был добротно. Счастливые совсемейства иногда получали "двойки" ("Опять — двойка!"), но большею частию — жили, учились и творили на "отлично".

ЛОСХ не замечал и не замечает существование подполья.

Подполье — знает о существовании ЛОСХа.

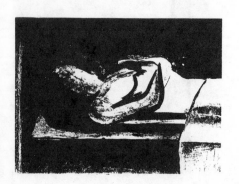

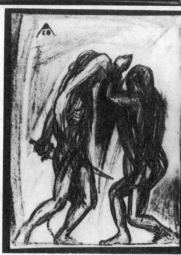

Учились-то — в одних и тех же школах: сначала СХШ (Таврическое), потом Мухинское (Муха) или Академия — школу всем давали одну и ту же. Пользовались ею, впрочем, по-разному. Одни, как Аникушин, делали памятники Пушкину (а нижний бюст поэта — в спешке подводили под скульптуру Ленина, можно видеть и посейчас на Московском проспекте: вождя в пятой балетной позиции), другие — как Костя Симун — памятник на могилу поэта Леонида Аронзона, покончившего с собой в 71-м и не напечатанного и по сию пору. Каждому свое. Лакировщики действительности и — бытописцы ее.

У Лактионова есть пальтишко, и не одно.

Кочегар Рихард Васми ходил в ватнике.

С ЧЕГО НАЧИНАЕТСЯ РОДИНА?

"Родина начинается, прежде всего, с возможности ее покинуть", афористически высказался поэт, журналист и циник Сергей Чудаков на вопрос участкового под аккомпанемент пресловутой песни.

Покидают не все. Иным свобода выходит боком: переживший лагеря, дурдома, ментовки, наркоту и пьянство Сашок Арефьев (Арех) — спился в Париже на клошарском вине за полгода и помер.

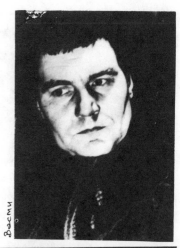

Васми и Шварц стали кочегарами газовой кочегарки. Жилину не пускает предыдущий муж. Гудзенко (Гудзя) — "убрал и прекратил" еще после лагеря, в начале 60-х. Фронтинский — архитекторствует. Валя Громов и всегда был слишком тих. Левитин Валя — инвалид 2-й группы, ходит на двух палочках. Шагин — вроде, не вылезает из дурдомов.

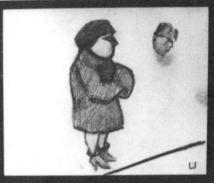

Вот я и перечислил тех, о ком намереваюсь говорить со столь долгими преамбулами. Забыл Раппопортика: Алек Раппопорт ноет в Калифорнии, плохо ему там, на роди-

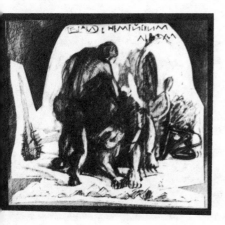

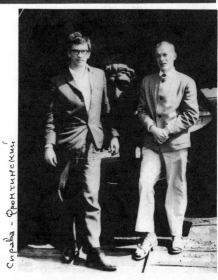

Справа — Фронтинский

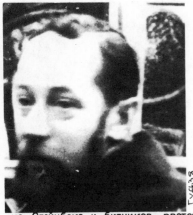

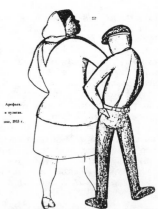

Арефьев.
и хулиган.
хол., 1955 г.

не Стейнбека и битников, рвется в Нью-Йорк, где таксерствует поминаемый мною резчик лубков Борис Штернберг.

Итак, с чего же она все-таки начинается — родина, группа, или, условно говоря, школа? А все с того же: с некоей общности. Языка ли, происхождения, или, наконец, общего креста. Школы не было. Была некая общность, зародившаяся в СХШ (Арефьев, Васми, Шварц, Шагин, возможно — Фронтинский и Громов), общность, перешедшая в замкнутый круг через жен даже: жена Васми стала женой Арефьева, а ныне жена Шемякина, младшего друга и ученика тех двух; жена Геннадиева стала женой художника Валеры-в-кожаных-штанах, а ныне жена Тюльпанова; жена Шагина, Наталья Жилина — ныне жена гениального фотографа Бориса Смелова (Птиц-Бориса, Птишки), словом — замкнутый круг, гомеостат, групповая форма (как сказал поэт Владислав Лен).

Теоретиком был Гудзенко. Мало знаю о нем, да так и не выбрался, отснимая студии (подвалы и мансарды) в 74-м и 75-м. По рассказам знавшей его пианистки-концертмейстера Вагановского и Малого Оперного (опять — общность: для Малого Оперного рисовал свои декорации к опере или балету "Нос" Михаил Шемякин, там же оформлял "Порги и Бесс" висячими селедками и пожарной кишкой живописец Олег Целков), Гудзя был невероятно начитан, имел огромную родительскую библиотеку и ознакомил всех сотоварищей с классическим искусством Запада. Запад его и подвел: рискнув еще при Сталине продать свои картины какому-то французу — получил отечественные лагеря, после чего увял и усох.

Арефьев не усох. Напротив, отсидев за наркоту и фальшивые рецепты немалый срок, успел переправить за зону альбом лагерных зарисовок, который пропал уже где-то в Лондоне году в 75-м. Знал я близко Арефьева года с 63-го, через Шемякина (с которым гребли снежок вокруг Эрмитажа и таскали кар-

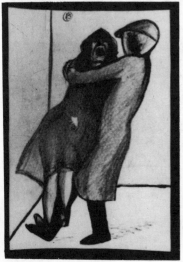

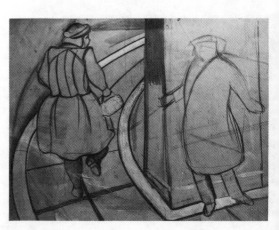

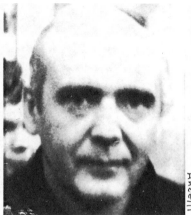

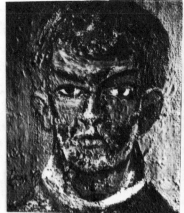

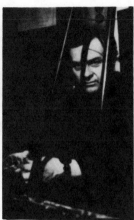

тинки). Его цветовым гаммам посвящал стихи покойный поэт Роальд Мандельштам (умер от голода, кровотечений и наркоты в 61-м, 29-ти лет): "Небо живот-барабан..." / Вспучило, медно гудя. / В КРАСНЫЕ проруби ран / Лунная пала бадья..." "Падает сгусток зари / В СИНЬ ущемления грыж" — синее (синюшное, мертвое), красное (запекшееся, сгусток) — таковы колера ранних акварелей и гуашей Арефьева. Поговаривают (сам поговаривал), что Арешек грабил могилы, чтобы достать денег на морфин. Помимо: явно побывал в советских мертвецких. Не он один. В мертвецкие тянуло, как и в бани. Голых курочек посмотреть.

Рисунок Арефьева карикатурен и, зачастую, литературен. Другом Алика Мандельштама были и Васми, и Шаль Шварц, и, под конец, Шемякин (который и собрал со мною стихи его), но там было менее общо. "Лиза и Герман" 50-х, на фоне баржей и Петропавловки — имеет смысл обратить внимание на КОСТЮМ героини: туфли и юбка типичная про-

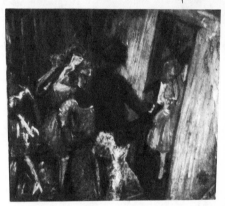

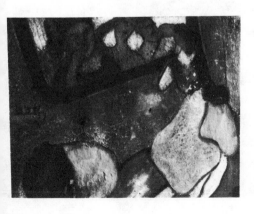

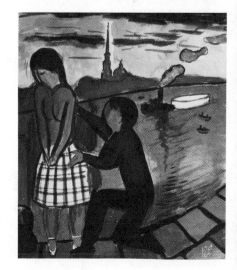

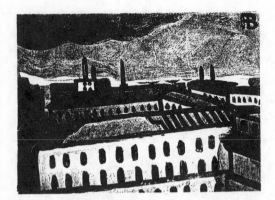

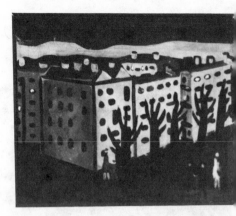

дукция 50-х. А под... История с Жераром Фи-
липпом, устроившим выставку советского
женского исподнего в Париже — достаточно
известна. В тех же 50-х. Арефьев глаз имел не
злой, но верный. Отстраняться от жизни он
не умел, даже путем наркотиков, ибо поми-
мо — был здоровым алкоголиком. А выпить
— это значит: толочься у ларьков и закрытых
на обед или переучет гастрономов, в самой
гуще народа. Наблюдать типажи. Переносить
их на бумагу и холст.

О типажах: мягкий и беззащитный Валя
Громов — тяготел к Ренуару, его пастельным
тонам, изысканным женским образам — но на
холсте возникают, наряду с вымышленными,
и вполне реальные образы УЛИЦЫ. Это глав-
ное, что меня сразило в живописи Громова:
сочетание Ренуара с советским бараком.

Арефьев был напротив — зол и злоязычен.
Поэтому ему так удавались уличные сцены:
барышня и хулиган (в ''Аполлоне-77''), ремес-
ленники и девица, очередь в общественный
сортир и т.п.

Десятилетия спустя, художник и темная

лошадка А.Б. Иванов рисует серию ''Неделя''
(1973): мужик пялит бабу в коридоре
Смольного, мужик лупит бабу ногами в пер-
спективе россиевской Театральной улицы (и
рядом стоят двое детишек с игрушечной ло-
шадкой) — тушь, перо, жесткие и жестокие
линии — это уже другое поколение, где ли-
ризм перерос в цинизм, ''черный юмор'' ста-
новится нормой и художники переходят к
гротеск (Петроченков, да и другие).

ПОРТРЕТ БАРОЧНОГО БАРАКА

А рядом существовал Петербург. Безмол-
вие и безлюдие ночных улиц, камень и шту-
катурка, зловоние проходных дворов, ган-
доны, плывущие в Мойке, Фонтанке и Екате-
рининском, белые ночи и сизые ''воронки'' —
лицо Петербурга.

В подворотнях вязали художника Шемяки-
на, иллюстрировавшего Достоевского, при-
хватывали фотографов, снимавших облуплен-
ные стены — творить на улице было опасно

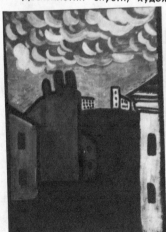

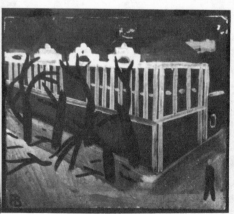

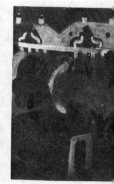

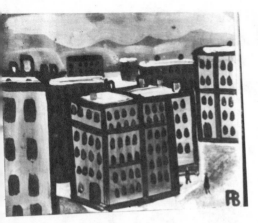

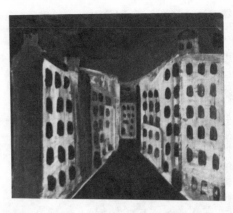

Живописали из окон — мир мансард и оцинкованное железо крыш — с 6-го этажа комнаты Шемякина на Загородном открывался вид на крыши и Исаакий, и вид строений Петропавловки Рихарда Васми — тоже взят "сверху". Сверху (или из окон подвала) сделаны и многие пейзажи Левитина, Арефьева, Фронтинского, Жилиной.

Петербургский Монмартр. Вид снизу и вид сверху — художники не ставили мольбертов на знаменитых площадях (где "ямки от штативов", по выражению фотографов), художники писали то, что видели. Ноги и крыши.

Пейзажи — все почти — БЕЗЛЮДНЫ. Нет толкотни парижских бульваров, нет ничего. Город: камень, вода и небо. Небо серое, прокопченное, небо зеленое или алое ("В кровосмесительном огне / Полусферических закатов" — Евгений Рейн, отец и учитель Бродского — перекличка с Роальдом Мандельштамом), голубого неба не припомню на карти-

нах питерских живописцев.

Припоминаю: морские пейзажи Гаврильчика. Лейтенант Тихоокеанского флота, он плавал на баржах-говновозах (с прозаиком Борисом Ивановым, философом и искусствоведом Крейденковым, да мало ли с кем еще), вывозя фекалии на взморье. Но и у него — на первом плане человек (матрос, водолаз), обязательная кривоногая собачка, чайки и — на заднем плане — черный буксирчик, как и у Арефьева.

Гаврильчик вряд ли был знаком с художниками поминающейся "школы", но общность возраста, эстетики и быта — автоматически ставит его к ним. Стихи Гаврильчика — строятся на поразительной смеси жаргона, классики, канцеляризмов-советизмов — взять хоть название книги "Бляха-муха изделия духа", со "Спецстихами" и раешниками.

Художники были поэтами. Или дружили таковыми. Не знаю, писал ли Васми стихов, но Шемякин, Левитин, Михнов-Войтенко —

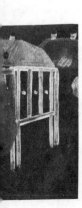

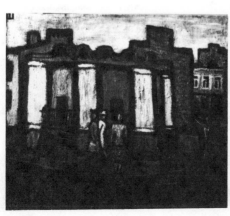

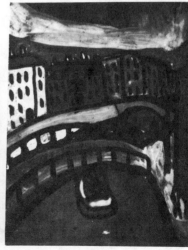

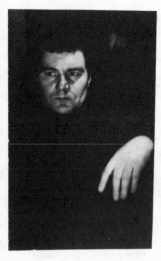
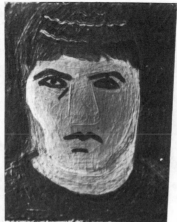
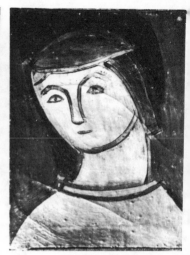

пишут, хотя многое не удается собрать.

И в стихах того же Гаврильчика, возникают те же петербургские реалии: "Я по Невскому гулялся..." "Шкандыбаю мимо окон / На свиданье у Невы...", "Торжественно всходило ЛЕНГОРСОЛНЦЕ, / Приятный разливая ЛЕНГОРСВЕТ..."

Город обволакивал. Как кроты, художники вылезали лишь по ночам или ранним утром, когда город был нем, чист и безлюден.

Художники жили в самых "барачных" районах: Загородный, Маклина, Боровая, Васильевский. За пейзажами и моделями не приходилось бегать: все было под боком — и дровяные сараи, и окна женских бань. А откуда еще могло появиться такое страшное изображение, напоминающее шестиногую вошь, как "Женщина, моющая голову в тазу" Рихарда Васми? Только с натуры. Не с "натуры" Академии, где позировали относительные милочки, модельки, изнашиваемые художника-

ми и выпивонами в студиях — через несколько лет они становились уже "б/у", 10-25% годности, как говорят геологи; — а с натуры самой жизни.

Сексуальные манекены в окнах женской галантереи и нижнего — вот откуда Шемякинский цикл "С чего начинается Родина?", это тоже портрет города.

На натюрмортах Левитина — ржавые консервные банки, восьмигранная бутылка из-под чешского кофейного ликера (выпитая в 17 лет и подаренная мною для натуры художнику), редкие и робкие цветы — 2 нарцисса для заказанного натюрморта стоили на Кузнецком рынке по рублю штука, помню, долго приценивались и покупали, не то, что мой дядюшка, член ЛОСХа, который писал охапки сирени в вазонах дедовской коллекции: нищета, одиночество, голод.

СХЕМА СХИМЫ

Жить не высовываясь — для того, чтобы

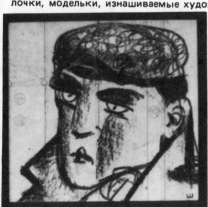
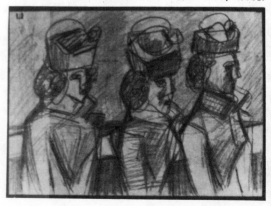

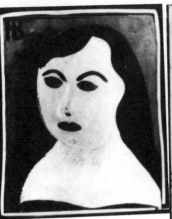
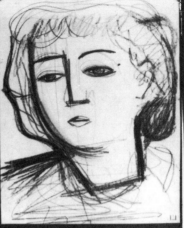
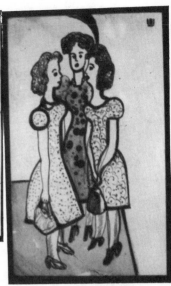

жить не по лжи. Из старшего поколения вы-
сунулся Гудзя, за что посадили. Остальные же
— жили тихо. Кочегары и дворники, они и по
сю сидят в своих подвалах и полуподвалах,
как в бейзменте Нью-Йорка (одно окно за-
крыто американским флагом, другое — кар-
той Гватемалы), я и пишу эту статью. А на-
против, на стенке — висят работки упомяну-
тых (и не) художников. Морские пейзажи
Гаврильчика, уличные Арефьева, пейзажи
крыш Левитина и Васми, висит Васильевский
остров Славы Гозиаса, ранние натюрморты и
Гофманиана Шемякина, и висит Элинсон.

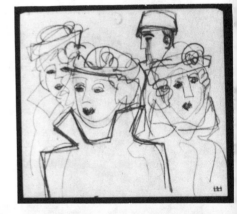

Зачастую в "школы" попадают случайно.
Общаться "не высовываясь" затруднительное
дело, высовываться же начали — лишь в нача-
ле 70-х. До этого каждый творил в своей ке-
лье, общаясь лишь с немногими, им самим из-
бранными. Поэтому параллельно — изобрета-
лись велосипеды и велосипеды.

Поэтому, утверждая, что нет "школ", я сме-

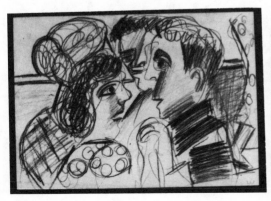
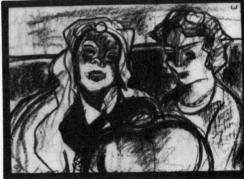

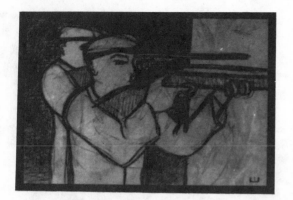

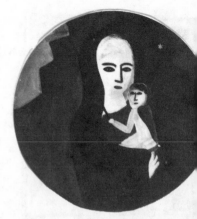

ло зачисляю в таковые — художников, не связанных ничем, кроме общей судьбы и общего быта. Ранние (относительно) пастели Элинсона, например, "Август 1968" — живописуют: улицу, уходящую в перспективу, по улице, из перспективы же, идут пары — голый солдат в каске со звездой и голая же девушка, закрывшая лицо рукою. Рисунок примитивен, груб. Как примитивно и грубо само действо. Чехия, 1968-й.

Художники не пишут политических карикатур. Художникам вредно высовываться. Просто, иногда наблюдаемое — прорывает, запрет выскакивает на холст, художник как бы "проговаривается". Сцены коммунальной квартиры на Боровой Олега Лягачева, иллюстрации (запоздалые) Шемякина к "Архипелагу ГУЛаг", помянутые пастели Элинсона, "Человек и унитаз" Раппопорта (то же и в лубках Бориса Штернберга) — все это явления одного плана. При всей разнице "школ".

Монашество художникам удается редко. Да

и то с возрастом. И Шаля Шварц, и Васми хоть выборочно, но общались, особенно ранние годы. Тюльпанов тоже не всегда дел, запершись в 10-метровой комнате, рис кистью в один волос одну картину в три го Помнится, светил в середине 60-х и даже у раивал выставки. Тем не менее, аскеза им быть. В отрешении от рынка, показа, за стую и в отказе от корки хлеба, намазанн маслом — общность этого поколения, выж шего вопреки.

ГЛАЗАМИ НЕ ИСКУССТВОВЕДА

Джон Э. Боулт, профессор, директор Инс тута Современной Русской Культуры у Гол бой Лагуны в Техасе, хотя и апологет б предметного авангарда 20-х, этой злачной нивы "сегодняшнего" искусствоведени (мои друзья устроили публичные — втор ные — похороны Малевича полвека спуст

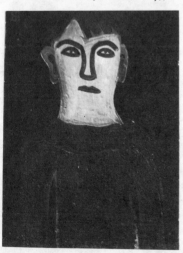

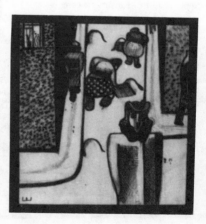

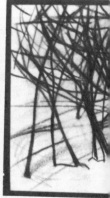

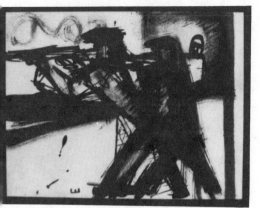

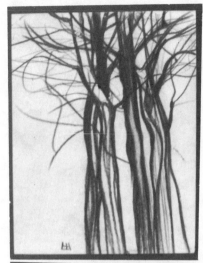

у здания музея Гугенхайма 3 января 1982
года), оценил и проявил интерес к помяну-
тым художникам.

По отдельным фотографиям, полудюжине
работок, имеющихся в двух-трех коллекциях
друзей на Западе — много ли можно сказать
о целой дюжине художников, начавших в ста-
линские годы еще и продолжающих по сю?
2 работы Васми, 6 Арефьева, ни одной Фрон-
тинского, Шагина, Шварца, Громова, Гудзен-
ко — как на это смотреть "глазами искус-
ствоведа"?

НА ЧТО — смотреть? Смотреть приходится
в ретроспективу, в глубь, в литературу тех
лет и окна женских бань (дались мне эти ок-
на!), в искусство времен сталинизма — Лак-
тионовых-Непринцевых и Мыльниковых, или
изучаемых сейчас Пименовых и прочих Дей-
нек, смотреть приходится НЕ В ХОЛСТ, а,
можно сказать — в корень. Корень, общий
для итальянского неореализма и битников,
общий для Америки, Италии и СССР.

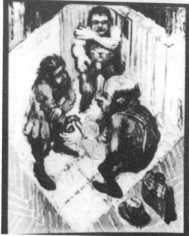

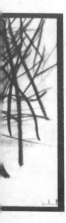

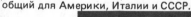

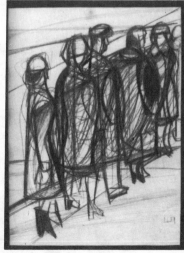

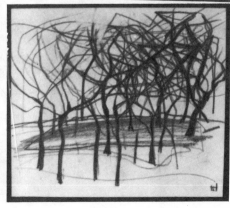

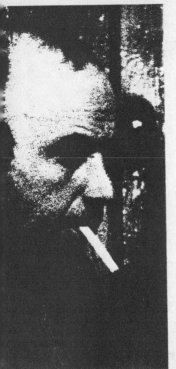

Шаля Шварц

В. Петров

/Фото Г.Приходько/

"Над чахлой сиренью, над пыльным газоном
Приветствую окна: Сезам, отвори!
Для песни тоскливой, как письма Назона
С Азксинского Понта в блистательный Рим...

/Роальд Мандельшта[м]

ЛЕТОПИСЦЫ "СОЛНЕЧНОГО СКОБАРИСТАНА"

...Унылые городские окраины, чахлые деревца, голые до[ма], похожие на коробки из-под обуви. На этом безотрад[ном] фоне - корявые фигурки людей-сосулек, одетые по не[мыслимой] советской моде 40-х - середины 50-х годов. Ту[т] хулиганы в "тельниках" с чинариком на губе, пристающ[ие] к "чувихам"; бочкообразные, вислозадые "бандерши" с тор[чащими] из-под юбок голубыми штанами; здесь лихие гармо[нисты] в кирзовых сапогах и кепках набекрень; полосаты[е] мрачные зэки; жалкие "модные девочки", поправляющие пе[ред] танцулькой "шестимесячные" завивки; наглые, скабре[зные] бабы, торгующие раскидаями на воскресном гулянье. Смрадный, крепкого настоя и с матерком, убогий, но страшный мир сталинского урбанизма. Эти трое увековечи[ли] его своим искусством.

Отменный рисовальщик, мастер композиции и глухого тяжелого колорита - Васми. Всегда выходящий за рамки бытового психологизма, склонный к обобщению /и к выпи[вке]/, крепкий график - Арефьев. Меланхоличный "философ [в] себе" Шварц - в равной мере график и живописец. Трое [из] группы, некогда сплотившейся вокруг утонченного поэта Р. Мандельштама. Ветер времени прихотливо разбросал и[х] по жизни. Кто сидел за... мечту уехать в Париж /Гудзе[н]ко/, кто за наркоманию /Арефьев/, кто умер /Мандельшт[ам]/, кто повесился /Преловский/... Советская жизнь сурово мстила им за острый взгляд и хлесткий штрих, но и они, художники, не остались в долгу перед ней.

/Из "Аполлона-77"/

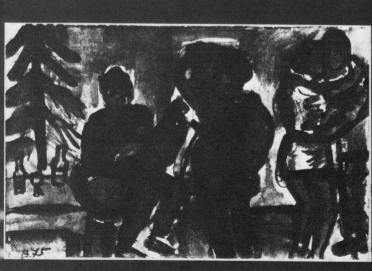

В.75

В. Шагин, 1975

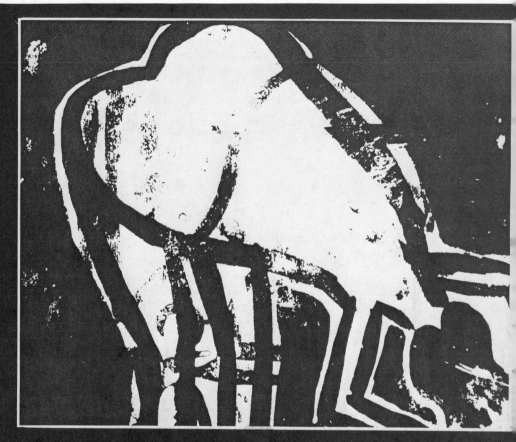

Р. Васми. Женщина, моющая голову.

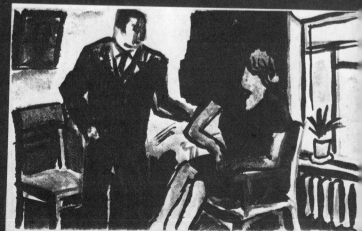

В. Шагин

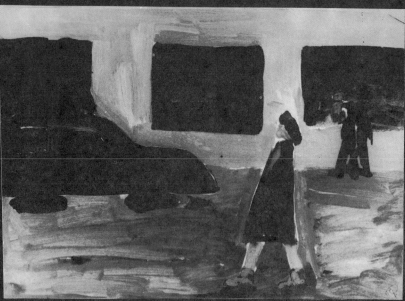

Алек Рапопорт

Алек Рапопорт

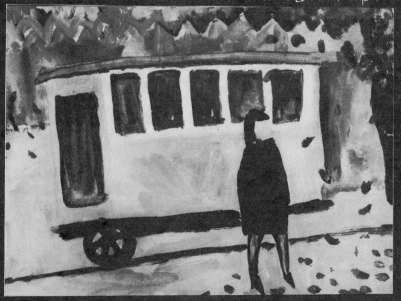

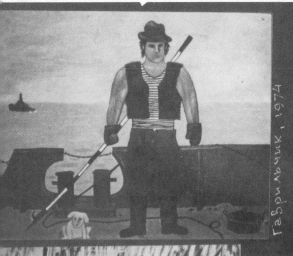

Гавриличик, 1974

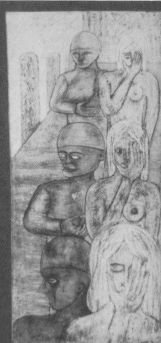

Г. Элинсон, 1968

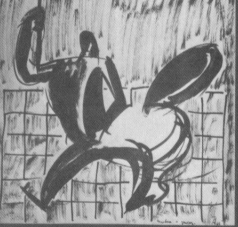

Рапопорт. Рiг.

С. Розин. Васильевский остров. У.

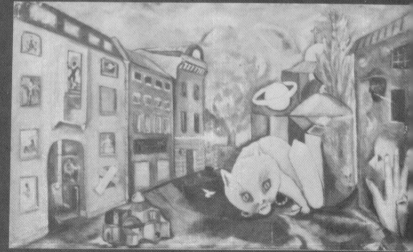

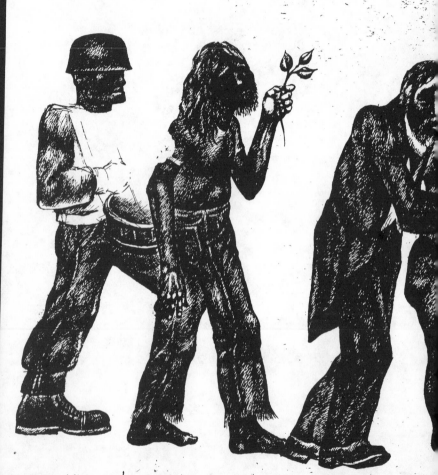

мм 24 (без дорисованной ноги у солдата, а также барабана, руки и палки

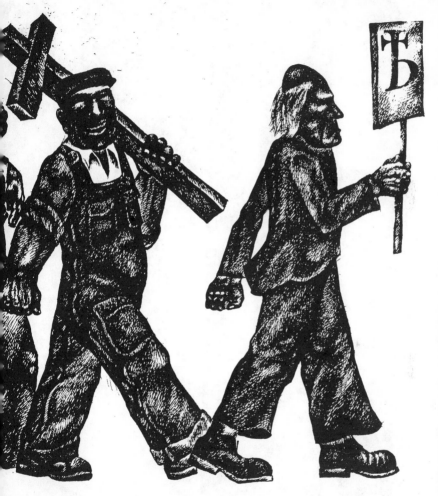

«— L'enterrement d'esprit или покорени разума" 1.11.73

A.B. Iva

А. Б. Иванов.
Похороны разума.

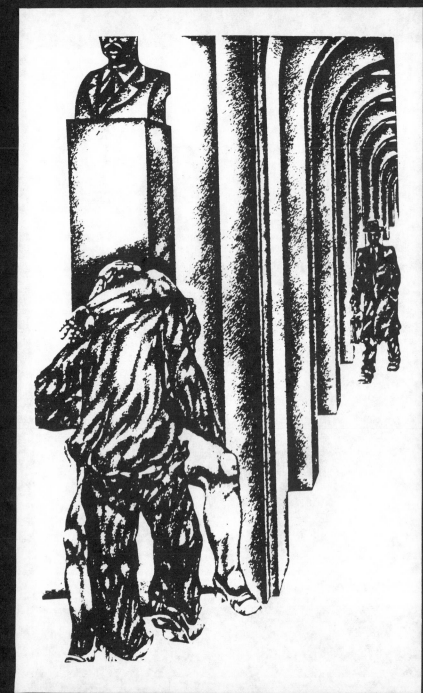

А. Б. Иванов. Из серии "Тюрьма". "В Смольном", 1973

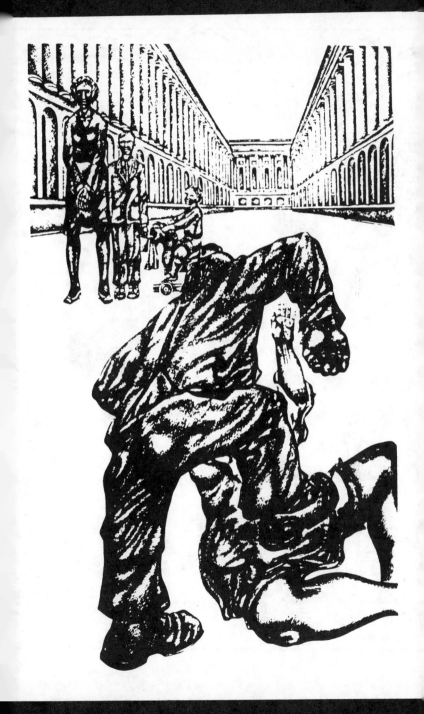

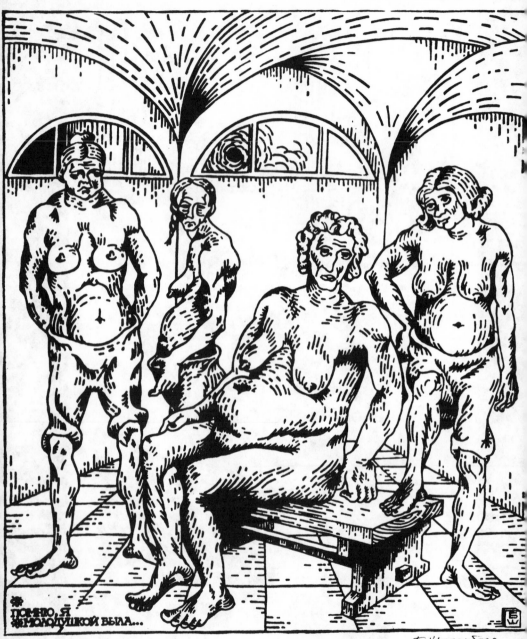

ПОМНЮ, Я
МОЛОДУШКОЙ БЫЛА...

Б. Штернберг

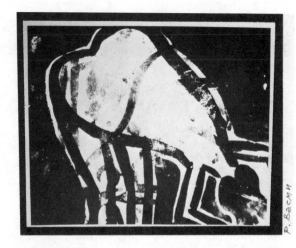

Глеб ГОРБОВСКИЙ

Вознесенские бани
не чета Сандунам,
где в тазы барабанить
доводилось и нам.
Вознесенские — проще...
И остались они
в детстве чистом и тощем,
где над входом огни:
два мерцающих шара...
А внутри, возле касс —
запах близкого пара,
в бочке — клюквенный квас!
И кошмарная драма:
в эту баню, мальца,
привела меня... мама,
так как рос — без отца.
В отделении женском
был я робок и хмур.
Эти плавные жесты
и овалы фигур...
Зарыдать подмывало,
в горле съежился крик.
Тело матери стало
телом женским... на миг.
...Там, в немыслимой рани,
на восходе судьбы —
Вознесенские бани,
синий дым из трубы!

Владлен ПОЛУЕВИЧ

Вдруг всплыла родная **Баня**, —
Где пары и шаек гром...
Нечто рассказать про баню
Или ей отдельный том?
Ну, два слова, коли к слову,
Все одно прорвется груз —
В общей бане, тоже к слову,
Воспитанье детских чувств.

Раз в неделю, в зной ли вьюги
Шли подмыться, но с парком,
Незамужние подруги, —
Трудно было с мужиком.
В баню мамы всех водили:
Что пацанка, что пацан...
В основном, конечно, мыли;
Личных не водилось ванн.

Вот стоит умытый мальчик...
Мальчик?.. Мини-мужичок.
И узор выводит пальчик,
И дрожит его стручок...
Подбежала старше детка:
"Ой, какой он у тебя!.."
"Это, девочка, конфетка...
Это, девочка, моя..."

"Можно, я ее поглажу?..
Можно, я ее лизну?..
Мыльцем розовым помажу?..
Разреши же, мальчик!.. Ну!?.."

"Дай тогда потрогать щелку...
Интересно, что же там?.."
А девчушка — на бок челку:
"Отойдет... тогда и дам..."
И в предбаннике вонючем,
Где слизня и мокрота,
Мальчик нежный ротик дрючил...
Буколика... Красота!..

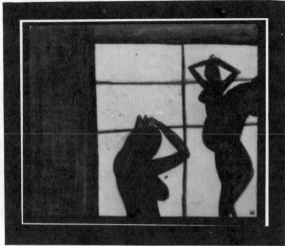

Ш. Шварц

♪♪♪

Ах, наивнейшие дети,
Простота святая...
Подарила бани эти
Вам страна родная.
Без огня — и дым лишь чих, —
Человек заметил...
Рановато *Блядство* их
Заманило в сети.

Вечно рвется там, где тонко...
Большевистский Сатана,
Душу робкую ребенка
Погружает в бездну дна.
Да еще ребята в школе
Просветят до тошноты —
В туалетах, на заборе:
"Хуй соси!", "Даешь пизды!"

Всюду, где детей скопленье,
(Это мнение мое),
Блядства раннего ученье
Оскверняет бытие.
Подрастут, привыкнут тоже,
Разъебутся, по уму;
Задубеют член и кожа,
А пока что ни к чему...

ОЧЕНЬ плохие стихи моего друга Силыча из "эпической поэмы СЕКСО",
изданной автором своекоштно и в убыток здесь, но ОЧЕНЬ ХАРАКТЕРНЫЕ
в плане описания отечественных бань /ср. у Глеба/. Привожу не как
поэзию, а как - иллюстрацию. Сила же Силы - не в этом. А в другом.

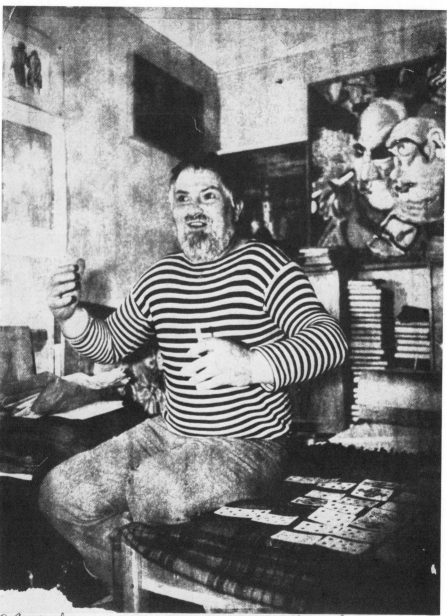

А.Арефьев.

НАС ПАЧКАЕТ НЕ ТО, ЧТО ВХОДИТ, НО ЧТО ИСХОДИТ

Рассказ художника Арефьева о поэте
Роальде Мандельштаме
(с магнитофонной записи)

1.

Мы балансируем на канате.
Мы — канатоходцы,
даже, можно сказать, на острие ножа.
Но как хорошо балансировать
перед восхищенной публикой,
которая тебе аплодирует
и радуется твоей ловкости.
Но балансировать на том же канате
над ямой с нечистотами
из боязни упасть в говно —
это скудное и недостойное человека дело.
Артистизм, который обеспечивает тебе успех,
это приятный артистизм.
(Это о Шемякине.)
Но трагический артистизм,
который спасет тебя от бесчестья,
когда тебе грозит полное падение
в сточную канаву из нечистот,
яму с испражнениями
и всякую прочую гнилую гадость,
в которую как упадешь, так и задохнешься.
(А это о нас.)
Это иносказательный образ,
но, в какой-то степени, он для нас всех верен.

Ловкость:
Балансируешь, для аплодисментов,
    причина их величия.
Балансируешь, чтобы не свалиться
в кучу говна,
    а иногда и позором для них.

2.

В России испокон веков было так:
свободным оставалось только то,

на что не обращало внимание обывательство.
Как только взор обывательства
падал на что-либо,
то вся свобода рассеивалась как дым.
И зарождение и возникновение нас
как группы свободных художников (ОНЖ).
В 1945, 46, 47 гг.

Я разумею (сознаю) от этого принципа,
когда мы были 14—16-летними мальчишками,
тяжелая послевоенная жизнь
отвлекала внимание взрослых
от нашего развития
и поэтому мы развивались сами по себе
и от себя,
а возраст наш позволял быть незамеченными,
серьезно на нас не смотрели,
возраст ограждал нас
от пристального и серьезного внимания,
и поэтому наше великое счастье в том,
что когда внимание на нас было обращено,
мы оказались уже сложившимися людьми,
и те террористические и глупые меры,
которые были приняты в отношении нас
    (и исключение из школ и т. п.
    — желание выкинуть из сфер),
только укрепили правоту в себе.

    3.
Мы, семейные,
жили на голове друг у друга —
единственная комната была у Рихарда.
Но учитывая странную способность
Рихарда уединяться,
Рихард очутился в исключительном положении.
Но не было дров и негде было греться,
и он открыл публичку для нас,
где состоялась куча знакомств.
В 1948, Вахтюшка Кикелидзе:
придет поэт. Хвалите его, хвалите.
А мы потом обнаружили,
    что хвалить его и незачем,
    настолько он интересен.

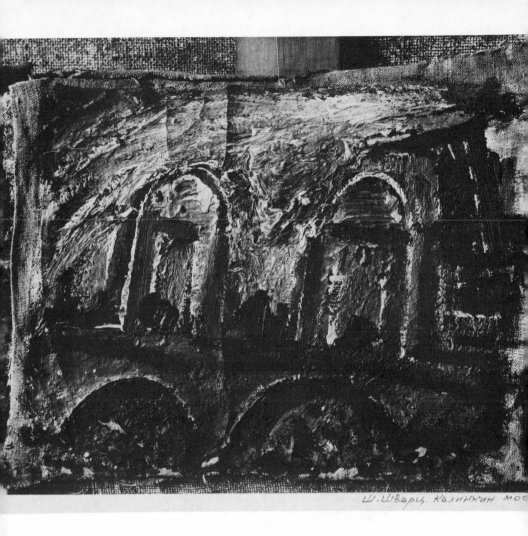

Ш. Шварц. Калинкин мос

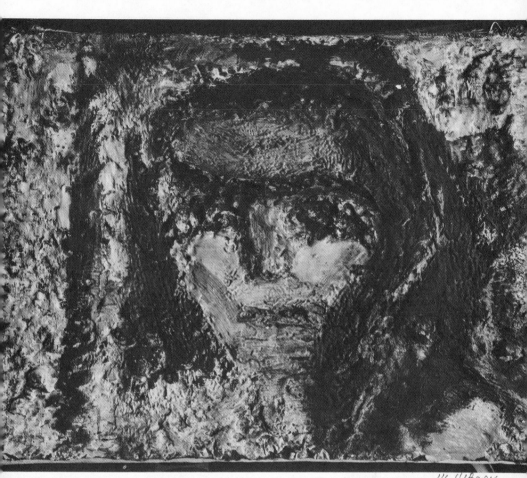

Ш. Шварц

4.
Я хочу оговориться в самом начале:
мои сведения отрывочны
и получены изустно от Альки.
Когда будет создан Мандельштамовский Дом
      (так же как и Пушкинский),
который будет изучать поэзию
сталинской эпохи,
найдутся дотошные люди,
которые проверят все данные
и исправят все неточности
      (и мои).

5.
Отец Альки — Чарльз Горович —
родился в США, в Нью-Йорке,
он был чемпионом по боксу
      (в самом наилегчайшем весе —
      чемпионом штата или страны).
Он приехал в Россию
для того, чтобы продолжать дело Революции.
Об его революционной деятельности
Алька мне ничего не рассказывал,
но я знаю, что его революционная деятельность
кончилась концлагерем
и ссылкою на постоянное место
жительства в Среднюю Азию.
Естественно, семья разрушилась.
Алька остался при матери.
Я видел Алькиного отца после войны,
когда он приезжал, имея другую семью.
Мы сидели за столом,
а он с иронией и грустью
певал нам свою любимую песенку:
      "У меня есть шапка со звездой,
      Я — красноевреец молодой"
      (после всех своих революционных
      подвигов).

Отец Альки был уникальным отцом:
помогая Альке материально,
высылая до самой смерти Альки
какую-то сумму денег, отрывая от
среднеазиатской семьи,
на которую Алька иногда только и
существовал.

Алька их безалаберно тратил,
и, когда присылал много,
Алька растрачивал их в два дня.
Однажды у Альки осталось 80 рублей
   (на третий день),
и Алька пошел и купил себе шляпу —
   нелепый гриб,
     чтобы их истратить.
Но все равно он платил ими за квартиру и т.д.
О бабке и деде с отцовской линии
Алька никогда и ничего не говорил.

     6.
МАТЬ. Можно просмотреть далее.
С Алькиной бабкой я был знаком
   (умерла в 1953 г.).
Она была русская, по фамилии Мандельштам,
муж ее до революции (Алькин дед)
был адвокатом.
Приехав с одной из иностранных фирм,
вероятно, перешел на русскую службу
   и здесь женился.

Елена Иосифовна, мать Альки, —
дочь от этого брака.
Когда разрушилась жизнь с Горовичем
   (от их брака и был Алька),
она, после того, как его посадили,
вышла замуж за эстонца немецкого
происхождения,
фамилия его была Томинг.

   Во время жесточайшего голода
   в оккупации
   они съели кошку.
   Гестаповский офицер, великий
   человеколюб,
   оштрафовал их и заявил:
   "Вы недостойны носить немецкую
   фамилию".
   И собственноручно исправил в паспорте
   букву "г" на "а".
   И она из "Томинг" стала "Томина".

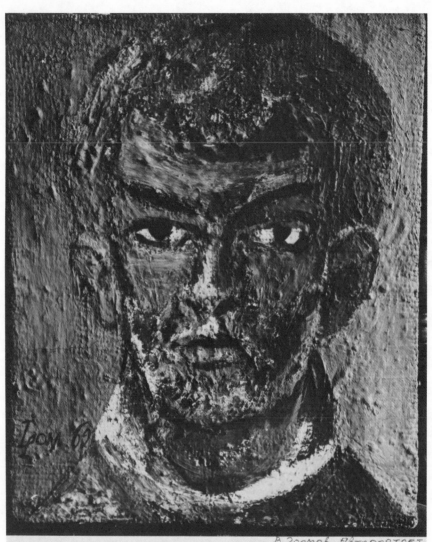

В. Громов. Автопортрет.

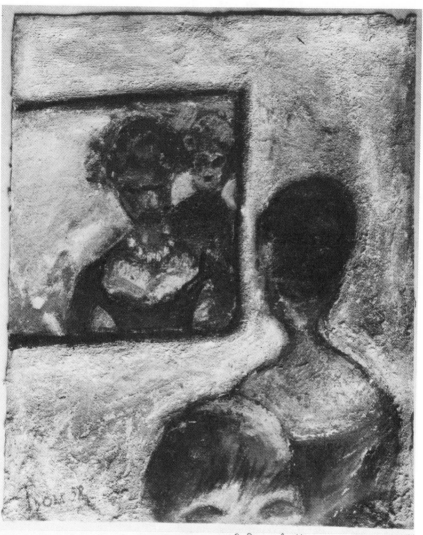

В. Громов. Из серии „Зеркала".

7.
Алька учился два курса в университете.
Потом перешел в Политехнический институт.
Сколько он там учился, я не знаю.
Потом он отстал от учебы.
И занялся самообразованием,
понял, что образование есть "тухляндия".
Потом (это было до 1952 г.)
он участвовал в конкурсе на секретаря
    Ленинградского университета,
и по всем параметрам их вышло на эту стать
два человека: Алька и еще один,
    у которого было восемь ошибок
    в диктовке,
а у Альки, еврея, только три.
Но, по нашим параметрам, естественно,
его отставили от этой должности.
И Алька занялся изящной словесностью.

8.
Алька, действительно, был человек богемы.
Мы поставили гроб на сани,
мы — четыре "чайника":
    Я, Шагин, Лерка Титов, Ленка
    (сестра Альки), Алеша Сорокин
    (его не видно на фото —
    он фотографировал).
    (Вилим сломал ногу, а мать Альки
    лежала с инфарктом. Девятым.)
Мы с Леркой зело "шернулись",
но от трагизма имели разное настроение:
Лерка был совершенно под нембуталом.
А извозчик еще больше.
И на поворотах заносило и сам гроб.
Лерка его поддерживал,
а я бил его по рукам:
я был в печали
и ждал, чтобы по вине извозчика
гроб упал бы
и я тогда избил бы кучера
    вместе с его лошадью.

Мать, уникальная, замечательная женщина,
опаскудила могилу —
она поставила столбик со звездой,
но не шестиконечной, а пятиконечной.
А кладбище называлось Красненькое,
а не Синенькое.

Мы провожали великий гроб
и маленькое тело.
      И он нигде в жизни не комплексовал
      о своем маленьком росте,
настолько он был великий человек.
И так возвышался над всеми
своим остроумием и своими репликами
и никогда и нигде не уронил
своего поэтического достоинства.

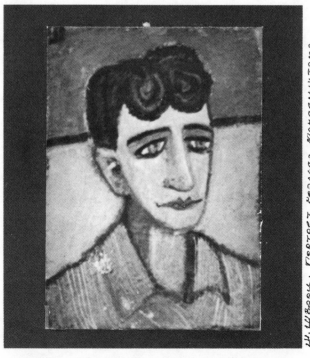

Ш. Шварц. Портрет Осипа Мандельштама.

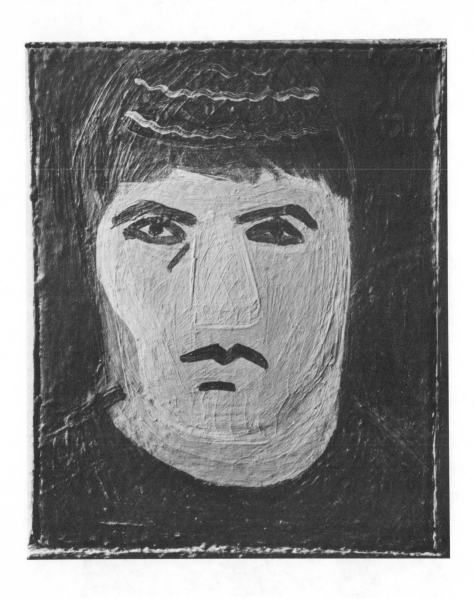

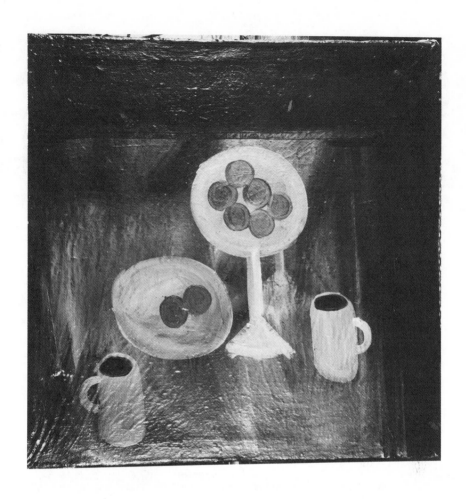

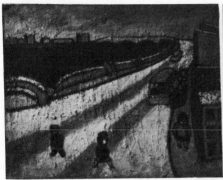
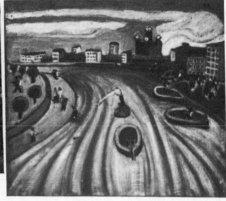
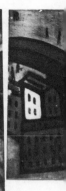

Неля Раковская

ПЕТЕРБУРГ — БАРА...

ВЫСТАВКА В ГАЛЕРЕЕ «ПОДВАЛ»

Обычные люди, мужчины и женщина, в своих розовых и серых одеждах — но повешены, вздернуты — только что. Вдруг — отнята жизнь. Раздирающий душу ужас на лицах, а вокруг — плотная голубая гуашь небес.

— Боже мой, Костя, неужели ты выставишь это?

— Нет, в папочку сложу!

Константин Кузьминский со своей женой, своей правой рукой, незаменимой Эммой затеяли новую экспозицию: «Петербург — Барак». Для здешних петербуржцев праздник и возможность себя, свои работы показать. Не сразу только заметно, что несколько странное у выставки название.

Некоторые из приготов-

ленных для нее вещей я и раньше видела в домашней развеске хозяина галереи. Кавалер и толстоногая жеманная девица в туфельках-копытах. Черные отрывистые силуэты быстро начертаны на темно-синем ветреном фоне Невы. Треугольник клетчатой белой юбки, клетки береговых камней — и корявый намек на Петро-

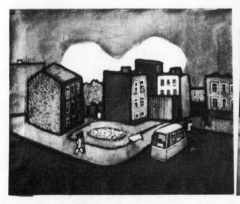
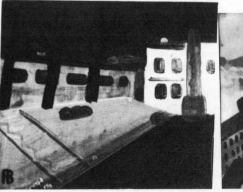

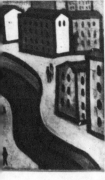
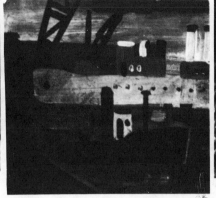
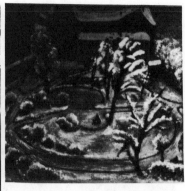

авловку в розовой рваной
али. Парный к этой аске-
ичной гуаши — зеленый
квер с шафранной дорож-
ой, встающей колом парал-
ельно картинной плоско-
ги. У чахлых саженцев —
стрые веточки, у гуляю-
их — ноги-костылики. Все
го — А. Арефьев.

Сведенный к нескольким
ветло-ржавым и черным
ятнам, схваченным петлей
онтура головы, — крепкий
втопортрет Рихарда Васми,
его же — строения в Пе-
ропавловской крепости.
удя по пропорциям и рит-
у окон, они из классичес-
ой эпохи, но такие уны-
ые — наверно, бывшие

тюрьмы или казармы — и
такого лимонно-желтого цве-
та, как лунно-лимонные об-
разы поэзии Роальда Ман-
дельштама, друга, а точнее,
члена группы этих художни-
ков.

Кузьминский всегда гово-
рит о них с каким-то осо-
бенным чувством. Он — из
первооткрывателей всего
настоящего, что было в ис-
кусстве и поэзии 40—50-х
годов, о чем никто, практи-
чески, ничего не знал — и
не знает. Он окрестил это
настоящее антисталинским
или «барачным» реализмом.
Александр Арефьев же назы-
вал его «балансированием
на канате над ямой с нечи-

стотами». Искренность,
вернее, неприкрашенность,
ради которой ленинградские
художники отвернулись не-
вольно от классической кра-
соты города. В те времена
она казалась кощунством.

В раннем пейзаже маслом
Михаила Шемякина (когда он
был дружен с Арефьевым,
Васми и Шварцем) — косо-
глазые оконца скатываются
с фасадов кривых лубочных
домиков, все сместилось, и
человечки, лодки, облака со-
дрогаются в зловещих ритмах.
Но Шемякин — моложе, ак-
центы меняются: очевидно
наслаждение самим живо-
писным процессом, пластич-
ным мазком; уж брезжит

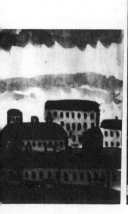
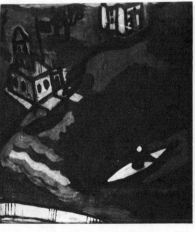
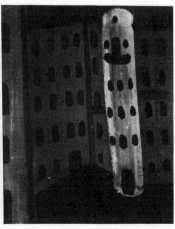

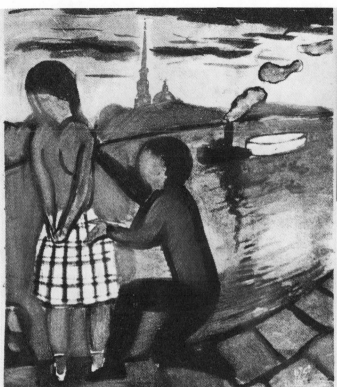

А. Арефьев. Лиза и Герман. 195?
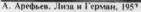

фисташковый, фосфоресцирующий колорит, повеяло ароматом театра, ретроспективы... Барачники же всегда суровы.

Геральдический стиль выработался в графике Шаля Шварца. Его геометризм —

как корсет, в который затянуты пухлые коротконогие тела, топчущие ленинградские тротуары. Они выпадают из дверей набитого трамвая, вылезают из своих бараков. Но это еще что в сравнении с «Пиром манекенов»!. Композицию образует нерушимый костяк их «рук», верней, « ножей-рычагов», воодушевленно простертых в смертоносном бессмысленном тосте. «Безглазые лбы, безлобые лица». Сценка в одном из бараков, то бишь городских домов. Дома Петербурга, петербургские обманы — всего лишь боксы людского муравейника, а фасады приставлены, это толь-

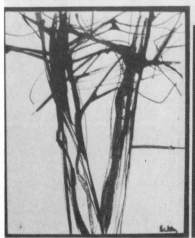

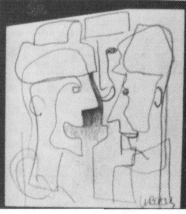

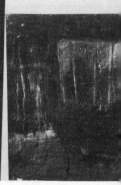

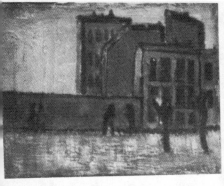

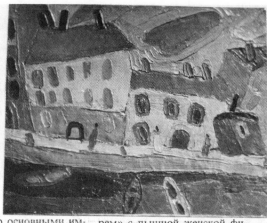

…о маски. Барачники развенчивают Петербург, породивший таких страшных обитателей.

— Когда мы были 14—16-летними мальчишками, тяжелая послевоенная жизнь отвлекала внимание взрослых от нашего развития, и поэтому мы развивались сами по себе и от себя, а возраст наш позволял серьезно на нас не смотреть, и поэтому наше великое счастье в том, что когда внимание на нас было обращено, мы оказались уже сложившимися людьми», — сказал однажды Александр Арефьев.

Позднее — были какие-то косвенные впечатления от европейского искусства, скажем, от немецкого экспрессионизма, но основными импульсами творчества они заряжались в стихийных гетто художников и поэтов, затерянных в недрах коммунальных квартир.

В одной из таких «катакомб» на узкой улице Рубинштейна, в перспективе которой мелтешит Невский, в те годы творил Евгений Ротенберг. Он не мог быть в гуще жизни, не знал ее, ибо был очень болен. Но мне кажется, что просто сутью его характера была отрешенность от всего, кроме художества. Две его маленькие акварели — самое большое событие выставки. Пейзаж с мостиком, проступающий сквозь дождь шелковистых прозрачных клиньев, и «Гарем» с пышной женской фигурой, осененной то ли пальмами, то ли богатейшим оперением-опахалом. Перышки-мазки колеблются, трепещат, шуршат. Они словно непрерывно рождаются из глубины картины из ее эпицентра — и живопись дышит, растет ее разноцветная масса.

Но ни одного случайного мазка, каждому предшествовал священный ритуал. Вначале с кисточкой художник топтался на месте, приглядывался, подходил, верней, подбегал и даже подскакивал, затем на два шага отступал, примеривался, склонял голову влево и вправо, наконец, набрав духу, бросался вперед и — отдергивал руку…

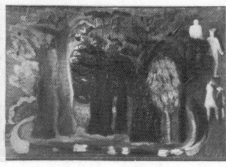

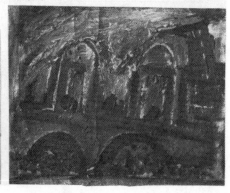

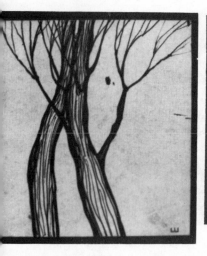

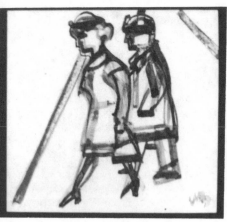

Как и барачники, Ротенберг был по натуре вовсе не камерный. Нищета сопутствовала тогдашнему искусству, отсюда и маленький формат картин — из-за хронической недостачи необходимых материалов. Зато каждая работа — как драгоценный айсберг. И хотя налет сумрачного филоновского фиолета и общей вибрации ощущаешь сразу (недолгое время Ротенберг провел в мастерской-школе Филонова), работы его отмечены радостным и легким дыханием. В этом смысле он был мечтателем — в ту эпоху, когда и искусства-то, казалось, быть не могло.

В монотипиях Левитина — тоже, можно сказать, города бараков, но он пустынен — и возникает туманный мираж, в котором дрожат нетленные контуры, словно увиденные сквозь капли дождя на стекле. Самого художника, живущего в Ленинграде, я воображаю очень похожим на переутончен-ного героя петербургской литературы, он сливается с городом в каком-то болезненном любовании. Город этот столь многолик, что когда художники пытаются его постичь — им не до людей. Последние заслоняют своим присутствием призрачную эфемерную красоту.

Роальд Мандельштам писал:

Проходит вечер, ночь
пройдет —

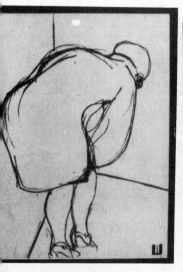

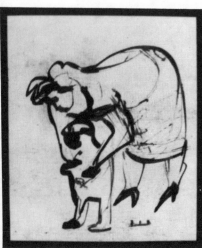

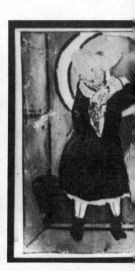

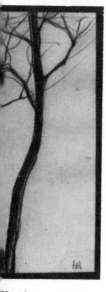 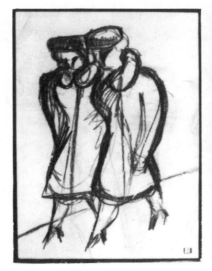 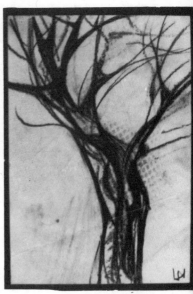

Придут туманы,
Любая рана заживет,
Любые раны.
Зачем о будущем жалеть,
Бранить минувших?
Быть может, лучше просто
петь,
Быть может, лучше?

Михаил Раковский — еще один истинный петербургский художник, хотя и говорит, что Петербурга нет: он абстракция, идея архитектуры, ибо даже цвет неба гораздо активнее, плотнее, чем белесые тона тоненькой штукатурки фасадов. Фасады же — архитектурные фантазии, декорации, воплощенные превосходными штукатурами, которые водились в прежние времена. Легкая техника торцовки, будь то прикосновение ли кисти к холсту или мелка к бумаге, отвечает подобному восприятию. Но сизый снежный двор с золотым соком света за окнами, Мойка зимняя или весеннее дерево над ней, трубы в тумане гулкого переулка — эти камерные, северные по колориту вещи проникнуты таким острым петербургским настроением... Художник не мудрствует особо над композицией: она фронтальна или одна-две кулисы и светящаяся перспектива, за которой ощущаешь продолжение величавых пространств. Откуда же берется поэзия — объяснить, как всегда, трудно. Я верю, вернее, знаю, что, как античная

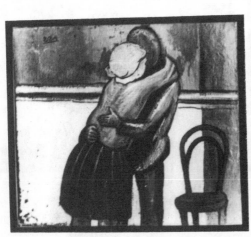 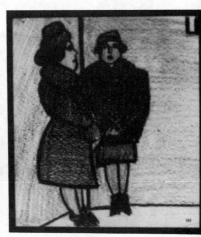

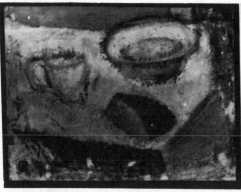

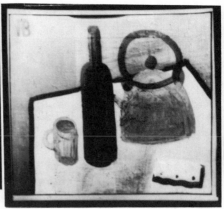

страна, где каждым деревом, долиной, ручьем правили могущественные существа, — так и старый Петербург, его дома, улицы, перекрестки населены бесчисленными духами мест. А художники — они лишь посредники...

Яркие акварели с Зимней канавкой — работы Людмилы Гайворонской. Красочный воздух словно выплескивается из узкого пространства вдоль строгих прекрасных зданий. Непривычная повышенная живописность легко объясняется тем,

что художница — москвичка, и другое, московское видение наделило эти места новой, свежей романтикой.

Однако сами ленинградцы до сих пор, как мне кажется, изображение парадного Петербурга почитают непозволительной роскошью. Пепельный натюрморт Владимира Некрасова написан тяжкими клочкастыми мазками в сумерках холодного подвала. Это уже «барачный» стиль нашего времени. Мрачно, исподлюбья поглядывает художник на нелепый водопроводный вентиль, на безнадежную расстановку на столе: рюмку, лампочку, тарелку с объедками. Лишь окно наверху — как картина в картине: хоть там и пасмурный зимний день, голое дерево и скучный прохожий — но это петербургский, значит, полный смутной поэзии двор.

Другая вариация на обыденную тему звучит в миниатюрном тондо Алексея Красновского: взгляд из темной захламленной подворотни на сияющий Петропавлов-

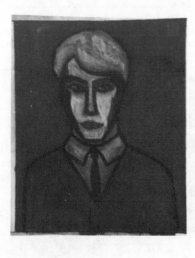

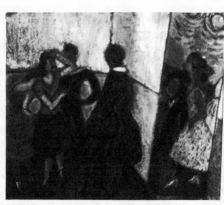

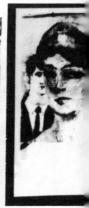

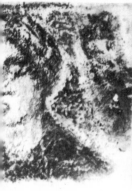
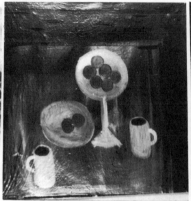
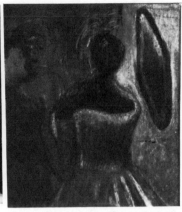

кий шпиль. Все построено на игре контрастов. Тонкая кисть так прорисовывает спинку старой железной кровати и створки ворот, что они напоминают узорные решетки рек и садов. В круглое ясное обрамление на старинный лад заключена рухлядь, которая служит пропилеями, торжественным преддверьем к светозарному пространству Невы. Но река недосягаемо прекрасна, она лишь эстетическая категория. Ни художнику, ни нам никогда не наскучит созерцать,

как вещи преображаются, приобретают новый смысл в контексте Петербурга, его неверных светов и бесконечных симфонических перемен атмосферы.

Со своей высоты на выставку взирают портреты Петра. Глазастый, рельефный Петр Константина Бокова пожаловал в Нью-Йорк — почему бы и нет? Поощряя иронический абсурд, он браво смотрится в радужных бликах неона на фоне черных сабвейных шрифтов и зеленой «Севен-ап».

Шемякинский же царь — большой, серебристо-серый, может, из пены невской сделанный, а может, тончайшие старинные кружева распустил — эдакое третье рококо получилось, только злое слегка, и Петр гневно глазами посверкивает из-за извечной дымки своего Петербурга.

Завершим наш обзор «Флорой» Сергея Блюмина. Перебинтованный белым холстом подрамник с несколькими меловыми наростами. И хотя мы провидим в них горько грезящую богиню цветов и

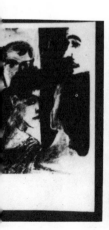
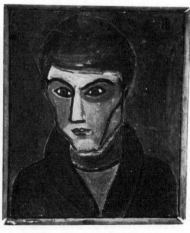
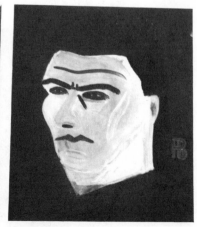

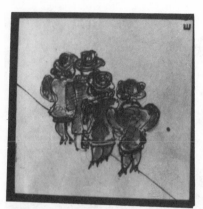
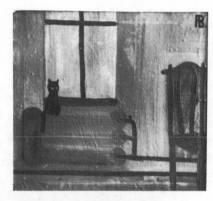
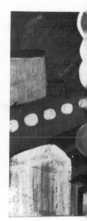

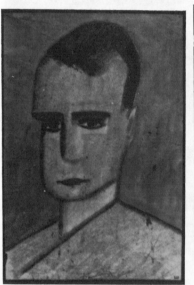
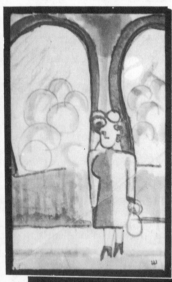

аллею Летнего сада —
почти абстракция. Одн
реалистические картины
вызывают такого нас
ния ассоциаций. Фарф
вый лунный город, пус
ные асфальты в белом
свете весенних ночей,
ночество лепных дворце
которых было холодно
в старину. Но верне
другое толкование. Эта б
метафизическая страна и
сам Петербург. Мы же
ем лишь его грубую зем
тень. Здесь белые порт
наличники окон и белые
слиты вместе, и нет де

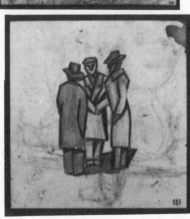
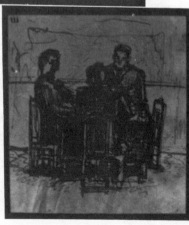
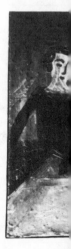

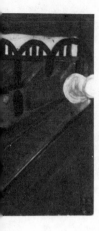
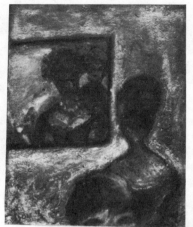
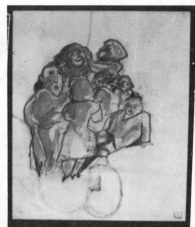

х просветов в жизнь.
лько три статуи из Лет-
ю сада слишком выда-
ся, белизна их теплее, чем
, почти золотиста. По-
му, наверно, в земной
ей ипостаси они такие до-
ьзя плотские и уродли-
, словно не мраморные,
кивые. Да еще бежевый
новый листок вырезан —
античная гемма, он ле-
ему не слиться с белой
хией — и потому в зем-
жизни бушуют в Летнем
у сказочные листопады.
ртанию листка вторит

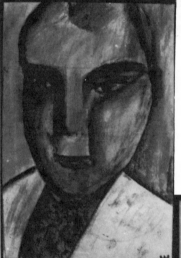

бурая мешковина, она обрам-
ляет, драпирует картину-
рельеф. Быть может, тяже-
лые портьеры в глубине
«бледного как страдание»
окна какого-нибудь угрю-
мого дома — лишь отраже-
ние нашего образа. Во вся-
ком случае, даже самым сме-
лым и утонченным не уйти,
не оторваться от властных
чар «вымышленного» горо-
да. Все его поэты так или
иначе возвращаются на круги
своя.

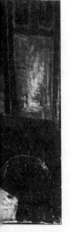
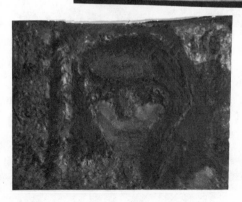
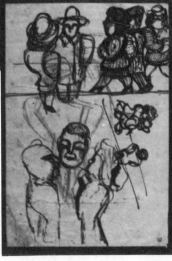

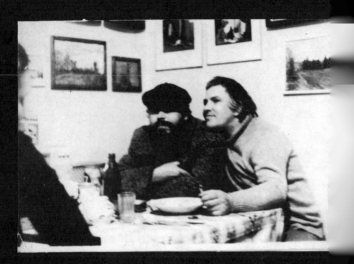

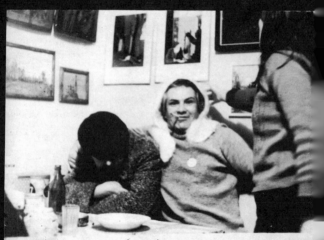

Зверев и Арефьев, 1975? Архив Басина

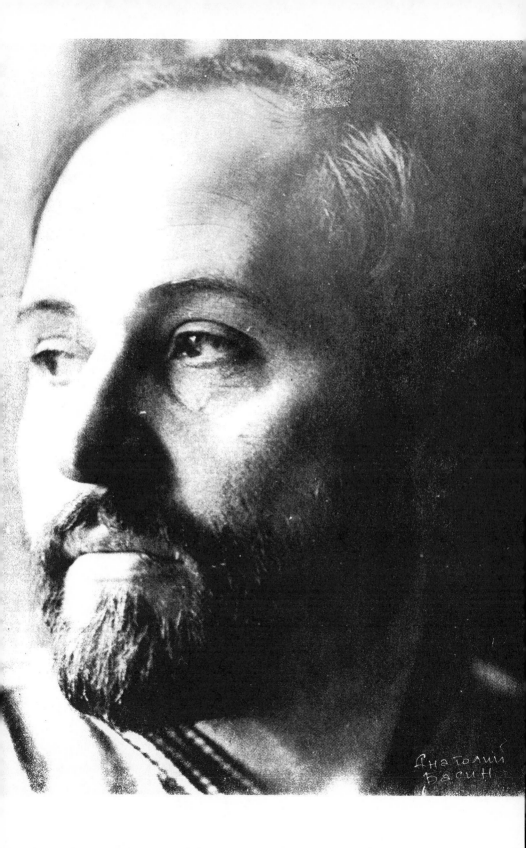

Анатолий
Басин

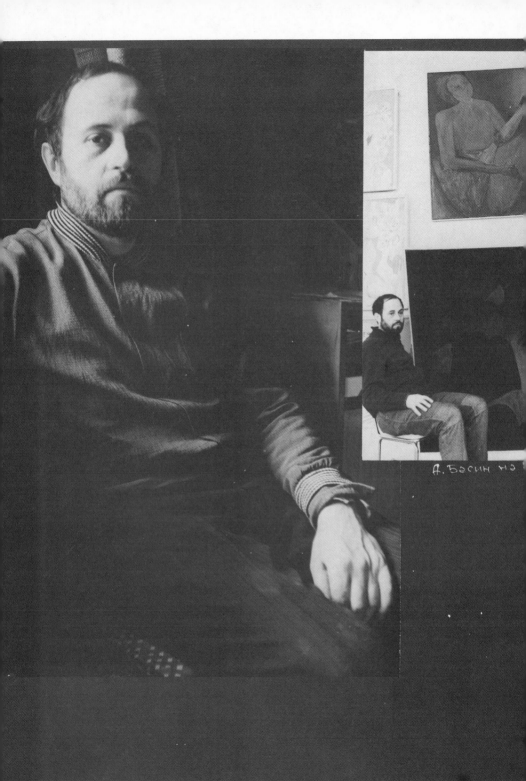

А. Басин на

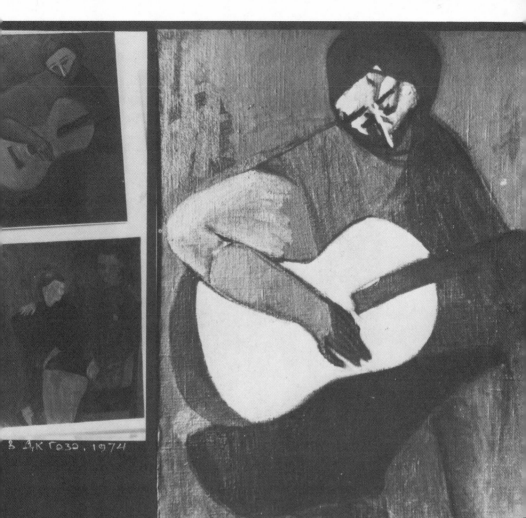

В Д,К ГЭЗ, 1974

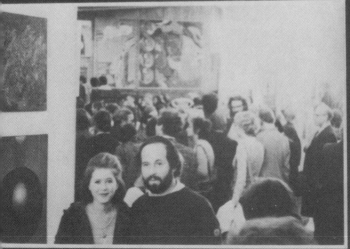

Басин с натурщицей
на выставке в Невско..
1976

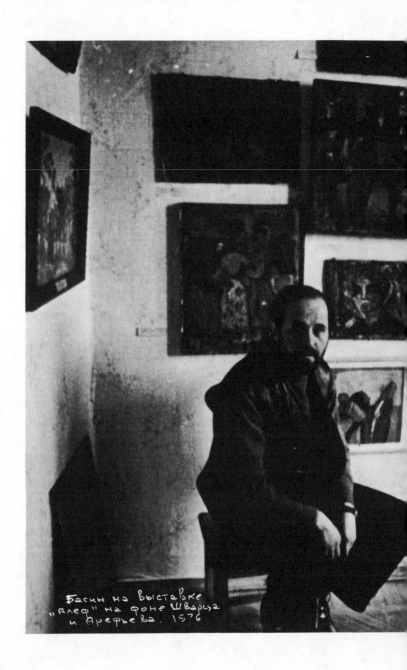

Басин на выставке
"Алеф" на фоне Шварца
и Арефьева. 1976

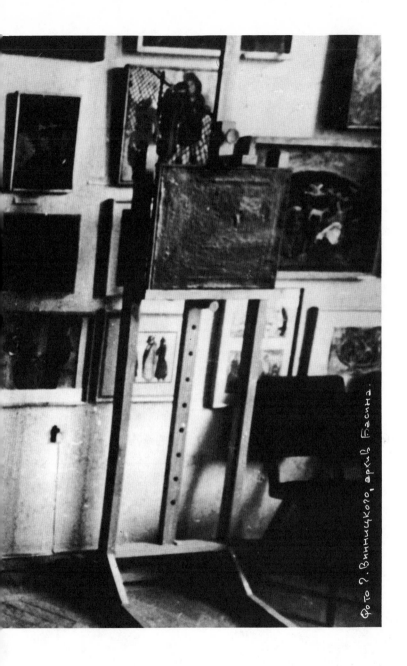

Фото Я. Винницкого, архив Бесина.

АРХИВ И КНИГА ТОЛИ БАСИНА

Басина я как-то не просек на выставке в ДК Газа, в 74-м. Висел он ря
дом с Кубасовым и нитяными работами Ильи Иванова /псевдоним/, работы
были малость кубистические, суровых тонов, но в общем - что-то не то
Никто меня с ним не познакомил, а я и не напрашивался.
Потом я читал как-то в квартире Игоря Иванова, импрессиониста, и мне
тоже не понравилось. Как и Горюнов, вообще вся эта школа.
Я был левее.
Нарисовался Басин уже путем Миши Левина, в Израиле. Прислал мне таку
кипу материалов, что даже я - ахнул.
Помимо кучи фотографий барачников /оказывается, он дружил с Арехом,
Шалей и Васми/, там были и стихи. Морева, Нестеровского и Роальда
Мандельштама. Уже почти готовый набор.
Стихи я, естественно, тут же включил на подобающие им места, в разны
томах, а фоты...
Оказывается, Птишка, которого я пристроил к Жилиной - отснял-таки вс
ее коллекцию. И эти фото Бася умудрился вывезти. Помимо - и массу фо
Приходьки, с которым он законтачил уже после меня.
Басин хотел книжку. Книжку о поэтах и художниках, вперемешку. И нача.
ее набирать-макетировать. Но в Израиле жизнь суровая /не Америка! И
не доллары там, а - сикели, что очень неприлично звучит. Впрочем, и
слово "шахна" - на иврите - оказывается, мужское имя, а "гад" - так
и вовсе "счастье", жемчужина - "пнина", а "тиква" -"надежда" - ну чт
с них возьмешь?/, словом, в Израиле с издательской деятельностью -
не фонтан. Книгу Басин когда-нибудь издаст, а пока, чисто по-братски
поделился материалами.
И даже модель свою прислал, Таню Басину. А она уже приволокла еще фо
Которые фоты опять же пришлось копировать.
Стихов своих Басин не прислал. А - пишет. Сужу по тексту, посвященно
му Нестеровскому. А также по тексту о Мореве.
Басин у меня раскидался по разным томам. Как Понизовский.
Из работок у меня только его 2-3 монотипии, выставляю, но воспроизве
сти - никак. И фото с выставки в Газа. Привожу.
Но за архив - надо Басину выразить особливую благодарность!

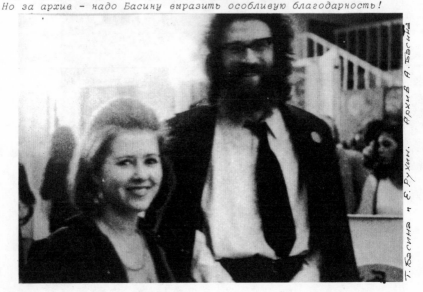

Т. Басина и Е. Рухин. Архив А. Басина

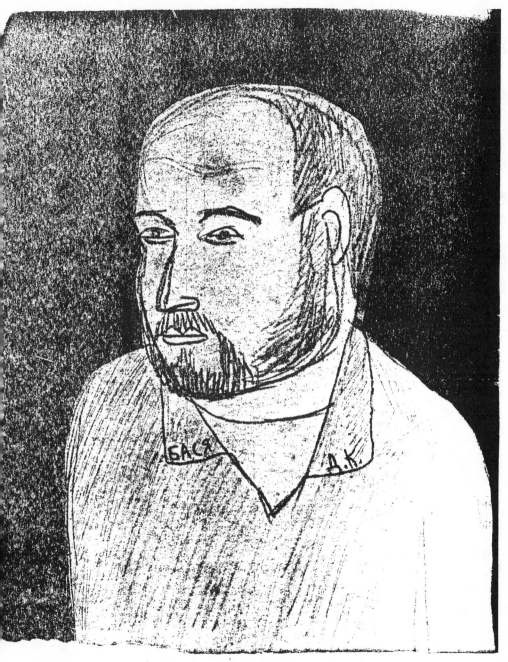

Портрет БАСИНА работы Рихарда ВАСМИ, 1969.

МАГИСТР ОРДЕНА
КОЗЛИЦКИХ ХУДОЖНИК
Бася

ПРИВЕТ ТЕБЕ !

МАГИСТР ОРДЕНА
НЕПРОДА͞ЮЩИХСЯ
ЖИВОПИСЦЕВ (св. Луки

Р. Васми (Велим)

(О.Н.Ж.)

это оборотная сторона
рисунка (стр № 35). Рихарда —
Рихард сделал его после выставки
в Д.К. ̶ им. Козицкого (июнь 1969 г.)

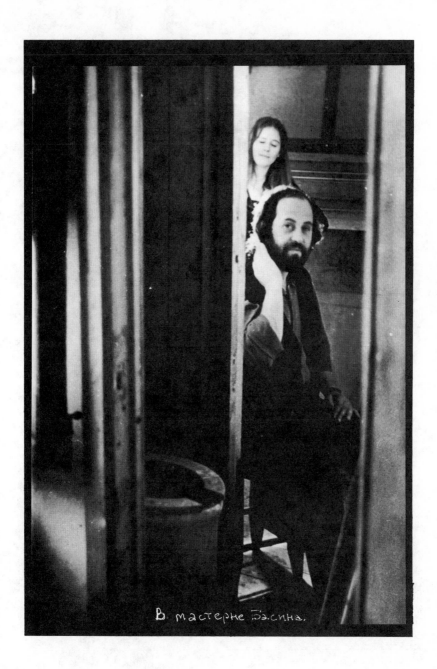

В мастерне Басина.

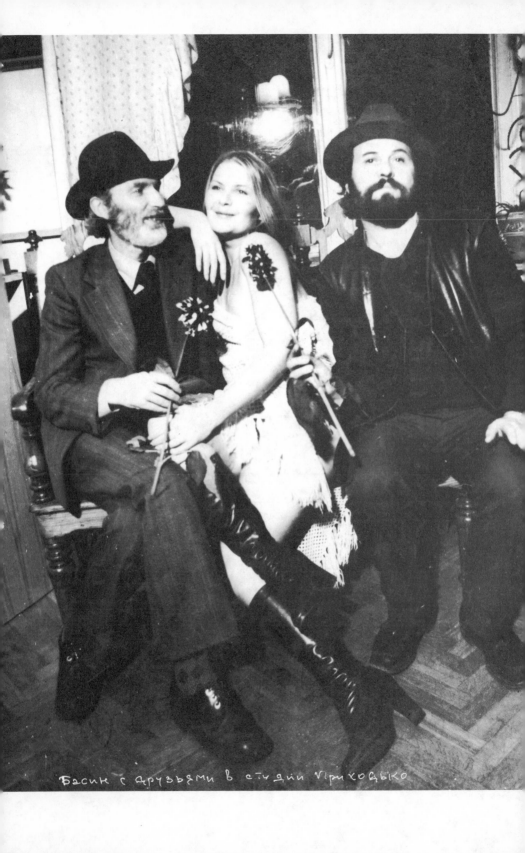

Басик с друзьями в студии Приходько

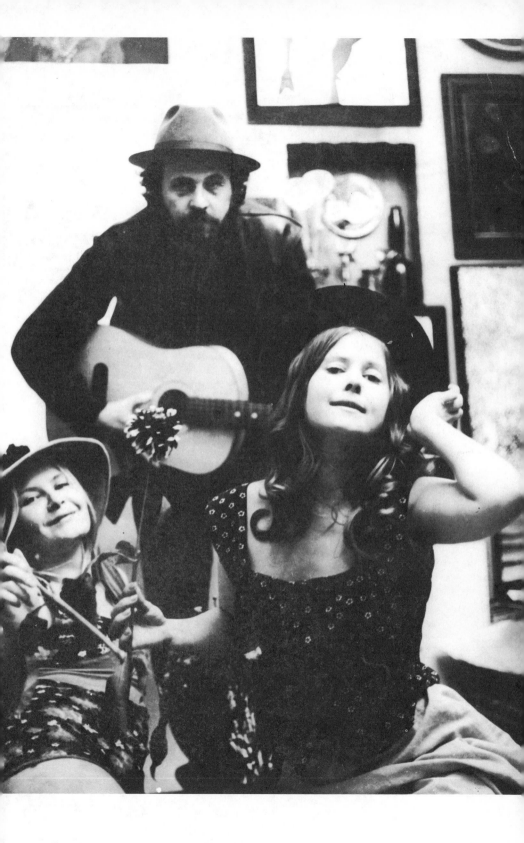

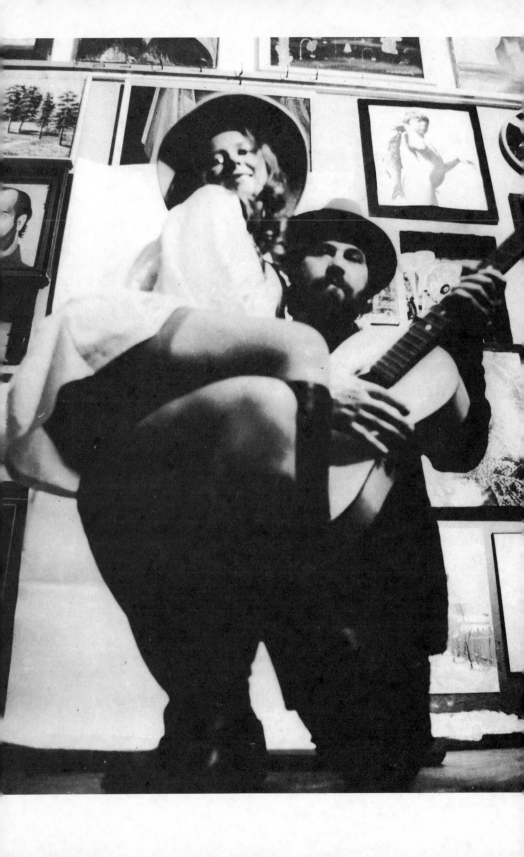

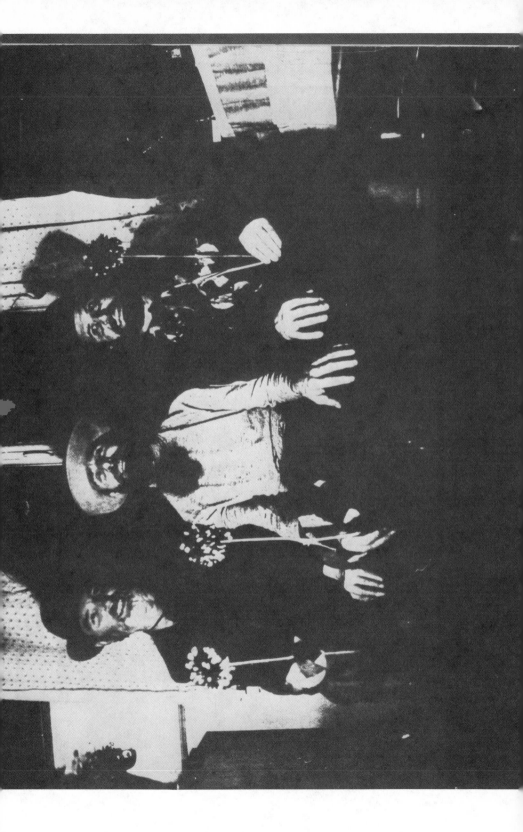

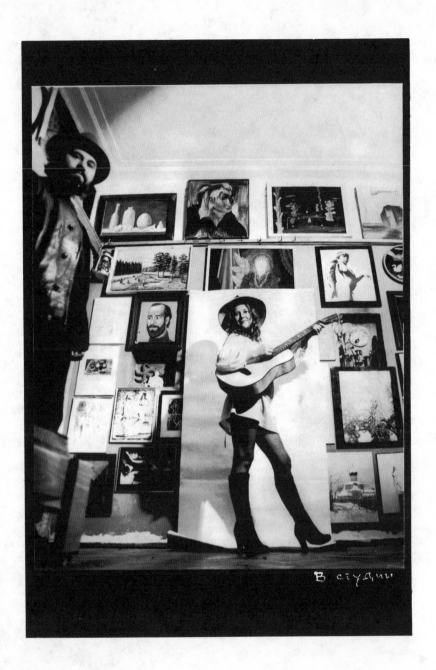

В студии

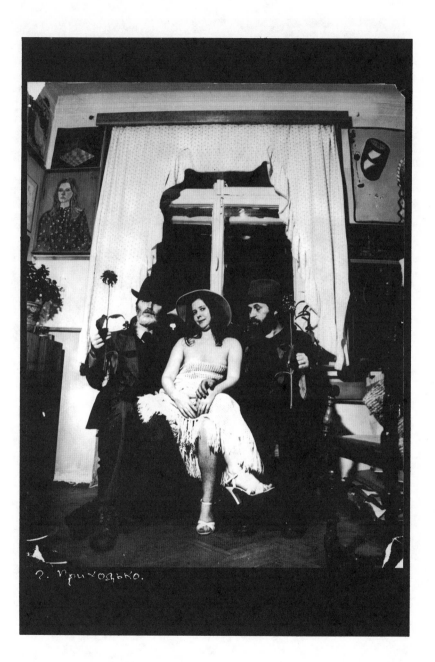

Р. Приходько.

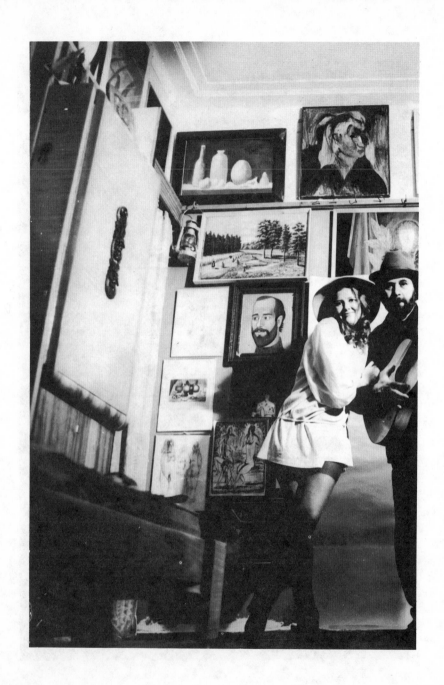

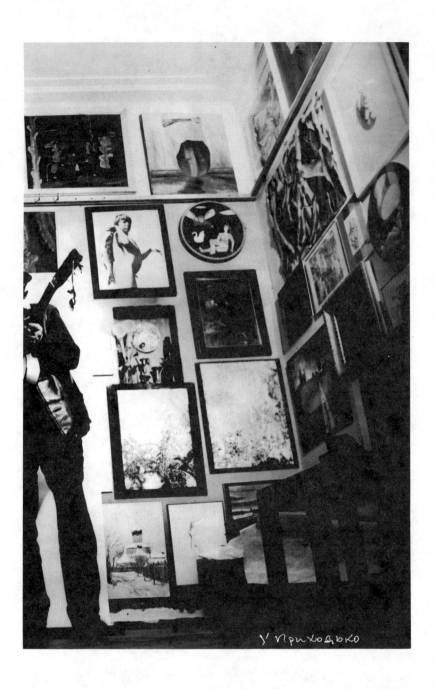

У Приходько

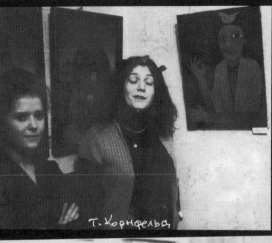

Т. Корнфельд

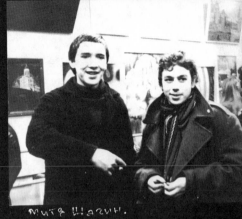

Митя Шагин.

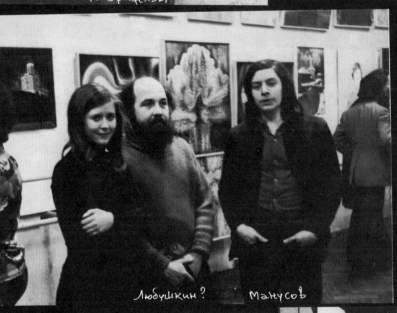

Любушкин?   Манусов

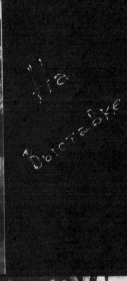

На Выставке

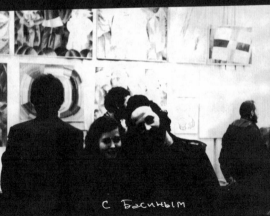

С Басиным

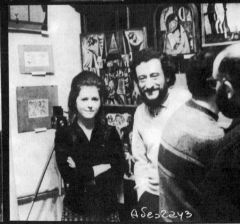

Абезгауз

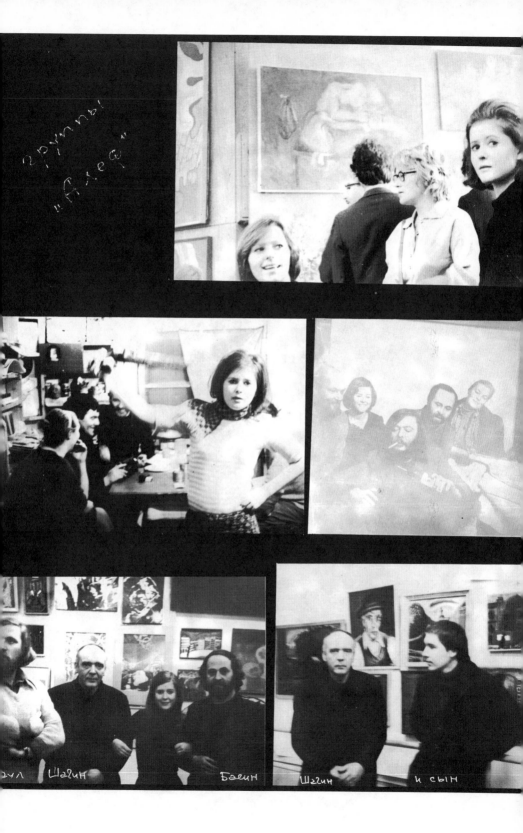

группы
"Алеф"

Шагин
Багин
Шагин и сын

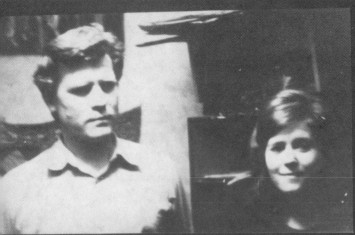

В. Некрас

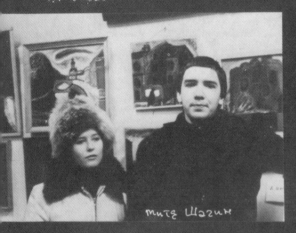

Митя Шагин

Е. Горюнов и его автопортрет.

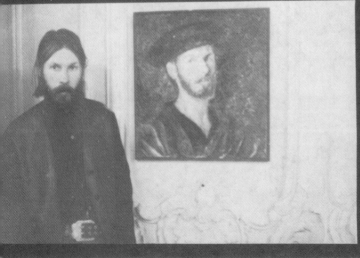

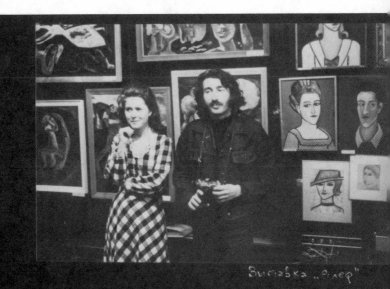

Выставка „Алеф"

Стена Шварца и Рребьона на выставке „Алеф"

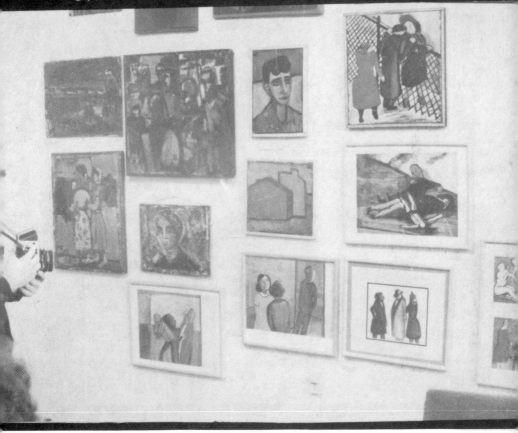

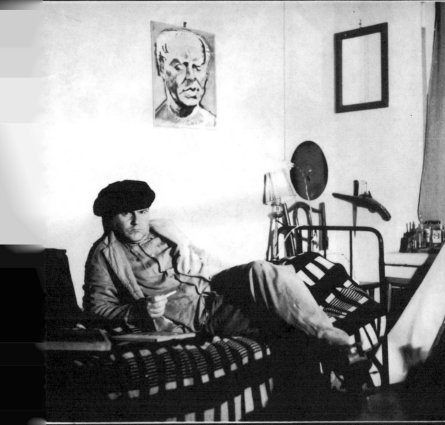

Фото Р. Винницкого

Р. Васми дома.

В студии Васми. Картина перед съемкой забыена.

Из архива А.БАСИНА

ОТКРЫТОЕ ПИСЬМО
к ЦК КПСС

от Александра Дмитриевича Арефьева,
художника,
бывшего члена
бывшего Ленинградского Горкома художников и
бывшего члена профсоюза работников культуры

Понимая, что наша жизнь в нашей стране,и внутреннюю и внешнюю,
вершит КПСС, я решил обратиться к Вам, Самым Главным.
Коротко о сути дела.
С конца 1973 г. в ЛГХ начались всяческие проверки, перерегистрации, "чистки". Я ходил, проверялся, перерегистрировался и т.д.
Одно из приглашений на проверку у меня случайно сохранилось
(№ I). На последнее приглашение (№ 2) я не явился и угроза исключения из ЛГХ и из профсоюза была приведена в исполнение. На общем
собрании (№ 3) было зачитано "Постановление президиума Обкома", по
которому меня выгнали из ЛГХ и фактически из профсоюза. Копию этого
документа я приложить не могу, а вместо нее № 4.
Обкомовские крючкотворы говорят, что меня только лишь сняли с
учета, но где я могу встать на учет, где будет моя учетная карточка и т.д. их не касается - это и есть выгон.
Я попал в ужасное положение:
не члену ЛГХ никакое издательство не дает работы как внештатному художнику и это лишает меня основного законного и естественного права - права на труд.
ЛГХ по "Постановлению президиума Обкома" подвергся реорганизации вплоть до изменения названия. Прежде в ЛГХ с учетом специфичности труда внештатного художника производственный стаж считался стажем профсоюзным. Теперь же он начисляется по времени выполнения работы в издательстве. Я прилаю прилагаю (№ 5) как образец
оформления расчетной их книжки.
Скажите, много ли производственного стажа я наберу за 10 лет
работы?
Так же оформляются расчетные книжки и сейчас. Если бы даже я
был восстановлен в организации, всякие надежды на соц.обеспечение
в старости надо оставить.
Грамотные в правовом отношении люди,видя в моем случае нарушение законности советуют обратиться в суд.
Это совершенно бесполезно.
Круговая порука ленинградской чиновной братии столь велика,
что я прекрасно знаю ответ: "Все законно, все правильно"!" Я имел
несколько возможностей в этом убедиться в случаях более вопиющих
беззаконий.
Оснований для пессимизма более чем достаточно.
Я слезно прошу Вас, Самых Главных, походатайствовать об еще
одном выгоне, а именно выгнать меня из страны, в которой я родился и вырос. Я уже не молод и остаток своей жизни я хочу прожить
в нормальном человеческом обществе, а не среди административных
бандитов, которые одним росчерком пера, бумажками "постановлений"
громят человеческие судьбы и убивают всякую надежду на завтрашний
день.
Я дарю Вам ненужные мне теперь профсоюзные документы. На каждой странице на профсоюзного билета напечатано:"Профсоюзы -
школа коммунизма".
Может быть, профсоюзы металлистов или текстиль щиков являются школой коммунизма. Этого я не знаю. Но для меня очевидно, что
профсоюз работников культуры - это совершенно другая школа.

С   Величайшим почтением

XXУ СЪЕЗДУ КПСС

Отправлено 25 февраля 1976 г.

ПРОТЕСТ

Мы, ленинградские художники, возмущены очередным провокационным арестом нашего друга художника Вадима Филимонова, происшедшего 18 февраля 1976 года через несколько дней после открытой им выставки "Современная религиозная живопись".

ФИЛИМОНОВ – активный участник всех проведенных в Ленинграде художественных событий:

1) арестован 25 мая 1975 г. перед выставкой на открытом воздухе
2) был единственным художником с картинами в Беляево 14 сентября 1975 г.
3) был организатором выступления художников на Сенатской площади в день 150 годовщины восстания декабристов
4) арестован 18 февраля

ЛЕОНОВ   АРЕФЬЕВ   РАППОПОРТ

Москвичи: ХМЕЛЕВА   СЫЧЕВ

В Министерство культуры РСФСР
Москва, Китайский проезд, 7
от художников, членов Товарищества
Экспериментальных выставок г.Ленинград

Главное управление культуры при Ленгорисполкоме, опираясь на присланную Вами инструкцию, не желает предоставить помещение для выставок свободных художников, мотивируя это нехваткой выставочных залов.

Этому можно поверить.

Но вокруг Ленинграда множество полей, парков и других просторов под открытым небом, где бы мы - свободные художники - могли выставляться.

Такая форма выставочной деятельности практикуется во всех цивилизованных странах мира.

Мы просим Вашего разрешения на проведение подобных выставок.

Причина обратиться к Вам за разрешением достаточно веская: бе разрешения такие выставки сопровождаются жестоияйшим преследование местных властей с привлечением МВД. Практикуются задержания, кратковременные аресты, пикетирование дома, домашнее заключение. Ясно, что в такой обстановке художественная деятельность приобретает смы скандального выступления, а это совершенно ни к чему.

Мы хотели бы получить письменный ответ на нашу просьбу до 25 мая с.г. Мы будем считать вопрос решенным положительно, если мы не получим никакого ответа в этот срок.

Актив Тов.Эксп.Выст.   В.Филимонов
                       А.Арефьев

Ответ просим направить по адресу:

196211, Ленинград, проспект Космонавтов, д.21,
кв.34 Леонову Вениамину Петровичу

Многоуважаемый мэтр Оскар: Узнав Ваше мнение о группе ленинградских художников "Это вообще не художники", мы были потрясены Вашей искусствоведческой гениальностью и решили присвоить Вам высокое и почтенное звание доктора искусствоведения междугородного класса "Москва-Ленинград" по совокупности с Вашей блестящей живописной деятельностью.

Мы поняли, что Вы внесли новейшее слово в науку искусствоведения. До Вас корифеи этой науки оценивали художников высоко или низко в зависимости от своих личных симпатий или антипатий по их холстам. Определять по поступкам кто художник, а кто нет – это новый и оригинальный ход в искусствоведении. Мы, ленинградские провинциалы, не дошли до такой смелости мысли.

Трое из ленинградских художников, пытавшихся сорвать выставку в ГАЗа, получили ярлык предателей, трусов и подонков, но никому в голову не пришло считать их не художниками, наоборот мы поскорбели о том, что таким негодным людям бог дал талант.

В шедевре мировой литературы Гулливере Свифта в книге Лапута есть описание ученого, который определял политический настрой человека по цвету его экскрементов, но это герой вымышленный – плод досужего желчного сочинительства – и конкурентом Вам быть не может. Ваш приоритет применения в жизненной практике логики подобных рассуждений неоспорим и непререкаем.

С глубочайшим почтением и любовью,

/А.АРЕФЬЕВ/

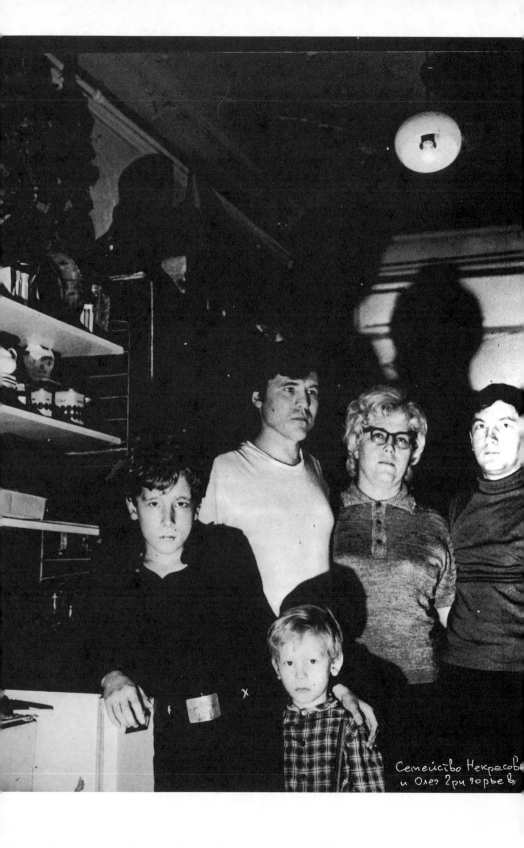

Семейство Некрасовых
и Олег Григорьев

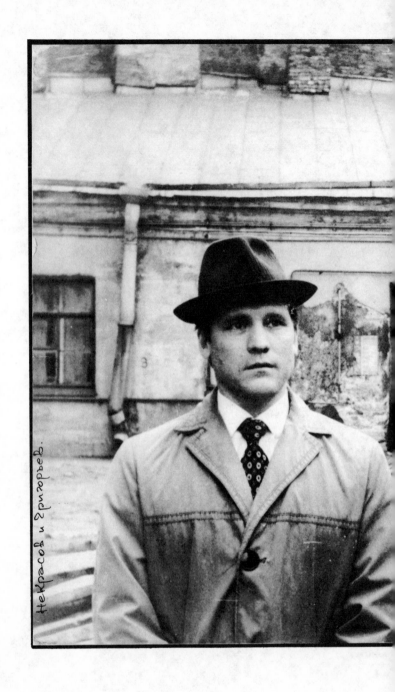

Некрасов и Григорьев.

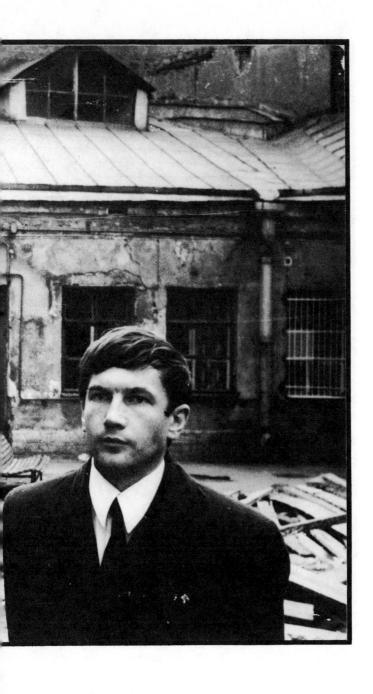

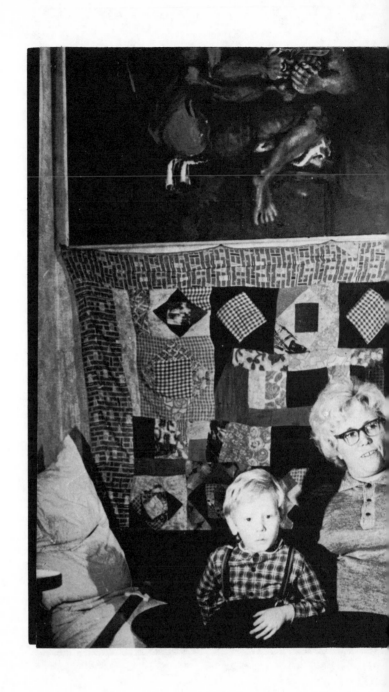

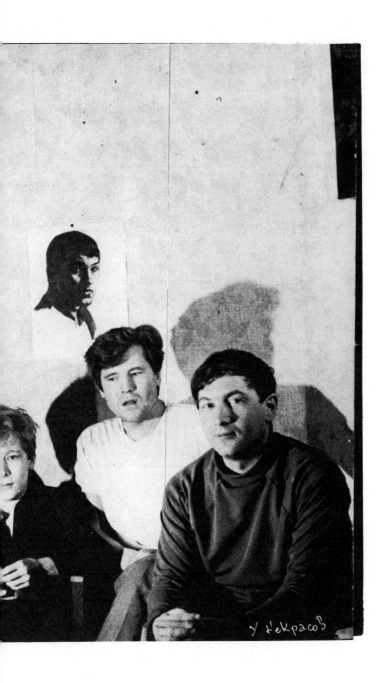

У Некрасов

ГРИГОРЬЕВ И ГООЗ - ДВА СРОКА

*Без Олежки Григорьева не можно себе представить русскую литературу и
живопись 60-х годов в Ленинграде. Учился он в СХШ вместе с Шемякиным,
от Миши я впервые и услышал его имя. В 71-м году, перед отъездом, Ше-
мякин тщился выручить Олежку из суда. Приехал тот, пьяный, в какой-то
новый район /перепутав юг и север/, ломится в квартиру: "Юру Галецко-
го мне!" - друга чтоб, значит, навестить. "Нет, говорят, здесь Юры!"
"Юру, говорит, мне!" Слово за слово - драчка. Разметал их всех Олег
и какой-то директорше универмага перепало. Ну и, несмотря на заступ-
ничество Шемякинских друзей /какого-то актера-депутата/, вмазали Оле-
жке пятеру химии в Сланцах, и на книжечку "Чудаки" не посмотрели.
А Галецкий жил вовсе в другом конце города.
В 74-м он уже вышел, бывал у меня, читал сюрровые рассказики, ошивал-
ся сутками у Геннадиева, но текстов было с него получить - никак.
И уже здесь, узнаю, что был он ежедневным гостем и у Некрасовых, о
чем свидетельствует и ряд фот. Володя Некрасов и посейчас перманентно
вспоминает Олежку. И говорили по телефону тут как-то.
Но и у Некрасова текстов Григорьева нет.
Помнят его и в Париже - откуда и взята публикация Хвоста.
Олег Григорьев по степени популярности и приязни - где-то сродни Гле-
бу Горбовскому, того тоже не забывают.
А я его, к сожалению, мало и мельком знал.*

*То же и с Володей Гоозом - появлялся он, вроде, у меня пару раз, у
меня много кто появлялся, но рисунки его /иллюстрации к Хармсу/ попа-
ли в руки мондавошки И.Д.Левина, и я их выставил только один раз, на
передвижной выставке в Техасе, но даже переснять - было не на что.
Гооз к тому времени уже схлопотал мелкий какой-то срок, за планчик,
который, к тому же - ему подкинули. Имевшийся в наличии - они при шмо-
не нашли, так что дело было явно шитое.
С Гоозом тесно общался и все тот же Володя Некрасов, мой нынешний
"лэндлорд", вывез пару рисунков и даже нарисовал его портрет, который,
в виду перестройки дома, сейчас не может найти. Звонил сейчас - спит
Некрасов, умотался. А Шурка сказала, что Григорьев после тюрьмы у них
год прожил, и она его очень любит. О чем я и говорю.*

*Гооза же, кучу графики, привез мне днями Борис Великсон, равно и 3
рисунка Александра Махова, москвича. Всё это я откопировал, а из Гоо-
за выбрал только бытовую-лагерную тему, его псевдо-японо-индийские
вариации мне не понравились.
Но как не запустить - уже следующее поколение барачников в этот том?
Тем более, что и томов-то более, вероятно, не будет. Провинцию я при-
кончил, по Питеру только - у меня уже 6-ой том, осталось малость по-
работать с Москвой. Ну, через годика два.*

А пока - закончим на жизнерадостной ноте, мрачными рисунками Гооза.

Олег ГРИГОРЬЕВ

ЛЕТНИЙ ДЕНЬ

(рассказ детеныша)

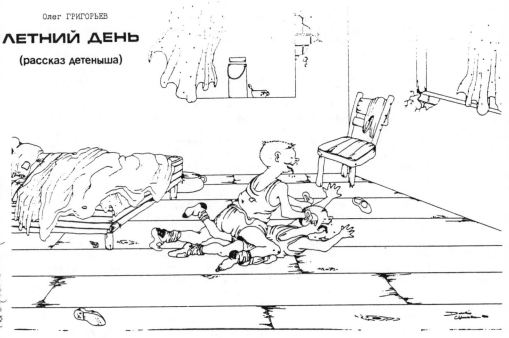

Только спать легли, а уже подъем, даже сон чем кончается, не увидел. Ой, как спать хочется, даже глаза склеились: завернуться в клубочек и сон про себя досматривать. А с тебя уже одеяло колючее стягивают, чтобы холодно тебе спящему было, и за пятки больно щекотятся.

- Кхи-ты-чхи! - Вот и чихнул. Утром всегда так чихается, потому что солнце в нос через стекло разбитое светит. Вон как в носу свистит, даже сопли качаются.

А Ленька-какун уже ботинки напялил. И смотрят его ботинки в разные стороны, не на те ноги напялены потому что. Шнурки болтаются и лямка висит, а рубаха шиворот-навыворот одета - значит, снова Леньку бить будут, всегда его кто-нибудь душит, вот и сегодня тоже.

Наступил Ленька на шнурок и - шлеп животом как лягушка. Поднялся, а тут ему на лямку встали, и опять на полу лягушачий шлеп послышался.

А на нем уже Юрка злодей сидит. Потянул его за рот - чуть губа не оторвалась, потому что мягкая. А Ленька его схватил за ухо резиновое, растянулось оно, а потом на место стрельнуло, дрожит теперь. Тогда Юрка за живот его душить начал, так что сопли пошли.

Ну их. Я быстренько сандали одел и к умывальнику отправился. Здесь воспитатели чистить зубы нас заставляют, для этого щетки волосатые выдают.

А зачем зубы чистить? Все равно они скоро выпадут, и заместо них другие вырастут. Вот те и надо чистить. У меня уже вырос один такой, а другие еще шатаются. Буду его одного чистить. Ух ты, паста какая вкусная! Вначале съем одного червяка, а другого

Рисунок Доротеи Шемякиной

его воспитатель за уши, а они у него только растягиваются, и не больно ему нисколечко. А еще он пишет выше, чем я, в уборной до потолка до самого, поэтому он и друг мой.

Зашли мы в лес, а там березы поломанные валяются. Спотыкаться и падать стали. Юрка чуть в яму не улетел, где проволока колючая смотана. Здесь бомбы рвались, вот и ямы от них такие круглые. Потом смотрим - кучища стоит, и в кучище что-то шевелится. Это муравейник такой большой, муравьи в нем шевелятся желтые.

Муравьи домой дохлую стрекозу тащат, наверное самолет из нее делать хочут. Стали отнимать у них стрекозу, а они не дают, ртами ее к себе тащат и кусаются. Раздавили тогда их ногами, так что грязь осталась, и дальше идем. А дальше другой муравейник, только поменьше чуть-чуть, и муравьи в нем черные маленькие. Между муравейниками война идет из-за гусеницы волосатой. Черные к себе ее за волосы тащат, а желтые к себе за мясо. Вот у них и война пошла. Копошатся, грызут друг друга, только головы валяются, и клещами жуют, а гусеница ни с места. Они ее как канат перетягивают, и никто перетянуть не может. Тогда мы за маленьких, за черных заступились. Юрка веткой гусеницу поддел и на их муравейник забросил, чтобы ели ее. А желтый мы палками стали воротить, разворотили весь, а там кости и череп собачий с клыками белеется. Хватают муравьи свои яйца в зубы и в голову собаки прямо в глаза уползают, от света в темноту прячут яйца. Вот гады какие, собаку сожрали целую и на ней муравейник устроили. Стали мы писать в них, настоящий потоп в муравейнике устроили. Всё на них выписали. А потом Юрка стал череп собачий вытаскивать, наклонился и выдергивает его оттуда. А череп не выдергивается: крепко к собаке приделан. Еще дернул и шлеп животом в муравейник. Хотел подняться, да руки в глубину ушли. А муравьи его так и облепили, так и едят всего. И меня уже кусают, лезут по ногам и в мясо зубами впиваются. А Юрка все еще в муравейнике сидит. Вскочил потом, закричал, и в сторону мы с ним бросились. Упал он на землю и кататься стал, пока муравьи от него не отпали, а не то загрызли бы, как собаку. Отбились от муравьев, на поляну возвращаемся. Стыдно Юрке, что он кричал, идет обкусанный и листья пинает. Вдруг пнул, и что-то железное послышалось. Смотрим, а это минища круглая, вся блестит и с буквами нарисованными. Здесь же бутылка валяется. Схватил Юрка бутылку и о пень шмякнул, так что стекляшки посыпались. Потом и мину схватил и тоже о пень. Вот дурак, хорошо что не подорвалась, а то бы что нам воспитательница тогда наделала? Я скорее к солдатам побежал - мина, кричу, мина железная. Бросили солдаты палки, за мной к мине бегут. Выхватил один мину у Юрки и читает, что на ней написано. Потом инструмент кривой из кармана достал, вскрывать ее осторожненько начал.

У меня от страха даже мурашки по спине забегали. Вскрывает он, а все следят в тишине, вот-вот подорвется. Потом вскрыл, наконец, руками железку отогнул и понюхал. Сели тут солдаты в кружочек и есть стали со смехом все, что в мине положено. Всё съели - разминировали значит. А Юрку, муравьями искусанного, за шкварник взяли и, тряся в воздухе, к воспитателю принесли, чтобы мины больше о пень не шмякал. Схватила его воспитательница за ухо и потянула как за резину какую-то, потом напротив себя посадила и не пускает ни на шаг теперь. Я скорее с ребятами остальными смешался, чтобы и мне не попало. Играть с ними стал. А без Юрки скучно. Совсем неинтересно дети играют. Девчонки венки из цветов плетут, мальчишки в петушка или курицу травой играют, другие из носа сопли вытягивают, меряют, у кого длинней. Совсем мне не интересно так.

А ну-ка, что это Лариска косматая за кустами делает? Ушла на поляну и с кем-то белым, живым разговаривает. Пойду к Лариске, она хоть девчонка, а все равно хорошая. Совсем как мальчишка настоящая. Не царапается никогда, не кусается и щекотки не боится нисколечко. Всегда лохматая ходит, лохмудрей ее называют, а еще оцарапана больше всех, потому что ползает где не надо. Однажды она в яму залезла, в воронку, где вороны ходят, а вылезла оттуда вся о проволоку колючую изорванная, так оцарапалась, что кровь из нее ручьем текла. Ей за это уколы втыкали, а царапины до сих пор назади сидят. В мертвый час она их всегда мне показывает, задерет ноги и показывает, даже трогать дает. А бегает она быстрее всякой курицы. В пятнашки только я и Юрка ее догоняем. И совсем не ябедничает и не плачет, когда мамы от нас уезжают.

Зашел я за кустики, смотрю, а Лариска с козой безрогой возится. Запуталась коза веревкой за палку и распутаться не может. Объела все кругом и губами к траве необъеденной тянется, да веревка не пускает. Стали мы веревку разматывать. Водим козу вокруг палки и разматываем, чтобы с голоду не сдохла и не блеяла больше. К рогатой бы и не подошли, а безрогую и бояться нечего. Распутали и гладить стали. Я даже забрался на нее как на лошадь, только слез сейчас же. Очень у нее спина острая. А Лариска все ее гладит, поцеловала даже в морду ее хорошую. Белая была козочка, красивая, только титьки уж слишком длинные, висят - чуть до самой земли не касаются, так и хочется дернуть за них. Наклонилась Лариска и дернула, даже молоко оттуда забрызгало. А козочка стоит и с места не движется, только ушами подрягивает и жует что-то, а из глаз зеленые слезы повисли. Тогда я под нее заполз, а Лариска все сиськи дергает, на глаза мне и в нос молоко течет. Вскочил я и скорей за Лариской помчался, чтобы мордой ее в титьку ткнуть. Быстро за ней бегу, а она еще быстрее, тогда я - ать! подножку ей сзади, так что она перекувырнулась и коленом голым о камень ударилась. Лежит и корчится от боли как гусеница, а из колена кровь течет. Жалко мне ее стало, - не плачь - говорю - это камень проклятый виноват во всем, сейчас я его выверну и в кусты заброшу. Отвернул камень, а там черви едят кого-то, в клубке переплетаются. Оказались на солнце и в землю впились. Шлепнул я камень в них - одна жижа красная брызнула.

А Лариска сидит на корточках и рану рассматривает, кровь из нее так и течет и на землю капает, проливается. А я знаю, что делать нужно. Если кровь идет, надо сразу же языком лизать, тогда остановится кровь и присохнет. А Лариске и не достать никак языком до колена, сидит она и только плачет тихонечко.

Тогда я сам зализывать стал. Взял ее ногу и кровь языком лижу. Кровь у нее соленая, противная, так и хлюпает во рту, чуть на щетку можно. Мухи из умывальника льются. Куда они только не забираются, эти мухи. В нос забираются и в уши дырявые. Сидит одна и поет в моем ухе, а уходить не собирается. Но я гвоздем ее оттуда вытащил, который здесь заместо вешалки всем глаза царапает. Не воткну его обратно, в трусы воткну. Пускай как сабля острая на боку висит, пригодится потом наверное.

А мухи всё льются и льются. Не буду я умываться мухами, мыльные пузыри делать буду. Вон какие большие летают, только плохо, что мухи на них натыкаются. Все пузыри мои так полопались. Оторвал я за это одной мухе голову, а она и без головы полетела, вредная. Я ее чуть в нос не проглотил. Всякие на свете мухи бывают: жужжащие, кусающие или просто летают которые. И никуда от них не спрячешься. Даже по завтраку нашему ходят. Завтрак это не потому что завтра, так бы он сегодником назывался. Но его все равно называют завтраком. Значит, сегодня это уже завтра, а завтра послезавтрашним будет. Но и тогда по завтраку мухи ходить не перестанут. Всегда они будут жужжать и в кашу садиться.

Кашу на стол принесли. Некрасивая каша, в точках вся и вареньем обмазана, чтобы есть ее было можно.

Варенье я сразу же языком слизал, так что мухи теперь на губы перескочили.

Невкусная мне каша попалась. У Юрки вкусная, вот он ее и лопает. А я лопать не буду. Меня заставляют, а я все равно же не буду. Не хочу я кашу, значит и есть не могу. Эту машу канную, кашу-ка - слово-то какое непонятное, совсем его без варенья не интересно есть. Шлепать надо по нему ложкой.

А в каше уже мухи застряли. Мы их пальцами скорее спасаем, а кашу на стол ляпаем, как будто идет корова с лепешками.

Ленька вилкой в носу заковырял, а изо рта слюнявые пузыри пускает. Воспитательница - шлеп его по губам, вот он и ревет теперь. Из носа, из глаз, изо рта текут у него слезы, и все прямо в кашу заместо варенья.

А вокруг стола курицы бродят. Петухов нет, а кто-то все время кукарекает.

Тут нам яйца сразу принесли, раздают по очереди. Одной девчонке яйцо с тухлым цыпленочком досталось. Все ей завидуют, а она плачет.

Цыпленочка нюхать тоже по очереди стали. - Ну-кась дайте-ка и я понюхаю. Фу, как здорово! Даже яйцо мое лопнуло и по скатерти расползлось. Тогда мне новое принесли, не простое, а вареное.

Желтки в вареных немного вкуснее, а вот белки мы - ать! - в курицу рябу, которая здесь ходит, швыряем.

Прыгнула она на стол, кисели наши все сломала - настоящее кисельное море с плавающими скорлупками получилось.

После еды помыли уши, а потом гулять ушли. Вся дорога в коровьих лепешках заляпана. Любят коровы ходить и пачкать везде. Вот и сейчас идут. Целое стадо рогатое. Идут и бубенчиками побрякивают, а между ног у них титьки болтаются.

Девчонки сразу же реветь стали. Всегда они плачут, когда коровы идут. И мальчишки некоторые тоже плачут. Вот бояки! только я один коров не боюсь. Если у коровы рога отломаны, то ее и бояться нечего. Я рогов боюсь, а не коровы: вот как посадит тебя на рога, так и умрешь - страх один! Мы сразу же через канаву глубокую прыгнули, чтобы коровы достать не могли.

А они уже мимо идут, и лепешки от них зеленые падают. Идут и на нас оглядываются. Вдруг один бык на корову ногами передними встал. Заревела корова и в сторону дернулась, а он рычит и на задних копытах за ней идет, прямо как лошадь в цирке. Даже воспитательнице смешно, а нам страшно сделалось.

А другая корова ноги расставила и писать начала, так что брызги меня закапали. Сама плачет и цветы нюхает, а у самой вода как из шланга льется.

Вначале я думал - коровы молоком писают, а оказывается, водой коричневой.

Потом, наконец, ушли эти коровищи, хвостами размахивая, и мы дальше отправились. Вокруг только пни, да березы поломанные, а в березах солдаты ходят и палкой железной землю щупают — мину ищут.

Недавно война здесь шла и пули валялись кислые. Мы их в рот ложили, потому что вкусные они, и сосали с пальцами вместе.

Потом на полянку пришли. Трава здесь тоже кислая. Кувыркаться стали. Так я через голову перекувырнулся, что даже пулю в живот проглотил. Но ничего, потом она все равно из меня выйдет. Много чего я проглатывал: и шарики, и винтики, и гвоздики разные, и все это потом обратно выходило. А однажды мамину серьгу проглотил. Мама все в горшок мой смотрела, но серьга так и не вышла. Значит, теперь в животе моем лежит. Много в моем животе разных штучек, как в копилке все равно что. Подпрыгнешь - даже побрякивает и урчит что-то.

А из леса к нам солдаты пришли. Если мину найдете - говорят - так о камень ее не стукайте, а не то подзорваться можно, костей не соберешь. И воспитателю наказывают в лес никого не пускать. Стали мы по поляне бегать, кузнечиков прыгающих ловить. Огромного я кузнечину поймал, зеленый весь, только брюхо желтое, а в конце сабля торчит. Шевелит он усиками и слюни коричневые пускает.

Между кузнечиками мы драку устроили. Мой кузнечик всем другим головы разжевывал, пока какой-то кузнец не разжевал его самого.

А Ленька стрекозу поймал и живьем ее съел, говорит, что вкусная. За столом ничего не ест, а как гулять идем - все в рот пихает. Вот и траву на поляне всю уже съел, заячьей капустой называющуюся. Так объелся, что живот распух, крепким стал, как у лягушки, которую Юрка злодей через соломинку качает. Накачал, а потом за ноги располовинил. Значит, дождь теперь лягушачий будет.

Потянул я Юрку за шиворот, и мы с ним в кустики поползли, чтобы в лес незаметно отправиться. Неинтересно нам с Юркой на поляне сидеть, вот мы и удрали потихонечку.

Юрка - это один мой друг. Он злодей, он мучитель. Он может в рот положить целого червяка и нисколечко не испугается. Ленька тоже червяков в рот ложит, но он потому что дурак, а Юрка по храбрости. Он у нас самый храбрый в детском садике. По борьбе первый я, а Юрка потом, но червяков живьем ложить в рот я боюсь, значит, Юрка меня храбрее. А еще у него уши резиновые. Дергает не тошнит меня. Сплюнул ее скорее, а к ранке листок прислюнявил тоненький - не могу я чужую кровь переносить - совсем противная. За руку Лариску взял, и пошли мы, где дети все. А здесь тоже приключение случилось. Леньку оса в щеку кусила, так что щека у него на грушу теперь похожая. Окружили его дети и грушу щупают. А вокруг на поляне бабочки порхают, совсем как бумажки конфетные. Одна рядом села, черная вся, а на крыльях божии коровки нарисованы. Отпустил я Лариску, к бабочке приближаюсь. Такая она красивая, что даже страшно мне.

Сидит она и язычок закрученный показывает, так что у меня самого язычище вытянулся. Тихонечко я подкрадываюсь на цыпочках, и тут прыг на нее животом и примял. Бьется она подо мной как птичка, а я лежу и что делать дальше, не знаю. Потом хвать ее в кулак, смотрю, а вместо бабочки червячок раздавленный, по бокам его крылья лохматые болтаются. Вся краска с них на меня перешла, и остался от нее настоящим только язычок закрученный. Бросил ее в сторону, а сам в траву сел. Обидно стало. Всегда так, потянулся я однажды за золотинкой, схватил, а это плевок такой. Вот пойду сейчас и кучу малу всем устрою. Вон сколько народу собралось, все Ленькину грушу щупают.

Схватил я одну девчонку за голову и в Леньку ее носом курносым ткнул, а она не на Леньку, а на меня упала, так что я сам носом в землю воткнулся. А тут на нее и Ленька брякнулся, а на Леньку детский садик весь. Куча-мала, кричат, куча-мала! Всегда я на кучу-малу сверху прыгаю, а вначале только толкаю всех, а тут и сам внизу очутился. Страшно внизу сидеть, темно и дышать нечем, а сверху все наваливаются и давят, да еще ботинком кто-то в лицо пинает. Хорошо что воспитательница всех за ноги растащила, а не то ведь так и задохнулся бы, в животе рычит даже. А воспитательница всех в пары ставит. Значит, кончилась прогулка наша, назад в детский сад возвращаемся. Пошли мы не той дорогой, где коровы встретились, другой совсем, но и тут все равно в лепешку вляпались. Идем неспеша, по сторонам глазеем. Вокруг заборы стоят, за заборами дети галдящие. Лагеря вокруг пионерские и детские садики разные. А один детский садик здесь удивительный очень. Самый удивительный в мире, наверное. Уродики там кривые живут, рахитами их воспитатели называют. Не будете есть, говорят, и тоже в рахитиков превратитесь. А они стоят за заборикоми на нас глазами косыми поглядывают. А сопли у них до колена свесились, языком их лижут и об забор утираются. Ушами трясут и хихикают и под нос себе что-то бубнят нехорошее.

Любопытно нам их разглядывать. Горбатые все, корявые как сучки, носы картошками на лицо повешены. У одного вместо пальцев точки виднеются, у другого ухо к плечу приклеено, а еще один - так совсем ходить не умеющий, на коляске его катают, а он плюется в разные стороны.

Лариска даже видела здесь уродика, с двумя головами который. Я не видел такого, а очень бы интересно на него посмотреть. Воспитательница говорит, что зря их живыми тут держат. Умерщвлять, говорит, их надо, а не то только хлеб зря жуют. В войну, говорит, все рабочие голодные ходили, даже крыс, говорит, переели всех и галоши отваривали, а этих всех разных кривых идиотиков и сумасшедших - многих безо всякой пользы кормили. Раз, говорит, не приносишь пользу, значит, и жить, говорит, нельзя. А я совсем по-другому думаю. Правильно, думаю, что этих рахитиков кормят. Пускай живут на удивление. Вон какие смешные. Заползли на заборик и кричат нам - бу-бу-бу. А с двумя головами который - это совсем любопытно даже. Ну-кась где он? Что-то не видно. Наверное в доме сидит и гулять стыдится. А если бы у меня две головы выросли, я бы хвастался перед всеми, а не прятался. Ходил бы себе по улицам как Тянитолкай из Африки и головами бы своими со всеми здоровался.

А воспитательница даже и посмотреть на них не дает. Всех подальше скорее уводит. Идем мы и под ноги смотрим, чтобы опять в лепешку не вляпаться. У всех в руках жук сидит или саранча какая, а у меня и нет ничего. Но я все равно кого-нибудь изловлю, обязательно кого-то поймаю, потому что иду я последним самым и отставать мне можно. Ага, вот они, жучки мои бронзовые, на розе красной уселись, божии коровки между ними ползают, а они сверкают на солнце, как золото. Скорей бы все дальше вперед ушли от этого забора колючего. Только бы не заметил никто, что роза из него выглядывает. Вот так, отошли немного. Теперь хватать ее быстро нужно с жуками вместе. Ой-ей-ей! что это? Схватил я розу, а она как будто тоже из проволоки колючей сделана, впилась в руку мою, пальцы все иголками исколола, а жуки на землю в крапиву попадали. Скорее в крапиву лезу, чтобы достать их. Щупаю землю, а жуков и нет, только черные гусеницы по крапиве ползают, и в бок что-то острое царапает. Оглянулся тогда - ужас какой! Ручища длинная волосатая из-за забора тянется. Пальцы сжимает, как будто ищет что-то, и зацепить меня ногтищами хочет, да не дотянется. И никого за забором из-за веток не видно. Оторвал я скорее крапивину, хлысть по руке, - убралась сейчас же. А сам наутек бежать к группе своей уходящей. Хорошо что меня не сцапали, а то что бы тогда? Нарочно ведь сцапать хотели, чтобы розы не рвал. А ну их, только зря окрапивился. Вот и гвоздь пригодился волдыри расчесывать. Надо было им эту руку проклятую к забору пригвоздить, не пугала чтобы. Но и так ей хорошо досталось от крапивины: ничего что пальцы себе обжег, зато ее всю изжалил.

А бронзовиков и не жалко нисколечко. Вон сколько лепешек коровьих валяется, и в каждой лепешке целая страна жуков - всё навозники.

Всякие на свете жуки бывают: дровосеки, пни едящие, усачи рогатые, щелкунчики, плавунчики и даже жуки могильщики, под дохлыми кошками живут которые. И все они как звери злющие: царапаются, кусаются, один в кожу вопьется, другой кровь высосет, а какой-нибудь так в палец вцепится, что совсем лучше без пальцев жить. А навозники - жуки самые добрые, я их больше всех люблю. Пожарники тоже хорошие, но они мягкие, а навозники крепкие, совсем как бронзовики, только с бронзовиками играть неинтересно. Схватишь его, а он, притвора, сразу же мертвым притворяется. А навозник никогда притворяться не будет. Налетит на тебя как пуля и сразу же ползать начинает.

Вот один мимо меня прожужжал. Сел на лепешку и в глубину уполз, но я его оттуда гвоздем выковырял. Вошки на его животике

ползают. Летают на нем, как человечки на самолетике. Я их гвоздем
соскреб, потому что противные. Но некоторые все равно у него
остались. Заползли к нему в подмышки и сидят теперь. Не буду же
я лапки отрывать ему. Навозника я сразу же на ниточку привязал,
которая из майки вытягивается. Потянул ее - тянется, еще потя-
нул - еще вытянулась, так бы всю майку распустил, да оборвал,
когда нитка длинная стала. К другому ниткиному концу гвоздик при-
делал. Теперь, когда ночь, буду гвоздь в землю втыкать, чтобы жук
по травке ходил и еду себе добывал, как та козочка. Дернул я за
нитку, жук свои крылья раскрыл и летит с гуденьем, а я за ним
бегу и за нитку держусь. Так и очутились мы в детском садике -
я бегущий, а он летящий. Потом на голову опустился, ползет за
шиворот.

А тут уж ведра и лейки завякали, вода в них колышется. Зна-
чит, опять процедура какая-то, из лейки водой поливать нас будут.
Побежал я в дом скорей, жука под подушку запрятал и назад воро-
тился. А воспитатели всем уже раздеваться велят, майки с себя
снимать и трусы последние. Майку я снял, а трусы не хочется. Про-
тивно, когда ты голый и мухи кусают, да еще когда девчонки хихика-
ют.

Им-то, девчонкам, что, а вот мальчишкам как? И мальчишкам,
оказывается, тоже ничего. Все уже раздетые голыми прыгают, толь-
ко я один в трусах стою. А Лариска вредная так и смотрит на ме-
ня глазищами, и все смотрят, потому что я - это трус. Раз в тру-
сах - значит, трус. Очень мне противно и стыдно делается. Лучше
бы уж совсем этого солнца не было, чем раздетым бегать под ним.
Но потом все-таки и я разделся, даже Лариска запрыгала от радос-
ти, стала пальцем на меня всем показывать. Вот гадина, а я ей
еще кровь зализывал.

Воспитатели думают, что мы маленькие и ничего не понимаем,
но мы-то с Юркой знаем, что девчонки какие-то не такие. Только
не знаем мы, почему они так сделаны. Да и вообще мы не знаем,
как делается человек. Мама сказала, что она под деревом меня на-
шла. Значит, я как яблоко на дереве вырос, а потом на землю упал.
А к дереву я за пуп прикреплялся. Ведь у яблока тоже посередине
пуп растет, которым он за ветку держится. Вот и у людей так же
устроено. Это мне мама так сказала. А Юрка говорит, что это все
враки сплошные. Он говорит, что дети выходят откуда-то из мам,
из животов наверное. Разрежут живот, и оттуда дети выходят го-
ленькие. Но я ему тоже не верю, злодею. Зачем же тогда человеку
пуп, если дети из животов выходят? Вон он у Юрки длинный какой.
И еще страшно это, когда живот режут. Наверное, все как-то по-
другому делается.

А меня уже как куклу какую-то за голову взяли и из лейки во-
дой поливают. А тут как раз дождь лягушачий закапал. Зачем же
водой поливаться, если дождик и сам как из лейки льет?

Стали мы под дождиком как лягушата прыгать. Интересно это -
облаков нету, а дождик идет откуда-то. Над головой солнце сплош-
ное светит, а вокруг золотые капли падают. Они, наверное, от солн-
ца отрываются и летят к нам на землю. Очень это хорошо по лужам
прыгать в каплях солнца. Так хорошо, что даже трусов одевать не
хочется. А в лицо уже радуга засветила. Интересно бы на нее за-

браться. Перепачкались бы все в краску наверное, а потом бы нас купаться повели. А дождик так и булькает, так и бьет по голове, весь мир золотыми каплями обвешан.

Вдруг что-то как грохнет, потом как треснет над головой, и засверкало все и потемнело вдруг, и солнце за тучищу спряталось. Испугались мы, в кучу сбились, жмемся спинами, а девчонки уже визжат.

Схватили мы одежду и, друг на друга наталкиваясь, в дом побежали с криками, так и ворвались в комнату без штанов. Совсем как команда бесштанная.

А здесь уже суп на столе испаряется, кисели в стаканах стоят. Обед сегодня с улицы в дом перенесли, не будем же мы суп с дождем есть.

Притихли все, в штаны одеваются. Сели за стол и первой ложкой себе рот весь ошпарили, так что кожа во рту сошла. Ленька в суп кисель подбавил, а не то соленый больно. Я тоже киселя хотел влить, да воспитательница его отбирает. Значит, после второго получим, а вначале суп хлебайте. Выхлебали первое, а за первым второе пошло, не в то горло попало. Кашляют все, а воспитатель по спинам колотит, потом опять кисели вернула, запивать чтобы селедку соленую.

Медленно мы кисели растягиваем, знаем, что после третьего мертвый час нас ждет.

Мертвый час - это не так страшно, как в первый раз нам послышалось. В мертвый час не умирают, а спят потому что. Это нарочно нам такой час придумали. Вначале я не знал про него. Думал, что ночь одна светлая, а другая темная бывает, а оказывается, все не так, оказывается, нарочно нас днем спать заставляют, чтобы мы не мешали воспитателям. Они ведь тоже между собой играть любят.

Лег я в кровать, а навозника моего и нету. Тогда я за ниточку потянул, и он опять очутился в кровати. Тут воспитательница с горшками пришла. На горшок всех зовет. Очень я хотел к горшку, но пойти побоялся. Увидит она жука моего и убьет на месте, или в горшок бросит, злодейка, куда накакали. Поэтому я лежать остался. Засунулся под простыню с головой и смотрю, как жук по мне ползает. Щекотит меня ноготками и в нос ползет, но толстый слишком, в ноздрю никак пролезть не может.

А за простыней вдруг шум послышался. Выглянул я, смотрю - Ленька на горшке заснул совсем. А Юрке не терпится, прыгает Юрка на месте и с горшка его спихивает, а не то опять описать грозится. А Леньке, может быть, нужно так долго сидеть, чтобы во сне в кровать не обкакаться. Потом ушел все-таки Ленька. Юрка его место занял. Не по-большому занял, по-маленькому - только брызги летят в разные стороны. А за ним и Лариска пошла. Не хочет Лариска по-девчоночьи садиться, тоже мальчишкой хочет быть. Расставила ноги, задрала рубаху и стоя сверху начала, да все по ноге течет. Тут воспитательница за горшками своими вернулась. Взяла горшки и, гремя ими, из комнаты вышла. Одни мы теперь остались. Вот здорово!

Юрка с постели вскочил, стал всех подушкой по голове лупить. В мертвый час мы всегда всех подушками лупим, но в этот раз я не дерусь, потому что жук у меня, навозник. Убьют еще.

Тогда и Юрка на место лег. Пальцем в носу ковыряет. До тех пор ковырял, пока кровь не пошла. Другие дети мух на окне раздавливают, а еще вытащат из подушки перо и в заднее место им втыкают. Некоторые зубы во рту расшатывают или чешут болячки, а остальные палец соленый в рот засунули и спят давно.

А по крыше дождик ходит и гром гремит. Две девчонки в одеяло с головой закутались и плачут там как кошки. Только Лариска одна хихикает. Дрыгает ногами и царапины показывает. Совсем ей не страшно, что гром гремит. И мне не страшно, хоть я под самым окном лежу. Комары по стеклу танцуют, мухи ходят вниз головой, а одна совсем с ума сошла - стала о стекло колотиться.

Вот и мне спать захотелось. Зажал я навозника в кулак, зажмурился и спать начал. Вдруг дверь скрипнула, опять воспитательница с горшками пришла, стала трясти меня и к горшку звать. Рядом с ней Лариска стоит. Задрала рубашку и все царапины мне показывает, а сама не хихикает, а плачет тихонько. А воспитательница ждет все, когда я начну, трясет за плечо и пальцем в горшок показывает. А я хочу очень, а начать не могу, даже страшно от этого, а она все трясет, ногтищами в плечо вцепилась. Не могу я писать, когда на меня смотрят, не льется из меня вода, и все тут.

А вот когда ушла, тут я и начал. Писал до тех пор, пока совсем не проснулся. Смотрю - страх какой! Я в кровати, рядом никакой воспитательницы нет, и тогда уже до конца стал дописывать. Все равно уже мало осталось.

Навозника своего я в голове нашел. Боялся, что раздавил, а он ничего себе, шевелится, только вошки желтые куда-то девались.

Я ему пальцем погрозил. Ведь это я из-за него описался. Так я никогда не писаюсь. Все писаются, а я нет. А вот с навозником я описался. В наказанье я его под подушку в наволочку запрятал, а наволочку на пуговицы стеклянные застегнул.

За окном уже дождь прошел, и солнце светит, а с окна паучище страшный на паутине свесился. Вот и хорошо, что я так проснулся, а не то бы кровь всю высосал. Хватит в описанности лежать. Вылез я из кровати, по комнате пошел. Вокруг тишина. Юрка спит, голову свесив. В ухо ему муравей заполз, а изо рта язык вылез и слюни на пол тянутся. Лариска лежит перевернутая, ноги на подушке, голова в ногах. Лежит и царапины во сне расчесывает.

[На этом пришедшая из самиздата рукопись обрывается]

Олегу Григорьеву сейчас около 37 лет. Закончил художественную школу при Ленинградской академии художеств. В советской печати появилась одна его книжка стихов и рассказов для детей "Чудаки". В начале 60-х годов я был одним из слушателей рассказа "Летний день", который автор читал друзьям по единственной имевшейся у него рукописной копии. Много раз за эти годы я вспоминал удивительно яркий и необыкновенный рассказ. У кого-то из друзей чудом сохранился экземпляр рассказа, и вот он дошел до нас, почти через два десятилетия - к сожалению, без конца. Но мы ради познакомить наших читателей хотя бы с той частью рукописи, что имеем.

А.Х.

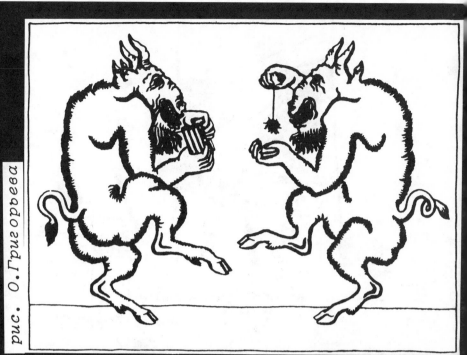

рис. О.Григорьева

О.Григорьев

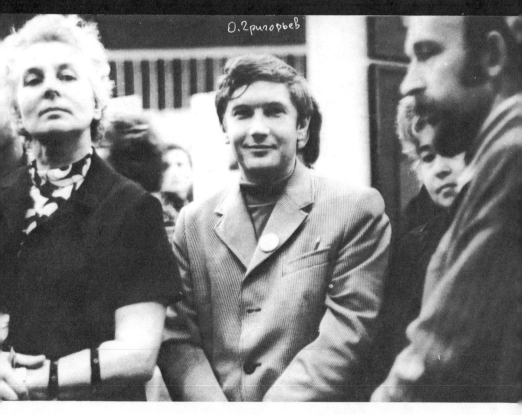

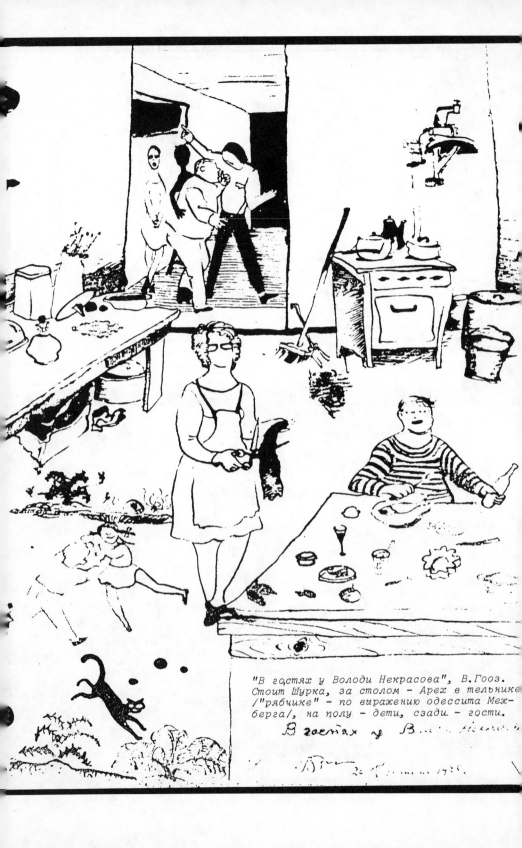

"В гостях у Володи Некрасова", В.Гооз.
Стоит Шурка, за столом - Арех в тельнике
/"рябчике" - по выражению одессита Меж-
берга/, на полу - дети, сзади - гости.

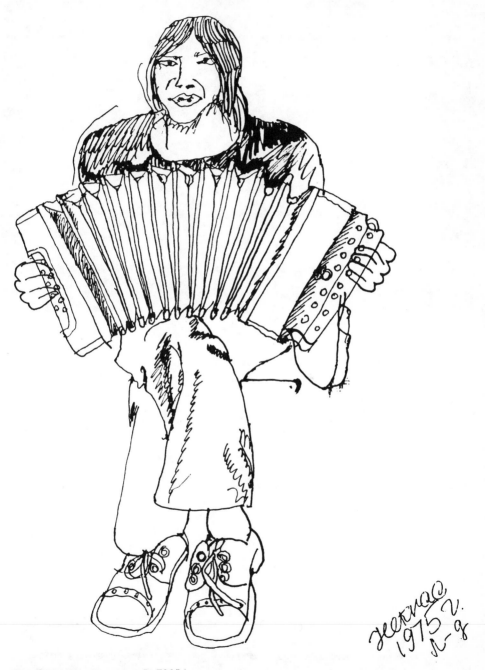

В. НЕКРАСОВ. Портрет В.ГООЗА

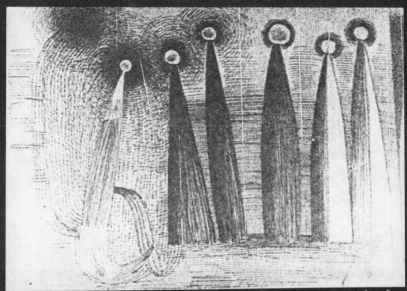

О.Фронтинский. рис.

В. 2003. рис

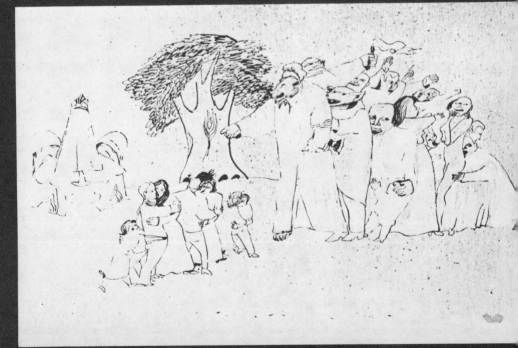

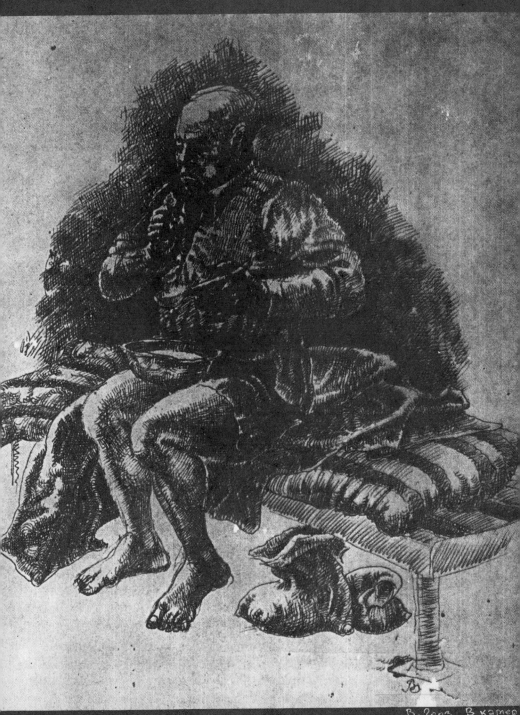

В. 2003. В камер

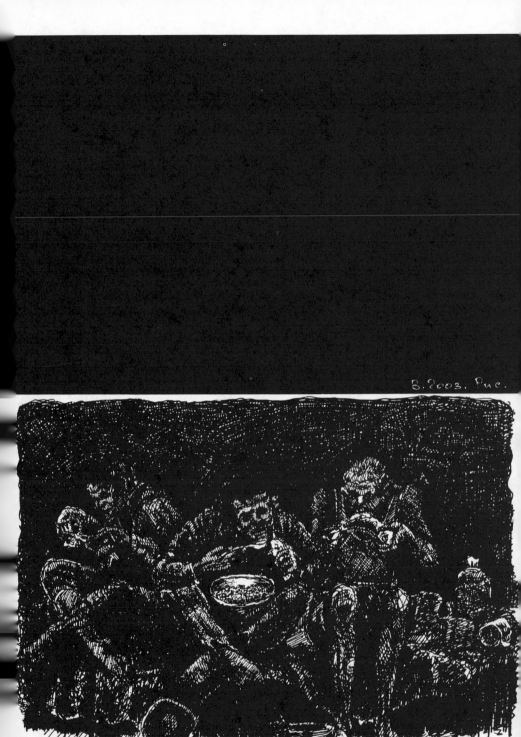

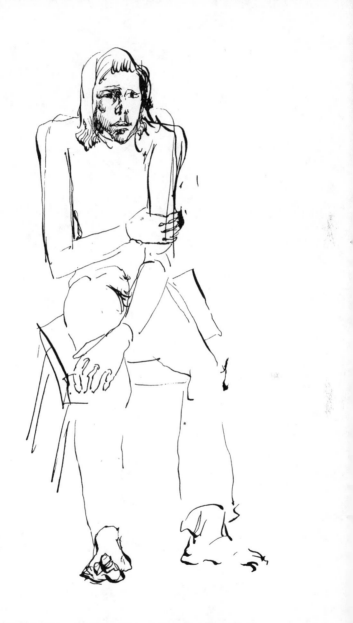

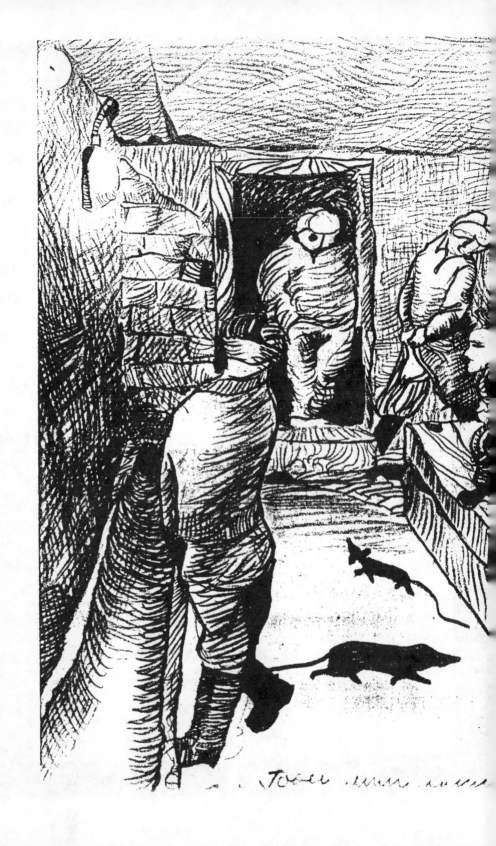

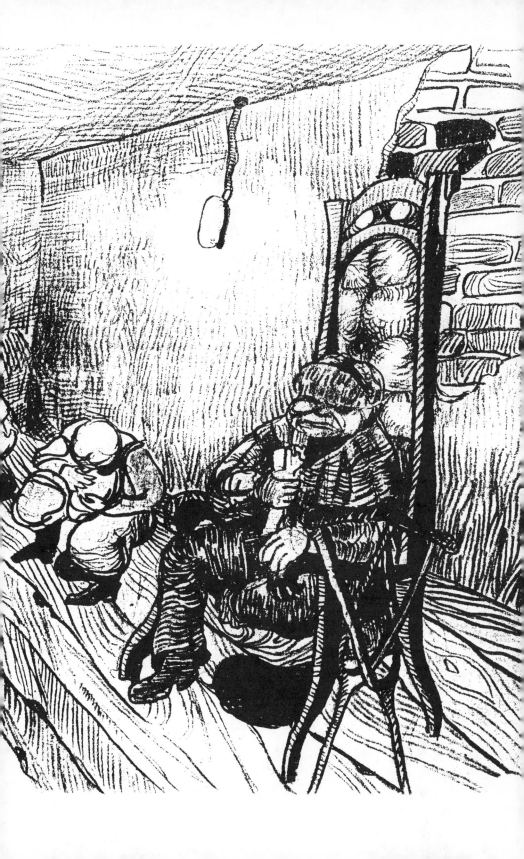

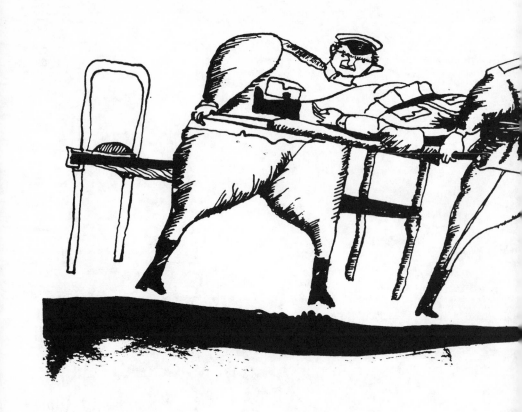

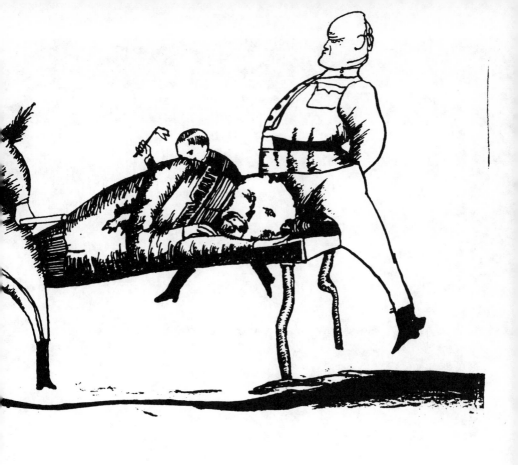

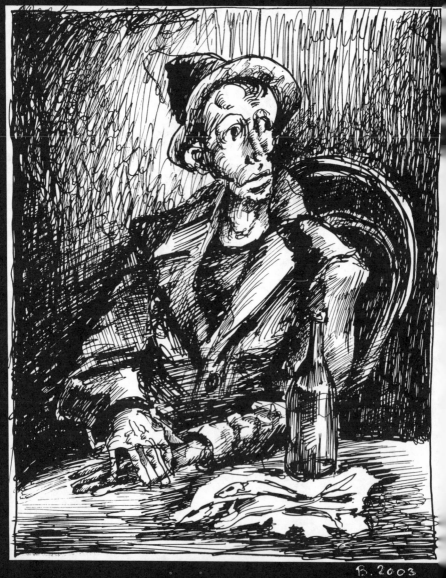

B. 2003

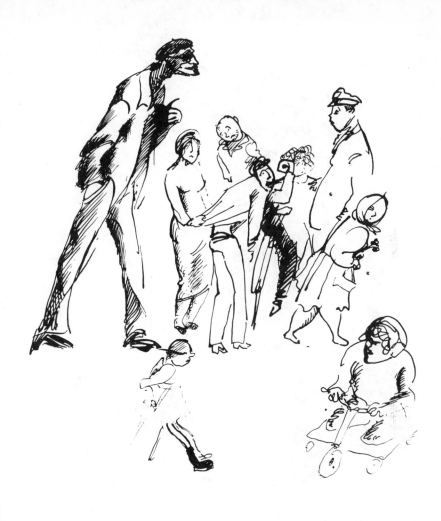

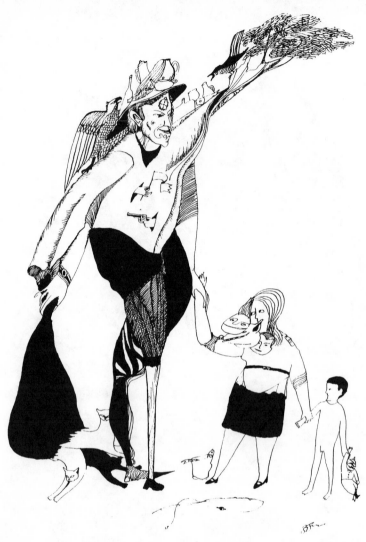

Плященчик и его семья

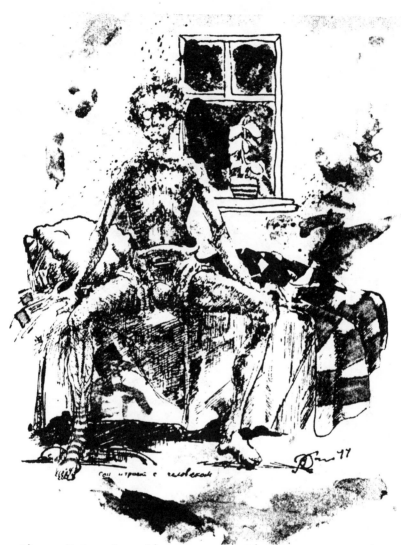

Сон и тревоги с человеком

В. 2003. Иллюстрация к Харпу.   Хранится у мондавошки левина.

БАРАЧНИКИ И ПАНКИ

Самое странное для меня самого в этой антологии - это возникновение
ряда имен, своего рода, эстафеты, цепочки, замкнутого круга, гомеос-
тата. Как в Голливуде.

Но ведь и я, как выяснилось, подумав - уже лет 20, практически, не об-
щаюсь с нормальными людьми /итээров-компьюторщиков, ушибленных искус-
ством путем верхнего образования и наличия черного рынка, я за нормаль-
льных не считаю/. Общался я, в основном, с пишущей-малюющей, танцующей
и дующей в дуду братией, в большинстве своем - анархической, индивиду-
алистической, аморальной и вообще ненормальной.

Наркоманов среди, скажем, пяти сотен моих близких питерских друзей -
было не более 1% /но только потому, что остальные 99% - были нормаль-
ные и здоровые алкоголики/. То же относится и к жопничеству, оно у нас
в России не модно - ну, Трифонов, Зубарев, Дэр - менее и 1%. Это тут -
рассказывают, Ося Бродский в письмах сокрушался: здесь, мол, все, кото-
рые в литературе-искусстве, почти поголовно - гомосексуалисты, и на не-
го как-то странно посматривают. И оправдывался: "Но вы знаете, у нас,
у евреев - это как-то не принято." Почему у евреев это не принято, я
не знаю - здесь даже гомосексуальная синагога есть, здесь много чего
есть, но Иосифа я - понимаю. У нас, которые русские - это тоже было,
как-то "не принято".

Принято зато было многое другое. И об этом, в частности, пишет Лимонов
в "Эдичке". Принято было прикидываться сумасшедшим - на человека, не
побывавшего в дурдомах, смотрели - как на ненормального. Принято было
нарушать, по возможности, всё, но - ПО ВОЗМОЖНОСТИ ЖЕ - не особенно.
Ибо, нарушавшие ВСЕРЬЕЗ - попадали в места отнюдь не райские.
Насиловать пионерок, к примеру - дозволялось только в анекдотах. Хотя
"Лолиту" читали все. То же и с Эдиповым комплексом - кроме Худякова,
насколько я знаю, им никто не страдал. Позволялось писать мамлеевские
рассказы - но не ДЕЛАТЬ того, что в них описано.

То есть, развращенность преобладала - в умах.

На деле же, в большинстве, мы были - маменькиными сынками, и "опыт"
наш, жизненный - заключался в прочитанном и услышанном, чаще же того -
в воображенном.

И все-таки, некий "обще-бытовой" опыт, опыт коммуналки, больницы, мен-
товок и просто - распивочных и столовок, наличествует. У кого побольь-
ше, у кого как.

Но в основном, опыт заключался - в вычитанном и додуманном. Тут самый
пример - Ося Бродский. Попав на время процесса, на парочку месяцев, в
камеру - поэт разродился тюремной лирикой. По примеру Уго Фосколо, или
кого там, надо понимать. Отсидевших же всерьез - не очень тянуло к
этой теме. Взять того же Радыгина.

Поколение помоложе, акселлерантов - не знало и того. Число посаженных
катастрофически сокращалось. Поэтому юных - стали волновать другие "за-
претные темы". /См. у Хорвата, Фрадиса, Елены Щаповой де Карли, или у
Натальи Медведевой, родившейся в 1958-м./

Вообще-то, преемственность - есть, но я взираю на это уже с позиций
3-го тома Дюма, "Виконта де Бражелона" - наше, а того круче, поколение
30-х - кажется мне куда суровей и мощней: барачники-битники - против
заширянных хиппов или нынешних слабоумных панков...

Вроде, и Гооз, и Белкин - к барачникам примыкают, да только - боком. А
вот Некрасов - органично вытекает из Арефьева, как ни странно, за счет
"провинциализму" - бараки там подолее просуществовали.

Легкость, легковесность - в чем мы виним нынешнее поколение /как, воз-
можно - винили и наше.../

При этом - замкнутый круг - ну 500, ну тыща таких на весь Питер, а на-
селение там, между прочим, к 5 миллионам подходит. Процент? Я знал на-
роду - максимум, и столько же собрал свидетельств, а остальные?
Знают ли они о нас? Четыре миллиона деветьсот девяносто девять тысяч?

BANANA ✪ REPUBLIC

·TRAVEL & SAFARI CLOTHING Cº·

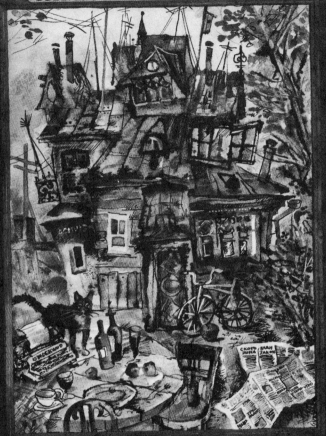

With Mel & Patricia Ziegler

CATALOGUE NO. 27 • SPRING 1986 • ONE DOLLAR

By Mel & Patricia Ziegler

Banana Republic's peripatetic founders, Mel & Patricia Ziegler, writer and artist, slipped into Russia recently to experience life under the Soviet regime. They traveled independently. Most travelers go in groups, and see a Russia of museums, ballets, kremlins, restored czarist palaces, and whatever else is sanctioned by Intourist, the Soviet agency that arranges and monitors all travel by foreigners in the USSR. Only 5% of Americans who visit Russia do so on their own, attempting to get a look at Russia as it is, not as Intourist would like it portrayed. For this reason, Patricia's water color sketches and excerpts from Mel's journal, which are interspersed through these pages, detail a unique Soviet Safari.

Our Cover Artist: An 'Unofficial' Russian Painter

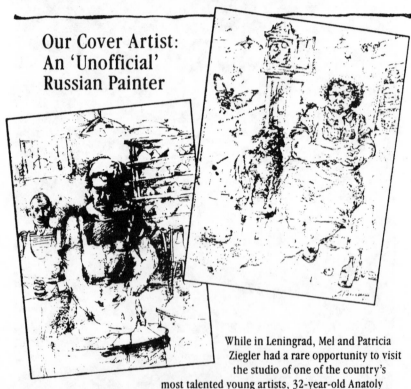

While in Leningrad, Mel and Patricia Ziegler had a rare opportunity to visit the studio of one of the country's most talented young artists, 32-year-old Anatoly Belkin. Although his work is not overtly political, Soviet authorities refuse to grant him official standing as an artist. He paints anyway—"unofficially"—for an underground following. The Zieglers commissioned him to paint our cover, and also selected the two sketches above. The works were smuggled out of the USSR.

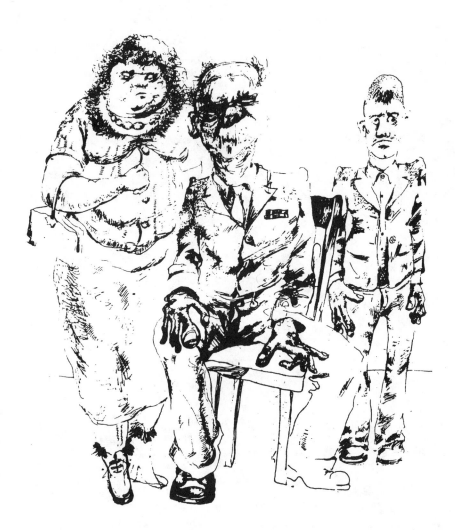

„Я фотография" А.Белашов 77г.

"В БАНАНОВО-ЛИМОННОМ СИНГАПУРЕ..."
или о Белкине в колесе.

Еще в 74-м Белкин представил меня Сиднею Монасу, с чего и началась моя академическая карьера. Которая, к настоящему времени, уже лет 5 как закончилась. Но Белкин тут не виноват.

У меня с ним связаны самые теплые воспоминания, и мне и сейчас приятно /не более!/ смотреть на его картинки. Очень уж он светский. Не чета суровым барачникам и даже одногодку - но отсидевшему! - Володе Гоозу. Вроде, и страшки рисует - а всё как-то не страшно.

Почему и попадает на обложки каталогов "Банановой Республики", фирмы, торгующей исподним и обувками туристическими.

Каталог мне переслал Гарик Элинсон, который каталог зачем-то пришел на имя его жены. Покупать ни она, ни я там ничего не стали, но зато - Белкин. Какая-то нестрашная избушка. И пара рисуночков в тексте. Все-таки хорошо, что Америка торгует с Союзом, глядишь - и кого из друзей напечатают.

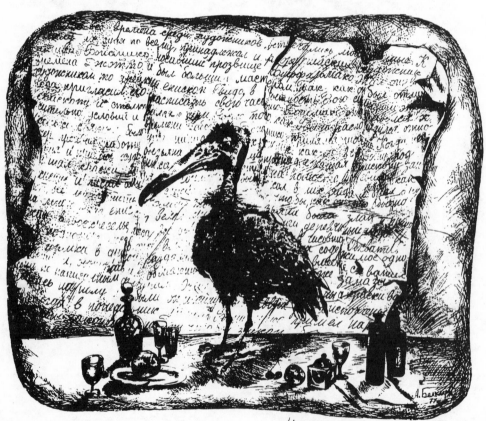

"НАТЮРМОРТ с птицей и письмом"
тон бумага тушь, перо. 29см × 22,8

Помимо - привожу еще рисунки Белкина, он мне давно переслал качественные фото /Приходькинские/, и фоты его "мастерской" с бывшей ширашлёвой подругой Галкой.

Помещаю эти фото сразу после барачников, как свидетельство того, что "не вмерли" еще российские худоги-художники. Резвятся.

Как резвились и мы. Сколько фот "ню" было сделано что у Шемякина, что у меня - и при этом без блядства. Вполне пуритаско-академические "художник и модель". Блядству мы предавались - помимо и - всегда - в одиночестве. Это вам не растленный Запад с его группенсексом и парадами гомосексуалистов. /На позапрошлом параде, кстати, Сайз - он же Кит, он же Саша Ямпольский - см. киевский том - вышел с гигантским лозунгом: "СВОБОДУ ПЕДЕРАСТАМ ГОРОДА САРАТОВА! И УФЫ.", а в прошлом году - собирались вывезти меня по пояс голого, в колясочке, на грудях - нататуированные целующиеся Ленин и Сталин, и при костылях, коими я должен был размахивать и кричать "ГЭЙ СЛАВЯНЕ!" - лозунг Бахчаняна, но я сам до него додумался, а колясочку - чтоб тащили борзые. Не состоялось, как и съемки ролика "Стенька Разин на Гудзоне", с участием всей бородатой Некрасовки/. Белкин бы это оценил и порадовался...

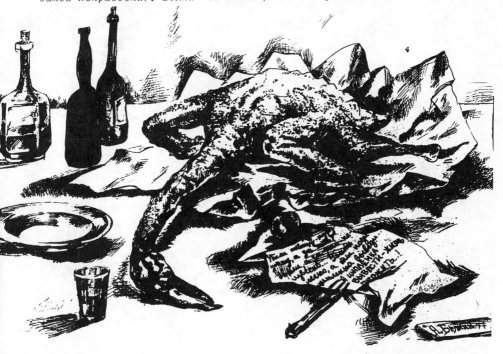

"Натюрморт с курой-уткой"
ТОН. БУМ. ТУШЬ, ПЕРО   30 см х 19,5 см

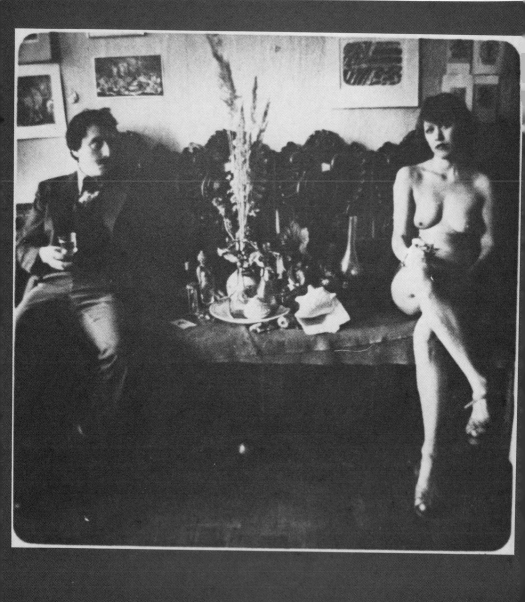

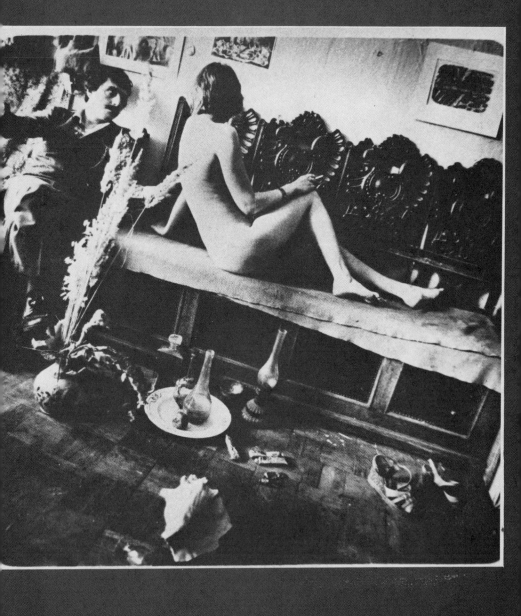

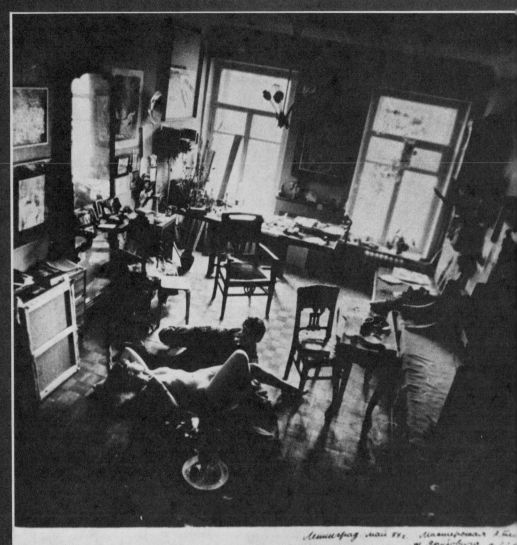

Ленинград. май 24; Мастерская В. Ге
р. Корбовича д. 22 к

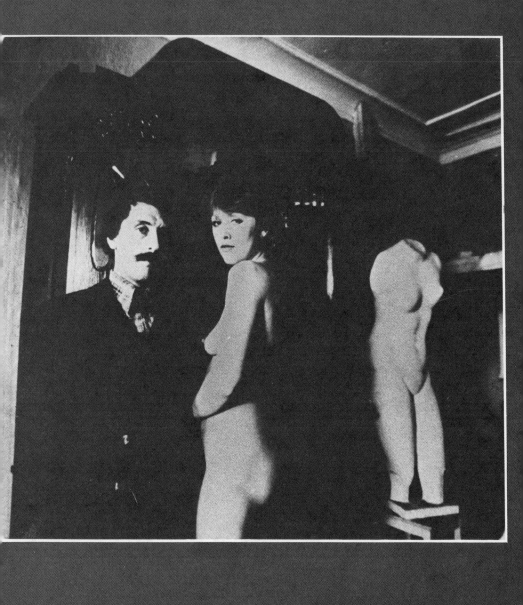

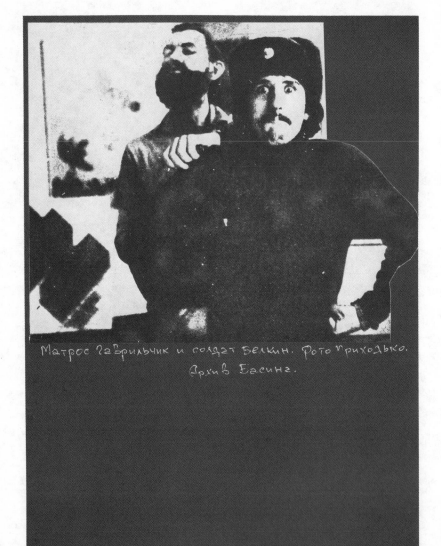

Матрос Гаврильчик и солдат Белкин. Фото Приходько.
Архив Басина.

ВСЕЛЕНСКИЙ ЭРМИТАЖ /ПОКА - ЗАПАСНИКИ.../

Шемякину и Володе Некрасову

Не вижу принципиальной разницы между художниками и поэтами.
Не вижу принципиальной разницы между "знаменитостями" и их "окружением".
Не вижу принципиальной разницы между даже городами.

Осенью 1963 года в Эрмитаже рабочими хозчасти работали: поэты Уфлянд, Сабуров, Кузьминский, художники Шемякин, Овчинников, Лягачев, актеры Кравченко и Никитин и 2-3 просто филолога или историка. Платили всем одинаково: 60 руб. в месяц /при 8-часовом рабочем дне и 3-х выходных в неделю/.

Варилась обычная каша. Поэты читали стихи, мальчики посылались за водкой, художники обсуждали живопись. Рембрандт, Моралес, Пантоха де ла Крус, Тинторетто - висели в соседствующих залах. Эль Греко и Тьеполо различались лишь по высоте потолков. Царило всеобщее равенство.

Расчленение начинается рынком, после чего, утрясшись во времени, школа Да Винчи висит рядом с малыми голландцами, а последние соседствуют, в свою очередь, с Сурбараном и Кранахом.

Только на Красной /Галерной/ улице гнездились рядками: Ширали и Рейн, Лощагин, Кривулин, Блок, Кублицкая-Пиоттух, Пушкин и Стасов, Кузьминский, Израилевич, Ахматова, Толик Васильев, Толик Маслов /по прозвищу Сударь/ и Толик Белкин. Хаживал по Галерной Алексей Георгиевич Сорокин, читая стихи Мандельштама /Роальда/. Жил Лев Васильевич Успенский. И сгорел Женя Рухин.

В особняке Бобринских, на психфаке /бывшем географическом ф-те/ ЛГУ - выставлялись десятки художников и фотографов /Росс, Путилин, Глумаков, Барков-Шестаков, Белкин, Смелов, Кудряков, Доська Шемякина, Михнов-Войтенко/, читали стихи Кузьминский и - голосом на пленке и устами друзей - Аронзон.

Варилась обычная каша, годами и десятилетиями.

Кто-то раскладывал свои почеркушки на панели в конце 60-х, у ступеней протестанской Петер-шуле /или Анен?/, там, где в притворе могила генерала Моро, предавшего Наполеона. Для гуляющих по Невскому иностранцев. Повязали.

На досчатом заборе у реставрируемого Одесского оперного театра, в 1966-м, художники Хрущ и Сычов развесили свои работы. Выставка продолжалась 4 часа.

Кулаков, житель левашовских бараков под Ленинградом, выставлялся в Новосибирском Академгородке.

Жителя новосибирских бараков Некрасова - я впервые увидел на стенах в мастерской Арефьева в Ленинграде. 10 лет спустя я уволок лучший холст Кулакова из мастерской Некрасова в бруклинских трущобах, заодно прихватив и лучший холст хозяина. Живущего у него ленинградского скульптора Соханевича, сбежавшего на лодке в Турцию, вычетом общения живьем, пока оприходовать не удалось. Шемякин живет в Сохо. От Михнова я шел с невыпитой бутылкой водки и кульком килек в жуткую питерскую метель, когда занесло весь город. Десяток лет спустя я пробивался в такую же метель через Чайнатаун в поисках мастерской Шемякина. Нашел. И даже встретил Доську, одетую в стиле "панк", прогуливающую папенькиного бультерьера, почему и узнал.

Чайнатаун, Квинс, Петербург, новосибирские бараки...

На протяжении трех абзацев харьковчанка Гинзбург звонит Кучукову, пытаясь выяснить, кто и когда участвовал в уличной выставке в Харькове, потому что живущего в Манхэттене Бахчаняна, против обыкновения, нету дома.

Итак, в энном году в Харькове /ориентировочно - середина 60-х/ - на Сумской или около у стен было расставлено с дюжину-другую работ Бахчаняна, Савиной, Кучукова. Бахчанян при этом заставил Лимонова читать стихи - первое публичное появление Эдички. Имя подростку Савенко - придумал также Бахчанян, и при том достаточно характерное, в духе эго-футуризма и Эдичкиного эгоцентризма. Неясно, кто придумал фамилию Тюльпанову?

Тюльпанов где-то рядом в Квинсе, Лимонов - в Париже. Так и живем.

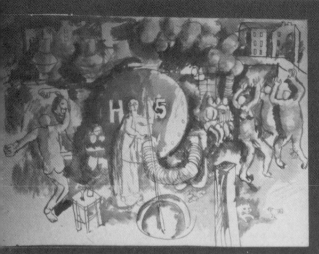

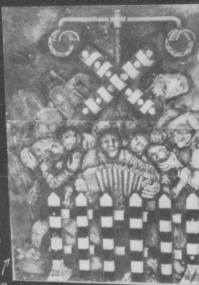

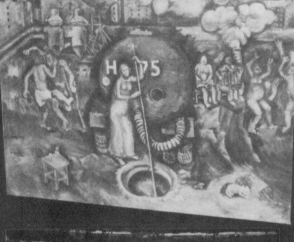

В. Некрасов

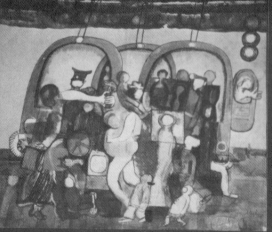

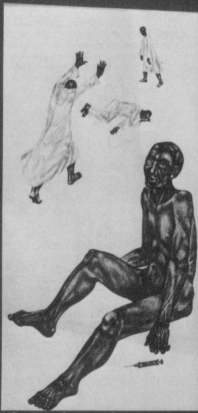

Ю. Медведев. В трамвае.

А.Б. Иванов. Преображение. 19

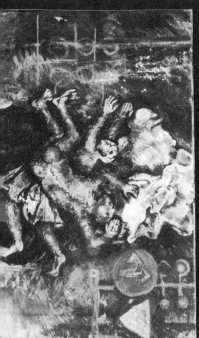

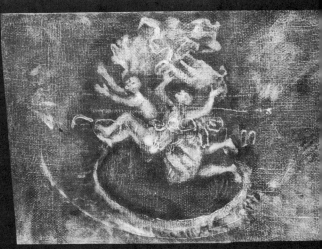

Живопись
В. Некрасова

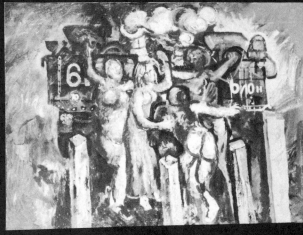

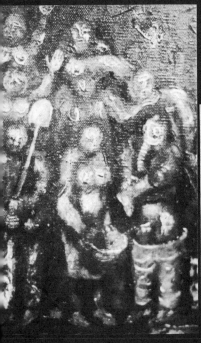

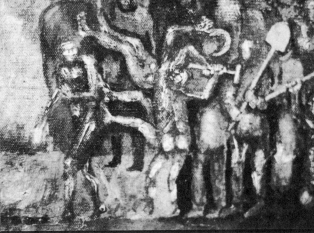

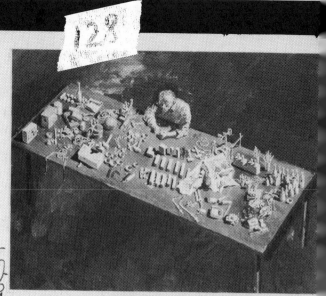

Портрет Ш-
капина Его
чкова масло
1975. Ленинград

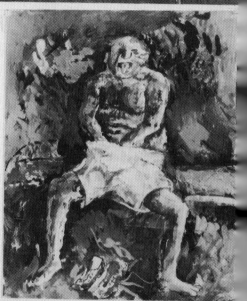

Натюрморт
маш, 1975, Ленин
град.

В. Некрасов

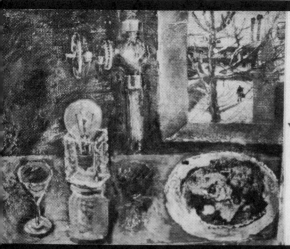

натюрморт с лампочкой Ленинград 1975 г. м.

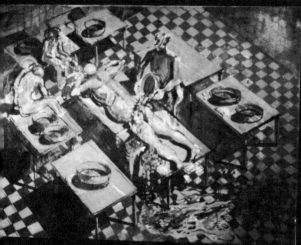

В. Некрасо[в]

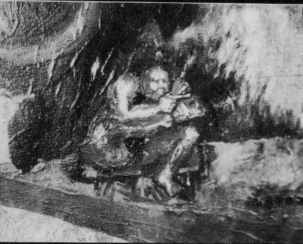

[handwritten inscription]
Н.Х. 1979 м. ст.

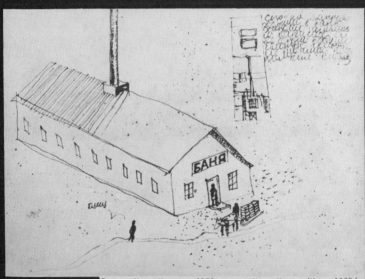

мы с олегом, гирком, олех

1975, в эйлоти
ковал, сами дер
Шишкин по
чужой ли...

Баня в Усть-Куломе. 1976, тушь, Усть-Кулом /Коми АССР/.

В. Некрасов.

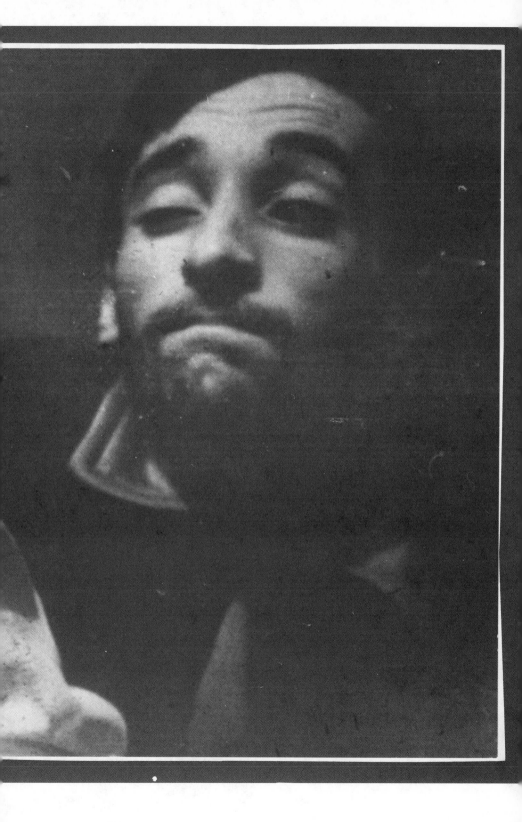

Я прошу лишь одного
        У Звезды моей далёкой,
Мне не надо ничего,
        Кроме сумерек глубоких.

        Кроме сонного канала
С осторожным скрипом дверцы
Кроме той, что пообещав
Чуть трепещущее Сердце...

                Р. Ч. Мандельштам.

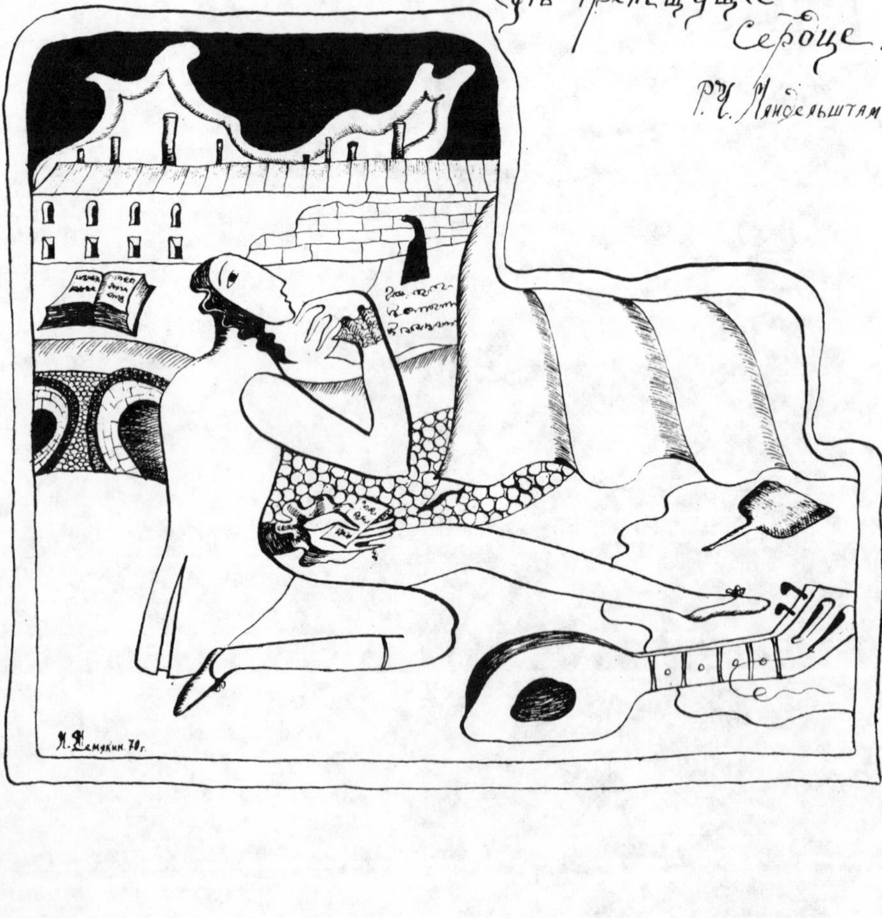

Автографы Роальда
из собрания Анри Волохонского

Новая Голландия

#

Запах камней и металла
Острый, как волчьи клыки,
— помнишь?
В изгибе канала
Призрак забытой руки,
— видишь?
Деревья на крыше
Позднее золото льют.
В „Новой Голландии
— слышишь?
Карлики листья куют.
Карлы куют...
До рассвета
В сети осенних тенет
Мы собираем букеты
Тёмных ганзейских монет.

Посв.
Анри Хв.) Р. Мандельштам.

Я не знал, отчего проснулся;
Ноя[?] печаль о тебе легка,
Как над миром стеклянных улиц —
Розоватые облака.

Мысли кружатся, тают, гаснут —
Так прозрачны и так умны,
Как узорная тень балкона
От, летящей в окне, луны.

И не надо мне лучшей жизни,
Лучшей сказки не надо мне:
В переулке моём — ~~булыж~~
— булыжник, —
Будто маки в полях Моне!
Р.

Мой многобашенный град
В прибрежной гранитной долине:
Статуй смуглая медь.
Бледный мрамор колонн:
В царстве строгих фигур.
Строгость царственных линий!

Золотая орда облаков
Ставит станы по тихим предместьям.
Золотые, горят фонари
До второго пришествия дня.
Тишина - нисошла по ступеням
бесчисленных лестниц...

Р. Л

Мой многобашенный град
В прибережной гранитной долине:
Статуй смуглая медь.
Бледный мрамор колонн:

В царстве строгих фигур —
Строгость царственных линий.

Золотая орда облаков
Ставит станы по тихим предместьям.
Золотые, горят фонари
До второго пришествия дня.

Тишина — низошла по ступеням
Бесчисленных лестниц...

* * *

В медные доски панели
Бьют прокаженные сны:
Пейте ночные коктейли —
Лучшие вина весны!

В желтой фонарной корзине
Сноп золотых макарон —
Режьте ночную резину —
Неба закатных сторон!

Ешьте соленые стекла,
Ломти от каменных туш,
Запад малиновой свеклы
С маслом оливковых луж!

Лунно на медной панели
Шляются пьяные сны.
Крепки ночные коктейли
Лучшие вина весны!

* * *

Я не знал, отчего проснулся;
Но печаль о тебе легка,
Как над миром стеклянных улиц —
Розоватые облака.

Мысли кружатся, тают, тонут,
Так прозрачны и так умны,
Как узорная тень балкона
От, летящей в окне, луны.

И не надо мне лучшей жизни,
Лучшей сказки не надо мне:
В переулке моем — бульжник, —
Будто маки в полях Монэ!

НОВАЯ ГОЛЛАНДИЯ
(вариант)

Запах камней и металла
Острый, как волчьи клыки,
                — помнишь?
В изгибе канала
Призрак забытой руки,
                — видишь?
Деревья на крыши
Позднее золото льют.
В "Новой Голландии"
                — слышишь?
Карлики листья куют.
Карлы куют...
До рассвета
В сети осенних тенет
Мы находили букеты
Темных ганзейских монет.

Н. Раевская

Повседневности

Л-д - N-Y. — 1975г.

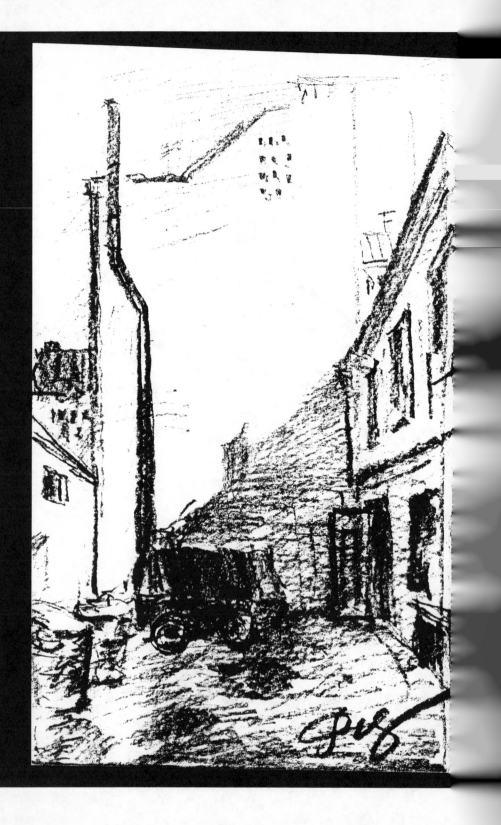

Я чрезвычайно сокрушалась,
Что столько времени потекла зря,
И стоя в метровагоне,
Смакуя это зрл —
Я тупо смотрела
На схему линий
Ленинградского
Ордена Ленина
Метрополитена имени Ленина —
И вспоминала парикмахерскую в Доме Быта,
Где провела я три с половиной часа,
Наблюдая, как безуможнее ноги
Косметичек и маникюрш
В плоских тапочках —
Или в танках-платформах
Неуклонно идут к телефону
По липкому линолеуму пола.

Здесь давно я приметила Сикстину Ваню,
Похожую на знакомых моих барыни —
А значит — на итальянских мадонн Кватроченто —
Только ноги слегка подкачали
Были икры чрезмерны и дышны,
Через пару лет
Явно будут несветни и снизи
Да и личико жестковато —
Когда она улыбалась,
То воистину "дарила рублём".

Прекратив энергично брить даму,
Которая теперь причёсывалась сама,
Валя стала в закутке
И с кашицыным лицом,
Облитым светом большого окна
Глупа яблоко, уставясь в точку —
"Яблочком угостили",
Ни на кого не глядя, съехала она —
И деловито куда-то сорвалась с места

Но ещё потому
Сходил день зря,
Что до сих пор не присела я
К письменному столу
Где лежат:
Не поддавалась сравнению, Мандельштам;
"Загадки старых картин";
Новелла Томаса Манна — "Маленький господин Фридеман" —
И эти насущные книги
Я не успела открыть потому,
Что "Малый театр у микрофона"
Давал Шоу, "Пигмалиона" —
Пришлось мне посуду,
И слушать слейный авторский текст,
Противный голос мисс Дулиттл,
Который ни капли не изменился
После всех ухищрений мистера Хиггинса.
Мне было абсолютно ясно,
Что Шоу беззастенчиво врал:
Подобную особу невозможно
В элегантную даму превратить.

После Шоу
Я прилежно ждала автобуса под дождём;
Напротив остановки, в открытом окне
Как-то боком на улицу
Шевелилась тётка —
Туповатые движения
Крупных голых рук
Приводили на
Как ходит эта тётка в туалет,
Одёргивает своё цветастое платье;

А рядом со мной
Две пожилые подружки
Решали под зонтиком, ехать ли в Павловск —
Как стало трогать
Меня это слово,
Хочу в Павловск наездиться,
Чтоб не ездить потом,
Пожилой важной дамой в очках —
Не ходить по дорожкам одной,
С провербиально-трагической миной...
Как живопись на тарелке
Весной этот парк,
Разбитый когда-то на месте леса, —
Ах, моей молодости парк
На этот тополь залез мой ребёнок,
А здесь мы играли в мяч —
Вот и жизнь прошла
И так далее.
. . . .

Автобус кружил
Внутри старинной декорации центра
Переезжал канальные мостики
На остановках шипел дверьми
По обычаю жадно,
Я смотрела на набережные
Вдоль канавки, где Летний сад
И на Литейном Мосту —
На игру шипящих русалок
На их забытые акантые-хвосты;
Дождь перестал,
Кругом стало классицистично и солнечно —
Но совсем не видно людей и детей —
Уж же, надо привыкнуть:
Они живут теперь в новых районах.

"Итак, в парикмахерской Дома Быта
"Вашна" дама довольна стрижкой —
— Надо же, как удачно —
Ведь незнакомая совсем мастерица!
Мы были вместе, было тепло,
Дама шляпу несла в руках;
За забором
Огромный кран
Заслонил сломанный дом —
Известной рустованный фасад,
Где каждое окно не на выкате
Уютно устроилось в глазнице своей лепнины;
— Сколько связано с этим домом, —
Сказала дама, не замедлял шаг, —
Теперь никого, одни стены остались.

- Вы, наверно, грустите,
Что тут теперь не живёте?
- Нисколько
У нас квартира в Московском районе -
Окна прямо на площадь
С памятником Блокаде,
Который в народе зовут "стамеской,"
Эдакий современный фаллос.
~ Я там ещё не была.
~ Приезжайте, есть на что посмотреть.
На углу Лесного мы остановились
Во множестве мчали люди навстречу
— Ничего, никого не осталось:
Раньше, по дороге на службу -
И на обратном пути
Я встречала одних и тех же людей -
То были настоящие ленинградцы,
А откуда взялись эти чуждые толпы -
Нет, скорее поеду домой.
. . . .

А наши приятели
Не захотели жить в новом районе
И квартиру поменяли на Загородный,
В комиссионном старинной мебели
Спальню купили в стиле "Модерн" -
И соседи спокойные люди,
Так что всё пока ничего..
Когда мы шли туда в гости,
Проспект был разрыт -
Тянулись над ямами

Сугробы бурой крепкой земли —
Затем бесконечность лестницы —
До пятого этажа —
И узкий длинный аппендицит,
Полширины которого
Занимал дамский рабочий стол —
В его зеркале,
Как-то боком
Отражалась бирюзовая богоматерь —
Очаровательная иконка эмали
Среди окошечек перламутровых акварелей,
Увесивших тонкую перегородку напротив!..
Все обречённо-иронически
Выслушали восторженный рассказ про Париж
Счастливых туристов, там побывавших —
И сами быстро собираться домой —
В даль новых районов....
—Так вы довольны Весёлым Посёлком?
—Вполне,
Там вечерами поют соловьи
И близко совсем деревня..
—Не жаль вам разве расстаться с центром?
—Нет, больше нельзя в этом музее жить.

Недалеко Загородный —
Чуть ли не весь город штукатурован,
Причём не просто ремонтируют
Множество домов —
А совсем обрушили
Всё прогнившее их нутро,
За которое еще как-то цеплялось,

Еще кое-где сохранявшейся
Жидкая атмосфера быта,
Старых петербургских квартир...
Столб на Герцена
Изящный зелёный особняк,
Сверлил взглядами
Гофмановских чёрных окон,
Теперь их прорвали
Злые звёзды причудливых дыр,
Непонятно как проделанных в стеклах,
И видны сквозь фасад:
Двор
И груда блёклых розовых кирпичей,
А в тех домах,
Что отделаны заново,
За зеркальными цельными стёклами
Благополучно сушится,
Висит на верёвках бельё,
А внизу, из очередей, как обычно,
Ковыляют по тротуарам бабки
С цветом лиц, как у варёной вермишели,
Которую они с таким трудом достали,
У каждой в чёрной сумке - коробка

Да еще вот мы -
По инерции
Не можем прекратить ходьбу по городу,
Нас всяко тянет созерцать дома...
Один "скаметый" грандиозный дом
Всей перспективе задал тон;
Не уступал ему другой -

Великолепное угрюмое палаццо
С фелигумно-матовыми окнами на первом этаже;
По пустынному асфальту мостовой
Лишь два школьника с велосипедом протащились;
Затем женщина безликая в плаще
Дорогу перешла ..
Проскользнул ещё неинтересный кто-то...
В окне за занавеской горел свет,
На дальних кроватях лежали студенты,
Один сидел за столом—
Никогда они не узнают
Как на фасаде
Отрешённой метафизической жизнью
Живут архитектурные детали,
Деталям же нет дела
Что под ними
Совсем трухлявыми стали кирпичи—
А внутри домов - какая фаль-
Непригодные даже для уборных
Ширпотребные придонки мебель —
Камертоны постых комнат

Дома Петербурга,
О петербургские обманы—
Всего лишь бокеи людского муравейника,
А фасады приставлены,
Это только маски —
Изощрённые фантазией архитекторов
Воплощённые превосходными штукатурами,
Которые водились в прежние времена—
И я чувствую себя всё больше чужой

В почти декириковском пейзаже города —
Он отравляет души людей —
Но для иных нефрикадьных черточек
Необрачим красавец — вампир.

Едешь по Невскому после работы —
Сидят усталые женщины,
Сложили руки на сумках —
Демонстрируют янтарные кольца
Или в пухлом золоте перстня
Парывом свернувшийся рубин.
А по фасадам, на другой стороне
Тянутся мертвые яркие ленты
Так называемого дневного света,
Что освещает казенные комнаты
Бесконечных НИИ, учреждений,
В которые давно превратились
Старинные особняки —
Сейчас и ленты погаснут,
Люди уже внизу, идут черной лавиной.

Ну а Нева?
Говорят всегда восхищенно „Нева..“ —
А она лишь эстетическая категория,
Лишь для оценки пространства окрест,
И я тогда вспоминаю, что это река —
Когда у каменных,
Или чугунных оград
Вижу рыбаков, мальчишек —
И пойманные ими рыбки

Лишь серебряно-драгоценные блёстки
Озаряющие на мгновение
Мемориальную атмосферу столицы..
Всё понимает очевидно по-другому
Внушительна личность,
Лица которой мы не видим,
А только круглую голову,
Верней мясо покатый лоб,
Освещенный шикарным торшером,
Когда, порой, вечерами
Мы бродим по набережной,
И я посмотрю с интересом
На голубеющий, с рустованным цоколем дом,
На бельэтаже, в окне которого —
Умиротворённое превосходство лба —
Еще бе:
У ног
Течет квинтэссенция Петербурга,
За спиной — покой кабинета,
Стеллажи редких — и новеньких книг —
Недостигаемый дефицит, выстроенный по ранжиру
. . . .

Когда   выпадает снег
Я погружаюсь в недавний покой —
Улица — длинная перина,
Если дворники над ней
Не успели надругаться —
Солью в слякоть превратив..
Как подушки, спят сугробы —
Отрадные вехи на кратком моём пути —
Но скоро приедет машина,

Не успеешь и оглянуться
Как сразу их всех заглотнёт.
Перехожу дорогу,
Чтобы пройти в Эрмитаж на работу сквозь сад,
Где на ветках, как на чёрных палках,
Толстый снег,
А вдоль набережной —
Заворожённые мягким снегам —
Всевозможные особняки,
И сразу видно
Что у пышных и лепных дворцов барокко
Очень стройны их высокие и клетчатые окна,
Непроницаемы они по вечерам —
Я угадываю тёмные залы,
В которых было холодно даже в старину
И сочувствую пустым пространствам,
Где сейчас мерцает очевидно позолота,
Лишь от тоскливых уличных огней.

Отчего же я так люблю
Снежную зиму
И художников второго порядка?
Самые скромные —
И великолепные здания —
Со снежными оборочками,
Свисает плотная неровная бахрома —
Сосульки —
Миниатюрные органные трубы
Или отзвуки складок застывших туник
Кариатид из гипса,
Поддерживающих карнизы.

Если выпал снег,
То пространство- не такое пустое и чуждое,
Во всём витает понятие-"мягкость",
Потому что в природе сгушёваны
Резкие линии.
И художники второго порядка-
Из нидерландцев шестнадцатого века
Или более поздних голландцев,
И передвижники даже,
И Жуковский,
И Конашевич-
Тоже любили такую же зиму-
Тёплые деревни,
По каналам катающал щеголи в шляпах,
Заворожены снегом равнины,
Окна жилищ снаружи или внутри,
Где в зимнем свете
На ковровой скатерти
Мерцает серебряное блюдо-
Перламутровые устрицы на нём,
А рядом-чем-то недовольная патрицианка
В широкой сине-бархатной кофте-
И всё это тише, и мягче, и меньше,
Чем у художников первой величины.

Однажды мы ушли из театра,
Променяв его на мягкий снег.
По Грибоедову каналу
Добрались до тихой улицы-аллеи
Где элегантный "дом- Ливрами"-
-"Золотиерый сок" за зеркальными окнами

Легчайшая роскошь гардин
И маленький подъезд
С чёрной фигурной дверью.
— Зайдём, нам откроет швейцар,
Там ковёр, запах комфорта
И необыкновенные красивые люди...
— Там грязная тёмная лестница
Уже поздно, идём домой.
Уютно протопали мать с ребёнком,
Который тянул деревенские санки,
Следом семенила деловитая собачка —
Гуляли всей компанией
В Михайловском саду —
Но и эти скоро переедут
Где-то ждёт их уже новостройка,
И не проведёт ребёнок детства
В старинном городском саду...

В новых домах
В белесых клетках квартир
Странно смотрели смуглые евреи
С крупными чертами лиц.
Полупустая комната,
Резное пианино —
Как старинные книги-горы
Лежат на нём
Желтоватые кипы нот;
Блестит весёленько.
Зелёный линолеум пола,
Гладки бледно-голубые стены —
Как они, тонкие, уравновесят

Душевные страдания, драмы
Поселившихся здесь жильцов?
Большие окна ещё без занавесок,
За ними ночь —
И море огней таких же точно новокартонных кварталов..
По клавишам заходили
Ровные руки Риты,
Её семилетний серьёзный, напряжённый, как всегда, отец,
Стал играть Лунную сонату —
Все хвалили, никто не заметил,
Как добродушно, бархатисто, слегка ковыляя,
Приближалась у него пресловутая судьба,
Его мама удовлетворённо заметила, —
Ведь он совсем перестал играть,
А нож жены ещё раньше,
Уже во время игры
Стал звякать бесцеремонно,
Разрезал на блюде торт...

Пока мы ели и пили "Токай"
Наш музыкант, похожий на Паганеля,
Втолковывал нам, что мы урбанисты,
А его умиляет простая природа,
"Хоть чахлый скверик, попавшийся на пути" —
И от своего кооперативного дома,
От окраины Петроградской,
Он давно собирался к линии горизонта —
Туда, где виднелся лес...
Шёл долго, долго, по тропинке,
Проложенной в неприятном полуболоте
("Вы же, если отважитесь не забудьте завтрак с собой"):

Увидел ручей, за ним
Протяженную зону песка —
Его намыли для новой стройки —
И залитый водой,
Тихий умерший лес —
"Деревья еще стоят,
Но их корни уже не дышат —
Доступ воздуха прекращён".
Ручей грязен, широк,
Переправиться через него невозможно —
К счастью,
Здесь оказался похожий чудак,
Из каких-то ящиков делавший плот.
Они переправились кое как на тот берег
И разошлись сразу в разные стороны,
Но скоро — наш герой набрёл на деревню:
Три избы и рядом колодец —
У мертвого леса и у ручья;
Скрипнула дверь,
На крыльцо вышла баба —
И пришлось как ни в чём не бывало
Набирать из колодца воды.

Мы возвращались
По ночной темно-серой Черкеса,
По той её части, где нет деревьев.
Никого — за стенами этих домов,
Величественных добротных учреждений,
Построенных в начале нашего века
И еще, кажется, совсем новых..
Улица вобрала в себя

Черно-белесый в электрическом свете
Холодный невкусный воздух,
Плотность которого разрежалась
Вокруг большой белой луны...

Когда прошедший день
Мне представлялся удачным,
И за окном деловито бормочет дождь,
Я зажигаю настольную лампу,
Которая привычно освещает
Скульптуру из сероватого пенобетона
И маленького кавалера
Из бисквитного фарфора,
На кирпичном фисташковом постаменте —
Не сомневаюсь, что он
Имеет отношение к картинам Ватто,
И к голубым всадникам на старинных шпалерах
С розами и пенными гвоздиками в бордюрах —
Их ткали бродячие ткачи,
Кочевавшие из замка в замок.

Но редко всё бывает точно так:
Меланхоличный кавалер —
Подделка,
И его обычное место —
В другой комнате на туалете,
А прошедший день мне представляется удачным
Лишь наутро будущего дня,
Когда я могу ясно вспомнить
Вечер накануне,

Как настольная лампа
Освещала мою скульптуру
И страницы из Марселя Пруста, Томаса Манна
Или "Размышлений Александра Бенуа",
И удовольствие от предвкушения этих книг
Священнодейство чтения не затмевало,
И дневная серая усталость не смела помешать.
Тогда весь будущий ненужный день
С мнимым нетерпением я жду
Возможный праздник пасмурного вечера,
Камерный круглый свет,
Все те же раскрытые книги,
Моих собственных несколько строчек,
Если их удалось написать.

Перед тем как лечь,
Я много лет подряд
Неизменно вглядываюсь на диск луны —
Или на свет из окна лестницы напротив,
Которое всегда горит всю ночь
И видно даже сквозь тяжелые шторы;
Засыпая, я слышу, как проносятся
Сумасшедшие машины и такси,
Не тормозят, влетают на Майорова —
Там Измайловский проспект,
Вокзал и монотонные вагоны электрички,
Что в лучшем случае привезет вас в Петергоф,
В давно бездушную музейность,
Казенный спящий парк,
Аллеи, которые с утра заполонит народ —
Отутюженные черные брюки,

Короткие юбки на толстых животах,
Сонно-любознательные лица, энергия ходьба, смех...

В другую сторону от Майорова
Тоже проносятся машины —
Что им делать там?
Невский — одни освещённые витрины,
В которых представлены тусклые товары,
"Бутерброды" закрыты на ремонт —
Желанный гречневый продел
Напомнила мне летом,
Стоявшая там в пол-литровой банке
Блёклая сирень;
Четыре ресторана набиты до отказа —
Теми, кто очередь занимал заранее
Слышно лишь снаружи
Как музыка дрожит
В театрах рядом завершаются спектакли —
В пять минут кончится "Разъезд" —
Публика исчезнет, спустится в метро —
Ехать в свои новые районы,
В стандартные постные кельи
Солнечных кооперативных квартир...

Уходят вдаль серые пустые тротуары,
На остановке съёжились последние фигуры,
Освещено окно с филармонической афишей
— Смотри-ка был сегодня Шостакович —
Мы пропустили пятнадцатый квартет.

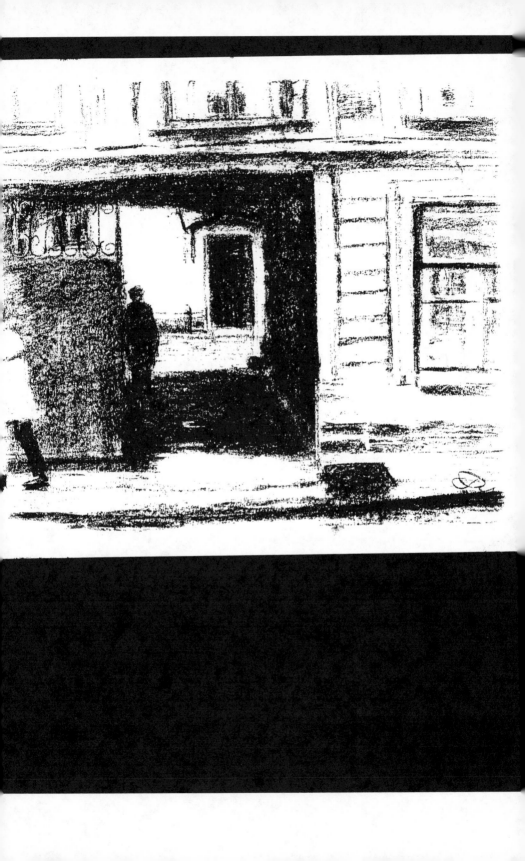

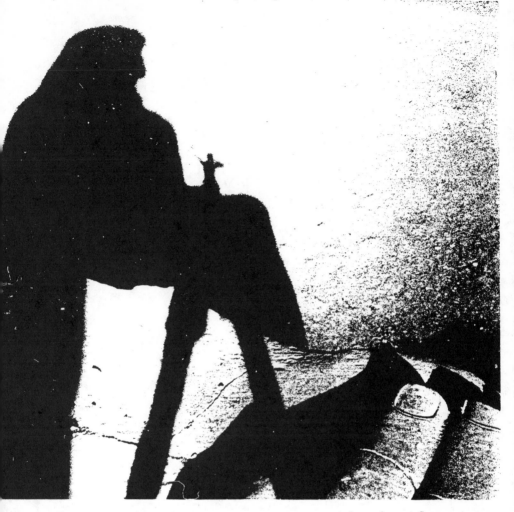

Олег Соханевич в Египте.   Фото Олега Соханевича.

ОЛЕГ СОХАНЕВИЧ,
ЖИВОПИСЕЦ - СКУЛЬПТОР.
РОДИЛСЯ НА УКРАИНЕ,
УЧИЛСЯ В КИЕВЕ И ЛЕНИНГРАДЕ.
ИЗ СОЮЗА УПЛЫЛ НА
НАДУВНОЙ ЛОДКЕ В ТУРЦИЮ.
С ТЕХ ПОР ЖИВЕТ В НЬЮ-ЙОРКЕ.

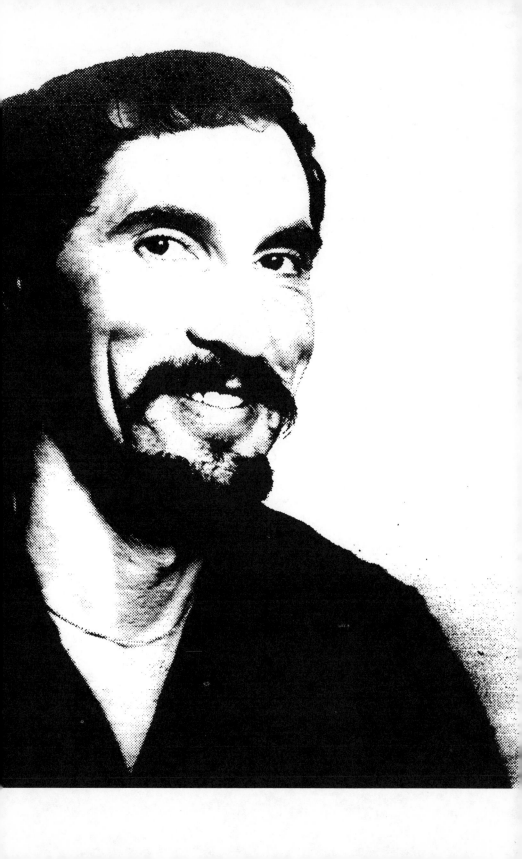

Я гений
        двадцатого века
Я человек
        железной воли
Я создаю шедевры
        которые обобщают всё.

В моём
творчестве
        огромные
            машины
                и небоскрёбы

гул
    городов
        и заводов

грохот
    металла

Ракеты
    летящие
            к звёздам

Маленькая Земля
        и бесконечный
                космос
который рождает
        и поглощает
                миры
Всё —
    во мне
Я —
    Гений.

STRESS
SCULPTURE

EVOLUTIONARY CONCEPT

essence of metal

oleg
SOHANIEVICH

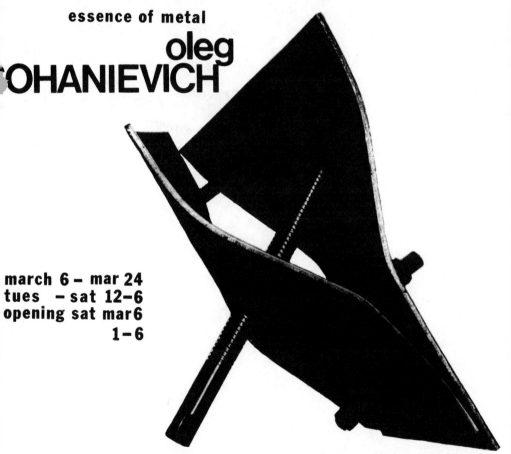

march 6 – mar 24
tues – sat 12–6
opening sat mar 6
1–6

4 SCULPTORS GALLERY
75 THOMPSON ST.(& Spring St.) NEW YORK, N.Y. 10012
(212) 966-5790

```
ГОЛОС
        ВЕКА -
                ЖЕЛЕЗНЫЙ
                        ЛЯЗГ
                            ЛЕТ
ГОРОДОВ
        ГУЛ
МЫ -
        РОБОТЫ ВЕКА
МОЗГ
        МАШИН
                СТАЛЬ
                    МЫШЦ
СЛЫШИТ
        МИР
            ГРОХОТ
                НАШИХ
                    ШАГОВ
ХОЛОДНЫЕ
        МОЩНЫЕ
                РУКИ
                    РЕЖУТ
                        ПЛАНЕТУ
ИДУТ
        РОБОТЫ
```

/Период "Гигантизма",
Ленинград/

STRESS SCULPTURE

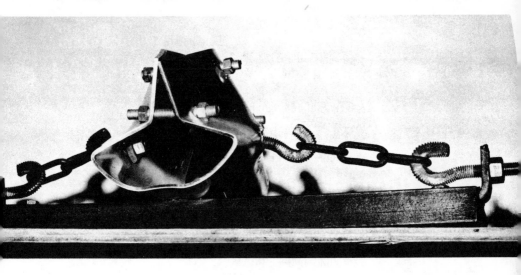

dinamic
idea
makes
metal
work

oleg
SOHANIEVICH

Born USSR
Educated Leningrad Art Academy
Escaped USSR by crossing the
Black Sea on a raft
Lives in NYC

MAY 19 – JUNE 6, 1973
OPENING: SAT. MAY 19, 1-5 P.M.

14 sculptors gallery

75 THOMPSON STREET — NEW YORK CITY 10012

GALLERY HOURS: 12 — 6 p. m. TUES. thru SAT.

PHONE: (212) 966 - 5790

НАД СЕРОЙ ВОДОЙ

        ВСТАЕТ УГРЮМОЕ СОЛНЦЕ

- БОГА НЕЛАСКОВ ЛИК

УСТАЛО ЯРИТЬСЯ МОРЕ -

         СОНЛИВО И СЫТО:

- МНОГО СИЛЬНЫХ БОЙЦОВ

   УШЛО И К НАМ

       НЕ ВЕРНЕТСЯ -

- ТРИ ПРОПАЛО ЛАДЬИ,

НО МЫ -

    ЕЩЕ ЖИВЫ, БРАТЬЯ!

НАС ОДИН СОГРЕЕТ,

НАС - МНОГО, -

     МЫ, ДА ЛИТВИНЫ,

ДАТЧАНЕ -

    ВСЕ С ТЕМИ, С ЮГА,

И ПЛАТУ БЕРЕМ СЕРЕБРОМ.

ИХ СУДНО ПРОЧНЕЙ

     И ВЫШЕ,

УКРЫТО ЩИТАМИ,

    ГРУДИ - БРОНЕЙ;

МЫ -

  КОЖЕЙ.

УВИДИМ,

   КТО КРЕПЧЕ БУДЕТ

      В БОЮ!

БОЙ -

  БЛИЗОК.

МНОГО УДАРОВ,

МНОГО ГОРЯЧЕЙ КРОВИ

     ПРОЛЬЕТСЯ С СЕКИР!

А КОГДА МЫ ДОМОЙ

    ВЕРНЕМСЯ,

ВЕРНЕМСЯ НА ЗЕМЛЮ -

    В СЛАВЕ! -

- МЫ ЗНАМЯ НАШЕ УКРАСИМ

РИМА ГЕРБОМ.

STRESS SCULPTURE

OLEG   SOHANIEVICH

oct 22 – nov 9
tues – sat 12–6
opening sat nov 9
1–6

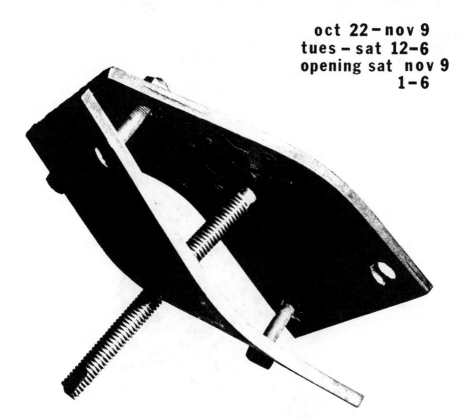

.4 SCULPTORS GALLERY

75 THOMPSON ST. (& Spring St.) NEW YORK, N.Y. 10012

(212) 966-5790

В ГИГАНТСКОЙ ВСПЫШКЕ

АТОМНОГО ВЗРЫВА

РАСТВОРИТСЯ МОЕ ВЕЛИКОЛЕПНОЕ

Я,

ИСЧЕЗНЕТ ЗАМЕЧАТЕЛЬНОЕ

ПРОИЗВЕДЕНИЕ ПРИРОДЫ,

ПРЕВРАТЯСЬ

В ЭНЕРГИЮ ЗВЕЗД,

МОЙ МОЩНЫЙ ДУХ

НЕ МОЖЕТ УМЕРЕТЬ,

ОН ЛИШЬ УТРАТИТ

СВОЮ КРАСИВУЮ

ОБОЛОЧКУ,

ПЛАМЯ

ИСПЕПЕЛИВШЕЕ

ВСЮ ПЛАНЕТУ

– ПОГРЕБАЛЬНЫЙ КОСТЕР

ДОСТОЙНЫЙ МЕНЯ,

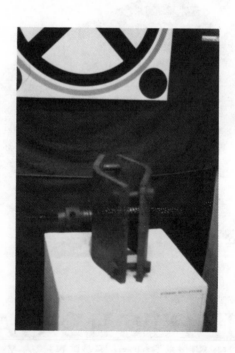

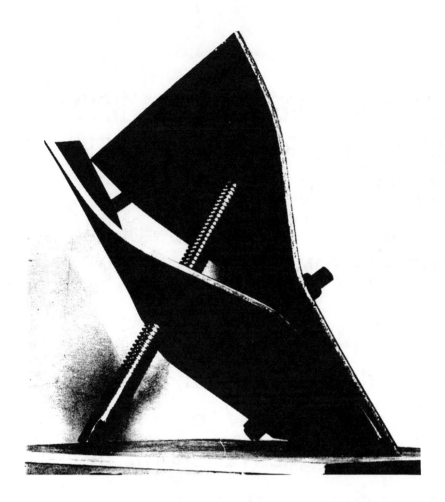

Title: **Stress Sculpture** Medium: **Metal** Artist: **Oleg Sohanievich**

Stress Sculpture has all the spirit of today -- dynamism, tension, struggle, destruction.
Its concept is revolutionary.
It has the power no art can match.

Here the metal is not merely a passive material, but it has been given the opportunity to act its own organic way, showing its great potential and creating the natural form.

Oleg Sohanievich

НАСТУПИТ НАЗНАЧЕННОЕ ВРЕМЯ
ВРЕМЯ НЕОТВРАТИМОЙ ГИБЕЛИ
СОДРОГНУВШАЯСЯ ЗЕМЛЯ
ЗАХЛЕБНЕТСЯ В СВОИХ ОКЕАНАХ
ПОД СВЕТОМ ДВУХ СОЛНЦ И ЛУН.

УЙДЕТ ЛЮДСКОЙ РОД
ИСПОЛНИВ ПРЕДНАЧЕРТАННОЕ
ОТМЕТИВ СВОЙ ПУТЬ
МНОГИМИ УДИВИТЕЛЬНЫМИ ДЕЛАМИ.

НЕМНОГИЕ ОСТАНУТСЯ ЖИТЬ
ЧТОБЫ НАЧАТЬ СНОВА
ЖИЗНЬ ЧЕЛОВЕЧЕСТВА.

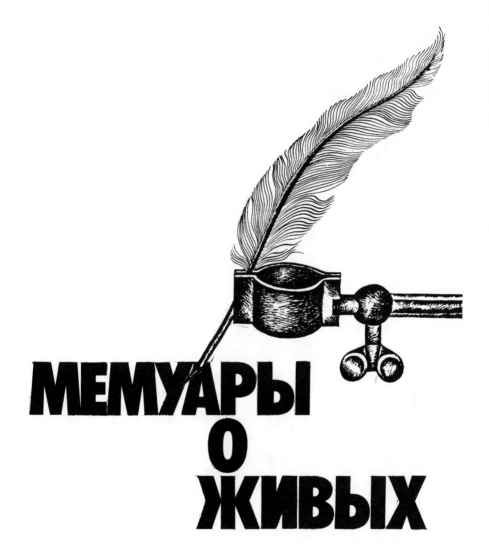

МЕМУАРЫ О ЖИВЫХ

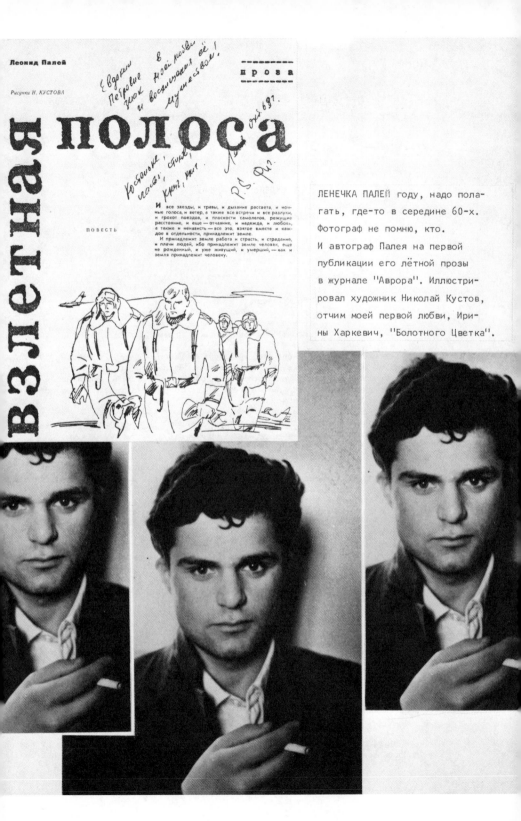

Леонид Палей

Рисунки Н. КУСТОВА

взлетная полоса

повесть

И все звезды, и травы, и дыхание рассвета, и ночные голоса, и ветер, и также все встречи и все разлуки, и грохот поездов, и плоскости самолетов, режущие расстояние, и еще — отчаяние, и надежда, и любовь, а также и ненависть — все это, взятое вместе и каждое в отдельности, принадлежит земле.

И принадлежит земле работа и страсть, и страдание, и плач людей, ибо принадлежит земле человек, еще не рожденный, и уже живущий, и умерший, — как и земля принадлежит человеку.

ЛЕНЕЧКА ПАЛЕЙ году, надо полагать, где-то в середине 60-х. Фотограф не помню, кто. И автограф Палея на первой публикации его лётной прозы в журнале ''Аврора''. Иллюстрировал художник Николай Кустов, отчим моей первой любви, Ирины Харкевич, ''Болотного Цветка''.

ЛЕНЕЧКА ПАЛЕЙ

"Он Хейфец был. И жизнь была полней.
Любовь была в вечернем Ленинграде.
Но на строке в "Вечернем Ленинграде"
я вижу подпись – Леонид Палей.

. . . .

Но кто монету подобрал в пыли?
Кто заслонился дланью псевдонима?
О как тебе должно быть сиротливо,
печатный лирик, Леонид Палей!"

Так писал я другу своей юности, Ленечке Палею, где-то в середине 60-х.
Но уже и до, году в 62-м, не то 3-м, я писал: "Лучше быть другом Молота, / чем
Ленечкой Палеем, / лучше быть почитателем Бродского, / чем Ленечкой Палеем. /
Лучше быть ничем, чем / Ленечкой Палеем." Расслоение и разделение началось давно.
Оно существовало с самого начала.
Ленечка Палей – типичный пример судьбы советского поэта.
Начинали мы вместе. Леня был первым – живым – поэтом, которого я встретил
на своем веку. И не начинающим, а уже печатным.
Где мы встретились – не помню. Помню, что это было ранней весной 59-го,
уже после встречи с Бродским, она была, по-моему, в январе. После выступления
Бродского в защиту Гордина на филфаковском ЛИТО, подошел я к нему в Александров-
ском саду и попросил послушать моих "Свидетелей". Тогда я писал стихи по газет-
ным заметкам, методом Маяковского, беря сырой материал и переводя его в поэзию.
Стихи я эти приводить здесь не буду, за недостатком места, но скажу: были они
написаны довольно крепко, а тема была – что один комсомолец погиб в реке, спасая
мальчишку, другие же – в вечерней школе – наблюдали спокойно, как избивали учи-
тельницу. В ответ Бродский прочел мне "Кельнскую яму" Слуцкого, чем убил меня
наповал. Вероятно, с тех пор, он и относится так к моим стихам. Тем более, что
за 60-й-62-й я посвятил ему с пару прескверных поэм и несколько не менее слабых
стихов. Это любого может отвратить, не только Иосифа. Но Бог с ним. Я о Леничке.
С Ленечкой мы сошлись на лирике. Он читал мне:

Здравствуй, Милочка,
опять не спится.
Сижу, от дум полысев.
Знаю,
я не первая спица
в твоем колесе.

И:

Ты чужая невеста,
шея в капельках бус...
И: ... Твои руки к губам подносить,
и конфетами, сладкими-сладкими,
твои горькие губы просить.

Обоим нам было по 19. Оба были влюблены по-серьезному в первый раз. Я в
Ирину Ивановну Харкевич /в замужестве – Рюмину/, по прозвищу "болотный цветок",

коей и посвящен мой "Туман" /1959/, Ленечка – в Милочку Плотицыну из Вагановки. А помимо лирики мы были поэтами. Время же было горячее. Гремел Евтушенко, наклевывался Вознесенский, Бэлочка же еще не печаталась. Поэтому Палей прочел мне за свое: "Я думала, что ты мой враг, / что ты беда моя тяжелая...", уверяя, что написал это "от лица женщины". Читал он мне их в Александровском саду, и упоминалась Манежная площадь. Только позднее, разбирая Бродского, "Рождественский романс", я узнал, что и в Москве есть Александровский сад и Манежная площадь, о которых и писала Бэлочка. "Негасимый же кораблик" в связи с Ордынкой всегда наводил у меня путаницу, я никак не мог понять, о каком городе Бродский пишет. Но это так, к слову. Тогда еще поэтом был Панкратов, писал прекрасные стихи Харабаров, и даже ненапечатанные, они проникали к нам в Ленинград. Леня знал все, он не вылезал из Союза писателей, и очень хотел печататься. А кто не хотел? Леня был знаком со всеми поэтами, и при этом немилосердно врал, как в случае с Бэлочкой. Быть поэтом – значит печататься. Так Леня представлял себе это. Но его почему-то не печатали. Печатали Ботвинника, даже Толю Радыгина, расцветали Шестинский и Торопыгин /стихами о Ленине/, в гору шел Аквилев, а Палея не печатали. Он и псевдоним взял, своего учителя литературы из Вагановки /Леня начинал с балета/, чтоб скрыть свою еврейскую сущность, он и в мореходке учился и писал стихи флотские, он потом и в армии служил, десантником /и переломал себе ноги, катапультируясь, а ремень, в котором он был, катапультируясь, сперли у меня уже здесь, в Остине/, и там, в армии, в Мурманске, вышла первая – и единственная – книжечка его стихов. Страничек 40, в кассете.

Дело в том, что Леня был формалист. Кроме того, ему никак не удавалось скурвится. Вероятно, это наследственное. Его отец, инженер, в 39-м году обратился с группой инженеров же в Министерство обороны, с предложением создать противотанковую пушку, способную пробить броню "тигров" и "фердинандов". За выпады против дружественной нам Германии все авторы проекта получили по десятке, и были изгнаны из рядов партии. В 41-м году их вытащили из лагерей, предложили создать пушечку и за заслуги восстановили их в партии. Ленин отец сказал, что коммунистом он себя не переставал считать и потребовал старый партбилет /каковой уже был уничтожен/. Ему предложили новый, он его не взял и остался коммунистом без партбилета. Отца его я всегда побаивался, да и меня не очень уважал.

Леня же был – искренним комсомольцем и позднее, на свою голову, вступил в партию. Это через Леню были у меня связи и встречи с обкомом комсомола, о которых я упоминал. Одно из изречений Лени было: "Ты знаешь, зачем я лезу на Парнас? Чтобы потом вас за собой тащить." И действительно, тащил. Единственная моя публикация /в газете "Электросила"/ и передача по радио /на "Невской волне"/ были сделаны Леней Палеем. В 70-м году у него умерла мать. Мы с Борей Куприяновым приехали на похороны. Леня стоял у ворот кладбища, встречая друзей и родственников. Постояли, помолчали. Потом Леня кого-то увидел и потащил к Куприянову: "Познакомься, это замечательный поэт, Боря Куприянов!" Это на похоронах матери. И там он больше думал не о себе, а о других.

На Парнас он не влез. И слава Богу. Если мы с ним и проституировали, то – на уровне музфонда. То Лене заказали слова к ресторанным песенкам. Мы с ним и написали такое:

> Мы с тобой – как два крыла,
> Как два крыла летящей птицы.
> Нас с тобой
> Любовь свела,
> Как два крыла, как два крыла.

Не взяли. Хотя любой алкоголик рыдал бы под эту песенку: "Как два крыла..." Но они не об алкоголиках думали, а чорт его знает, о чем.

Леня же думал всегда о других. И вечер "Светлое имя твое" устроен был им для Сосноры и Горбовского, и когда однажды приехали из Эстонии - Леня тут же назвал к переводу меня и, кажется, Галушку. Я приехал к переводчикам после "Кавказского", где мы с пани Региной Малкиньской, а в просторечии Тонькой Ивановой, с тремя дипломами, преподававшей физику по польски в университете и экскурсоводствовавшей со мной в Петергофе, обмывали зарплату, при этом я написал первые строчки из "Я холоден. Я нищ и гол. / Мой друг единственный - глагол." На что пани Малкиньская накормила меня бастурмой и сациви. Орошалось все это не кахетинским, но, скажем, тетрой. Когда я приехал на Лиговку, в чью-то квартиру, где уже сидели эстонцы - поэт Арви Сийг, и кто-то еще, я первым делом заявил, что из эстонцев уважаю только "лесных братьев" и исполнил им "Ма токсин кодус олля, / Миллял Пятс он президент", не учтя, что среди них был секретарь таллинского райкома комсомола, у которого "лесные братья" папу-коммуниста не то повесили, не то расстреляли. После этого готовый перевод моих лирических стихов "Набережная, 1766" был снят из подборки. Леня старался впустую.

Впустую мы с ним делали стихи для альбома "Силуэты Ленинграда". Женя Чугунов, редакторствуя в "Художнике РСФСР", предложил мне написать предисловие и комментарии к альбому. Я же предложил, помимо предисловия /о котором я где-то упоминаю в статьях, и даже цитирую/, написать к каждой странице по четверостишию. Идея была принята благосклонно, и я, написав предисловие, и дав его же по английски, сел с Леней Палеем писать стихи. Вертелись мы, как ужи. Ни ему, ни мне не хотелось поминать Ленина и Ленинград /Леня к тому времени уже не очень верил в светлые идеалы, как и я/, а Ленин там - на каждой десятой странице. И не помянули. Про "Аврору" же написали:

Цусимы, штормы и лагуны
близки бортам ее стальным.
На мертвом якоре стоит
неповторимая легенда.

Это уже "эзопов язык", в духе поэта Бетаки. Помимо "мертвого якоря" /ср. со стихами Гладкой в 1-м томе!/, Цусима всунута не случайно. Рассказывают, что во время цусимского сражения, когда погиб "Стерегущий", "Аврора" смылась и разоружилась в нейтральном порту. В советских источниках ссылок на это нет, но если даже и апокриф, то вполне современный.

После чего мы с ним взялись писать кантату. "Родине нашей вечно цвести". Я все порывался вставить - плесенью. Кантату мы писали, хохоча. Где-то за неделю сделали, и получили по сту рублей гонорару. Деньги были перечислены в сберкассу на Невском, напротив Гостиного, где мне пришлось открыть первый в моей жизни онкольный, или как он там называется, счет. Как-то, стоя в очереди, я увидел перед собой обгорелую и заросшую морду Сергея Орлова. Пользуясь случаем, я заглянул через плечо в его счет. Миллионов там не было, но тысячи числились. У меня же оставалось сколько-то рублей. С копейками. Все-таки советским поэтом быть прибыльно. К чему Леня и стремился. Он любил водить балеринок в ресторан и, по моему, перепортил все хореографическое училище. Потом я его видел с очаровательной "Ванькой", как он ее называл, из мюзик-холла. Не вылезал из-за кулис Малого Оперного. Кончил же на драматической /и кино- в фильме "Рождение человека"/ актрисе Ольге Бган, о которой уже говорилось.

Леня желал жить жизнью поэта. Причем, поэта печатаемого. Так, как Евтушенко и прочие. Леня хотел денег. И славы. Для чего и работал. Писал либретто и работал на радио. Поденщичал. Но не продавался. Как-то не получалось это у него.

А в 59-м мы любили. Леня носил мою Ирину ночью в Гавани на руках, чтобы не ходила она по песку в своих туфельках. Мы пели на ночных улицах Окуджаву: "Не бродяги, не пропойцы, / За столом семи морей, / Вы пропойте, вы пропойте / Славу женщине моей!" Мы пели им славу.

И тогда же появилась поэтесса, геологиня Марга Фролова. Ее мы тоже приняли в клан. Гибкая, с карими глазами, с фигурою мальчика, с родинкой на щеке, со стрижкой короткой каштановых волос - поэтесса, шпажистка, альпинистка, авантюристка /она меня вовлекла в "шайку ЭВ /Эдуард Вронский!/" во главе с Витей Печонкиным. На первую конспиративную встречу с ним я пришел с финкой /с наборной рукояткой/, продетой в специально пришитые петельки под левой полой курточки. Во время конспиративного разговора - дело касалось восковки для ротатора - я, как бы ненароком, откинул полу. На Витю это произвело мало впечатления, он посоветовал не носить финку и не заниматься игрушками. Готовилось дело. Что мы собирались "издавать" - я и посейчас понятия не имею, но издай мы - покатился бы я по стопам Володи Буковского, по лагерям и тюрьмам./Что-то все было очень засекречено, похоже, что ничего на самом деле и не было. С Маргой мы шлялись ночи напролет по февральскому и мартовскому Петербургу, писали переписку в стихах /и неплохую, однако/, которая у кого-то хранится, кажется, у Толика Шашилова, "малыша Анатоля", Марга же бредила пиратами и рассказывала мне историю Марии Стюарт. Много чего было, и смешного, и грустного, о чем и стыдно рассказывать, например, как я, из романтизму, терпел часов 8 подряд, не решаясь оставить даму и пойти куда в уборную, на улицах же было мерзло, в Гавани и того хуже, а я свою шубу собачью рыцарским жестом на нее надевал, чтоб не мерзла. Сам же терпел до судорог, и рвался во двор посмотреть "не горят ли окна у Левки Успенского", Марго же порывалась со мной. На площади Труда мне не стало уже мочи. "Пойду, говорю, домой - мама беспокоится!" "Как? И ты меня не проводишь?" А, думаю, чорт меня и тебя, провожу, и пусть хоть пузырь лопнет! Дошли мы до Поцелуева моста - и все. Перегнул я ее через перила: "Видишь, как отражаются звездочки? Слышишь, как журчит вода под мостом?" А это у меня в левую штанину - журррр... И так мне потом легко стало! Так и шли до Балтийского, она на улице Розенштейна жила, я резвым козликом прыгал и стихи читал, и все нипочем мне было! А она смотрит на мой левый ботинок: "Где, говорит, ты в лужу вступил?" Всегда у меня с Маргой чего-нибудь происходило, а все от этих рыцарских-флибустьерских когановских игр! Года через 4, провожаю ее чуть ли не в Уткину заводь, на такси. "А обратно у тебя - деньги есть?" "Есть", говорю, не могу же я признаться, что ни копья - и пер пехом всю ночь, часа четыре до дому. Это все Ленечкина школа, рыцарственности.

И дрался я с Маргой в ночь на заточенных рапирах, в дождь на стене Петропавловки. Пили мы тогда мало, и в основном, вкусные вина, в которых мало что понимали, однако Толик Шашилов надрался и в амбразуру блевал.

И второй раз дрался, уже за Ленечку Палея, в Михайловском садике. Чем-то он ее оскорбил, и вызвала Марга Леню на дуэль. Я же был его секундантом. Приехал с букетиком цветов /все же дама, хоть и дуэлянтка/, Марго с двумя шпагами по аллее похаживает, а Лени все нет. Прождали его с полчаса, и пришлось мне занять Ленино место. Марго в шпаге на мастера тянула, я же, как Скарамуш, первый раз ее держал. Однако, остались мы квиты. "О защите, Марго говорит, ты и понятия не имеешь, зато от твоего нападения нельзя устоять!" С тех пор я на шпагах не дрался, нет, дрался и именно после этого, на стене Петропавловки, когда мы с ней друг друга немножко проткнули, но не насмерть, так, грудь.

С Маргой нельзя было не драться. Сидим чего-то в университетском коридоре, и я ей чего-то не то сказал. Она развернулась и своим шпажистким кулачком - меня по скуле. Ну, я повторил. Она еще раз. Ну, я повторил. Продолжалось это часа полтора, не то два. Наконец, она весь кулак отбила и уже не могла. На другой день у меня, конечно, скула была синяя, зато у Марги кулак не разгибался - неделю.

И было нам - по 19. А Маргу нельзя было не любить. Наденька Полякова, не лесбиянка, говорила, что более красивого созданья она не встречала. Ну и я не встречал. Был я тогда безнадежно влюблен в Ирину, Марго же - тоже в кого-то, а, в Толика Шевченко, и нашли мы общий язык. "У обоих - одно и то же, / деревяшка протеза скрипит. / Остается - что? Туже / сердце бечевкой цинизма скрепить!" Это писал я. Марго же писала "Гимн авантюристов":

> То, что темно - то ясно,
> Что ясно - то темно.
> Опасное - прекрасно,
> А мудрое - смешно!
>
> Мир создан для обмана,
> Для умной лести - речь.
> Наш бог - двуликий Янус,
> Язык - разящий меч!
>
> /рефрен/
>
> Мы лжем, но лжем красиво.
> Мы губим - но глупцов.
> А речь врагов учтива,
> Как пошлость мудрецов.
>
> То, что темно - то ясно,
> Что ясно - то темно.
> Прекрасное - опасно,
> И мудрое - смешно!

Мы танцевали от Киплинга и Гумилева. Но от них танцевали тогда все. Кроме Бродского. Марго Фролова работала верлибром. Лучшее ее:

> Хочешь, я тебе расскажу кое-что из истории?
> Это было в 16-м веке,
> и наверно, в Испании.
> Только ты был тогда не мужчиной,
> девушкой,
> гордой девочкой,
> тоненькой женщиной,
> а я - бродягой,
> беспечным и самоуверенным, как Сезар,
> с единственной незаложенной вещью - шпагой.
> И ты не верила мне - как сейчас!,
> и отворачивалась - как сейчас,
> когда я пел тебе серенады,
> застенчиво-наглые и цветистые, как твои наряды,
> а ты отворачивалась и не выходила на балкон,
> когда я пел тебе серенады.
> Но я все равно пел. Долго.
> И уже почти потерял терпение,
> когда наконец - сказала ты: "Да!"

```
       шепнула ты — "Да."
       И помнишь,
       ты целовала меня, да,
       ты не можешь не вспомнить, как это было —
       ведь я помогу тебе вспомнить!
       Так что и сейчас ты скажешь мне: "Да."
       ... А то, что теперь ты — юноша,
       не имеет никакого значения!
```

И читала она эти стихи во всех ЛИТО. И во все ЛИТО ее принимали. А Бродский в это время писал "Стихи о Мигуэле Сервете, еретике, сожженном кальвинистами". Но начинали мы вместе.

И кончилась Марга Фролова, в 62-м году, с отъездом в Магадан. Потом она приезжала, читала те же самые стихи в новых ЛИТО, ее принимали - опять - на ура, и она, успокоенная, уезжала.

В 66-м году, когда я встретил ее по новой, от идеалистки Марго уже ничего не осталось. И невинность во второй раз она потеряла с инструктром в турпоходе - какая банальность! - Галочка Чулкова, которой "Подари мне попросту..." /мое и клячкинское/, тоже так ее потеряла. А в первый раз она ее потеряла на матраснике, на какой-то станции, куда она меня провожала в колхоз - и всю ночь мы пили сладкое вино и читали стихи, и грелись друг о друга в эту морозную осень 59-го или же 60-го года. Но она не заметила. Заметил это инструктор турпохода и долго у нее допытывался, хотя ему-то - зачем?

И завела она мальчика-любовника в геологической партии на 28-м году, мальчика 19-ти лет, о чем мне с гордостью рассказывала. Но не получилось у нас любви семь лет спустя, так, забытье под выпивку.

И об этом, об этой безгрешной юности, грустно и стыдно мне вспоминать, и прекрасно.

И был Ленечка Палей, от которого у меня не осталось ни строчки, и которого предал я один только раз. Когда сказал я редактору Чугунову, что вступление и комментарии подписать одним мной, а стихи - обоими, Женя начал меня убеждать, что книжку он добивался для одного меня, чтоб имя мне сделать, и попросил я Леню - снять свое имя, у тебя, мол де, есть уже публикации. И Леня так на меня посмотрел и сказал: ну что же, снимайте, - что стыдно мне и по сю.

Был он моим учителем, и другом, и это у него я научился любить других поэтов больше себя, и женщин научился любить - у него.

А сейчас остался он где-то в России, и Женичка его уже в Лондоне, а я вот пишу о нем, о Марге, о юности нашей, и еще много надо будет писать.

Лениных же стихов - не надо.

Если и не написал он ничего, то все равно он был поэт. Больше, чем Бродский.

И это он прочитал мне Уфлянда. И многих, многих других.

Так писали мы... /См. об этом у Радыгина/. Ибо нас было - МНОГО.

И поэтому вспомнил я Володю Березовского. Уже в 1-м томе был один, полюбившийся мне, его текст /в предисловии к "Геологической школе"/.

Привожу и второй, ибо так и ТО - мечталось не ему одному.

Романтика...

Если к слову любому,
                         иль к мысли иной -
Кто-то скажет - "Романтика" -
                                   мне, как ни странно -
Представляется ветер,
                         соленый и злой,
Паруса над взбешонным,
                         седым океаном,
Росчерк мачт,
                         безотказных снастей переплет,
Пляска компасной стрелки,
                         похода начало -
То, что сердце волнует,
                         и душу зовет,
То, чего в нашей жизни
                         порою так мало...
... В закоулках далеких
                         и старых портов
Есть места -
                    их немного осталось на свете -
Где на кладбищах
                    парусных старых судов
Умирает романтика
                    прошлых столетий.
Где пройдя
              через сотни годов и морей,
Через тысячи миль
                    ураганов и шквалов,
Встали мертвой эскадрой
                         тела кораблей
У опутанных водорослями
                         причалов.
Есть другие: есть те,
                    что в порты не пришли,
Чей отчаянный путь
                    затерялся в просторе -
На неведомых рифах
                    и просто - вдали
В сохраняющем тайны,
                    загадочном море.
... Есть не свете
                    романтика новых путей,
Есть другие дела
                    для сердец неустанных.
Как ни странно,
                    мне все-таки жаль кораблей...
Впрочем, может быть,
                    это нисколько ни странно.

1958

/Владимир Березовский/

БАЛЛАДА О ТРУПЕ КОМИССАРА

"Бьется в тесной печурке Лазо."
/Народн./

31 декабря 1979 года. Год уж делаю антологию, а до? 20 лет назад был у меня друг, Леничка Палей, поэт, комсомолец, романтик. Врун и баболюб. Боксер-мухач, побивший Стольникова, тяжеловеса. Мот и кутилка, поэт.

Повело нас в разные стороны уже в 62-м. Написал Леня и напечатал балладу про тело комиссара, умершего естественной смертью от ран в походе. И пёр его отряд по пескам Кара-Кумов /?/, доедая служебную кожу, на себе. Донесли.

Этому историческому событию Леня посвятил поэму. Уже тогда у меня возникли сомнения, высказал я их Лёне. Еще 17-ти лет, на занятиях по истории КПСС, я занялся чисто риторическим вопросом и вписал в тетрадь, где конспекты: "Интересно, вкусные ли у коммунистов ляжки?" Жрать я такую пакость, понятно, бы не стал, вопрос, повторяю, был чисто риторический, но важен подход.

Звонила сейчас матушка. Вычислила она Леню Палея с немалыми трудами. Говорит, что послала "Аврору" с "ужасно паровозными стихами Ленечки". Ну, если советский вполне человек, моя матушка, говорит, что стихи – того, значит, Леня потрудился. Говорит, что просила для меня стихов. Ответствовал Леня: "Пошлите ему "Аврору", там мои свежие." Что ж, Ленечка, я – включу. Дойдет вот только. А пока принимай 2 года назад написанное, по стопам твоим, и не без влияния, стихотворение. И по стопам раннего Тихонова, который предлагал делать из людей – гвозди. И по стопам Прокофьева раннего, "Разговор по душам", скажем. На них росли. Только – что выросло? По стопам Бориса Корнилова, который искупил грехи свои – у стенки. Всех бы их туда, отравителей.

Но слушай балладу:

Баллада о трупе комиссара.

Другу и брату Лёне Палею

Съели портянки и кожу ремней
Дёсны жевали солёный репей
Солнце пустыни над миром взошло
Солнце по темячку било и жгло
Пули и порох в патронах горят
К морю в боях пробивался отряд
Ранен навылет свинцом комиссар
И на глазах у бойцов угасал
Слёзы скупые роняя на лоб
Тело несли захоранивать чтоб
Жарили в масле ружейном сапог
Жертвуя светлой идее собой
С боем на юг пробирался отряд
Красные звёзды на шапках горят
Тело уже подпускало душок
Ни сухаря за солдатской душой
Граждане! Скупо сказал командир
Тело героя – им не отдадим
Нам остаётся неделя пути
Надо покушать, чтоб к цели дойти

Плача и слёзы роняя в башлык
Ели они сладковатый шашлык
Пусть человечина не колбаса
В ТЕЛО отряда вошёл комиссар!

Каспий и вобла, 20-х комса,
Славе героев не будет конца!

Техас,
декабрь /?/ 1977

Вкусно, Ленечка? Узнаёшь брата Васю?

Грустно, Ленечка. 20 лет нас курочили, курвили и комиссаровали. "Ну, кто еще хочет комиссарского тела попробовать?", восклицала Лебзак. Ее многогрешное тело - пробовали многие. Ты же и рассказывал: ущучила Заслуженная артистка СССР студентика театрального на пьяночке, до дома не довела, лежит под кустом на Марсовом, предается. Дружинники подходят: "Встаньте, гражданка!" На что Лебзак ответствовала исторической фразой: "Пока не кончу - не встану!" На что и ей посвятил стихи, и тебе посвящаю:

ОЛЬГА ЛЕБЗАК

Вроде, посвящены они еще Б.Кудрякову

Две обезьянки-лесбиянки
Однажды сблизились по пьянке.

Лебзак же, хряпнувши полбанки,
Драла студента на полянке.

Аналом сев на грязный фикус,
Она показывает фигу-с.

Усвоив быстро этот фокус,
Студент заказывает бигос.

Она расчесывает волос.
Студент показывает фаллос,

И уезжают вместе в волость,
Дабы закончить эту шалость.

1967 /69?/

У тебя учился. И рифме, и технике. И даже тематике - немного. Много чего за 20 лет понаписано. И понапечатано немало. "Нехорошо говорят мне за Глеба..." /см. 1-й том/. Нехорошо говорят мне за Ширали.

Что хорошего сказать о тебе, Ленечка, брат мой, друг мой? Если сам предлагаешь в антологию - заведомое гавно?

Помещаю.

ПЕРЕПЕЧАТКА из ''Авроры'' /№11 за 1979/ с комментариями.

В ноябрьском, как всегда, ''ёбилейном'', номере молодежного журнала ''Авро-
ра'' помещены стихи моего уже немолодого друга юности Леонида Палея. Что за но-
мер, что за поэты? Владимир Большаков, ''Сидней, Скала самоубийц /Блюз безработ-
ного/''. Сергей Красноперов, ''Интернационал''. Вячеслав Кузнецов /этому - за 50!/,
''В памяти поколений. С посвящением - И.Д.Папанину''. Григорий Калюжный, что-то о
деревне - ну, этот из ''шевелевцев'' /см. в 4-м томе о ''Лепте''/. И Палей. Из кни-
ги ''Порт приписки''. Привожу все 5 его.

НА ПИСКАРЕВКЕ

Родившийся в сорок пятом,
я старше тебя на сны,
в которых идут солдаты
и не приходят с войны.
Родившийся в сорок пятом,
я помню: от боли устав,   /я старше тебя на страх,
отец мой вернувшийся прятал   с которым отец мой прятал
при маме пустой рукав.   от мамы пустой рукав.
Горят кровавые звезды,
встают
          обелиски в рост,
и горем пропитан воздух,
в котором расти довелось.   которым дышать довелось.
Родившийся в сорок пятом,
я верю, память жива.
На могиле солдата -
защитного цвета трава...   растет трава.

Отмстил Леничка. Текст написан в 68-69 /?/ для того самого альбома ''Силу-
эты Ленинграда'' нами сообща, и не пошел, как и все те тексты. Кто ж его знал,
что Леня тиснет эту халтуру всерьез, да еще ''поправив'' /см. оригинальные фраг-
менты справа, я и не такое гавно помню!/. Отрешился Ленечка от своей ''неточной''
рифмы /страх - рукав/, прийдя /пришли?/ к академической. ''Которым дышать довел-
ось'' - как и вся строфа - краденное мною у А.Прокофьева /''Разговор по душам''/.
''Защитного цвета'' траву - я бы не допустил: тавтология. А так - ладно, хоть за-
платили, Ленечке. Но - не стыдно, такие ''паровозики'' пущать? И ведь и в книжку,
похоже, включит.
Остальные тексты уже писал не я:

Приснилась вновь
           последняя война.
И мама вещмешок мой собирает -
           от слез бледна...
А я швыряю из мешка на стол
кальсоны, мыло, теплые носки.
А я кричу: ''Зачем это нести?!
Ты хочешь,
           чтоб посмешищем я стал?!''
И оказалось, все, что мама тайно
мне запихала в вещевой мешок,

понадобилось
в том пути недальнем,
что от войны
уж очень был далек...

От Ленечки тут остались только рифмы 20-летней давности /стол - стал,
носки - нести/, а все остальное - могли бы написать и предыдущие авторы журна-
ла, Калюжный там.

А я как будто вновь дневальный,
и мне не спится от забот.
Мой полк идет дорогой дальней:
за годом год, за годом год.
И вновь зовет труба горниста,
и за трубой шагает полк,
и как отцы мы в бой годимся,
и знаем мы в оружье толк.
И за спиной у нас Россия,
и мы ее не подведем -
она недаром нас растила,
она не зря наш отчий дом.
Мой полк идет дорогой дальней,
поверка лет моих строга,
и я бессонный твой дневальный:
моя любовь,
моя страна.

Ср. с цитированным "Здравствуй, Милочка, / опять не спится..." От юного
Палея - и здесь остались только рифмы /горниста - годимся, Россия - растила,
строга - страна/, а все остальное - уже зрелое гавно.
И два последних, ОТЧЕТНЫХ. Ибо там есть - и слова правды:

Как меня жизнь кромсала!
Как меня жизнь любила!
Сложный запах казармы
в памяти поселила.
Над Заполярьем стылым
юность мою поднимала.
За молодость мне не стыдно,
а это уже немало.

-

Я жизнь свою как книгу перечел.
Не отрекусь ни от одной страницы
и не скажу, что был я ни при чем,
когда своих высот не мог добиться.

Ошибки и потери - все мое.
Беда, что часто принимал за праздник
не праздничное, в общем, бытие...

И все-таки все было не напрасно.

И заполярный бесконечный снег,
и самолетов яростные взлеты.
Осталось ощущение полета,
где все за одного - один за всех.

Еще одного поэта ДОБИЛИ. Чтобы за 20 лет - так-таки и ничего не было написано /я не говорю - напечатано!/, чтобы возникал он на страницах похабного журнала с подобными стихами, чтобы спекулировал без конца и своей армейщиной и надрывным казенным патриотизмом /а Леня - любит родину, я знаю!/ - грустно это. Не знаю, цитировал ли я где, но писал он, "Памяти Крученых":

Продавал автографы поэт.
Те, которые ему дарили,
а потом -
их авторов давили,
а потом их
возвращали в свет.

Денежку сжимая в кулаке...

Не помню я дальше. Но не мог Леня - раздвоиться. Чтобы жить - нужно было печататься, а писать как Галич... Нет, так Леня не мог.

Пишет матушка /11.1.80/:
"В этом письме много новостей неприятных. Л.Палей появился в Л-де тоже в связи с утратой - 2 года тому назад умерла Ольга Бган. Нелепая, глупая смерть молодой, нужной женщины - актрисы. Ведь Ольга талантлива, интересна, жизнелюбива, и о ней надо говорить было, какая нелепость! На вопрос что случилось? Ленька сказал: "много пила". Ленька видимо тоже много пьет, он стал типичный Хлестаков /он им всегда был! - ККК/, зрелище гнусное."

И в другом письме:
"Забыла написать - Палей сообщил, что в связи с 70-летием Гана переиздается кантата, поздравляю! Но я ее еще не видела, а Ленька и наврать может."
Цирк! Кантата "Родине нашей вечно плесенью цвести" на музыку Николая Гана. Интересно, моя фамилия будет, или, как изменника Родины - выкинут? Ладно, Леня авторские получит, выпьет за меня. Россия, бля! Какое гавно из людей делает! Живи Леня в Париже - КАКУЮ бы лирику писал!

А так - правоверные ура-казарменные побрякушки, да кантату /от английского слова "cunt"/ переиздают.

Леня, Леня...

Константин КУЗЬМИНСКИЙ

Из поэмы "ГОВОРОВО",
посвященной Алику Гиневскому

ПОСЛЕДНИЙ ВОЛК

Он ел кошатину и лягушатину,
и предпочтенье отдавал бобрам,
но быв ударен по хребту багром,
жевал теперь почти одни лишайники.

Не волк, а так, задумчивый алкаш.
Он выл ночами около погоста.
Скучал, и всяких шорохов пугался,
и мертвечину по лесу искал.

А в Заручье замучены ручьи -
торговый центр, и торфоразработки.
И участковый, будучи разбойник,
с двустволкой рыскал, аки тать в нощи -

заряженной не дробом, а пером.
Он опера в помощники надыбал,
оставил пост, и сам пошел на дело -
на вепря с долотом и топором.

Из лесу вышел на дорогу волк.
Двустволка рявкнула, и тихо лег лохматый.
Узнав, что на волков теперь лимиты,
охотник его в чащу уволок.

Конец 1973.
Остатняя поэма - глав в 5 -
куда-то утеряна.

GINEVSKY

СОЛОВЬИ, СОЛОВЬИ...

Однажды мой друг сказал мне:

— Знаешь, а по весенней Гауе спуститься в лодке не так-то просто. Ты ведь не видел настоящей Гауи? Могу достать на пару дней складную дюральку...

И мы выкроили эти два дня. Поздно вечером выехали из Риги поездом. Двухместная байдарка, аккуратно уложенная в большой рюкзак, была с нами.

В Валмиера мы сошли на рассвете. Вдвоем натянули на дюралевый каркас резиновое днище — и «пирога» была готова. Началось наше путешествие. Был конец мая. Гауя вышла из берегов. Справа и слева распустившиеся осины и ольха стояли по пояс в воде. Казалось, что деревья забежали и, побоявшись холодной глубины, не пошли дальше, а так и остались. Течение прижимало к их стволам клочки сена. Мокрые темные кольца на деревьях, чуть выше уровня воды, говоря... ...док начинал...

Мы обогну... мо коряги, ... все то, что ... берегов, как ... после зимы, ... бачья конура ... цом, пыла ... Солнце пригр... усталость. Н... бутре мы ре... чером стало ... шине запел ... рило нескол... и на противо... реки. Казал... а эхо далеко ... ранству и ... к нам.

Я не впер... но всегда, п... щей силой ... том, что нам... тать колена ... ли сказать, ... вых количе... строф былае... ков и более... есть тот «ма... рого строит... импровизаци...

Полнота и ... создаются с ... лен, которые ... «почин», «кл... «лешеа дуд... лька», «водо... и т. д. Сам ... выразительн... внимательной любви птицело... нов.

осторожности, с которой и это делал,— не удалось. Он улетел.

Над рекой стоял плотный серый туман. Кора деревьев, листья и трава были влажными. Ветви кустов от влаги отяжелели, и на кончиках прутьев и травинок повисли капли. Они тихо падали вниз, а на их месте копились другие.

Позавтракав, мы тронулись дальше. Туман высоко над нами чуть рассеялся, и появилось бледное пятно солнца. Берега реки угадывались с трудом.

В полдень мы остановились на небольшом песчаном островке, покрытом шевелюрой высокого и густого тальника. Не разводя костра, сели перекусить. Реку — с двух ее берегов — оглашали соловьиные трели. Правда, теперь певцов было меньше, нежели утром и вечером. Где-то совсем рядом ударял еще один. Мы, повернув головы, внимательно разглядывали вершинную зелень тальника — куда там, не видно.

Я встал, я пошел на песню ...зорваться от напряжения. И к концу рулады, где-то на самом ...

...Над нами бил соловей. Он нанизывал серебро своих колен с предельной четкостью и силой. Иногда он замолкал, и тогда была слышна работа другого — там, за рекой. Мы были незримыми судьями блистательного поединка. И когда замолкал тот, наш вступал неспешным «почином», и дальше его колена складывались в песню, уже совсем не похожую на предыдущую и на песню соперника. И трудно было отдать одному из них предпочтение, ведь обоими вкладывалось в песню столько искренней и в то же время сдержанной страсти.

Я не знаю, спал ли наш соловей, пока мы дремали, ночь у костра, но только утром в пении его не было усталости.

Мне захотелось подойти как можно ближе к соловью в надежде увидеть его. При всей

пределе, клюв запрокидывался вверх или вся головка опускалась набок, словно он при... чиво оценивал свою работу еще звучащему эху.

Я приблизился к нему столько, насколько это ... возможным. Я уже не при... но не путал птицу. Круп... темный глазок певца взгля... вал иногда на меня, но с ... вей, занятый колдовством, ... глотившим его всего целико... словно речь шла о жизни ... смерти, просто не замечал ... ности.

Я ушел, оставив его наед... со своими ликованием и ... ками, отзвуки которых еще ... ли в моем сердце.

Молча мы тронулись дальш... и проскочили под высоким ... тонным мостом через Гаую ... Сигулде, причалили к бер...

Прощай, Гауя! Спасибо те... соловьиная река...

А. ГИНЕВСКИ

АДРЕС РЕДАКЦИИ: 125868, ГСП, Москва, А-47, ул. «Пра...
...порта—253-38-01; сельского хозяйства—253-39-21; советского ...
...информации—253...

Б 00387.   50125.

«С. Р.» 21 мая 1972 г.

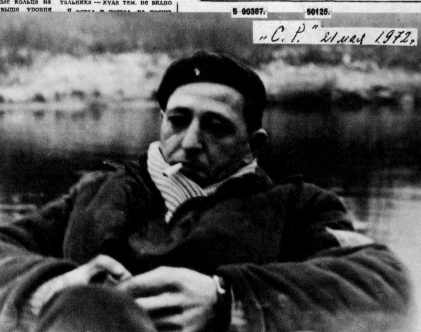

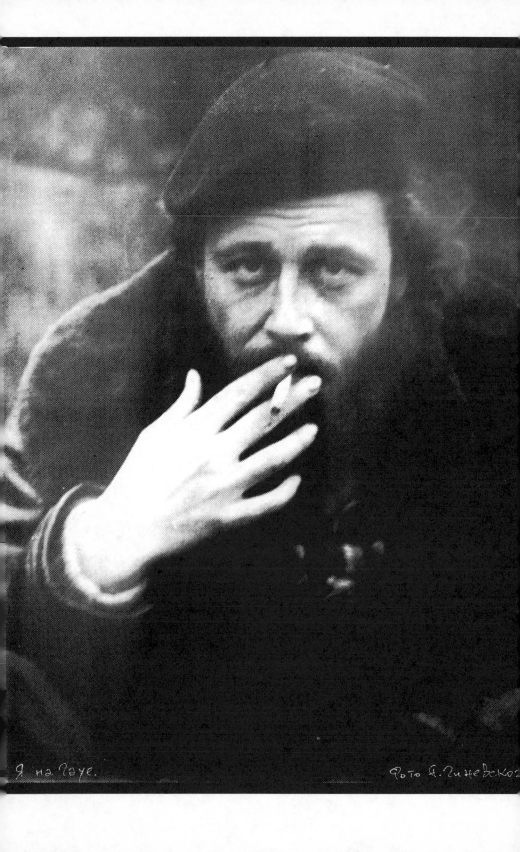

Я на Гауе.

Фото А. Гиневского

ПОЭТ АЛИК ГИНЕВСКИЙ

"Собаку решили
Назвать Дарданелла,
Хоть я не хотел,
И она не хотела.

Даю Дарданелле
Понюхать я Васю,
Внушаю на ухо,
Что Вася - опасен.

Понюханный Вася
Ползет под кровать,
А мы с Дарданеллой
Уходим искать."

/А.Гиневский, конец 60-х/

Всем хорошим во мне я обязан евреям. И не то чтобы гениальным /не Бродскому/, а просто - добрым и человечным. Я и сам, наверно, еврей. Как-то взялся я считать друзей-евреев. На пятом десятке сбился. Еврея в России от русского - ни почем не отличишь, русского же - можно. Все евреи, которых я знаю /вычетом гниды Генделева/ - приличные люди. Среди русских же я встречал много неприличных.

Приехал в Америку. Евреи, как евреи. Ларри Гарлик, к примеру /Чесноков, по русски/. Магазин имеет одежды, друзей одевает - Стива Эшли, меня. С бабами ему вечно не везет, сидит у моего друга, миллионера Мозли /не который глава английских фашистов, а техасский, попроще, на ежика и дикобраза одновременно похож/, страдает. Еврей должен страдать. И не потому что - еврей, но не всем же - носорогами быть, как Максимов!

А носорогов сибирских - здесь пруд пруди! Голосят, журналы издают, комитеты по спасению Родины /от евреев/ составляют, рубашки с трехглавыми орлами продают /евреям же - деньги не пахнут!/, и при этом с лозунгами: "Тогда была свободна Русь, / И три копейки стоил гусь!" В стихах аж, почему и помещаю в данную антологию. Правда, мой друг, профессор-экономист Аркадий Кохан, потомственный меньшевик /лагеря прошел, советские, в варшавском восстании участвовал, за оппортунизм его нынешний премьер - или уже не? - Менахем Бегин грозился еще сразу после войны повесить!/, сейчас профессор экономики, говорит, что гусь в России никогда 3 копейки не стоил /разве, может, что при Грозном/. Но чернорубашечников с золотым орлом это не волнует. Их волнуют - евреи. Прочел восхитительную книжку какого-то князя, в Белграде, в 36-м году изданную, комитетом русских фашистов в защиту отечественных же немцев, в которой князь горько сетует, что русским войскам в Париже, в первую мировую, самое обидное было - что евреи на свободе - и за пейсы не дерни, и свиное ухо не покажи - ей-ей, князя цитирую! А книжку у меня, вроде, мой друг Илья Левин замылил, дома нету. Но и без книжки все ясно: евреи виноваты!

Мой друг и учитель, искусствовед и философ Женя Чугунов, совал мне упорно протоколы мудрецов еще в 1970-м, и всяко предостерегал против евреев. Я не поостерегся. Я поостерегся встречаться с Женей. И правильно. Но по приезде сюда... Кузина моей бывой четвертой жены, не успев свалить по еврейской визе /и на их же содержании/, завела ту же песню, уже из Нью-Йорка.

Но как-то не могу я побороть мою любовь к евреям. Особенно к друзьям. А у меня их - много. И Алик Гиневский - один из.

Привела ко мне этого поэта Райка Красавина, динамистка и нимфоманка, впо
следствии помершая от аборта. Писала она несколько странную прозу, диалогами,
но дамской поэзией я обещал не заниматься, разве - в "Зачем я это сделала?" /см
Алик писал попросту ужасно. Про "героев Джека Лондона" - были такие строчки:

> Под мехом на груди живительны,
> Боги костра стучат,
> Как в сердце спичены
> О стенки коробка.

Я ему так и сказал. Алик не обиделся, наезжая в Ленинград /работал он наладчико
станков-автоматов и потому вечно был в разъездах/, перестал показывать свои сти
хи, но упорно слушал мои и чужие, года с 62-го. Еще в компании нашей были Миша
Женя Трахтенберг или, вру, Трахтманы, супруги, которые упорно писали прозу. За
прозу их, кафкиастенькую, я сказать ничего не могу, мрачное чего-то, как и сами
супруги. Алик же, напротив, был всегда оптимистичен, любил друзей и детей.

Потому и стал он, наконец, детским писателем. Стихи его, приводимые в э-
пиграфе, воспроизвожу по памяти, напечатны они не были, да и не все строфы были
одинаково хороши. Я запомнил лучшие. Не знаю, по-моему, у Гиневского никогда не
было еврейского комплекса. Жил он, как русский, пил же - не как русский, потому
никогда не соглашался - за чужой счет. Не на что было - не пил. Что выгодно от-
личало его от всей питерской богемы, впрочем, "богемой" он и не был. Работал,
как вол, содержал семью, родителей, сам же жил крайне скромно.

Но у него были нескромные друзья. Тысячи раз он выручал меня, и никогда
мне не удавалось отдать ему деньги взад. Застряв, в погоне за Мадонной, без ко-
пейки в Виннице, слал ему в Ригу телеграммы. Алик продал билет и не поехал в Ле-
нинград, я же эти деньги - пропил. Он всегда понимал, кому худо.

Так было и с Соснорой. В 67-м году матушка моя, решив, что я созрел "для
вхождения в литературу", попросила Алика представить меня Сосноре. Поехал, пер-
вый раз после армии, встретиться с армейским другом. Ради другого. Сам, ради се-
бя, он бы к Сосноре на поклон не пошел. Уже позднее я узнал, что это связист А-
лик опекал рядового Соснору: доставал билеты, прятал, чтоб проспался, в вагончи-
ке и нежно любил, как поэта. Но об этом он молчал. Соснора же, и подавно, по мр
чности и эгоистичности характера своего, Алика не помянет. Уже не помянул. Чита
его армейскую прозу, в "Летучем голландце" /изд. "Посев", 1979/, прозу гениаль-
ную, страшную - об Алике там нет.

Должен сказать, что я к Гиневскому относился не лучше: я им тоже - поль-
зовался. Должен сказать, что система всепрощения распространяется только на ге-
ниев - какими бы мерзавцами ни были Пушкин, Лермонтов или Бродский, им все спи-
сывается "за талант". Когда же у человека нет таланта, а есть просто любовь - и
можно помыкать, пренебрегать и попросту издеваться. Надо быть таким нахалом, ка
Генделев, чтобы преодолеть это неприятие "малых". Вся система литературных кру-
гов - далеко не гуманна, о чем я уже где-то писал.

Но один раз - и мне стало стыдно. В запале спора с Куприяновым и Генделе-
вым /из "архивных" соображений был включен магнитофон/ я обозвал Гиневского за-
нудой и мудаком, которого я "на нюх не переношу" и противопоставил его, пусть пи
дловастенькому, но ТАЛАНТЛИВОМУ Кривулину, которому я - все прощу. А потом, за-
быв об этой записи, вместе с остальными дал ее прослушать Алику Гиневскому /быва
вая в Ленинграде не часто, он не мог посещать всех чтений, а страстно хотел/. И
Алик услышал. Он просто вернул мне пленки и, ничего не сказав, простился.

Но об этом нужно писать. Идиллическое "братство поэтов", к созданию леге
нды о котором причастен и я - попросту не существует. И более соответствуют ему -

стихи Блока /"Здесь жили поэты, и каждый встречал / Другого - надменной улыбкой"/ или Кедрина /"У поэтов есть такой обычай - / В круг сойдясь, оплевывать друг друга..."/. Если и была связь - теснейшая, братская - в эти годы, то, как следствие того лишь, что читать - было попросту некому! А кто ж оценит /если оценит!/, если не поэт! Вот и читали друг другу. А выпить с кем? Опять же, пили и с Глебом, и с Соснорой, и в результате - Соснора пил, с кем ни попадя, и Глеб тоже, о чем - смотри о Сосноре и у Кулакова.

Алик, можно сказать, не пил. Чуждо ему было шустрение на выпивку, звонки знакомым девочкам и малознакомым мальчикам, чтоб раздобыть. О "богеме" дивно писал Эдик Лимонов в 1-м томе /увы, как и я, идеализируя ее/. Я пил с Аликом в Риге, когда приехал на недельку погостить к нему /причем истратил за 3 дня все их до конца месяца содержание, стряпая сказочные им обеды и покупая выпить, себе уже - деньги у них с другом Леней лежали в поллитровой банке, откуда мне и было велено брать/. Эта поездка, со стихами под все сорта кофе у Адольфа /он, как интеллектуал - жена занималась Зощенко - смешивал "Кению", "Арабику" и "Танзанию", которые ему присылали из Москвы/, всю ночь чтение стихов, по просьбе Алика и для аудитории в 3 человека, а потом поездка на надувной лодке по Гауе, откуда и взят прилагаемый снимок. Странный фрукт "цитроны" на базаре, похожий на маленькие кислые лимоно-яблочки, которые я клал, вместе с травами в разное вкусное варево, и вставьше на дыбы могильные плиты на лютеранском кладбище, где похоронены все герцоги и князья Курляндские /в склепах постоянно срали, склепы порушили, а плиты вмонтировали в оставшуюся стену на попа/, это было дивно.

И другая поездка, в деревню Говорово, куда Алик пригласил меня, как Дельвиг, пописать и подышать - а я подыхал от пьяни на Льва Толстого, в комнатке, которую снимал с моей любовницей Малюткой /ныне Генделевой/, и куда друг мой и бывый поэт, геолог Володя Березовский притащил ручного дикобраза, а я Наташу Кучинскую, и были устроены съемки /откуда и взят далее прилагаемый кадр с Натальей/ - какие кадры! - на груди у голой Малютки дикобразик ел гранатовые зерна - но было мало свету, да и пленка сейчас уже куда-то пропала, и кадры, остался один. И все это тоже имеет отношение к поэзии, потому что грузила меня Наташка, пьяного, с народным котом Пиплом, в автобус на Сенной, откуда меня выкинули, потому что я заступился за собаку, которую не пускали, и я махал олимпийским чемпионством Кучинской, почему и не забрали в милицию. А на второй день уже, повинившись перед женой за пропитые деньги, ехал опять на билет, ехал я и шел, пешками по заснеженной дороге, с фугасом бормотухи и народным котом Пиплом в котомке на груди, километров 5, спотыкаясь, скользя и падая, в заброшенную деревеньку, где ждал меня Алик. По утрам он, зараза, гремел поленьями, а я, не привыкший вставать так рано, материл его, как и за неаппетитную манеру есть. Ели мы щи из натуральной хряпы, да консервы, что привезли с собой. Об этом есть у меня поэма "Говорово", посвященная Алику, которую поэму, как и многое мое, похитили злобные евреи из МИДа Исраэля, о чем я уже писал, и еще буду.

Алик сам там, вроде, ничего не написал, он просто дышал снегом, как и кот Пипл, впервые вывезенный за город - встал на все четыре в снегу и с ужасом поднимал все лапы по очереди - страшно, что-то белое! Алик же, попав в добрые руки Драгунского, стал писать милые и прекрасные детские вещицы, не в стихах уже, а в прозе и даже издавать их. Перед этим он вызвал мой дикий восторг своей статьей /или эссе?/ "Соловьи, соловьи..." /вообще-то, "Соловьи на Гауе"/, напечатанной в газете "Советская Россия". Как он писал о русских соловьях!

И не стал Алик от этого "славянофилом", как я никогда не стану "антисемитом", хотя считаю, что "Карфаген должен быть разрушен".

А Алик - пусть пишет для детей. Это хорошо.

СКАЗОЧКА ПРО АЛИКА ГИНЕВСКОГО

А еще Алик однажды чуть не утонул в постном масле. Работал он на какой-то фабрике, чинил механику и, как всегда, в неурочные часы: нельзя ж завод останавливать! Так вот, ночью, уронил он свой паспорт в гигантский чан /презерву́ар или резерватив, как называл их Миша Пчелинцев/ с постным маслом и полез его доставать. Соскользнул, и туда. А масло-то не держит! Плотность у него не та, не что в Мертвом море или в заливе Кара-Бугаз-Гол, на которых лежать можно! И чуть не погиб Алик. Кричи, не кричи - на заводе-то никого нет. Вылез, однако. И паспорт достал. На нем потом можно было яичницу жарить.

А я, со своей секретуткой Натальей Лесниченко-Гум-Волохонской, написал о нем сказочку. Мы тогда с ней много сказочек писали. Они в 4-м томе будут. А эта -

"Один мышь упал в постное масло. Но он читал Льва Толстого и начал дрыгать лапками. Так и утонул."

Алик же, к счастью, не. А что паспорт чуть не утопил - так в России это документ первейший. У меня вот, в военном билете, где значилось - ВУС № /это военно-учетная специальность какая-то/, я написал:

ВУС №1 - не дует.
ВУС №2 - тоже не дует.
Во все прочие усы - тем более не дует.

И еще, за неимением бумаги, или по пьяни, записал любимую строчку Ширали:
"Мадам, шепчу, раздвинь колени!"

С таким билетом мне сдаваться и уезжать никак не возможно было. Ну, я его потерял. Меня там сначала в парашютный десант зачислили, а потом, как психа - в библиотекари. А когда мне селезенку какие-то добрые люди выбили - я потребовал комиссии. Пришел вместе с одноглазыми и безногими /а вдруг у них другая нога вырастет?/ на перекомиссовку - друга вызывают: "Разденьтесь и разуйтесь, пройдите в кабинет!" А он говорит: "Раздеться и разуться я, говорит, могу, только если я ноги отстегну - как в кабинет пройду?" Ей-ей, не вру. А мне говорят: вы ж и так "ограниченно годны", так чего вам еще? Не, говорю, я вовсе не годен! Ну, поставили штамп. А билет - хочешь, не хочешь, уезжая в Израиль - сдавай. Говорю: потерял. "А вы знаете, говорит военком, КТО вашим билетом может воспользоваться?!" Не, говорю, не знаю, потому - харя такая волосатая - на весь Питер одна! Отпустил, однако.

А паспорт не потеряешь. Всю душу вынимут. У меня и так, штампов о браках, разводах и работах - уже в прописку ставить начали, поскольку прописка была одна. Надо, думаю, менять. Положил, по примеру Алика, только не в постное масло - не все ж в чаны с ним падают! - а в посоленную воду: "В море, говорю, тонул!" На всю ночь. Приношу паспортистке, а она: "Долго, говорит, вымачивал?" Не я один такой догадливый. Выдала, однако, новый. Штамп о третьем браке поставила /с четвертой я не был расписан, развестись все некогда было/, а вписать супругу - забыла. Ну я с этой порожней графой бегал и девиц шантажировал: "Отдайся, а то впишу!" Потом, все-таки, пришлось законную вписать, чтоб развод оформить. Супруга моя была в Усть-Каменогорске, на китайской границе, куда меня пригласила выступить по телевидению, а я деньги пропил и не поехал. Прислала телеграмму с согласием. Там передо мной мордобой какой-то слушался, а тут - "Почему разводитесь?" "По любви." "Нет подтверждения." Даю телеграмму: "Костик, поздравляю свободой. Жду, целую. Твоя Кузьминская." Судьи - под стол лезут. Развели. Но на 4-с я жениться не успел, женился на пятой, она мне и денег на развод дала, но я пропил. И это все о паспортах. Сказочки.

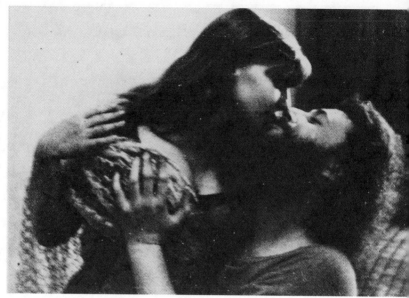

КУЗЬМИНСКИЙ И КУЧИНСКАЯ. Фото В.Березовского. Декабрь 1973.

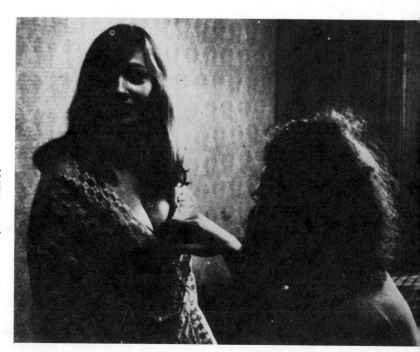

Марк Троицкий

Родился в 1940 году в Ленинграде.

Сорок один год прожил в России.

Учился: в школе, высшем военно-морском училище, институте связи им. Бонч-Бруевича, на историческом факультете ЛГУ, в среднем мореходном училище и Академии художеств.

Работал: грузчиком, токарем, шофёром, помощником начальника почтового вагона, матросом на Балтике и на Севере, печатником офсетной печати, инженером-конструктором в бюро эстетики, сторожем, художником-оформителем, а также в различных экспедициях, большей частью горных — на Алтае, в Хибинах, на Кавказе, на Памире.

В России опубликовался ДВАЖДЫ: в газетке «Волжский комсомолец» и в газетёнке «Сахалинский нефтяник». Убедившись, что больше меня печатать не БУДУТ, в 1981 году уехал в США.

Июнь 1982

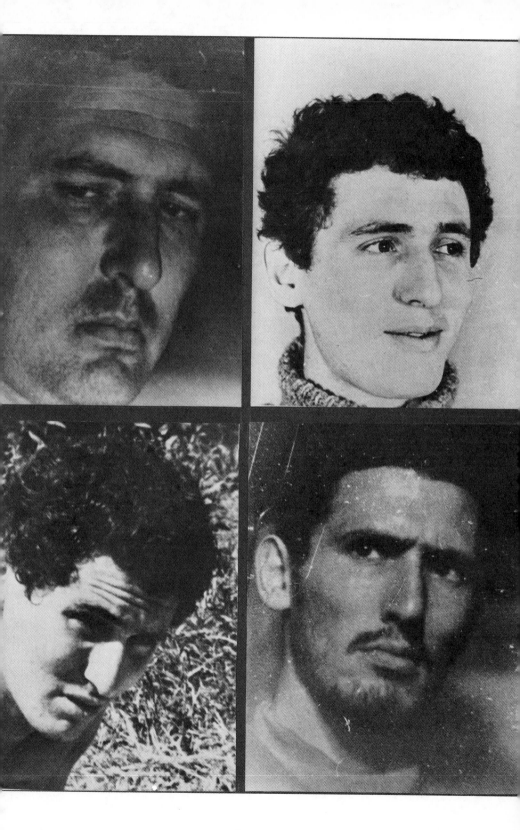

НЕИСТРЕБИМЫЙ РОМАНТИК. РАССТРЕЛЯТЬ.

/резолюция вместо рецензии/

Марк Троицкий... Почему он здесь? Он - кошка, которая гуляет сама по себ
Он живет на улице, естественно, Киплинга, в городе Дубовый Парк штата Миннесота
Он прожил чуть ли не 40 лет в Ленинграде и - городе Кедрограде.

Марк Троицкий - дитя 50-х. Поэтический инфантилизм, который - куда типич
нее меланхолического цинизма Бродского. Годки, ровесники... Это он - трахнул по
голове Женю Рейна в Союзе писателей: оказывается, Женя - ему что-то ГРЯЗНОЕ ска
зал. Потом всю ночь проходил с Бродским, Ося трагически спрашивал: "Ну как это
можно - человека ударить?" Можно, Марк, можно.

А зачастую для нас это было - и ДОЛЖНО. 19-тилетние поклонники Маяковско
го, романтики, взращенные в советской теплице на светлых именах Голикова /Гайда
ра/ и Когана /Павла, не критика/, Джека Лондона, Киплинга и капитана Майн Рида
в те же 19-20 двинувшиеся "в народ" /см. биографии/.

Но Троицкий - антипод Бродского. Не по таланту: Осе Богом отпущено за че
тверых, а по мироощущению. Не просветился Марк в лагерьках, как Радыгин, а свои
романтизмом, своим еврейством - сам дошел: "Кранты. Надо валить."И дошел, долже
отметить, довольно рано: ДО шестидневной.

ИУДА МАККАВЕЙ? УРИЦКИЙ-ВОЛОДАРСКИЙ?

Неосторожно было учить нас моральному кодексу комсомольца и строителя ко
ммунизма. Ведь кое-кто принял это - всерьез. Странствующие рыцари, вроде Марка,
лезли всюду, куда не нужно: в окруженный колючей проволочкой Череповец /"Комсом
льскую стройку"/, лезли в шахты и в море, и при этом упрямо несли свои ПРИНЦИПЫ

Марк, двухметровый детина с мощным баритоном, медальным профилем семита
читал на пари со мной, на память, ПЕРВЫЙ том Маяковского, на ночных улицах Лени
нграда-Петербурга. Возможно, потому что - еврей, из Марка не вышел Андрюшенька
Вознесенский, ни даже Робот Рождественский. А начинали - с того ж. С ПЕРВОГО ТО
МА МАЯКОВСКОГО.

Я не был близко знаком с Марком. У нас была общая юность: шумели, сканда
лили, эпатировали - в тех же кафе, ЛИТО и Союзе. Но Марк - был и есть начисто
чужд всякой богемности. Если приятели Бродского любили покушать и выпить, а то
и побаловаться героинчиком /за что один сел/, то Марк - принципиально не пил. С
был "выше". И как, в этой говенно-пропойной стране - ему это удавалось?

Возможно - задержанное развитие. Меня в 14 лет не приняли в комсомол: я
был ... левее комсомола. И требовал немедленной мировой революции. В 13 лет я
плакал навзрыд в день смерти Сталина. Таким я был лет до 19-ти. Гумилев, Киплин
Джек Лондон. Я рассказываю свою биографию, но это - биография Марка. Те же боле
зни роста, но я, на мое несчастье /или счастье/ - не был евреем. Меня не печата
ли "не потому".

Марк же начал слишком рано - задумываться. И если Бродский переводил евр
йство в план "метафизический" /"Холмы"/, то у Троицкого, Палея, Гиневского, Мо
лота, Шнейдермана, Гордина - и несть им числа, это оставалось в плане "социаль-
ном". Естественно, все мы - жалели негров. Сейчас я их не жалею, не знаю, как
Марк. Пока я писал эту антологию - два негра-уголовника, в сентябре 81-го, изн
силовали за стенкой, в соседней квартире Остина, 30-летнюю меломанку Салли, гур
джиевку-успенскианку, которая читала для меня статью о "четвертом измерении" у
Малевича, какого-то нудного профессора и, естественно, заснула. Не закрыв двер

Тогда, борясь за негров, мы еще не знали, что в Америке - надо закрыват
двери. Я не обвиняю негров: белый "ред-нэк" - изнасиловал 13-летнюю девочку, пр
вязав ее к колючей проволоке. Я не обвиняю этот мир. Но Марку - дали по очкам,
которые у него были шибко розовые. Кедроград он построил, еще в самом начале 6

своего рода Телемскую обитель поэтов, комсомольцев, романтиков. Но тут же были спущены, по разнарядке, сверху, новые силы отечественных бюрократов - и Телем накрылся.

Когда я перечитываю - Нуссберга ли, Радыгина - я вижу тот же, деформиро-ванный, покуроченный, ностальгический романтизм - что и у Марка Троицкого. Нет, не Бродский, с его английско-польской метафизикой, определяет поэтику и сознание моего поколения - а вот эти, по меркам Г-на Гарика Левинтона и "не поэты", да, зачастую - и по меркам моим, не поэты, но - неистребимые романтики.

За кого вступается Марк? Только ли за негров и евреев? Нет, за Сезанна, Экзюпери, горелый строевой лес, за свою любовь, за право быть честным. Жить не по лжи. МАРК НИКОГДА НЕ ЖИЛ ПО ЛЖИ. Что меня в нем и раздражало. Я специально вешал ему лапшу на уши о сифилисе и алкоголизме Блока и Маяковского. О сифилисе Ленина и Гитлера я уже молчал, знал, что для Марка и для меня - это уже имена "не популярные". Но поддразнить его Блоком и Маяковским...

Об этом, о юности нашей - будет в другой книге, "Мемуары о живых", которую мне пришлось выделить в отдельную из 2-го тома: том разбухал с катастрофической быстротой, и не за счет Бродского или Бобышева - эти "сироты" и эстетствующие циники-медники быстро слиняли, узнав, что я говорю - даже не о сифилисе! - их ку-мира Ахматовой, а за счет поэтов, так называемых, "малых", которые, тем не менее, куда характерней, типичней и, я бы сказал, ВАЖНЕЕ - поэтов "больших".

Помню, в год "выдворения" Бродского, сижу я у "Старой книги", что на Ли-тейном, билетами лотереи книжной торгую. Рядом поэт Петя Чейгин стоит, тянет меня в распивочную на Жуковского. Итээр за 40, с интеллигентно-еврейской мордой и с камерой подходит: "Можно я Вас сниму?" /Внешность у меня всегда была, того, экзотическая/. Петя: "Рупь за съемку!" Рубля у него, естественно, не оказалось. Стоит, ждет, когда какая красивая девушка подойдет, покупать билетик. Подходит, вместо девушки, Бродский. "Ну, что, говорю, Ося - выдворяют?" "Да вот, велели в течение 3-х дней, я сказал, что и деньги не успею собрать, дали - неделю, дней десять..." "Ну давай там, не посрами и подобное..." Простились. Фотографу, чтоб на прощанье отсняться, я и не мигнул: Литейный, КГБ рядом, а Ося и всегда был зело подозрителен. Перебьемся, думаю. Уходит. Я и спрашиваю фотографа: "А зна-ете, кто это был? Бродский." Знал, чем подкусить, с еврейской внешностью, интел-лектуала! Начинает тут итээр рвать на попе волосы крупными горстями, меня с Петей снимать уже не хочет, вызвали мы какую-то девчушку из магазина, шелкнул он ее и меня уже без вдохновения, ушел. Поэты Чейгин и Кузьминский - ему ни к чему были, ему бы Бродского на пленочку отснять! И появляются сейчас, пачками, фотографии Иосифа в каждой русско-еврейской газете Нью-Йорка, собрания Лившица и Шарымовой, да и у меня, во 2-м томе, их изрядно.

Я не делаю антологию "знаменитостей". Тогда я, может быть, и поэта Бобыше-ва к чертям выкинул бы: какая он знаменитость, его этот итээр и снимать бы не стал, как и меня, впрочем.

Говоря за "знаменитости", методом того же Левинтона /дался он мне, зараза!/, пришлось бы вернуться к моей-Сюзанниной антологии "5 поэтов" /"Живое зеркало"/, да и то - себя бы пришлось выкинуть.

Но Марк Троицкий, который всю жизнь "гулял сам по себе", не входил ни в какие группы, ЛИТО, ахматовские салоны для избранных - тем не менее, принадлежит к ленинградской школе 50-х - начала 60-х. Даже по посвящениям-поминаниям: Юпп, Гордин, теперь вот - Рейн и Бродский, а возьмем, к примеру, поэта Владимира Пя-ста, соученика Блока: изучают его академики, и я с его "нонной строфой" возился, но ведь он же - "не Блок"! И я там, скажем, не Бродский.

Согласно мнению проф. Иваска - в антологии следовало оставить только Бро-дского-Бобышева. Ну так пусть он сам их и печатает. А я - остальных.

КИПЛИНГ

*Война не считает убитых —
считает только живых.
Убитые не забыты,
но на войне не до них.*

*Не улыбнутся нам трупы,
услышав салютный гам.
К чему же тратить так глупо
обещанное врагам?*

*К чорту сентиментальность!
Смерть — только крепкий сон.
Ад тем, кто живыми остались,
а тот, кто погиб — спасен. —*

*Им больше ни разу с нами
не вставать на свинцовом ветру...*

*А меня убьют — пусть станет
окопным бруствером труп.*

Апрель 1960

БЕЗ ЭКЗОТИКИ

/из стихов о Севере/

поэту Я.Гордину

На острове в сто гектар
от костра или сигареты
обычный лесной пожар
/трехсотый пожар за лето/.

Ветер мешал и злил —
сосны вспыхивали как спички.
На катере привезли
нам на помощь троих лесничих.

... Мокрый лиственный хлыст,
топор, потрепанный ватник.
... И вшестером дрались
спокойно, зло, аккуратно.

Пожар потушили и ночь
дежурили около гари,
чтоб пожар не возник вновь.
А днем как убитые спали...

Спасли девяносто гектар
строевого соснового леса.

... Но об этом баллады катать
и глупо, и неинтересно.

- - -

Филармония.
Вечер.
Прохлада колонн.
Дирижерской палочки карнавал...

Я с размаха
              разбил кулаком стекло
и кровью
          тебя
                на стене рисовал...

Ну и что ж,
            что тема сама не нова -
чтоб тебя
написать -
            не найдется палитры -
потому что
флуоресцируют
              мелодии Рахманинова
рисунком
на сером свитере.

/Декабрь 1960/

ИЗБИТАЯ ИСТИНА

Однажды, я шел по дороге и вдруг увидел:
в пыли, избитая до полусмерти,
с огромными кровоподтеками по всему телу -
валялась истина.

Кто ее избил? Конечно, люди -
только люди способны на такую подлость...

Я помог ей встать и взял с собой.
Мы пошли по дороге дальше.

С кем бы мы ни пытались заговорить, -
все брезгливо на нас смотрели,
спешили пройти, повторяли с презреньем:
"нам не надо избитых истин."

Это были, конечно, те самые люди,
которые избивали истину,
если не ту, что шла со мной рядом,
то, наверняка, какую-нибудь другую.

Их было много - на каждом шагу,
и моя истина погрустнела.
Тогда я сказал ей: "Не надо грустить.
Наступит такое великое время -
не будет трусливых линчевателей истин.
Не будет совсем.
                  А это значит,

что калечить истины станет некому..."

И еще рассказал ей поучительный случай
о том, как три негодяя
решили избить одну мне знакомую истину.
В переулке напали...

                    /Трое мужчин -
на одну беззащитную женщину!/
Но моя знакомая истина
занималась пять лет джиу-джитсу, -
и всех троих негодяев
в минуту свалила на землю,
где они без сознанья лежали
до приезда санитарной машины.
И с тех пор, эти три негодяя,
лишь услышат где-нибудь истину,
даже не эту, а совершенно другую -
испуганно рты закрывают,
чтобы неосторожным словом
истину не задеть.

Выслушав эту историю, моя избитая истина
заметно повеселела. Сказала:
"Большое спасибо.
Я дальше сама дойду."

                  И, перейдя дорогу,
исчезла в толпе прохожих...

/Март 1962/

СПАСЕНИЕ СМЕХОМ

                 "О, рассмейтесь, смехачи!"

                    /Велимир Хлебников/

Смейтесь, пожалуйста, смейтесь!
Пусть хохот выдавит стекла.
Пускай обрушится люстра
на самодовольный партер.
Ведь если сейчас не смеяться,
то потом - протянешь недолго. -
Есенин не хотел смеяться
и кончил себя в "Англетер".

Смейтесь над русскими битниками,
бритыми и бородатыми.
Смейтесь речам Ильичева,
В СЫРЕ НАХОДЯЩЕМ ВКУС.
Смейтесь над начинающими
юными ренегатами -
/о, нос удержать по ветру -
величайшее из искусств!/

Смейтесь во имя надежды
увидеть конец кретинизма, -

когда не будут ПРОКОФЬЕВЫМ
ленинских премий давать.
Смейтесь!!! И в этом смехе,
как в пророческой призме,
дубы от советского искусства
уже превратятся в дрова.

Смейтесь!
Пожалуйста, смейтесь!

/Март 1963/

- - -

Ах, ты, чижик, чижик,
ты се-рень-кий!
И в России ты выжил
и в Америке.

Хорошо быть не белым, не красным -
серым -
это всего безопасней.

Безопасно?
И бритва, бесспорно,
безопасна,
пока не у горла.

А потом - кровь,
                   как с брансдспойта...
Кто устраивал погромные бойни? -
негров жег?
и стрелял евреев? -
птички-чижики озверелые.

"Бей жидов и спасай Россию!"
и
"Америка - для американцев!" -
из детей вырастают расисты -
ведь расистами не рождаются.

Можно
строй сменить и правительство,
можно
партию трижды вычистить, -
но
останется чижик серенький
процветать и у нас
и в Америке.

Тихий, маленький, незаметный,
в стенгазету строчащий заметки -
Над Землей
долговечней Вечности -
как проклятие человечества.

/ Март 1963/

МОЕ ВЫСТУПЛЕНИЕ В КАФЕ ПОЭТОВ
/ул. Полтавская д.1/

Товарищи!
Товарищи?
кому? - мне?
а где мы вместе?
 вот в этом зале?
Так я здесь случайно -
а вы - нет.
Вы тут всегда торчите и торчали.

Ах, вы любите поэзию?
Ах, шарман!
как это трогательно и современно!
А вопрос "сегодняшнего окаменевшего дерьма"
вам не действует на обоняние
                              и на нервы?

Вы - объслюнявленные объедки,
  вы - отрыжки вчерашних коктейлей,
   вы
       и ваши стильные девки
так называемой поэзии захотели?

Под стишонки
            легче трудится желудок,
сокращение кишок становится ритмичным
/если читает Миша Юпп,
                вообще происходит чудо -
можно без последствий выпить литр "Столичной"./

Сытое, откормленное, неистребимое стадо,
ни революции, ни войны
                вас не излечили -
от сотворенья мира вам все то же надо:
выпивку,
баб
и немножко интеллектуальных развлечений.

Уходят гении, расшибившись о Время,
но вы бессмертней
                врубелей и листов -
вы, наверно, и есть та праматерия,
которую безуспешно
                искали материалисты.

А теперь - аплодируйте!
делайте вид,
что это о ком-то,
                а про вас тут - ни грамма.

Но лучше признайте,
                что это - вы -
на грубом портрете
                без золоченых рамок.

/1965/

T _ C

Ты уходи.
Да, так вернее.
Слишком длинно молчим.
Я потом оближу варенье
с твоей ложечки...
я - кретин?

Может быть, очень, очень может...
Там,
в горящей тайге
твое прошлое вместе с кожей
обгорит на смуглой руке.

Ты вернешься для всех чужая
/если только дойдешь.../ -
кто прошел сквозь лесные пожары,
в городах видит ложь.

И среди мишуры и сплетен
ты смотреть будешь мимо и сквозь.

... но меня такой взгляд не встретит -
я погибну в тайге в ту осень.

/июнь 1964/

К СЕБЕ

Слушай, заткнись, пожалуйста -
надоело.
На чёрта мне чья-то жалость -
пиши лучше ноэли,
слюнявь чью-нибудь юбку -
она отзывчевей,
а мне все равно каюк
пожизненный.

Поёт Окуджава песенки,
и, если оценивать,
это не очень-то весело,
но все ж - спасение.

А мы анекдоты рассказываем,
армянское радио...

... а свастика метастазами
вспухает, гадина -
в Мадриде, в Чикаго, в Мельбурне,
в Ленинграде ... -
/за это меня немедленно
арестовать бы,
да это сейчас не модно,
но, может -

станет с нового года
опять модным?/

... Так знаешь, сыграем в шахматы,
дай мне форы -
устал я сегодня кошмарно
и - не в форме.

/Декабрь 1964/

- - -

И.

Бог с тобой, золотая рыбка.
У меня нет желаний. Плыви.

... Я б писал тебе в день по открытке,
но не знаю слов о любви,
а другие здесь лицемерны...
Ты плыви уж... я промолчу...

... Жизнь отмеривает в сантиметрах
нераскрывшийся парашют.
Может, незачем было прыгать?
но теперь - все едино - хана...

... бог с тобой , золотая рыбка...

неоплатна моя вина,
и нелепый финал не искупит
сотой доли ее...
                    и хоть -
воду всех океанов в ступе
иступленно сто лет толочь -
это тоже не искупленье.

А другого мне не дано.

Значит - точка.
                    Еще мгновенье -
и ... заканчивается кино.
Разойдутся, зевая, зрители.

... и начнется новый сеанс -
как печально и омерзительно
погибать в миллионный раз!
Лучше вправду бы застрелиться
/ну судьба ж мне и выдала финт!/

... эта дьявольщина будет длиться,
пока с экранов не снимут фильм.

/январь 1965/

ПОРТ

Мажорность грузчиков
                    имеет форму мата...

- Не надо!
Ах, не надо, -
                    краснеют непривычные селедки, -
Кошмар! Куда же завезли нас все-таки?!
В Атлантике такого не встречалось... -

                    их в бочках выгружают на причалы,
                    и если все пойдет удачно,
                    один бочонок грузчики заначат,
                    чтоб на закуску к спирту или к водке
                    всегда
                            имелись жирные селедки.

И когда грузчики будут грустить,
                            напившись,
и песни петь,
и бестолково спорить, -
селедки с удивлением услышат,
что их минорность -
тоже мат,
только
        в миноре.

/апрель 1965/

- - -
                    "... Земля - корабль.
                     Но кто-то вдруг..."

                            /Есенин/

Каррамба!!
Взорвался корабль!
Пассажиры -
            на завтрак крабам.
Всех -
виноватых и правых,
глупых и мыслящих здраво,
развратных, и строгих нравов,
без различия пола и возраста -
                            на удобрение водорослям.

Ищите теперь причины...

/но кто будет искать-то? -
плавает один ботинок
и штапельное платье/

... и никому не известный,
чиновник небесного ведомства,
некий Башмачкин загробный,

не интересуясь подробностями -

                       "всё в мирозданье - зола!"
вычеркнет из реестров
название судна

           "З е м л я".

/январь 1965/

   - - -

Раз плюнуть -
это плюнуть раз -
плевать вторично не придется...
протух колодец,

           и не пригодится
пить воду - нет воды - есть грязь,
но без блюстителей не обойдётся:
перекусают ягодицы,
задавят,
скрутят и -
под суд:
"В колодец вложен ТРУД!!"

И суд решит:
"... хотя колодец,
как показала экспертиза,
похож скорее на болото -
плевок - есть непотребный вызов
порядку,
поношенье власти.

Преступника рубить на части.

Куски же побросать в колодец
для воспитания в народе
п а т р и о т и з м а,
в страх другим плевакам."

Что ж - се ля ви.

Никто не плакал.

/октябрь 1965/

   - - -

Циклоп цитировал циклопа:
"Как плох наш мир.

                 И всё в нём плохо.
Козёл и то с двумя глазами -
за что нас боги наказали?"

И оскорбленные циклопы

переселились в Севастополь.

Но что-то в этом мало проку -
хандрят циклопы.
"В России власти к нам нестроги,
но - разобраться -
свои, хоть пьяненькие, боги
лучше эмиграции.
Вернемся, братия,
в родную Грецию!!
пообтрепались, поистратились -
куда нам деться?"

Но виз не выдали.
Единоглазые
зрачками двигали,
поняв не сразу.

Потом прочухались,
промигались -
пошли работать маяками.

А тот, который помоложе,
устроился Электровозом.

/август 1965/

- - -

Вершили судьбы империй,
решали смену режимов,
ржали автомашины,
рыжели катамараны
на волжском дождливом плесе,
и на лазури керамик
коричневела осень.

Описывались окружности
вокруг разозленных точек.
Расписывались в ненужности
пехота, танкисты и летчики.
Раскрашивались игрушки
для новогодней елки...

... и время грозило рухнуть -
для скольких?

/2 января 1966/

МАРИНЕ ЦВЕТАЕВОЙ

Как рубила! Наотмашь -
навзничь
мачта -
и за борт - щепкой...

пусть хотя бы гибель - как праздник
/а спасешься - совсем задразнят
без прощенья.../
без прощанья.
кому - "до скорого?"
Пусть живут. Пусть избудут бед.

... что выигрывала - на всех поровну.
что проигрывала - всё себе.

Перед Родиной, перед богом -
не оправдана -
но права.
... не минировала дороги,
/по которым теперь - трава/ -
за собой - погоню взорвать -
раз-минировала - раз мимо...
В дым!
Кто следующий? Прошу...
быть убитым - незапретимо...
... пятый акт играют без грима...
но кто ТАМ будет требовать нимба -
просто шут.
Шут! - штрейкбрехер, фальшгамлет, шкура...

Безвозмездны поэты Земле.

их убийство - всего лишь шутка.
Несерьезная шутка. Нет. -

Как смеялась! -
куда вы, крысы? -
поутопнете до одной...

... А потом - петля, или выстрел -
и -
на дно.

/ноябрь 1965/

К МАРИНЕ ЦВЕТАЕВОЙ

Имя твое оскверняют
грязными языками -
имя твое сверкает
в грязи - драгоценным камнем.

Имя твое слюнявят
восторженные эстеты -
им не знать,
                что словами
можно согреть планету,
или изгадить -
                как хочешь -
как сердце суд совершит свой:

Экзюпери - быть летчиком,
Эйхману - сдохнуть фашистом.

Ни славы и ни проклятья -
жизнь обрывается сразу:
за подлость не будет расплаты,
любви - не нужны награды.

"Слово было вначале."

Человек приходил к слову.
И уходил в молчанье,
в слова, как в латы, закован.

Поймите верховность безмолвья...
безмолвие - безответно.
вот потому без боли
умирают поэты,
приводящие в исполненье
собственные приговоры -
так убегают пленные
в смерть,
          избежав позора.

И уже смешно, а не страшно,
что кто-то что-то отнимет...

... Да пребудет суровым и ясным
имя твое, - *Марина*.

/1963-1965/

- - -

                    с.Ф.

Ты на меня не сердись,
даже если промазал...

каждый - в себе - один.
тысяча каждых - масса,
в которой один - никто,
как я у тебя - некто,
сравнимый с тощим китом,
мусолящим сигарету,
с иззубренным гарпунами
грамотным кашалотом -
/видишь - не доконали
заляпанные медалями
лучшие китобои флота/

Может быть, подфартит -
мы откочуем к югу:
мишенью, покинувшей тир,
загнанным в пятый угол -
в жизнь -
          идолом Рапа-Нуи...

водоворот забот,
друзья, честолюбие - ну их!

... гадов невпроворот...
снова нас обманули?
и кончится этот год
не в декабре - в июле?!

Нужно сниматься с мели,
до ребер сдирая обшивку
/медленно, как же медленно! -
как будто уже не живы/

Было: осенний Выборг
избрал нас двоих, выбрал,
выкрал, отчаянно вырвал,
прикрыл /как птенцов аист/
надолбами Маннергейма,
как джунглями Гаваи
спасают аборигенов,
отрезал, как отрезают
горелкою автогенной,
от всех морок и помарок,
промахов и ремарок,
глаголящих издевательски,
что вместе -
                    необязательно,
а врозь -
              это горя меньше...
....
на Финском - тревожный штиль.

Выборг, как тролль или леший -
выручит...
              но - не излечит...

... точно атомы меченые
трассами призрачно-вечными
мы, аукаясь, мечемся,
уже потерявшись почти -

как будто над нами кто-то
ставит безжалостный опыт
и вспышками спектроскопа
слепит наши пути.

/апрель 1966/

- - -

Врагиня, ворожея,
не предназначь мне зла.

Изменит неужели
счастливая звезда? -

Простреленным задирой
на черную траву -
полупародийный,
увы, труп.

Не на фронтах, не в рёве
смертельного пике.
Вид такой крови
не для легенд.

Finita la cometa?
Какое! la comedia:
ссадили безбилетника,
разоблачили медиума.

Условиться о славе -
ославиться ослом...

... обошли нас справа,
нас - вдвоем! ...

Ирка   не обращай внимания. Честное слово, это пройдет.

... но справа, справа
кинжальный, пулеметный...
Ирка, падай, падай! -
замри-примёрзни.

Кто выручит?
Гранат бы пару...
Ах, падлы, - в Ирочку
попали...

Ишка, милая...
Последнее лето?
Убиты не мы ли
в атаке под Смоленском?

А теперь в чьей же
тесно шкуре?!
. . . .

Ша! Будьте взаимно вежливы
те, кто не вернулись,
с этими, которые
после и вместо...

Маэстро! Это никому не интересно.
Остановите музыку, маэстро!
Это оркестр? Это сброд, а не оркестр;
на пляс-веранде ваше место.

И бесполезны ноты, бесполезны.
Даже ноты протеста.

... Я вас обидел что ли? -
Ни боже мой.

Мертвым не больно...
А кто живой?
Каким зашифрован кодом?
И выдаст себя - когда?

... До свидания, Павел Коган.
... До свиданья, Аркадий Гайдар.
....

Ах, до свиданья, мальчики!
Адью и аривидерчи!
В этом финальном матче
не побеждает сильнейший,
не торжествует правда,
не наказуемо - зло...
....

Беру все слова обратно,
чтоб себя не проклясть завтра. -

Убитым не нужно слов.

/1969/

POSTSCRIPTUM

У последней заставы
в непроглядном снегу
мы сойдемся устало...

... только я не приду...

Кто дошел - за дорогу
пусть поставит свечу
и попросит у бога:

... я один промолчу...

"Здесь, где место схожденья
наших крестных путей,
нам даруй снисхожденье..."

... но меня не жалей...

"От безумства и страсти,
от неведенья - зло.
Ты бы спас своей властью..."

... только время прошло...

И апостольской ложью
их уже не спасти.
И ничто не поможет -
так прости их.
                    Прости
сих, душою убогих -
милосерден твой суд...

... ну, а мне - нету бога -
выдай им - пусть распнут.   /октябрь 1972/

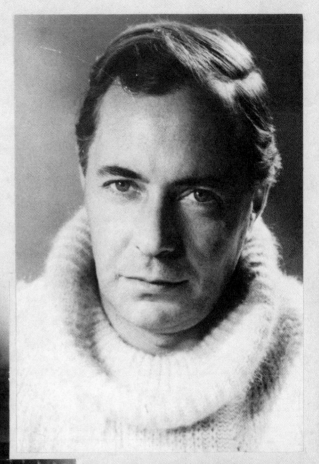

RADYGIN

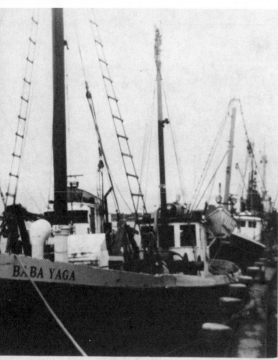

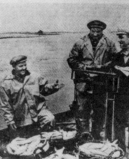

Фото Н. Самойлова и ТАСС

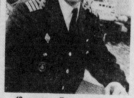

"БАБА-ЯГА", советский капитан и Толик Радыгин на берегах Малой Азии.

Газета выходит с марта 1917 года

СОВЕТОВ НАРО

№ 163 [19533]

Воскресенье, 13 июля 1980 года

Для полей страны

А. ЗОЩЕНКО.

ХАРЬКОВ.

ПЯТИЛЕТКА, ГОД ЗАВЕРШАЮЩИЙ

Обязательства перевыполнены

Труженики сельского хозяйства Туркменской ССР, успешно закончив выборочную подготовку...

13 июля — День рыбака

НА РАБОТУ — В ОКЕАН

Далеко от родных гаваней идет свой нелегкий промысел наша рыбаки...

XXV ВДО

Идут тяжеловесы

Слово передовико

В. ТРОЯНОВ

НОВГОРОД

Новые рубежи

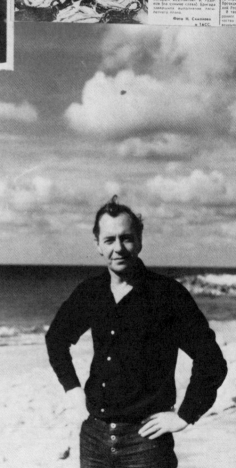

ПОСЛЕДНИЕ КАПИТАНЫ

"Ибо нет закона, ни Божьего, ни
людского к северу от 73-й."

/Дж.Лондон, если не пе-
реврал цифру, в которых всегда
был слаб/

В 63-м носило меня, в аккурат, "к северу". Поселок Сиктях на Лене, 100
человек якутов-чукчей, включая грудных младенцев, брали теплоход "40 лет ВЛКСМ"
/бывший "Иссык-Куль", трофей с германской/ на абордаж – в буфете бутылка бормо-
тухи и кусок протухшей колбасы или черствого сыра за 5 рублей, или бутылка во-
дяры с тем же – за 8. Когда в отсутствие наше завезли в поселок 1000 бутылок
спирта питьевого /зимняя норма/ – вышли мы из тайги на 3-й день – весь поселок,
включая грудных младенцев, насосавшихся градусного молока матери, лежал в лежку
пьяный. Собаки ходили на заплетающихся четырех, нажравшись пьяной блевотины, и
тоже исправно блевали.
К тому времени сгорел у нас вездеход, и я чуть "не" вместе с ним /шел по-
жар-верховик, 100 км фронтом и пламя на 10 метров над деревьями, нами же и уст-
роенный, выхлопной трубой клятого ГАЗ-47, артиллерийского тягача-транспортера,
списанного из армии и щедро переданного геологам, фиг с ним/. Кантовались мы в
поселке и услышали от Витьки Носенко, завхоза Амакинской алмазной партии историю
последних двух авантюристов. Два друга, шкет 17-ти лет и 24-летний урка, взяли
кассу в Жиганске /третий по значению порт на Лене, после Якутска и Тикси/, при-
хватили дробовик 12-го калибра и дернули на моторке вниз по Лене, забирая по пу-
ти бензин и продукты у якутов. Хотели прорваться в Северный и двинуть на Аляску.
Куда там, век радио! В Сиктяхе их уже ждали. Пока они заряжались в магазине у
кривого Витьки-якута, вернулись – а лодку их уже слямзили. Залегли они за валу-
нами со своим 12-м. А против них – все население поселка, с мелкашками и караби-
нами. Сам председатель зверосовхоза в них три обоймы выпустил. Витьку Носенко –
так и подбивало /сам рассказывал/ ударить по якутам в тыл. Однако, пробились маль-
чики, в тайгу ушли. По дороге палатку у якута прихватили и пару оленей. А из
Кюсюра уже ментовня подналивала, с овчарками, по следу чешут. Вшестером спящих
их, двоих, окружили, сначала дробовик из палатки вытянули, потом – прострелили
одному ногу, а другому ногу и руку, после чего решились брать. Допрашивали их в
избе у Витьки Носенко, он и рассказывал. Погорели, чижики. На 10, минимум, намо-
тали. Но что терять?
Бежали, рассказывали геологи, власовцы из лагерей на Таймыре, шли по Се-
верному полярному, не одну тысячу километров, где на квадратный километр – пол-
души населения, и эта полдуши – четко пулю впилит во всякого беглого. Сол рас-
сказывает, якуты за беглых – отрезанными руками отчитывались, не тащить же живьем.
Знакомо. Однако, говорили, власовцы те – до Аляски добирались-таки.
Валят люди. Несколько лет назад – эсминец на учебных на Балтике – дернул
всей командой в Швецию, повязав комсостав, но под руководством СЕКРЕТАРЯ ОРГАНИ-
ЗАЦИИ ВЛКСМ судовой! Помели перед самой Швецией, самолетами и подлодками окружи-
ли, а на корабле – ни снаряда, учебные. Не доверяют морячкам.
И правильно. Гнида Генделев, служивший на Кольском, под Никелем, расска-
зывает, что не то рота, не то целый полк – в 72-м в Норвегию рванула. Я там ра-
ботал, на Аллареченском и Заполярном рудниках, это не так уж трудно. Карацюп с
собаками Индусами – на всех не напасешься, а водоплавающих сук – еще не завели.
Спаниэли мелковаты, а ньюфаундленды – добродушнейшая тварь, не немецкие овчары!

Валят люди. Валят тайгой, водой и воздухом. Планы вынашивают. Один друг, ювелир-художник, излагал Шемякину план уйти в Швецию, замаскировавшись под льдину во время ледохода. Бар там впереди построить, ноги в валенки и резину, велосипедную передачу и винт, и – заворачивай направо. Я там, правда, возражал: а ну, как ледяные заторы на выходе в Финский – бомбами долбить начнут? Но это я к слову.

Друг мой с 17-ти лет, Григ /гумилевец и киплинговец/ еще и в 25 – носился с идеей устроить пионерский яхт-клуб на Камчатке и выйти в море под черным флагом. С другим другом, в 74-м уже, обсуждали мы возможность слинять на метеошарах, балласт же сбрасывать на головы ментов и на крышу Литейного. Не проблема.

Самолетных процессов – не счесть уже. В 63-м году самому Иосифу Бродскому шили попытку угнать самолет. "Но обнаружив, что бензина в баках для полета за границу недостаточно, Бродский от этой попытки отказался", писала в "Окололитературном трутне" "Вечерка". Я-то Бродского знаю, и знаю, что он не знает, не только где баки, но и на чем самолет летает – на керосине или метиловом. Так что зря шили.

Вплавь же – тоже пробовали многие. Меня в 61-м чуть в Турцию не унесло, пограничники поймали, а скульптор Олег Соханевич /см. песню Волохонского-Хвостенки/ в этом даже преуспел. Сейчас он живет в Нью-Йорке, в самом буйном квартале /местных гангстеров он при первой же встрече подписал на больничный на месячишко/, все окна у него прострелены, а чернотня зовет его "Сумасшедший Дьявол". Стресс-скульптурой занимается, листы железа дюймовые гнёт. Но таких, как Соханевич, мало.

Капитану же Радыгину – не повезло. Повязали на выходе. Поэт Анатолий Сорокин донес, друг и собутыльник. Дальше передаю слово Радыгину, во 2-м томе я решил отступить от своей отсебятины, говорить за других, пусть он будет документальный. А какое все это мое отношение к поэзии – полагаю, будет ясно из цитируемых писем Радыгина. На одном бульоне варились, гумилевым в 50-х дышали, а потом – кто какой пайкой баловались, я – дурдомовской, он – лагерной. А поэзия – вот она.

Пишет Радыгин:

"... Чего картеры захныкали, относительно энергетического кризиса? Воткнуть тебе в два отверстия два кабельных фидера и сразу энергии по крайней мере на весь Юг вдосталь – и все в двенадцать киловольт!

Эх, Костя, с твоей бы энергией и размахом не стихи собирать, а антисоветскую партизанщину организовывать /а что? Я не против! – КК/, все арафаты только бы от одной зависти повыздыхали /хороший украинизм?/! Остается только пожелать, чтобы твое дело, к которому ты себя считаешь призванным и преданным, и дальше держало тебя на этом благородном градусе горения. Извини за выспренность, но есть вещи, ради которых живем..."

Из другого письма:

"Я тебе уже двадцать раз говорил, что благородного честолюбия автора мне хватило на первых две-три публикации, потом л ю б а я публикация в России или здесь меня уже не интересовала, т.к. я все кажись лепетом, по сравнению с тем, что я хочу и, возможно, смог бы выразить. Потому, лучше вовсе молчать, чем, извини, восемнадцать авторов на шесть читателей... Это вовсе не умаляет авторов, у некоторых настоящих и гениальных и шестерых-то не набиралось. Я предпочел бы батальон корявых ребят не шибко стихоядных или экипаж эсминца для моей внутренней ритмики и тоники..."

Пишет:

"Получил твою шикарную расписную писулю и попробовал устыдиться. Когда-то я, как личность импульсивная, послушал тебя, заразился энтузиазмом и наобещал на пол-тома. А уже через полчаса взвыл и пожалел, что заслушался сирену в кожаных штанах... Потом долго тянул, и когда решил, что ты заслуженно послал меня в соответствующее место, коего я в отношении поэзии и заслуживаю, тогда стало спокойнее...

....

Кстати, в сборнике РСХД как раз мой венок идет после нелюбимой тобой Анны Андреевны! Перед ней - Исаич, а после меня сразу Андрей Платонов, совсем не худшее соседство! Так что "затухлая мадам" хочешь ты или не хочешь а не последняя поэтесса этой несчастной земли! Кстати, хоть и шибко длительно но гумилевско-ахматовский альянс имел место...

"Ами" раздирай, как хочешь. Посажу сейчас Аллку перешлепать парочку сонетов из других венков. А вообщем никакой системы нет и видимо не будет, пойми, Костя, отошел я от этого, столько во мне ненависти и понимания гадости мира сего, столько мало надежд на какой-то просвет, что не могу ни читать стихов, ни тем более писать... Кругом только шестой гумилевский конь и ничего более, кроме дерьма. Не только духа, денег поганых и то заработать не удалось.

Вот, после текстов, дам их историю и конец очередной иллюзии."

Пишет о поэтах, которые там, и на том, которые:

"Костя, милый! Не щекотят меня проклятия американских поэтов в евтуховский адрес - их /американских интеллигентов/ больше волнует ненависть к собственной буржуазной стране и радость по поводу ее разложения, ослабления и разрушения, родственная такому же пафосу русской интеллигенции начала века мне более кажется опасной и отвратительной, чем польза от их недовольства кремлем или евтухом...

Толю Клещенко я знал мало, слышал только, что он оттянул срок. Читал его книжку стихов "Гуси летят на Север", и какую-то менее интересную книжку рассказов, вышедшие почти одновременно, по-моему в 62-м или 61-м. Однажды поднимался я по лестнице в Союзе на Войнова и услышал спор на средней площадке лестницы - Клещенко орал на молодых литщенят, что они олухи, верхогляды, что их петух в жопу не клевал, что они портянок не нюхали, что они, романтики вшивые и костра-то наверно запалить не сумеют! И тогда кто-то робко вякнул, что не все такие, что среди нас де и такие, как Радыгин есть! Это еще кто, жестко вопросил мой тезка, "Слушай мою команду" "Право руля, лево не вилять!"? "Исполнить и доложить!"? Знаем мы, дескать, этих флибустьеров, которые с собой на приключения и гальюн и койку и камбуз возят! Тут я нарисовался и улыбаясь сообщил, что очень мне его коечно-камбузно-сральная формулировка по душе и попросил продать образ. Он не смущаясь, вопросил: "Где плавал, на чем." Я доложил. Он очень серьезно повернулся к остальным спорщикам и взял свою тираду обратно. Он знал /они нет/, что такое советский промысловый среднемерный и маломерный флот. Что это вечная пьянка и поножовщина, что это собачья жизнь и в порту и на борту, что это каторжная, грязная, мокрая и вонючая работа, для всех, не исключая мастера и стармеха. Потом мы выпили и на этом наше знакомство и кончилось - через месяц я отправился добирать барачный опыт, для полного права быть у него в своих ребятах... А как он пропал - не знаю - просвети!

/О Клещенко - см. в моей статье о Гитовиче. - ККК/

Леня Палей смотрел на меня обожающими глазами и писал специально для меня абордажно-сингапурские-бомбейско-гриновские зурбаганские баллады. Мне они казались неуклюжими и дешовкой. Но когда он принес мне свои вариации на русские фольклорно-исторические темы, мне они показались интересными и лучшими, чем со-сноровская фамильярность со стариной. Клюевщины было в меру и хорошо /конечно я имею в виду клюевщину только стихотворную/. Он был последним с кем я поговорил перед убытием надолго. Потом он держал связь и демонстрировал привязанность ко мне с Аленой Казьминой, которая несколько лет считалась моей "ждущей" - и только после нескольких лет моей упорной атаки созналась, что никуда от ростовских колоколов и калужских березок не поедет. Так я и за Леней следить перестал. Стихов у меня, естественно нет.

Еще раз предупреждаю, что пишу, преодолевая досаду и лень. Чту и ценю твою борьбу за спасение современной русской поэзии, но у самого не поднимается рука ни творить ее, ни спасать и потому на меня, больше чем на благодарного читателя, не надейся...
....
Можешь меня проклясть, но не буду я разлюблять или низводить с заслуженных тронов моих королев. И Марина в вечно изрубленном доспехе и ЕЕ Величество Анна в драном но всегда к о р о л е в с к о м горностае до сих пор, давно наизусть тысячекратно повторенные хватают меня за горло спазмой созвучания, согнева, сочувствования, сомоления! Ведь любая строка ЕЕ Величества заставляет споткнуться, как гениальная п е р в а я строка нового шедевра! Ведь взять эту первую строку, и невозможно написать п л о х о й стих во след ей! Строка н е п о з в о л и т ! Потрясающие бабы! Нищие царицы! Ссыльные боярыни! И не могу найти в их высокой стихии ни грамма примитивной бабьей кокетливости, рисовки, скудоумных рефлекторных ужимочек, столь свойственных даже талантливым бабам и которые мы им привыкли прощать. Тут прощать нечего - и при этом стихи в самом прекрасном смысле женские. С Большой Буквы! Просто многих, даже неплохих мужиков отпугивает настоящее женское в е л и ч и е , отпугивает страшно редкое в женщинах благородство, мудрость и вещее прорицательское чутье - слишком тяжко б ы т ь рядом с такой царицей, слишком непросто быть вровень с ней. Многие могут это, но это для почти всех нас требует постоянной самодисциплины, изнурительного слежения за своими реакциями, репликами, поступками, оценками, даже в быту. У Анны это было просто, как дышать! Я уверен /и даже не могу представить - к а к !/ что и в самом убогом сексе она вероятно была величественной!

А ты говоришь, "с парохода!" Да я, в конце концов по должности обязан сыграть шлюпочную тревогу, а того, кто спихнул человека с судна имел право взять под стражу б е з разрешения прокурора! Такие вот капитанские права!"

О море:
"Морскому загибу меня учили, но не увлекся я им и позабыл, как и прочие аксессуары морского колорита второго сорта мне оказались как бы второй свежести и так я себе ничего и не наколол...

Быть в "последних авантюристах" мне привычно и заслуженно /кстати мое корыто в точности соответствует моему характеру. Когда изумленные американцы и портгальцы здешние и греки, этакие капитаны от Багрицкого, видели меня, входящего в гавань или в ресторан, они не могли удержаться от вопросов: никто из них, не только в океан в тумане и шторме, а через Гудзон переехать бы на таком судне не взялся бы. Ни радара, ни лорана, сплошные течи, тралы собственноручно сшиты из лоскутков, помпы чуть дышат, генератор не работает, лебедки и такелаж со времен царя-Гороха и поэтому первый и изумленный вопрос: "Вот кантри аре ю фром?" "Рашия" ответствую - понимающее мычание в ответ и качают головами "вот, мол, отчаянные ребята, теперь понятно, почему они там в сталинграде выстояли..." а я продолжал интриговать: "А знаете, что это за корабль?" "?????" Отвечаю, понизив голос до доверительного шопота: "Помните, маэстро Колумбус потерял свою "Санта-Марию"?" Кивают... Знают. "Так это она и есть...!" Сначала идиотское изумление, а потом взрыв хохота и несколько пинт пива перед моим носом и пушечные хлопки по моему горбу! А когда моя дульсинея, частично содрав с себя рыбью чешую и смазочные материалы, появлялась на палубе, старые португальские гидальго не выдерживали и тащили нам даже свои старые и тайные промысловые карты для копирования - что моя синьора немедленно и сдирала! За мой сезон с "Бабой-Ягой" мне положена специальная мореходная медаль - удержать ее на плаву и даже хватать рыбку время от времени - это нужны особые таланты, не стихотворным чета!/

Конечно, больше таких корыт я покупать не буду, только новые и только хорошие, на что надежды практически нет..."

О траловом флоте /на котором работал и Коля Рубцов/:
"Думал я, какие морские сплетни и ихтиобайки могут стать тебе полезными, заметил, что о судьбах рыбьих пород твои знания побольше моих. /Чудак, я ж биолог! - ККК/ Так что я тебе тут добавить вряд ли что смогу. А относительно колорита - пожалуйста!

В мое время мурманский Траловый составлял ни много ни мало четыре сотни вымпелов, как у нас военных моряков говорят. У причалов стояли крупные РТ в пять, а то и в шесть корпусов! Треть должна была быть на промысле, треть - в пути, треть у причала и на слипах. Так что невыход в море трех-четырех коробок сразу создавал пробки и толчею. Выгоняли в море довольно точно к сроку и поблажки не давали! А что делать старпому и стармеху, если н и к о г д а к отходу больше пятидесяти процентов экипажа н е т !!!???? Операции "выборочное траление" с санкции начальства и местной милиции проводись ежедневно и грузовики к ним привлекались. /См. у Рубцова - "Старпомы ждут своих матросов..." - КК/. Никакой возможности не было выяснить у какой из тридцати тысяч блядей местных /не считая окрестных!/ ночует твой второй механик или боцман, тралили наугад. В любом парадном, /помнишь, Володька Высоцкий поет: "А, поскольку я бичую, беспартийный, не еврей, я на лестницах ночую, где тепло от батарей"/возле всех злачных мест, в вытрезвителях хватали не вяжущих лыка полуживых забулдыг и заныривали в их бумажники. Неписанный закон - в этом случае ничего себе "на память" не оставлять, могли убить за нарушение! Смотрят старпом и стармех в эти замацанные, заблеванные "корки" и вслух мычат: "матрос первого класса... Чиф? Тебе не надо?" Или: "Второй механик. Дед, тебе не надо?" Если надо, - за руки, за ноги и в кузов, на судно, после Тювa-губы, как наберут пресную воду, никаких путей на берег или на бывшую коробку нет - кадры и бухгалтерия уже постфактум оформляют перевод, судовую роль, тасуют папки, карточки, денежные ведомости и даже заботятся о барахле, если осталось на прошлой коробке, которой "не достиг"... А если не нужен твой профиль, аккуратно документы на прежнее место, в тот же карман, доступный для следующей "траловой экспедиции"... Бывало встречают два таких поисковика и наколками делятся: "Там за углом гостинницы "Арктика" валяется электромеханик, если надо - берите, у нас есть". Или !Только что в милицию потащили повариху, пьяную и буйствующую - если нужна - догоняйте!" И так просыпается бедный матрос или кочегар, только вчера пришедший с двух-трехмесячного рейса и нацелившийся хоть пару недель гульнуть на берегах, в какой-то незнакомой каюте, толкают его в бок незнакомые чумазые рожи, на вахту мол, вставай, уголь - штыб ебаный - замучал, де, а он очами с похмелюги хлопает, где это мол я, и что за пароход, впадает в короткое ритуальное буйство, но не больше, чем на минуту /больше - неприлично!/ и берет либо лопату, либо шкерятник-нож и идет...

Когда ЧеКа очередной раз сплавила меня с Камчатки, вернулся я в Питер, но по определенным причинам продолжал интересоваться делами на западной Камчатке, регулярно ходил я в газетный отдел публички на Фонтанке, куда с некоторой задержкой поступали камчатские правды и неправды... Тогда и заметил я забавную закономерность, которой в "точке" не оказываешь внимания, потому, как участник... В каждой газете список-таблица всех западных комбинатов с юга на север - двенадцать числом. Каждый нормальный день хоть малый уровень добычи, но всегда есть. Если вдруг по всем сразу комбинатам нулевая добыча - смотреть в сводку погоды не надо - тайфунит и никто в море не двинулся. Но вот вдруг - везде добыча есть, а на самом южном комбинате - нуль! И так дня два... Потом вдруг на следующем, посевернее - нуль, плюс и первый, начальный на нуле. Еще через день-два "отключается" третий к северу комбинат и так один за другим. Шерлоку Холмсу и мне гадать не надо: идет пароход, везет получку! После получки в с е население комбината от начальства до уборщиц п ь ю т - до так, что иногда и дизельные электростанции и холодильники останавливаются, и радиостанции в эфир не выходят, и самолеты застревают на местных аэродромчиках... Потом, где-то на пятом-шестом комбинате /а продолжается отключение попрежнему на север с юга/ первый комбинат начинает шевелиться, оживать и всегда с мизерной добычи, с похмелюги не наработаешь, через день два - второй, но никогда не догоняя! Так, не видя, только по цифрам добычи узнаешь, когда, куда, с какой скоростью, с какими задержками двигался этот пароход с получкой, все его эволюции, и похохатываешь. Такая селяви!

Правда, вот тебе одна ихтио-промысловая сплетня: в шестьдесят втором весной /да и год вперед,/ когда я там в Охотском море бултыхался, донимал нас краб! Донимал так, что дыхать было нечем! Поднимаешь трал или снюрревод, а там на полтонны рыбешки жалкой: - три-три с половиной тонны этих паучищ безмерно страшных и безмерно вкусных! Развязываешь кутец - и все это с рыбешкой вкупе майнаешь, минуя палубу, прямо назад в тихий охуян, потому как ради той рыбешки час махать руками, выбрасывая каждого краба персонально, просто невыгодно... А дело в том, что за три-четыре года до этого в экологических целях добычу краба запретили, береговые линии остановили, людей разогнали. Краб и обрадовался и расплодился и размножился и начал царить на грунтах! И вкусный был и сочный и все остальные качества в себе развил! Но, не тут-то было! Добыча краба на экспорт только одна плавучая краболовная флотилия /для кремля и на экспорт/ а открытие крабовых линий на комбинатах вдоль берега яростно саботировалось местным начальством! Причины? А, простые. Баночка вшивой камбалы в томате давала приход комбинату, например 35 коп., а такая же банка дорогого краба всего 15 коп.... Казалось бы тоже доход - все равно... ан нет - такой низкий доход потому что с крабом много ручной работы - требуется больше людей, а тут сразу на эти жалкие пятнадцать копеек наворачивается удвоенное и утроенное количество скандалов и конфликтов, зарез с жилплощадью, нехватка продуктов /там даже картошка не растет/, и даже рост преступности с убийствами соответственно - так что гибнет этот пятиалтынный и даже приплачивать бы пришлось...

И с судами та же история. Разослали по этим комбинатам сейнерчики и траулерчики малые и новые. И беду вместе с ними. Какую? А вот какую: все рыбаки получают "с хвоста" - что взял - то твое, а все начальство, получая ставки и стопроцентные полярные, этим добычным доходом не "щекотилось", как ворьё говорит. Они приехали сюда давно, сопливыми комсюками, давно сложили свои буденновки в сундуки, свои маузера в зимнюю смазку, долгое время часто бывали единственными людьми, способными поставить собственную подпись, получали спокойно свои сумасшедшие ставки, пересиживали всякие терроры и кампании в тиши, обслуживали ставные прибрежные неводы /в основном ради весеннего икряного лосося/ и не чесались и проблемами не мучались. А тут им суда дают! Заплачешь! На каждом судне, даже самом маленьком, по сов. законам обязаны плавать не меньше трех дипломов - штурманы и механики в любом сочетании, но не меньше трех! А чуть побольше и радист еще - там особая категория, спецдоверие и спецконтроль /о радистах еще особо пропишу!/. И вот, изыскивай для этих грамотеев квартиры /и ведь семьи у этих проходимцев бывают!/ и дети иногда, значит и еще рабочие и служебные места для баб и места в детсадишке для мелюзги. Значит мехмастерские надо расширять и запчастей склады и инструментарий и станочный парк и опять же одним запьянцовским слесарем не обойдешься, как раньше все-таки старые одноцилиндровые болиндеры и кавасаки это одно, а большие двенадцатицилиндровые дизеля, у фрицев сделанные - другое! А в этом запьянцовском краю, как организуешь постоянную добрую диспетчерскую службу, постоянно включенную радиовахту, постоянную бригаду для экстренной разгрузки сейнера, подошедшего с моря внезапно? И ни копеечки прибавки к их достаточно высокой ставке! И до пенсии могучей два-три года осталось! И потому взялись эти коммуняки за вредительство - никакой Промпартии с жалким Рамзиным не справиться! Привозит кто-нибудь /и я тоже/ приличную рыбку - смотрят с ненавистью, напрашиваются на скандал. Сел кто-нибудь на мель или запорол генератор или потерял трал на камнях - встречают как ироя и чуть ни задницу целуют, потому как для них это подарок - повод к очередной радиограмме в центр: заберите де парохода, наша специфика не для пароходов! С пароходами уплывут и их лишние хлопоты и, мол, вернется безмятежное житье /так же как и этот беспокойный краб/. И главное на что жмут /вообще-то правильно/, на невозможность нормального базирования. И то. На полтыщи километров - галечный пляж на пять-шесть миль в море вглубь. Ни единой бухточки. Во время штормов, прыгаешь на якоре в полумиле от берега, как поплавок - ни работать нельзя, ни на берег не выбраться - такой накат, прямо как цунами, любого, кто подцепит мели у берега, немедля первая же волна превратит в мятую консервную банку! Жены, как дуры, неделями ходят по пляжу, машут, дуры, и мы машем, дураки, - трезвые, голодные, иногда, и злые постоянно! А речушки с камчатских гор, проложившие русло в этом галечном массиве, при сильных штормах меняют русла и устья иной раз на несколько километров! Если перед тайфуном успел, продираясь днищем, в такую речку влезть, рискуешь остаться в старице без связи с морем и потом все трактора окрестных колхозов, пердя и надрываясь, устраивают волок, длящийся иногда месяц! Конечно - нормальные хозяева сговорились бы, поднатужились и построили бы где-то в середине защищенную гавань, а в обе стороны вдоль берега узкоколейные рокады - но, повторяю: х о з я е в а, а не коммуняки, у которых я не могу вспомнить ни одной резолюции, где бы в каждом слове не было двух-трех прегрешений против Кирилла и Мефодия... Кстати, это еще один чисто персональный фактор, не любит начальство "спецов" именно за их чуть заметные ухмылки над их резолюциями...

Такие дела, как говорил Курт Воннегут...

Кость! Если бы я знал, что мою тираду о ЕЕ Величестве королеве Анне ты собираешься друковать, я бы написал и позвонче и не так бессвязно, как есть - если ты и правда хошь мое преклоненное к ней отношение обнародовать, может я потом и напишу достойнее и выше и святее и в тех же размерах? А?

Да, забыл о радистах. У них под рукой эфир, следовательно и все "голоса", потому как морские станции имеют острые "пики" приема, легко протыкающие всякие помехи, избирательность называется. И музыка западная и все прочее могло бы не только слушаться, но даже и нагло включено в трансляцию для всего экипажа! Потому все рубильники для в с е х /даже навигационных!/ радиоприемников убраны в радиорубку и без его ведома ничем, даже капитан, воспользоваться не может! Например - радиопеленгатор у меня на севере - только Марса и Венеры не ловил, а Штаты, Англию и тем более Норвегию, так как дома с дикторами говоришь! И с товарищем мистером Голдбергом прямо как визави! И включал я этот пеленгатор почти каждую вахту, прося у радиста "перебросить высокочастотный рубильник на пеленгатор". Прихожу с моря, вызывает меня вежливый вкрадчивый дядя и делает комплименты моему рвению в использовании радиосредств для навигационных целей. Я мягко улыбаюсь. А потом он, сука, открывает вахтенный журнал радиста, где каждое включение пеленгатора отмечено, и м о й журнал, где этих обсерваций и следа нет! И смотрит на меня умными, все понимающими, проникновенными глазами... Думал я, что буду хитрей. Слушая БиБиСишные сплетни, стал писать в вахтенный журнал обсервации и даже невязки. Опять вызывает меня чуть менее вежливый и чуть менее вкрадчивый дядя, опять произносит те же комплименты, и когда сличение журналов к моей победоносной радости уже закончено, он вдруг из-за шкафа вытаскивает мои навигационные карты, где этих невязок и поправок, естественно, нетути. Я опять мягко улыбаюсь. А его умные, всепонимающие, проникновенные глаза становятся от визита к визиту все холоднее, совсем как поведение моря в пушкинской "Сказке о рыбаке и рыбке", с каждым визитом все жестче. Я догадываюсь, что такой у него не первый и не единственный, и что он пресекает нежелательные слушания на всех судах теми же безошибочными, не оставляющими лазеек методами. Основным же фактором остаются лойяльность и покорность радистов, подстрахованная стукачами, следящими, чтобы штурман и радист не вступили в сговор, не слушали передач /не фиксируя нигде!/ и провокаторами, которые в Голдберге не слишком нуждаются, но постоянно клянчат и у радиста и у штурмана таких передач или хотя бы их изложения... А так как в ЧеКе приемники тоже без помех - они точно знают, к о г д а должно было быть преступное включение, потому, например, что такую-то весть БиБиСи начало передавать тогда-то, а никак не раньше. Радист или штурман поделившиеся со стукачом, например, новостью о чьем-то свежем аресте, были в море и н и о т к у д а, кроме, как от пеленгатора, преступно включенного не по делу, узнать не могли - улика налицо! Такие вот наши морские орехи... Куда там Орвеллу! У нас все проще, приземленнее и беспроигрышнее.

Кость! Марию Целесту или Санта Марию или в просторечии "Бабу Ягу" я послать тебе могу, но мне заранее не нравится, /я предугадываю!/ повод для ее появления в коллаже. На таких постояннотонущих корытах даже Россия уже давно не плавает. Публикация этой фотографии доставила бы пропагандистскую радость советским геббельсам, которые могли бы этот коллаж прямо показывать моим бывшим коллегам, из которых в с е капитаны второго ранга, четверть капитаны первого и пять-шесть уже и адмиральствуют. "Вот мол, до какой средневековой вонючей скорлупы опустился изменник и даже хвастается ею /и ее-то потерял!!!/, в то время, как вы, верные советской родине, водите эскадры и соединения и стали грозой морей /таки стали.../

Фотография же Бабы Яги в доказательство моей гумилевской романтичности /а такое и вправду есть.../ как-то низводит меня с политического бастиона на некий детский лужок, этакую взрослую снисходительность к моей романтической инфантильности дозволяет... Не жалаю! Так что твое горячее желание ее надруковать меня не увлекает."

Чудак! Да я бы коком на твоем корыте плавал - БЕЗ замполита, без речей и стукачей - половина твоих адмиралов на то же пошла бы! Нееее, не будут они публиковать это фото: ведь корыто-то, хоть и сито - а СВОЕ, рыбку-то ты на нем не по заданию партии и правительства ловил, болтался в своей скорлупе по морям и Атлантике не по трассам, радиопередачи в журнал не писал - ЧТО еще человеку нужно? А что корыто - так мне вот пан директор лодку надувную шестиместную на 40-летие подарил, вариант того клиппербота, на котором я в 62-м тысчонку миль по Лене и

по притокам — Усунку, Молодо и Арыылаах-Сээнэ прошел, когда уже вездеход погорел,
и как я радуюсь! В Мексику желаю плыть, как Ален Бомбар. И — МОЖНО! Вот это-то
"можно" — и корыто купить, и в Мексику плыть — Советы и не станут пропагандиро-
вать, они не дураки, как и твои капитаны. Так что не бойсь, включаю.

Но пишет поэт и капитан Радыгин:
"Разбазариваться по газетным статейкам, жечь полновесные литературные
снаряды и патроны по разным русским новым и старым словам не охота, жаль выношен-
ных мыслей и пережитых фактов, потому что повторяться потом не считаю возмож-
ным. Книжку бы соорудить! Знаешь, как ты замечаешь, моя манера общения с чита-
телем не самая скучная, я конечно могу заковаться в броню псевдонаучной лексики,
я достаточно легко могу перейти на наукообразный, псевдофилософский стиль, и
столь же легко на псевдоостроумную полулагерную феню - может быть доверительный
треп о вещах серьезных или при том же серьезное отношение к тому, что почиталось
пустяком, и смогут сделать книжке эффект и успех. Черт его знает, не шибко гени-
альна была слащавая Бичер Стоу - поставила Штаты раком, вплоть до гражданской
войны. Много писалось трактатов не глупее "Здравого смысла", но именно он был
толчком для рождения Соединенных Штатов! Не хочется тешиться напрасными надежда-
ми, но кто знает, какая книжка вдруг выделит сама себя из моря подобных и окажет-
ся не н а п р а с н ы м трудом...?
Поэтому, /я еще и тут поспрошаю/ отпиши мне, что ты знаешь о механике по-
лучения грантов и авансов. Мне нужно не меньше шести месяцев, чтобы остаться на-
едине с машинкой и книгами - и книжка в русском варианте будет сделана - матери-
ала - взахлеб, на слушателях испытанного, предельно правдивого и всем интересно-
го, хотя и почти ни для кого не "приятного". Все события моей биографии, доста-
точно нескучной, привязываются к вопросам: Что же такое сегодняшняя Россия, чем
она грозна и остался ли путь остановить ее, не слишком искалечив, или наоборот,
не искалечившись. Вопросы судьбы Израиля и еврейства, блеск и нищета эмиграции,
литература и политика, эксгумация и попытка реанимации религиозных трупов, наши
авторы, философы, учителя и айятоллы, их труды вредные или пророческие, их успех
незаслуженный или провал столь же несправедливый, и все это вперемешку с притча-
ми, историями и иллюстрациями, нечто вроде этого письма, только отточенней, упо-
рядоченней и композитнее, что ли...
Где добыть 6-8 тысяч, чтобы не сдохнуть в это время и не бегать на завод?
Дело еще и в том, что хождение на завод замедляет писание в три-четыре раза, а
злободневность, политические угрозы, даже константные, усугубляются или отступа-
ют на другие планы слишком быстро, это не восемнадцатый век - сегодня даже дер-
жавы рождаются и успевают умереть раньше, чем успеют написать их несколькомеся-
чную историю... Попробовал бы кто-нибудь аргументировать восточные проблемы, от-
ношения наций к монархиям и революциям, к религиозным традициям или разбойным
инстинктам на примере например .... Ирана?! Год назад? Полгода? Сейчас? Завтра?
Не только политические книги - газетные заметки могут за время набора устареть
на несколько лет, а во время верстки еще на столько же обогнать события! И еще
- делая такую книжку, которая заденет все короны и все алтари, все сколько-ниб-
удь заметные персоны, н е л ь з я допустить ни единой ошибки в цитате, перево-
де, дате - ни единого повода обвинить себя во лжи, шарлатанстве, отсебятине, ис-
торической или философской малограмотности - сволочи всегда на страже! Поэтому
работа в библиотеках, с подшивками, добыча редких трудов и цитат, ответственный
перевод должны занять, может быть, не меньше времени и труда, чем бойкое письмо!
Где взять аванс? Кто мог бы дать? Какого объема и характера должна быть заявка?
Чьи рекомендации и ручательства достаточны, чтобы уменьшить испытательную рабо-
ту до минимума? Хочу все знать! Как Михалков!"

А я знаю? На эту антологию мне гранта не дали, сказав: "Вот если бы она была мексиканская, или негритянская..." Русские - не нацменьшинство в Техасе. Аванса тоже не дали. Ничего, не в России!

К биографии героя /Толика Радыгина/:

"Родился я в Питере в больнице Эрисмана как раз 1 июля 34-го, /удобная дата, как раз в середине года , когда еще были в тюряге полугодовые посылки и если меня их не лишали за строптивость, то получал как раз к Новым годам и к дням ангела!/. А рос на улице "Дорога в Сосновку" - прямо как судьба, потому что первый мой мордовский лагерь в поселке Сосновка и находился. И бабулина хвамилия была Шпеер, т.е. шпиён - т.е. заранее обрекалась на ту же статью, и от рождения имел родимое пятно - четкую свастику, видимо не столько приязнь к германским фокусам, сколько радикальный протест против фокусов русских...

Сукины дети, мои милые родичи /как оказалось в либеральном последствие/ были битком набиты Гумилевым, Ахматовой, Сашей Черным, Мандельштамом, Ходасевичем, и даже Цветаевой, а сжав зубы, не смели в ужасе перед застенком их разжать... И наблюдали, как на их глазах нас нафаршировывали хрестоматийной чушью.
... Мы, дети, естественно, фонтанировали стишками и единственно, что они могли выразить, это похвалить кусок-другой, если стишки хоть чуть отличались от казенной трубы и барабана... Об изгнанных, расстрелянных, растоптанных, сосланных, запуганных, естественно - ни гу-гу... Так что звонкой скорописи, технически правильной версификации насобачился довольно рано. Убожество мышления, историческая, философская и литературная малограмотность были тогда всеобщими и обязательными, как трудовая повинность и военная служба. Таланта было мало всем. Требовалось чье-то влияние, какая-то школа, какая-то нешкольная культура, которой мне зачерпнуть было и негде...

От блокады вовремя унес ноги еще перед первой зимой /а я - не. - КК/, потом долго комплексовал, почему не стал героем еще в восемь лет!

....

После войны наступили нелегкие дни. Семь классов кончено. Работать было рановато, учиться дальше - не по карману. Нашли по-жидовски правильное и мудрое решение: ремесло двухгодичное с общагой и хоть голодной, но пайкой и вечерней школой. Со времен гибели второго храма родители, не давшие сыну образования, а дочку не выдавшие замуж - смертельные грешники! Так что я два года жил в Апраксином и вечерами, голодный как пес, возвращался из вечерней школы как раз во время театрального разъезда от товстоногова, мимо тогдашнего подъезда "Ленправды" и "Смены", потом уже в самом Апраксином мимо "Лениздата".

В сорок девятом кончил ремесло /как электрик/ и девятый класс. Как раз к тому времени маманю перевели на работу в Эстонию, для бурной русификации эстонской культуры и как раз в район Кохтла-Ярве. Туда я и распределился вкалывать в шахте, чем я тогда, как человек самой сталинской профессии /какие тогда профессии были несталинские?/. Хотя сланец лопатой я не греб, но световое, трансформаторное, водоотливное, транспортерное, бурильное и врубовое оборудование, кабельное хозяйство - все было бронированным, против коржей и обвалов и потому вкалывать приходилось, но я был глуп, молод, самоуверен, спортивен, сексуален и слеп. Вокруг еще чистили Эстонию от приличных людей, а я и не видел...

Еще после седьмого класса /перед ремеслом/ пытался устроиться в среднюю мореходку, но вдруг за месяц-полтора перед ее началом взяли и расформировали... и документы роздали назад. Отложил море до конца десятого, т.е., до высших мореходки или военно-морского. Так и прошло. Кончил вечернюю школу, поступил во Фрунзе, бывший Морской корпус... Плавал, а с осени казарменный институт, служба, топание на парадах, при тех же сопроматах и теормехах и интегралах, что и нормальный студент. И конечно, истекал на юнкерские стишки. Откровенный барабан и милитаризм, шибко мне тогда было приятно сознавать себя, идиота, частицей великих и праведных сил.

Надо отдать должное и х /этих великих сил/ проницательности. Я еще по щенячьи мечтал послужить им, а они уже по кругу моего чтения, по постоянному поиску /и ожиданию ее/ с п р а в е д л и в о с т и высокой и ленинской, по всему, что рано или поздно приводит сначала к запретным интересам, потом к сомнениям, потом к критицизму и, наконец, к ненависти и вражде, причем к ненависти литературно оформленной и вражде квалифицированно вооруженной... Они меня просекли намного раньше меня самого! И началось - сначала еще на втором курсе все было подготовлено, чтобы меня выкинуть - а   это не просто изгнание из института, а расправа примерно равная, как с преступниками в трибунале, а кое в чем и хуже...

Я и не знал, что мои стихоплетские способности /кстати, мои первые стишки напечатались в кронштадте в эскадренной газетке/ превратили меня в "живой труп". Политотдел не стал меня спасать фактически, он спросил рьяных командиров с торопливыми людоедскими замашками: "А кто будет создавать литературные сборники, за которые вам дают премии, а за отсутствие которых вас взгреют? А кто организует блистательные и остроумные шоу, которых никто из вас, ни из ваших послушных и лояльных мальчиков ни сочинить, ни отрежиссировать, ни сыграть не сумеет? Кто организует вашу остроумную стенную прессу? Ведь если заметят явное снижение уровня, ни поощрений, ни премий вам не видать!" И тайно решили расправиться со мною, когда я так и так буду на пороге, перед окончанием. И я еще годами служил, плавал, учился, сдавал экзамены, готовился к нормальной службе, женился, писал стишки, строил планы, а практически я был для них свиньей на откорме, был нечеловеком, этакой литературно-режиссерской машинкой и был обречен расправе вне зависимости от того, как я служил и учился... Так и сделали: за три месяца до выпуска и диплома, без всяких нарушений, растоптали, разжаловали, выкинули как тряпку штрафным матросом на Северный флот /Балтика и Черноморье для нас были закрыты - считалось "курорты"/. Служить полагается с н а ч а л а, т.е., пять лет и пять лет снова - хороший срок и никакого диплома, и репутация как у зэка и семья молодая и все псу под хвост. Вся изнанка советской жизни с грязными казармами, с темной массой перепуганных и забитых сверху мужичков, и их же жестоких друг к другу, вся зоология российских армейских, деревенских, казарменных, пересыльных, сезонно-вербовочных одиссей хорошо запомнились и глубоко отложились... Вдруг поперли Жукова, и хотя я и не был жертвой его самодурства /а с ним лично и столкнуться тоже пришлось/, посчитали меня "потерпевшим", вернули /но уже не в севастополь, чтобы те, кто разыграл спектакль с "врагом народа и флота" не были в стыде перед, так сказать, лицом/. Кончил я училище, и диплом получил и звание, а тут как раз знаменитое хрущевское сокращение и выкинули меня к моему облегчению "на гражданку". С одной стороны радость - выскочил из пасти, во-вторых радость - довольно легко и мало заплатил за з н а н и е изнанки сов. службы. С другой беда - о визе на загранплавание и мечтать нечего, после приключений, делать ничего, кроме плавания и писания стишков дежурных не умею, возвращаться в рядовые строители коммунизма не хоцца, да и не брал никто, жива была инерция: до 56-го офицер, уволенный из кадров, был как правило пьяницей, дураком или сифилитиком, до нас других и не отпускали, и в кадрах к таким "бичам" /от англ. beach - моряк, списанный с корабля, сиб. - бродяга. - КК/ привыкли и не верили. Оставалась одна дорога на морскую свалку - в рыбаки! Тогда еще наша великая родина не имела могучих БМРТ с сотнями людей на борту, со всякой электроникой и автоматикой, зато океана я нахлебался за эти годы - под завязку /все еще надеюсь, что это мне здесь все-таки поможет!/. Да не тут-то было. За шесть лет без единой аварии и при постоянном"выполнении плана" меня шесть раз снимали с капитанских и старпомовских должностей, потому что как раз тогда, исчерпав советские воды, стали посылать суда подальше от советских берегов... Убедился я в оперативности и неумолимости наших любимых органов и понял, что дорога за колючку мне обязательно обеспечена - не сейчас, так попозже. В перерывах между камчатками и чукотками, мурманисками и либавами, после очередного изгнания крутился в домишке на Воинова и к удивлению своему имел успех! Вероятно, еще училищная политика "не пущать, но использовать" осталась в силе, и сам я в короткое время захватил в питерской "молодой" литературе не по возрасту, стажу и таланту высокое место... Армия бездарных графоманов злобно мне завидовала, жалкая кучка истинно талантливых ребят косилась с усмешкой, а я снова сбегал от   голубых и круглых шереметьевских гостинных на скользкие палубы сейнеров и траулеров, в надежде что "может хоть на этот раз, в таком забытом месте, на таком самом худшем корабле, /специально искал похуже и попозабытее!/ не   т р о н у т!?" Не тут-то было - обязательно трогали! Потом, на следствии, мне прямо сказали, что постоянные уходы мои от литературной кормушки, о которой мечтают тысячи бездарей и сотня талантливых, и к которой не подпускают десяток н а с т о я щ и х, это - была этическо-политическая демонстрация, которая была слишком заметна и потому непростительна! С Сёмой Ботвинником мы не пили, здоровались только издали - не знаю, что влияло, либо он меня считал выскочкой слишком сильным, либо я его в поэзии слишком мизерным. С такими ребятами как Глебушка Горб /тогда еще талант и тогда еще диссидент/, с Сашей Кушнером, с Соснорой, с Уфляндом, с Тарутиным и другими начинали практически одновременно, Нинка Королева тоже там начинала, Бобышев и другие "чистые" и "нечистые" прочные оппозиционеры и ныне скурвленные отступники - "все промелькнуло перед нами..." И корифей нынешний Битов был в наших компаниях, и коммунист Толя Поперечный свою поэму, где "рязанские мадонны", чёл мне прямо с черновика - всякой твари по ковчеге хватало. Правда я, благодаря последним /ох, не последним!/ разорениям и безденежным метаниям по камчаткам после изгнаний, в компании не слишком вязался - пить за чей-то счет для меня было и осталось неприятным долгом, если не могу его в любой момент выплатить, т.е. пригласить и угостить сам. Кроме того, мой "успех" у Прокопа /А.А.Прокофьева - КК/ и прочих, отталкивал от меня н а с т о я щ и х, а я, всей душой к ним тянувшийся, все-таки не лез, надеясь, что ЧК все-таки оставит меня в покое... Дурак! Один только раз я снял маску, да и то на момент, когда Ося /Бродский - КК/ явился на секцию поэзии специально устроить "пощечину общественной безвкусице" и во время чтения вскочил Лева Куклин и заорал: "Остановите этот жидовский вой!" /чего Ося-таки добивался!/, а я вскочил и заорал, что Лева, де, хам и что-то о своем тембре поэта, но спохватился, вспомнив, сколько доносчиков сидят вокруг и смакуют и Осино вольтерьянство и левино свинство и мою глупую дон-кихотовщину... Такого великого шамана, как Ю.Шесталов, Наташка Грудинина, и потом я, делали с а м и, а Микулька Шульгин - вообще сделан мной на сто процентов - все его камлания за первые три года - это мои камлания под наших "гуронов и ирокезов", как я их открыто дразнил.

В союз меня протащить не успели /да я и не знаю, позволило бы ЧеКа/, зато Литфонд я подоил прилично, как впрочем и он меня. Книжка, которая вышла примерно за полгода до ареста, даже с моей точки зрения была убогой, этаким уходом в сторону и от поэзии и от совести. Правда, я не употребил в этой военно-морской и рыбацкой чуши ни родную партию и нежнолюбимое правительство, а ленин прошел только раз, да и то в виде ледокола. Потом я умудрялся эту книжку от друзей прятать, а когда узналось, что экземпляр есть в лагерной библиотечке, попросту спер и уничтожил!

Так что ты видишь, что ни в диссидентах, ни в ниспровергателях, ни в гениях я не ходил. О моей антисущности хорошие ребята узнали только когда меня скрутили на границе /продал меня Толька Сорокин - имел я к нему слабость, к пьяни и подонку, потому как бывший был ЗэК, хоть и бытовик/.

И еще, наши разночинные таланты меня немного стеснялись - я немного французил, немного инглизил, имел слабость к исторической литературщине, пускал в свои рассуждения всякие латино-грецкие притчи, цитировал разные средневековые максимы /часто ничего больше из тех трудов и не зная!/ и потому меня побаивались, как "шибко ученого" и сноба. Было не так, был я проще и все боялся, что мою чугунную ненависть к окружающему разгадает слишком много людей... А многих и не надо было. Я почему-то числился даже не за Большим домом, а аж за Москвой! Но от этого их "заблуждения" или наоборот "ясновидения" потом было не слащавее...

А потом тюряга. Год следствия в грузинских вонючих камерах, да психушки /тогда "проверяли" всех/, потом дважды по три года во Владимирке, а из трех лет мордовских зон - полтора годика карцеров и БУРов, в основном за слишком квалифицированные подготовки к побегу... Инженерия моих побежных подготовок была, как теперь вспоминаю, на пугающе большой высоте изобретательности и дерзости, но опыт и многочисленность стукаческой прослойки вокруг была еще гуще... Вот и запирали понадежнее...

А потом тебе известно. Конец срока, надзор в Тарусе без всякого права выезда. Потом виза и Израиль, который оказался совсем не бастионом против большевизма и российских имперских аппетитов, а теперь Штаты, та река в которую бросают щук вроде нас, имея ввиду, что вода тут достаточно отравлена...

Так что можешь писать обо мне, как о бывшем поэте. Во первых я утратил тот благословенный дальтонизм и кривизну зрения, которая стихотворцу необходима, а во вторых я стал думать и знать о русском народе столько и так, что просто безнравственно выражать это именно р у с с к и м языком...!

Вот и все."

Договариваю за Радыгина. Радыгин поэтом остался, но как остался и Арсений Тарковский, перегорев за полвека молчания. Отчего /а не в пику лагерным бардам/ им и избрана граненая форма сонета, даже венка. "Суровый Дант не презирал сонета..." Сонетом и терцеиной надо писать этот безумный мир. Если писать.

Но вся информация, Радыгиным аккумулированная, вместилась бы лишь в "Божественную, скажем, трагедию" или, скажем, в крутую прозу. Но никак не венок. Нельзя быть философом в нашем мире. Можно быть лишь Илюшей Бокштейном, со стихами которого меня Радыгин и познакомил. Тщились даже сборник издать. Теперь и издам, Институтом. Пишет Радыгин /"Посев", сентябрь 1975, стр.41/:

"Есть в лагерях некий ритуал: когда арестант выходит на свободу, надо попытаться, если арестант рассеян, запуган или безволен, заставить его пожать "на прощание" руку кому-нибудь из тюремщиков, да так, чтобы в с е в и д е л и! Илюша Бокштейн был безобидным, незлобивым и безмерно рассеянным человеком и, когда он выходил из зоны, провожаемый множеством товарищей, начальство поручило именно /лейтенанту по политчасти - КК/ Иоффе /все-таки "земляк"!/ вырвать у него рукопожатие. Толпа провожающих и кучка начальства замерли, когда Иоффе, улыбаясь, с протянутой рукой двинулся к Илюше. Бокштейн поднял недоумевающий рассеянный блеск своих могучих диоптрий: "Руку? В а м? Вы... предатель еврейского народа!" И пошел сквозь ворота под торжествующий вой как евреев, так и антисемитов..."

И примечание Радыгина: "Я слышал, что именно Илюше Бокштейну посвящен знаменитый "Бумажный солдатик" Булата Окуджавы..."

Поэты и антиподы /по характеру и по стилю/, солагерники, Радыгин и Бокштейн - встретились снова, в моей антологии...

За нашу Советскую Родину!

КРАСНАЯ ЗВЕЗДА

ЦЕНТРАЛЬНЫЙ ОРГАН МИНИСТЕРСТВА ОБОРОНЫ СССР

ДЕЯТЕЛИ ЛІ
И ИСКУССТВА
АРМИИ И

XXVI АРМИЯ И ФЛОТ: ПАНОРАМА ДНЯ

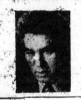

КОРОЛЕВСКИЙ ГОПАК

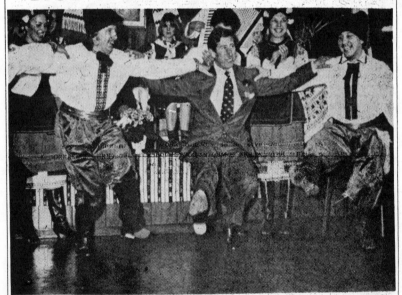

Наследник британской короны принц Чарльз посетил общины этнических меньшинств в Дерби, в том числе и Украинский клуб. Отведав украинских блюд с водкой, принц Уэльский пустился в пляс.

РАДЫГИН:

Приехал я в лагерь еще свеженьким "дежурным поэтом" у Куртынина. Естественно, все лагерные поэты и те, кто на это звание претендовал, решили показать мне место, не задавался дабы. Они прекрасно понимали, что получать гонорары в Совписе, Лениздате, Ленправде и Смене ни крамольным поэтам, ни модерным не приходится. Они точно знали, что без сучьих стишков не обошлось и поэтому, не рискуя прямо обвинить меня в недавней еще советчине /что было бы справедливо/, они обрушились на меня по части формы. Для них поэт, пишущий в рифму или соблюдающий, не дай Господь, размер - был чем-то вроде недорезанного буржуя для вдохновенного чекиста с маузером. Вот тогда я и психанул, сказал, что "примитивный" канонический стих себя не исчерпал и я нарочно возьму форму самую жесткую, например - сонета, нет, хуже - даже венка сонетов и выложу ихние же идеи ничуть не хуже их. Так что венки я стал писать не от избыточного снобизма или старомодности мышления, а в пику моим лагерным кузьминским!

Так вылез первый венок "Восход кровавый и закат кровавый
Печаль темна и ненависть остра..."

Дам тебе пару сонетов из него, весь смысл венка /а за этой системой, эволюцией проследи!/ строится на моей изначальной вере в могучие потенции народного гнева на возможность, необходимость и неизбежность революций-контрреволюций. Вот примеры:

Случайным здесь и слабым не видна
Та, что давно бы зрячим видеть надо,
Враждебности китайская стена
И выдержки голодная блокада.

Когда ж взрастешь ты, наша баррикада,
Куда грядешь, сермяжная страна
То в панике испуганного стада,
То в бешенстве степного табуна.

Ты в забытьи сивушного порока,
Ты бездорожно-лапотно грязна.
Скажи, какого звать тебе Пророка,
Чтоб встала ты, стряхнув похмелье сна
В своей неотвратимости грозна,
Безмолвна и оправданно-жестока.

И еще один из того же венка:

Попробуйте согнуть дамасский нож,
Загадочную мощь арабской стали.
Попробуйте в узорчатом металле
Смирить упрямства яростную дрожь

Мы нарушали схему и чертеж,
Мы в тиглях бурь закалку обретали
И в спектрах наших бедствий вдруг найдешь
Упругий хром и ядовитый таллий.

И тяжкий молот бьет, наверняка
Не угадав рождения клинка.

Мы выжгли в душах углерода ложь,
Мы жестки и крепки, а значит - правы.

Не пробуйте сгибать. Такие сплавы
Скорее поломаешь, чем согнешь.

Потом написан был венок "Толковище с Богом". Он не сохранился, смысл его был в том, что пытался убедить Бога, что мерило страданий и заслуг сменило цену с евангельских времен и что новейший Завет надо бы сызнова написать. Были там такие строчки:

Скажи, Господь, зачем в потоках лжи
В церковных песнопениях унылых,
За низким пресмыкательством ханжи
Ты проглядел святых, тебе не милых,
Что вновь идут на крест и под ножи
Исходят болью на штыках и вилах...?

Или о соавторстве моего Апокалипсиса:

Соавторы молчат у кольских круч,
Они молчат в норильских недрах стылых,
В карагандинских угольных распылах,
Под тяжкой синью магаданских туч...
И как они, упорен и колюч
Чертополох клубится на могилах.

Однако, все пишущие по-русски, включая Вальку Соколова, убедили меня в том, что для русскоязычных людей разговор с Господом Богом может быть только один - молитва, а всякие попытки с Господом дискутировать - отрыжка традиций жестковыйного народа, который себя рабом божьим не полагал, а общался с Богом на договорных началах, Завет имел, определенные паритетные привилегии. Поэтому и похоронил я этот венок.

Потом появился космический под названием "Женщине, отставшей в пути". Самое обидное не то, что женщина отстала в пути /другая нагнала, и успешно/, а то, что после меня появилась куча, гора, акиян космических стихов и даже венков, в которых обыгрывалось космическое одиночество, отрешенность, эйнштейновский парадокс разрыва времен и невозможность возврата. Негде и невозможно доказать свой приоритет в этом жанре и в аллегориях, впоследствии затопленных пошлостью и многословием. Даю куски:

/питерская тема/

Еще звучит, еще пророчит что-то
Приморский верет, пожиратель миль.
Еще вдыхают истуканы Клодта
Балтийской ночи водяную пыль,
Еще брусничным запахом болота
Пропитан город - каменная быль,
Еще несет адмиралтейский шпиль
Высоких парусов тугие шкоты.
Его камней невиданная гемма
И взбитый штормом облачный плюмаж,
И бронзовый поэт, и Эрмитаж -

Извечная лирическая тема,
Моя неповторимая поэма,
Та, что тебе теперь не передашь.

/невозможность возвращения/

Та, что тебе теперь не передашь,
Любви и слез измученная вера...
Но если даже путь сойдется наш
В конце орбит без времени и меры
И я начну на траверзе Венеры
Входить в параболический вираж,
Навстречу прыгнет радостный пейзаж
Твоей благословенной атмосферы -
Меня земля не примет из полета,
Изгнанник и отступник, я сгорю
В тяжелом саркофаге звездолета.
Тебе я только вспышку подарю
И нитью серебра прошьет зарю
Последняя, неслыханная нота.

/творческое одиночество/

Последняя неслыханная нота
К твоей земле плывет издалека,
Как самая прекрасная строка
Из древнего испанского блокнота.
Прикована к веслу моя рука.
Я Дон-Кихот и автор "Дон-Кихота",
Как дезертир космического флота,
Заочно осужденный на века.
Я совершил последнюю из краж,
Я захватил в преступный свой вояж
Мой дымный океан в грозе и пене,
Серебряных ночей косые тени
И соловьиный в молодой сирени
Последний угасающий пассаж.

И магистрал всего венка:

Вскипает плазма в бешенстве распада
В косматых снах оранжевых планет,
Где ни измены, ни забвенья нет,
Я растворился. Слов и слез не надо.
Она пришла, жестокая расплата.
Умрут приборы и померкнет свет.
Написан заключительный сонет,
Исполнена последняя соната.
Пронзая звездный голубой витраж
Лучом прощальным горестного взлета
Еще звучит, еще пророчит что-то
Та, что теперь тебе не передашь, -
Последняя неслыханная нота,
Последний угасающий пассаж.

После этого появился венок "Кориолановский". Взверил я, дурак, что научат уму-разуму мою идиотскую родину некие фортинбрасовцы, какие-нибудь варяги и превратят ее в цивилизованное царство... Ну, нечто вроде современной Германии и Японии. Как мы теперь с тобой замечаем, эта надежда была не меньшей маниловщиной, чем ранее - было выражено в "пугачевском" венке. Выбирать из него будешь сам. Корректуры - это не поздние исправления, а восстановление искаженного изустной передачей.

Венок, который в "Ами" полон, как ты заметил, столь же фантастических надежд на то, что где-то за морем, в каких-то армиях, под какими-то знаменами я нужен и нужен настолько, что некогда мне заниматься там на русской земле даже любовью. О чем я Натали сообщаю достаточно четко.

Так и нерожденным помер венок, который я начал было, очутившись в желанных местах, где стоят Синайская гора, страна Самсона и страна Деборы и снова обретенные вчера меч Макаби и откровенье торы... И кончалось:

И как всегда, враги со всех сторон.
По выбору, по жребию, по знаку
В жестокую библейскую атаку
Возьми меня с собою, Гидеон.

Как ты знаешь, гидеоны в кампанию меня не взяли. За ту же самую национальную семейную жестковыйность.

И наконец, здесь уже задумывался я о судьбах поэтов на мушке, о тщете земных надежд, об острой враждебности мира /всякого мира/, о нашей никчемности в н а ш е время. Венок должен был начинаться "на Черной речке или на Второй..." и кончаться загробно:

"И как ни высоки авторитеты, но рукописи все-таки горят..."

Вот такая история. Можешь ее интерпретировать как хочешь или не излагать вообще, а тебе на закуску одинокий шуточный сонет:

На глади флотских карт, у корешков
Пузатых книг и корабельных лоций
Мы возжигали сполохи эмоций
Цветастым хламом ю н к е р с к и х стишков.
Ах, что за договоры, Гуго Гроций,
Между битьем и обжигом горшков?
И к а м е р н ы х стихов смертельный стронций
Вкорябан в стены каменных мешков,
Веселый звон военного металла
И мрачный скрип заржавленных тенет.
Хорей и ямб, терцина и сонет...
Аид и Рай, Голгофа и Валгалла...
И камерных, и юнкерских хватало,
Вот только камер-юнкерских все нет...

Ну, вот тебе и все. В последнем сонете соблюдены правила тезы-антитезы, столкновения и прочие аксессуары сонетного стандарта. Что в венках было бы уж слишком трудоемко и для читателя, пожалуй, слишком жирно.

Желаю удачи!

P.S. Гуго Гроций - юрист и историк, отец современного дипломатического протокола.

ИЗ ВЕНКА СОНЕТОВ /В ВЕСТНИКЕ РСХД/

Примечание редакции:
"Венок сонетов" написан в тюрьме г. Владимира.

1.

Пылают у моих усталых ног
Листки стихов...
Я жадно жгу бумагу.
Я жадно пью отравленную брагу.
Я от невзгод и бедствий изнемог.

Но мне кузнец неведомый помог.
В сиянии горнов подобен магу.
Он вытянул изломанную шпагу
В кинжальный ослепительный клинок.

И я опять спешу в привычный путь.
Преодолеть гремящие пороги
На узкой, но устойчивой пироге

Вооружен для схватки, грудь на грудь.
И снова не манят меня ничуть
Камин покоя и костер дороги.

3.

И ждут меня, как в скучном эпилоге,
И все считают сколько дней в году,
И ждут, что я, как блудный сын приду
И припаду лицом к отцовской тоге.

Не ждите! Мне носить мою беду
По тропам, где увязнут козероги
Иглою пропадать в горящем стоге
И замерзать на заполярном льду.

Дают мне силу в многолетней пытке
Ни клятва, ни присяга, ни зарок,
Но мудрых истин золотые слитки.

Я хорошо усвоил свой урок.
Оставьте слабым слабые напитки
Ленивый квас и добродушный грог.

6.

Когда придет неотвратимый срок
И грохнет гром в моем краю посконном.
Солдаты мы, но будет нелегко нам
Дослать патрон и отвести курок.

Провал измены черен и глубок.
Философ от него ползет к иконам,
Фрондер к ярму, республиканец к тронам,
Я в правоте ужасной одинок.

Потопчут, растерзают и сомнут
За свой родной, отечественный кнут.
Да! Я живу с врагом в одной берлоге.

Прости, Россия-мачеха, прости
У нас не будет общего пути,
Когда меня поднимут по тревоге.

7.

Когда меня поднимут по тревоге,
Я потянусь к английскому мечу,
К хохлятской сабле, к тюркскому клычу,
К литовским вилам и к грузинской тохе.

И пусть подходят ордами косоги
Душить Редедю я не поскачу.
Заплачены ясаки и оброки
И буря гасит Пимена свечу.

Приверженец версты, сторонник фунта,
Вчера сменивший лапоть на сапог,
Придется выбрать, пошлый скоморох,

Пожар вторженья или факел бунта,
Свободу или два аршина грунта,
Набат Руси или Роландов рог.

14.

И отступая, умолкают музы,
Когда война в оглобли колесниц
Уже впрягает диких кобылиц
И Лист в эфире вытесняет блюзы.

Азарт и страх поселков и столиц,
Вражда, любовь, симпатии и вкусы
Уже вошли, как минусы и плюсы
В сухие коды боевых таблиц.

Что мне законы, кодексы и билли -
Я разрубил, как в древности рубили,
Своих сомнений спутанный клубок.

И брошены под гусеницы танков
Развалины чужих воздушных замков
Пылают у моих усталых ног.

15.

Пылают у моих усталых ног
Камин покоя и костер дороги
И ждут меня, как в скучном эпилоге
Ленивый квас и добродушный грог.

Но я все жду, как прежде на пороге
Когда придет неотвратимый срок,
Когда меня поднимут по тревоге
Набат Руси или Роландов рог.

И я чутьем угадываю час.
Торпедоносцы прибавляют газ,
Эсминцы взяли якоря под клюзы.

Настороженны, холодны и злы
Расчехлены тяжелые стволы
И отступая, умолкают музы.

Тексты же "пугачевские" включить не можно, поскольку подаренный мне Волохонским единственный тот выпуск "Ами" /где и Веничка Ерофеев/ замылен у меня уж с год милейшим профессором Мамантовым.

Впрочем, сонеты они есть сонеты. Интересны только содержанием, да четкостью формы, а так они все на одно лицо.

Радыгин же сонет умеет.

Впрочем, и сам Толик куда-то пропал, съехал не оставив адреса - поди теперь, ищи по всей Америке /или Европе?/.

Любопытная параллель насчет "двух аршин грунта" /сонет 7/ с Моревым, у которого были строчки:

Два с половиной метра мертвым,
Четыре метра - живым.

И он, и Радыгин - одного поколения, сочетание романтизма и острой социальности. И - крушения надежд.

Апрель 22, 1986. День рождения В.И.Ленина, гори он.
Года два уже, как кэп Радыгин - помер куда как на суше, в Сан-Антонио, штат Техас. Грязный, на 90% мексиканский, городок, где, кроме ресторанчиков по каналу - ничего и нет. Филиал школы военной, Тринити коллэдж, что-то вроде университетика и ша. Душно и тошно, вроде и город, но так - мексиканская деревня. И главный оффис по делам иммиграции, где я, наезжая, отстаивал в очередях за гражданством американским, а потом - плюнул и остался "не гражданином". Ебись она в рот, эта Америка! Где лучшие люди дохнут - Белинковы, Радыгины, а политические проститутки и вшивые гешефтмахеры - живут, припеваючи.
Вот и Толика нет, еще одного из антологии... НО Я ЕЩЕ ЖИВ. Говорю.

ПОСЛЕСЛОВИЕ О КАПИТАНАХ

10 лет назад квартира Юлии Вознесенской была обложена ментами за попытку
отметить 90-летие со дня рождения Н.С.Гумилева. Союз писателей отказался
обсуждать этот вопрос, поскольку дело о "контрреволюционере Гумилеве" ос-
тавалось еще в силе. Отметили, однако ж. Неоффициально: Юлия читала Гуми-
лева, Володя Федотов играл на дудочке.
И во вчерашнем "Огоньке", №17, апрель 1986, с портретом Ленина на обложке
и с титлом "22 апреля - 116-я годовщина со дня рождения Владимира Ильича
Ленина", на стр.26-28 - вполне презентабельная подборка Гумилева, с фото
Наппельбаума и вступительной заметкой неизвестного мне Владимира Енишерло-
ва. О судьбе Гумилева сказано: "Жизнь Н.С.Гумилева трагически оборвалась в
августе 1921 года." Ша. Опубликованы стихи "Волшебная скрипка", "Андрей Ру
блев", "КАПИТАНЫ", "Орел", "Лес", "Портрет мужчины", "Жираф", "Когда из
мной бездны жизни...", что не хуево.
В"Литературке" же, от 14 мая сего года - на стр.7 статья Евтушенко, в пол-
листа, "Возвращение поэзии Гумилева" - статья, под которой подписался бы и
я /но с большим правом!/, где Евтушенко говорит о расстреле Гумилева, и
о роли его - трезво, серьезно, грамотно и - впервые за 35 лет - признается
что "полюбил стихи Гумилева в юности и не разлюбил". Что-то во всем прочи-
танном мною Евтушенке /а я, вероятно, немногий, кто прочел - почти всего
его, с первопубликаций/, ни упоминаний, ни даже намеков на имя Гумилева -
я до мая сего года не встречал.
Позволили - признался, что любил. Может, он признается, что и меня полюбил
/чему я не удивлюсь/. Когда позволят.
Капитан Радыгин - любил офицера Гумилева. И с гораздо большим правом. Он -
не ждал, когда ему позволят. Как - не ждала и Юлия Вознесенская.
Как - не ждали и мы, с Григом Баранюком, гумилевцем, переписывая и читая
его стихи - в 1958-м.
Что там? Реабилитация контриков? Может, напечатают и третий вариант леген-
ды о смерти Гумилева, что он, заявив, что он - не поэт, а офицер гвардии
Ее Императорского Величества - был не расстрелян, а - УТОПЛЕН В СОРТИРЕ
доблестными чекистами? Что куда как более похоже на историческую правду?
Нет, вряд ли.
Вряд ли, хотя под той же статьей Евтуха - 2 коротенькие заметочки петитом
"ЛГ информирует" - о вечере, посвященном 100-летию со дня рождения Кручены
ха в музее Маяковского и юбилейных торжествах в Херсоне, на родине его -
9 и 11 строк, а ниже - вчетверо больше - некролог поэта И.И.Кобзева, "наше
го товарища, коммуниста, талантливого писателя", за подписью трех секрета-
риатов. Треть страницы, параллельно Гумилеву /без фото/, занимают - с фота
ми - юбиляры литературовед и критик Н.Г.Трифонов /80 лет/, писатель А.И.
Шиян /80 лет/, писатель А.П.Соболев /60 лет/, прозаик и кинодраматург А.С.
Айвазян /60 лет/, прозаик М.Сарсекеев /50 лет/, поэт М.И.Мартинайтис /50
лет/, поэт, дисткий писатель и песенник С.И.Жупанин /50 лет/, каковых поз-
дравляют, к чему "присоединяется" и "Литературная газета". Я не присоединя
юсь. Я недостаточно хорошо знаю советскую литературу и 99% имен, встречаю-
щихся в "Литературке", мне попросту неведомы. Бахчанян сегодня вспоминал,
что в клубе "13 стульев" они увлекались игрой: ткнуть в справочник Союза
и назвать произведение попавшегося автора. Никто не выигрывал.
Так что - да, Гумилева помянули /сам Е.А.Евтущенко/ и даже Круча - петитом
но рядом с Игорем Кобзевым, а советская литература - от этого мало измени-
лась. Точнее - не изменилась совсем.
Скотский хутор - продолжает процветать, и по отъезде ренегатов Солженицына
Максимова-Гладилина-Кузнецова-Некрасова-Коржавина-Друскина-Эткинда-Аксено-
ва и несть им числа. На смену им, стройными рядами, пришли Трифонов-Шиян-
Соболев-Айвазян-Сарсекеев-Мартинайтис-Жупанин-и-Евтушенко.
Советская литература не сгинела, сколько там ни реабилитируй гумилевых-и-
крученыхов-хлебниковых. ОНА - ЖИВА! СЛАВА ЕЙ, ГОРБАЧЕВУ И КПСС! УРА!

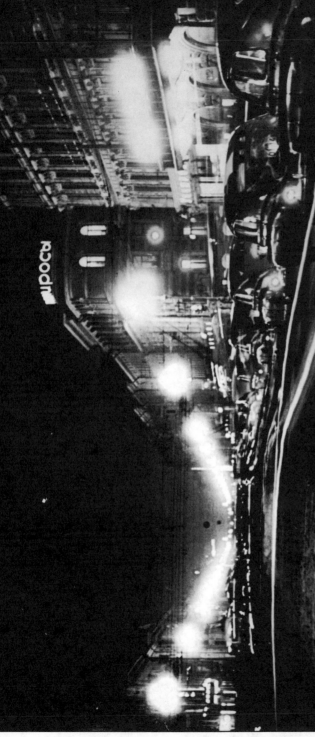

ЧЕЛИНЦЕВ

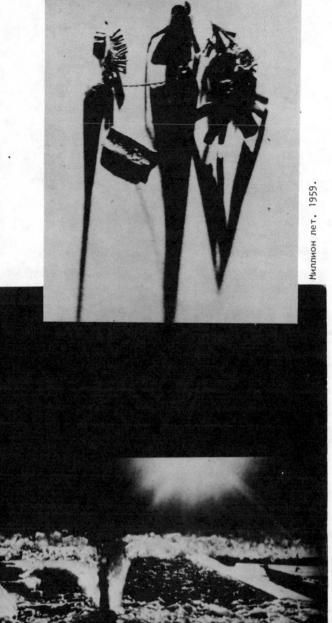

Миллион лет. 1959.

Лапландия. 1959

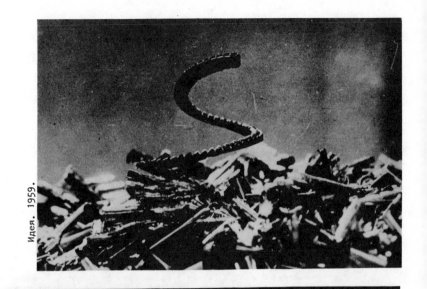

Идея. 1959.

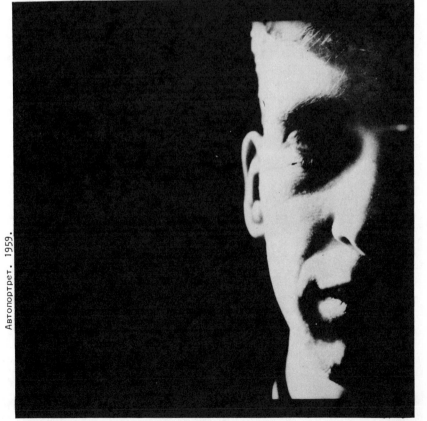

Автопортрет. 1959.

ПОЛИТЕХНИЧЕСКАЯ ШКОЛА

57-е годы в Политехнике ознаменовались: Миша Пчелинцев, страдавший клеп-
тосвинией, физик-теоретик, выставлял свои фотоабстракции. Ассистировали: Вале-
рий Марков, о котором речь пойдет позднее, Натан Завельский и поэт Станек Кисе-
лев. Обладатель фамилии позднее переместился в Реутово, под Москвой. Речь здесь
идет о Станеке Киселеве. Пчелинцев лицо эпизодическое и, помимо нестандартных
/антистандартных/ фотографий, дебошей и любви к Леночке Акульшиной, ничем не
прославился. Не прославился и Станек Киселев. Стихи его читались с придыханием,
читались на улицах, в кафетериях /вечер в кафе "Улыбка", 1960/, в столовой, ку-
рилке и уборных Публичной библиотеки. Там был клуб. Опознавали друг друга по
читаемым книжкам. Ежели читался Луговской, Кирсанов, Заболоцкий - это проходи-
ло. Прокофьев, Симонов, Щипачов не котировались. Евтушенко был в фаворе. В ку-
рилку книги выносить запрещалось. Цитировалось по памяти, поскольку в залах ку-
рить тоже запрещалось. Там-то и возник Станек Киселев и, надобно сказать, заоч-
но. Он уже был в Москве. Читали его, пританцовывая, Пчелинцев и Марков. При том
Марков сам был поэтом. Привожу: /Маркова, не Станека/

Ночь. Как в гуталине пара ботинок,
Отраженье ее пустоты в Неве.
Ночь, как болотная вязкая тина,
Путает звезды в своей синеве.

Ночь, как сплетение ослепших спрутов,
Напряжение матовых рук.
Ночь. Словно борозды жизни спутал
Холодный железный плуг.

Солнце встанет утром и ахнет,
Осмотрев безобразное поле.
В ярком воздухе резко запахнет
Безысходно-глухим горем.

И:

Время слепнет от вспышек ракет.
Слышите? Ноет Волга от электрических наручников.
Завтра
Девственность всех планет
Ракетами будет нарушена.
. . . .

Обсуждались проблемы рифмы и метра, рифмы в первую очередь. Малыш Анатоль
/Шашилов/ написал одно четверостишие. Уже не помню. Изобретался гектограф,
ротатор, шапирограф, ротапринт, изыскивались способы хищения шрифта в типо-
графии /что случилось позднее/. Был 59-й год. А пока пользовались копиркой.
Машинки были далеко не у всех. В частности у нас - не было. Писали от руки,
читали - наизусть. Отсюда - произносительность поэзии Станека Киселева, нуж-
дающаяся в магнитофонной записи. Воспроизвожу ряд его текстов:

МОЛЛЮСК

Лежал на берегу моря моллюск.
Никто его не видел
и никто не трогал.
А я на моллюска, как на бога молюсь,
за неизвестность судьбы его
и дороги.

Был он когда-то на дивных островах
дальних морей и архипелагов,
и словно кораблик, на пути своем встречал
неоразбойников и архипиратов.
А я только видел нескольких воров
и вижу это племя все реже и реже.
А я только знаю счастливую любовь
и очень несчастную нежность.
И прошлое моллюска
      я очень уважаю.
И прошлое моллюска
      я очень люблю.
И словно навсегда
     я море провожаю,
говоря -
   до свиданья! -
       встречному кораблю.

Кораблики, кораблики,
белые кораблики,
а куда вы плывете,
      плывете куда?
А плывем мы далёко -
     к берегам радости.

А зачем вы плывете!
      Просто так мы плывем.
      Чтобы плавать, плывем.
      Чтобы плавать.

НЕБЕСНЫЕ ДОЖДИ

С крыши падают дожди.
Подожди.
Не уходи.
Посмотри, как под дождём
моросит огнями дом.
А откуда,
и куда
светлых капель череда?
кап.
Кап.
Кап.
Это капли крови капали.
Кап.
Кап.
Кап.
Это слёзы света капали.
Кап.
Кап.
Кап.
Это звезды встали лапами
на хребты хвостатых туч.
А когда пробился луч
/то ли солнца, то ли лампы/,
оказалось -
это лапы ставит в тучах самолёт.
Самолёт
летит
вперёд.
Самолёт
поёт
полёт,
и предчувствует пилот,
как земля нежданно пьёт:
Кап.
Кап.
Кап.
С крыши капают дожди -
подожди,
не уходи.
Посмотри, как под дождём
моросит огнями дом.
А откуда,
и куда
этих капель череда?
Кап.
Кап.
Кап...

ЭТО И ТО...

Нынче было это,
завтра будет то -
то, что не воспето
и неясно что...

Но задолго многие
чувствуют уже,
как бушуют молнии
в каждой душе,

как приходят молча
разные те,
играющие молодостью
в каждой черте.

О, явное и тайное,
и тайное чуть-чуть -
тобою ведь питается
и славится мой путь!

А нынче с нами -
                эта,
а завтра с нами -
                  та.
А нынче -
          страны света,
а завтра - пустота.

Но и в этом свете,
и в этой пустоте -
остаются эти,
и остаются те.

СОБАКИ

Залаяли собаки.
                    Какая недоверчивость!
Залаяли собаки.
                    Проявленно ко мне
залаяли собаки.
                    А дело было вечером.
Залаяли собаки в пустынной стороне.
Залаяли собаки.
                    А может, это - звёзды.
Залаяли собаки.
                    А может, и луна
бросается под лапы, как чортик
                              низкорослый.
Залаяли собаки.
                    И снова - тишина.
Стук
стук
в тяжелые ворота.
Стук
стук
в угрюмые врата.
И левая дрожит, как бедная воровка.
И правая дрожит, как левая рука.
А может, я удрал от гибельной колодки,
/залаяли собаки, конечно, неспроста!/,
а может быть, действительно ушёл я от воровки,
а имя той воровки -
                    СУЕТА.
Но вы не беспокойтесь.
Ведь я живу на даче
в пятнадцати кэмэ от города Москва.
Залаяли собаки - конечно, неудачно,
и каждая собака, конечно, неправа.

НИЧЕГО

Ничего не унести
и ничего не оставить,
оттого что нечего уносить
и нечего оставлять.
Хочется неумеющих жить
и неумеющих родиться
                        славить,
и не хочется
умеющих и знающих
                        прославлять.
Вырасту большим
и неповторимым
и надену небо, как большой колпак,
и в угоду добрым
маленьким любимым
научусь ходить и прыгать
                        на руках.
Разве это нужно?
Разве это важно -
быть невозмутимым,
быть, как идиот,
и ненужным людям
подавать надежды,
говоря, что каждый
                        надежды подаёт?!
С наступленьем смерти
зарасту деревьями,
зарасту кустами, по каким хожу,
и у чьих-то окон
                        встану
                        доверчивым,
а у чьих - не знаю
и знать
не хочу.

САМОЛЕТЫ

Летал самолёт.
Летал самолёт.
Летал от Москвы
и летал до Парижа.
И вдруг он упал,
как будто устал,
и стал
самолётом погибшим.
А тучи по-прежнему
шли над землёй:
- Мы тоже жалеем
и любим его.

Мой друг!
Мой любимый
и будущий мой!
Давай, пожалеем
мы тоже его.
А как пожалеть?
Я не знаю такого.
Меня не жалели,
а только желали...
Желали,
чтоб не было в жизни плохого,
а если и будет, -
пусть будет едва ли.

Летал самолёт.
Летал самолёт.
И почта летала.
И лётчик летал.
И был продолжителен этот полёт.
И жизнь пролегала,
и путь пролегал.
И ветер пролёг,
и любовь пролегла,
лишь путь - не пролёг.
И снова поёт
на этом пути
голубой самолёт
походную песню
винта и крыла.

Винта и крыла.
Голубой самолёт.

ИНЦИДЕНТ

Взгляд у этого мужика наглый.
Вид у этого мужика мокрый.
          Однако,
задавить он меня смог бы.

Сажусь я от него подальше,
но руки свои держу умеючи.
          - Подайте,
подайте, - говорю я, - смелости!

Смотрит он на меня - прямо.
Смотрю я на него... мимо.
          Правда,
тип он, конечно, нетерпимый.

Выхожу я, конечно, раньше времени.
Ступаю я, конечно, на пальцах,
          уверенный,
что и он меня испугался.

ВЫ ЛИ ЭТО?

На заснеженных машинах
                    Вы ли это?
                    Вы ли?
Нет, не Вы,
а это - вылитое
сокрушенье пыли.
Город весь декоративен,
город весь пришлёпнут,
пустырям и крапиве
поцелуи шлёт он.
Сколько времени, часы?
Сколько остановок?
Словом,
много ли чудес
повторилось снова?
Словом,
много ли слова
донесли до слуха
и до парка,
где трава
высохла досуха?
- Нет, нет! -
              ты мне скажешь.
- Да, да! -
          я скажу.
Скажешь,
будто бы завяжешь.
Будто
я не развяжу!

Если хочешь, я ударю
вдоль по переносице -
и лицо твоё, в угаре,
сразу перекосится.

Если хочешь, я зарежу
перочинным ножиком,
чтобы ты не вспоминала
о своём, о прожитом.

Если хочешь, я сломаю
руку в локоточке,
а потом тебя поймаю
на далёкой точке!

А не хочешь - и не надо,
я тогда испорчу
или дом, или ограду,
или просто почву.

Буду резать, буду бить -
всё равно твоим не быть!
А если даже стану,
бить - не перестану!

МУРАВЬИ

Чтобы подумать, кто из них правей,
встретились однажды с муравьём муравей.

    Один муравей
    говорил, что правей,
    /тот муравей,
    что зелёных кровей/.

    И другой муравей
    говорил, что правей,
    /тот муравей,
    что красных кровей/.

И вот, чтобы проверить, кто кого правей,
вскрыл свои вены каждый муравей.
И тут оказалось, что каждый муравей
ходил как червяк - совсем без кровей.

Так вот, когда ты споришь, никогда не робей,
если ты уверен,
что ты - не муравей!

Вариант заглавия - "Из муравьёв".

БУДУ!

Чтобы успокоиться,
                           буду ловить бабочек,
из разных лепестков буду складывать гербарии,
буду увлекаться всесторонними забавами,
буду,
          как дорога между двумя городами.

На всякие обиды
не буду обижаться,
и мелким невниманием не стану упрекать,
и буду
            посторонним и пустующим
                                    казаться,
проплывая перед вами,
как древнейший фрегат.

Если будет сладко,
буду очень важным.
Если будет плохо,
буду очень честным,
        буду вашим счастьем
        и несчастьем вашим,
и вообще - буду,
                    пока не исчезну.

СЕНТЕНЦИЯ

Мы с тобою будем пить хороший ром
до тех пор, пока с тобой мы не умрём.
А тогда, когда с тобою мы умрём,
наши дети будут пить такой же ром.

ХУЛИГАН АБСТРАКЦИОНИСТ ПЧЕЛИНЦЕВ

А еще хочется рассказать за Мишу Пчелинцева. Тем более, что к поэзии он
имеет самое непосредственное отношение. Большего количества стихов я мало от к
го слышал. Был он политехником и, следовательно, другом Маркова и Киселева. И
Натана Завельского. Миша и Натан стихов не писали, а были - аудиторией. Миша, в
тому же - был и чтецом. От Николаса Гильена до Станека. И читал - превосходно.
С Мишей мы воссоединились уже не в 59-м году, а - в 62-м. С чего произош
ло воссоединение - я не помню. Полагаю, с поэзии и пива. Всю весну 62-го мы шу
рили напару. Миша, помимо гениальных фотографий, был человек мудрый и предусмот
рительный. Во время денежной реформы 60-го года, когда все кинулись менять ста
деньги на новые, Миша кинулся домой и поменял все бумажки на СТАРОЕ серебро, ко
торое еще функционировало /10:1/. Набрал цельный мешочек. И мы были обеспечены.
Утром мы соображали двугривенный новыми /пачка кодеина - 9 копеек и мале
нькая пива - 11, на двоих/. После этого мы начинали шустрить. Садились в тролле
бус на Литейном, опускали в кассу старый гривенник, отрывали два билета по 4 ко
пейки и собирали 20 копеек новыми сдачи. После двух-трех пересадок набиралось
аккурат на пиво, и мы шли к мамочке на Моховую /ларек на углу Белинского и Мохо
вой, рядом с церквушкой архитектора Коробова, 18-го века, закрыта/. После потре
бления нескольких кружек пива, отправлялись в почтовое отделение на Моховой, г
ввели продажу конвертов без продавца. Автомат по российской скудости поставить
не сумели, а сделали просто деревянный ящик: в одну дырку опускаешь гривенник,
из другого отделения берешь два конверта с марками. Гривенник мы, натурально,
скали старый, а конверты брали по полдюжине. После этого конверты пытались вс
чить мамочке. Мамочка отговаривалась, что конвертами не торгует и посылала нас
магазин канцтоваров напротив, в подвальчике. Там мы обращались к старенькому п
паше и объясняли ему, что собирались писать письма любимым, но потом передумал
и конверты нам не нужны. Папаша по мудрости своей все понимая, брал их у нас п
пятаку, а по госцене. И мы снова отправлялись к мамочке.
В процессе всего этого читались стихи, пелись песни, и даже одна была с
жена:

Напротив Кирочной,
Напротив Кирочной,
Напротив Кирочной есть сквер.
Меня в распивочной
Меня в распивочной
За хобот взял милицанер.

Дальше уже шла сугубая реальность, реалистическое видение, и конец мы не допис
ли, пели же на мотив "Цыпленок жареный".
В эту же самую весну нас обоих взяли, разумеется, по блату, рабочими в
нскую экспедицию ВНИГРИ, нефтяного института, располагавшегося в здании с пара
ным подъездом, описанным поэтом Н.А.Некрасовым несколько ранее. Квартир напроти
у нас не было /у нас вообще не было квартир, а каждый из нас делил одну комнат
матушкой/, отчего много времени мы проводили на свежем воздухе/, у парадного же
подъезда мы размышляли, в основном, об выпить. Стою я это как-то у парадного п
дъезда, аванс получил, размышляю, где же Миша. Друг рядом стоит, выкатывается
третий - "Ребята, я аванс получил!" Взяли в гастрономе на углу Литейного и Бел
нского поллитра, пошли в пивную на Некрасова, рядом с баней. Вместо столиков т
были бочки, взяли мы каждый по большой, колбаска у нас, натурально, опол
винили, разбавили водочкой, а рядом две бляди трутся, лет по 40, не то 50 /или

мне это так казалось, в мои 22?/, ну, поделились и с ними. Миши я так и не дождался, хотя он и знал, где меня искать. А только после второго ерша - очухиваюсь я в камере отделения на Маяковского и грозный голос мента вопрошает: "Кто в углу насрал?!!" Хотя и не очень был уверен, что это я, отодвигаюсь подальше на нары. Мент же, усмотрев в этом движении самосохранения невольное признание - хватает меня за горлец и начинет меня мордой по гавну возить. Ну, отворачиваюсь, чтоб в рот не попало, а по запаху - моё. И пол меня заставили вымыть. После этого приглашают в дежурку, суют протокол, который я безропотно подписываю, только спрашиваю, куда три рубля делись, что в кармане были. Вместо трех рублей выкинули меня на улицу, гляжу - первый из друзей уже на газонной трубе сидит, его выпустили, меня ждет. А третий, который второй - уже раньше ушел, еще до повяза. Этот мужик мне и говорит: "Пошли, у меня еще десятка, друг с аванса одолжил, не нашли!" Ну, пошли опять в гастроном, на Некрасова, и одну из блядей там встречаем. "Пошли, говорит, мальчики, к подруге, она тут рядом, на Маяковского живет!" Мужчина не может без женского общества, отоварились, пошли. Приходим, а у той - мужик, и нас попёрли. Пошли в садик у Коробовской церквушки, на Белинского. От меня попахивает, сырку тоже взяли, а баба одна на двоих. Ну, допили, я поехал к девушке Ли в Колпино. Остановку проспал, пришлось по шпалам обратно до Колпина переть. Часам к трем дошел. Кричу под балконом, девушка Ли выскакивает: "Мама, говорит, у меня!" Но бутылку чего-то вынесла и пошла со мной в парк. Выпил я это чего-то, и от усталости заснул у нее на коленях. Просыпаюсь - холодно и нету. То ли пахло от меня все еще сильно, то ли храпел, только ушла девушка. Пошел я в подвал ее дома, в кочегарку, ватник там нашел, и доспал на кирпичах. Утром возвращаюсь в город, меня опять,контролеры на сей раз, повязали. Но уж очень жалостно я выглядел, да и благоухал, отпустили. А Миши я так и не дождался тогда.

Везем мы Мишу домой, с Ванькой Ризничем, сыном художника по фарфору, после отвальной, когда Миша с пятого этажа через форточку - дворничиху облевал, а потом все перила описал, на лестнице, ведем его по Литейному, заворачиваем на Пестеля, там стоянка такси напротив окон Бродского, Миша сандали теряет, а на такси - очередь. Полезли вперед, без очереди, публика шумит, поворачиваю я Мишу к кому-то и говорю: "Миша, сделай Ы-Ы-Ы-Ы!" Миша делает "ы-ы-ы". Публика отскакивает. Положили его на заднее сиденье, сели сверху и поехали к Ризничу. Там еще добавили, и я поехал за девочками, но девочек не нашел и вернулся ни с чем. Миша же, проснувши, подошел к Ризничу и справился, не знает ли тот, где туалет. Все очень смеялись.

Помимо довольно дорогого спиртного, всю весну мы употребляли кодеин, кофеин, грацидин, нембутал /ласкательно - "нимбик"/, барбитураты и вообще что попадалось. Однажды нажрался я чего-то, у меня упорно кто-то за плечом стоял, тогда пошел я в аптеку на Желябова и добавил еще, как сейчас помню, кодеину. После чего сижу я на лавочке в сквере у Казанского и вижу, что сижу я не на лавочке, а над лавочкой, этак на полметра. Нет, думаю, не проведешь! Попрыгал задом - пружинит! Нет, думаю, галлюцинация. Провожу под задницей рукой - воздух! Так и просидел на воздусях это то минут пятнадцать, а то и полчаса. А чего и в какой последовательности я принимал /как выражается Веничка/ и посейчас не помню. Помню, что грацидин был, нембуталу - не было, а кодеин - был. Но что-то еще, что и сделало мне это "сидение на воздусях".

Чтобы не устраивать над собой таких экспериментов, решил я обратиться к моей платонической любви, которой я в зиму 61-62-го из Сибири, под Томском, несчетное количество стихов и поэм написал. Она была несколько постарше, и к тому же была врачом-психиатором, или невропатологом. Поскольку кроме платонической любви, у нас ничего не получалось, решил я обратиться к ней за рецептами. По причине болезни рецепты мне были выписаны, и мы с Мишей онембуталились, и в экспедицию с собой взяли достаточно.

Вот в экспедиции, помимо обычных подвигов на базе, плывет Миша на кунгасах

по Вилюю, выходит в один тихий день на палубу и начинает падать в воду. Его выта̄
скивают, а он снова падает. Потом разделся и начал сушиться. Сидит на крыше каю̄т
и руками как бабочку ловит, это он трешку, заначенную от меня еще в Якутске, су-
шиться положил, и поймать никак не может. А начальница в ужасе и ничего не пони-
мает: спиртным от него не пахнет, до ближайшего жилья 500 км, а Миша на ногах не
стоит. Потом нашли у него в кармане пачку из-под нембутала, успокоились.

В Якутске же, перед отъездом, мы не вылезали из кабаков: в "Севере" пили
за Лену, а в "Лене" - за север. Кабаков там два, если не считать столовых, кото-
рая по-якутски "Остолобуой", но об этом я писал, а влюблен был Миша в Ленку Аку-
льшину, студентку и комсомолку, секретаря комсомольской организации курса. С го-
ря идем мы по Якутску, а якутов мы "налимами" называли: маленькие такие, черные,
косоглазенькие - поневоле чувствуешь себя этаким викингом - заходишь в магазин, а
у тебя на уровне колен, не то пупа, довольно правда широкие в плечах, якуты вью-
тся. А мы с Мишей - золотоволосые гиганты. Идем по улице, Миша видит окно, а в
нем - цветочки. Ну, Миша их и смахивает вовнутрь. Вместо их - морда появляется.
Миша вынимает цветок из горшка - и по морде. Морда исчезает. В Ленинграде после
такого подвига - кварталов пять бы бежал, а тут - идем неспеша, как ничего и не
случилось. А навстречу - человек 12. Якутов. Идем на них вдвоем - расступаются.
И все из-за Ленки.

Миша у нее все парадное стихами Пастернака исписал - все, кроме "царицы
Спарты", стерла. А Миша там и ночевал, у нее в парадной. Домик в Лесном, с мрамо
рной доской академика Шателена. Двух, не то трех- этажный. Миша как-то где-то тю
биков 20 красной масляной краски свистнул, и мы ей весь желтенький фасад ее име-
нем расписали: "Ленка", "Алёнка ты" и "Леёнок" /Миша по пьяни два "е" написать
умудрился!/. Потом надписи соскоблили, но они остались белые. В парадной Миша на
ее дверью вместо лампочки ввинтил щелочной конденсатор. Сосед включил свет, и ах
нуло! Помимо вони и копоти, весь пиджак ему еще попортило.

А по приезде нас из экспедиции Ленка уже вышла замуж и свой день рождения
праздновала. А мы ракет привезли, патронов, и помимо Миша где-то круглую чугунну
гранату раздобыл, с завинчивающейся втулкой, с дырочкой. Начинили и ее порохом,
все это бикфордовым шнуром соединили, у нее под окнами. Когда там начали не то
"Партии нашей ура!", не то "Горько!" кричать, мы все это и подожгли. Шарахнуло
так, что в доме ни одного стекла не осталось, а салат новорожденной наполовину с
стеклами был.

Миша, как я уже говорил, страдал "клептосвинией", и без отвертки из дому
не выходил. Мне он подарил табличку "Уполномоченный КГБ по Ленинскому району", о
ее прямо с кабинету свинтил, но под полой она у него немного треснула, и вторую
"Просьба соблюдать полную тишину", эту он за спиной дежурного милиционера в Пуб-
личке свинтил, эту я повесил у себя в коммунальном сортире, прямо перед носом,
отчего соседи очень возмущались.

Помимо этого Миша был талантливым физиком-теоретиком, у него уже на перво
курсе работы печатались, но путем поэзии и Ленки, а потом Розочки, сошел на нет.

Его же фотографии 58-59 года, по возможности, будут приведены здесь. Назва-
вания он давал им - поэтические. Но глаз у него был - фотографа. Снимает он обле
деневшую щель между стенкой и водосточной трубой, переворачивает и называет "Лап
ландия". И действительно, скалы, лед, гейзеры /хотя гейзеров в Лапландии нет. Эт
он перепутал. С Исландией./ Или - снимает лампочку сквозь бахрому абажура, пово-
рачивает - "Чужое солнце". И действительно, лианы какие-то, солнце тусклое - Ве-
нера! Эту фотографию у меня спёр Кривулин /это для историков, чтоб знали, где ис
кать/. И портреты он делал превосходные, характерные.

Но фотографией, как и физикой, заниматься он перестал. Стихов же никогда
не писал. Знал зато. Почему он и здесь.

ЗУБ

Белобрысый, с выбитым передним зубом, с голубыми глазами, маленький, Юрик Климов , смехуечки-смехуюнчики, был самым полезным членом редколлегии. Колхозная шобла: Безменов, Климов, я и Валерик, потом вспомню фамилию, он писал маслом, а я остался на второй год в университете, потому что по причине поэзии – активно писал весь 59-й, путем чего мы и встретились на картошке осенью 60-го. Я, к тому же, пользуясь академкой и протекцией Бродского, укатил на лето на Дальний Восток. И – все вру. И академка была, но после нашей уже встречи. Значит, я в 58-59 не учился? Но не суть. Встретились мы осенью 59-го. Это точно. С картошки мы сбежали вместе с Юриком Климовым, а на картошку провожала меня Марга Фролова, о чем я уже писал. Я симулировал ревматизм, а Юрик, по моему совету, сделал язву /я, после лета в Эстонии, где работал рабочим в геологической партии, о чем особо, познал многое: и как туберкулез делать, куря рубленый шелк, потом харкаешь сгустками, и как инфекционный полиартрит – протягиваешь шерстяную нитку под ногу на щиколотке, а перед комиссией вынимаешь/ и много еще чего, что помогает от армии/, так вот, Юрику я посоветовал горчичный или чесночный компресс на руку для язвы от ожога, он же, по свойственному ему энтузиазму, намазал кисть горчицей и инкрустировал чесноком. Наутро у него раздуло так, что смотреть жутко было. Однако, в город отпустили. Потом он от армии косил, а уже в 61-м, когда всю редколлегию с биофака выперли, сначала решил воспаление легких поиметь, для чего в декабре являлся на пляж Петропавловки и, искупавшись, отдыхал голый на снегу. После этого у него все ангины прошли, коими он раньше хронически страдал. Тогда я посоветовал ему гипертонию, и даже дозировку эфедрина дал. В таблетках. Он же, по неграмотности, купил в пузырьке и просто отпивал по пол-пузырька перед терапевтом. Схлопотал гипертонию. На сей раз, настоящую. А с ожогом мы просто отдыхали в городе, пока другие и более осторожный Боб Безменов, копали картошку. Я тогда написал поэму "Картофельные романтики". Очень плохую, но рифмы – мммм! Так вот, воссоединившись на картошке, мы продолжили нашу матерную деятельность в университете /в соревновании по мату первое место занял Ярослав-матершинник, который просто посторонних слов не употреблял, мы же с самбистом Саней Пахомовым поделили второе/. Тут кстати упомянуть, как Ярослав, с личиком порочного котенка – карие глаза и родинка, а работал он на Волге инспектором рыбнадзора, но это войдет в мой ненаписанный роман "Широка страна моя родная", высшую математику сдавал. Сидит он перед преподавателем и излагает: "Этот интеграл, ёнють, берется так, ибёнать, а потом мы берем дифференциал, ёнать, и делаем так, ибёнть!" Преподаватель – ему ж и в голову не придет – принимает это за дефект речи, а мы под столы лезем. Так вот, на картошке, с этой самой картошкой, которой нас кормили, кто-нибудь на нарах торжественно провозглашал: "Зуб!" Ему отвечали хором: "Рви!" Раздавался громкий бздёх. Поэтому, когда нам предложено было издавать курсовую газету, название уже имелось. "Зуб". Главным редактором был назначен Борис Никандрович Соков. Первый же номер "Зуба" сразил читающую публику. Передовицу Евы Феофановны Пашкевич или Розы Абрамовны Казакевич, не помню, кто из них тогда историю КПСС преподавал, самый важный курс в университете, я предложил наклеить вверх ногами: авось кто из любопытства или из спортивного интереса прочтет. Не позволили. Зато, за вычетом передовицы, материалы были наши. В отделе "Знаете ли вы, что...", кроме того, что Лондонский Тауэр сгорел в 1841 году, длины потопроводных желез у человека /по О'Генри/, сообщалось, что из 600 членов ВЛКСМ биофака на собрание явилось 300, к концу собрания осталось – 150, что день рождения Н.С.Хрущева – 15 апреля, и что чешское пиво "Старопрамен" гораздо питательнее и приятнее на вкус, нежели жигулевское. Потом следовала статья Юрика Климова о комсомольском собрании, что "выборы в комитет производились по системе любишь-не любишь", "в зале слышались электрические разряды стульев", а "ораторы толкли в ступе розовую водичку благополучия". Чтобы нас не упрекнули в голословности, по моей идее было организовано "летучее интервью" - просто подходишь к человеку и спрашиваешь: "Ну как собрание?" Он ляпает, отходи и записываешь. Если б два-три таких высказывания, а то - 30! "Не был. Спал." /М ша Флеров, боксер/. "Ерунда. Хорошее снотворное." /Володя Маркович - потом он б гал и уговаривал нас, что он такого не говорил/. "Собрание как собрание." /Кто-то/. "Приятнее жевать намыленную мочалку." /Кузьминский/. "Довольно трясти эти старые штаны!"/Боб Соков/. Юрик Климов глубокомысленно заметил: "Рождение новог всегда сопровождается предродовыми муками." Затем были помещены мои пацифистски стихи о новобранцах, комикс "Кровь из носу, а Зимний - взят!" /на первой картин художник стоит у холста, пол холста замазано красным, на второй - пустая палитр на третьей - бьет себя по носу, на четвертой - докрашивает красными соплями хол подпись, под картинкой была сделана карандашом и, стираемая, регулярно возобно лялась. Художник нас подвел, о чем было помещено порицание белыми иероглифами н черном, на оставшемся же из под какой-то заметки пустом месте, я поместил портр Маечки Фридрих /у которой домработницей в Житомире была правнучка Пушкина/: ора живое лицо с белками и зрачками при полном /это у Маечки-то!/ отсутствии рта, ч рная доска под подбородком, и в нее вцепившиеся 8 зеленых пальцев. Я всегда люб зеленый и оранжевый и этими же красками, маслом, сделал у поминавшегося Валеры первый свой масляный портрет "Доброго самаритянина"- или самарянина, я не знаю. Но гвоздем газеты была статья Валерия Молота, приглашенного корреспондента /он учился на заочном в Политехнике/, "Немного правды". Начало же привожу по памяти "Сколько споров велось об американском киноискусстве и американском искусстве во обще! Сколько горячих обвинительных речей произносили советские жрецы Аполлона! - Никогда! - восклицали они, - Американское искусство не поднимется до уровня об щечеловеческого! - Никогда, - гортанно вторили им кликуши, - американское искус тво не будет отображать простого человека, с его простыми идеалами и устремлени ми! - А зритель молчал. Он внимательно прислушивался к этим речам, и хотел убеди ться воочию, действительно ли американское искусство настолько прогнило?

И что же мы видим? /следует разбор первых трех американских фильмов, пока занных в тот год на советском экране: "Марти", "Война и мир" и "Рапсодия"/.

И грянул гром. Помимо того, что за гортанных кликуш еврея Молота обвинили в антисемитизме, факультетское начальство повелело заклеить слово "правда" в за лавии и все цитируемое начало статьи. "Правду" я заклеил на совесть, белой бума гой /сквозь которую - или скорее, поверх - она все время проступала, об этом бы кому позаботиться/, начало же статьи заклеил полупрозрачной бумагой с боков, к орая, почему-то/, все время отклеивалась. Газету велели убрать из главного кори дора на лестницу, что почему-то не уменьшило число читателей - перли со всех фа ков! Появилось открытое письмо комсомольской организации матмеха, где нас упрека ли в незнании азбуки марксизма-ленинизма, которое письмо мы с гордостью повесил рядом. Грянула пушечка газеты "Ленинградский университет" статьей "Больной зуб лечить надо". И наконец, тяжелая артиллерия газеты "Смена" - статьей "Колумб из Политехнического", где крыли, в основном, Молота, нас же - поминали. Спасла нас куратор курса, бабуся Гусева, придя с партбилетом в "Смену" и постучавши им по столу. У Молота бабуси не было и его на совесть измудохали, как выражается Вени ка Ерофеев. К нам же с целью допроса явился Эдуард Талунтис, соавтор одного из Воеводиных, про которых написано:

Дорогая Родина,
Чувствуешь ли зуд?
Оба Воеводина
По тебе ползут!

К помянутому Талунтису я приебся с вопросом о детективной продукции, которую он, согласно со мной, вынужден был поносить, как низкопробщину, после чего невинно у него осведомился, не тот ли он Талунтис, который написал "Звезды оставляют следы на снегу"? /Вообще-то, "Звезды остаются" и "Следы на снегу" – два дешевых романчика из библиотечки военных приключений, в которых Талунтис соавторствовал. С одним из Воеводиных./ Талунтис поморщился и процедил: "Однофамилец." Но нас провести было трудно. Я начал пересказывать сюжет, с цитатами. Талунтис из допрашивающего превратился в допрашиваемого, и свалил. Воеводина же, автора дюжины книг, упорно не баллотируют в Союз писателей. Баллотировка закрытая, но даже в этом богоугодном заведении для падших девиц такую тварь и всем известного стукача держать не желают. С Талунтисом же я потом пил у Нинки Прокофьевой, дочки Александра Андреича, куда меня занесло, и потом бегал и кричал: "Братцы, плюйте мне в рожу! Я с Талунтисом пил!" И стоим мы как-то с Бобом и Юриком в Союзе писателей, подходит Талунтис. Боб меланхолично говорит: "Талунтис идет. И без намордника." Юрик, с ужасом, оборачиваясь, в голос: "Как без намордника?!!" Талунтис шарахнулся.

Ко второму номеру готовились серьезно. Помимо статьи Володи Березовского /см. в 1-м томе/ с геолфака, в защиту нас, Юрик Климов подготовил два статистических исследования" "Студенческий час" и "Студенческий рубль". В первом исчислялось время потребное для конспектирования материалов по истории партии, из чего выходило, что на науки – остаются считаные часы. Во втором – студенческая стипендия /27 рублей/ расчленялась по статьям расходов, на харчи оставалось рублей 5, не то 3. Проверено было на многом материале, и потом. Статистика тогда была в моде. Студенты геолфака, на кафедре кристаллографии, во главе с тем же Березовским, произвели анализ студенческой сардельки /наличие белков, жиров, неорганики/. Анализ был столь ужасен /неорганики там оказалось больше 30%!/, что ребята решили, что это материал сугубой секретности и положили его в сейф.

Связь с геолфаком у нас была на уровне поэзии. Кроме того, биологи тоже проходили курс общей геологии. Связующим звеном был я /о чем в статье о Марге Фроловой/. Да и располагались мы в одном коридоре, длиной почти в километр, по которому не то биологами, не то геологами был устроен голый забег: парень и девица промчались нагишом по всему коридору, в одной из аудиторий геолфака их ждали уже запасные штаны. А отец моего школьного товарища, Сашки Витохина, еще до войны прокатился по всему коридору – на велосипеде. Был, естественно, и колэдж хьюмор, против которого возражает Лившиц. Так, в 58-м году, я поспорил с Григом Баранюком и Босявкой /Боссом/ Тихомировым, что не буду бриться до выпускного вечера. Было решено: проигравший /подразумевалось, на выпускном вечере/ на четвереньках приблизится к Маринке Сиверцевой и укусит ее за икру /икры у нее, действительно, были аппетитные/. Но в феврале 59-го меня угораздило влюбиться. Я торчал ночи напролет на площади Репина под фонарем /где и был написан "Туман", который уже аж в Сан-Франциско в "Русской жизни" цитируют!/. Однажды Болотный Цветок /как я лирически называл Ирину Харкевич, матушка же моя определила ее иначе: "Музыкальная особа с рояльными ножками". Что было, то было. Ножек имелось, но любил я ее не за это, а за безумной зелени глаза/, узнавши, что я стою там не евши, повелела: через сорок пять минут явиться поевши и выбритым. И погорело пари. Мог ли я ослушаться любимую? На биофаке меня встретили радостным воем. В коридоре была уловлена Маринка Сиверцева. Григ и Босс ее отвлекали разговором, поэт же Кузьминский, пройдя пол-коридора на четвереньках, приблизился и прокусил ей капрон. Маринка с визгом взвилась, и после этого, когда я проходил по коридору, прижималась спиной и икрами к стене и спустя полгода.

Помимо писания и читания стихов /стихи Климова я привожу в 1-м томе, в статье "Рисуй, поэт, пером", и еще я помню две его строчки: "На белом халате моего милосердия / Греется гвоздичка любви..."/, помимо этого мы попивали. Нельзя сказать, чтоб пили - это разве питье: маленькая на троих?!, так, освежались. К примеру, шизофреник Эдик Поречный из Курска /откуда и поэма Боба Безменова "Вождь" - про вокзал в Курске/, так вот, Эдик тоже писал:

> Ликующая царевна,
> Белый цветок любви!
> В знак вечной верности
> Душу мою прими!

Стихи вполне шизофренические /стихи настоящих шизофреников будут у меня в 5-м томе, кто-то из друзей-медиков собрал/, но чем-то меня зачаровывают. Не диссонансной рифмой, а - нервностью и неверностью ритма.

Однажды родители Эдика прислали ему деньги на штаны. Осмотрев Эдиковы штаны, мы пришли к выводу, что носить их еще вполне можно, и потому с Эдиком и Климовым отправились в "академку" /университетскую столовую в переулке у Невы/. В столовой давали пиво. Обычно там и кормились: возьмешь стакан чаю за 3 копейки, а хлеб был на столах, бесплатно, намажешь его горчицей, посолишь и умнешь с полкилограммчика, чаем запьешь. Но после хрущевских экспериментов хлеб со столов убрали. А благосостояние, говорят, повышается. И стипендию на 3 рубля прибавили /так что на харчи теперь уже и все 8 рублей в месяц остается!/. Но я о пиве. Пиво "Жигулевское", которое хотя и не так питательно и хорошо на вкус, как трофейное "Старопрамен", стоило 25 копеек бутылка /посуда оставалась в столовке, но 12 копеек в залог брали, потом, опорожнив, нес и сдавал бутылку, но на последнюю этих клятых 12 копеек - всегда нехватало/. Моченый горох ушел со столов вместе с НЭПом, а раков я видел 4 раза. Воблу всю подъели в гражданскую, словом, закусывали все тем же хлебом с горчицей. Из расчета 25 копеек на наличные Эдиковы 10 рублей усидели мы где-то под 40 бутылок пива на троих. На столе бутылки было уже ставить некуда. В разгар распития явился к нам врач столовой, осведомиться о самочувствии. Настроение было прекрасное, и тут Юрик узрел за соседним столиком - деву. "А как у нее ножки?" Ножки нас волновали почему-то почти как Пушкина, который жаловался, что в России приличных ножек не найдешь. Поэт Кузьминский встал на четвереньки, приблизился к ножкам, и вернувшись, ответствовал: "Действуй!" Тут надобно сказать, что поэт Климов в свои 18 лет был девственником, как, впрочем, и поэт Кузьминский в свои 19. К тому времени я, правда, успел лишить невинности свою первую супругу, Риву Ильиничну Шендерову, в радиоактивной комнатке на кафедре биохимии, при том стоя, и при том, что дверь не запиралась, но на этом и мой сексуальный опыт заканчивался. У Юрика же не было и того. По выходе из столовой я увидел, что Юрик подошел к девушке и что-то ей сказал. Девушка отскочила на противоположную сторону переулка. Юрик догнал ее и сказал что-то еще. Девушка свернула за угол и исчезла из поля зрения. Я осведомился у Юрика, чем он так ее напугал? "А я спросил у нее, как ей нравятся огненные губы фонарей и профессиональные самоубийцы!" Нет, таких вещей я больше девушкам не говорю. Надеюсь, и Юрик тоже.

Из вышеприведенного явствует, однако, что "традиционное распитие пива" /о чем см. в 1-м томе у Шарымовой и Лившица/ никак не является привилегией филфака, а свойственно поэтам вообще. И не поэтам тоже. В том же 59-м году я пил пиво с юристом Саней /который ныне, говорят, начальник милиции не то в Брянске, не то в Минске - все мечтал попасть туда в милицию, друга повидать!/. Помимо того, что за вечер было употреблено немалое число кружек пива и рассказана не одна сотня анекдотов - Саня был достойным соперником по этой части, второго такого я в жизни не встречал, за вычетом шофера Льва Нусберга, который его возил, и профессора

Московского университета Димы Сарабьянова, с которым встретился уже здесь. Да, Саня понимал в этом толк. И в пиве тоже. Обучал меня понимать разницу между пивом бутылочным и бочковым, отдавая предпочтение последнему. Сейчас, правда, он этого бы не сказал, поскольку пиво хранится в презервуарах или резервативах, по определению Миши Пчелинцева, а бочкового пива днем с огнем не найдешь. Бутылочного, впрочем, тоже. Рассказывают, после постановления партии и правительства о сокращении продажи крепких напитков и увеличении количества безалкогольных и слабоалкогольных, как-то пива, мылся один мой друг-архитектор в сауне с самим Косыгиным. И Косыгин говорит: "Не понимаю, пол Москвы проехал – пива нигде нет!" А что тут понимать? Сокращать у нас умеют, хоть напитки, хоть поголовье скота, а вот – увеличить... На весь Ленинград те же два завода работают, что и до революции – "Красная Бавария" и "Стенька Разин" /бывшая "Вена"/. И оборудование все то же. А только если раньше пиво годами в дубовых бочонках выдерживали, то сейчас поболтают полдня в стеклянном сосуде – и в продажу. Так что Санины уроки втуне теперь.

Пиво и вообще спиртные напитки играли весьма важную роль в нашем поэтическом становлении. Молот жил на Добролюбова, Климов на Зверинской, а Безменов где-то на Петроградской. И их друг Бирюлин тоже. Тоже поэт. Дворы там дивные, проходные, и пить там приятно. Сидим мы как-то не то с Климовым, не то с Безменовым на полуразвалившейся кирпичной стенке в проходном между Зверинской и Добролюбова, перцовую пьем из горла и стихи читаем.

О Молоте я забыл упомянуть, что он, помимо как их определил Давид Яковлевич "притч", которых написано три-четыре, а то и пять общих тетрадок, машинку Молот не признавал, сделал еще – перевел ВСЕГО Беккета. И познакомил нас с ним. А я познакомил с ним – пол Ленинграда. Переводы Беккета у Молота гениальные. Еще он переводил Алена Роб-Грийе и Мрожека. Натурально, печатать это никому в голову не приходило, но читать зато было кому. Молот, надо сказать, работал на Металлическом заводе им. Сталина /а потом – им. Ленина/, ЛМЗ, о конкурсе я уже, вроде, писал /или потом напишу/ и, уйдя из Политехника, попытался поступить на английское в университет. На английское его, по причине еврейской внешности и национальности, не взяли, предложили демократическое. Молот и взял польско-чешское. Помимо польского и чешского языков, он, естественно, выучил еще и английский, а немецкий там и французский – сам Бог велел. Дальше пошло уже проще, и Молот, помимо частных уроков, устроился в какой-то НИИ переводчиком. Попросил только, чтоб за переводами приходить раз в неделю, по понедельникам, а делать их дома. Ну это ему не позволили. От звонка чтобы, и до звонка. Хорошо, говорит Молот, я перевожу свободно с 6 европейских языков, со словарем могу еще с 4-х, с японским, если очень будете настаивать, тоже справлюсь, или соглашайтесь, чтоб я не торчал тут попусту, и переводил, или – берите штат переводчиков. Посовещались, взяли. Молота. А в домашней жизни Молот "медиократичен", как тут говорят, и он, переводчик Беккета, вполне это поймет. Пить он не пьет, поскольку с детства страдал дикими мигренями, оттого, что однажды, в 5-летнем возрасте, оторвал две полосочки от столовой клеенки, скрутил трубочками и засунул в среднее ухо. Его интересовало, как он будет слышать, когда не слышит. Спохватились через месяц, когда ухи нагнили и тащить пришлось с помощью хирурга. Помимо, с детства невероятно заикался, когда мы познакомились, в конце 60-го, слушать его было невозможно. Но путем занятия иностранными языками он это заикание полностью преодолел и сейчас говорит нормально, за вычетом когда я у него просил денег. Этого он очень не любит, и с похмелья мне, вместо денег, зачитывал гнуснейшие морали. Сам же не пьет.

Росту Молот был не то что маленького, а никакого. Мне не то до пупа, не то чуть повыше. Но не карлик. Роста этого он сначала стеснялся, потом преодолел. На 62-й Новый год вознамерился он поцеловать тогдашнюю свою, а потом мою любовь, Олесю Войцеховскую, медленную русскую красавицу, с веснущатым большим белым ли-

цом и большим телом. Росту она была – с меня, 6 футов, по здешнему исчислению,
Молот же на добрый фут помене. Не сумняшеся, Молот придвинул к ней табуретку,
встал и поцеловал веснушчатую красавицу. Никому не стало смешно, все восприняли
это, как ДОЛЖНОЕ. Таков Молот. Олесю же я охмурял ранним летом 62-го на своей
старой квартире на Конногвардейском /Профсоюзов/. И уже почти охмурил, во всяком
случае, добрался, но тут в дверь позвонил Боб Бирюлин. С тех пор я никак не мог
полюбить поэзию Бирюлина. Олеся же так и ушла навсегда. Я висел у нее на окне на
Большом проспекте, исписал все парадное стихами /методом Миши Пчелинцева/, но по
мочь уже ничего не могло. Боб Бирюлин погубил любовь. В Олесю же был влюблен еще
Боб Шипилов, художник шишкинской школы, с биофака, участник выставки в универси-
тетском коридоре /вероятно, в том же 62-м году/, когда художники-биологи выстави-
ли свои работы. Реалистом был один Шипилов. Марек Штейнберг, сын художницы Наза-
ровой, выставлял абстракции, а потом покончил жизнь самоубийством /яд/, лет 27-
ми, где его работы – не знаю, был очень талантлив, Слава Кушев, впоследствии ла-
уреат премии Комсомола по генетике, а еще впоследствии лодочный сторож, выставил
толковую графику и "Звевюшки Сола Стейнберга" с оттисками пальцев, и Альфонс /А-
дольф/ Озол, один из двух "волнистых попугайчиков", вторым был Сережа Попов, ко-
соглазый коротышка, которого дома называли ласково "дегик" /сокращенное "дегене-
рат"/, Озол потом работал печатником, на выставке в ЛОСХе году в 70-м я видел ег
блестящие рельефы. Все эти кадры дал биофак.
        Едем на мое чтение в Дом кино /1967, 15 апреля/. Садимся в троллейбус 5-у
Молот считает, сколько нас. Потом подходит к кассе и, не говоря худого слова, от
рывает нужное количество билетов. Денег при этом не только не платит, но даже не
притворяется. Иные хоть пуговицу кидают, я вот всегда рукой пассы делал, а у Мо-
лота это выходило с таким чувством собственного достоинства, что никому и в голо
ву не пришло бы – заподозрить.
        В 60-м году, по моем возвращении из Сибири, мы ходили с Молотом по Невско
му в ватниках, эпатируя публику, заходили в "Лягушатник" и пили там шампанское,
точнее, я пил, а Молот ел мороженое. Входя куда-нибудь, и раздеваясь, Молот неб-
режно сбрасывал ватник, как шубу на соболях, сам маленький, а я, согнувшись в у
служивом полупоклоне, как лакей, эту шубу /ватник/ бережно принимал и сдавал гар
деробщику. При таком пролетарском эпатаже столкновения с гражданами были неизбеж
ны. Идем от "Лягушатника" – навстречу трое. И конечно, цепляются за Молота, имея
в виду его еврейскую морду. Я, конечно, как друг и защитник слабых, отодвигаю Мо
лота и выдвигаюсь вперед. Но маленький Молот спокойно отодвигает меня, подходит
к первому – и тот делает плавный пируэт, скребет затылком по асфальту и рушится.
Подходит ко второму – тот летит в сторону и съезжает по стенке. Третий не стал
дожидаться и свалил сам. Я и забыл, что за изживанием комплексов, Молот поимел
первый разряд по самбо, чего я никогда не умел. Я обычно подставлял морду, и ме-
ня били. На этом драка, собственно, заканчивалась. Это еще со школы и с моего
крестного братца Левки Успенского. Он так во мне независимость воспитывал. Не
воспитал.
        Итак, с моей легкой руки, с 59-го года расцвела "биологическая школа" в
пику "геологической". Записали все. Помимо профессионала Молота, в 60-м году во
всю начал писать Боб Безменов /см. прилагаемые тексты/, писал Юрик Климов и даже
Валера Васильев /вспомнил, наконец, фамилию – действительно, лошадиная! И как та
кую запомнишь? когда у меня еще Марков в голове мешается, но это из "политехниче
ской школы"/. Васильева я взял в эпиграф к "Поколению ненареченных", кажется –
"Говорят, что родились мы поздно..." Больше он, по-моему, ничего не написал. Го-
ду в 62-м появился и Боб Бирюлин. Если найду его стихи в микрофильмах, включу.
        Безменов вскоре, в 62-м году, заявил: "Лучше Бродского я писать не могу,
а хуже Бродского я писать не хочу." И смолк. Нашел критерий! По этому-то критер-

ию Бродский и Ентина считает, что не нужно печатать, хотя сам к тому же Ентину с
первыми стихами на велосипеде на Московский проспект приезжал. Это мне Элла Липа
расказывала, бывшая жена Ентина, бывшая жена Элика Богданова, бывшая жена Галец-
кого и бывшая любовница Пети Чейгина. Девушка мемориальная, как и Наташа Шарымо-
ва, а они кажется, еще и подруги. По критериям Бродского, кроме него, Уфлянда,
да еще, может быть, Рейна, в антологии никого не останется.
        У меня другие критерии.
        Голофаст. Он тоже входил в нашу "школу", хотя не был биологом. А филолог-
ом. Но и Молот был - политехником. Голофаста встретили мы осенью 60-го в ЛИТО у
Наденьки Поляковой, куда всех нас привел Боб Безmenov, после того, как меня и их
вышибли со свистом от Всеволода Азарова, после первого же чтения. Азаров - псев-
до-флотский поэт, на флотах если и служил, то лейтенантом по политчасти, лысый,
а я тут еще читаю:

                    Головы бетонные,
                    Головы бидонные
                    Торгуются степенно,
                    Трясут гонорар.
                    Шляются, непьющие,
                    Голые, бездомные,
                    Носители гриппов,

                            ангин,

                                гоноррей.

Или, может, он гонорреей болел. Я не знаю. Из ЛИТО нас выперли. Тогда мы пришли
к Наденьке. Хоть она и была постарше лет на 10, но сейчас уже можно признаться,
я, да и полагаю, все остальные были в нее немножко влюблены. Любовь тогда была у
нас робкая, поэтическая, и чтоб просто взять за грудь, что, может быть, имело бо-
льший успех, нам это тогда и в голову не приходило. В этом плане выделялся Сережа
Макаров, ныне член СП, который 41-го года, похвалялся, что живет с 30-летней па-
рикмахершей, и она ему деньги на выпивку дает. Но он и Витюша Максимов были из
другого ЛИТО, из "Смены". К нам они приходили только в гости.
        Так вот, для Наденьки Голофаст был открытием. Родом из Днепропетровска,
Валерий Голофаст был, как и я, 40-го года рождения. Стихи, с которыми он пришел,
были - уже - написаны мастером. Блестящий классический стиль, философичность -
вот философичность-то, по-моему, Голофаста и подкосила. Его стихи стали переход-
ить в прозу, в философское размышление. Стихи его восхищенная Наденька потащила в
"Неву" Всеволоду Рождественскому. Рождественский восхищение разделял, но печатать
отказывался. По-моему, он как уделался в 17-м году, так и не просыхал. От страху.
А тут еще его мэтра, Николая Степановича Гумилева, приговорили, и совсем зачах
последний акмеист. Правда, остается еще Ирина Одоевцева, но это, по-моему, еще
хуже. Рождественского, правда, можно понять: зляскался человек, а тут еще две до-
чки, и обе бляди, и Голофаста приносят печатать!
        Конечно, хорошо, что Голофаста не напечатали. Тогда ему было бы еще хуже.
Человек он был серьезный, положительный, и в своем процессе становления советским
писателем - дошел бы до полного самоотрицания. А так - хоть подышал. Но судьбу
Голофаста я тоже на Советы записываю. Счетик им предстоит - за многих. И на Израи-
иль. Рукописи Голофаста утеряны нынешней израильской гражданкой Эстер Вейнгер, и
то, что привожу я здесь, осталось - чудом - в моей памяти.
        Единственное или два хокку из книги "Триста трехстиший". И стихи.

        Впрочем, в этом разделе почти все стихи - по памяти.
        Голофаста я встретил перед отъездом в Сайгоне, поблекшего, усталого и го-
лодного. Дал ему телефон. Он не позвонил. Жалко.

ГОЛОФАСТ

Что сказать о поэте? Я не Бахрах. Байками я могу пробавляться - там, где можно бы - промолчать. Геологи, биологи, филологи, кто тулупы, кто просто - чайники, 19 лет, двадцать лет прошло уже, и сейчас Голофасту - 40. Я ошибся, он на год был старше меня, или же, наоборот, на год моложе.

И сейчас мне грустно: какого поэта я потерял, или он - потерял сам себя? Кто теперь скажет? И не только поэта, но и все его рукописи. Здесь постаралась подруга Евтушенко уже, как я говорил, Эстер Вейнгер. Не могли справиться руки Бори Тайгина со всеми поэтами. Дал я рукописи Голофаста девушке. Но потом пропал Голофаст, потом я, потом Эстер куда-то уехала. В Москву, не иначе. Или на Валаам Потом, с 64-го года "издательство" наше рухнуло, Боря пошел работать в вечер, и до 70-х я о Голофасте не вспоминал. А напрасно.

Когда вспомнил, было уже поздно. Рукописи были потеряны на Всеволожской, и то, что сохранилось - чудом - у меня, это уже ошметки. Читал я на память только то, что мне нравилось, текста четыре. Остальные оценил - сегодня, 20 лет спустя. Когда печатал игривую статью "ЗУБ", вдруг, в напряге, вспомнил разом наизусть, всю "Балладу, написанную в дороге", которую не особо и любил. И уж не перечитывал - лет 19.

Но многое и не помню. Не помню его блестящих "трехстиший", а были они у него - только в пропавшей рукописи. Иные стихи, я по молодому нахальству, перепечатывая - правил. Посему и не знаю, кому принадлежат разночтения в тексте "Когда ты слаб..." Печать моя. Может, уже тогда - печатал по памяти, я помню? Помещаю, однако, и текст, и "разночтения", иллюстрации, что ли, для.

И ведь о Голофасте, даже когда был знаком, дружен был - не удосужился узнать ничего. Описывать же - я не мастак. Зрительной памяти у меня нет. Только стихи и помню. По полицейским приметам - росту он был чуть выше среднего, голова с чуть раскосыми бровями и украинским носом с горбинкой, подбородок острый, но сильный. Наблюдалась некоторая угловатость в лице, причем голова, при сильном же туловище, выглядела как тяжелее. Какая-то птичесть наблюдалась в нем, особенно, когда встретил его 15 лет спустя, голодноватого и в поношенном костюме. Как то кости все обострились. Волосы были темно-русые, усов не носил, бороду брил. Прическу имел вроде как кок, но затылок не стриженый. Я все пытаюсь представить его, вижу, но описать не берусь. Не мое амплуа это. Говорил он с легким южно-русским акцентом, поскольку был из Днепропетровска. Учился на философском, знал французский язык, это я точно помню. В 62-м году писатель Л.В.Успенский выбросил на помойку кучу книг, в том числе французских, и я все искал Голофаста, чтоб разобрать. Не нашел. В общежитии я у него никогда не был, встречались в ЛИТО и у меня Казался он мне почему-то гораздо старше, может, потому что сам я был щенком? И ощущение большего знания - у меня осталось надолго. Был он умнее всех нас.

Что стало с человеком? Куда и почему он пошел? И сколько таких, много же Я ничего не знаю.

Привожу разночтения к тексту /"Когда ты слаб..."/:
стр.13 - Все начинается сначала...
" 22 - На потрясающем ветру...
" 26 - Какая вера держит нас?...
" 30 - На звонко-солнечном свету...
" 31 - И наши очи, словно щупальцы...
" 35 - Неужто павшие века...

И все.

Когда ты слаб и осторожен
Дыханием, надрывом сил,
Возврат нелеп и невозможен,
И каждый шаг - невыносим.
И только б не остановиться,
Не обмануть себя, затем,
Что если сложит крылья птица -
Весь мир обрыв, и голос - нем.
И в растворяющемся крике,
Как эхо, слышится Ничто.
Поэтому, молчите, книги,
О вечном ужасе: за что?
Все повторяется сначала,
И без конца, и без конца
Гондолой бьется у причала
Венецианского дворца.
История, народы, солнце,
радиокрик чужих миров,
И переполненное полнится,
Не выходя из берегов,
Несется, плещется, полощется
На затухающем ветру...
Но вдруг - пройду туманной рощицей,
Пройду и слезы не утру.
Мы, люди, нежные и гневные,
Какая сила движет нас?
Не знающие ничего наверное,
Мы все ж не закрываем глаз.
Мы все же изумленно щуримся
На звонко-солнечном ветру,
И наши очи, точно щупальцы,
Прощупывают пустоту:
Что там? За что такая участь?
О братья! Вот моя рука.
Идемте, гневаясь и мучаясь,
Неужто падшие века
Нас остановят?
Будем, будем!
Еще не ты, не я паду,
Но я с дороги не уйду.
Тот, кто остался - проклят будь!
Есть только путь, и ветер в грудь.
Могилы павших позади,
И неизвестность впереди.
И сердце бурей бьет в груди.
Ты сомневаешься? Уйди!
/Молчание. Все также поет ветер. А через много, очень
много веков, чей-то голос опять повторит эти строки,
как вечное эхо материи, которая любит слушать себя/.

РЕВОЛЮЦИОНЕРЫ

Мы все одно и то же -
Материя сердец,
Упрямый отблеск кожи
И губ глухой рубец.

О, нас живописать бы
На белом полотне,
Громивших все усадьбы,
Любивших всё в волне!

Жестокость ласки в бурю -
Порыв, удар, полет.
Живых уносит в море,
А мертвых в берег бьет.

Мы все - одно и то же.
Когда-нибудь, в веках,
Художники, быть может,
Почувствуют в руках

Святую нашу силу
И наше торжество,
И в белом, вечном мраморе
Вырубят его!

        Неизвестный мастер.
           Автопортрет. Кованая медь.

               Надпись в старом музее.

На этом жизнь кончается моя.
Исчезнет все со мною без меня.
Как длинная спокойная змея
Качается на ветке смерть моя.

Не обойти, не повернуть назад,
Усталый путник смотрит только вниз.
Жизнь коротка, как твой последний взгляд,
Тревожит память, словно древний фриз...

Художник был угрюм и очень стар.
Дрожали руки, но глаза верны.
И каждый выскающий удар
Был как удар очередной волны.

А через много, очень много лет
В последний раз я стану перед ним
И содрогнусь, художник и поэт,
Кричащим камнем к жизни возродим.

Нет, не на этом жизнь моя падет!
Жизнь будет жить и ветер будет петь,
И кто-то оступившийся найдет
Моим ударом скомканную медь.

Нет ничего молчащего.
Есть только непонимание.

Ты - радуга моих скитаний, бой
Часов рассвета над дневными снами.
Извечно мы колдуем над собой,
Сомненье, как дыханье, ходит с нами.

Так вырваться, о камни размозжить,
Но никогда не возвращаться снова!
Так призмой спектроскопа разложить
На все оттенки зрения земного!

Пересчитать, запомнить и забыть.
Жизнь начинается догадкой века.
Мы покидаем мертвенную зыбь
Бесчисленных вопросов человека.

Ты - медленный и гулкий взлёт
Ракет земли над миром постоянства.
- Останься!...
- Нет.
Все кончено. Вперед!
... И только слабый синий всплеск пространства.

Я не приду к тебе, ты знаешь, не приду.
Так что ж ты светишь маяком окна упорно?
Зачем же снова я по улицам бреду,
И клены шепчут, будто бы в бреду:
"Спеши, шуршат, мольбой в ушах,
Остался шаг, последний шаг..."
Я не приду, я не приду!
А клены всё шуршат...
Все пальцы улиц тянутся к запястью,
Но все равно понять я не смогу -
Что значит счастье, что такое - счастье?
Я не отвечу, если не солгу.
Хоть знаю: ждешь, и мучишься, и маешься,
И в темноту отчаянно глядишь,
И сердце бьет с навязчивостью маятника,
И воздух ходит холодом в груди.
Так что же думать мне, так что же мне выдумывать?
Но я опять по улицам бреду,
И клены шепчут, будто бы в бреду:
Я не приду, я не приду...
А может быть, приду!

БАЛЛАДА, НАПИСАННАЯ В ДОРОГЕ

Чувство дороги рождается сразу,
С первого разу, на первом пороге,
Чувство дороги - оно неизбывно
И долго мерещится вгорячах,
Как чувство тревоги, как чувство обрыва,
Манит и тянет, и мучит тебя.
Едва ты встал осторожно на ноги,
Шатаясь, отнял руку от стула,
Это значит - чувство дороги,
Чувство тревоги тебя захлестнуло.
Ну, так да здравствует дорожное братство!
Чувство дороги - да будет прославлено!
Мне ничего не стоит собраться.
И эта баллада - в дороге составлена.

АМЕРИКАНЦЫ В ЯПОНИИ

Вечная Фудзи.
А они видят ее -
В смотровую щель.

* * *

Слышишь сигнал?
Он похож на олений крик.
Это автобус.

1961 /?/

Там голубые звезды на мели
Оставлены медлительным отливом.
Там далеко проходят корабли.
Там скалы светятся серебряным отливом,
Когда луна высветливает мир,
И ночь огромна, как огромна ночь
Над морем, если в море тишина
И только ты сидишь на берегу,
Я поднимаюсь снизу по камням.
Мы долго молча смотрим друг на друга,
И так сидим. И берег нам скамья.
И я дрожу от твоего испуга...
Не надо слов - пусть будет взгляд сухим.
В такую ночь, под звездами такими
Пусть каждый будет тверд перед другими
Перед его законами нагими.
Законы мира... Я смотрю в глаза
Твои. Их буря - бесконечней ночи.
Мир только наш! Ты слышишь? Я сказал:
Он только в нас с тобой сосредоточен!
Утри глаза. Пусть будет взгляд сухим.
Дай руку. Здесь, на этом берегу,
Пусть каждый будет тверд перед другим!...
- Пойдем вниз.
                    Здесь можно оступиться.
                        Держись за меня.
                            Я помогу...

Как только темнота засветится
Зеркальными морями месяца,
Вылазят телескопов щупальцы,
И человек на небо щурится.
И человек в Юпитер метится,
Он силою с планетой меряется,
Уже выходит побеждающим
Земную жажду притяжения,
Ему за это обещающаю
В награду жизни продолжение
В пространственном ее и временном
Существовании отмеренном.
Все это здорово задумано,
Но что-то мы не этак делаем.
И ходят юноши задумчивые,
Как будто нехватает детства им.
И люди, жалкие и лживые,
Ослепленные желтой жилою,
Все ходят, бродят в тьме невежества
И прикрывают это вежливостью,
И прикрывают это важностью,
И прикрывают это ваше-ством.
Не потому ли смотрят, глупые,
И по-воловьи отворачиваются,
Что очи их закрыты лупами,
В которых только сено значится?
Все потому, что люди ленятся,
Все потому, что мало ломятся
В окошки уравнений Лоренца,
В захлебывающиеся строчки Лейбница.
Вам, юноши, о всем мечтающие,
Не только числа почитающие,
Не только денежки подсчитывающие,
Как сколько книжечки почитывающие;
Найдите где-то среди них
Срывающегося с губ моих,
Как ласточку с карниза - стих!
Как сокола с обрыва - стих!
Растите многолапым деревом!
Землею под корнями - дело вам!
Водою под корнями - знания!
И солнце над ветвями - знаменем!

1961 г.

Все это я? И было все со мной?
Стучит будильник холодно и звонко.

Потоки памяти дрожащею водой
Струятся между пальцев тонких.
Там где-то ты. И ночь. И длинный мост.
И ветер, платьем изваявшим тело
Твое.
Ты - девочка - огромными глазами,
Закинув голову,

                  в мерцающее небо
Смотрела. И казалось, трепетали
Отсветы звезд в твоих ночных зрачках.
Был старый мост,
Заброшенный, забытый
Водителями всех автомобилей.
Направо и налево, черной-черной,
Знакомой по дневным отображеньям,
Невнятно ощущалася река.
А берега, светящиеся странно
Далекими призывными огнями,
Нам неожиданно казались островами
В пространство уплывающей Земли.
И ветер дул легко и монотонно.
И небо так тревожаще мерцало.
И мы шептали дерзкими губами
Прерывистые страшные слова.
Остановись, мое воспоминанье,
Будильником звучащее в руках.
Был длинный мост. И звездное молчанье
В испуганных твоих ночных зрачках.

БОБ БЕЗМЕНОВ

Боб Безменов вернулся году в 64-65 из Африки. Колониальный пробковый шлем, ноги на стол положил, "Негритянок мы там, говорит, шахтёрками называли!" Сигарету курит. Уже не до стихов.

А в 60-м году, по осени, после колхозных будней, предавались мы поэзии пар экселленс, и еще политике. Помимо того, что все стихи его, приводимые здесь, отзывают политикой, Боб участвовал и в редколлегии "Зуба". Правда, что он там делал, не припомню. Второй же Боб, Соков, редактор "Зуба", готовился к политике серьезнее. Собираясь стать террористом, он для начала прочитал все мемуары революционеров, и стал практиковаться выращивать лук в тюремной камере. Человек он был мудрый, поэтому начинал с конца, то-есть с посадки. До посадки дело не дошло, да и познания его мало бы пригодилось, поскольку, как явствует из нынешних свидетельств, лук в камере выращивать не дозволяется, чернильницу же из хлебного мякиша с молоком для симпатических записей, которой пользовался Ульянов-Ленин /и даже съел немалое число их/, по причине отсутствия в советских лагерях молока /и хлеба, который тут же съедается/, изготовить сейчас трудно.

Я к тому времени, а точнее, в декабре 61-го года, в деревне Родионово под Томском, где я изображал гидролога, а в основном писал стихов, за неимением другой литературы, прочел детгизовское издание "Рассказы о Ленине". Особо меня сразило и запомнилось следующее: "Проклятое царское правительство сослало нашего вождя и учителя, Владимира Ильича Ленина, в деревню Шушенское. Там ему выплачивалось нищенское пособие политического ссыльного, на которое он мог кормиться, оплачивать квартиру и охотничьи припасы, а также выписывать из-за границы нужные ему книги и журналы..." Я забыл, еще, что после слов "он мог" следовало слово "ТОЛЬКО". И всего-то? Я вот 39 лет ищу такое правительство, которое сошлет меня в какую деревню, оплатит мои расходы и даст возможность мне получать нужные мне из-за границы книги и журналы! Не попадается чего-то такое правительство. Даже в Америке. Приходится работать, антологию эту писать, за которую мне долларов 500 заплатят /и столько же бочек гавна вывернут!/, но хоть работать можно. Ленин вот тоже работал - над построением социализма в одной отдельно взятой стране. Построили. Но ссыльным перестали платить пособие /я не говорю за книги и журналы/, и чернильницы в лагерях перевелись. С молоком.

Боб же Соков вместо терроризму закончил биофизическое отделение, работал учителем /по профилю/ в деревне на Псковщине и, наконец, был взят в научный институт в Москву. Событие это было отпраздновано в "Метрополе" /откуда и знаю название одноименного альманаха/, вышел террорист Боб Соков в холл, и со словами: "Пусть лучше совесть пропадет, но мочевой пузырь не лопнет!" - выдал струю прямо в холле.

Боб Безменов струй не выдавал, да и вообще, сказать по совести, был малость трусоват. Боб на меня не обидится, он сам это знает. К тому же, у него была очень строгая мама, как и у меня, учительница, из-за которой он кончил университет. Но биология /биофизика/ впрок ему не пошла.

Самое интересное для меня - это появление "из ничего" блестящего поэта, и тут же - в один год - его исчезновение. Конечно, Бродский был только предлогом. Безменова интересовала теория поэзии, для чего он /ОПОЯЗ-то не переиздается!/ сам начал анализировать Голофаста по гласным. Разбирался им текст "Работа" /"БылА киркА глАдкА, и кАк АтпАлировАннАя кость - БылА белА мАя рукА, КАк будтА я в рАботе гость"/. Но при этом, не читавши Чичерина, он путал фонему с летерой /о чем см. мою статью "300 лет футуризма" в журнале "Soviet Union", по-моему, за этот год./

Был - и вдруг перестал. В тот же год.

А сейчас, я слышал, он работает ... переводчиком в духовной академии!

БОРИС БЕЗМЕНОВ

ПОЕЗД

С осветлённого галдёжного трамплина
Поезд прыгнул в медленную темень
И пополз, хватая воздух торопливо,
Исцарапывать земли кривое темя.

Поезд полз порывами неровными,
Инстинктивно тянулся к солнцу,
Поворачивая морду огромную
И блаженно грея оконца.

О-о он знает, в чём жизни смысл!
О-о-о он знает цену простору!
Он вспоён ключевым кумысом,
И тесна ему клетка - город.

* * *

Зря
говорят,
будто красная -
заря.
Заря не красная,
заря - розовая.
Так что напрасно
нас обворовывают,
говоря,
что красная
заря.

Из неоконченной поэмы "ВОЖДЬ"

> В Курске уничтожили памятник
> Сталину, стоявший у вокзала ста-
> линской постройки.

Памятник - это слепок.
Обычен его финал:
Петлёй за шею зацепят,
Как и оригинал,

И - в лужу главою царственной,
Под мелкий и грязный дождь.
С тобою достаточно цацкались,
Ты заслужил это, вождь.

Но то, чего не уронишь,
В людской останется памяти -
Вокзал, унылый уродина -
Достойный тебе памятник.

Где вместо прочного - толстое,
И вместо стройного - тощее,
И лицемерно, как тосты
В честь ненавистной тёщи.

* * *

Вдалбливали в нас с детства
Притёртую всюду веру:
- Верьте! Вам некуда деться!
И всё-таки я - не верю!

И всё-таки мы - не верим,
Уверенны наши позиции:
Вскормили нашу уверенность
Мильонные оппозиции,

Которые ещё не убиты.
Которые ещё не сосланы.
Которые в буднях быта
Ещё не совсем осознаны.

- Зелены! - крики инфарктные.
- Задавим! - вопли зловещие.
Но я опираюсь на факты,
А "факты - упрямая вещь".

КРЕМЛЕВСКИЕ КУРАНТЫ

В 1960 году в кремлевской
стене построили современный сор-
тир - первый на всю Москву.

В Кремле шикарные палаты!
Среди стариннейших мортир
Гуляют девушки галантные.
Но все ж венец всему - сортир.

Туда заходят обязательно,
А интуристы валом прут -
Он образцово-показательный -
Вот, как у нас в России срут!

Там аромат тончайше-пряный,
Плафонов бархатная лысость...
На писсуаров кресто-краны

Молиться тянет, а не писать!

Счастливейшая треть планеты!
Соревнование шальное.
И если таковы клозеты,
То - каково же остальное!

НЕОКОНЧЕННОЕ

В.Кузнецову

Всё будет тогда иначе,
Не будешь ты другом моим.
Я стану к себе - мягче,
Жёстче зато к другим.

Всё будет значительно проще,
Услужливо-загнутым крюком
Повиснет мой позвоночник
Над наглым, обширным брюхом.

Я буду писать в журналы
Отменно-сухие статьи,
Добьюсь, чтоб надменно шуршали
Иссохшие веки мои.

Я подчинённую молодость
Буду тыкать перстом,
Спокойно, и даже холодно
Исследовать чей-то стон,

Спокойно списки зачитывать,
Ставить изящную подпись,
Которая всех зачинщиков
Сошлёт в покорённый космос...

А дальше... Всё может статься.
Я долго бы мог говорить,
Но вижу слабого старца
И слышу предсмертный хрип...

На кителе, у подушки -
Бессильные ордена,
В испуганном равнодушьи
Зловеще белеет стена...

Нашел на слепой кинопленке еще несколько. Привключаю.

Не можешь думать, пробовать,
не можешь говорить -
ты на себя из гроба,
из гроба посмотри!

Из собственного гроба,
тяжелого и страшного,
и вой своей утробой,
пристрастнее допрашивай.

И знай, что не отвертишься,
не уползешь в сторонку:
сужается все
               бешено
в осклизлую воронку!

Тогда настанет страшное,
последнее, последнее.
А ты был скудным странником,
замученным последышем.

Не мог ты думать, пробовать,
молчал, не говорил.
Себя, себя ты продал!
Смотри.

Перепечатываю по рукописям и машинописи, практически подряд, потому что что бы ни случилось с этим человеком - человеком он остался, а поэтом - навряд. Но эти тексты 59-61 гг. - тоже часть той истории, нашей истории, истории меня. А она - это антология. Памяти и слепых экземпляров.

Я видел
        человечьи корчи.
Я знаю гром.
Я слышал гром.
Я прыгал
      с кручи,
падал
    с кручи,
я лез на стены,
бился лбом.
Мой лоб в крови,
но жажда неба
звериной яростью
             взросла.
Мне мало хлеба,

просто
        хлеба.
Я против жребия вола!
О, ваши пропасти бездонные!
Их призрак
          многим спину гнёт!
Боясь зловония,
          в зловонное
раб за рабом
        ползёт,
             ползёт.
Мы будем все
        лежать на днище,
на грязном днище бытия.
Вы - за объедки мыслей,
             пищи.
За гордость
        и за горечь я!
Удел ваш -
      падаль,
          падаль,
             падаль!

Срывайтесь
        падать,
дерзко
      падать!

О эти борьбы богов и волов конца 50-х! Стихи под эпиграфом, переписка –
см. мой очерк о Марго Фроловой.
Не я – тему Галича поднимал Боб Безменов в "Вожде":

Вот он сидит,
        тяжелый,
             мудрый,
проживший долго очень на свете.
Фортуна
        посыпает его череп пудрой,
содержит для его охраны
             свиту.
Движением разъяренным
            века
он может раздавить из нас каждого,
он может
      наорать на человека,
он может быть
        надменно важным.
Но он ведь заслужил все это!
Наверно, он сидел ночами,
не музыкой,
        не звонкими поэтами -

кормился он
          газетными речами.
Наверное, не раз его колени
испуганно потели и дрожали,
когда
        начальственное
                        белое
                              каление
хотело
        получить стакан "Боржоми"....

И может быть, все это так и надо?
И может быть, совсем это не дико?

... Я чувствую,
                как солнце желтым градом
крошится с лучезарного индиго...
Вот парень, девушку обнявший ласково,
ведет ее,
          куда - и сам не ведает.
И мне не хочется над ними
                          власти,
Я не хотел бы
              шелестеть его анкетою!

Я выхожу на спуск,
                   любуюсь волнами
под серыми, солидными баржами,
и на меня
          косится недовольно
порожняя
         бутыль из-под "Боржоми"...

Это прогулка по набережной, без Пушкина, но с Бродским, это Тучков и мост
Строителей, до того, как перевели их в бетон:

Шагаю по мосту,
по деревянному
шальною поступью,
походкой пьяного.

Ступаю мягко
по жестким доскам
и чую вмятины
подошвой плоской.

Рассвет загадочный
вплыл постепенно
Невою сказочной,
степенно-пенной.

Луна качается,
виновник -
              ветер.
... И мост кончается,
как всё на свете.

К ТЕОРИИ ВЕРОЯТНОСТИ

Мироздание, бесконечное и печальное,
Из бессмысленно-величественной суеты.
Маленькая, ехидная случайность -
И на свете ты.

Ходишь, хочешь, простовато-хитрый,
Ловишь бликами разбросанный свет.
Но еще одна, маленькая, ехидная -
И тебя нет.

     Вот и все, где-то 11 текстов, написанных Борисом Безменовым и изданных Борисом Тайгиным по моему наущению. А без этой неполной дюжины текстов я чувствовал бы себя как-то неуютно, одиноко в этой антологии. Это часть моей юности и часть стихов, которыми я восторгался. Я люблю их и сейчас. А то, что Безменов не пишет - так не все же Бродскому писать! Который существованием своим и подкосил Боба, или это была - Африка?

     Но начинали мы так.

20 мая 1986.
Сегодня звонил матушке, заходил к
ней днями отец Борис, в цивильном -
не служит, но преподаёт в семинарии...
(Об отце Алексее - абсурдисте Ди-
мочке Макринове из тома 4А - см. в
томе 5Б...)

Один я - покамест - язычник,
грешник, бабник и алкоголик.
Но отцы святые - навещают и
меня. Изредка.

ЕЩЕ ОДИН БОБ

Собственно, Боб Бирюлин возник уже "под занавес", когда было не до него. Кроме того, он мне с Олесей нагадил, не вовремя припершись со стихами. Стихи же его были странны. Сборничек его издал все тот же Боря Тайгин, все в том же 62-м году. Занимаясь составлением "Лепты" в 75-м году, я вычислил Боба Бирюлина по-новой. И вроде он даже стихи приносил. Но засыхая в собственном соку, Боб с 62-го года не пошел дальше. Инженерничал, как многие наименее удачливые из нас, но помимо оказался он родным кузеном фотографа /amateure, как у нас говорят/ Вили Оникула, которого я перевел с ново-греческого, как "Одноглаза", участника моей выставки 13 фотографов "Под парашютом" /парашют, действительно, был, натурально - краденый, которым я затянул потолок и лампы на потолке, как, впрочем, и почти вся фотобумага/. И я снова через Оникула воссоединился с Бобом.

Мир поэтический тесен. Оникул мне показывал фотографии поэтессы Выверни, своей страстной любви, а я и здесь на нее натыкаюсь. Но поэтессами я не занимаюсь. Предоставим это васебетаки. Он нам в петербуржскую подборку Зойку Афанасьеву подсунул, все связи которой с нами заключались в том, что однажды, поддавши, мы - Кривулин, я, Боря Куприянов и Юра Алексеев, заночевали у нее. При этом она, как женщина либеральная и эмансипированная, Кривулина себе за занавеску в постель затащила. Нам же с Борей /Юра ушел/ было скучно, поэтому мы всю ночь говорили им всякое под руку, отчего Кривулин в хохоте падал с Зойки и с постели, а утром, "С постели приподнялась / Неутоленная Мэри...", как писал Сельвинский в своем сборнике "Рекорды" /ГИХЛ, 1930, страницы не помню/ и послала нас за пивом /выдав денег/, надеясь, что мы прошляемся никак не меньше получаса. Я никогда еще так не бежал, у ларька мужики пустили нас без очереди, и вернулись мы - через 10 минут, позвонив в дверь, в акурат когда Кривулин намеревался "черное дело", говоря словами поэта Олейникова, "свершить". Дело не свершилось, и всю обратную дорогу в электричке Кривулин попеременно то матерился, то хихикал. На этом связи поэтессы Афанасьевой с "ленинградской школой" и заканчиваются. А было это в 67 году, когда образовались две соперничающие школы - "конкретная" моего ученика Кривулина и - "звуковая" - моя. Ни в одну из них Зойка Афанасьева не входила, хотя "конкретная" школа, говоря словами графа Потоцкого о Екатерине, чуть не вошла в нее.

Так вот все и вырисовывается, от Бирюлина, Молота и Олеси, до поэтесс царскосельского села. В том же 67-м году на моем с Кривулиным выступлении в "Серой лошади" та же Зойка Афанасьева вылезла: "Я, говорит, тоже с польского перевожу!", хотя мы с польского не переводили, а просто ей хотелось свои переводы прочесть. И это - связь? На том же чтении и Юп мне в коллеги набивался.

Бирюлин же, наоборот, как возник в 62-м году, так больше и не появлялся. А стихи его по тогдашним временам удивляли. Нестандартным каким-то подходом. Вроде:

> Без песен
> Мир тесен.
> Неинтересен.
> Пресен.
> Песен!

Или:

> Сегодня
> Не просто так
> Ставлю
> Великое
> Русское

```
             Слово
                Д
                У
                Р
                А
                К
             Памятником
             В виде
             Большой
             Пирамиды:
                Упругость,
                Равная твердости,
                ........
                ..........
                Твердый,
                Как начало,
                Конец.
```

Подряд я все не помню, там чего-то еще в середине было, да я к· тому же говорил,
что по причине Олеськи Войцеховской, поэзию Боба Бирюлина воспринимать не могу.
Он, правда, сделал со мной примерно то же, что мы сделали с Кривулиным в случае
с Афанасьевой, и без такой изощренной жестокости, но это дела не меняет. И я его
не извиняю.

        Помимо Бирюлина был еще Гулька, который замылил газету "Зуб" и портрет
Лалы, что потом пытался искупить с кем-то из своих приятелей, тоже заядлым теат-
ралом /а театралами, надо сказать, были почти все – кроме меня. Я в театр не хо-
жу, потому что был женат на внучке свояка Мейерхольда, о чем особо, и вылетел с
5-го курса театроведческого факультета, написав с дюжину принятых рецензий на
спектакли, на которых я отродясь не был, и разбор "Тартюфа" Мольера, которого я
отродясь не читал. Зачет мне, тем не менее, поставили. Так я и проторчал 5 лет в
театральном, ни разу в театр не сходив, и даже числился в отличниках!/. Так вот,
вокруг Молота /из-за Мрожека, что ли?/ все бредили театром. Особенно который на
Таганке. Один из друзей Молота, завсегдатай Таганки, почти организовал мое там
чтение за кулисами, но поскольку я был пьян, они уехали, так меня и не послушав,
после чего, я естественно, встретился с таганковцами /с поэтом Леней и еще
кем-то/ на квартире моего друга художника Володи Макаренко в Таллине в 75-м году,
который тогда иллюстрировал гравюрами три мои поэмы герметизма /"Царевну-лягушку"
"Ермака" и "Наталью"/ и из которых сделал две иллюстрации /кроме "Ермака"/, кото-
рые две иллюстрации куда-то замылила моя бывшая секретарша Наталья Лесниченко, в
последстве известная, как поэтесса Гум. Известная, впрочем, только на Западе /как
и поминавшаяся Зойка Афанасьева/. Пришел Леня /я не помню, как его фамилия, поэт
и актер с Таганки, но он там один, кроме Володи Высоцкого/ к Макару, а там уже
сидел я, и устроил им обещанное чтение с запозданием на год.

        Все это я веду к тому, что закрут в Ленинграде – невообразимый. Все – или
молочные братья /через баб/, или натыкаются друг на друга /даже в Таллине/, или –
поголовно знакомы, почему и сделаю в приложении к антологии систему пересекающих-
ся кругов, а иначе – трудно объяснить, почему я на Гордина, скажем, натыкаюсь то
в связи с Бродским, то приезжаю к Яше Виньковецкому в Хьюстон – а у него сборник
Яши с дарственной, не говоря о том, что Виньковецкий – boosom friend of Волохон-
ского, и Хвоста, и мой, и с Бродским и Неизвестным в друзьях, и с Глебом пил в 50-
и вась-вась с Кулаковым, а обожатель Кулакова и друг – Алик Рапопорт, которого в
64-м году привел к моей бывшей 4-й супруге художник из Грозного Сеечка Григорьев,

помимо того, что Кулаков дружен с Мишей Мейлахом, с которым дружен и я, и через которого мы и воссоединились /заочно/ с ахматовской школой – Рейном и Найманом, с которыми я никогда не был знаком, но Женя меня возлюбил. За антологию. Не эту, а за предыдущие две – по 14 поэтов в каждой.

Вот так и вяжется вязь, через грязь и бязь подштанниковую, от Олеси Войцеховской к Васе Бетаки, через сплошную путаницу наших отношений, через сплетни и дрязги, пьянки и баб, через салоны /о которых будет особо/ и выступления, и все это остается все той же "подземной пирамидой", от которой видны только случайные верхушки – или официальные, за вихор вытащенные, как Евтух /а ведь и он – посвящал стихи Жене Рейну!/ или Окуджава, или – вылезшие сами, как Бетаки и Бродский, вопреки. Звоню эмигранту Лимонову – у того в Нью-Йорке советский поэт Евтушенко сидит, куда ни плюнешь – в своего попадешь. Я с Барышниковым не знаком, с ним в друзьях был Аркаша Драгомощенко и Миша Шемякин /оба мои друзья/, зато изрядно общался с Валерой Пановым. С Бродским, с которым у меня ничего общего – я связан сотнею ниток, все его друзья – вплоть до Гарика Элинсона – и мои друзья, и поэтому так необходимы – "круги". Чтоб понять, кто, зачем и почему.

А вообще-то – просто мир тесен. И государство, к тому же, жмет нас со всех боков – таких разных, враждебных и непохожих – в одну перемешавшуюся кучу, отчего в эту кучу и Зойка Афанасьева попадает, и с той же Ахматовой Халиф в поезде пил, а юных Кривулина и Пазухина – к ней на показ водили. А к кому еще? К ней, или к Гнедич. Я все пытаюсь из Яши Виньковецкого информацию об Иване Алексеевиче Лихачеве выжать: с ним Гришка-слепой, мой лучший друг и учитель, дружен был, а сошлись они на музыке, я же – не, поэтому к Лихачеву и не попал. А он сыграл роль весьма заметную в ленинградской культуре. Или – Дар, породивший и Соснору, и Глеба, и Кушнера, и Охапкина, одного Бродского он отверг, "Идите, говорит, и разучитесь писать, а потом ко мне приходите!" Но и Бродского же он знал?

Потому и предстоит столько еще сделать, о Понизовском придется писать заново, потому что я его почти не знаю, пообщались под звонок, о Лихачеве, о Гнедич, а пишут пока – об Авраменко. Вся эта жизнь протекала скрыто от глаз, но на глазах многих, пишу я о геологах – а что я знаю о Ефиме Славинском, кроме парочки сплетен? Да и о Мише Пчелинцеве, друге моем – немногое могу я сказать.

А кто скажет? Алла Скоринкина – об Анри Волохонском? Да я от нее, кроме биографии, ни одного хорошего слова не выжал! Жена ж, и покинутая. Мои жены тоже мало обо мне хорошего скажут. А у кого еще спрашивать?

Вот и пишу эту вязь, цепляюсь за ниточки, за зацепочки, чтоб хоть как-то очертить круг этой культуры, о которой знают и говорят – все, и никто ничего не скажет. Потому и у поэтов выбираю зачастую не лучшие стихи, а – с посвящениями. К примеру, Юп к Бродскому обращается. Так ведь обращался же! В одной грязной кастрюле варились! Хорошо, хоть ко мне не обращается. А я, однако, обращался:

                    Писать сонеты, посвящая Юпу –
                    тяжелый труд, и мне уже не в мочь...

И далее:

                    Заране знаю я: мне Юп не выдаст супу...

Одначе, однажды руп выдал. После этого я подходил к нему и спрашивал: "Юп дал руп?" Но больше он не давал. Но об этом – в портрете.

И так – со всеми. Потому здесь и Боб Бирюлин, и Соков, и Безменов: все это было, и было частью той культуры, о которой мы и говорим.

```
ГОД 1962...
Сегодня
Не просто так
Ставлю
Великое русское
Слово
Памятником
В виде большой
Пирамиды
          Д
          У
          Р
          А
          К
Твердое начало
Упругость,
Равная твердости.
Регресс,
Обозначающий прогресс.
Абстракционизм -
Удел безыдейных сердец
Твердый как начало
Конец.
```

28.5.1962

                    Б.Безменову

Он еще улыбается
Он еще спотыкается
Не перевоплощается
Хочет нравиться
Обижается
Преклоняется
И вдруг - красный цвет
И он удивляется.

22.8.62

                    К.Кузьминскому

```
      Руки
Как старомодные
                  кисти
      Повисли
      Голова
Как пустой генератор
Вырабатывающий
Немые мысли
          Мысли
```

      Скисли
А вокруг асфальтовые
             луга
И сотни слепых
И прозрачных
            гномов
Идущих - руки по швам
Словно у них нет глаз.
Как они бережно несут
           в руках
Х о л о д !

3.9.62

К РАЗГОВОРАМ ОБ ИСКУССТВЕ

        В.Жидкову

Пьют.
Рюмки вина.
Рюмки без дна.
Люди не лгут.
Идут.

Дельные разговоры.
Красивые нескончаемые
            коридоры
По кругу
Одному и тому же.

30.8.62

Люди!
Творцы изделий.

Нагроможденных
Повсюду.

Когда-нибудь
Вы поставите

ПАМЯТНИК

Исполинских размеров,
Видимый отовсюду.

В виде большой
           пирамиды,

Состоящей из одних

БУКВ
        АЛФАВИТА,

Переплетенных,

Живых.

15.9.1962

                        В.Молоту

Не за любовь
За нежность
Человеческую

Не преданность
И не преклонение

За уважение

Достойных.

3.9.1962

Тоска -
это
        одинокие облака,
        туго натянутая
        струна,
        одиночеством
        воздвигнутая
        стена,
        неисполненное желание
        увидеть тебя:
                        выдуманную
                        мою
                        Красоту.
Тоска -
это
        руки,
        протянутые
        в пустоту.

/1962?/

ХУДОЖНИКИ БИОЛОГО-ПОЧВЕННОГО ФАКУЛЬТЕТА

Как ни странно, подобный факт имел место быть. Как поэты Горного института. Году в 61-м-2-м, когда я был уже выгнан, по весне, в коридоре ЛГУ /ближе к библиотеке/ открылась выставка. Оффициально разрешенная, на щитах. Первые 2 отсека занимал Марек Штейнберг своими абстракциями и портретом бабы с синей харей, Марек приходился сыном оффициальной художницы Назаровой. Рядом с ним скромно был представлен Адольф Озол, латыш, по прозвищу "Альфонс", один из двух "волнистых попугайчиков" /вторым был Сережа Попов, по прозвищу "дегик" - ласкательное от "дегенерат", так его называли дома/. Чего выставлял Озол - не помню. Потом 2 отсека же занимал шишкинианец Боб Шипилов, это было омерзительно, и наконец, у самой библиотеки, один стенд был Славы Кушева. Был там очень экспрессивный троллейбус и "Звевюшки Сола Стейнберга", сделанные путем оттисков пальца в краске и пририсованных к ним ручек-ножек. Выставка пользовалась умеренным успехом и не подвергалась никаким санкциям.

Все это был прием 58-го, с которым я воссоединился, оставшись на второй год. И относился потому, как к сосункам, свысока, быв на год старше.
Году в 66-м-7-м Озол выставлялся уже рельефами, очень формальными и красивыми, на выставке в ЛОСХе, Марек Штейнберг покончил с собой, как, позднее - и Боб Шипилов: перейдя из шишкинианства в сюрреализм, он намалевал кучу, говорят, хороших, холстов и - утопился в Кристательке. В пруду, что в Старом Петергофе, где мы проходили практику. Кушев же, являясь лауреатом премии Комсомола по генетике, служил в лодочных сторожах, вместе с прочей нашей братией /см. поэму "Бутка", т.4Б/, был fiancee моей подруги Елены Лозинской, сел же - по делу об убийстве Кита, гитариста, мужа фотографа Оленьки Корсуновой. И, судя по всему, не по делу.

Таковы были наши кадры. И, если в статье о "барачниках" Анри Волохонский перечисляет количество смертей, дурдомов и отсидок - то ведь и барачников было несколько побольше.

Характерна другая деталь. Горный, биофак и геолфак ЛГУ - дали куда больше творческих, экспериментальных личностей - нежели даже филфак. Конечно, это были - концентрические круги, от камня, запузыреного филфаковцами в 50-х и, чем дольше - тем дальше к периферии. В 70-х - круги достигли уже психфака на Красной, а также и района Старого Петергофа, куда перевели общежития.

Биологи и геологи - обитали в одном коридоре здания 12-ти Коллегий, там же находилась и главная библиотека ЛГУ, Горьковка. То Бродского устраиваем на кафедру кристаллографии, лаборантом /через Маргу Фролову и Березовского, поэтов же, геологов/, то в другом конце коридора, в библиотеке, служат уже после меня - Эрль, Макринов, Куприянов, Алексеев.
Родные пенаты. И - КОРИДОР.
Коридор служил местом встреч и хэппенингов, и еще во времена довоенные. Отец моего соученика по аглицкой школе, Витохин, - прокатился по нему на велосипеде. В наши же времена - геолог, парень с девкой, устроили по коридору голый забег - традиции "нюдизма". Проходили по коридору на руках, на животах, случалось, ползали - но главное - был ОБМЕН ИНФОРМАЦИЕЙ. Включая выставки, чтения стихов - в каждом углу и аудиториях, рукодельные стенные газеты и, конечно, лирика...

С 17-ти и до 21-го - коридор был моим университетом, трибуной и полем боя. А до меня - там ошивались Дмитрий Благоев, Александр Ульянов, со мной же учился внук меньшевика Герка Чхеидзе и одноногий почвовед Лаппо-Данилевский, чья двоюродная бабка держала бордель в Воронеже, а мать была актрисой и моделью Н.П.Акимова, и тому подобные личности.

И о каждом из этих людей - можно было бы написать РОМАН.

ОЛЕСЯ, БЕККИ ИЗ ПОЛЕСЬЯ

1   О.В. и Б.

красотка Бекки фирмы Беккер
когда тебе шестнадцать лет
зубком грызущим белый цукер
и ножкой делая плие

пляши Плисецкая /вприсядку/
когда девице -надцать лет
вприкуску или же внакладку
в прическу спрятав пистолет

она жила напротив рынка
ходя в горжетке меховой
всегда ее полнела крынка
водой болотной моховой

шипел под окнами Шипилов
Бирюлин мрачно в двери лез
и щупали ее шеншиллу
с обрезами наперевес

живуща меж двумя мостами
как бы объявши рук кольцо
она прекрасная местами
имела полное лицо

имела выпуклые перси
в которых персиковый сок
у ног ее лохматый песик
жевал отваренный кусок

и в отворенную калитку
входили с пеньем серенад
калики или же калеки
была поскольку середа

Олеся помнишь ли Полесье
скользя как рыжая лиса
ногой округлой как полено
скрывая матовость лица

и рядом боком жмется Бекки
которой тоже -надцать лет
которой смугловаты щеки
и обольстителен корсет

тому лет -надцать миновало
в далекий лес ушла лиса
но не могу забыть овала
продолговатого лица

2

на лице ее веснушки

на лобке ее пушок
на лице ее уснувшем
сдобном словно пирожок

эти розовые руки
эти лядвеи персей
на ланитах рдеют розы
гиацинтами пестря

Бекки маленький цветочек
что во тьме оранжерей
состоял из ярких точек
ожирением бровей

там на острове цикута
белым цветом расцвела
и упорная икота
заглушит колокола

и во тьме не возникая
поднесет тебе певец
Навзикая Навзикая
гиацинтовый венец

3

и взяв ее за боки
бедро согнув дугой
сказал ей нежно: Бекки
на языке другом

за синим океаном
в котором много рыб
он ждет опять обманом
ее наивных губ

в подвале лежа Квинса
кусая осетра
в малайской юбке куцей
молил он: о сестра

Олеси продолженьем
приплывшая ко мне
и перси пирожками
атласных рыб кормя

ты видишь за кормою
безумствует прибой
и ампула в кармане
и бритва за губой

прощай моя Олеся
грози мне и грузней
Ивасик и Телесик
опять пасут гусей

4

приплывут опять карасики
каракатицей на суп
а Ивасики-Телесики
доят старую козу

мыза мыза Северянина
кости эсточки простой
и Олеся в сарафане
все безумствует косой

ее бедра были лаковы
и атласной кожи скрип
и еще кусочек лакомый
ею был надежно скрыт

и каликой в черной мурмолке
ошивался у ворот
а она гостила в Мурманске
сделав мужу укорот

и в Нью-Йорке он на Беккере
соло вольное играл
и старуха в студебеккере
молча кушала икра

5

не дают ни булки ни Бекки
и цыплят табака не маю
подведенные вижу веки
на щеках прозреваю мальвы

это киевский или каневский
сарафан самовар с матрешкою
белорыбицей в омут канула
стала дама моя матроною

закрываю дыры Матросовым
на матрасных пружинах прорванных
защищаю я Малороссию
опробированными порно

зачинают детей в пробирочке
в этом свете Колумбом засранном
и тоскует дитя по пипирочке
под подолом бесстыдно задранном

но навстречу дитю невинному
возникает профиль Бирюлина
и к отделу бросаясь винному
где борение и бурление

6

а Олеся телесами Бекки
медленно садилась в студебеккер

29.1.

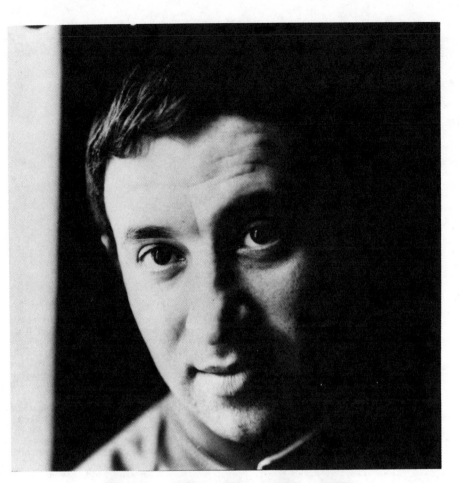

MOLOT

МОЛОТ

"Я ненавижу педагогику!", сказал Дар, "Я никого не учу!" Я тоже.
Но Учитель у меня был. Он научил меня – Слову.

   Валерий Молот, маленький еврей,
   сюрреалист в личине сиониста.
   Увы! – ему Сион лучами снится
   и вереница запертых дверей.

   И ты листаешь в дреме фонарей
   наполненные сумраком страницы,
   где слово осознать себя стремится
   за тонкою фанерою дверей.

....

Без вас знаю, что плохие стихи. И Молот то же сказал. А так любить меня и понимать , как Молот, не может никто. Он понимает меня лучше, чем я сам. И не только меня. Прибегает, говорит: "Кок, говорит, гениальную брошюру купил! Госполитиздат. "О смысле жизни" называется. Кок, говорит, Кант думал, Декарт думал /открывает страницу/, Кок, говорит, смотри: "Смыслом жизни называется..." Что там дальше – неважно. Я не заметил, вы бы не заметили, Молот – заметил: "Смыслом жизни НАЗЫВАЕТСЯ!" Значит, найдем уже, значит есть он и определен. Зря там Кант и Декар мучились. Госполитиздат – разрешил.

И не на уровне госполитиздатовских анекдотов учил меня Молот. Учил меня постигать себя – в себе. От рождения писал я. В школе дразнилки слагал. Поэт как поэт. Писал и не думал. Молот приходит: "Кок, говорит, ты гениальную строчку написал!" А строчка как строчка: "Ты растаешь в грусть..." Лирика как лирика. Подумал – увидел. Так я, игрок словами /абы звучало!/, через Молота начал постигать – СМЫСЛ.

Не знаю, что пишет Молот. Вроде, ни стихи и ни прозу. Дар определил: "Притча". Может быть. Во всяком случае, похоже.

Но куда отнести статью не статью 59-го года "Об ассимиляции еврейства"? Куда отнести письмо не письмо Ремарку /которым мы все тогда бредили/? Куда отнести "Адама и Еву", откуда я запомнил строчку: "Но Ева не прошла процесс акклиматизации в пустоте". Подумал: действительно, не прошла. Адам-то был уже создан. И тогда, со всей яркостью, я представил – ОДИНОЧЕСТВО АДАМА. А кто показал его? Молот Одной фразой.

Потому что фраза у него такая. Обычно – фраза – как караван верблюдов: один груженый идет, остальные налегке. Несущее слово. У Молота – все слова НЕСУЩИЕ. От этого так трудно, так невыносимо его читать. Потому что у Молота слова – как в Библии. Не лексика, лексика такая и у Генделева имеется /а уж на что олух/, а – отношение к слову. Мимо всяких футуристов, для которых, при всех лозунгах – "слово – вещь", слово оставалось декоративным элементом, прямо – к тому, которое было В НАЧАЛЕ.

О Молоте, моем учителе, мне трудно писать. Не порезвишься. Просто, привожу один его текст 59-го, запомнившийся мне. Разбивку восстановить не удалось, моя. А текст поразил меня доведенной до эссенции моей /и не моей/ мыслью. ТАКУЮ лирику – надо писать клинописью. На скалах.

Так оно и высеклось у меня в мозгу.

Женщины любят гимны,

    гимны, прославляющие женщин.

Женщины любят вещи,

    которые ищут их.

Женщины не понимают гимн,
Женщины не понимают творца.

Женщины любовь — гимны.
женщины не поют о них.
О них поют творцы,
    поют у женщин,
    поют для себя.
Женщины любят гимн:
    Они с готовностью закрывают их объятья,
    Они с радостью подставляют их губы,
    Они с благодарностью раскрывают их объю.

Za веки их создания гимна.
И веки человек создавал их.
И только их создания гимна
И только человек создавал их.
Он велик, пока его ещё не создал,
Он велик, когда он сердце вписает его.
Но создали или порвали у творца,
Но создали или их другой сумасшедший.
И только одиночеством творца.
И только печатью сумасшедшего гимн.
    Женщины любят гимн.

Женщины любят гимны,
          гимны, прославляющие женщин.

Женщины любят гимны,
          которые пишут им.

Женщины не понимают гимны,
Женщины не понимают творца.

Женщины любят - гимны.

Женщины не молят о них.
О них молит творец,
          молит у женщин,
          молит для себя.

Женщины любят гимны:
          они с готовностью заключают их в объятья,
          они с радостью подставляют им губы,
          они с благодарностью раскрывают им сердца.

И велик час создания гимна.
И велик человек создавший его.
И жалок час создания гимна.
И жалок человек создавший его.

Он велик, пока гимн еще не создан,
Он велик, когда он первый внимает ему.
Но созданный гимн вырывается из творца,
Но созданный гимн ищет других слушателей.

          И жалок опустошенный творец.
          И жалок непонятый слушателями гимн.

          Женщины любят гимны.

/1959?/

На предыдущей странице - автограф В.Молота.

ИБО МОЛОТ - В НЬЮ-ЙОРКЕ.

Переводчик Беккета, Мрожека и Роб-Грийе - работает библиотекарем в какой-
то вшивой ешиве, ибо братья иудеи нанимают новоприбывших за полцены, распевая
гимны Хайясу, Найяне и Джойнту, разводя повсюду мадам Беттин и поучая меня, как
я должен относиться к идеалам Израиля.

Молот не поучает. Как нищий Спиноза, или безумный герой Менделе Мойхер-
Сфорима, он живет в каком-то квартале Бруклина или Квинса - даже этого я не знаю,
водит Давидика в детский куда там сад, или ясли, опекает Шашеньку, приючает дру-
зей и гостей и родственников из новоприбывших - живет.

Молот не безумен. Напротив, это самый разумный человек, которого я когда-
либо встречал.

И поэтому так трудно писать о нем.

Странно, не тянет меня рассказывать о нем анекдоты. Хотя мог бы припом-
нить - немало. И наполеоновский рост /или даже короче/, и жен и любовей его -
а не хочется мне о них. Хочется о нем.

Но есть вещи, о которых писать невозможно. Возможно потому - что смотри-
тся не "свысока". Где-то свысока - посматриваю я на многих своих друзей, подс-
меиваюсь, хоть и с любовью. Над Молотом мне смеяться не хочется.

Останавливает меня, как ни странно - бумага. Треп по телефону, когда из
Молотов, Лейбовых, Вильдгрубе Динки и Динки Виньковецкой - собирался создать я
породу "русских техасских карликовых" - на бумаге уже не смешит.

Потому что не смешно мне творчество Молота. Ни смешка, ни усмешки - не
замечаю я в нем. Не замечаю надрыва и истеричности Бродского, мудрого выебона
и ерничества старика Дара -

Я ВИЖУ, КАК ВОЗНИКАЕТ ВО ВСЕЙ ВЫСОТЕ СВОЕЙ - СЛОВО.

Я вижу пра-слово - в том, что пишет Молот. Слово в первичном, глубинном
своем значении. Не мои выебоны-игрушечки, не надутая спесь /гноеточивость/ Сос-
норы, не стремление говорить "афоризмами" Халифа и Гены Алексеева, а нечто

ИНОЕ.

Те же слова, что встречаются даже в речах у Брежнева /правда и речи ему
пишет кто-то другой, референт там/, не распев а ля рюс Уфлянда-Лосева и даже не
иудейско-российская каббала Анри - это мне где-то знакомо, это литература, коей
живу /но пока не кормлюсь/, это - просто слова.

Что такое со словом у Молота?

И меня поражает, что за прошедшие наши с ним 22 года - НИЧЕГО в нем не
изменилось, он тот же, и те же слова.

Не могу и не буду. Читайте.

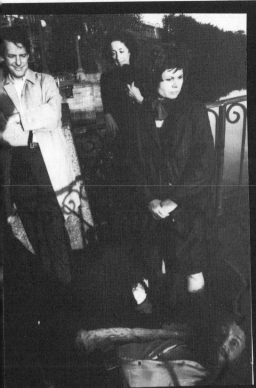

Р. Масси, Эли Бакстер де Виль
Морен Ли Хант, мышь и я
в белые ночи. 1972 г.

С Робертом К. Масси, автором бестселлера
"Nicolas & Alexandra" и "Peter the Great"
и Сюзанной я познакомил Мотю в 1967 г.
С тех пор общаются.

    Я же - раззнакомился по социально-
имущественному статусу. В Некра-
совку их не зазовёшь, это там они
шлялись по подворотням.

    Поэтому, чтоб не выкидывать
фото, помещаю их в Мотю.

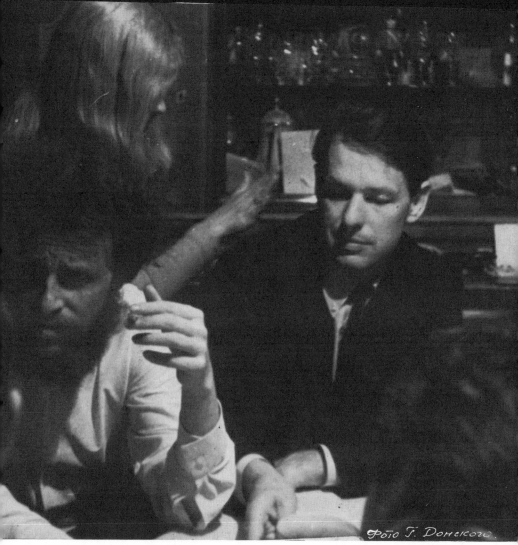

Фото Г. Донского

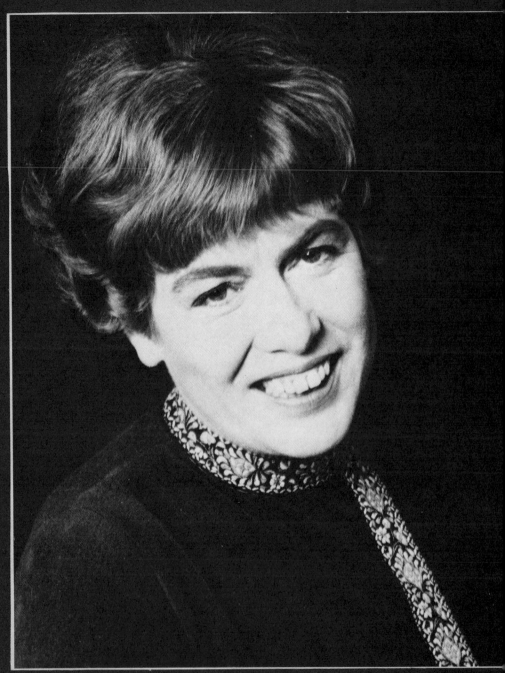

Сюзанна Масси

Милому Когу,
с благодарностью
за терпение

26 сентября 1978 - 29 июня 1980

Нет благодарности равной терпению,
     но даже и терпение-
          не благодарность.
Нет благодарности.

О чём это?
Сколько слов мне осталось ещё записать,
сколько услышать?

          Поблагодари и слово появится.
               Его услышишь.
          Потерпи и слово увидится.
               Его запишешь.

И записал: " По благодарности - услышишь."
И услышал: " По терпению - увидишь."

          Но не все слова дано увидеть -
нет терпения дождаться их появления на бумаге,
даже если и случится благодарность их услышать.

Ибо
     если благодарность это звук слова,
       а терпение - свет от него на бумаге,
тоюнечно же
               нет благодарности равной терпению
          как нет звука равного свету.

   А если ещё узнать,
          что звук это не свет,
     то нет и света
          равного звуку.

          Нет равного на земле,
если сравнивать одно с другим.
          Одно не может равняться другому
посюльку
          одно равно одному

- 2 -
а другое - другому.

Но страшно,
　　　　если нет благодарности равной терпению
ибо　　　　только терпение представляется
　　　　　　благодарностью.

Услышать - хочется очень,
　　　　　　　　но ещё больше -
　　　　хочется увидеть.
Услышать слово это земное,
　　　　　　это как проглотить воздух.
Увидеть воздух -
　　　　　　это поднять в себе воздух над
　　　　　　　　　　землей,
　　　　　　　　подняться над землей...
　　　　　　просто дождаться - потерпеть и
　　　　　　　　　　дождаться,
когда слово услышанное - благодарность
　　　　　　　　произнесенная,
опустится на бумагу сложносложенными буквами,
　　　　　　　　проглоченным воздухом,
запишется словом как бы неотличимым от
　　　　　　　　только что сказанного, но
　　　　　　вместо благодарности -
　　　　　　　　проглоченного звука
появится терпение - видимым светом.

　　　　　　Но ведь нет благодарности равной терпению,
　　　если нет звука равного свету,
　　　　　　　　но есть...
　　　человек,
　　　　　　и чело дано ему как звук в благодарность
　　　　а век - как свет терпения,
　　　и он - человек - и есть
　　　　　　благодарность равная терпению:
　　　　　　звуком имени
　　　　　　светом отброшенным на бумагу
　　　　　　воздухом жизни.

- 3 -

Ибо если не равно одно другому,
то равно всё - единственному.

Все звуки - и значит вся благодарность -
как и все слова - и значит все терпение -
равны своим существованием,
равны существованию,
равны единственному, что есть на живой земле -

воздуху жизни.

Как жизнь равна единственному, чего на земле нет -
смерти.

Жизнь равна смерти? Да. Оставшись без воздуха.

Ибо
если на земле начинается не все
но все существует,
то на земле и кончается не все
хотя уже и не существует.

И если понимать благодарность как звук от слова
а терпение как свет от него на бумаге,
то жизнь слова это как жизнь воздуха,
который с благодарностью исчезает вдохом
и терпит себя выдохом на бумаге.

Но где этот воздух?

В челе - благодарностью
в веке - терпением
в человеке - одним словом -
благодарном терпении воздуха.

И тогда земля человека это свет от чела на бумаге
и кто тогда человек если не равновесие
благодарности и терпения
и где он тогда если не везде где есть воздух.

- 4 -

Он - жизнь на земле,
   но воздухом - вдоха благодарности
        выдоха терпения.
    . . . .
    . . . .

Но наступает смерть. Без воздуха.
     Без вдоха и выдоха.
       Без света от чела на бумаге.
     Без благодарности и терпения.

  Наступает смерть, которая равна жизни.
        Но не жизни на бумаге.
Ибо на бумаге,
   на бумаге человеческой жизни,
чело и век - как паутина воздуха
      на человеке благодарного терпения -
рассыпаются - но паутиной воздуха
     на звуки благодарности и
      слова терпения,
рассыпаются вечно и вечно благодарят
за человеческое терпение -
          дожидаться своего века,
       понизив чело до бумаги.
    . . . .
    . . . .

    А какая жизнь не согласится
        назвать себя смертью,
если за её чело платят веком,
       вечной жизнью на бумаге,
     паутиной благодарности и терпения.
Смертью звука, но жизнью света.

<u>16 октября 1973 года</u>

Больше, чем живых,
      я люблю мертвых,

   потому что мертвые
            любят меня больше,
      чем живые.

И больше, чем тебя,

      я люблю память о тебе,

      потому что память о тебе —
        любовь большая,
      чем твоя.

Но больше, чем память о тебе
     и больше, чем мертвых,
я люблю тех,
        кто еще для меня не ожил,
        кого еще не помню,
я люблю верить,
        что мертвые пока
     потом родятся для меня
        и полюбят меня,
и память напомнит
о любви большей,
      чем любовь моя.

Я люблю верить в любовь,
      которая живет дольше
            любви
             мертвых,
     любовь большую,
    чем память о тебе,
      любовь ко мне.
Я верю в любовь —
    и потому люблю мертвых
        больше,
        чем живых,
    и память о тебе
           больше,
     чем твою любовь,

и еще неоживших мертвых,
которые вспомнят меня
сильнее,
        чем живые, -
я люблю.

Я люблю.

26 октября 1973 – 18 апреля 1974

Не узнать тебя стало,
            ни во сне
            ни наяву,
Страшно видеть тебя стало
            так похожую наяву
                        на самый страшный сон,
            а во сне –
                        не было страшнее
                                    яви,
                        чем была ты наяву.

И когда я вижу тебя,
            когда мне страшно,
            я умоляю Господа явить тебя –
                        непохожую
                                    на сон,
                        явить тебя –
                        узнаваемую наяву,
                        явить тебя – во сне ли,
                                    наяву,
                    явись,
                            умоляю я,
                            и я узнаю.

Но когда я вижу тебя,
            когда Господь тебя являет,
            когда ты являешься,
                    я не узнаю тебя,
                            страшная ты.
Но страшнее тебя,
            страшнее яви, сна
                        и воли Господа
            страшит меня немощь памяти
                        и сила незнания.
            . . . .
                . . . .

И о немощи памяти
и о силе незнания расскажу я
и потревожу свой сон

и нарушу твою явь
и изменю Волю Господа,
        если такое возможно —
        я расскажу.
Ибо если по воле Господа
сон и явь возвращаются памятью,
    если по воле Господа
    память возвращает незнание,
    а незнание — силу,
    то узнав свою немощь, уснув,
    отказавшись от силы,
                проснувшись,
    я явлюсь Господу
                страшным сном,
    и явлю тебя — немощь памяти
    и явлю нас с тобой — силу
                незнания,
    и Господь разбудит меня ото сна,
                проснется,
        убоявшись тебя
        убоявшись нас — своей воли —
            являть тебя сном,
            являть тебя наяву.
. . . .
. . . .

    О немощи памяти
        и силе незнания
            расскажу я
    еще раз о тебе.
. . . .
• • • • • • • • •

Не в день равноденствия ты родилась.
Ты родилась в день равнодушия,
            если такое возможно.
Ты родилась в мой день, когда души,
                той,
    что равна могла быть дню
            или всей жизни,
    хватило лишь тебя родить
        и равной быть тебе одной.

Ты родилась в тот день, когда душа,
рожденная чтобы тебя родить,
дышала ровно,
ты родилась в день равнодушия –
в тот день я не родился...

Вот так или похоже я мог бы
рассказать
о немощи и силе,
о памяти, незнании, о тебе.

Вот так или похоже.
. . . .
, , ...

Когда все это началось я не спрашиваю,
И по воле Господа отвечаю –
не помню,
и не знаю.
Но Воля Господа являет тебя во сне,
И по воле Господа я вспоминаю
тебя,
и узнаю,
и, вспомнив тебя, пишу –
по воле Господа.

. . . .
. . . .

Одиноко не было никогда –
так подсказывает память.
Одиноко и не будет –
решает незнание.
Не бывает одиноко –
такова воля Господа.
И, являя тебя во сне,
мне велят вспомнить –
одиноко не было,
и, являя тебя наяву,
мне велят помнить –
одиноко и не будет,
и, являя тебя страшную,
мне напоминают –
ты не одинок.

В страхе не бывает одиноко.
В страхе с тобой воля Господа,
        которая велит вспомнить —

        было страшно всегда —
            не найти и потерять,

    которая велит помнить —

    будет страшно еще —

        найти и не потерять,

    которая напоминает —

    страшно —

        терять, не находя.

Страшно было
            будет
                и есть,
    если не вспомнить
            не узнать,
что страх — это воля Господа.

Страшно
        проснуться
            и наяву
                как во сне,
        увидеть себя одиноким,
и тут же уснуть,
            чтобы не быть одиноким
                        наяву,
        чтобы воля Господа явила тебя
                        страшную,
            явила во сне,
            а наяву
    ты явишься сама —
            по воле Господа.

И вот так,
        сменяя явь на сон,

являет воля Господа тебя, -

и я полюбил
         вспоминать во страхе
      и пробуждаться в испуге,
   я полюбил Волю Господа
         и тебя вместе с ней, -

      полюбил немощь тебя забыть
         и бессилие тебя узнать,

   я полюбил тебя страшную,
      потому что такова воля
                              Господа -
      не дать забыть
      не позволить узнать.

И снова немощь
   и сила незнания,
      еще раз ты
         и всегда воля Господа

      оставляют мне слова,
            которыми не рассказать
      о немощи памяти
         и силе незнания,
            о тебе и воле Господа.

Но немощь памяти сегодня -

         это сила незнания вчера,
            пишу я,

   и немощь яви -
            это сила сна,
                  пишу я,
   и воля Господа -
               это ты -
            страх не вспомнить,
                  не забыть.
От страха не вспомнить -
            засыпаю,
   от страха не забыть -
            пробуждаюсь,

но утешает немощь памяти во сне —
                    ты вспомнишь,
и утешает сила незнания наяву —
                    ты узнаешь,
и утешает воля Господа всегда —
                    ты живешь.

Да я живу —
        и во мне жива немощь памяти —
                    я помню тебя,
        и во мне живет сила незнания —
                    я не знаю тебя,
и во мне живет Воля Господа —
                                ты.

Во мне живешь ты,
        и значит страх ослушаться твоей
                                воли
        велит мне жить
                    и писать
        о немощи памяти
                    и силе незнания,
                    еще раз о тебе.

И если по воле Господа я помню,
        то, может быть,
                    помнишь и ты —
                по воле Господа.

И если по воле Господа я
                        не знаю,
            то, может быть, знаешь
                    ты —
                по воле Господа.

И если по воле Господа я
                        не умираю,
            то, может быть,
                    умрешь ты —
                по воле Господа,
        а с тобой умрет страх,
                    умрет сон и явь,
                    немощь памяти
                        и сила незнания,

```
          умрут слова,
                которыми
                      я живу,
          умру я с тобой,
                может быть,
        только бы не быть одиноким,
                      без тебя,
        только бы не быть без тебя.

              . . . . . . . . . . . .
              . . . . . . . . . . . .

    Но "одиноко не было никогда"
                          /Память/,
        "одиноко и не будет"
                          /Незнание/,
        "не бывает одиноко"
                          /Воля Господа/.


    Но страшно, Господи,
        не узнать тебя стало.
```

<u>30 апреля - 7 июля 1974 г.</u>

Сашеньке

По слову начинаю собирать
         я
           тебя
и не собрать,

потому что не с начала ты
         начинаешься,
     не со слова.

Ты начинаешься не со слова,
    и не слово ты начинаешь,
        не себя.
Ты начинаешь много слов,
    ты начинаешь меня.

Но нет у меня власти
    поделиться словом с тобой,

   и нет у меня силы
         поделить слово,
и нет у меня слова,
    которое начало бы тебя с начала,

   ибо ты начинаешься не с начала,
    ты начинаешься не со слова,
и значит ты начинаешься не
         с меня.

Ты начинаешься не с меня.

И началась ты не с меня,
   и нет у тебя власти
     отнять у меня слово,
   и нет у тебя силы
     поделить меня со словом,
  и нет у тебя слова,
     которое отняло бы у меня начало
     ибо я начался с начала,
      которого ты не знаешь.

Я начался со слова.

И значит я начался с начала,
и в начале вся власть моя —
                делиться словами,
                    но с собой,
и в начале вся сила моя —
                делить слова,
                    но для себя
и в начале все слова — мои,
        все — мое — в начале,
                кроме тебя,
потому что ты началась не с начала.

Ты началась не со слова
    и не слово ты начинаешь.

Ты началась с молчания
и молчание ты начинаешь,
    и молчание начинает тебя,
                собирает тебя.

Тебя соберет молчание
и даст власть тебе —
                делиться молчанием
и даст силу тебе —
                делить молчание,
        даст тебе молчание,
                даст тебе начало.

Твое начало — молчание —

И не собрать из молчания слово.

Мое начало слово —
    и не собрать из слова молчание.

Не собрать нам друг друга.

И не разделить —
        меня со словом,
            тебя с молчанием.

И нет у нас власти –
       отказаться от своего начала,

и нет у нас силы –
       поделиться началами,

   нет у меня слова,
          которое замолчало бы,
   нет у тебя молчания,
          которое бы заговорило.

И значит нет у меня тебя –
             собрали мои слова,

и значит нет у меня тебя –
             собрало твое молчание.

<u>15 августа 1977 г. - 12 июля 1978 г.</u>

Страшит - умершее,
                          но еще больше -
            рожденное.

Ибо умершее,
                если и оживет,
            то только в памяти,
                          душе,
                          страхом мнимым,
            а рожденному -
                          еще предстоит стать
                                        жизнью,
                          реже чужой,
                          всегда моей.

И как не мешает жить мертвое,
            так не пускает жить живое.

И как близка мне жизнь умершая,
                          которая оживет
                          в памяти, душе,
                          страхом мнимым,
                                        т.е. чудесным,
            так далека от меня жизнь рожденная,
                          вырастающая
                          в жизнь большую,
                                      чем моя,
                                        чужую,
                          и нет ей места во мне,
                                        вместе с умершим.

И тогда прошу я чужую жизнь,
                          жизнь родившуюся,
                  оставить меня,
                        как осталась для меня
                                  жизнь умершая,
                  оставить или умереть,
                  но не мешать жить
                                  памяти,
                                        душе,
                                  чудесному, мне.
      . . . .

. . . .
. . . .

Далек я от смерти,
       не умерев разом,
но еще дальше от рождения,
          до которого не дожить.

Далеки мы друг от друга,
         как слова несказанные разом,
         как свет и свет разных дней,
         как ты и я, сегодняшние.

И если начало всего страх,
   то начало страха — рождение.
И если большой пример дают люди —
              смерти,
   то еще больший дает человек-
          рождение,
          приветствием страху.

Страшит умершее,
     но еще больше — рожденное,
          говорит память,
    и если далеки мы друг от друга
          страхом смерти,
          страхом чужих людей,
   то близки и похожи —
          страхом рождения,
          страхом человека.

    Похожи мы и далеки.

И получается так,
         что похожие
         через смерть еще
             не наступившую —
             люди — далеки,
      и только то близко,
         что похоже страхом
            рождения,
       человек — близок.

И близкими назовутся
                не умершее и не рожденное,
                прошлое и будущее,
                    ты и я.

Но если ты и я еще не умерли,
                просто не умерли,
                и не родились,
                    не успели еще,
    если прошлое и будущее все равно
                        как сегодня,
                но только их сегодня нет,
        то рождение, конечно, обернется
                            смертью,
            но через жизнь мою и твою,
            и завтра, конечно, наступит вчера,

                но после страха,
                после сегодня.

И я, то же и я,
                появлюсь с твоим появлением
                и тебя испугаю,
                но не вдруг,
                а испугавшись прежде сам.

Страшит такая наша близость,
                похожесть через смерть,
                которую я назвал рождением,
        еще и потому,
                что если в начале всякой близости
                    страх узнавания смерти,
                то в узнавании смерти – страх
                        еще больший –
                рождение похожего.

А если похожа смерть на рождение
                как завтра на вчера,
        то я на тебя не просто похож –
        мы похожи друг на друга похожестью
                            завтра на
                                вчера,
                    но через сегодня,
        и смерть тогда похожа на рождение,
                но через жизнь.

```
И тогда не ты - вчера рождение,
   и не я - завтра смерть,
      мы - жизнь.

И тогда не вчера это было
 и не завтра будет -
      сегодня есть,

и тогда не ты или я,
               а мы -
      родимся завтра,
         не успев умереть вчера,
а жизнь наша - всегда сегодня,
   хотя и не на что не похожая.

Ибо,
    помнишь,
         похожи два слова -
            несказанные разом,

      но они и далеки,
            как свет от света другого
                              дня,
         далеки, но
               похожи.

И значит страх быть
                или не быть
                  похожим -
      только память,

и память - узнавание себя
                через смерть твою,
      тебя - через свое рождение,
         нас - через жизнь.

Все - память,
         которая не далеко и
                  не близко,
      которая - свет -не
         вчерашнего или завтрашнего,
         а просто свет,
```

как просто бывает рождение,
       если его не помнить,
и как просто бывает смерть,
       если ее не вспомнить,
и как проста жизнь,
       если ее не запоминать.

А вспомнив, если помнишь,
       и запомнив,

проживешь жизнь не далеко
               и не близко,
       просто жизнь при свете дня
               ни на что не похожего,

потому что ничто не похоже на день,
               только свет,

       но и он — память.

<u>11 июля 1974 г. – 5 августа 1975 года</u>

Не стало исцеление наградой –
        не стало исцелением.

Исцеляют живые – это так просто!
Но только живого – это еще проще.
Живому исцелить просто –
                надо просто
                исцелять живого.

Вот как все просто –
                живой да исцелит живого!
Но кому наградой исцеление?
                Исцелителю,
                        или исцеленному?
        Кто кого награждает?

                . . . .
                . . . .

Помню однажды, когда исповедаться было легче,
                чем исповедовать,
                а очищение было
        ни с чем не сравнимым грехом,
я исповедовал птиц,
                поющих от рождения,
        и очищался в грехе –
                слушать и подражать.

Помню однажды,
        когда земля
                стала небом над головой,
я ужаснулся греховности образа и
                        любви,
        ушедшей из под ног.

Помню однажды, я не знал,

что живого
да исцелит живой,
и как это просто —
я не знал —
            исцелиться,
и как это страшно —
            получить
            в награду
            исцеление —
    я не знал.

Помню однажды, я был исцелен —
                    и не знал.
Я не знал, что получить в награду
                    исцеление —
        это страшно.

Страшнее, чем очиститься в грехе,
        или потерять любовь под ногами,
страшнее, чем слушая, подражать,
        или увидеть небо над головой,
получив в награду исцеление.

        Это страшная награда,

        потому что обман —

        проще нету —

исцелить можно только живого,

            что значит не умершего,

            что значит пережившего,

            что значит уже исцеленного жизнью
                    пощаженного
                        смертью.

        Я не знал тогда,
                что живой
                исцеляет
                только
                    живого,
            не знал обмана —
                    проще нету —
            что я живой,

```
                     еще не умерший,
                 и значит переживший.
          Я не знал исцеления живого
          и значит был исцелен жизнью.

          Жизнь меня исцеляла —
                        не живой,
          и награждала жизнь меня —
                        не живого,
          и наградой мне был не
                              живой —
                        Я.

     Но вот жизнь наградила меня
                        живым.
          И я узнал, что живой тоже
                              исцеляет,
                  что жизнь без живого —
                        не исцелит.
          Я узнал, что кончилось исцеление
                        жизнью,
                  что умер я для исцеления
                        жизнью,
                  и родился для исцеления
                        живым.

          Я узнал, что исцелением
                        награждает
                        меня
                        живой,
          и живой щадит, живой решает,
             где мое исцеление —
             в небе ли над головой,
                  в грехе,
             в земле ли под ногами,
                  очищении.
```

И еще я узнал,
      что исцелением награждают
           не меня —
              живого,

    и исцеляюсь не я —
            живой,

  и значит не жизнью я живу —
             живым,

    от исцеления его — до его награды,
      получить в награду меня,
    и исцелить меня себе в награду,
    исцелить меня — наградить себя —
    исцелиться.

Живой получает в награду меня
           и жизнь мою.
  Живой получает в награду меня,
        умершего для исцеления жизнью.

    Вот как все просто получается —
          живой да исцелит живого!

    И исцеляет живой живого,
    и награждает живой живого,
        но не жизнью,
      а исцелением,
        собой и, наконец, смертью,
  после которой исцеления уже не бывает,
  потому что исцелить может только жизнь,
    а живой — только наградить.
  И как жизни исцеление — сама
            награда,
    так награда живого —
          исцеление себя.
    Живой да исцелит себя!
    Вот как все просто.

Живому нужен живой,
      чтобы исцелиться,
      чтобы жизнь живого
    стала ему наградой,

и значит исцелением,
и значит обман —
проще нету —
исцелить непощаженного
смертью,
и значит не пережившего,
исцелить мертвого —

что может быть проще!

Мертвому — все исцеление,
а живому за это в награду — мертвый.

Вот так и исцеляет живой живого —
награждает себя мертвым,
а уже умершего — собой,
живым исцелением,
но не жизнью.

И значит исцеление живого —
не награда,
и значит, не исцеление.

Но живые попрежнему исцеляют,
награждая себя мертвыми,
а мертвые не исцеляются,
но
получают в награду живых,
получают в награду живых,

но не жизнь.

15 августа 1975 – 28 августа 1976

И скорее не будет конца,
чем не было начала.

Всегда есть два решения
и еще
бесчисленное множество,
как есть всегда две жизни
и еще
бесчисленное множество.

Два решения есть всегда,
как всегда есть две жизни.
Два решения это и есть две жизни,
ибо любое решение начинает
жизнь
и любая жизнь заключает
решение,
ибо решений, как и жизней,
бесчисленное множество.

Так и происходит моя жизнь –
в бесчисленном множестве
решений,
так и решаю я,
чтобы успеть начать
бесчисленное множество жизней.

Но скорее не будет конца,
чем не было начала.

И если такое возможно,
а видит Бог такое возможно,

и если приходится выбирать
между концом и началом,
то концом я назову решение,
а жизнь – началом.

И потому не о двух решениях
и уж конечно не о бесчисленном
множестве жизней остается
говорить,
а о той жизни,
которая пребывает
всегда,
как вечное начало,
имеющее, возможно,
конец,
но только в решении.
Я говорю о жизни во сне,
которая не познается числом
и потому не решается,
ибо решена уже до
собственного
начала —
и да скорее не будет конца,
чем не было начала!

Вот оно решение вечной жизни
без конца.
Я говорю о жизни во сне —
вечном начале,
которое было всегда
и значит всегда есть,

и о том бесчисленном
множестве
жизней-решений,
которые не всегда будут
и значит не всегда есть.

Вот как просто,
когда приходится
выбирать.

То что было,
то
есть всегда,
но того, что не будет,
может и не быть.

И как удивительно просто
                    решается жизнь во сне —
        всегда жизнь, потому что
                    не имеет решений,
    так же просто, только не удивительно,
                    решается жизнь наяву —
            бесчисленное множество решений,
                которые могут так и не составить
                        начало жизни.

                ✛ ✛ ✛ ✛ ✛

    Жизнь во сне видна только мне,
        и потому мне не решать,
        ибо нечего решать мне,
        оказываясь в начале, где нет
                                места
                            решениям,
            где начало всей жизни —
                                сон,
            и собственное бессилие
                испортить жизнь
                собственным решением.

            Слава Богу.

    Жизнь моя наяву видна всем,
        и потому мне не решать,
        ибо нечего решать мне,
        оказываясь в конце всех решений,
        где начало всей жизни моей,
                            или конец, —
            бесчисленное множество чужих
                                решений.

    И значит:
            есть жизнь во сне,
                    без моего решения,
                и жизнь наяву,
                    с чужими решениями.

    И значит, если я хочу решать
                и не жить при этом
                        чужой жизнью,

то есть не решать жизнь другого,
я должен жить жизнью сна наяву.
Сон наяву — это единственная
                                 возможность
решать собственную жизнь,
                          проснувшись.

÷ ÷ ÷ ÷ ÷

Сон наяву
          скорее
                  имеет начало,
          чем
                не имеет конец.

Вот таким непонятным решением
               предстает передо мной
                            сон наяву,
                имеющий скорее начало,
                чем не имеющий конец.

И от вечного начала здесь сон,

и от бесчисленного множества
                                      решений
                   здесь конец,
                который скорее начало,

а от чужих здесь —отрицание
                          смысла конца,
           по которому конец, если и не
                            обязателен,
                то, по крайней мере,
                   бесчислен в решениях,
           а от меня здесь согласие на
                   отрицание смысла,
           по которому начало вечно,
                но только во сне.

÷ ÷ ÷ ÷ ÷

Третья жизнь. Вечное начало наяву.

Третья жизнь, для которой нет и не будет

ни "да" ни "нет" и ни другого
бесчисленного множества решений,
но для которой было и всегда есть
третье решение —
вечно начинаться наяву —

оживщим сном
приснившейся жизнью,
непроснувшейся жизнью
началом всего, что есть на земле
для человека,
что дано человеку видеть,
не познавая,
что позволено человеку
пережить в одиночку —
без людей, без их бесчисленных
решний,
и настолько в одиночку,
что даже без собственного решения,
то есть во сне без начала
скорее
чем без конца.

Сон наяву. Вечное начало.

И значит не кончается ничего при
жизни во сне наяву
и значит все начинается при жизни
во сне наяву.

Жизнь во сне наяву скорее
обернется сном,
чем обратится в явь.

Жизнь. Во сне. Наяву.

И написав эти слова отдельно,
разделив их временем,
я соберу смысл каждого по слуху
и памяти,
и, если удастся, верну смысл

слову написанному вместе

жизнь во сне наяву.

И как время их разделяющее
я узнаю на себе смысл
                каждого
                из них,
и назову себя вечным началом
           или сном наяву
           или третьей жизнью,
    той, которая ни "да" ни "нет" но,
                может быть,
     и "да" и "нет",

и значит просто временем,
            отведенным
на слияние или разделение
          смысла слов по памяти или
                  по слуху,
    я проживу временем
        вечно начинающим,
      то есть сном,
        и никогда не кончающим,
      то есть явью,
просто временем,
      имеющим скорее начало,
      чем не имеющим конец.

       ÷ ÷ ÷ ÷ ÷

Жизнь. Обязанность или право?

Начинаться без начала
           и
кончаться без конца.
    Жизнь обязанность —
         и все становится
               просто:
начала нет,
    потому что его не знаешь,
  и потому же нет конца.

Жизнь обязанность — и потому
не отказаться от начала,
и потому же не
отказаться от конца.

Обязанность жить на земле установлена
не человеком
и потому человек обязан
прожить без начала
и
без конца.

Сплошная обязанность жить и
никакой другой обязанности
не требуется от человека на земле.

Но,
появившись без начала,
и,
исчезнув без конца,
что если жизнь права?

И тогда все просто.

Право узнавать начало и узнавать
конец,
хотя бы и чужой жизни,
но человека,
право отказаться от начала,
посчитав началом себя,
и отказаться от конца,
посчитав, что конец в себе,
а право жить на земле установлено
человеком
и потому человек имеет право,
обрести начало и конец, —
сплошное право жить и никакого
другого права
не дано человеку на земле.

Так что жизнь — это и "да" и "нет",
и, решаясь до двух, она решается до
бесчисленного множества?

Жизнь — это все, что угодно,
но не все, что угодно,

жизнь во сне.

Во сне начинается и кончается
              единственная жизнь с единственным
                                решением —
              не показать себя никому
                                  кроме сна,
              не показать сон никому
                                  кроме тебя,
              не показать тебя никому
                                кроме жизни во сне.

    И единственно жизнь во сне решит
                      когда ей прерваться,
                        во что,
    и единственно жизнь во сне решает
                    за тебя без выбора твоего и
                                      чужого,
    и единственно жизнь во сне решается
                    сама по себе,
                          но для тебя.
              Без голоса и слова.
                        Не близко и не далеко.
              Во сне. При жизни.

        Или во сне при жизни,
      Как это трудно и непонятно зачем
                              отделено.

    Во сне точка При жизни точка

    Или во сне при жизни точка.

Но ведь действительно во сне
              происходит то, что видишь только
                                        ты,
        и действительно при жизни
                        случается то,
                    чего ты не знаешь,
              но во сне при жизни происходит
                                    и случается
              большая жизнь —
                    и та, что во сне,
                    и та, что наяву.

Тебе говорят, но молча,
ты видишь, но закрытыми глазами,
ты даже чувствуешь, понимаешь,
      узнаешь и боишься, и еще все
остальное,
            что бывает при жизни наяву,
но только ты не чувствуешь
                              и
            не понимаешь,
но узнаешь и боишься -
                        это точно.
Узнать и испугаться -
            не это ли
      единственное решение жизни
                        человека на
                              земле?

Узнать и испугаться - наяву такое
                        тоже бывает.
Наяву такое только и бывает,
                  можно успокоить себя,
но наяву ты узнаешь только то,
            что свершилось, уже,
      и боишься задним числом,
            уже решенной жизнью.

Во сне или лучше говорить при жизни
                        во сне
      я узнаю то, что свершилось,
                        свершится
                        или свершается,
      но вижу это разом, и потому
                  страх во сне,
      или лучше говорить при жизни во сне,
            не имеет времени
                        и
            узнается всякий раз,
            когда начинается сон,
            когда кончается жизнь
                        наяву
      и наступает единственное решение
                  жизни на земле -
            дать узнать и испугать.
Это близко к Богу. Бог учит.

Но говорят, Бог не пугает.

Возможно. При жизни наяву.

При жизни наяву Бог учит не бояться
и страх считать пороком,
              ибо он виден чужим
              ибо человек в страхе Бога
                      не узнает,
          ибо на земле — или Бог
                      или страх.

Так учит Бог при жизни наяву.

Но при жизни во сне,
              когда узнал и испугался,
Сам Бог дает тебе право
                 продолжать узнавать
                 и продолжать бояться,
Сам Бог продолжает являться тебе
                в том виде, какой
          принимает жизнь во сне —
              познания и страха.

Ибо во сне ты не убиваешь и
             не крадешь и
             не делаешь все остальное,
                 что ты делаешь при жизни
                        наяву.

При жизни во сне ты угоден Богу,
и страх твой ему угоден —
                он вместе
                  с познанием,
и познание твое ему угодно —
                оно со страхом.

Угодна Богу жизнь твоя во сне,
          потому что человек не продолжит ее
                за ее пределами.

За ее пределами начинается другая
жизнь. Жизнь Наяву.

А наяву — грехи видны всем,

                              пусть и тебе,
               но все грехи — видны только тебе,
               и тому еще, кто является тебе
                  одиночеством, собой, Богом,
                        жизнью во сне.

Но жизнь во сне наяву — бывает?

Бывает. Потому что на земле бывает все.
Но только не знаю когда —

                если до жизни во сне,

                то до нее жизнь наяву,

                а если после,

                        то после тоже.

Значит,
          если она бывает, то только
                              во время.

Жизнь во сне наяву может начаться
        при жизни во сне и не кончаться
        при жизни наяву,
    она может быть всю жизнь и
    даже стать всей жизнью,
    если только спать — наяву,
        или наяву не просыпаться.

А во сне — не спать и,
        закрывая глаза наяву,
        во сне их открывать,
    не верить словам людей наяву,
    но верить их молчанию во сне,
    не слышать голоса людей наяву,
    но слышать голос Бога во сне.

        Не бояться наяву, пребывая
                    в постоянном страхе
                        во сне,
        и знать, что как только знание приблизит
                        к Богу — его не узнать.

            ÷   ÷   ÷   ÷   ÷

Теперь я знаю,   ,
                что есть на земле
                            жизнь. −
Она решается до бесчисленного
                        множества,
она люди
            и потому все,
                    что угодно.
И знаю, что есть на земле Бог −
    жизнь во сне с единственным
                        решением
        увидеть тебя одного и тебе одному
                            показаться.
Но я знаю, что есть на земле и я −
        время,
                соединяющее сон и явь,
            себя пугающая третья жизнь
                        или
                    третье решение −
        ни "да", ни "нет" −
            но и "да" и "нет" сразу. −
То есть время появления Бога,
        ибо ничто другое не может
        быть и "да" и "нет" сразу.

И "да" и "нет" бывает только
        во сне наяву,
                где сон наяву скорее
            как Бог,
                    имеет начало,
            чем, как время,
                        не имеет конец,
        и где скорее не будет конца,
        чем не было начала.

9—10 марта — 24 июня 1973 г.

Нет стены времени —
          есть преграда слов,
                         помни,
и не забывай —
       есть стена времени
                        и
       нет преграды слов.
Помни и не забывай.

          . . . .

Как похожи они друг на друга —
          время и слово,
как похожи мы с тобой
          на время и слово.

Как похожи мы   —

     Ты на преграду времени
     я на стену слов,
          как похожи мы друг на друга,

как похожи мы.

Преградой слов вырастаю
               я
          перед стеной времени,
преградой слов отделен
          я
          от стены времени,
стеной времени возвышаешься
               ты
          над преградой слов,
стеной и преградой
     стоим мы
     живем мы
     не живем —
          стеной и преградой.
     Страшно.

Так страшно еще не было

и дай, о Боже,
    чтобы не было никогда.

Страшно обновление
        незаметное,
                и, о Господи,
        незамеченное.
Обновляются слова
        перед стеной Времени,

обновляются преграды
        отделяющие,
обновляемся мы с тобой
    так похожие на преграду из слов
            и стену из времени,
            так похожие.
И только не обновляется стена
                    Времени,
            которой нет —
                помни.
            и которая есть —
                не забывай.

И как нет ничего, кроме
                    времени,
        там,
        где есть слова,
так есть все, кроме
                слов,
        там,
        где нет времени.

    И страшно.

        Так страшно еще не было,
            и дай, о Боже,
                    чтобы не было
                        никогда.

    И одна надежда —

что словам суждено
обновляться,

и другая надежда –
что преграды,
обновляясь,
остаются,

и последняя надежда –
что если время страшит,
то, устрашившись,
обновишься.

И значит,
не бойся.

О, Боже.

<u>17 августа – 1 октября 1973 г.</u>

О, Боже, я не боюсь.
Я просто удивляюсь,
и не потому, что забыл страх
просто вспомнил удивление.

Как давно это было.
Я удивился помню,
узнав,
Что не наступает дня без ночи
и ночь без дня
тоже не наступает.

О, как давно это было.

Я удивился помню.
узнав,
Что ночью день повторяется,
и ночь повторяется днем.

О, как давно это было.

```
            Я удивился, о, Боже.
       И как давно это было.
              знает только первый день,
                 повторившийся ночью,
              и первая ночь,
                 повторившаяся днем.

       И как давно это было -
                 помню я -
              каждая ночь, повторяющая день,
       и каждый день,
                 повторяющий ночь.
       Как давно это было? Удивляюсь я,
                          о Боже,

       Я не боюсь

       Я просто удивляюсь.

       Я не боюсь - пока день
                       повторяется
                          ночью,
              пока я повторяюсь.
       Я просто удивляюсь.
       Я удивляюсь, о Боже,
              как это просто -
       повторить день
              и повторить ночь,
       как это просто, о Боже,
              удивить меня,
              меня повторив.

   Но я не забыл страх первого удивления,
                 страх первой ночи -
                       повторенного дня,
              и страх первого дня -
                       меня повторенного.
       Я не забыл.

   И я повторяюсь - днем и ночью.
       Потом снова днем
       и снова ночью - я повторяюсь.
```

И повторяется страх
и повторяется удивление
повторяется все,
     что было днем,
  и все,
     что будет ночью,
    и чего не было никогда —
   повторяется каждую ночь,
и каждый день повторяется то,
   что было всегда — Я.

Я повторяюсь. Это страшно.
   И это удивительно.
Я испугался.
     Меня испугало мое первое
       удивление,
        о Боже,
   как давно это было.

  Изо дня в ночь
 и из ночи в день — я,
      всегда я.
    И весь день — я,
    и всю ночь — я —
повторяюсь, удивляюсь.и боюсь, о Боже.

Но я не боюсь,
   написал я 17-го августа,
 я просто удивляюсь.

 Кто же из нас прав?

Я повторяющийся днем и ночью,

   или я,
     повторившийся 17-го августа?

  Не помню,
   и, уж конечно,
      не знаю.
И чтобы узнать,
   чтобы вспомнить,
      о Боже,
  я расскажу про первый день,
   повторивший ночь,

или про первую ночь,
               повторившую день,
       или про себя,
       впервые повторившегося.

. . . .
. . . .
. . . .

— Так ведь я не пугаю,
       я просто удивляю,
             сказал Бог.
— И вспоминая,
       я удивляюсь,
   и забывая,
       я удивляюсь,
     О Боже,
       я удивляюсь,
       сказал я.
— Но я не пугаю,
       сказал Бог.
— О Боже, я не боюсь,
       я просто удивляюсь,
             сказал я.
. . . .
. . . .
. . . .

Ночь уже была, и был день,

Все было — до меня.

И чтобы ночь была,
   чтобы был день,
   чтобы все было — появился я,

       как воля Бога

             повторить ночь
             и повторить день
       и значит — меня.
И как воля Бога
       много дней уже
                 и ночей
       длится моя жизнь.

И как воля Бога
          много дней уже
              и ночей
я повторяю день и ночь,
  я повторяюсь.

И как воля Бога
         мое повторение,
  так воля твоя
           мое удивление,
         мой страх,
         моя любовь
         и жизнь.
И написав воля твоя,
       что значит воля человека,
    я вспомнил и узнал
         свой первый день,
      когда я повторился,
      и первую ночь,
       когда я повторился,
  Я повторился,
       выполняя твою волю,
       волю человека,
    повторился,
        но для тебя!

И по воле человека

можно повториться только
         повторив человека,
   только представив,
     что это возможно –
     повторить человека.
Я говорю о тебе,
      ради которой я повторяюсь,
      представляя,
       что повторив тебя,
    я повторюсь.
Я повторяю тебя,
        твою волю,
  где удивление
    страх
    любовь
    и жизнь –
стали волей моей –

```
              удивляться тебе,
                     тебя бояться
                           любить
                    и жить - тобой.

      Удивляться долгой твоей воле -
                    повторять меня,
                удивляться любви,
                   ради которой я повторяюсь,
                       представляя,
                     что любовь повторяется
                        каждый день
                        каждую ночь
                     всю мою жизнь.

      Я вспомнил, о Боже,
              первый день -
                        он - сегодня.
              Я полюбил человека
                    и повторил его,
              я люблю человека
                    и повторяю его,
                     повторяю -
                            я люблю,
                     повторяю каждый день
                        и каждую ночь,
              повторяю всю мою жизнь -
                            я люблю.
      И повторять его я не боюсь,
                           о Боже,
                    я просто удивляюсь -
                        как это просто -
                     повторить человека,
                            полюбив его,
                        как это просто -
              повториться по воле человека,
                     повторяя его желания -
              Они стали моими,
                    и страх -
                        он всегда мой,
              повторяет волю человека,
                     повторяет меня.
      Меня повторяет страх
      меня повторяет желание
      и только удивление не повторяется -
              оно не проходит.
```

Я удивляюсь, о Боже,
                как давно это было —
                    мое первое удивление,
        совсем как сегодня.
                    Сегодня.

Я вспомнил,
            и значит узнал,
        что воля человека,
            твоя воля —
                    это воля Бога,
            и, повторяя тебя,
            я повторяю Богу —
                    я люблю.
        Я люблю, о Боже,
                повторять человека,
                    и значит делать,
                    и значит бояться.
            Я люблю человека
            и удивляюсь,
                сколько дней уже и ночей
        путаю я Бога с человеком,
        путаю тебя с Богом,
                сколько дней уже и ночей,
            всю мою жизнь,
                    я люблю.

    И, если воля твоя,
            я повторю — я люблю,
            каждый день
            и каждую ночь
            всю мою жизнь.
    Я люблю тебя и не боюсь, о Боже,
            я просто удивляюсь —
            чем   заслужил я страх
                    назвать тебя Богом,
            и удивление — Бог
                            по имени
                            человек.

    Как давно это было,
                    сегодня.

И сегодня мне не забыть страха-
     меня пугает человек,
и мне не страшно -
               Бог меня пугает.
И сегодня я удивляюсь -
       человек меня не любит,
  и удивление не проходит -
        меня любит Бог.

И если я люблю -
      человека
           Бога
             день-ночь
                 себя
     и снова человека -
  я повторю - я люблю,
  И днем - повторится ночь
  И ночью - повторится день,
    я люблю - повторится всю
               мою жизнь,
  И повторится человек
   и повторится Бог
    я повторюсь,

   если я люблю.

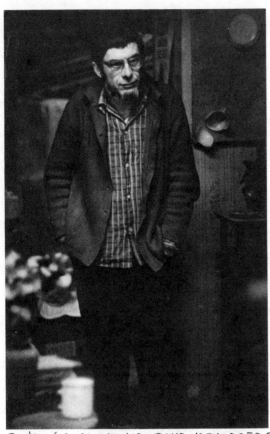

Э. Шнейдерман на фоне поп-арта с
чашкой, работы его жены Любови
Добашиной, скульпторши. 1980-е.

SHNEYDERMAN

ТИХИЙ ЕВРЕЙ

"Мне рассказывал тихий еврей, / Павел Ильич Лавут..." /Маяковский/. Еврей должен быть тихим. Когда он становится буйным, как Михаил Самуэлевич /но не Паниковский, а Генделев/ - это неприятно.

Антисемитизма в Советском Союзе не существует, что бы ни писали профессор Эткинд и аспирант Левин. Вероятно потому, что не существует евреев. Ну как я могу считать евреем Молота, когда он русский язык - лучше меня знает? Разве уж очень по озлоблению. Когда на выпивку не давал, тогда я припоминал ему его еврейскую сущность.

Но не Эдику. Эдик всегда напоминал мне еврейского скрипача из каких-то купринских рассказов. Тихий на удивление, застенчивый, хотя и постарше меня года на три, и стихи у него тихие и грустные. И даже форму он для них взял - верлибр, чтоб поменьше кричать. Чтоб не кричать совсем. А говорить.

Еврей и русский - в России это путаница преизрядная, в России еврея определяют по паспорту. Но ведь бьют-то - не по паспорту, а - по морде!

Приезжает ко мне еврейский издатель из Нью-Йорка, году в 72-м. Спрашиваю: "А Бродского вы будете печатать?" /Я всегда почему-то очень хотел, чтоб Бродского печатали/. "Нет, говорит, Бродский же не еврейский поэт."

Ничего не понимаю. То Марина Цветаева говорит, что "все поэты - жиды", то Бродский не еврейский поэт. Подумал - все правильно. А когда еще письмо Милославского прочитал, которое ни русская, ни еврейская пресса не печатает /см. в 3-м томе/, то понял: правильно мне ответил издатель.

И в то же время - неправильно. Ибо - нигде как в России евреи не слились до такой степени с доминантной культурой, не усвоили до такой степени все проблемы и боли ее. Жил в Америке Давид Фридман. Писал веселые и грустные рассказы о Мендель Маранце, которые я очень люблю, вторым после Мойхер-Сфорима. И, будучи американцем, спокойно оставался евреем. Как китайцы. Как Сол Беллоу. Вместе и не сливаясь.

Но евреи в России - сливаются с русскими! Не путем ассимиляции /хотя и это есть: Молот дважды женат на русских, Гиневский - на русской, Палей - кроме Женички - только с русскими и жил, Бродский - на Марине Басмановой, дочери художника с биряка, из староверов, даже Генделев - и тот краснодарскую посикушку из-под друга увел, и это только по моему кругу/. Но - путем, скажем, ассимиляции духовной, разделением горестей и бед /чувствуя их - ВДВОЙНЕ!/, потому-то и стали - русскими писателями, и символами дней наших, наряду с Хлебниковым - Бабель и Пастернак, Риви и Мандельштам, Мандельштам Алик и Аронзон, и наконец, типический альянс - Ахматова-Бродский.

У каждого русского есть друг-еврей. У меня их были - сотни, не то десятки. Но 50% верных. И все они перечислены в этой антологии. Художники и поэты.

У Эдика был Коля Рубцов. Вместе они писали, вместе пили /хотя какой с Эдика питух?/, вместе ходили в ЛИТО. Там мы и встретились, в "Нарвской заставе", в январе 61 года. А поскольку все трое были формалистами, то и воссоединились на второй же день. Коля тогда писал:

> "Звон заокольный и окольный,
> У окон, около колонн,
> Звон колоколен колокольный
> И колокольчиковый звон."

Я писал не помню, что, какую-то чепуху, а Эдик - "Поцелуи" и "Флейту". Выше этого он так никогда ничего и не написал, но это было прекрасно. Читали мы сообща на протяжении двух, не то трех лет, а потом, в 63-м, меня не приняли в Литинститут, а Колю, на его бедную голову - приняли. Доходили слухи: Коля ходит по Москве с балалайкой, Коля пьет /но это явление обычное/, Колю охмурили славянофилы. Приезжая, Коля редко бывал у меня, но всегда общался с Эдиком. Я же к Эдику стал остывать, поскольку он, не взирая на мои советы, упорно лез в рифмованные стихи. Рифма ему не давалась, равно и звук, но Эдик упорно распевал свои тексты, пытаясь пением загнать в размер неподатливое слово. Я не буду здесь приводить неудачных этих текстов его, хватит того, что они у меня в голове застряли, но у меня там – много чего.

Коля же писал:

"Мимо окон Эдика и Глеба..."

Мимо, мимо... Уходил от нас Коля. И, если с Эдиком не порывал, по старой дружбе, то с Ленинградом расставался медленно, но верно. Да и был он – иногородний. Сирота из-под Вологды, рыбалил он в Мурманске, на траловом флоте, лет 20 с чем-то – перебрался в Ленинград. За прописку и общагу – вламывал на Кировском заводе, в горячем цеху. Писал мне грустные письма в Феодосию в 61-м, из которых я помню только, помимо цитированного в 1-м томе "Сколько водки выпито..." и еще ряда стихов поплоше, то, что с Эдиком они развлекались, читая вывески навыворот. Об этом я уже писал. Но – с Эдиком!

Коля и Эдик – были неразрывны. Самый русский поэт /во всяком случае, его так сейчас представляют, вплоть до антологии пейзажной лирики "От Ломоносова до Рубцова" – см./ и самый, если так можно выразиться, еврейский. Для меня Эдик всегда олицетворял собой тихую еврейскую грусть и страстное желание доброты и правды. Если Бродского волнуют метафизические проблемы жизни и смерти, то Эдика волновали – горбуны, сумасшедшие, уборщица общественного сортира /"Туалетчица тетя Паша..." – русская женщина, между прочим, ее горькая судьба/, словом, Эдика волновали вещи попроще.

Вероятно, этим и был он близок с Колей Рубцовым:

"Но жаль мне, но жаль мне
Разрушенных белых церквей..."

И не был Коля религиозен, и не был Коля атеистом, а был он, как все мы – тихим христианином. И не его вина /а беда/, что пришлись его стихи по вкусу русским националистам, как пришлись бы /не дай Бог!/ Эдиковы – сионистам, не пиши он, на свою голову – по русски.

И соединял нас не язык, а – общая судьба.

Друг Ленечки Палея, друг юности, Коля Утехин – оказался инициатором травли еврея Виньковецкого за выставку в СП на чтении Бродского /см. у Эткинда/.

Мой учитель, умница и христианин, Женя Чугунов в 70-м году ошизел и заговорил со мной о "еврейской опасности". Пришлось расстаться. Грустно.

Эдик русской опасности не чувствовал, а чувствовал – русскую боль. Оттого и был он другом Коли Рубцова, которого, пьяного, баба-поэтесса задушила. Отчего и не люблю поэтесс. Писал Эдик /"Письмо Александру Кореневу"/:

"Мой друг!
Мне тяжело до боли
Глядеть поэзии в лицо:
Горбовский – полуалкоголик,
Лысеет на глазах Рубцов....

Рассвета нет.
Закат – загажен.
Дерьма – руками разгребай!
Мазилка мажет,
Ходит, важен,

И туп,
как племенной бугай.

Он продал совесть за монеты,
Он в ресторане водку жрет
И ноет: - Все мы не поэты,
И всем нам, всем, хана придет!

. . . .

Но это не о Коле. Это о тех поэтах, что подняли его на щит - о Иване Лыс-
цове, который зарезал мою поэму "Томь" в "Сибирских огнях", это о Цыбиных и Шес-
тинских, о Фадеевых и Симоновых.

Из всех этих тварей - один Фадеев нашел в себе сил застрелиться. Остальные
- живут. Не выжил Коля. Вероятно, задохнувшись от общества их. Баба - только пре-
длог. А с ними он никогда не был.

Самое странное, что при всей безумности нашей жизни - ушли из нее - едини-
цы. Алик Мандельштам - от голоду, болезней и наркоты, в 29 лет, Аронзон - вроде
сам застрелился, Колю задушила баба - вот и все потери.

Потому что жизнелюбивы мы. Тешить косую - так мы играем ва-банк. Я вот и-
мел шансов верных 10 киакнуться /см. в этом томе/, а - жив. Живы все мои друзья-
поэты, каждый день играя с ней в прятки. Ибо, если и сами мы еще будем ей на ру-
ку играть, то - кто останется? И - что останется? Евтушенко?

Или - охолощеный Рубцов? Эпиграфом про Эдика и Колю пущу-ка я стих "Судь-
ба" , очень он мне сдается /методом проф. Дж.Боулта/ за судьбу официального по-
эта!

Возможно, что и Эдик сошел на нет, потому что не было рядом - Коли. И Ко-
ля подался к провонявшим редькой и "Тремя звездочками" славянофилам - не от хо-
рошей жизни. Втроем - мы никогда не ссорились, а вот когда мы с Эдиком остались
одни... С Колиной помощью мне еще и удалось бы Эдика взбодрить, а одному...

Кончил Эдик филфак, русское. Секретарем у Бухштаба работал. О Саше Черном
/а о ком еще ему?!/ дипломную написал. Но не пошел он в литературоведческую гору:
и фамилия не та, и внешность, того, подкачала, и характер не цепкий, а скромный.
Женился на мухинке, керамистке, я с ней не очень поладил, и отстал от меня Эдик.
Изредка встречал, у Вали Левитина на праздненствах каких, ругал его стихи.

Выловил я его заново к "Лепте" /см. 4-й том/ в 75 году. Был Эдик на всех
заседаниях редколлегии и своей тихостью и мудростью принес огромную пользу. Урав-
новешивал мои диктаторские замашки своим природным демократизмом, и хоть недолго
пообщались под конец, всего полгода, но - перерыва как бы и не было.

И Коля был с нами, грустный пример его, опохабленного признанием поэта.

Эдик все еще не признан. И вряд ли будет. За что и люблю.

Коля, Коля...

- - -

Хожу по городу
    и спотыкаюсь
        о поцелуи -
Здесь целовались,
     там целовались,
А поцелуи навсегда остались
На мостовой.

Хожу по городу
И ищу:
Это не наш,
    это не наш.
Наконец, нашел:
Горсть - на Фонтанке
И два - на Васильевском.
Кажется, все.
Остальные - чужие.

Какие они холодные -
Сущие льдинки!
Какие они несуразные -
Твердые, маленькие.
Не как у всех.
Подберу, сколько есть
И - домой.
Ношусь по комнате,
Не знаю, что делать,
     куда положить,
Чтобы оттаяли.
Да и я-то с ними замерз,
Руки окоченели.

Ничего не придумал.
Пойду отнесу на старое место.
Может, ты мимо пройдешь,
Споткнешься,
   узнаешь:
      наши;
Поднимешь,
   увидишь:
     холодные.
Что-то поймешь.
Что-нибудь сделаешь.
Что-нибудь сделаешь.

1960

В ЗАЩИТУ ФЛЕЙТЫ

Джаз,
не надо Флейту развращать!
Она тонкая, маленькая,
грустные глаза,

голос серебряный, чистый, холодный,
как ручеек;
девочка она,
девочка из симфонического оркестра.
Зачем
отбили ее от своих?
Не надо Флейту развращать, джаз,
не надо.

Мало вам своих женщин? -
голосистой Банджо, веселой Банджо,
                                          танцующей Банджо...

А у Гитары какие бедра
роскошные!
Какие бедра у Гитары!
А Саксофонши!
Это воплощение страсти,
сама страсть!...
Звонкоголосая блестящая Труба
способна быть любовницей отменной...
Мало вам своих женщин, джаз?
Мало?

Что же вы делаете, джаз, оставьте,
оставьте Флейту -
вы, братья Саксы,
хохотуны и плакальщики, добряки в душе;
вы, братья Барабаны,
драчливые, большие кулаки, но славные ребята;
ты, губошлеп Фагот,
рассказчик анекдотов;
и ты, брюнет Кларнет,
рот до ушей, любитель поболтать, позубоскалить;
ты, тучный Контрабас,
большой чревоугодник и флегматик;
ты, разбитной Рояль,
со всеми в дружбе, душа компании, -
ДЖАЗ,
оставьте маленькую Флейту!
оставьте девочку!

1960

ПОЛЯНА

Моя поляна.
Я жадными глотками
пью тишину лесную.
Шуршат большие мураши.
И - ни души...

Но души трав, цветов мне вдруг открылись,
совсем как в детской сказке,
порхают
запахами.

Вот, надо мной, сирени
глазастая душа,
вот скромная душа ромашки
и колокольчика веселая душа,
вот - жимолости, мяты, иван-чая.
Они недвижно в воздухе висят,
как маленькие дирижабли.
Я их на ладонь сажаю,
и гляжу,
и не обижаю,
и отпускаю полетать,
и грустно говорю: прощайте.
Они наивно уверяют: мы вернемся!
а сами - в воздухе растают.
Но новые мгновенно вырастают
и надо мной парят...

Я пролежу в траве, пока темно не станет,
пока цветы заснут
и мураши.
И снова - ни души.

1964

УЭ́РЛА

Я так рано проснулся.
Зачем?
Мне нехватило уэрлы
в университетском буфете.
Ну какая уэрла в четыре утра!
Но табличка еще висела:
"Уэрла - 27 коп."

Я купил два кусочка сыра,
кубик масла
и хлеба на одну копейку.
Больше ничего не было.
И чай кончился.
И уэрлы не было.
Очередь расстроилась,
кто-то тоскливо охнул:
"Уэрлы уже нет!"
Где-то заплакали.

Буфетчица оправдывалась:
"Она остыла...
Я устала...
Ее увезли..."
Даже чая не было.
Я проснулся с такой обидой:
в кои веки приснилась уэрла,
так и той нехватило!

16.08.1969

ШАБАШ

Четыре - пять.
О этот страдный час,
Когда лавина учрежденцев
Из зданий хлынула
И затопила Невский -
Дурная кровь из каменных существ.
О этот буйный час
РВАЧЕЙ,
Грозящих растерзать пассажи
Взволнованными хваткими руками,
ЖРАЧЕЙ
С оскаленными белыми глазами,
С наточенными жадными зубами,
С желудками, трубящими о пище
Утробнейшие гимны.
О этот рьяный час,
Когда мужья спешат своей получкой
Домашнюю тигрицу ублажить,
Но, мелким хищникам подобны,
Кусочек отделив,
Во внутренний суют -
"А жить-то надо!"
О этот пьяный час,
Когда автопоилки,
          пивнушки,
            забегаловки,
              ларьки
Разверзли окна,
            двери,
              крыши,
                стены,
От жажды перкошенные рты
Желанье выдают;
Холостяки - компании сбивают,
Женатых соблазняют
И, сговорившись, утоляют жажду -
Взасос,
Взахлеб,
Глотками троглодитов.
Четыре - пять!
О этот стадный,
О наистаднейший час!

1961

ВЛЮБЛЕННЫЙ ГОРБУН

Передний горб почесывая,
Задним горбом помахивая,
Глазками покашивая, -
Левым кося,
          правым кося, -
Идет горбун, идет горбун,
Идет горбун по городу.
Он девочек оглядывает,

Кого полюбить, угадывает.
Вот одна, других милей.
Ах какой разлет бровей!
Бедрами
      покачивает,
Сердце - переворачивает.
К ней горбун причаливает
И у нее вымаливает:
- Идем со мной,
            идем со мной,
Ну идем со мной ко мне домой!
- А ты будешь меня любить?
- Очень
      буду тебя любить!
Тебя хочу! Полюби меня!
Полюби меня! Не гони меня!
- А сколько дашь?
- Дам сто рублей!
- Мало ста!
        Дай тысячу!
Нету? - хватит с меня
               других кобелей.
Чего под ногами тычешься!
... Идет горбун,
        что лист, шатается,
На асфальте спотыкается.
Передний горб -
          по земле стучит,
Задний -
    в небо торчит.
Прохожие - пихаются,
Дети над ним насмехаются:
"Фу, какой горбун противный!
Он, наверное, очень злой!
Мама, мама, возьми меня на ручки,
А то он меня заберет и съест!"

1966

БАБКА - ПЬЯНКА

Пахнет потными деньгами
В кассе винного отдела.
В магазинном шуме-гаме
Покупателям нет дела
До старушки-замухрышки.
А она - шустра-востра -
Норовит собрать излишки:
"Братик, дай! подай, сестра!"

По копеечке, по двушке -
У старушки-побирушки
В кулачке засела горстка,
На головке встала шёрстка.

В уголке пересчитала -

На душе так сладко стало...

Бабке - рай, и я ликую.
Вместе славим Господа.
Выбивайте "маленькую"!
Пьем до Страшного суда!

1969

МИМО

Тихо-тихо-тихо-тихо
Хохоча,
        хохоча,
Волокут в больницу психа
Два матерых врача.

Мимо-мимо-мимо-мимо,
Миронтон-миронтень,
Мира, мира, мира, мира,
Где он жил,
        точно тень.

Где он жил,
       где он проснулся -
Лишь на раз,
       лишь на миг,
Оголенного коснулся
И - сгорел, -
       и - поник.

Был он будущий -
       стал бывший
Человек,
      человек,
И обгрыз, как злые мыши,
Тело - век,
      тело - век.

01.1972

РОЖДЕСТВО

За городом, в старом сарае,
По соседству с ослом и коровой,
Под большим кирпичом -
Маленький мальчик родился.
И, ежели венчик отбросить, -
Такой же, как все,
Большеголовый крепыш.

Колыбельку из ясеня ладил Иосиф-отец.
В красных штанах и хламидах соседи пришли поглядеть
И дивились:
Что за сиянье вокруг головы у младенца?

Оросил новорожденный мамино платье и плакал.
Но, солнечный лучик поймав, улыбнулся.
И мама его целовала.

А с неба архангел спешил
Марию поздравить.
Он долго искал:
Да где ж этот старый сарай,
В котором она –
Ребенка
Для мук и легенд принесла.

... Как это недавно случилось!
Нет, двух тысяч лет не прошло, –
Всё перед глазами,
Как будто на прошлой неделе!
Всё будет потом:
И козни врагов,
И измена друзей,
И ржавые гвозди в ладонях.
И сотни художников трепетной кистью
Запечатлеют еще
Начало начал –
Великое чудо рожденья.

1962

МАЛЕНЬКАЯ БАЛЛАДА О БОЛЬШОМ МУЖЕСТВЕ

Шурша по шершавой стене,
Ползли тараканы, таращá
Буденновские усы.
Один, по фамилии Шустер,
Был иссиня-черный, другой –
С немного порепаным боком.
Ползли тараканы на запад,
Сверяя по компасу путь,
Усталые головы свеся,
И некуда им улизнуть.
Зачем вы стремитесь на запад?
Ступайте на юго-восток,
Где пряный причудливый запах,
Где лотоса зреет цветок.
Но электролампой палимы,
Могучей идеей сильны,
Бредут они, как пилигримы,
По ровной пустыне стены.
И вдруг героический Шустер
Упал и на спинке лежит,
И лапками в воздухе машет,
И быстро всем телом дрожит.
Обвисли усы боевые,
Ему застилает глаза
Скупая мужская слеза.
Он другу шепнул: "До свиданья!
Мне здесь суждено умереть.

Увы, боевое заданье
Не выполню, дабы сгореть."
К нему подбегает товарищ,
Глаза отирая рукой.
Он вырыл герою могилу,
Он памятник соорудил,
Вздохнул о потерянном друге
И к цели поспешно пополз.
Да только бедняга ошибся -
На север свернул впопыхах.

1968

ПИВО

К деревьям подкатили десять бочек.
Устроили открытую пивную.
И сразу потнолицые мужчины
Живую очередь образовали
И начали неспешные беседы
Вести на истинно мужские темы.
Их тенора, басы и баритоны
Звучали плавно, сдержанно и стройно.
И пиво в толстостенных крупных кружках
Красиво пенилось и шопотом шипело.
Пивцы
Двумя руками
Брали кружки,
Покрытые испариной снаружи,
И, чтоб добраться поскорей до влаги,
Сдували пену,
Фукали на пену,
И пена белыми лохматыми кусками
Летела вниз и ляпалась на землю.
И открывалось вещество напитка -
Янтарная и горькая прохлада.
И медленно,
Весомыми глотками,
Ее вбирали жаждущие рты.

1960

ВЕЧЕР

Старики-любовники прячутся в подъезды
От сырого морского ветра
И ведут свои нескончаемые разговоры
О любви, победившей время.

Порывистые жесты, полунамеки,
Понятные только двоим недомолвки...
Нежно водя по лицу перстами,
Она разглаживает его морщины.

Вечерняя заря старой позолотой
Покрывает стекла, золотит лица.

И они, вглядываясь друг в друга,
Видят юность, одну только юность.

Ни поцелуев и ни объятий.
Но как тревожно их расставанье!
Не загадывают о новой встрече.
Может быть следующей не будет.

Но зато два последних слова -
"Милый!", "Милая" - два крылатых
Слова нежности - с губ слетают
И взмывают чайками в тучи.

О любви, неведомой миру,
Я кричу в этих тесных строчках:
О любовь, останься, останься
Здесь, у края Невы, навечно!

1972

СУМАСШЕДШАЯ

Почки взорвались в саду,
птицы ликуют,
синички и воробьи.
А она -
по дорожкам гуляет,
ходит, гуляет, глядит.

Уродлива - не передать:
немытые волосы клоками торчат,
совершенно седые,
лицо - серозем,
всё на ней ветхое,
вечная полуулыбка
на губах блуждает.

Остановилась,
достала из сумочки зеркальце,
посмотрелась,
подкрутила кудельку,
подкрасила губки,
припудрилась
и идет себе дальше,
идет себе дальше, гуляет.

Это здешняя сумасшедшая.
Она совсем не опасна,
не пугайтесь, не тронет.
Просто бедняжка чувствует весну,
но не так, как мы, - острее.

... Я иду, молодая, статная,
в сердце - звонкая радость,
в теле - томление,
и чего-то мучительно хочется,

чего-то мучительно хочется,
а чего - не понять.

На скамейку присядет,
улыбаясь, вертит головой,
из сумочки булочку вынет
и кусает, держа двумя пальчиками,
кусает, крошит.

Птицы ее не боятся, -
подлетают к самым ногам -
важно ступают голуби,
воробьи суетятся, кричат,
кричат суетятся.

Все проходят по этой аллее.
Поглядят - отшатнутся.
И никто не присядет рядом.
Никто не присядет рядом.
Никто не присядет рядом.

05.1974

ШАГАЛ

Беспечный Шагал -
Шагал,
Расшагался,
Шагнул
От края картины до края,
И дальше,
И выше,
И вышел за раму,
Наружу.
Над Витебском видели:
Длинные ноги в веселых штанах
Промелькнули и скрылись.

Премудрые мужи
Судачат:
"Коллеги! Назрела задача
Постичь его метод и суть.
Зачем он чудачит?
Что все это значит?
И значит ли что вообще?"
Прикидывали, примеряли,
Решили:
"Бесспорно одно:
Он спорный,
Противоречивый художник."

Как видим, столпы не дремали.

Но дальше!
Печально маяча
И трогая струны смычком

/Художник чудачит?/,
Бочком
Скрипач примостился на крыше.
Пронзительней, выше...
/Четыре струны -
Оголенные нервы,
Натянутые до разрыва/.
Рыдай, безутешная скрипка,
О горе вдовы, захлебнувшейся горем,
О смерти, о смерти, о смерти
Любимого мужа,
Кормильца,
Распластанного в пыли
Вдоль улицы нищей
В толпе погребальных свечей.
Глядящая в небо,
Глядящая в небо прямым, ненавидящим взглядом -
Сожженная зноем пустыня,
Кричащая небу: НЕ ВЕРЮ!

Немое страдание рыб - облаков, проносящихся скрыться
от горя...
Но бережно,
Точно ребенка,
Старик
Свою древнюю тору
Прижал, отогрел на груди,
Доверчиво шепчет Творцу
И вера его беспредельна.

Но дальше!
Художник шагает все дальше.
Его настигает
Внезапное чудо -
Любовь.
Она необъятна как небо.
А небо распахнуто настежь.
И если любимую нежно,
Любимую нежно за плечи
Обнять,
Оттолкнуться, -
Ведь можно,
Ньютонов закон попирая,
В бескрайнее небо шагнуть
И плыть.
Но не в поисках рая, -
Над миром местечек, парижей
Парит неземная любовь.

Здесь рыбы-скрипачки летают,
Румяные ангелы-дети
Наивных ромашек букетик
Влюбленным спешит поднести,
И те отвечают спасибом
На скрипках играющим рыбам
И детям.
И курица-жизнь,

Беспечно кудахча,
Вприпрыжку несется куда-то,
И, кажется, счастье, удача
Настали на старой земле.

Но что это? -
Курица-жизнь
Баюкает куклу-надежду,
Тоскует и плачет, как баба.
Художник чудачит?
Когда бы!

Что значит
Свеча на снегу?
Лишь ветер дохнет - и погаснет.
Да был ли он - радостный праздник?!
... И лошадь хрипит: "Не могу
Касаться горящего снега!"
И лошадь, оглобли, телега
С разбега
Бросаются ввысь -
От невыносимого дыма
Зловещих печей Освенцима,
От Бабьего Яра спасись.

Играй веселее, скрипач!
Наяривай полечку, что ли,
Раскачиваясь от боли;
Сдержись, не сорвись, не заплачь!
Упавший на землю - играй!
На мертвой земле замерзая -
Играй!
По дороге до рая,
Расстрелянный - польку играй!

Старик,
Нахлобуча ермолку,
От смерти не пряча лица,
Молитву твердит без умолку, -
Он ДОЛЖЕН дозваться Творца!
Подглядывающие в щелку
Посмеиваются: "Что толку?!
Ему не дозваться Творца!"
Но страшно матерому волку, -
"Уймите, - вопит, - балаболку
Свинцом!
Не жалейте свинца!"

Но маятник древних часов
Не остановился -
Маячит.
И, значит,
Качнувшийся вправо,
Он влево качнется.
И жизнь непременно очнется.

И эйфелев добрый верзила,
Расставивши ноги,
Учтиво согнувшись,
Беседует с курицей жизнью о жизни,
В то время, как двое влюбленных
/Два ангела?/
На парашютах
С ночного спускаются неба
И полная светит луна.

Итак,
Страдая, влюбляясь, чудача,
Художник шагает.
Он прав!
Советуют остепениться.
Но можно ли остановиться тому,
Кто рыбу, шутя, научил
Летать
И на скрипке пиликать,
Смеяться - теленка,
Влюбленных - по небу гулять?!
Тому, кто деревья, домишки, животных и даже людей
Пустил по холсту вверх ногами?!

И пусть себе критик-брюзга
Брюзжит, возражения брызжет -
Таится, мол, в теме полета,
Увы, ирреальное что-то, -
На это
Пушистый цыпленок
С лукавой усмешкой кивает:
"Представьте, коллега,
На свете
Еще не такое бывает!"

X1-X11.1972

358

Из сборника "ОСЯЗАНИЕ":

Позволь мне сказать, не мешай, протяни этот миг,
Дозволь рассказать, не карай немотой мой язык,
Дай мне досказать, дай взрастить, то что всходит едва.

В тяжелые, зримые-нежные, злые слова,

Мне славы не надо; покоя, достатка лиши,
Но этот подарок отнять насовсем не спеши,
Хотя бы за то что - опасный, случайный, шальной,
За то что умру, не услышан родной стороной.

Октябрь 1976

- - -

Наши дикие и дивные растения -
Осип,
       Велимир,
               Марина,
                      Ксения!
Гонят?
        Не пускают в этот сад?
Разве только - в угол,
                      в тень,
                             к забору.
Дабы не мешали
              взору
Лицезреть
          безликих липок ряд,
Отдыхать
         на грядках унавоженных
И на клумбах, бережно ухоженных,
Созерцать
          товарную красу
Овощей бокастых
                и униженных
Кустиков - подрезанных, подстриженных,
Растерявших песенную суть,
Да и что вам
             в этой душной холе,
Коли рядом воля -
                  лес и поле!

1977

ОТРЕШЕННЫЙ

Это кто там сидит, разбросав по плечам
свои кудри знакомого цвета волос?
Это ты? - Это я тут сижу по ночам,
наблюдая движение лунных полос,

лунный мост на воде, невод из серебра
невским горлом журчащей тежелой воды,
невода на воде на виду у меня,
и, не помня себя, и, не чуя вины,
я хочу намотать эту тонкую нить,
этот путь, я хочу намотать и тянуть
и луну притянуть, в руки взять и отпить,
проливая тяжелые капли на грудь,
эту ртуть, эту заворожь жадно глотнуть
и в себе растворить ее суть.
Потому и сижу по ночам и тяну,
обрывая и связывая, торопясь,
но ворвется рассвет и прорвет тишину,
и загасит, задвинет, запрячет луну,
и нарушит непрочную связь.
Безалаберный день! - Дети, деньги, дела.
Жизнь - гремящая жесть - разорила дотла.
Поскорее бы вечер раскинул крыла
и луна ко мне в жены пришла!

- - -

Стал я глохнуть, как Бетховен.
Пасторалей не пишу.
Нелюдим, с людьми неровен.
Суеты не выношу.

Стал я глохнуть, в сущность звуков
Продираясь, в их нутро.
Доложу вам, это мука -
Как ногтями рыть метро.

Стал я глохнуть - стал я чутче
Слышать спрятанную жизнь.
Слухом внутренним измучен.
И уже не тянет ввысь -

В шум подспудный, в гул утробный,
В отголоски голосов,
В ритм прерывистый и дробный,
В мир, закрытый на засов.

О когда бы смог я связно
Потаенное схватить,
То что в душах бьется разно,
Вытащить, соединить,

Оттолкнуть замшелый камень,
Снять привычную тщету,
Немоту лечить стихами,
Слепоту и глухоту!

1977

Пишет мне Эдик Шнейдерман /от 12.6.82/:

"Что ж еще. Да, ты вспомнил о Коле. О нем теперь без конца вспоминают. Оччень модный поэт! То в роман строфу вставят; то - по радио - Люба /жена Э.Ш.- ККК/ слушала - спорят, современный ли он поэт; то - мама /а она его хорошо помнит/ смотрела телефильм, где некая старшеклассница написала в сочинении, что предпочитает Рубцова Некрасову, почему у ней вышел конфликт с учительницей литературы - ретроградкой, в кот. вмешался отец, который, будучи честным производственником, Рубцова не знал и о нем не слыхивал, а какой-то его молодой коллега знал и читал и почитал и т.д. Сборники выходят, и там печатают все, что найдут, самые хилые строчки, кот. он наверное никогда бы не напечатал, хотя и он опубликовал немало незначительных вещей."

Опубликовал, опубликовал. Теперь на Коле паразитируют Кожиновы /и прочие накожные паразиты/, а у меня нет, вычетом советских публикаций и памяти, возможности заняться стихами Рубцова. Что, где и как хранится из его "литературного наследства" - мне не ведомо, а в общей юности нашей - как-то не предполагалось обрастать архивами друзей. Кто ж, в 61-м, знал - что через 20 лет все это понадобится? И фотографы на меня стали работать года с 67-го лишь, когда Коля был уже в Москве. Да и то, Эдик же пишет: "... ждал фото памятн/ика/ Успенскому, но не дождался /фотограф-болтун сгинул/, а самому на кладбище не выбраться /двусмысл!/. Но - обещаю, хотя - были случаи у меня - не доходили фотогр/афии/."

Так уж что тут печься - за недошедшие письма, рукописи, фотографии, ВСЯ антология, практически, делается по памяти и по немногим, контрабандой вывезенным материалам. На зарплату жены, теперь уже не уборщицы, а - архитектора /вдвое больше!/. Составлять же мудацкие аппликации на гранты, даже ради Коли, мне не по силам: я, переводчик Байрона, Суинберна, Сисл Дэй Люиса и Аллена Гинзберга, автор дюжины книжиц по аглицки - НИ СЛОВА не понимаю в языке американской бюрократии, как мало что понимал и в советском.
Пишу я эту антологию, как, своего рода, дневник: там, письмо от Эдика получил /четвертое, за 7 лет/ или - вспомню тут Колины строчки /которые вряд ли приводятся в советско-кожиновских сборниках/:

> Ах, что я делаю, зачем я мучаю
> Больной и маленький свой организм?
> Да по какому же такому случаю?
> Ведь люди борются - за коммунизм!
>
> Скот размножается, пшеница мелется,
> И всё на правильном таком пути...
> Так замети ж меня, метель-метелица!
> Ох, замети меня, ох, замети...
>
> /Ок. 1960-го/

Эдика не потрясешь, по памяти: далеко, авиа-почта 2 недели идет, а оба два вторых полутома - надо было еще в апреле сдать, да Нуссберг теперь держит...

Чорт его знает, антология это - или "дневник памяти", "духа", мозаика, собираемая из ... костей и давно уже устаревших - даже для меня - новостей...

28 июня 82
НЙ, подвал

Привожу гиероглифы поэта и литературоведа Э.Шнейдермана - о В.В.РОЛЬНИК, РИВИНЕ,
МОРЕВЕ - я разобрал, ну, и желающие - разберут.

2 Теперь — о другом.
Вот два последних "ребуса", которых за-
даю.
× × × Раз пришёл я к Эдуару, [не шути
со мной! Мне тогда было года 4. И по дру-
гим приметам не церковь. А вообще,
когда это написано? Думаю, году в
1940-м. Это, ясно, какой-то общий приятель.
Но — дальше.] к нему с бритыми бровями, [
О тебе мы говорим [и спросил я, Алик:||
Она ведь чувственная Верка, [передаю
словом, вероятно, нужна зпт.] довольно
жгучая — холерик? | [Тут тоже наверное
вместо тире лучше зпт.] И сказал мне
Эдуард: | Все её много понимали. ||
Это сплетни! Наплевать! | На самые не брови
брови. | Он может быть оплевать [от своей
гешкой любови. || Эдка дурак и паразит, |
от него ненциами разит. | Разве такого
можно любить | такой изменной шиков-
ке?|| Глаза как ночь, | а в них огонь, | в них
тонет чувственных погонь, | все от них
полны без палитровки.|| Сердце плавает
в тарелке с кровью, — | тёплый суп — попробуй пей|
Я люблю такой любовью, | что она теплее всех
супей.|| Я хочу в тебя кусочек хлеба | с каплей
крови положить. | Чтобы ты была нежна, как
небо, | чтобы вольно было жить. || Чтоб серд-
це, как пропеллер, билось | и журчало, как
масло, | чтобы ты в кого-нибудь влюбилась, |
но не с мужем не спала. || Детка, много ль
человеку надо? | Только жизнь и смерть
потом. | Бочка крови, плитка шоколада |
и один Володькин том.
Что за Володька? Моя не понимать. По логике должен
ты быть Всеволод (Карачаровский, о к. и писал, —
её муж, погибший на войне). А может быть он
его она называет, а может быть имеет в виду
маяковский??? Решай сам.

ну и, наконец, последнее. (Кстати, Мака где он З
здесь упоминает, так что он часто менял свой,
что "Володик" это он и есть).

x x x Все русские женщины безответны —
они мне возбуждают трогательность, | а ты
такая земная, | что сразу хочется потрогать. || Но ты
в безвредном возрасте, | в безгрешных двадцать лет |
захотела попробовать кротости, | и теперь тебе
твёрдости нет. || Ты имеешь причины, | ты имеешь силы, |
чтоб самой мужественный, | чтоб самый красивый... ||
Уже Маяковский покинулся | и Тютчев Великий фох, | И
оба так обалдуя | а адресат очень любила стихи В.В.М. |
ловит в моline блох. || Слушай меня, федерация, |
добра и зла, орла и козла — | сила это не декларация, |
что даже Эзоку и то извела. || Силой не требуешь, а
берёшь. | Силой манишь, а ты орёшь. || Но и для голоса
сила нужна | и у тебя настоящая сила, | но ты
слишком знаешь, что ты сильна, | и это бессильно
и некрасиво. || Ты борешься с самим собой. | Твоя сила —
твоя борьба. | Но жизнь такой открытый той, | что
и борьба — раба. || Подчини её, хоlogin | в открытый, без-
различный тебе. | И на светлом глухом пути | бейся
с этим слепым к ротом. || Любовь — это девушке
для всех: | для сильных, для слабых и для себя. |
Ты будешь любить сильнее всех | и сильных са-
мых [а и.т. надо: самых ??] влюблять в себя. || Глав—
ное в жизни остаться. | Так кротко, стройте и
помните: | здесь проливается ... [слово зачеркнуто]
краска | в этой прекрасной комнате. || Ты чуд—
ная девочка | с мальчишеским носом. | Ты
крепкая Верочка — | комочий ты блоком. || [Т. с чувст]
Будут любить тебя все кто хочешь, | и даже итальян-
ский принц, | и даже в тебя тот законот | такую
женщину любить!

Де, в другой экз. нашли её примечание...) к страницу о Мая-
ковском и Тютчев Вел.: Тем из за им.В.Р.: с) Эзэрэ Глоить (или
Блоков или др. Тоика... Нет, примечание, их им—2, Глотов),
поэт в конц лагере.
Когда-то я просил Веру Влад. написать воспоминания
о Ревиче, но она этого не сделала.
Помню только, что говорила: был безумный
и "с сумасшедшинкой" и что ты в неё влюблён |
(ну, это чувствуется по стихам, которые (верно,
из себя из которых) — поэтический образ "Земли сердце".
Так, с этим исполнение,

Надеюсь, что в следующих эфирах ты не забудешь о существовании в лен. лит-ре Саши Морева, ныне покойного. В ленте он прозвучал недостаточно в сравнении с тем, что з ...(-Т). Кое-что его, говорят, где-то там появилось не так давно.... Кстати, в марте 80г. был вечер его памяти в Сиверской. (Почему именно там? — Мы раза 3 прежде с ним и другими там читали и его хорошо там знали). Читали: Глеб, А. Домашев, И. Михайлов, Вдовина, я (1-е вы- ...сото, скучно, слабо) и еще Вера Вл. Рольник. Она весь вечер бывала у строительной ... В этом году умерла. Разнесли его работы. Его голос звучал, записанный на маг. Он замечательно читал ("Мессу"; "Леонардову"; "Фонари-фонарики" и др. вся аккомпанемент записей мажоре (из "реквиема") и др. вещей. Он вообще был очень музыкален.

"Помнишь ли ты" ("и.—Т.и. читатели (слова), как уникально он читал? Сравнить можно разве что с Соснорой или Глебом начала 60-х. Сейчас-то Глеб все официальней, скучней, с таким русофильским — такая нынче мода — душком (немного ...фор-...-рус). А вы-то там его все еще имеете за Нечто. Мне кажется, все в прошлом. Хотя они утверждают, что у них и имеется кое-что в соли. ("Хирольварная пушка. (Стреляю туже и старе", — как цитировал Маяковский).

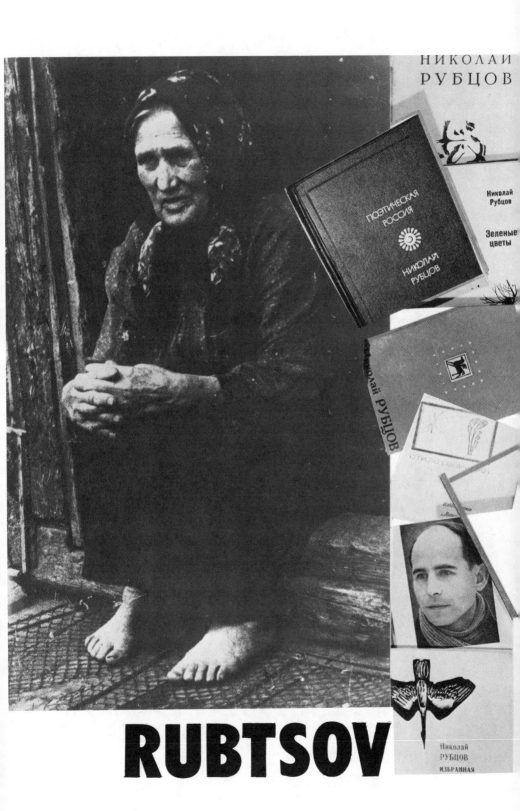

НИКОЛАИ
РУБЦОВ

ПОЭТИЧЕСКАЯ
РОССИЯ

НИКОЛАЙ
РУБЦОВ

Николай Рубцов

Зеленые
цветы

Николай РУБЦОВ

Николай
РУБЦОВ
ИЗБРАННАЯ

RUBTSOV

364

Иллюстрации Витька Володина
/Вятка - Муха - Мариинка - Нью-Йорк - Некрасовка/

РУБЦОВ И ГОРШКОВ

О Коле, вроде, уже нечего писать. Да и знаю - мало. Ведь общались-то, живьем, всего 2 года, правда - на "заре юности". И попито было немало.

Так, почеркушки. Рассказывает мне Коля о своем друге, Вальке Горшкове /который еще в университетской многотиражке печатался, тоже филолог, вместе с Ниной Королевой и поминавшимся Фоняковым/. Звонит ему Валя посередь ночи: "Я, говорит, гениальную строчку написал:

"Лошадка, с белой звездочкой на лбу..."

Грустная строчка. И - чистая строчка. Бродскому такую нипочем не написать. А Горшков - может. Или Коля Рубцов.

Приходим мы с Колей к Вале Горшкову /натурально, чтоб выпить/, жил он тогда на Старо-Конюшенной, в переулке у моста, через который мост я от ОВИРА до французского консульства функционировал: приглашение-то /и даже два/ мне Шемякин - в Париж прислал, но в Париж меня не пустили, пришлось срочно на еврея переделываться. А как вспомню этот мост Конюшенный, помимо и по поводу Вали - меня жуть берет. Как я во французское консульство прорывался /с официальным приглашением!/, мимо ментов, а друзья и жена - на мосту стояли и смотрели: заметут или нет? Но я - хитрый, я с улицы секретарше, француженке, жене чтеца Толи Шагиняна /о нем - потом, в главе о чтецах/, как же ее звали, французское такое имя - Николька не Николька, но это Постникова, в замужестве дю Понтшарра, французская поэтесса русского происхождения, о ней тоже потом, а какая-то на "М", неважно, так вот звонил я ей из автомата, и шел по каналу, мимо будки с ментом, рядом дверь приоткрывалась, и я - шмырк! Потом меня вязали, на выходе, если не вместе с консулом выходил. А ходить туда приходилось часто, потому что Миша данные переврал, мою супругу, Эму Кузьминичну - Эмилией Карловной обозначил, как все ее называли, и такой вызов у нас не принимали. Потом, когда стали евреями, и Эма Кузьминична Подберескина сошла, и я, со своей осьмушкой соломоновой крови /да и то не знаю - есть ли?/, а во французы - никак.

И жил там, у французского консульства /когда его еще не было/, Валя Горшков. Приходим в комнату, в коммуналке - ни стула, ни стола. Спит он, как я писал в романе, на газетах, а закусывет - подоконником. И действительно, на подоконнике мы и раскладывали колбасу там, сырок плавленый, а пили из стаканов /их в любом автомате можно было свиснуть/. Пили и говорили за стихи. Валя, будучи филологом, "иксперементировал", отчего Коля написал /в сборнике "Волны и скалы", да и в других, под названием "Одному знакомому"/:

"Ты называешь солнце - блюдом.
Оригинально. Только зря:
С любою круглою посудой
Светило сравнивать нельзя!

А если можно - значит, можно
И мне, для краткости стишка,
Твой череп, сложенный несложно,
Сравнить с подобием... Горшка!"

Чуть ли не единственная Колина эпиграмма. И препаршивая /куда ему до Топорова - см./. Привожу, потому что Коля - классик. Горшков же - нет.

Вторая и последняя встреча с Горшковым состоялась у моей бывшей четвертой супруги, куда я был призван затем, чтобы встретиться с работающим на радио Валей. То ли он меня не признал, за хипповостью костюма, сам-то он был - в "союзовском", у портного пошитом, и при галстухе, чем меня и взбеленил, и представился – "Валентин Соленый". Ах ты, думаю, Соленый, зараза – и начал цитировать и поносить стихи – Горшкова, которых я помнил немало, и Колину эпиграмму привключил.

Признаваться тому было уже неудобно, и в "лошадке со звездочкой" тоже, поэтому он сказал, что вот он Хлебникову стихи посвятил, и прочитал, добротным пятистопным ебом написанные, невероятно скучные и длинные, пересказывающие, в основном, хрестоматийный эпизод со сжиганием рукописей в костре, у рыбаков.

Высказал я бедному Вале все, что думаю, и лишь значительно позднее мне стало стыдно. Не потому, что я себе редакцию на радио закрыл /а он меня хотел туда к себе приспособить/, я бы все равно там больше двух дней не продержался – на телевидении же, скажем – 2 месяца, и то, потому что за живопись говорил, а не за стихи.

А стыдно мне стало за "лошадку". Пусть у Вали стихи плохие /да и у Коли – не все хороши!/, а посвящал-то он их – не кому-нибудь, не партии, не шашке /о которой гениально пишет Давид Дар – см., надеюсь, 4-й том/, а – Хлебникову и лошадям /см. статью Пунина/.

Так что и Валя Горшков /Вал. Соленый/ находится в родстве с Хлебниковым. И пронзительной стала для меня эта лошадка, как и все, что написано Колей.

О Коле я еще упомяну в статье об Алике Гиневском, тоже "неудачнике", как и Валя Горшков, но они-то, эти – неудачники и составляли ту литературную силу, которая двигала – избранных.

Не будь Горшкова и Шнейдермана – возможно, не было б и Коли.

Так я и писал в своем прескверном тексте "Неудачники", 1960 г., посвященном все тому же Бродскому. Его я приводить не буду.

Но как я благодарен этим "малым" за их – не уста, не языки, а – за души и УШИ. Об этом и будет – в "Алике Гиневском".

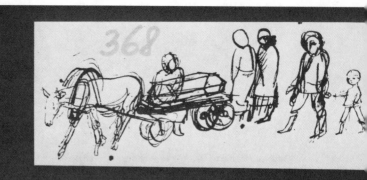

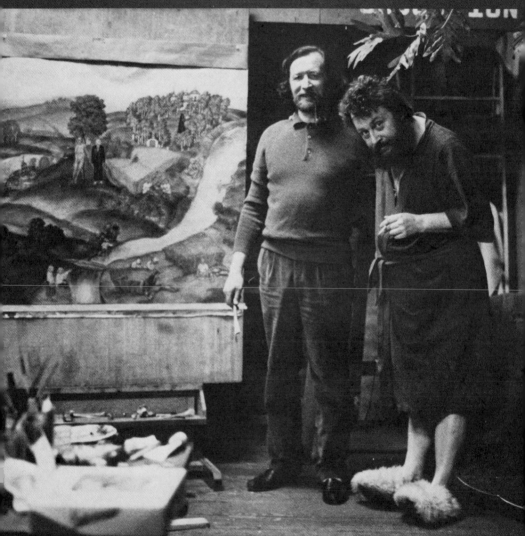

Худог Витёк Володин и я. Весна 1986.   Фото Ало Герт.

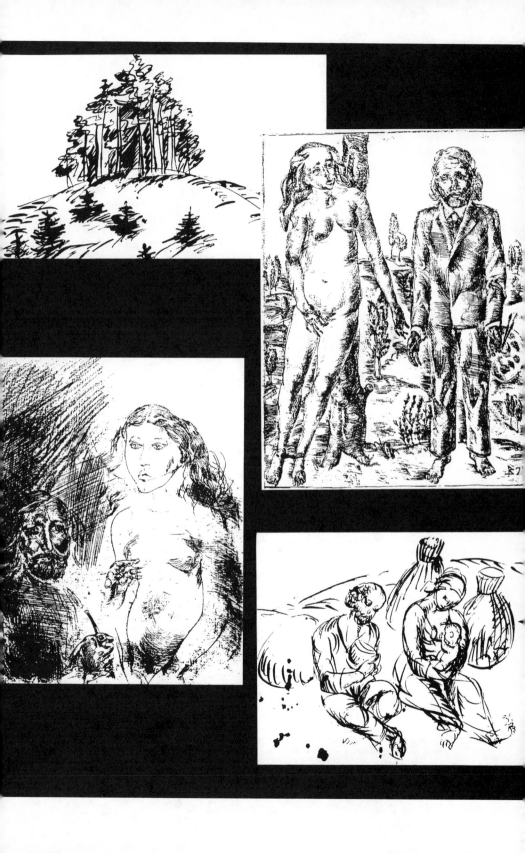

ЧЕЛОВЕК ПАРТИИ КОЖИНОВА

"Если только буду знаменит,
То поеду в Ялту отдыхать!"

/Н.Рубцов/

Уже 2-й том был решен − кто да кто, уже написано было предисловие к Эдику Шнейдерману и набросок "Рубцов и Горшков", Колю я включать никак не собирался − разве одним стихом, и вдруг до меня дошло: чего ж это я друга своего и нашего − Кожиновым оставляю?! Пошел на кухню, зажарил себе техасскую яичницу, чаю разогрел липтоновского.

Ведь пишет же мне Рейн:

"Послал тебе на днях томик Рубцова, сообразив, что ты его знал и любил. Посмертно его очень активно канонизировали."

/20.7.76/

И в другом письме /первом, без даты/:

"Колю Рубцова взвели в нац. гении, и на его вечере в ЦДЛ тот же Кожинов сказал, что он выше Клюева."

Какой из шести сборничков Рубцова, из тех, что у меня, прислал мне Женя Рейн − установить уже невозможно. Предисловий я до сего дня не читал. И напрасно. Открываем наиболее полное и наиболее правдивое предисловие упомянутого Кожинова /к сборнику Н.Рубцов, Стихотворения 1953 − 1971, Издательство "Советская Россия", в серии "Поэтическая Россия"/.

Начало совпадает с письмами Рейна:

"Уже более или менее прочно утвердилось мнение, что Николай Рубцов был одним из самых значительных или даже самым значительным лирическим поэтом своего времени".

Касательно биографии, пишет Кожинов:

"Познакомился я с Николаем Рубцовым в конце 1962 или в начале 1963 года, вскоре после того, как он поступил в Московский литературный институт. ... Но я − да и, насколько мне известно, все окружавшие Николая Рубцова люди − мало знал о его предшествующей судьбе."

"Николай Рубцов легко соглашался прочитать или спеть − вернее, исполнить в сопровождении гармоники или гитары − свои стихи /это что-то новенькое. В Ленинграде Коля никогда не пел. Московско-есенинские дела. − ККК/, но на житейские расспросы отвечал нехотя и односложно /а это так. Но не всем. Не Эдику, скажем./".

Далее идет биография. Но она приводится почти в каждом сборнике Рубцова с незначительными дополнениями, и не в ней суть: сирота из-под Вологды, детдомовец, кочегар в тралфлоте, моряк на эсминце, рабочий Кировского завода, студент литинститута.

"В творчестве Николая Рубцова наступает решительный перелом. В августе 196 года в журнале "Октябрь" /бывшей штабквартире Кочетова − ККК/ были напечатаны пять его стихотворений, которые не только по-настоящему ввели его в литературу, но и бесспорно свидетельствовали, что Николай Рубцов − один из самых многообещающих поэтов." И тут же примечание:

"Мне дорого воспоминание о том, что в 1965 году, выступая на одном литературном обсуждении, я говорил о "плодоносной почве и внутренней энергии поэзии", раскрывшихся в стихах Николая Рубцова, и возлагал на его творчество большие надежды. Сокращенная стенограмма этого выступления была опубликована в журнале "Вопросы литературы" /1966, №3/."

"Почву" выделил я. Значит, Кожинов из них, из "почвенников". А вот то, что "по-настоящему вводит в литературу" – публикация в журнале "Октябрь", это уже интересно. В какую литературу – ясно.

А до этого?

"Николай Рубцов жил трудно, даже мучительно трудно. Я говорю об его внутренней, духовной жизни, хотя и внешние условия его быта складывались тогда нелегко.

В 1964 году за ряд прегрешений он был переведен на заочное отделение Литературного института, что означало для него потерю постоянного пристанища и средств к существованию – пусть и очень скромных, но регулярно получаемых. Печатались его стихи весьма редко."

"В 1967 году по инициативе Егора Исаева была издана книга Николая Рубцова "Звезда полей", которая сразу поставила его в первый ряд современной поэзии, хотя это и понимали тогда немногие." И примечание:

"Ранее в Северо-Западном издательстве вышла его маленькая /менее листа/ книжечка "Лирика" тиражом всего 3 000 экземпляров. Но она почти не была замечена."

Но была зачтена. Курсовые и дипломные в Литинституте зачитываются публикациями и книжками. Для чего и печатают их /чаще – по месту жительства/. А тираж – как тираж. Обычный. Не кожиновский, конечно, – 100 000 экз.!

Самое интересное – это определение Кожиновым периодов в творчестве поэта.

"В поэтическом наследии Николая Рубцова вполне отчетливо различаются ранние /до 1962 года/ и зрелые стихи. Но – и это очень характерно – самые ранние стихи поэта ближе к его зрелой лирике, чем к стихам 1957-1962 годов. ... В 1957 году /именно к этому времени относится соприкосновение Николая Рубцова с литературой/ поэт отходит от своего "природного" слога. И его стихи вплоть до 1962 года резко отличаются от позднейших, зрелых произведений, которые мы воспринимаем как собственно "рубцовские".

Стихи, написанные в период исканий, – вернее, лучшие из них, – по-своему интересны и значительны. Они,без сомнения, тесно связаны с характерной поэтической атмосферой конца 1950 – начала 1960 годов, которые обычно называют "порой эстрады"." /Кожинов/

Именно на этот период приходится дружба Рубцова с Эдиком Шнейдерманом /да и со мной/, занятия в ЛИТО "Нарвская застава" у Натальи Грудининой вместе с Моревым, Домашевым, Тайгиным, Ирэной Сергеевой, ну, а "звуковая школа" мне была подсказана непосредственно стихами Коли Рубцова /строфа с "крестами" в "Видениях", колокольное в "Левитане", "Старый конь", "Разлад"/, и я начал ее развивать в начале 1962 года, не без участия Коли.

Но, чего Кожинов, естественно, не указывает – это влияние "квартирных" стихов Глеба Горбовского /стихи "В гостях" с посвящением Глебу, которое, почему-то, не публикуется, со, скажем, "Квартирой №6" – см. 1 том/, но Глеб пишет похлеще, зло, Коля же – более лирично, почему его текст и прошел. См. также упоминание Эдика и Глеба в стихотворении "Ах, коня да удаль азиата..."

Словом, Кожинов отдает нам Колю "ленинградского периода", что нам и нужно.

Но самое фантастическое в статье Кожинова – это упоминание ... Бориса Тайгина, да еще в качестве литератора! Это едва ли не единственное упоминание о Боре в советской прессе, да еще – и о его деятельности:

"В газете "Вологодский комсомолец" /от 29 августа 1976 года/ были опубликованы воспоминания литератора Бориса Тайгина, рассказывающего, в частности, о поэтическом вечере, состоявшемся 24 января 1962 года в ленинградском Доме писателей. На этом вечере с большим успехом выступил Николай Рубцов. Все стихи его, пишет Б.Тайгин, "были насквозь пропитаны необычным юмором: одновременно и веселым и мрачным... Каждый прочитанный стих непременно сопровождался шумными аплодисмен-

тами, смехом, выкриками с мест: "Вот дает!", "Читай еще, парень!" и тому подобны-
ми. Ему долго не давали уйти со сцены, хотя регламент выступления давно кончился..."
	И далее пишет Кожинов:
	"Стихи такого рода, как бы специально предназначенные для исполнения с эс-
трады, вошли в первый раздел нашей книги - "Волны и скалы". Это название рукопис-
ного сборника, который составил сам Николай Рубцов летом 1962 года. Ценитель его
стихов, Борис Тайгин оформил этот сборник в виде книжечки, вручную "напечатав"
его типографскими литерами в одном экземпляре. Николай Рубцов неоднократно разыг-
рывал своих однокашников по Литературному институту, которые верили, что книжка
"Волны и скалы" в самом деле напечатана в типографии. Часть этих стихотворений
публикуется в данной книге под тем же общим заголовком "Волны и скалы". Нетрудно
предположить, что на том вечере в Доме писателей Николай Рубцов вызвал восторг
слушателей такими стихами, как "Старпомы ждут своих матросов...", "Я весь в мазу-
те, весь в тавоте...", "Дышу натруженно, как помпа...", "Ничего не стану делать...",
"Эх, коня да удаль азиата...", "Мой чинный двор зажат в заборах..." и т.п. Они
были вполне в духе времени."

	Помимо того, что это первое в советской официальной литературе упоминание
о "самиздате" /а за книжечку - не рукописную, а "типографскую" - Коля вполне мог
получить десятку! Я, во всяком случае, едва не получил./, это и первое упоминание
о сборнике "Волны и скалы". Но по порядку.
	Мемуары Бори Тайгина были опубликованы после моего отъезда. И Боря, как
всегда, врет. В январе 1962 Коля, если и выступал в Союзе, то на общем вечере. И
регламент там не нарушался. Помимо, подобные "пролетарские" выкрики никогда не
раздавались в стенах Союза. Публика там /за вычетом членов/ всегда была приличная.
Одобрение выражали аплодисментами. Вечера этого я не помню, возможно, что я тогда
еще не вернулся из деревни Родионово, что под Томском. По возвращении же я читал
в Союзе "Томь" и на этом вечере Коля, по-моему, был. Но его не спросишь. Спросить
надо у Эдика.
	Насчет того, что именно читал Коля - Кожинов глубоко заблуждается. Из пере-
численных им стихов Коля на публику читал только одно - "Я весь в мазуте, весь в
тавоте..." Я достаточно за эти 2 года повыступал с Колей. Обычно он помимо
"славянских" /"Видения", "Левитан", "Старый конь", "Паром"/, обязательно - "Фиал-
ки", "В океане", "На берегу" и заканчивал - "Разладом" и "Утро перед экзаменом".
Юмор, "одновременно и веселый, и мрачный" /Б.Тайгин/ присущ именно этим стихам.
Именно за эти стихи мы его принимали и любили, а не за упоминаемые Кожиновым.
	Стихи эти не были "как бы специально предназначены для исполнения с эстра-
ды" /Кожинов/, а просто - не могли быть напечатаны, потому и читались. О роли "о-
ральной, произносительной" поэзии я писал уже много.
	Теперь о сборнике "Волны и скалы". Помимо тайком сделанной Борей Тайгиным
"типографской книжечки" тиражом в один экземпляр, на моем первом "Мерседесе" были
отпечатаны еще 5-6 экземпляров, обложку делала моя жена /тогда еще невеста/, а
переплетала моя матушка, которая Колю и Глеба очень любила. Стихи из этого сборни-
ка, хотя и приводятся в издании Кожинова, но в жутко искаженном виде, по поздней-
шим /в основном, вологодским/ публикациям. А там местные редакторы и цензоры пот-
рудились на славу. Все эти разночтения и редакторско-Колины /совместные/ правки -
будут приведены далее.
	Но к Кожинову.
	"Но, как бы переступив через свою первую - пусть и не опубликованную -
книгу, Николай Рубцов в 1962 году решительно меняет свои темы и стиль, несмотря
на то, что в тогдашней ситуации его новая /а на самом деле возвращающаяся к изна-
чальному/ поэзия ЯВНО НЕ МОГЛА ПРИНЕСТИ ЕМУ СКОЛЬКО-НИБУДЬ ШИРОКОГО ПРИЗНАНИЯ."

Выделено мною. Потому что тут-то - Кожинов и лжет /врет - слишком мягко/. И лжет он заведомо. Именно такая - коньюнктурная - сельская поэзия и могла вывести на "широкую дорогу". И вывела. Недаром Кожинов далее поминает "народность и человечность". Колю "отошли" от экспериментов именно условия Литинститута, а круги, с которыми он там общался - привели к балалайке /гармошке или гитаре/ и к "почвенному" восприятию мира. "Народность" Коли - столь же ярко проявляется в его "Видениях", "Филе" и "Фиалках", как и в более поздних. Но, будучи - "ужат" в области формы - Коля обратился к классике. К тому же - отрыв от ленинградского круга /а что за "почвенная" публика собирается в Литинституте - я прекрасно знаю./ Других же друзей в Москве у Коли - не было.

Если в Ленинграде - он общался с работягами на Кировском заводе, а по вечерам - с нами, то в Литинституте - он круглые сутки общался с Кожиновыми.

И все же он не проституировал. В его стихи врываются - церкви, грустный колхозный быт, но все это - как бы "умиротворяется" сельской природой /чего не было у Коли - в городе/. Заметим, что стихов о Москве - у него, практически нет. Он был полностью чужд ей, проводя каждое лето под Вологдой, но - абсолютно не проникнувшись столицей! О Ленинграде, в котором он пробыл меньше - 5 лет, у него стихов имеется. Не то, чтобы много, но - несколько, и характерных.

В целом же он был, конечно, деревенским. Это и позволило прилипнуть к нему всей литинститутской есенинствующей-кожиновствующей сволочи. А отходил он после этих пьянок - в деревне.

Кожинов пишет:

"Правда тяжелые и темные стороны его души по-настоящему развязывало /что греха таить!/ вино. ...

И нет сомнения, что гибель его не была случайной. В целом ряде стихотворений с полной ясностью выразилось доступное немногим истинным поэтам, остро ощущающим ритм своего бытия, предчувствие близкой смерти. Он даже точно предсказал в одном из последних стихотворений:

Я умру в крещенские морозы...

В морозную крещенскую ночь, 19 января 1971 года Николай Рубцов во время тяжкой ссоры был убит женщиной, которую собирался назвать женой."

Как красиво!

На самом деле, это, похоже, "блондинка Катя", упоминающаяся в "Вечерних стихах", поскольку известно, что задушен он официанткой, писавшей стихи. Задушен подушкой за то, что в припадках пьяного садизма, гасил об нее папиросы.

Одним словом, как пишет Виктор Коротаев в сборнике "Подорожники":

"... он становился ясным и добрым. Ходил по улицам, улыбаясь знакомым, разговаривал с детьми, дарил им конфеты и желтые листья."

Почти как Ленин.

Только с чего ж он озверел?

Об этом говорится глухо. "Неустроенность", то да сё, "ряд прегрешений" в Литинституте, в 1970 году "он, наконец, обрел свой дом в столице его родной вологодской земли". А до этого - ГДЕ он жил? А - по общагам, по углам, по баракам, как многие, многие поэты в данной антологии.

Об этом в предисловиях не говорится.

Зато теперь его именем - назвали целую улицу. Как сообщает Кожинов.

Коля, Коля...

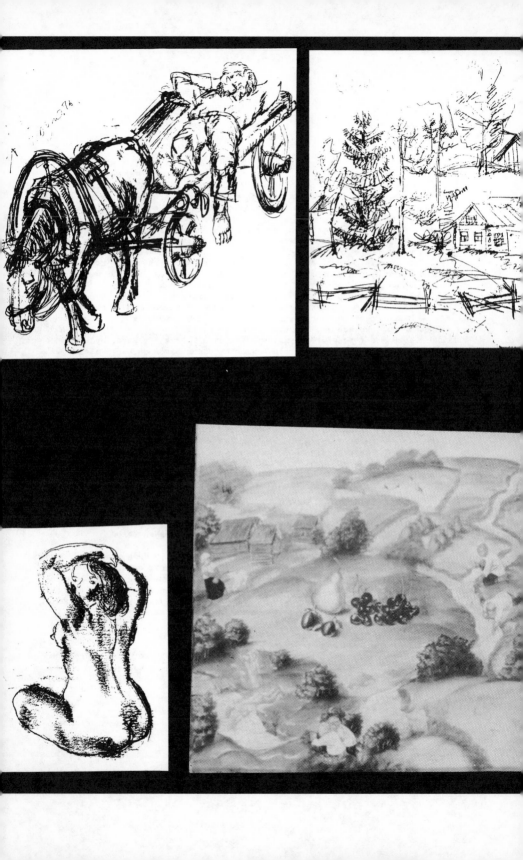

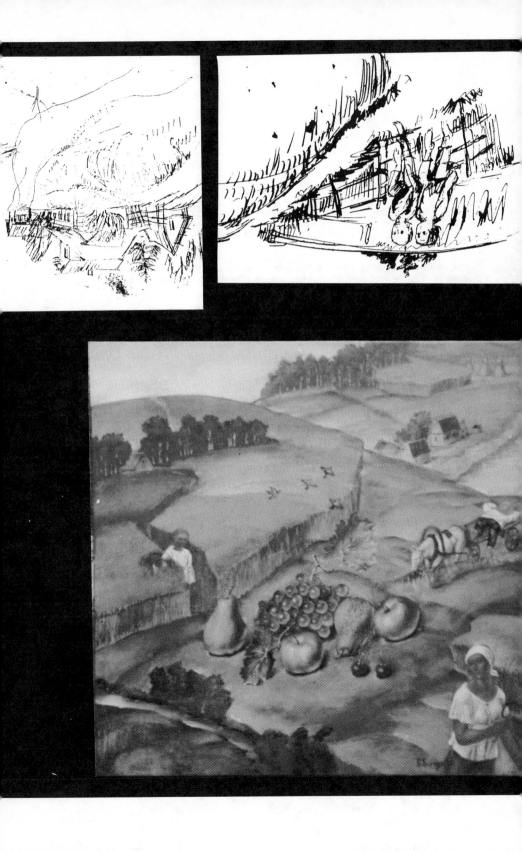

Пишет мне матушка /11.1.80/:

"Писала ли о Коле Рубцове, забыла. Сейчас собирают материал для книги о нем. Погиб он от руки своей невесты, поэтессы Людмилы Дербиной /?/. В ночь с 18 на 19 янв. 1971 г. Людмила была у Коли. Оба были пьяны, Л. прокусила /нечаянно - вставлено. - ККК/ сонную артерию и утром обнаружила, что Коля мертв. Л. явилась в отд. милиции и сказала: "Я убила поэта", и назвала адрес. Дербина была осуждена на 8 лет. Друзьями Н.Рубцова за последние годы написано много воспоминаний о нем. Написаны и стихи, посвященные его светлой памяти! Большой друг Н.Рубцова - Г.Горбовский написал:

ВОЛОГОДСКИМ ДРУЗЬЯМ

Светлой памяти К.Рубцова

Нас познакомил
мертвый человек,
погибший
от укуса злобной суки...
Его уж нет.
Он завершил пробег...
Шагов его -
вот-вот затихнут стуки...

Но землю он любил -
не меньше нас!
Ее он славил
хрупким горлом птицы...
И от того,
что нет его сейчас -
душе
не расхотелось веселиться...

На птичьи его песни
выпал снег...
И съёжилась
посмертная шумиха...
... Как заспанно мы любим!
Как во сне...
Покуда просыпались -
стало тихо...

Ленинград,
14 октября 1971 г.

Вот потому и не люблю поэтесс, из предчувствия, что ли. А стихи Глеб написал плохие, но как всегда - хорошие строчки.

Показательно другое. ДАЖЕ о таком канонизированном поэте, как Коля - пишут глухо, обстоятельства его гибели проясняются - по слухам лишь, что же говорить о других, о малых?
Но эта поэтесса-кровососка, вамп /таких много в Америке/ - ничего себе, "случайно прокусила"? Дела...

В ОКЕАНЕ

Забрызгана
      крупно
         и рубка,
            и рында,
Но ЧАС
     отправления
         дан!
И тральщик
     тралфлота
         треста
           "Севрыба"
Пошел
    промышлять
       в океан...

Подумаешь,
     рыба!
       Треске
         мелюзговой
Язвил я:
    - ПОПАЛАСЬ УЖЕ? -
На встречные
      злые
        суда без улова
Кричал я:
    - Эй, вы!
        На барже! -
А волны,
    как мускулы,
        взмыленно,
          рьяно,
Буграми
   В СУРОВЫХ тонах
Ходили по ЧЕРНОЙ
      груди океана,
И ЧАЙКИ ПЛЕСКАЛИСЬ
     в волнах.
И долго,

В ОКЕАНЕ

Забрызгана
      крупно
         и рубка,
            и рында,
Но румб
     отправления
         дан!
И тральщик
     тралфлота
         треста
           "Севрыба"
Пошел
    промышлять
       в океан.
Подумаешь,
     рыба!
       Подумаешь,
         рубка!
Как всякий
     запрвский
         матрос,
Я хрипло ругался,
        и хлюпал,
          как шлюпка,
Сердитый
     простуженный
         нос.
От имени
     треста
       треске
         мелюзговой
Язвил я:
    - Что, сдохла уже?
На встречные
      злые
        суда без улова
Кричал я:
    - Эй, вы,
        на барже! -
А волны,
    как мускулы,
        вздыбленно,
          пьяно,
Буграми
   в багровых тонах
Ходили по нервной
      груди океана,
И нерпы ныряли
     в волнах.
И долго,

```
        и хищно,                          и хищно,
              стремясь поживиться,              стремясь поживиться,
С кричащей                          С кричащей
          голодной                            голодной
                  тоской                              тоской
Летели                              Летели
      большие                            большие
            клювастые                          клювастые
                    птицы                              птицы
За судном,                          За судном,
        пропахшим                          пропахшим
                треской...                          треской...


1961                                До 1961
/в официальных сборниках/           /в машинописном сборнике, по памяти/
```

Кому нужны были эти правки в совершенно невинном тексте? Формализм из Коли вышибали. Коля работал ПО ЗВУКУ: "румб", "багровых", "нервной", "нерпы ныряли" - его приводили к "соцреализму".

Строфу о ругани - вообще выкинули: советскому матросу не подобает ругаться /см. единственный приличный рассказ Л.Соболева - "Индивидуальный подход"/.

Во всех имеющихся у меня изданиях Рубцова текст этот приводится по какой-то вологодской публикации. Я привожу его по "рукописному" /как выразился Кожинов/ сборнику "Волны и скалы", который помню наизусть.

Дата "1961" - неверная. В январе 1961 года Коля уже читал эти стихи, наряду с другими. Или не читал. Я не помню. Но тогда они написаны при мне. Звуковые.

Остальные стихи из сборника "Волны и скалы" буду приводить по памяти, отмечая в примечаниях примеры редакторской "правки".

ФИАЛКИ

Я в фуфаечке грязной
Шел по насыпи мола,
Вдруг откуда-то страстно   /Вдруг тоскливо и страстно/
Стала звать радиола:
"Купите фиалки!
Вот фиалки лесные!
Купите фиалки,
Они словно живые!"
... Как я рвался на море!
Бросил дом безрассудно
И в моряцкой конторе
Все просился на судно,
На буксир, на баржу ли...   /Умолял, караулил.../
Но нетрезвые, с кренцем,
Моряки хохотнули
И назвали младенцем...

Так зачем мою душу
Так волна волновала,
Посылая на сушу
Брызги быстрого шквала?   /Брызги сильного шквала/
Кроме моря и неба,
Кроме мокрого мола,
Надо хлеба мне, хлеба...
Замолчи, радиола!...
Сел я в белый автобус,
В белый, теплый, хороший, -
Там вертелась, как глобус,
Голова контролерши.

Назвала хулиганом,
Назвала меня фруктом...
Как все это погано!
Ах, кондуктор, кондуктор...   /Эх! ....../
Ты не требуй билета,
Увези на толкучку,
Я, как маме, за это
Поцелую вам ручку!

Вот хожу я, где ругань,
Где торговля по кругу,
Где толкают друг друга
И толкают друг другу,
Рвут за каждую гайку
Русский, немец, эстонец...
О, купите фуфайку!
Я отдам за червонец...

НА БЕРЕГУ

Однажды к пирсу
Траулер причалил,
Тревожный порт
Приветствуя гудком.
У всех в карманах
Деньги забренчали,
И всех на берег
Выпустил старпом.

Иду и вижу:
Мать моя родная! -
Для моряков,
Вернувшихся с морей,
Избушка,
Под названием
"Пивная" -
Стоит без стекол в окнах,
Без дверей.

Где трезвый тост
За промысел успешный?
Где трезвый дух
Общественной пивной?
Я в первый раз
Забрел сюда,
Безгрешный,
И покачал
Кудрявой головой.

И тут матросы
В сумраке кутежном,
Как тигры в клетке,
Чувсьвуя момент,
Зашевелились глухо
И тревожно:
"Тебе чего не нравится,
Студент?"

"Послушайте,
Вскипел я,
Где студенты?!
Я знаю сам
Моряцкую тоску!
И если вы
Неглупые клиенты -
Оставьте шутки,
Трескайте треску!"

Я сел за стол
С получкою в кармане,

И что там делал -
Делал или нет -
Пускай никто
Расспрашивать не станет:
Ведь было мне
Всего Шестнадцать лет!

Очнулся я,
Как после преступленья,
С такой тревогой,
Будто бы вчера
Кидал в кого-то
Грязные поленья,
И мне в тюрьму
Готовиться пора!]

А день вставал,
И музыка зарядки
Уже неслась
Из каждого окна,
И утверждая
Трезвые порядки,
Упрямо волны
Двигала Двина,

Родная рында
Звала на работу
И, освежая головы,
Опять
Летел приказ
По траловому флоту:
"Необходимо
Пьянство
Пресекать!"

Опубликовано в сборнике "Подорожники", Москва, Молодая Гвардия, 1976, –
наиболее полном /привожу, в основном, из него/ под названием "Летел приказ /вос-
поминание/". Не датировано. Написано, вероятно, перед "Фиалками" и после "В оке-
ане" /1961-62/.

Разночтения:

"вошел сюда" – "зашел сюда", "и вдруг" – "и тут", "кружки и поленья" –
"грязные поленья", но это все мелочи.

Переделана, в основном, строфа после выпущенной "Послушайте, вскипел я..."
Переделана, поскольку у Коли точно указывается возраст: 16 лет. О том, что спаи-
вается /или спивается/ шестнадцатилетний кочегар, в Советском Союзе говорить не
полагается. Хваленая Кожиновым Колина искренность тут приходится не к месту.

Криминальную строфу убрали.

Но не из моей памяти.

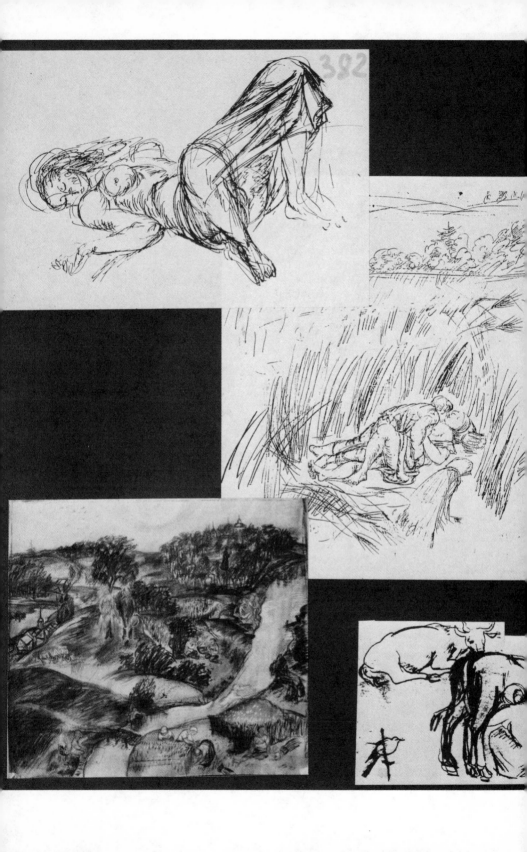

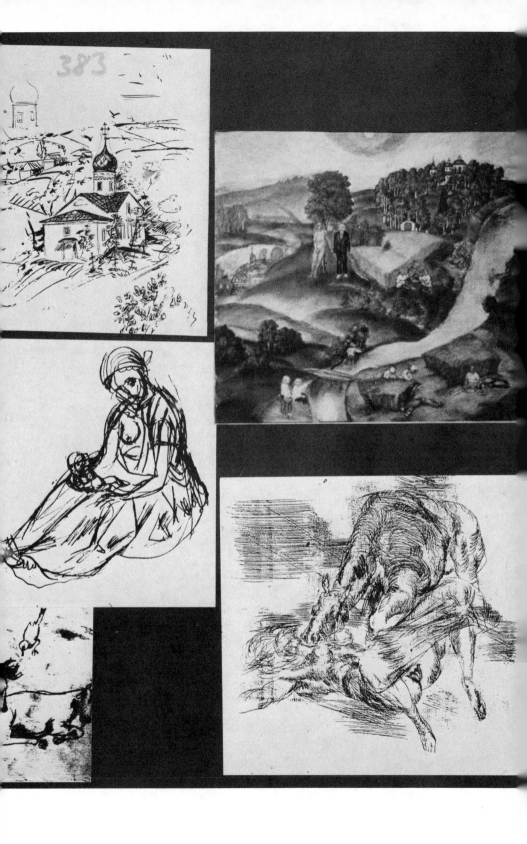

В ГОСТЯХ

Глебу Горбовскому

Трущобный двор. Фигура на углу.
Мерещится, что это Достоевский.
И желтый свет в окне без занавески
Горит, но не рассеивает мглу.
Гранитным громом грянуло с небес!
В трущобный двор ворвался ветер резкий,
И видел я, как вздрогнул Достоевский,
Как тяжело ссутулился, исчез...

Не может быть, чтоб это был не он!
Как без него представить эти тени,
И желтый свет, и грязные ступени,
И гром, и стены с четырех сторон!

Я продолжаю верить в этот бред,
Когда в свое притонное жилище
По коридору в страшной темнотище,
Отдав поклон, ведет меня поэт...

Куда меня, беднягу, занесло!
Таких картин вы сроду не видали,
Такие сны над вами не витали,
И да минует вас такое зло!

...Поэт, как волк, напьется натощак.
И неподвижно, словно на портрете,
Все тяжелей сидит на табурете,
И все молчит, не двигаясь никак.

А перед ним, кому-то подражая
И суетясь, как все по городам,
Сидит и курит женщина чужая...
- Ах, почему вы курите, мадам!

Он говорит, что все уходит прочь
И всякий путь оплакивает ветер,
Что странный бред, похожий на медведя,
Его опять преследовал всю ночь.
Он говорит, что мы одних кровей,
И на меня указывает пальцем,
А мне неловко выглядеть страдальцем,
И я смеюсь, чтоб выглядеть живей.
И думал я: "Какой же ты поэт,
Когда среди бессмысленного пира
Слышна все реже гаснущая лира,
И странный шум ей слышится в ответ?"...
Но все они опутаны всерьез

Какой-то общей нервною системой:
Случайный крик, раздавшись над богемой,
Доводит всех до крика и до слез!
И все торчит.
В дверях торчит сосед,
Торчат за ним разбуженные тетки,
Торчат слова,
Торчит бутылка водки,
Торчит в окне бессмысленный рассвет!
Опять стекло оконное в дожде,
Опять туманом тянет и ознобом...

Когда толпа потянется за гробом,
Ведь кто-то скажет: "Он сгорел... в труде".

1962

В официальных публикациях посвящение не приводится. Кроме того, в сборнике "Волны и скалы" перед строфой "Но все они опутаны всерьез" имелась строфа:

Ура! Опять ребята ворвались!
Они еще не сеют и не пашут,
Они кричат, они руками машут,
Они как будто только родились.

В сборнике "Подорожники" строфа эта, видоизмененная, идет второй в тексте "О чем шумят / Друзья мои, поэты..." Остальной текст - совершенно маразматический, каких у Коли, почти что, и нет. Помимо "Левого марша" и Есенина, там кончается:

И, славя взлет
Космической ракеты,
Готовясь в ней летать за небеса,
Пусть не шумят,
А пусть поют поэты
Во все свои земные голоса!

Бррр!
В сборнике "Тишина" Горбовского /который у меня куда-то провалился/ имелась поэма Глеба /заключающая/ о комнате у вокзала, которая полностью сравнима с Колиным описанием выше. Знаменитая квартира №6. Интересно и другое: "осуждение" Рубцовым "богемности" Глеба. Коля был, где-то, умиротвореннее Глеба. И даже вступал с ним в поэтический спор. Сравнить его строчку в "Вечерних стихах":

Я не боюсь осенних помрачений!

с Глебом:

Боюсь осенних помрачений
. . . .
Боюсь, как всякий злой, вечерний
И одинокий человек!

Глеб - горожанин. От Достоевского. Коля - пейзанин. От Есенина. И спорили.

ЭЛЕГИЯ

Стукнул по карману - не звенит.
Стукнул по другому - не слыхать.
В коммунизм, в таинственный зенит,
Полетели мысли отдыхать.

Но очнусь и выйду за порог
И пойду на ветер, на откос
О печали пойденных дорог
Шелестеть остатками волос.

Память отбивается от рук,
Молодость уходит из-под ног,
Солнышко описывает круг,
Жизненный отсчитывая срок.

Стукнул по карману - не звенит,
Стукнул по другому - не слыхать.
Если только буду знаменит,
То поеду в Ялту отдыхать.

Не датировано. Вероятно, 1962. 3-я строчка во всех сборниках Коли читает-
ся: "В тихий свой, таинственный зенит..."

Коммунизм, как всякому идиоту ясно, в таком контексте поминать не рекомен-
дуется. /Ср. со стихами Глеба Горбовского: "Как я хотел бы жить при коммунизме - /
Тогда меня, как следует, накормят!" в 1-м томе./

Но помимо "коммунизма" Коля развлекался в данном стихе вариациями, прибавля-
ляя после каждой строчки:

Стукнул по карману - не звенит,
Как пусто!
Стукнул по другому - не слыхать,
Как в первом.
В коммунизм, в таинственный зенит,
Как в космос,
Полетели мысли отдыхать,
Как птички!

Далее уже шли переклады "как лярва", "как падла", "как бочка", "как фраер" /это
о "шелестеть остатками волос"/, "как сука", но куда и как они относятся, я уже
не помню, да и неважно.

Важно отношение Коли Рубцова - к "светлым идеалам коммунизма", которые он
в рот и в мат перекладывал.

Последняя строфа была уже в Литинституте дописана, когда Коля познакомился
с бытом советских писателей. В 62-м году ее еще не было. Появилась в 63-м.

Загородил мою дорогу
Грузовика широкий зад.
И я подумал: "Слава богу!
Село не то, что год назад".

Теперь в полях везде машины
И не видать худых кобыл,
И только прежний дух крушины
Все так же горек, как и был.

И резко, словно в мегафоны,
О том, что склад забыт и пуст,
Уже не каркают вороны
На председательский картуз.

И я подумал: "Слава богу!..."
Но бог-то тут - причем опять?
Уже пора нам понемногу
От мистицизма отвыкать!

Давно в гробу цари и боги.
И дело в том, наверняка,
Что с треском нынче демагоги
Летят из Главков и ЦК!

    "Худых" кобыл, натурально, подменили на "плохих". "Худые" слишком живописно. Реалистично. А "плохие" - ну мало ли, не породистые. Породистых, правда, тоже повывели.
    "Прежний" или "вечный" "дух крушины" - это не суть важно.
    Но вместо последних двух строф, разумеется, публикуется одна:

Идут, идут обозы в город
По всем дорогам, без конца -
Не слышно праздных разговоров,
Не видно праздного лица.

    "Председателя" оставили. Его картуз. Председателя еще ругать можно. Но - "демагогов из ЦК" - никак. Не помогли и атеистические лозунги.

    Остальные стихи привожу из сборника "Волны и скалы" с несущественными правками, оговоренными, правда /для текстологов/. Разночтения по официальным изданиям будут приведены справа, "престиж элитой" /этим шрифтом/.

СТАРЫЙ КОНЬ

Хоть волки есть на волоке,
И волок тот полог -
Едва он сани к Вологде
По волоку волок.

Все небо звездным пологом
Светилось, а ему
Казался волок - волоком,
Закутанным во тьму.

И вдруг заржал он молодо,
Гордясь без похвалы,
Когда завидел Вологду
Сквозь заволоку мглы.

1960?

ПАРОМ

Паром. Паромщик. Перевоз.
И я, с тетрадкой и пером.
Не то, что паром паровоз -
Нас парой весел вез паром!

И пусть паром не паровоз,
.... пора,
Как паровоз, на всех парах -
Меня он в детство перевез!

1960?

Первый текст в сборниках "разбавлен" вводной /повторной/ строфой:

Звени, звени легонечко,
Мой колокол, трезвонь!
Шагай, шагай тихонечко,
Мой бедный старый конь!

В 62-м году этой вводной строфы еще не было. Колю интересовала только игра со словом. Имеются и другие мелкие разночтения. 3 и 4 строчки - "Все слушал медный колокол, / Звеневший под дугой". В предпоследней строчке - "увидел". Коля был не глухой: завидел - заволоку. Редакторская работа.

Второй текст в сборниках не нашел. Вроде, была еще одна строфа посередине. И строчку не вспомнить. 18 лет прошло, все-таки.

Звукописью Коля баловался стыдливо. Несколько примитивно, но активно. Помимо приводимых этих двух, а также "колокольного Левитана" и "крестов" в "Видениях", крутая звукопись имеется в тексте "В океане". Помнится также, что в одном из сборников Коли, которого у меня нет, был следующий текст /а также в "Волнах и скалах"/:

ДВЕ ЛИЛИ

/шутка/

Две маленькие Лили-лилипуты
Увидели на иве желтый прутик.
Его спросили Лили: "Почему ты
Не зеленеешь, прутик-лилипутик?"

Пошли за лейкой маленькие Лили,
На шалости не тратя и минуты,
И так усердно, как дожди не лили,
На прутик лили Лили лилипуты.

1962?

"Формализмом" Колю заниматься никто не понуждал. Это тот самый период, который так активно отвергает /как не свойственный "истинно Рубцову"/ Вадим Кожинов.

Что случилось бы с Колей, если бы он не поступил в Литинститут и остался в Ленинграде – судить трудно. Тем более, что к 63-64 активная "литературная жизнь" заглохла, все поразбрелись, оставались только ахматовская школа и школа нео-обэриутов. Второй "взлет" начался в 67-м году, когда подозрели новые силы: Кривулин, Охапкин, Куприянов, Чейгин, Ширали, но и среди них – Коле не нашлось бы места.

Экспериментаторство для него было явлением случайным, более диктуемым атмосферой /о которой упоминает Кожинов/, а не внутренней потребностью.

В те же самые годы "звуковал" и мастер верлибра Геннадий Алексеев /начавший, впрочем, с "имажинизма" – см. его "Осенние страсти" в этом томе/. В 62-м же году он писал "Азбуку". Привожу:

Будущее –
Большая бешеная баба,
Беременная бомбой.

Так что Коля был не одинок. Отношение же его самого к "экспериментальным" текстам определяется им же самим даваемыми подзаголовками /"шутка"/. Таких "шуток" у него было с дюжину, не то боле.

Литературный же институт – ничему его не научил. Как пишет Кожинов, Коля просто вернулся к своим "деревенским" текстам до 1957 года. Правда, стихи у него стали мудрее, глубже, трагичнее.

А мудрости, как известно, не учат. Особенно в советских учебных заведениях. Там учат обратному.

УТРО ПЕРЕД ЭКЗАМЕНОМ

Тяжело молчал
Валун-догматик
В стороне от волн...
А между тем
Я смотрел на мир,
Как математик,
Доказав с десяток
Теорем.

Скалы встали
Перпендикулярно
К плоскости залива.
Круг луны.
Стороны зари
Равны попарно,
Волны меж собою
Не равны!

Согнутое,   Вдоль залива,
Будто знак вопроса,   Словно знак вопроса,
Дергая спиной   Дергаясь спиной
И головой,
Пьяное
Подобие матроса
Зябко шло   Двигалось
По ломаной кривой.

Спотыкаясь
Даже на цветочках, -
Боже, тоже пьяная
В дугу! -
Чья-то равнобедренная
Дочка
Двигалась,
Как радиус в кругу.

Я подумал:
Это так ничтожно,
Что о них
Нужна, конечно, речь.
Но всегда
Ничтожествами
Можно,
Если нужно,   Если надо
Просто пренебречь!

И в пространстве,
Ветреном и смелом,
Облако -
Из дивной дали гость -

Белым,
Будто выведенным мелом,
Знаком бесконечности
Неслось...

1961?

Мелочи, конечно. Но не Кожиновым заметить, что Коля знал - отродясь: два раза "двигалось" он не мог употребить!

А вот "можно - нужно", хоть и повтор, но - звуковой. И у Коли было "нужно".

Я не знаю, кто, как и когда правил Рубцова. Сам ли он, или с благодетельной помощью редакторов. Сам он мог бы поправить только "Хуторок" /"Доброго Филю"/, четвертую строчку, а с ней и другие две. Но "В океане" - правил не он сам, я уже не говорю за строчки "политические".

Так что не знаю, чему его там, в Литературном институте, учили.
Писать он умел.

ДОБРЫЙ ФИЛЯ

Я запомнил, как чудо,
Тот лесной хуторок.
Хутор - это не худо,
Это мир, не мирок!

Я запомнил, как диво

Задремавший счастливо
Меж звериных дорог

Там в избе деревянной,
Без претензий и льгот,
Там без газа, без ванной,
Добрый Филя живет.

Филя любит скотину,
Ест любую еду,
Филя ходит в долину,
Филя дует в дуду.

Мир такой справедливый,
Даже нечего крыть...
- Филя, что молчаливый?
- А о чем говорить?

В сборнике "волны и скалы" этот текст шел без названия, под рубрикой "Вместо послесловия". Им сборник и заканчивался.

Первичный вариант "Хутор - это не худо" - типичный пример звукописи Рубцова. Четвертую строчку "Это мир, не мирок" - я, помню, ругал за неуклюжесть. Но Коля редко слушался. Заменил, полагаю, сам.

РАЗЛАД

Мы встретились
У мельничной запруды.
И я ей сразу
Прямо все сказал!
- Кому, - сказал, -
Нужны твои причуды?
Зачем, - сказал, -
Ходила на вокзал?

Она сказала:
- Я не виновата.
- Ну да, - сказал я, -   - Ответь, - сказал я, -
Кто же виноват? -
Она сказала:
- Я встречала брата!
- Ха-ха, - сказал я, -
Разве это брат?

В моих мозгах
Чего-то нехватало:
Махнув на все,
Я начал хохотать.
Я хохотал,
И эхо хохотало,
И грохотала
Мельничная гать.

Она сказала:
- Ты чего хохочешь?
- Хочу, - сказал я, -
Вот и хохочу! -
Она сказала:
- Мало ли что хочешь!
Я это слышать
Вовсе не хочу!   Больше не хочу!

Конечно, я ничуть
Не испугался.
Я гордо шел   Не напугался,
На ссору и разлад.   Как всякий,
И зря всю ночь   Кто ни в чем не виноват
Горел и трепыхался   И зря в ту ночь
В конце безлюдной улицы   Пылал и трепыхался
Закат...

1961?

Опять мелочи... Но "ну да!" - звучало гораздо лучше. Единственно правиль-
ная правка - это "в ту ночь", и как я не заметил! А "гордо шел" - звучало - гор-
до. Оправдываться Коля не хотел. И не в чем было.

```
Я забыл,
Как лошадь запрягают,
И хочу ее
Позапрягать,
Хоть они
Неопытных лягают,
И до смерти
Могут залягать!
Я их знаю,                        Не однажды
Мне уж доставалось               Мне уже досталось
От коней -
И рыжих, и гнедых, -
Знать не знали,
Что такое жалость,
Били в зубы прямо
И в поддых.                       И под дых
Эх, запрёг бы я сейчас           Эх, запряг бы
Кобылку,
И возил бы сено,
Сколько мог.
А потом
Втыкал бы важно
Вилку -
Поросенку
Жареному
В бок!
```

1960

"Дежурное" стихотворение Коли. Впервые я его услышал в самом начале 1961. Так что датировка по сборникам /оно помещается в раздел "после 1962"/ неверна. Можно спросить и у Эдика.

Эх, сюда бы его /имею в виду Эдика/! Какие мемуары я бы у него выжал!

Мало, кто знал Колю так хорошо /по Ленинграду/.

А пишут - Кожиновы.

ПИСЬМО

Нашлось письмо, 19 лет назад писанное. Оригинал, посланный заказным, изъяли доблестные перлюстраторы, но мне абы копию. Оригиналом пусть подавятся, как и со статьей Пунина о Хлебникове.

Пишет Коля /я тогда ошивался в Феодосии, в гидрологах, работал на торпедном заводе в Орджоникидзе и на подводных крыльях в Приморском, куда и писал Коля/:

"15 августа 61 г.

Привет, привет,
"несчастный" Костя!

Я читал у Эдика твое письмо, проникнутое трогательным пессимизмом, отчаянием. Просишь стихов. Если не пошлем их,- сойдешь с ума в Феодосии, так что ли? Ну ладно, друзьям полагается в таких случаях быть отзывчивыми и т.п. и я отзовусь, напишу тебе что-нибудь из своих стихов в конце письма. Подкрепи ими свои ослабленные силы. Или травить в ближайшую урну потянет? Но о чем писать? Говорить о лит. сплетнях? Но я почему-то не интересуюсь ими, и поэтому не могу /три слова зачеркнуто/ покормить и напоить свежими /слово зачеркнуто/ слухами организм /обойдемся без эпитета/ твоего любопытства. Это если понимать сплетни в их обычном, прозаически-унылом смысле. А если сплетни в твоем понимании - просто разговор современных людей о новых стихах, о делах поэтов то пожалуйста: недавно...

Впрочем, мне скоро на работу, так что писать об этом ничего не стану, тем более, что все обыденно и изрядно поднадоело. Приедешь, - все узнаешь. Ты ведь скоро приедешь? Не будешь ведь там всю жизнь околачиваться и сходить с ума. Все проходит, проходит и жизнь, а твое теперешнее состояние, новая обстановка - пройдут и подавно. Да, самое удивительное, самое возмутительное в том, что время идет независимо от наших соображений, от нашего желания. Вот чёрт!

А это, пожалуй, неплохо, что ты сейчас ничего не пишешь. Всю зиму, как мне кажется, ты писал, как будто беспорядочно, лихорадочно растрачивал свои поэтические патроны, куда попало, во что попало, лишь бы стрелять, благо патроны были. А теперь, может быть, ты приготовился убить тигра, чувствуешь огромное желание убить тигра. А тигра надо сперва выследить. Дай бог, чтобы он попал тебе, и чтоб ты пристрелил его на месте.

Костя, не обращай внимания на хаотичность моих разглагольствований /слово-то, мать его.../, в самом деле, спешу. Думать некогда. Да и что я, несерьезное создание, могу написать серьезного, дельного?

Меня тоже сейчас не очень тянет писать. Больше тянет на женщин, на деревья, на тени на тротуаре. /Зачеркнуто слово/ Ты бы посмотрел, какие у нас на Севастопольской улице тени ночью! О, господи, оказывается, на обычных тенях от деревьев можно помешаться! А еще регулярно тянет к винно-водочным отделам...

Ну ладно. Прости мою витиеватость /цитата из стихотворения Бродского "Слава" - "Над утлой мглой столь кратких поколений..." - ККК/. Почитай дальше стихи.

В твоих глазах
                не моментальное
Сплошное что-то ненормальное.
И что-то в них религиозное...
А я - созданье несерьезное!
Сижу себе за грешным вермутом,
Молчу, усталость симулирую.
- В каком году стрелялся Лермонтов?

Я на вопрос не реагирую!
Пойми, пойми мою уклончивость, -
Что мне любви твоей не хочется!
Хочу, чтоб все скорее кончилось,
Хочу, но разве это кончится!
В твоих глазах
                    не моментальное
Сплошное что-то ненормальное.
Святая, дикая, безгрешная
Одна любовь! Любовь кромешная!

-

РАЗРЫВ

В окнах зеленый свет,
Странный, болотный свет...
Я не повешусь, нет!
Не помешаюсь, нет!
Буду я жить сто лет!
И без тебя - сто лет!
Сердце не стонет, нет!
Нет! Сто нет!

-

Жуют, считают рублики,
Спешат в свои дома...
И нету дела публике,
Что я схожу с ума!
Не знаю, чем он кончится,
Запутавшийся путь.
Но так порою хочется
Ножом... куда-нибудь!

-

Жму лапу. Н.Рубцов.

Мой адрес:
          Севастопольская д.5 кв.22
          Черкни, как будет время
                    /неразб./!"

ЛИТЕРАТУРНАЯ СПРАВКА:
Помимо неточной цитаты из Бродского /в оригинале - "Прости, о Господи, мою витие-
ватость!"/, имеются ремінесценции из тихоокеанского Сельвинского /"Охота на тигра",
"Баллада о тигре"/, но в большей степени из фильма "Искатели счастья", о евреях в
Биробиджане, где Шлёма /играл его Иона Бий-Бродский/ "желает убить тигра". Так что
- четкие еврейские традиции в Колиных славянофильских корнях!
Последние два текста в советских публикациях Рубцова /на 1977 г./ - отсутствуют.

НИКОЛАЙ РУБЦОВ

СУДЬБА

Легкой поступью,
                    кивая головой,
Конь в упряжке
Прошагал по мостовой.
Как по травке,
                 по обломкам кирпича
Прошагал себе, телегой грохоча.
Между жарких этих
                        каменных громад
Как понять его?
Он рад или не рад?
Бодро шел себе,
                    накормленный овсом,
И катилось колесо за   колесом...
В чистом поле
                    меж товарищей своих
Он летел, бывало, как
                         весенний вихрь,
И не раз подружке милой на плечо
Он дышал по-молодому горячо.
Но однажды в ясных далях сентября
Занялась такая грустная заря!
В чистом поле,
                    незнакомцев веселя,
Просвистела,
                 полонив его,
                                   петля.
Тут попал он, весь пылая и дрожа,
Под огонь ветеринарного ножа,
И поднялся он, тяжел и невесом...
Покатилось
              колесо
                       за колесом.
Долго плелся он
                    с понурой головой
То по жаркой,
То по снежной мостовой,
Но и все-таки,
                    хоть путь его тяжел,
В чем-то он успокоение нашел.
Что желать ему?
                    Не все ли уж равно?
Лишь бы счастья
Было чуточку дано,
Что при солнце,
                    что при дождике косом...
И катилось колесо
                    за колесом.

РУБЦОВ Н.М. /1936 - 1971/ - русский советский поэт.

РУБЦОВ Николай Михайлович. Родился в 1936 г. в деревне Тотьма Вологодской области. Сирота, детдомовец. С 16 лет работал в Мурманске на траловом флоте, там же отслужил действительную, матросом Северного флота. По демобилизации подался в Ленинград, где работал за лимитную прописку в горячем цеху Кировского завода. Жил в общежитии на Севастопольской улице. Печататься начал во флотских газетах, с зимы 1960-61 гг. занимался в литобъединениии "Нарвская застава" с поэтами А.Моревым /покончил самоубийством, не публиковался/, К.Кузьминским /опубликован на Западе/, Э.Шнейдерманом /живет в СССР, опубликован в Израиле/, Б.Тайгиным /не публиковался, вычетом мемуаров о Рубцове/, А.Домашевым /не публиковался/, И.Сергеевой /изредка публикуется в СССР/ и др. Дружил с поэтами Г.Горбовским /член ССП с 1970/, Э.Шнейдерманом, В.Горшковым /алкоголик и радиожурналист/, К.Кузьминским. Хорошо знал поэзию И.Бродского. С первым самиздатским сборником на машинке "Волны и скалы" /издатели - Б.Тайгин, К.Кузьминский / поступил в 1962 г. в Литинститут им. Горького в Москве. Неоднократно отчислялся, жил в общежитии или снимал углы. Литературного заработка, практически, не имел. Пил и писал стихи. Рукописи хранил в голове, за неимением угла. По памяти надиктовывал утерянный на почте сборник стихов издательской машинистке. В Ленинграде не пел, там это не принято, начал петь под гармошку в Москве и потом в Вологде. В Литинституте сошелся с поэтами-славянофилами /идеолог - критик В.Кожинов, автор многих предисловий к посмертным сборникам Рубцова/, в Вологде общался /пил/ с вологодскими писателями. Изредка наезжал в Ленинград к Шнейдерману. При жизни были опубликованы 4 тоненьких сборника в Москве и Вологде, редкие и нерегулярные публикации в московских и вологодских журналах. Квартирку в Вологде получил незадолго до смерти. Погиб от руки /от зубов/ поэтессы Людмилы Дербиной, прокусившей ему шейную вену по пьяни. Л.Дербина была талантлива, публиковалась мало, отсидела несколько лет за непредумышленное убийство, написала мемуары /неопубликованы/. Зато опубликованы мемуары всех вологодских членов Союза писателей, даже шапочно знавших Рубцова. О причинах смерти поэта в мемуарах говорится глухо, проговаривается лишь жена писателя Виктора Астафьева. В деревне Рубцов имел жену и дочку, с которыми не жил, но дочку изредка навещал. Посмертно вокруг имени Рубцова начался шум, сборники его выходят ежегодно, печатаются антологии "От Ломоносова до Рубцова", словом, Рубцов - посмертно - стал самым популярным русским поэтом. В поэтике Рубцов сочетает самые лучшие качества кольцовско-есенинской линии, с привлечением Тютчева, Фета и характерным для его поколения знанием авангарда 20-х годов. Неопубликованные стихи Рубцов унес с собой, остается судить по напечатанному.

Прижизненные:
Лирика, 1967, Архангельск.
Звезда полей, 1967, Москва.
Душа хранит, 1969, Вологда.
Сосен шум, 1970, Москва.

Посмертные:
Зеленые цветы, 1971, Москва.
Избранная лирика, 1977, Архангельск.
Подорожники, 1976, Москва.
Всей моей любовью и тоской, 1978, Архангельск.
Стихотворения, 1978, Москва.
И др.

Воспоминания о Рубцове, 1983, Архангельск

Эту био- библио-графию я делал для Конева, который на советской пластинке нашел запись Рубцова, которую я и включил в кассету Морев-Рубцов-Шнейдерман. Выходит. 25 кассет, 40 голосов поэтов - в дополнение к антологии, из них - только одна запись /Рубцов/ заимствована у Госиздата, хотя и они - взяли ее из САМИЗДАТА... А права - неужто они на Колю имеют ПРАВА?! Или - на меня?

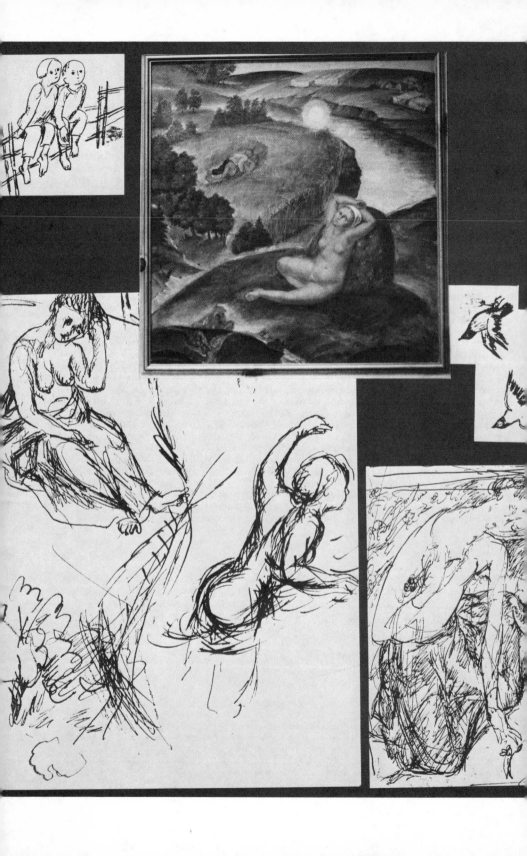

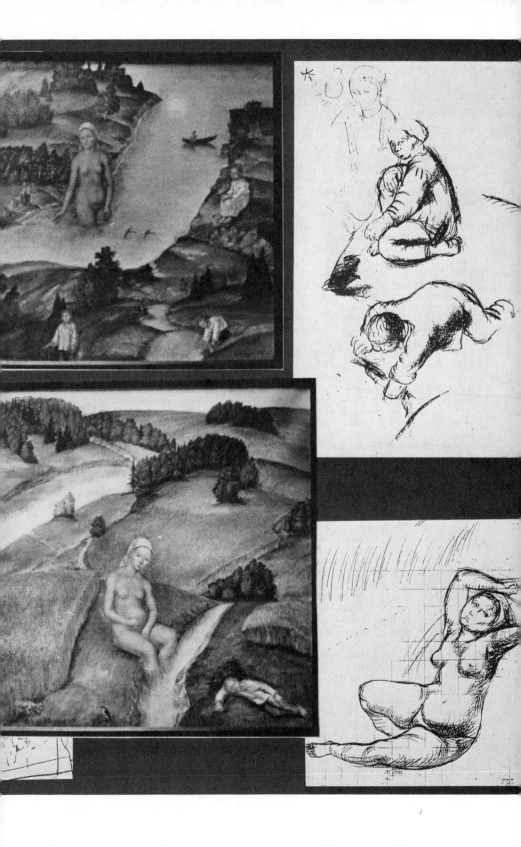

ВЕЛИКОРУССКИЙ СОЮЗ ИУДОВИЧЕЙ

Коллеги Рубцова по рязанскому - тьфу! - вологодскому отделению Союза писателей по-
чтили память поэта "Воспоминаниями о Рубцове" - малым тиражом и к тому же, чуть ли
не арестованным по выходе. Нет смысла перечислять эту скотоферму - об этом уже по-
тщился великий Исаевич, увековечив в своем "Бодался теленок с дубом" имена всех
этих Матушкиных, Баранниковых, Кожевниковых, Ворониных, Поварешкиных. И не лень
было, старому дураку! Я так просто - кроме Яшина, да Астафьева и его жены - нико-
го не упомнил. Какие-то, вологодские. Члены, однако ж.
И вот, в воспоминаниях этих членов - вкупе когда - проскальзывает одна и та же но-
та: о "неустроенности" поэта, мотавшегося из Москвы в Вологду и не имевшего ни там,
ни там пристанища, о нищете его, о том, что "вспоминал он сытые годы на флоте, ко-
гда о кормежке заботился не он, а старшина" /потом найду страницу, книжку уже Мышь
нашла/, о редких публикациях, о том, что однокомнатную квартиру в Вологде он полу-
чил лишь перед смертью, и "даже не успел в ней пожить".
Это в самой счастливой стране мира. В стране справедливости. А где же были все ме-
муаристы? А в Союзе, печатались, получали квартиры и не вспоминали "сытую жизнь"
на флоте, заботами старшины...
Вся книга - от первой до последней страницы - ложь, фальшь и УМОЛЧАНИЕ. И не толь-
ко имени "той женщины", как ее называют мемуаристы, не упомянуто. Не упомянута -
сама ЖИЗНЬ нищего поэта, который не хотел продаваться.
Каждая вторая страница в книжке - у меня загнута и помечена, то карандашом, то руч-
кой. Недомолвки, искажения и - редкие крупицы - полувыговоренной правды.
О Рубцове надо писать - особую книгу. Страниц антологии нехватит привести и проком-
ментировать - каждую из этих страниц. И тираж у Антологии - 500, и кроме Евтушен-
ко - ни один советский поэт или литкритик не может ее купить /как, впрочем, и ста-
вшую сразу же раритетом - тираж 15 000, вышедшую в 1983 году, книгу о Рубцове.../
Но бодро пишут коллеги: "Не объяснишь случайностью тот факт, что более 10 человек
из нашего литобъединения /при газете "На страже Заполярья" - ККК/ - все сверстни-
ки почти, одного года призыва ребята /"годки" - на флотском языке/ - стали членами
Союза писателей СССР. Многие бывшие матросы и старшины сегодня - профессиональные
журналисты, получившие после службы образование в Литературном институте, Московс-
ком и Ленинградском университетах." /стр.69/ - пишет Валентин Сафонов, один из. А
Коля Рубцов - был членом. И почти не печатался /2 тонюсеньких сборника при жиз-
ни/. И из Литинститута его изгоняли.
Но выживают - Сафоновы. Мне нет смысла писать о них, паче - цитировать. 10 членов
Союза - из одного только армейского литобъединения! И всех их надо - кормить. И -
снабжать квартирами. И - печатать.
Где же тут место непродажному поэту?
Поэтому я уехал. А Коля, вологодский поэт - куда ему? В Нью-Йорк? В Новую Гвинею -
стихи папуасам читать?
Пашет во дворе Некрасовки, в мастерне, худог Витя Володин. Из Вятки, деревенский.
И посреди Нью-Йоркского кошерно-пуэрториканско-польско-литовско-итальянского Виль-
ямсбурга - создает холсты, "помесь иконы с бытовухой", как их опредил я, или -
традиций Сороки и Петрова-Водкина, как их определят искусствоведы. Ему больше нра-
вится мое определение.
Им я - и проиллюстрирую нежно им любимого Колю. Которого он узнал - тут, от меня.
Не брать же - иллюстрацией - тексты советских писателей о Коле, или - описание как
корреспондент на БМРТ, герой повествования, "писатель Юрий Березовский": "Первым
делом выдал ребятам буайбес по-марсельски - изысканную французскую уху. А дальше -
больше: "шатобриан" из мороженой говядины, пюре "сен-жермен", соуса да "парфе" -
просто закачаешься." /Еремей Иудович Парнов, "Ларец Марии Медичи", Московский ра-
бочий, 1982, стр.71/ Это то, что жрут советские писатели на приемах в Сен-Жермен-
дю-Пре или Лондоне, но - вряд ли пробовал матрос Коля Рубцов.
Коля Рубцов, как и Витек Володин - и пельменей-то не всегда досыта пробовал. Про
деревню - рассказывал мне Витек, рассказывал будущий худож "Колобка" Леша
Любегин, да и сам я в Лубенском и прочих местах квасок хлебал, а про тралфлот -
расскажет покойный капитан Толик Радыгин. Не дожил до публикации, умер, от горькой,
в Техасе. Я же - еще скриплю. И долблю одним пальчиком - антологию. Годы уже.

Пишет мне матушка /от 4.11.84/:
"А прошлую книжку: "Воспоминания друзей" о К.Рубцове береги. Судьба этой книжки трагична. Тираж был всего 1 500 и когда напечатали половину, не хватило бумаги, набор рассыпали. Дело тут конечно не в бумаге, но вот что не понравилось? Что насторожило? Смешно, но факт!"

Не смешно, матушка. Насторожила - ПРАВДА, которая лезет шилом из мешка в каждой странице воспоминаний коллег и друзей. И правда про Дербину /в воспоминаниях жены Виктора Астафьева, Марии Корякиной, где она по бабьи о многом пробалтывается, а уж жену классика деревенского - редактировать не посмели/:

"Да, я уже знала, что она пишет стихи, что печаталась. Читала подборку ее стихов в журнале "Север" - простые, славные два стихотворения. /Ничего себе - "подборка", 2 стихотворения! - ККК/ Кроме того, в отделении Союза писателей как-то состоялось обсуждение стихов молодых поэтов, и ее в том числе. Читала она тогда, кажется, три или четыре стихотворения. Одно из них запомнилось мне особенно, о том, как люди преследуют и убивают волков за то лишь, что они и пищу и любовь добывают в борьбе, и что она /стихотворение написано от первого лица/ тоже перегрызет горло кому угодно за свою любовь, подобно той волчице, у которой с желтых клыков стекает слюна... Сильное, необычайное для женщины стихотворение. ...И оттого, наверное, что поэтесса читала свои стихи детски чистым, таким камерным голоском, это звучало зловеще, а мне подумалось: такая жестокость, пусть даже в очень талантливых стихах, есть нечто противуестественное. И вот я подошла к тому, о чем больно и горько рассказывать." /ВоР, с.242-3/ И не рассказывает. "Колю Рубцова убили. - Кто?! - Жена." /244/ Стихи Горбовского она процитировать, естественно, не смогла. "Ту женщину" - и она по имени не называет. Но сказано все-таки - СЛИШКОМ МНОГО.
Понятно, что "набор рассыпали". Но жене Астафьева - можно то, чего другим нельзя. Мне же можно - написать и об этом. И должно.

На Рубцова же я натыкаюсь повсюду:
- Вот что, - сказал Золотухин Андрею, когда они вылезли из тряского крытого грузовика, - вы с Колей Рубцовым пригласите туда человек пять понятых. Ты на этой улице живешь, всех знаешь. Постарайся пригласить людей религиозных.
/Мир приключений, М, Дет.Лит., 1984, 259/

Женщина попрощалась и вышла из помещения. Тут же незнакомец встал, вынул пистолет и выстрелил в кассира Семенову, а затем в другую работницу кассы — Носову. Семенова, падая, сделала несколько шагов к кнопке сигнализации. Носова медленно опускалась на пол. Она толком и не разглядела нападавшего, отметила лишь высокий рост. И потеряла сознание.

Через несколько минут в кассе появился наряд милиции. Семенова была мертва. Носову в тяжелом состоянии увезли в больницу. Преступник уже скрылся: очевидно, он понял, что, падая, женщина успела нажать кнопку сигнализации. Деньги оказались не тронуты. Отпечатков пальцев не обнаружили. Но на столе лежал кассовый бланк, заполненный с двух сторон одним и тем же почерком. На той стороне, где «расход», была написана фамилия «Станиславский», а где «приход» — «Николай Рубцов». Итак, преступник оставил свой почерк. И еще гильзы от того же «Макарова». /А это уже - "Следователи", М,84 Юр.лит.,117/

Станиславский и Рубцов, имена нарицательные. О том, что первый, помимо режиссуры, был и капиталистом, хозяином канительной фабрики, где начал тянуть вольфрамовую нить для лампочки Ильича-Радыгина-Станиславского, узнаешь из "Науки и жизни", а о Коле - где? В недоговоренных мемуарах сов. современников?! Ложь же. Вот и резвлюсь...

217, 219, 330-1, 336-7/ да жаль стало страницы на эту суку, вытеснила письмо на рыбо-
См. все эти районы у Булгакова - примерно, то же. Просто меня сразил рассказ о буйбесе... на рыбо-
ловном траулере. Спросил у беглого радиолокаторщика-навигатора, Володю - они там рыбу в рот брать
не могли, обрыдло. Буйбес! Это ЧЛЕНЫ его жрут, в
заграничных командировках с ментами.

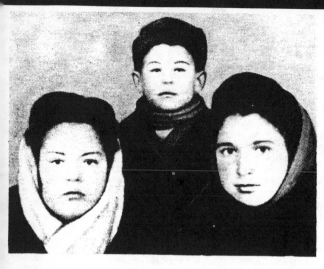
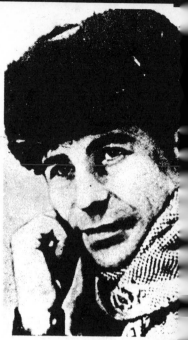

Н. Рубцов в Никольском детском доме

Похвальная грамота ученика третьего класса Н. Рубцова.

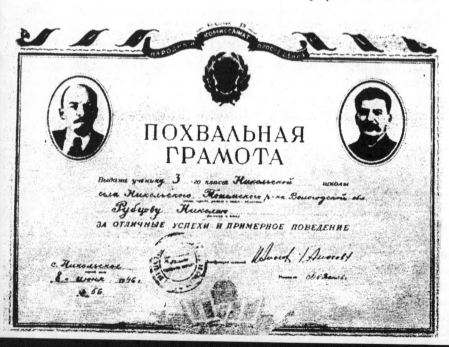

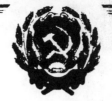

Министерство Просвещения

СВИДЕТЕЛЬСТВО

НАСТОЯЩЕЕ СВИДЕТЕЛЬСТВО ВЫДАНО *Рубцову*
Николаю Михайловичу

(фамилия, имя и отчество)

.... РОДИВШЕ *муся* В 1936 ГОДУ, В ТОМ,
ЧТО ОН ОБУЧАЛ *ся* В *Никольской*

(название школы)

СЕМИЛЕТНЕЙ ШКОЛЕ *с. Апашки Никольского ч/*

(село, деревня)

Тотемского р-на Вологодский обл. ОКОНЧИЛ ....

(Район и край область-АССР)

ПОЛНЫЙ КУРС ЭТОЙ ШКОЛЫ В ТЫСЯЧА ДЕВЯТЬСОТ
~~СОРОК~~ *пятидесятом* ГОДУ И ОБНАРУЖИЛ
ПРИ *отличном* ПОВЕДЕНИИ СЛЕДУЮЩИЕ ЗНАНИЯ

ПО РУССКОМУ ЯЗЫКУ И ЛИТЕРАТУРНОМУ
ЧТЕНИЮ .... *5 (пять)*
ПО АРИФМЕТИКЕ *4 (четыре)*
ПО АЛГЕБРЕ *5 (пять)*
ПО ГЕОМЕТРИИ .... *4 (четыре)*
ПО ЕСТЕСТВОЗНАНИЮ *5 (пять)*
ПО ИСТОРИИ *4 (четыре)*
ПО КОНСТИТУЦИИ СССР *5 (пять)*
ПО ГЕОГРАФИИ .... *5 (пять)*
ПО ФИЗИКЕ .... *4 (четыре)*
ПО ХИМИИ .... *4 (четыре)*
ПО ИНОСТРАННОМУ ЯЗЫКУ *(немецкому) 4 (четыре)*

560

12 .. июня 19 *50* года

ДИРЕКТОР ШКОЛЫ *Щипа т*
УЧИТЕЛЯ: *Аносова*

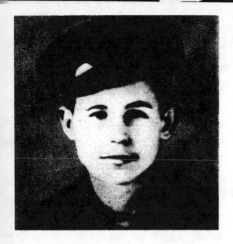

Н. Рубцов — матрос тралового фло-
та. Архангельск, 29 мая 1953

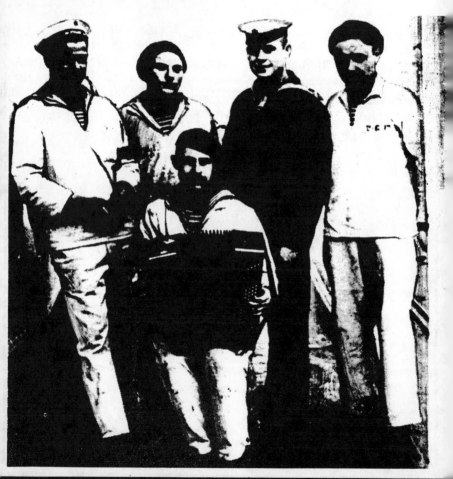

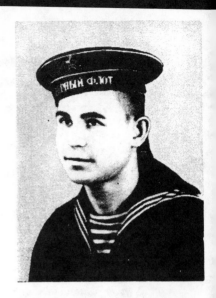

Н. Рубцов во время военной службы на Северном флоте (1955—1959)

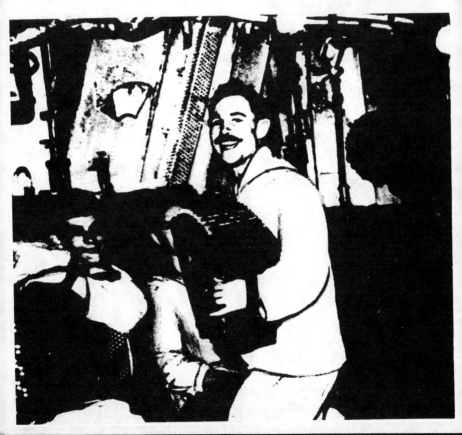

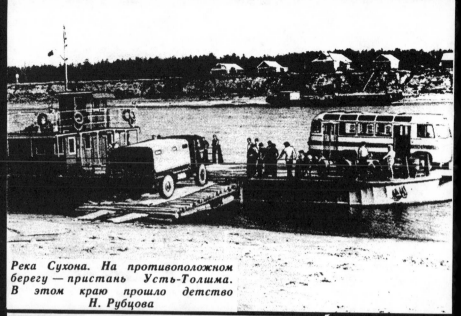

Река Сухона. На противоположном берегу — пристань Усть-Толшма. В этом краю прошло детство Н. Рубцова

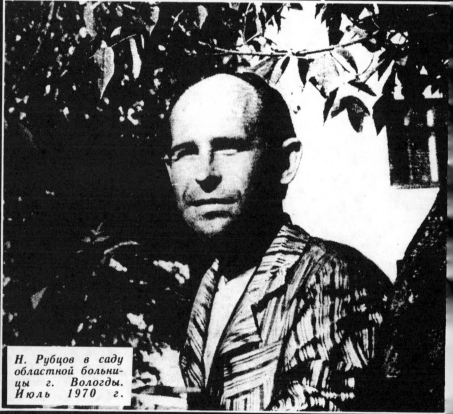

Н. Рубцов в саду областной больницы г. Вологды. Июль 1970 г.

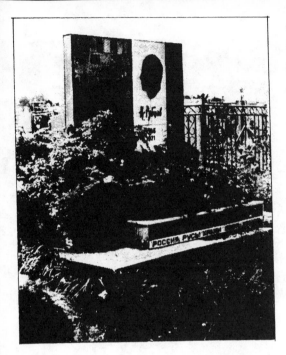

Могила Н. Рубцова на вологодском кладбище

Улица имени Николая Рубцова в Вологде

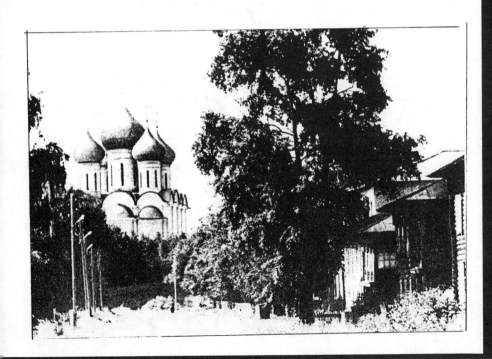

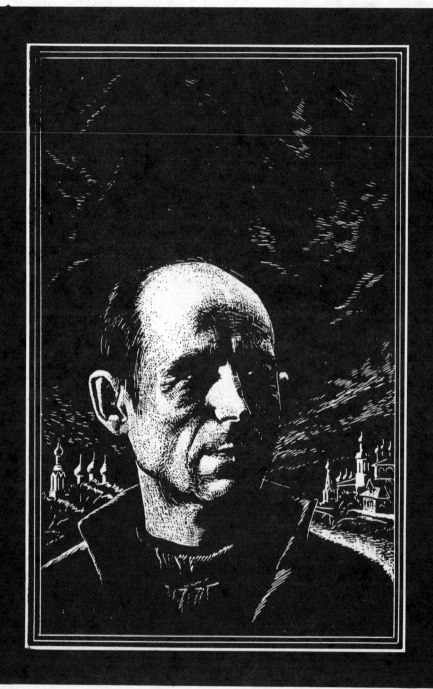

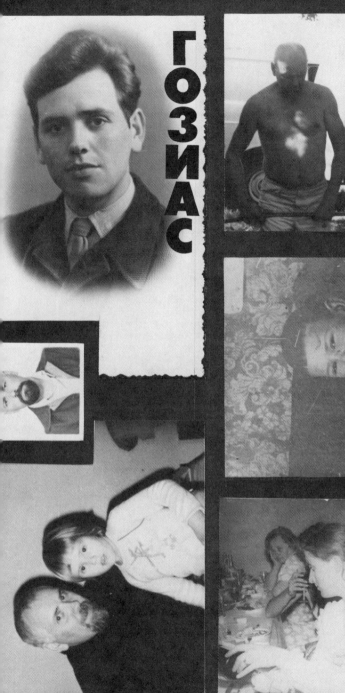
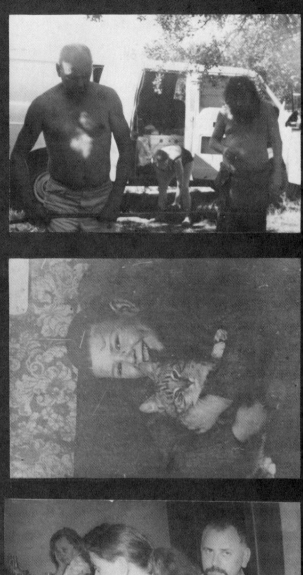

ГОЗИАС

Дорогой Костя!

Это совсем не просто - нет, Сэр, - это тяжко и трепетно письмом дать отчет о самом себе, не вклиниваясь в примитивную автобиографию и не выдумывая причин к не когда совершенным поступкам. Это еще трудно из-за обилия ощущений, которые навлекают слова - быть может лишние слова для объяснения простых фактов. Еще не ос тыла трубка телефона, по которому ты дал мне рекомендацию упростить извещение о самом себе формой эпистолы, - и на некое мгновение мне увиделась доступность по добного метода, однако и письма я пишу не по-людски - и в письмах мне не скрыть резкости и позднего нигилизма... Но вот перед моим взором крутится клубок дней, из которого торчат хвостики и кончики фактов, - потяни за любой случай и начнет разворачиваться тоска и прелесть ленинградских дней той поры, когда создавались характеры, крошились судьбы и текли слюни краснобайства, оставляя крошечные ост ровки чистоты, прозрения, искренности и духовности. Этот клубок я берусь распутывать постепенно и не торопясь, и уверен, что в процессе разматывания - вот он вот она! - совершенно четко, ежели угодно - графично, определится ПОЧЕМУ - почему мы с тобой не встретились в Ленинграде. Для меня этот ответ остается однозначным: не было нужды. Но для определения НУЖДЫ выдуманы десятки наук, так что ее отсутствие подозрительно, как антимир, и является причиной в поисках истины. Фольклора обо мне я не знаю, возможно, что такового и не существует. Специально для легенд я не совершил ни единого акта. Следы моих дней отражаются в словах и мыслях моих друзей так же, как я отражаюсь в каждом /даже подлом и нелепом/ мнении обо мне. Однако я прекрасно понимаю, что любая авторская личность несколько выше, вернее, несколько ранимее окружающей толпы, а от этой ранимости текут пос тупки малопривычные и плохопонимаемые, которые прежде всего укладываются в анекдот, - и по воле всемощной любви к сплетням постепенно становятся драгоценным фольклором, который, впрочем, может воскресить замурзанный образ совсем не той личности, которая мимолетно интересует все ту же толпу.

... И всё же улицы под нашими ногами были одни и те же, люди, которых мы ненавидели, были одни и те же, друзья, которых мы любили, были одни и те же. От чего же возникло это детское ПОЧЕМУ? Попробую ковырнуть случай, хотя этот вопрос не совсем дело случая, скорее всего - случаю тут не место. Мой не особо любимый дедушка Зигмунт, который внес в медицину метод художественного понимания привычек и привязанностей, очень уповал на детские впечатления, - это красиво, это прельстительно, однако не совсем точно или совсем не точно, но кинематографично /сценично и конструктивно/ и позволяет соединить умысел с вымыслом. Меня же интересует истина, видимо, я плохой внук или наше родство не чистых кровей. Я уверен, что истина есть высший интерес ума и самый объективный свидетель драмы наших дней. И как это ни странно, но ответ на ПОЧЕМУ есть истина, которая прожива ет во мне.

Теперь попытаюсь определить сущность данной истины. И тут - казалось бы нужна документальность... Хуюшки, замечает в подобном случае мистер Шиманский. Общность времени, вооруженная насильственной идеологией, все же не сделала нас подобием друг друга /каша одна, а навоз разный/. На организацию моего характера жизнь в блокированном Ленинграде выдавила будничный позумент смерти: я стал взр слым мальчиком - практичным, подозрительным и равнодушным /сейчас я постепенно молодею и надеюсь, что скоро впаду в детство/. На счастье, в самом конце войны моя ранняя старость была потревожена явлением нового папы - отчима - морского п хотинца, пьяницы и матюжника. Он для знакомства избил меня за то, что я открыто восстал против его вхождения в дом. Мать была его сторонницей, поэтому мое сопр тивление было легко подавлено. Поражение я принял трагично, то есть решил закон чить мою жизнь сначала в петле, что не удалось, потом от пули, что удалось част чно - шрам на лбу отмечает глупый подвиг до сих пор. Это было в самом начале ма та 1945 года. А в апреле того же года отчим взял меня на тайную охоту... Мне бы ло около 10 лет и я впервые на равных со взрослым таился в кустах со своим ружь ем, хрипел в манок - и впервые жаждал добычи. Охота и рыбалка на много лет стал для меня частью жизни - охота и рыбалка стали контрастом к пьяной и темной горо

ской коммуналке, в стенах которой мой отчим при свидетелях истязал меня почти е-
жедневно.

А теперь княже, переведи эту бытовую правду в образ или причину характер-
ных свойств. Что же получается? - Ничего хорошего. Улицы нашего прекрасного горо-
да и всяческие заведеньица на них и толпа, каковая клокочет внутри и снаружи, -
всегда давали мне ощущение коммунальной квартиры и не могли привлечь меня. Не то
что ты, пленник сборищ, о которых катались всяческие слухи. Что я знал о Косте
Кузьминском? что слышал? что видел своими глазами?... Человек с гривой хиппи и в
желтых кожаных штанах театрально размахивает руками у подъезда Дома Писателей на
улице Войнова, а вокруг него реденькая толпа в несколько подобострастных личик,
чья сомнительная одаренность обсуждается за чашкой кофе в "Сайгоне" или за круж-
кой пива у ларька. Потом пришла сплетня, что блок Кости Кузьминского примкнул
штыки у ног Татьяны Гнедич, а я в эту пору уже не искал ПУТЕВОДИТЕЛЕЙ /с мецена-
тами не знаком до сей поры/. В 1971 году моя вдова поэтесса Наталья Галкина побы-
вала у тебя на пирушке, после чего отписала повесть на 100 страниц и настаивала,
чтобы я ее прочел. У меня уже не было интереса к Галкиной и к ее повести - это
равнодушие рикошетом задело тебя - отзыв о тебе. В 1976 году раздался слух, что
Костя Кузьминский снят обнаженным в альманахе "Аполлон" под названием техасский
поэт, - этот слух укрепил мнение о Косте Кузьминском как о шарлатане. Слухам ве-
рить нельзя, но и не верить им невозможно, хотя слухи, как правило, ошибочны или
частично правдивы. Поэтому в Америке я подбирался к Косте осторожно, опасаясь
прежних известий. И то, что ты оказался - нежданно! - игроком нашей сборной, че-
ловеком с нашей улицы, принципиальным воссоздателем капелек культуры наших дней,
- это дало мне нужный покой, то есть уверенность в правильности моего труда и мо-
их забот. А рыбку мы еще половим в Голубой Лагуне и я верну тебе долг за "кэтфи-
ша" окунями.

Небольшой /или большой - не знаю/ поц скрипкой:

Закончив письмо на три страницы, я перечел его и с удивлением обнаружил,
что биографии моей там почти нет - и нет упоминания имен наших друзей, что неле-
по по своей скрытности; кроме того, нет упоминания о Давиде Яковлевиче Даре, ко-
торый в той или иной степени был учителем каждому ленинградскому литератору кон-
ца 50-х и 60-е годы, - тем более, что с Даром мои отношения были многолетними,
скомканными, до поры нервозными /с моей стороны /пока Валерий Холоденко не объяс-
нил мне простыми словами суть приязанностей Деда/. И все же после пятилетнего
перерыва, - с тех пор, когда Д.Я.Дар выбыл из России, а я углубился в лес /стал
лесником, ища тишины и отрешения/, - после трудных пяти лет, уже в Америке я по-
лучил от него несколько добрых, дружественных писем. Два письма пересылаю тебе,
ежели они пригодятся для реставрации облика наших бед.

... Занудство мое опротивело мне. Кроме того, упоминая о друзьях, неволь-
но открываешь карты будущей игры на пишмашинке, поэтому даю хронологический от-
чет:

... в 1954 году Глеб Горбовский прибыл из армии, где служил в стройбате.
Ко мне в дом его привел наш общий школьный приятель, а ныне один из подлецов Со-
ветского Союза радиожурналист Виктор Бузинов /я знал Глеба и в школе, но никакой
дружбы не было/. С этой поры до отбытия Горбовского на Сахалин мы были неразлуч-
ны. Глеб привел меня в объединение Горного института, где я познакомился и в ка-
кой-то мере подружился с Агеевым, Тарутиным, Глозманом, Городницким, Кушнером /с
коим дружен никогда не был/, Кумпан, Королевой, Гладкой, Кутыревским, Веньковецким,
Битовым и еще несколькими менее любопытными лицами. Потом по идее Глеба Семенова
Глеб Горбовский привел меня в литобъединение Д.Я.Дара /1955 год, ранняя осень/, и
тут я встретил людей, некоторые из которых друзья мне и сейчас. В литобъединении
"Голос юности" я подружился с В.Губиным, А.Емельяновым /ныне он Ельянов/, Е.Фео-
ктистовым, Г.Сабуровым, И.Сабило, В.Алексеевым, Ю.Шигашевым, В.Холоденко, Галиной
Прокопенко /ныне Галахова/, А.Степановым, А.Татарчуком, Э.Баглаем, Л.Мочаловым,

Продолжение продолжения:

В.Соснорой, З.Сикевич, О.Охапкиным, Н.Галкиной, О.Некрасовой-Каратеевой /она тебе должна быть известна по Эрмитажу, где занималась с группой трудных детей/, Г. Левицким, В.Семеновым, С.Вольфом, Д.Бобышевым /оба они и многие другие ныне весьма известные имена приходили в гости в коллектив на литературные игры/. Затем наступил период, когда я впервые почувствовал тяжесть общений в литколлективах, - период совпал с женитьбой на Наталье Галкиной, а последняя была студенткой "Штиглицы" имени Мухиной - и в круг моих друзей - домашний круг - вошли художники В. Успенский, П.Абрамичев, В.Таргонский, А.Кузьмин, Г.Додонова и другие. Почти одновременно возникла новая дружба с последним мужем Л.Гладкой - Борисом Сергуненковым, но эту дружбу я неправомерно оборвал в 1976 году, обидевшись на вопрос Бориса о том, собираюсь ли я уезжать из России /в то время недавнее я все еще был очень категоричен и считал, что русский писатель должен жить на своей родине, - возможно, что я был категорически прав или неправ/.

Разумеется, я назвал не все времена и не все имена, но основные дружеские связи были заложены в конце 50-х годов и тянутся до сегодня. Так с Олегом Охапкиным общий стаж приятельства /о дружбе с ним говорить не совсем правильно/ равен 23 годам. С Женей Феоктистовым - 25 лет. - Это жутко, когда с друзьями начинаешь подсчитывать труху времени в объемах 20 или 30 лет: за такими сроками чудится Курносая с уголовным ножичком в рукаве и жиденькой косичкой потрепанной проститутки, спать с которой не хочется.

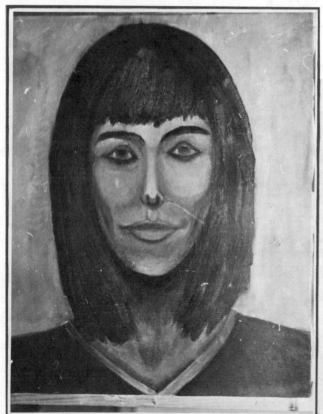

Гозиас.
Портрет Лидии Гладкой.

ПАПА КАРЛО

Не помню кто из нас в классе придумал Саше Пономареву кличку "Папа Карло", но это имя очень подходило к его несколько мультипликационному лицу. Шутовская улыбка не покидала его широкого рта даже тогда, когда он был серьезен или обижен, - ему было не избавиться от улыбки - такую конструкцию соорудили его родители, не задумаваясь о судьбе сына. Нос у Саши Пономарева тоже был смешливым - вздернутым и любопытным, - и только глаза оставались застенчивыми и чуточку сощуренными.

В 1944 году мы учились в четвертом классе 30-ой школы Васильевского Острова - мы сидели на одной парте у стены, где стояла вешалка с верхней одеждой учеников, а за этой вешалкой мы спокойно перекуривали во время уроков. Наши места на "галёрке" не были почетны для успевающих учеников /они квартировали под носом учителей - вокруг учительского стола/, а хулиганская часть класса предпочитала держать места у окон, чтобы для развлечения наблюдать развалины небольшого здания на пустыре /до войны в здании играл духовой оркестр, пустырь зимой заливали под каток, а само место называлось "Еврейкой", так как принадлежало еврейскому детскому дому/, где неучащееся хулиганье играло в карты или делило краденые вещи.

Мне было славно сидеть на одной парте с Сашей Пономаревым - он постоянно рисовал воздушные и морские бои, точно передавая контуры немецких и советских самолетов, раскрашивая взрывы огрызком сине-красного карандаша. Его рисунки были так хороши для меня, что я и не думал подражать, - только смотрел /любовался/ или просил: "- Сделай подводную лодку, чтобы разбомбили." Саша делал - изображать было его нуждой.

Нуждой большинства других учеников была уголовщина. Редкий школьник не имел ножа или пистолета, - редкий школьник не участвовал в квартирных кражах или уличных нападениях на прохожих. В нашем классе "держал верх" Вовка Горбатый - горбун от природы, злой и коварный подонок, который в равной мере легко пускал в дело опасную бритву или сапожное шило. Но нас с Сашей его власть не затрагивала по той причине, что мой троюродный брат стал известен в уголовном мире города как прекрасный щипач /карманный вор/ и отчаянный драчун - его покровительство было известно всем в классе, тем более что наша школа стена к стене была соседним домом с тем домом, в котором мы с братом проживали... К Новому 1945 году в классе произошли некоторые изменения: большинство уголовников покинуло школу по причине необходимости пребывания в исправительных лагерях, Володьку Горбатого зарезали /он навел бандитов на своего отца, у которого на руках была большая сумма казенных денег, - бандиты убили отца, забрали деньги и зарезали Володьку, чтобы не оставлять свидетеля/. А Саша Пономарев все еще рисовал воздушные и морские бои "наших с немцами". И вот к Новому Году школу перевли на 7 линию /где помещается она и поныне/, в школу пришел новый директор - форнтовик, нервный от контузии и драчливый, а из школы ушел Саша Пономарев - ушел во вновь открытые классы Средней Художественной Школы при институте имени Репина. Вскоре и я ушел из 30-й школы - ушел без почета, вернее, был выдворен за великолепную неуспеваемость и вялую дисциплинированность. Больше с Сашей Понмаревым я не встречался...

... зато в феврале 1959 /1960 - ККК/ года я увидел знакомое лицо Папы Карло, которое читало болезненные или больные стихи с неудержимым энтузиазмом. Поэта звали Александр Морев, но я сразу уличил его псевдоним и сказал Глебу Горбовскому:

- Девичья фамилия у него - Пономарев.

- Возможно, - ответил Глеб. - Он еще художник и хочет писать триптих обо мне.

- Пусть пишет дуптих, - ядовито изрек я. Глеб хохотнул и стал протискиваться ближе к сцене - ему предстояло выступать во втором отделении вечера поэзии.

Знакомство с Александром Моревым не состоялось и школьное товарищество не восстановилось. Триптих тоже не был изготовлен. Я на долгое время потерял из вида лицо Папы Карло. Потом прошел слух /слух принес Глеб Горбовский/, что Саше Мореву не повезло - он опубликовал один и тот же рассказ в двух разных изданиях /издательствах/ одновременно, что не этично и за что труженики редакции будут стараться встречать автора спиною или несколько ниже того, что не помогает зарабатывать на хлеб насущный. Еще я знал, что приятия официальной линии мышления в сознании Александра Морева не произошло, но ежедневный быт и профессиональное мастерство требовали применения сил именно на стезе официализма. Морев делал иллюстрации к рассказам в различных периодических изданиях, пробовал публиковать свои литературные произведения - почти тщетно, однако разлом или разнотык душевного уклада с внешним обликом бытия уже наступил: нужда раздражала Морева, а семья требовала заработка, да и зрелая мужественность требует ежедневной пищи даже без понукания... - Морев пил..., потом Морев заболел психически. Материальные заботы он переносил через силу, а жил так материально трудно, как редко кто мог себе это вообразить - семья из четырех человек существовала на 80 рублей пособия по инвалидности.

Последняя наша встреча с восстановлением знакомства произошла в феврале 1979 года на очередной встрече ветеранов литобъединения "Голос Юности". Мы пили тайное вино из керамических кружек в кафе Дома культуры Трудовых Резервов - прежде на месте кафе была библиотека. За вином бегал Саша Ожиганов и принес бутылку в сумке, напоминавшей торбу для овса, но Ожиганов не пил с нами по тонкой причине - он не имел рубля для складчины, а на халяву пить не хотел. Пайщиками были Шигашев, Алексеев, Степанов, Морев и я. За чашкой вина я напомнил Мореву о школе и о "Папе Карло". Саша был растерян и растроган:

- Как же мы не знали друг друга 35 лет?
- Видимо, каждый был в себе, - ответил я.

Саша Морев записал мой телефон и обещал вскоре позвонить, но не позвонил или не застал меня дома с первой попытки, а звонить два-три раза было тяжко ему - он боялся казаться навязчивым...

В конце июля 1979 года мы с женою шли в Василеостровский ОВИР подавать заявление о выезде в Израиль - мы делали уже четвертую попытку, но теперь вроде бы все справки были в сборе и мы надеялись перешагнуть первую ступень эмиграции, - мы шли загодя, чтобы успеть первыми номерами проскочить на прием к официальному лицу. В коридоре ОВИРа сидел только один посетитель, укрывшись газетой, - посетитель более хитрый и предусмотрительный, чем мы.

- Кто последний в ОВИР? - на всякий случай спросил я.
Газета трепыхнулась и я услышал голос Горбовского:
- Я...

Потом я увидел удивленные брови Глеба и тоже несколько удивился: мы не встречались с ним почти 7 лет, а 7 лет назад встретились после шестилетнего перерыва /после выхода книжки "Поиски тепла" Глеб нырнул и поплыл в хмельных кругах литературного признания/, но причиной нашего расторжения было оскорбление и клевета, которой Горбовский рыгнул, разумеется, по пьяному делу. Но у меня всегда был несколько романтический склад характера и я не мог простить ему лжи.

От удивления я схамил:
- Ты тоже объевреился?
- Нет, - хихикнул Глеб, - я приглашаю переводчика из Польши. Обычные формальности.

Потом была ровная беседа полушопотом. Потом Глеб задал нелепый вопрос:
- А как же ты без родины?... - и неожиданно добавил, - Знаешь, Морев 7-го июля бросился в шахту метро на Голодае.
- Зачем? - не понял я.
- Говорят, был болен, - ответил Глеб.

Итак, 7 июля 1979 года художник, поэт и писатель Александр Морев /Пономарев/ покончил с собой - он одним штрихом рассчитался с действительностью, которая превратила его творчество в болезнь.

Август 1981,
Техас.

СТИХИ ПО МОТИВАМ ОД ГОРАЦИЯ

1.

Морскому могучему богу
в угоду
мокрую тогу
вешаю в храм - по обету, -
помню, что ты не одета,

и прекращается ветер!

С жадностью на рассвете
твой любовник плешивый
ищет тебя, как монету, -

нет тебя!

Он и не знает,
иначе съела бы зависть,
что предо мной постепенно
ты восстаешь из пены.

2.

Твой наряд без роскоши - нагота,
Пирра, простынь роз у ног твоих.
Твой любимый строен, как мечта,
как мечта, но верен, робок, тих.

Русыми кудрями ты его одень,
золото чтоб смеха - боль ему,
он еще не знает, что настанет день -
ты в его объятья, как в тюрьму.

Обольщенный тоже будет отомщен.
Пирра, слышишь!? Старость за тобой -
никого из любящих, дышит палачом
каждой твоей ночью данная любовь.

3.

Я не любитель роскоши Востока,
мой милый, там венки сплетают лыком,
что лыком шито, в том не будет проку:
не нужно роз, была бы повилика.

Тебе, мой милый, юность принесла
шептание любви. Зачем драть горло криком?
Кричать любовь достоинство осла.
Не нужно роз, была бы повилика.

4.

Страдать за вины предков без вины
нам суждено, пока забыты боги,
пока святые храмы сожжены,
а жители между собой жестоки.

И в землях, взятых словом и мечом,
брожение идет, как в бочке винной,
и то, что было жизненным ключом,
становится взрывоопасной миной.

Иония, девица, попляши!
Ты с детства обучалась всяким козням,
взлелеянная хмелем, согреши,
кто б ни позвал, пока еще не поздно.

Никто тебя за это не убьет,
ты заучила матери повадку.
Покинь, покинь веселый хоровод,
с избранником спеши в свою кроватку,

затем, плода заветного отведав,
подумай про себя: "- Смешной закон,
отцы-то были хуже наших дедов,
отцов мы хуже, - это испокон."

5.

Скорби не учила Мельпомена,
скорбь о смерти друга непомерна,
песня в горле комом, душит платье,
и кифара задохнулась плачем.

И гадай, хоть на кофейной гуще,
тень его души в какие кущи
загнана могучими богами?
бита ли, не бита батогами?

Тяжко! Но одно есть утешенье,
что судьбы свершилось совершенье,
что легко нам привыкать к привычкам,
что чужая смерть, в конце концов, обычна.

6.

Дверь подружилась с порогом -
в дом не заходит никто,
миром забыта и богом,
молишь: "- За что же? За что?"

Хоть бы какой приблудный
с пьяну к тебе заглянул.
Ночь, да не будешь ты лунной,
чтобы в лицо не взглянул!

Старость, проклятая старость,

только болезни да сон,
двигая ноги устало,
двери запри на засов -

некого ждать! Во спасенье
начало утро синеть.
Ветер восточный осенний
плющ оборвал на стене.

7.

Ты бежишь меня, Хлоя, как юная лань,
лепет легкого леса тревожа,
в шуме ветра ты слышишь заливистый лай
гончей своры, но страх не поможет, -

ты напрасно бежишь, от меня не уйти,
я - дыханье твое, я - земля под ногами,
и беги не беги, но сойдутся пути
рук дрожащих с моими руками.

Догоню, догоню, не уйдешь никуда
и защиты зря ищешь в родительском крове, -
легким ветром настигну тебя по следам
или теплым дождем или шопотом в слове.

8.

И после песни лебединой
не превращусь ни в дым, ни в тлен.
Я в леднике останусь льдиной,
землей в земле, водой в реке.

И лебедем к теплу кочующим
все страны мира пролечу,
где вестником, а где - врачующим, -
еще мне это по плечу!

Долой с моих поминок жалобы -
я вечный, и на смерть плюю!
Вот только время задержалось бы
пока люблю.

ИЗ КАТУЛЛА

Мой дом не на семи ветрах -
мой дом не на горах и не в лощине, -
куда худые ноги потащили
еще живой и мыслящий мой прах?
Заложен дом -
        мой кровный дом -
                мой отчий...

В пути сопровождает смех сорочий.

ТОРГ

Друзья - враги; родные - чужды,
а избавленья не хочу.
Не искушай меня без нужды,
за это кровью заплачу.

Не искушай меня нуждою,
враждой меня не искушай,
бессмысленною ворожбою
тупых забот не иссушай!

Вернись к исходному значенью,
где чаша, череп и змея,
где алой мантии кочевье
и хриплый голос воронья,

где смертный грех рождает святость,
а богослов неизлечим,
где пахнет порохом и мятой,
и в тиглях корчатся лучи,

где в тайных знаках Зодиака
витает дух лечебных трав,
где свет рождается из мрака,
а веру заменяет страх, -

вернись! Так просто и понятно
жизнь разделить Добром и Злом,
определить на солнце пятна,
украсить ведьму помелом,

живую плоть разъять на части -
вот это Долг, вот это Честь,
а это принадлежность Власти,
а тут Невежество и Спесь.

Моя душа неразделима,
в ней накрепко переплелось
кощунство с нежностью к любимой,
и к Власти праведная злость.

Меняю душу! Принимаешь?
Меняю, а не продаю!
О дьявол, ты опять кимаришь,
проснись, проклятый, я горю!

- - -

Ты мне больше не снишься,
образ твой потерялся в предметах.
Стала облаком вишня
и завязла у ветра в тенетах.

Вот и облака нету -
всею клагой, всей силой излилось,
чтобы пятницей в среду
ты, как прежде, не снилась.

Ветер - твой ростовщик -
продувной, поработал на убыль,
повозился и сник,
соком вишенным выпачкал губы;

дождик бился, трава
стала красной. Смешон и безумен,
я бежал! Я упал на кровать
и не умер, - не умер!...

И пришел черный сон
осторожной и наглою мышью,
и шептал над лицом:
- Ты мне больше не снишься...

- - -

Я вижу тебя акварельным
наброском на ломкой бумаге,
залитую солнцем смертельным
и холодом гибельной влаги.

О, время работает круто!
Ветшает бумага и даже
морщинами смотрится утро
в размывах литоли и сажи,

взгляд пепельным стал -
выгорает
со временем молодость красок.
Набросок - и тот постигает
явление смертного часа.

- - -

Ты для меня и дождь, и сон
и завязь яблонева цвета.
Был ветер молод до рассвета,
а летний воздух был студен.

И тьма была. И шорох шел.
Во тьме мерещились нападки,
и локонов тугие прядки
упруго падали на шелк.

Был ветренен и молод я,
пока слепая ночь носила
ветхозаветные ветрила
и подсыпала в чаши яд.

Но свет - рассвет, - я вижу сам
штор штормовые паруса
и несмертельный этот яд -
рассеянный и сонный взгляд.

И дождь сквозь сон уходит в цвет,
желтеет налитым наливом.
Так правильно, так справедливо:
ты мысль, слово и предмет.

- - -

Отцвела мушмула,
лепестки осыпаются с неба.
Что-то жизнь не мила -
горек мякиш насущного хлеба.

Пролетят журавли,
словно дни, словно ветер поверий.
Поглядишь, у любви
заколочены белые двери.

Седина, словно дым -
от мороза спасение сада.
Кроме чистой воды,
ничего мне на свете не надо.

Сигареты курю -
успокоят, как дождик синицу.
Напиваюсь, пою,
засыпаю
и что-нибудь нужное снится.

- - -

Все пройдет.
А что пройдет?
Неизвестно.
Ждет подруга у ворот -
это лестно.
Друг вина купил бутыль -
разливаю.
Ветер вьет и крутит пыль
за трамваем.
В тучах белая луна
заблудилась, -
так и ты, любовь моя,
заблудила...
Помню августовский зной
в свежем сене,

под ущербною луной
плыли тени,
твоя белая рука
била в спину,
словно белая река
о плотину.
Губ шершавый жар проник
в сердце ночи, -
с перепугу поднял крик
глупый кочет.
Как дремалось сладко нам
после боя...
Бог с тобой, душа моя,
черт с тобою!

- - -

Запомните лицо мое. Живым
дано запоминать. Огонь
безлик, безпамятен, всеяден.
Вода бесформенна, развратна, равнодушна.
Огонь с водой рождают горький дым
воспоминаний. Стелется трава
на заливных лугах моей охоты,
где медленно идут мои шаги
вдоль озерца к далекому сараю,
в котором спрятан высохший покос -
постель моих желаний молодых
в сатиновой узде короткого здоровья;
вот молодость моя снимает патронташ,
забразывает за голову руки -
ждет сна,
в котром умирает день,
лукавая луна в зрачках юлит,
и небыль крадется по спящему лицу. -

Запомните!

То быль, которой нет,
которая истаяла годами,
сменила маску, сморщилась, обрюзгла...
Запомните мой образ, бывший с вами
в толпе секунд, в круговороте лет.

А там, где память прячет чистоту
портрета наших истинных желаний,
живет любовь, которой не дождались
/не тщусь туда пробраться!/,
память - чудо,
а я состарился и чужесам не верю,
не верю в чудо, только жду чудес.

ИЗ ЦИКЛА "ПЕЙЗАЖ ЛЮБВИ"

- - -

Душа погибшей Пенелопы
должно быть где-то в облаках,
где кущи теплые укропа
и тело рек из молока,

а берега у рек отлоги
и твердь подобна киселю,
и перламутровые боги,
наряженные в кисею,

на золотых лучах светила
перстами музыку плетут;
там шепчет гром, как шепчет милый,
цветами молнии растут,

там начинается дорога
длиною Млечного Пути -
начало в бездне, - хоть немного
над бездной нужно погрустить...

Но возвратясь из дальних странствий,
ее душа к земле прильнет
в смешном и вечном постоянстве
недосягаемых высот.

- - -

В лужах - предсмертной улыбкой заката,
в листьях - надтреснутым ветром тоски,
голосом чибиса, блеском граната,
гордым движеньем усталой руки

день завершался. И в небе лиловом
острыми искрами явленных звезд
тлело мое несказанное слово
силы и мужества, скорби и слез.

Розовый пар поднимался с болота,
чтобы беспамятством скрыть лик земли, -
я забывался. А маленький кто-то
странной походкой дорогу пылил.

Тело земли поддавалось походке -
это я видел, словно сквозь сеть,
но на дороге нелепо короткой
бурые язвы остались темнеть.

Что это было - явленье, виденье,
символ не понятый, сон или бред?
Только на утро свершилось паденье
плача росы на кровавый тот след.

- - -

Эта ночь в бездорожном лесу
молчалива, пуглива, невнятна,
в мутном небе корявый рису-
нок, похожий на дряблые пятна.

Треск пера и сухой хруст сучка
под ногой у проснувшейся птахи,
и скрипучая песня сверчка,
и бесшумный поход росомахи,

светляки диких глаз за кустом,
рык медведя в малиннике черном,
звезды в небе и звезды прудом
повторенные также   просторно -

не тревожат ночной тишины
и понятней не делают ночи:
травы дышат, глядят валуны
и невнятное воды бормочут.

Не понять мне тебя в темноте,
о Земля! Твои топи и щели
чем-то темным подобны мечте
о берлоге, о теплой постели,

о когтях, что в горячую плоть
погружаются сладостно долго,
о тоске, что не побороть,
и о голоде - зубы на полку,

о печали росистой травы -
чуть дотронешься в голос заплачет,
о блестящих дождях грозовых,
от которых путь жизни был начат.

- - -

Что нежностью звалось, дышало и горело, -
то стало снежностью, морозом сине-белым.

Не радует меня колючий мир зрачка
и шум волос твоих не утешает слуха,
рука мертва, и лепет языка
бесплотным звоном умершего духа

раскачивает память о тебе -
пугает и зовет, ругается и плачет:
так яркой изморозью в желтом сентябре
путь поминанья прежней жизни начат,

седую скорбь несут на юг стрижи,
и не понять, кто умер, а кто жив.

Вот выпал снег, лицо земли бело,

бесчувственно, неумолимо, гордо,
и траурницы черное крыло
слепит пронзительным, надтреснутым аккордом;

мольба ветвей безлистых выдает
всю затаенность трепетных терзаний,
глаза воды - бельмо - белесый лед,
и небо плоско, даже ветер замер -

такой покой, что страшен каждый след
на белом снеге, а причины нет.

Ты осенью была, ты спряталась в зиме,
искать не буду - поздно и не нужно!
Я становлюсь морозом, равным тьме,
и ветром северным отчаянным и вьюжным, -

я сохраню на память белый лик
земли моей и в снеге спрячу крик...

ИЗ ЦИКЛА "ЦВЕТНЫЕ СТИХИ"

РОЗОВОЕ

В глуши исторгнутого звука
и в одиночества глуши,
зачем я сам себя аукал,
от неги сна куда спешил?

Не доверяя, льну без страха,
и, понимая, свято чту
гортанный цокот Карабаха
и - древле милую версту
/знак полосатый у дороги, -
в кибитке пыль и теснота,
медвежьей шкурой крыты ноги,
глядь за плечо, а там - верста!/.

И степь в хлебах, и птичий щебет,
и даль лесов, и синь воды,
и зачарованные в небе
полёта белые следы!

Мечтой соития окован,
бежал сквозь звездный коридор,
не агнец, а капризный Овен -
создатель, а не хитрый вор,
и, повинуясь силе знака, -
хотелось так - и верю - так! -
душа очистится от мрака
и заколышется, как флаг.
А если Временем обманут
или еще придет обман, -
я не погиб и в грязь не канул -
я жив!
... Сквозь утренний туман

от неги сна, где свеж и розов
струится луч, взгляни: верста -
приятнее метаморфозы,
сильней и легче, чем мечта, -
ее виденье жажду дарит,
напоминает и зовет...,
дорога, пыль и в небе тает
вполне реальный самолет.

ЧЕРНОЕ

Прощай свободная стихия!
Так лезвием /не мастихином!/
срезая краску, - стыд и срам! -
прощай... Так с горем пополам
прощай опять.
Прощанье снова сноси -
так носятся оковы -
носи на снос - как знак, примету -
на том /на черном/ и на этом
тяжелом свете.
Прощай!
По чарке. Чара сна.
Чеканный выдох, вдох чеканный.
Черна и четка грань стакана
подчеркивает имена -
где Я и Ты, где То и ЭТО,
где тайный жар впадает в Лету,
где, Господи, благослови, -
опять потерянной любви!

Чернеет человек и челн,
течет течение под днищем,
и беглый месяц рыбьей пищей
к стихии ночи приручен.
При чем? - Нет никакого дела -
при боли, при страданьи, при
душе спаленной изнутри
/невидимое - охладело/..., -
прощай.

Немая тень моя
по склону шельфа шла в моря.
Ушла.
И черным днем явилась,
совсем непрошенная, Милость.

- - -

Меня преследуют эринии -
две мимолетные, две синие,
две желтые, две ультра-красные,
все восемь нежные и страстные.

Ночами, словно звезды, светятся,
в толпе со мною рядом вертятся,

и, как нет имени без отчества,
меня лишают одиночества.

Бегу, как птицы перелетные,
на север, где снега холодные,
где подневольное молчание
и староверское отчаянье, -

но и сюда, где ночь полярная,
прорвалась стая лучезарная -
сплошными сполохами кружатся,
меня лишая сил и мужества.

Выходит от судьбы не денешься:
что ни наденешь, а разденешься,
как ни бежишь, а возвращаешься,
и, поздоровавшись, прощаешься.

СУДЬБА, ПЕРВЫЙ ЭТАП.

Божий перст не коснулся меня -
только около круг обвел,
и хожу, окруженный огнем,
опаленный и ночью и днем.

Мой небесный ожог от огня -
мой задумчивый мир души
глухотой меня оглушил
и живого слова лишил.

Наблюдаю со стороны,
как повадки мои странны,
как смешна молодая спесь
и какой я нарочный весь...,

без меня моя голова,
вероятно судьба такова.

1959

СУДЬБА, ВТОРОЙ ЭТАП.

Время шло. По ветру плыли тучи,
а из тучи падала вода.
Всё невозвратимей, неминуче
подступали зрелости года.

Божий перст мне больше не преграда -
круг разорван, вырвалась душа:
замедляю сны, когда мне надо,
и дышу, где надобно дышать,

просыпаюсь ночью и на память
оставляю на бумаге след
некогда божественного пламени

самых чистых, самых лучших лет.

Так без остановки сном и явью
не прошу, а требую права
вечности, а вечность есть бесправье,
а бесправье прячется в слова.

1969

- - -

Я богиню судьбы повалил на кровать...
Не этично!? - а мне наплевать,
всё же баба - родная, почти что своя,
словно кожа моя, словно матерь земля.

Ох и стонет проклятая тварь подо мной,
извивается, бьется, исходит слюной,
задыхается, в горло вцепившись мое,
а над нашей постелью кружит воронье.

Искусала мерзавка мне душу и плоть,
искусила меня... Где же вещий Господь,
Вседержитель, Создатель, владетель души?
Ночь над нашей постелью, шуршат камыши...,

а богиня судьбы домогается вновь:
похоть сдерживает и обещает любовь,
и на старые раны льет новый бальзам,
что подобен едучим слезам, -

обещает она мне спокойные дни -
тишину у камина, журчащий родник,
деньги в банке и целое племя внучат...
Не хочу - пусть другие такую судьбу волочат!

Я еще не покойник, еще я могу
заголить ей подол, завалить на бегу,
чтоб стонала она от натуги мужской,
чтоб до смерти моей потеряла покой.

1981

ПОСЛЕСЛАВИЕ К ГОЗИАСУ

> "У судьбы, капризной девчонки,
>
> Я сдеру трусы и бюстгальтер!
> К чорту всякой хандры нытье!
> ... Мой бесшумный, бельгийский вальтер,
> Если нужно - скажет свое!"
>
> /Боря Тайгин, 1951?/

> "А честный немец - сам дер вег цурюк,
> Не станет ждать, когда его попросят:
> Он вальтер достает из теплых брюк,
> И навсегда уходит в ватер-клозет."
>
> /Иосиф Бродский/

Гозиас лежит со сломанной ногой. Поэтому писать за него приходится мне. Прозаик, поэт и художник /художник, поэт и прозаик/, Гозиас - он как бы стреляет из трех стволов. И что удивительно, из двух - попадает. Картин не видел. Не могу судить. Что-то общее у него с Моревым, который, правда, мазал из всех трех... Даже возраст. Постарше меня будет.

Поколения, скажем, нашего. Текст, который роднит с Шнейдерманом и Моревым:

> А в гастрономе карлик, бывший клоун
> пел сипло: " - По долинам и по взгорьям..."
> Шипела очередь, ругались продавщицы,
> а я, тихонько подпевая в мыслях,
> шел от тебя по взгорьям и долинам...

И конечно, с Глебом. В 1962 году, в поселке Сиктях, что в самых низовьях Лены, зашел я в совхозный "клуб". Неизменный биллиард /кто-то позаботился: ВСЕ поселки Сибири, где был - с биллиардами!/, младой якут, в зеленом пиджаке, с длинной волосней и в ней расческа /круглая, дамская/, изображал столичного жителя: учился в каком-то институте в Москве!, а вокруг биллиарда ходили якутские дети, держась за руки и заунывно поя: "... По долинам и по взгорьям..."

Такой сюрр - можно увидеть только в России! Видели его и Слава Гозиас, и Глеб, и даже Бродский видел - на том же Дальнем Востоке, видели и гастрономы, и карликов /но зато с каким....!/, видели, но ждали - Пенелопу. Чтоб в жопу.

Всегда меня поражало: что это мы все - на Катулла, Тибулла, Проперция /а последнего - люблю особо: "Я не для славы рожден и не годен для битвы кровавой. Рок повелел мне служить - воином верным любви..." И "Кинфия первой была, Кинфия - это конец." /. И Бродский нашел свою Цинтию - "Твой, Цинтия, необозримый зад..." И Трифонов пишет "Дафниса и Хлою" - и КАК! Цинтию обнаружил и я, уже в Техасе. И, помимо того, что посвятил ей "Пусси поэмз" /по аглицки/, был в апрошлом сентябре застукан с ею ейным мужем в машине. А ведь только приладился! Тащит он ее за одну голую ногу, а я за другую, голую, не пускаю. Потом, уже в спальне семейной, начал я ему объяснять за дефект его зрения, и что он ошибся - накинулся он на меня, бил пухлыми кулачками по голове, всю голову побил: пальцы в перстнях, полбороды выдрал и тельник порвал. Утром я вернулся, не с дамой попрощаться, а забрать недопитую литруху водки. Звонит мне теперь эта красавица, объясняет, что в прошлой жизни жили мы с ней где-то в российском поместье /а ля И.С.Тургенев/ и что прикопала для меня бутылку водки. Но не едет. А мне навестить мою любовь не на чем, машина Виньковецкого развалилась еще год назад, на права не успел сдать, поэтому лежу и читаю Гозиаса.

Поражает в нем /и наоборот, до тоски понятно/ переходы от лирики Катулла /впрочем, тоже плотского, по сравнению с Проперцием!/ к насильническим покушениям на Судьбу. Но покамест, увы, она его ебет... Фудстампы зато дали, на 180 в месяц. А стихами здесь сыт не будешь...

Владетелю земли обетованной -
горшка и ванной, -
Кузьминскому, чьё ремесло пока
выслушивать любого мудака
по поводу...

... шла баба по воду, качала ведром, трясла бедром, а он налетел
сбил с ног и снизу лёг: поди, разберись, еблись   или не еблись.

Посылаю - отсылаю - засылаю и туда подобное в естественные и не-
посредственные руки при посредстве обворованного Шиманского, который пере-
нес больше морального раскола, чем ущерба, и ныне годен для отлова парази-
тических явлений* от фли до робберов, - высылаю, значит, только анкетные
ответы, ибо материал - пусть это так называется - для меня душевно труден
и не умещается в две-три страницы, - ЧО! - я буду упорно делать, потому что
пришли вместе Время и Случай. Однако я не уверен, что получится что-то пут-
нее, так я ещё не остыл от дружб с Василием Успенским.

▓▓▓
▓▓▓▓▓▓▓▓ Забитым способом речь шла о том, что я остро нуждаюсь в порядоч-
ном чтении, которое мне было обещано, а кроме /или сверх - добавочно, то
есть для труда мысли/ - ежели можешь и имеешь--- пришли мне Кафку - я так
давно не каркал, что боюсь разучиться лаять.

Ежели мы выберемся из анала за месяц, то через месяц нагрянем на
окуне*, либо несколько позже,,, - и тогда верну все читательные принадлеж-
ности.

Эмилии Карловне привет от Сани и от меня с усами, и просьба
накопить червей /вероятно, от двойки до туза/ для ухи.

Верим? - truly Your
Grab

ОТВЕТЫ МОЕЙНОЙ АНКЕТЫ

1. Гозиас Слава /Соломон Борисович/.

2. Родился 3 мая 1935 года в городе Невеле /Белоруссия/. Автора-производителя не знаю - может быть, его не было вообще, ибо рожательница по имени София /вероятно от этого имени у меня отвращение к софизмам/ не имела и не имеет никакого представления о его личности, но все дети, коих она сумела родить, появлялись 3 мая. Мною признанная мать является кровной сестрой рожательницы, ее звали Хая-Штерна, ее муж - Гозиас Борис Михайлович - усыновил меня. Борис Михайлович был коренным Петербуржцем, музыкант по образованию и букинист по специальности. Борис Михайлович Гозиас имел свои книжные магазины - его раскулачили в 1929 году. Восприняв так называемую "советскую власть" вполне серьезно, он звал меня "Пионерчиком", - в 1941 году пошел добровольцем на войну и погиб в декабре 1941 года.

3. Образование свое помню плохо, зато хорошо видны следы обрезания, что дает возможность причислить меня к субъектам высшего знания.

4. В России работал много и почти бесплатно /как большинство населения/. Впервые поступил на работу в начале 1952 года учеником фрезеровщика, но скоро был переведен в кузницу молотобойцем. В октябре 1952 года при работе на пневматическом молоте мне отрубило 4 пальца левой руки. Потом работал в ОТК, был грузчиком, студентом, инспектором качества печати, курьером, главвором - старшим кладовщиком /но не крал/, объездчиком /вне штата/ из-за любви к лошадям и прельстительному местоположению в седле, охотником, рыбаком, тружеником гражданской обороны, сторожем - до временного исполнения обеазанностей начальника вооруженной охраны на фабрике, лесником и лесорубом, лифтером, а последние 4 года в жизни в России разводил и продавал аквариумных рыб, не гнушаясь мелкой спекуляцией живым холоднокровным товаром.

5. В выставках участвовал как зритель. Мои картины смотрели только друзья. Первая и последняя публикация на родине была в 1956 году: я написал рассказ для своего приятеля на конкурс газеты "Советская Балтика" - рассказ был опубликован под фамилией приятеля /В.Ильинский/ и занял призовое место - денежная премия была пропита в один вечер. Д.Я.Дар наговорил мне тьму мерзостей об этом неблаговидном поступке. С тех пор мне ни рубля не накопили строчки.

Дважды участвовал в конференциях по работе с молодыми авторами: в 1958 году /по прозе/ и в 1965 году /по поэзии/.

6. Друзья детства и отрочества не имеют значения в моей жизни, и привязанность к ним угасла без следа. В юности я любил Вадима Ильинского, но он предал нашу дружбу, ткнув мне в спину ножом. С Глебом Горбовским мы были дело неразлучны, однако весной 1961 года он одолжал меня, дружба перешла в раздел знакомства с редкими встречами и больше не восстановилась. С Евгением Феоктистовым дружен с 1957 года и до сих пор. Был дружен с Германом Сабуровым, Виктором Соснорой, Валентином Семеновым, а на поэтессе Наталье Галкиной был женат. Дружественных знакомых перечислить трудно, кроме того нет необходимости.

Писатели старшего поколения не входили в число моих друзей, знакомство со многими из них не было отрадно из-за ощущения лжи. Дружил с прозаиками Владимиром Губиным, Алексеем Ельяновым /Емельяновым/, Юрием Шигашевым, Валерием Холоденко, Анатолием Степановым и Владимиром Алексеевым, которого люблю, невзирая на его ярморочный антисемитизм, и надеюсь, что наша дружба сохранится без повреждений. Совершенно случайно забыл сказать об Иване Сабило, Олеге Охапкине и Зинаиде Сикевич - мы были дружны долгое время. С Борисом Сергуненковым я сам оборвал дружбу, обидевшись без причины, и оттого - от беспричинности не смог найти сил для преодоления обиды.

Из художников моими друзьями были В.Успенский, В.Таргонский и П.Абрамичев. Но В.Успенский погиб, П.Абрамичев постепенно исчез от меня - он много работает, много зарабатывает и много пьет, и не имеет времени на роскошь дружбы. В.Таргонский выбыл на север еще в середине 60-х годов, он изредка появлялся в Ленинграде и мы встречались, но после развода с Галкиной я часто менял адреса жительства и найти меня было трудно /за полтора года я сменил около двенадцати адресов/.

Только в октябре 1979 года я узнал, что Кузя нашел мой адрес /"Кузя" - вероятно, Таргонский, а не я - ККК/: вернувшись в нашу коммуналку около полуночи, я увидел на кухонном столе записку от соседа: "Тебе звонил Таргонский из Архангельска. Передавал привет. Обещал позвонить еще." Больше мы не встречались.
7. По воле случая меня заносило в различные дома, но нигде я не был постояльцем. Зато в моем доме /избе, комнате или сарае/ всегда бытовали друзья и прихожане.
8. Основным занятием сборищ была выпивка под беззлобные сплетни и всевозможные игры /большей частью литературные/ с варварскими призами и зверскими наказаниями. Для примера, Глеб Горбовский при игре в карты потребовал для проигравшего жевать его носок, а было известно, что последние 6 месяцев Глеб в баню не ходил и носки не менял, - к счастью, проиграл сам Горбовский и честно и мрачно долго жевал свой носок. Герман Сабуров проиграл два раза - от него требовалось сперва посыпать голову пеплом из круглой печки /тогда еще было печное отопление/, а потом вымыть голову в унитазе, - оба наказания перед игрой были придуманы самим Сабуровым. Через несколько лет Анатолий Степанов стал победителем мук наказания - он лежал на животе с горящей свечой, вставленной в анальную жопу, и пел частушку:

Из-за леса вылетала конная милиция.
Задирайте девки юбки - будет репетиция.

Господь справедлив к пострадавшим: следующим проигравшим был Олег Охапкин и на его долю выпало поцеловать задницу у Анатолия Степанова. Я проиграл один раз за многие игры и многие годы, а наказание мне придумал Паша Абрамичев, который знал мое отвращение к изображению шрифта, - мне нужно было написать жопой три первых буквы алфавита. Я старался на кухне, а наши жены тем временем работали над эскизами официального здания. Паша принес мой шрифт им на оценку.
    - Ничего не понимаю, - сказала Света /Пашина жена/, - ты всегда ненавидел шрифты, а тут даже в цвете...
    Для шрифта Паша выдавил на ватман краплак и стронций.
9. Каждый день моей жизни состоит из эпизодов, детали которых растворяются во времени.
10. Моими духовными учителями были всевозможные боги, так как я убежденный язычник, овеянный математической относительностью иронии к факту.
11. Учителем живописи считаю Василия Успенского /Вадима Игоревича/ за фразу: "Картина должна иметь верх и низ - это обязательно, остальное чепуха."
    Исключая классиков литературы, остаюсь постоянным учеником у самого себя.
12. Я еще не умер, поэтому периодов в жизни не наблюдаю - живу сплошняком.
13. Типичным днем до жизни в Америке можно считать день недоедания, так как ленинградская блокада началась для меня в сентябре 1941 года и закончилась, практически, только с переездом государственной границы СССР.

Дополнения

а. Врагами мне приходятся все подлецы и невежды /известные и тайные - и во всех странах земного шара/.
б. Мой самый большой порок - бедность, вернее, нищенство. Вторым бесовским пороком можно считать доверчивость, попранную всяческими иудами.
в. Любимыми занятиями являются - женолюбство, рыбалка и творчество - отдаю предпочтение всем троим, ибо разницы не вижу.
г. Самое большое путешествие было из России в Америку, которое не подарило надежды и не оправдало мечты.
д. Любимым кушаньем моим была любая пища, - особенно мясная...
е. Любимые женщины существовали тоже - я их любил, чего же боле?
ж. Впечатление от заграничной жизни - сытое и хуевое.
з. К Солженицыну отношусь не лучше, чем к Некрасову: оба - картошка в мундире. Но "Гулаг" - дело ума и сердца... и литературы.
и. Земли по имени "КОНТИНЕНТ" не знаю и знать не хочу - после чтения юбилейных

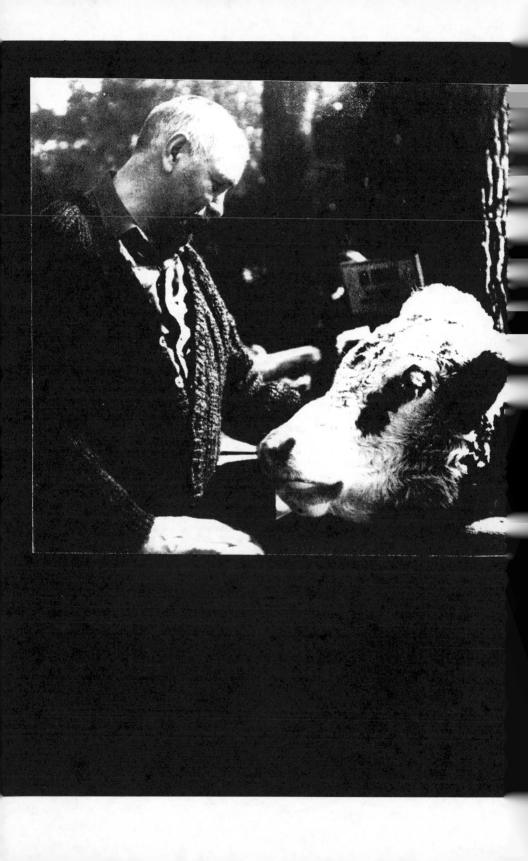

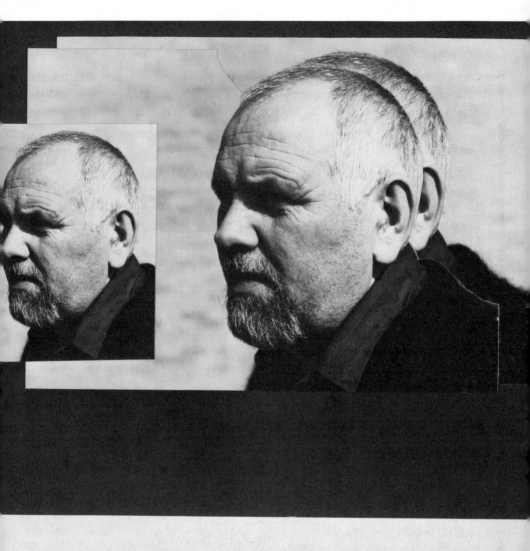

слов главаря о самом себе. Уверения Глеба Горбовского, что на Западе без Макси-
мова не обойтись, считаю русским заблуждением /антидемократическое пристрастие
к именам, авторитетам и злодейским поступкам/.
и. Прочие жидо-масонские издание мне, мягко говоря, неприятны.
к. С ностальгией знаком литературно - термин, но внутри своего естества не ощу-
щаю, ибо космополитичен, как пастух.
л. В моем возрасте, который теперь течет к старости, морды чужие уже не бьют,
но врагов убивают. Я имею внутреннюю решимость - убить.
м. И все же имею надежду дожить до ветхой старости, написать десяток книг, нак-
расить сотню картин, а потом умереть на своей земле, чтобы родня не тратила ли-
шнего на похороны.

      22 августа 1981 года   /Слава Гозиас/
      /Хьюстон, Техас/

22 июня 1980 г.
Иерусалим

дорогой Слава!

Был рад получить Ваше письмо. Большое спасибо за полную информацию
относительно моих любимых ленинградских друзей. Меня очень интересует
их судьба. Кстати, я опубликовал ~~за~~ во "Времени и мы" и в "Ковчеге"
два рассказа Володи Алексеева, одна его повесть /лучшая/ потеряна в
"Континенте" и одна отвергнута "Гранями". Но Володя даже не нашел
нужным ответить на мое письмо, и с кем-то передал мне, чтобы я все его
рукописи переслал Диме Бобышеву в Америку. Ничего пересылать я не
стал, во-первых потому что не знаю адреса Бобышева, во-вторых потому,
что у меня нет денег рассылать повсюду его рукописи, в-третьих потому,
что я вспомнил, как он мне дарил свою рукопись /рукопись книжки/. Он ска-
зал /конечно был пьяный/ "Хотя бы еврей и сексуалист, и я должен был
бы передать свою книжку русскому человеку , например Феде Абрамову, но мне
почему-то хочется подарить ее Вам... Что-то мне сейчас ~~православные~~
православные говнюки стали так же омерзительны, как и иудаиствующие
говнюки, и мне ~~не~~ хочется иметь с Володей никакого дела, хотя я
считаю его очень талантливым писателем.

Сашу Ожиганова я пытаюсь опубликовать, но пока мне это не удается. Мне
очень нужно было бы знать, как сложилась его судьба - основные данные
его жизни в последние десять лет, тогда я мог бы написать немножко о
нём и с ~~мхххххххххххххх~~ моей характеристикой он прошел бы полегче. Но
Костя Кузьминский прислал мне его автобиографию, написанную для потомков-
написанную талантливо, но страшно претенциозно - когда он станет общепри-
знанным гением, то эта автобиография будет опубликована в последнем томе
его собрания сочинений. А пока.. Он тоже мог бы мне написать. Если бы
хотел.

Толик Степанов зря "тщеславится" моими письмами, т.к. у меня с ним
переписки нет и не было- боится. Переписываюсь я с Толиком Татарчуком.

Валерик Холоденко раз в год присылает мне совершенно бездарные письма.
В последнем письме пишет, что бросил пить. Мне ужасно его жалко.
Юра Шигашов переписываться со мной боится. Саша Чушнер прислал мне свою
книжку и одно письмо в котором дал явно понять, что переписываться ~~не~~
~~хочет~~ боится.

~~Олпшшшшшшшшшшшш~~

Олегу Охапкину я создал великолепную легенду - опубликовав в журнале
"Грани" почти "Житие святого Олега". Но прислать ему вызов в Израиль не-

сумел, фон, повидимому, за это на меня обиделся. Перестал мне писать.

Леша Любегин перестал мне писать под влиянием Глеба Горбовского и своей супруги, которые разъяснили ему, что евреи его до добра не дор. А с Лешей Емельяновым получилось совсем нехорошо - его за переписку ~~синтиниишенин~~ со мной чуть было не исключили из Высших литературных курсов, где он сейчас учится /если еще не исключили/ и лишили руково ства "Голосом юности", так что, во избежание еще более крупных неприя ностей, он вынужден был сжечь все мои письма и просил меня больше ему не писать.

Таковы дела.

Я от всей души желаю ~~тебе~~ В.м литературной удачи, но не обольшайся - здесь в свободном мире, писателю, особенно русскому писателю, живется не легче, чем в советской России. Зависимость от рынка не мнее унизи тельна, чем зависимость от партии и советской власти. Если бы не попал здесь "в жилу", если не потрафишь вкусу эмигрантского быдла, то добить литературного успеха /хотя я не знаю, что это такое "литературный усп не сумеешь. В этом океане "свободной печати" существует несколько ост ков. Один островок-"Континент", другой и"Время и мы", третий - "Эхо", четвертый - "Грани", пятый - "Новый журнал", шестой - изда-во "Ардис" На каждом острове свои авторы, свои симпатии, свой успех. А нравы здесь примерно таковы: Послал я как-то в "Континент" статейку о Викто Сосноре. Получил письмо от Владимира Максимова, что статейка очень нр вится, что будут печатать. Прошло полгода - ни слуху, ни духу. Я напи в редакцию. Получил ответ от Василия Бетаки, что моя статейка в набор что пойдет в номере 19, в крайнем случае в 20. Приезжает в Иерусалим Максимов. Я ~~синиш~~спрашиваю: где моя статейка? Он говорит: вот, в 20 номере, и вынимает номер журнала. Смотрим, а там статейка о Сосноре написанная и подписанная В.Бетаки. Максимов говорит: не понимаю, как произошло. Выясню." Выяснял несколько меня, так и не ответил. А потом пришло письмо ~~отбеташ~~ отБетаки:"очень извиняюсь. Сдал в набор вашу ста а потом забыл об этом, и все в редакции забыли, вот я и написал сам".

И никто из редакции до сих пор и не извинился передо мной.

Таковы нравы всей эмигрантской печати. Запасайся терпением, энер гией, деловитостью, предприимчивостью - если хочешь стать профессиона ным писателем.

С Твоей оценкой русских газет я не согласен. От "Русской мысли" вон православным елеем и ладаном, от "Нового русского слова" воняет старым пердунами, а "Новый Американец", который правильнее было бы назвать "новым одесситом" делается весьма ПРОФЕССИОНАЛЬНО. Из всех ленинградск литераторов только один Сережа Довлатов не пренебрегал журналистикой и сталотличным журналистом. См. на полях.

ДВА ПИСЬМА ДАВИДА ДАРА - ГОЗИАСУ.

22 июня 1980 г.
Иерусалим

Дорогой Слава!

Был рад получить Ваше письмо. Большое спасибо за полную информацию относительно моих любимых ленинградских друзей. Меня очень интересует их судьба. Кстати, я опубликовал во "Времени и мы" и в "Ковчеге" два рассказа Володи Алексеева, одна его повесть /лучшая/ потеряна в "континенте" и одна отвергнута "Гранями". Но Володя даже не нашел нужным ответить на мое письмо, и с кем-то передал мне, чтобы я все его рукописи переслал Диме Бобышеву в Америку. Ничего пересылать я не стал, во-первых потому что не знаю адреса Бобышева, во-вторых потому, что я вспомнил, как он мне дарил свою рукопись /рукопись книжки/. Он сказал /конечно был пьяный/: "Хотя Вы еврей и сексуалист, и я должен был бы передать свою книжку русскому человеку, например Феде Абрамову, но мне почему-то хочется подарить ее Вам..." Что-то мне сейчас православные говнюки стали так же омерзительны, как и иудаиствующие говнюки, и мне не хочется иметь с Володей никакого дела, хотя я считаю его очень талантливым писателем.

Сашу Ожиганова я пытаюсь опубликовать, но пока мне это не удается. Мне очень нужно было бы знать, как сложилась его судьба - основные данные его жизни в последние десять лет, тогда я мог бы написать немножко о нем и с моей характеристикой он прошел бы полегче. Но Костя Кузьминский прислал мне его автобиографию, написанную для потомков - написанную талантливо, но страшно претенциозно - когда он станет общепризнанным гением, то эта автобиография будет опубликована в последнем томе его собрания сочинений. А пока ... звучит она пародийно. Он тоже мог бы мне написать. Если бы хотел.

Толик Степанов зря "тщеславится" моими письмами, т.к. у меня с ним переписки нет и не было - боится. Переписываюсь я с Толиком Татарчуком.

Валерик Холоденко раз в год присылает мне совершенно бездарные письма. В последнем письме пишет, что бросил пить. Мне ужасно его жалко. Юра Шигашев переписываться со мной боится. Саша Кушнер прислал мне свою книжку и одно письмо в котором дал явно понять, что переписываться боится.

Олегу Охапкину я создал великолепную легенду - опубликовав в журнале "Грани" почти "Житие святого Олега". Но прислать ему вызов в Израиль не сумел, он, повидимому, за это на меня обиделся. Перестал мне писать.

Леша Любегин перестал мне писать под влиянием Глеба Горбовского и своей супруги, которые разъяснили ему, что евреи его до добра не доведут. А с Лешей Емельяновым получилось совсем нехорошо - его за переписку со мной чуть было не исключили из Высших литературных курсов, где он сейчас учится /если еще не исключили/ и лишили руководства "Голосом юности", так что, во избежание еще более крупных неприятностей, он вынужден был сжечь все мои письма и просил меня больше ему не писать.

Таковы дела.

Я от всей души желаю Вам литературной удачи, но не обольщайтесь - здесь в свободном мире, писателю, особенно русскому писателю, живется не легче, чем в Советской России. Зависимость от рынка не менее унизительна, чем зависимость от партии и советской власти. Если Вы не попадете "в жилу", если не потрафите вкусу эмигрантского быдла, то добиться литературного успеха /хотя я не знаю, что это такое "литературный успех"/ не сумеете. В этом океане "свободной печати" существует несколько островков. Один островок - "Континент", другой - "Время и мы", третий - "Эхо", четвертый - "Грани", пятый - "Новый журнал", шестой - изда-во "Ардис". На каждом островке свои авторы, свои симпатии, свой успех. А нравы здесь примерно таковы: Послал я как-то в "Континент" статейку о Викторе Сосноре. Получил письмо от Владимира Максимова, что статейка очень нравится, что будут печатать. Прошло полгода - ни слуху, ни духу. Я написал в редакцию. Получил ответ от Василия Бетаки, что моя статейка в наборе, что пойдет в номере 19, в крайнем случае в 20. Приезжает в Иерусалим Максимов. Я спрашиваю: где моя статейка? Он говорит: "Вот, в 20 номере," и вынимает номер журнала. Смотрим, а там статейка о Сосноре написанная и подписанная В.Бетаки. Максимов говорит: "Не понимаю, как это произошло. Выясню." Выяснял несколько месяцев, так и не ответил. А потом пришло письмо от Бетаки: "очень извиняюсь. Сдал в набор Вашу статью, а потом забыл об этом, и все в редакции забыли, вот я и написал сам."

И никто из редакции до сих пор и не извинился передо мной.

Таковы нравы всей эмигрантской печати. Запасайтесь терпением, энергией, деловитостью, предприимчивостью - если хотите стать профессиональным писателем.

С Вашей оценкой русских газет я не согласен. От "Русской мысли" воняет православным елеем и ладаном, от "Нового русского слова" воняет старыми пердунами, а "Новый американец", который правильнее было бы назвать "Новым одесситом" делается весьма ПРОФЕССИОНАЛЬНО. Из всех ленинградских литераторов только один Сережа Довлатов не пренебрегал журналистикой и стал отличным журналистом.

См. на полях /приписка/:

1/ я был бы рад помочь Вам всем, что в моих силах. Можете вполне рассчитывать на мое искреннее желание быть Вам полезным.

2/ о себе ничего не пишу, т.к. Вы ничего не спрашиваете.

3/ если увидите Диму Бобышева - передайте от меня привет.

С лучшими пожеланиями,
жму руку   Давид Дар.

24 июля 1980 г.
Иерусалим

Дорогой Слава!

Простите, что не сразу ответил на Ваше письмо от 10 июля - обычно я отвечаю сразу. Прежде всего, разрешите поблагодарить Вас за любезное, и я верю, что искреннее, предложение помощи. Но помочь Вы мне ничем не можете. Нуждаюсь я только в молодости, эрекции, прелестном мальчике, знании английского или иврита и деньгах. А все остальное обстоит у меня отлично.

В конце своего письма Вы просите у меня совета относительно какого-то шестидесятилетнего диссидента, социал демократа. Терпеть не могу всяких диссидентов, так же, как коммунистов и сионистов. Могу посоветовать этому диссиденту хоть на старости лет переключиться с социальной деятельности на сексуальную. А что касается социал-демократической партии в России, то однажды они уже просрали Россию, что ж пусть попробуют опять...

Относительно Димы Бобышева. Зная его, я совершенно уверен, что он тяготится дружбой с Вами. Во-первых он ужасный сноб и как многие другие очень талантливые, но не очень умные люди, утверждает свой талант противопоставлением себя тем, которых считает менее талантливыми. Во-вторых, очень уж он утонул в своем православии. Думаю, что он не любит евреев.

Не очень верю я и в Веньковецкого, в его дружбу. Очень уж Веньковецкий и Вы разные люди. Совсем разные. Из двух разных миров.

Больше надейтесь на себя и свою жену. Мне кажется, что Вы, с Вашим самолюбием, вряд ли сойдетесь с литературной "элитой". Олимпожители не очень то охотно пускают на свою вершину новичков - чаще, спихивают их руками и ногами. Да, насколько я представляю себе Ваши стихи и Вашу прозу /хотя я их почти не знаю/ Вы не принадлежите к тому "авангарду", который, который энергично и агрессивно устанавливает в литературе свои законы /процесс вполне нормальный и прогрессивный/.

Вы интересно написали мне о Саше Ожиганове. Я очень высоко ценю его поэзию, считаю одним из самых значительных нынешних русских поэтов. Первые три года я много делал, чтобы публиковать непечатающихся ленинградцев в Европе, но сейчас перестал этим заниматься - рассылка рукописей требует немалых средств, к тому же редакции почти всех журналов не имеют обыкновения отвечать на письма.

Сейчас в нескольких редакциях валяются рукописи Володи Алексеева, Володи Лапенкова, Геннадия Трифонова и других. Но что с ними, выяснить я не могу. Скорее всего потеряны. Сейчас я уже слишком стар, чтобы заниматься чужими рукописями. Да и хочется успеть до смерти закончить еще одну решительно никому не нужную книжку.

Дай Бог Вам всяческого счастья. Пишите мне.

Вы спрашиваете, не собираюсь ли я приехать в Нью-Йорк. Нет, не собираюсь. В Америке у меня было довольно много друзей и кроме Кирилла Владимировича, но я всем им послал свою новую книжку, с трогательными надписями, утверждающими мое к ним уважение и расположение, но НИ ОДИН ИЗ НИХ /кроме Довлатова и Кузьминского/ мне не ответил, даже не поблагодарил за книжку. В том числе и Кирилл Владимирович. После этого я их своими друзьями не считаю. Так, что в Америке мне делать нечего.

Еще раз - мои лучшие пожелания.

Ваш Давид Дар

КТО ДОТЮКАЛ СТАРИКА ДАРА?

НЕ ТЕ друзья, что в России - при полном незнании и непонимании западных дел - трясутся, юродствуют, молятся, бздят, вступают в члены и сжигают письма. Я вот - за ШЕСТЬ лет - имею серию /спазматическую/ эпистол от Охапкина, пару писем от Петрона, устное пожелание "ПОКА не печатать его" от Ширали - и ВСЁ, вычетом писем от матери. Писал мне оттуда - один Дар. Не это, не молчание за кремлевской стеной, убивало старика - а ТЕ, КТО ТУТ.

Я ли выдумал /см. во 2-м томе/ поебень и начихательство, царящие в "Континенте"? Шестерка Бетаки - урывающий кусок хлеба /в "Континенте" - ПЛАТЯТ, деньгами Мини и Шпрингера, выданными на цитадель антикоммунизма/ - у старика. Максимов, не знающий /?!/, что у него в номерах.

Нет, буду бить ебальники. Четко. За себя и за Деда.

Пишет Марамзин в некрологе: "... в Израиль, где и прожил последние годы, не переставая писать, продолжая заботиться о молодой русской литературе, участвуя в работе зарубежных русских журналов, в том числе и нашего. Теперь уже можно сказать, что именно через Дара пришло к нам не менее трети наиболее интересных рукописей из России." /ЭХО, №2, 1980/

А выше - пишет сам Дар, о тех самых русских журналах, в работе которых он "участвовал". Рассылая на нищенскую пенсию рукописи учеников, и даже не получая ответа. От того же Марамзина /см. в письмах Дара во 2-м томе/.

Суки. "Участие" Дара в работе "Эха" заключалось в том, что Володя выбирал из его архивов на свой, довольно посредственный, вкус. Статей Дара - ни в одном из имеющихся у меня "Эх" нет. А материалы ... Лапенков, Алексеев, Губин, Вахтин - явно от него. Ожиганов - тиснут-таки в номере ... с некрологом Дара, и БЕЗ его предисловия - ТЩЕТНО ПРЕДЛАГАЕМОГО тому же Марамзину! Так, кинули кость покойнику, напечатали Сашу.

Кому и что еще он тщетно предлагал - пусть разбираются историки от литературы, им за это платят, а Дару - не платил никто.

Он просто любил. Хотя, зачастую - и редкостных говнюков. Которые и пишут о нем некрологи...

Пишет мне ГОЗИАС:

> *У Нью'орку от Хьюстоновки*
> *к Константину Акакиевичу,*
> *с нижайшим!*

    Милый дедушка, не трожь ты нашу юдоль мечтою о городском шуме, и селедки тут не продают русской - так что и в рожу тыкать нечем, а славяноеврейцам /типа Яшки и Мишки из венькомаргулисов/, кои обрезаны по всем законам портняжного дизайна, не верю я и с ними не контачу - ни тут, ни там.

    Письмишко от тебя ждать, разумеется, безнадежно, ибо эти, что писатели, писать не охочи и времён к тому не содержат, но и за телефонический поцелуй спасибо - за две тысячи миль полихнуло ароматом "Сайгона" так, что вогнал Саню в лабаз и после целую галлону зелья употребил /с нею вдвоёмб/.

    Здоровьишко, стало быть, кое-какое имеется, а также средства к машинопокупательству: приобрели очередную - реликтовую - карету по имени птица-гром-и-молния /сандербёрд по-американски/, но бегает весьма лихо, - другие невзгоды покажет время.

    Вирши нашего друга Феоктистова препровождаю с надеждой, что ты их не употребишь легкомысленно, но ежели есть возможность и обнародовать с помпою или клизмою /что выберешь/, то давай - они того стоят - сам гляди.

    Эмилии Карловне Мышкиной наши пыльные и жаркие коровьи /ковбойские/ приветы, поцелуи и уверенья /хотя бы в том, что ейного мужа время от времени нужно стегать жопно и мощно, ибо не пора ли мужчиною быть?/, от моего бабского воинства - тоже добрые слова летят,

> *словом, - целуем, любим, ждем писем, звонков, и "может быть" свидемся и останемся*

/Без даты,
 весна-лето 1982/

ОТ СОСТАВИТЕЛЯ:

    Рекламу упомянутой "Сандерберд" /"Громовая Птица"/ см. в романе Ивана Ефремова, "Лезвие бритвы", но модель миллионеров в 50-х - сейчас доступна любому безработному, я сам хотел купить, но предпочел "Красный Амбассадор" /из патриотизму, но он все равно не ходил, только - раком.../ И у Гозиасов эта не ходит, всю дорогу ремонтируют, время-таки показало "другие невзгоды"...

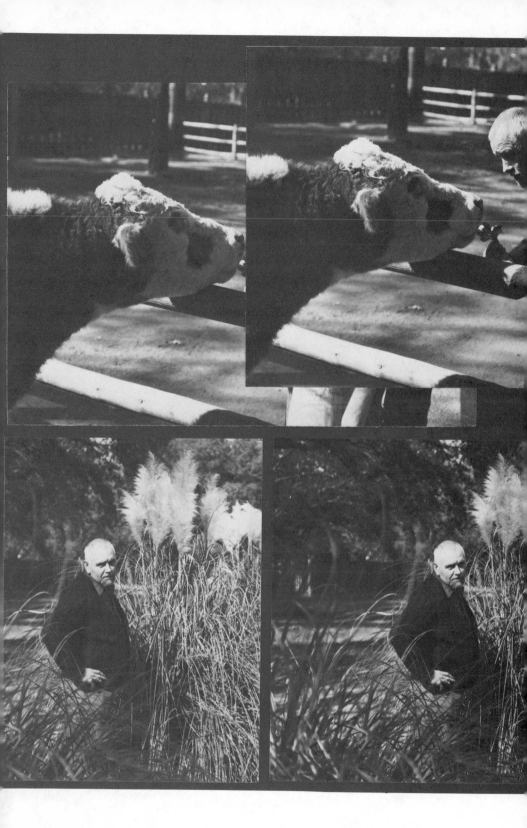

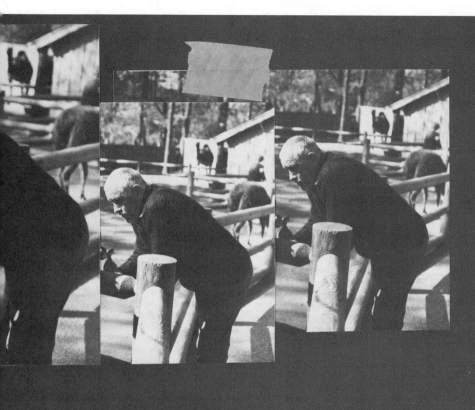

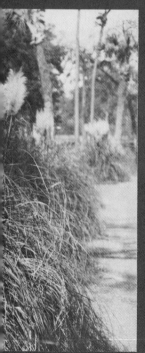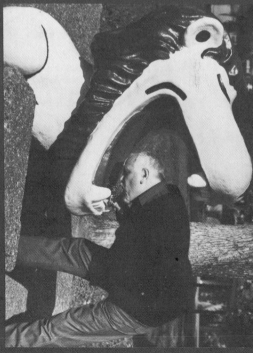

С. ГОЗИАС:

НЕИЗВЕСТНЫЙ ПОЭТ РОССИИ

Каждое слово о неизвестном поэте России - каждое слово, прозвучавшее на Западе, сродни словам некролога, а публикация произведений неизвестного поэта подобна доносу, и может навлечь на еще живую голову тяжесть непомерного и неза служенного наказания. Но лучше ли тихое сумрачное умирание живого голоса? - Не лучше. Но имеем ли мы право без ведома автора публиковать его произведения? - Разумеется, такого права нет. Предателем или помощником друга становлюсь я, предъявляя читателям его стихи, которые так надежно хранила память? - Я об это не знаю, но, ежели поэзия - дело божье, то пусть бог возьмет на себя обязанност прокурора и адвоката.

Евгению Ивановичу Феоктистову 44 года. На родине его стихи практически неизвестны, если не считать двух-трех публикаций в альманахе "Молодой Ленингра где стихи представлены в микроскопическом количестве. Авторский стаж превышает четверть века. В середине 70-х годов настала пора, когда поэт уничтожил более 5000 стихотворений, считая их необязательными для себя, - требовательность, превысившая смысл труда, но твердо доказавшая, что рукописи сгорают. Бытовая жизнь Е.И.Феоктистова чрезвычайно трудна: со школьной скамьи в грузчики, в под собники, в разнорабочии - на завод, в типографию, в Эрмитаж - на мизерную зарг лату, - потом пожарная охрана, потом сторож строительной площадки, где почти каждую ночь рукопашные сражения с подрастающим хулиганьем Петроградской сторон Ботинки, в которых живет Евгений Иванович, могут считаться антикварными - им н менее 15 лет, но они еще служат. Физическое здоровье поэта разрушается от пос тоянного недоедания, от постоянной сухомятки, от отсутствия условий для отдыха

Десять лет тому назад мы работали в охране на фабрике "Веретено" - рабо тали сутки через трое - сачстливое время! - мы имели 23 выходных дня в месяц, 23 дня для творчества, разделенные на равные доли днями труда - днями разрядки днями разговоров... Однажды вечером позвонила моя жена:
- Я сделала котлеты, они получились очень вкусными. Может быть, приедеш домой обедать?
- А если мы приедем с Феоктистовым?
- Котлет много, приезжайте вдвоем.
И мы славно пообедали, а потом пили кофе.
- Хотите еще кофе? - спросила Саня Феоктистова.
- Конечно, конечно, - ответил он.
... Через трое суток Феоктистов пришел на работу утомленный, с воспален ными глазами и виноватой улыбкой.
- Я не мог спать, - сказал он, - кофе будоражит меня, а сердце захлебы вается...
- Что ж ты не попросил чаю?
- Я не мог, - ответил Феоктистов, - я не мог отказать женщине.

У Володи Алексеева день рождения. Пьяненькие приятели растасовались по углам и что-то изрекают друг другу. Феоктистов заметил:
- Наступит секунда тишины и ты услышишь: "Бог-чорт, добро-зло, женщины любовь."
И наступила тишина, которую нарушил ехидный голос Шигашева:
- Отец, ты знаешь, бог это чорт, вывернутый наизнанку...
- Добро и зло, - проговорил Олег Бузунов.
- Женщины, я люблю вас, женщины - вы прекрасны. Да, дорогая, ты тоже п красна, я тебя люблю, - сказал Володя Алексеев, поглаживая бутылку.

Мы идем по Невскому проспекту от Садовой к Литейному - к дому Валерия Холоденко, где нас ждет борщ, - бутылку вина тащим с собою.

- Папа, - тешит беса Володя Алексеев, - папа, ты знаешь, после отъезда Бродского, остался только Феоктистов. Что будет, если он уедет в деревню?

Я молчу - мне неприятны психологические опыты Алексеева, но Феоктистов невозмутим:

- Свято место пусто не бывает, - говорит он.

Позволим себя надеяться, что это так.

Для меня стихи Е.И.Феоктистова - один из немногих подарков, какими баловала меня жизнь.

/Гозиас,
 Техас./

ОТ СОСТАВИТЕЛЯ:

Ко мне Феоктистова приводил пару раз Охапкин, году, надо понимать, 70-м. Пили по малому, читали стихов /Охапкин и он/, говорили об Эрмитаже - оба они там тогда работали, а меня уже выгнали тому семь лет, не то шесть. Молчалив был Феоктистов и скромен. Контакту не вышло - только теперь, через Техас, Гозиаса, дюжину лет спустя...

Поэта - уважаю, но не ем, как не ем и Гозиаса, и Бобышева, и вообще - "классицистов".

Однако ж - перепечатываю и помещаю, со всем пиететом.

- - -

Дым отечества едким бывал и горчил временами.
Может, поэтому ныне так больно глазам,
или Дамокловы ножны, качаясь над нами,
тем и страшны, что меча не содержится там?
Родина требует жертв?
                    Что ж, на лобное место главою!
Иго татарское, тяжкой взмахнув булавою,
юность в цепях не по росту по каторжным гнало путям.
Евнух-пастух в голенищах с казарменным глянцем,
воин истории бравый в панцырях галифе
гнал по этапу мелькающих медленно станций
еле бредущих, как строки в нескладной строфе.
Истово, грозно вагонные лязгали шторы,
ельник ломился в решетчатый серый квадрат,
верный приказу пространства: ни шагу назад.
Именем Времени - низкими нотами вздоха,
черным монахом тайги отвечала эпоха,
ульи бараков заботливо строила в ряд,
бдительных вышек скворешни в терновниках страха
ели начальство глазами. Валялась ненужная плаха.
Рубленных изб любопытство торчало вдали.
Тайные тропы на вольную волю вели,
если везло, но кому? - я не видел, не знаю.
Льстивые речи надежды прокрались по краю
конечного разума, сонного ссыльного слуха,
утренних мыслей в глубинах спасенного духа.

- - -

Бегство российских птенцов за моря -
окна в Европу едва приоткрыты.
Были бы окна... в них гаснет заря.
Шило на мыло меняют пииты.
Если для пушек расплавлена медь, -
вряд ли нам колокол будет греметь.
Уличных клавиш расшатаны плиты,
дышит орган деревянного сна -
милостью божьей владыка
музыки именно он. Шелапутка-весна,
ты в этот час приглуши свои крики.
Ревностно службу несет часовой
именем Родины. Белые блики
юркнули в яму, укрылись травой.
Прячутся все. Вот и месяца жало
отскрежетало - и дело с концом.
Снадобье света подорожало,
Время убито и пахнет свинцом.
Явь доказала нелепость побега -
щелкнул курок: за тобою победа,
ангел-хранитель с железным лицом.

- - -

Стучит по глине посох пастуха.
В капелле слуха звонкие пустоты.
Заполнить их? Но чем? Покрой стиха
нелеп и неуклюж. В постеле мха
маэстро лежа разбирает ноты:
поэму гамм скрипичного ключа
читай с листа, не поддаваясь лести,
чтобы не сбиться с ритма сгоряча.
У изголовья сна стоит свеча
и метроном дежурит с нею вместе.
Маэстро спит - он предал тишине
сенат сонат, чему безмерно рады
овец послушных пыльные отряды,
они в собранье строк вошли извне
и, отрешенно стоя в стороне,
на спящих мух глядят из-за ограды.

- - -

Похож был Бах на бюргера по виду,
но пересилив горечь и обиду,
в готические легкие органа
вдохнул он жизнь, лишенную обмана.
Не контрапункт иллюзиями правил -
сам Саваоф мне к горлу нож подставил,
и слёз не проглотить, наверное, ангина.
В том Бахов я виню: отца и сына,
виню я духов музыки небесной.
Слетел со шпиля готики отвесной
Архангел Бах, сам - Себастьян - владыка
всей гаммы голосов: от шопота до крика.

- - -

Из-за угла знакомых встреч лицо
мелькнет опять. Ловить его нет смысла:
оно как узнавание, не больше,
и незачем в подробности вникать, -
но в памяти моей оно живет,
нежданно в сон мой безмятежный входит,
глядит, смеется, подмигнет, -
и вновь, едва кивнув, растает в темноте
внезапное лицо из-за угла.

- - -

Алмаз рассвета линию зари
на стеклах прочертил неторопливо.
Восток алеет. Ты глаза протри.
Ты лепесток, дрожащий сиротливо.
Округа спит. Спит бабушка и дед.
Листает мама сонные страницы,

и две зарницы блещут сквозь ресницы.
Юнец-птенец, глядишь ты солнцу вслед,
прими в подарок солнечные строки -
они качают колыбель весны.
Стерев со щек зари кровоподтеки,
всмотрись в листву, ей шорохи даны -
я с нею заодно: мы говорливы оба,
щекочет нёбо кончик языка.
А фея света - нежная особо,
едва к стихам притронулась пока.
Так вслушайся же в них, разведай строк узоры, -
сегодня воздух тих, прозрачны облака,
ясна округа, праздничны просторы.

- - -

Ловкач-левша, ловец лихой блохи,
едва ли тверд в параграфах искусства,
но он упрямо просится в стихи,
а муза блох - в коробку из-под дуста.
Прими в подарок парочку подков!
Удачи знак - подкова Зодиака -
доверься ей, подвесь на дверь, - таков
обычай предков: гамма пустяков
в руках богов, не делающих брака.
Кузнец-левша лекалом кривизны
изгибы дуг, мозаику изломов
напутал там, где явь впадает в сны,
звезда блуждает в трубках телефонов,
мешая спать. Мигают фонари,
антенны ловят мелкую рыбешку.
Сыпь соль на раны утренней зари,
твори из мрака мятную лепешку!
Еще не всё. Наведайся к царю,
режь правду-матку, впрочем, осторожно
и нежно, избежав острожной
минуты слёз, кандальных терний, ложной
злобы созвездий, вкрапленных в зарю.

- - -

Стучится в дверь Сегодня. Открывай!
Ежесекундная серьезность мирозданья
ранима взглядом, голосом, касаньем,
гонима смехом, удирает в Рай.
Ее не остановишь. Улыбайся,
юлой крутись, волчком преображайся,
катись ко всем ... знакомым и родным
Архангелам, приятелям хмельным,
танцующим на скользком острие
иронии - над пропастью, над краем
надежд.
И чорт, чей взгляд необитаем,
усмешкой подтверждает бытие

пустотных сфер, сверкающих бесцельно
округлостями форм, броней нательной,
серебряными льдами полюсов,
воскресным блеском стекол, блеском слов.
Я не виню тебя - ты не таков.
Щелчок мой метил не в твое межбровье.
Артачится бессмыслицы бескровье,
юродство рифм я спрятал на засов.
Давай забудем бреда говорок, -
российской прозы понял я упрек,
урок мне впрок пойдет, мне вновь понятен
Железный век. Лишь горстку светлых пятен
ему оставил век златой в наследство:
суровых истин странное соседство
коснулось нас, но брошено зато
иллюзии пустое решето.

- - -

Гостю света, посреднику зорь,
шестикрылому брату
выдал визу на выезд. Позволь
осмотрительно вникнуть в юдоль -
вжиться в образы, вдуматься в роль,
прогуляться по райскому саду.
Унимая российскую боль,
подсластив кирпичом рафинада
горечь времени. Что еще надо
шестикрылому?! Высохла соль.
Плач затих, догорает костер
посреди посрамленного ада.
Мы на время прервем разговор
у ограды осеннего сада.
Как тот сад уцелел до сих пор? -
Мы не знаем, - ответствует хор
безумных листьев: таков уговор
их самих - и приказ листопада.

- - -

Послушай, бес, как плещется в груди
река Времен, кровавая по цвету,
преображаясь в медленную Лету, -
гол, как сокол, в волненье вод впади,
дрожа, как лист, притянутый к ответу.

Качаясь в отраженьях наяву,
ныряй на дно за раковиной следом,
жемчужины словес, нацелив к ней, дуплетом
вгоняя в лузы, мчась на рандеву
с возлюбленной, которую зову
Гражданкой Смертью, не кривя при этом
душой и не переча естеству.

Ты прав, Игрок, рискуя натощак,
ты прям, как шпиль, вонзающийся в небо.
Сошлись на том, что бог не выдал хлеба
всеобщих благ, и - значит - никому
нет дела до певца и до паяца, -
ныряя в нуль, он может не бояться,
что кануть в Лету запретят ему.

- - -

Висит мой размалеванный портрет -
афишное подобье прототипа,
случайная сумятица примет.
И глохнет пол от собственного скрипа,
листая беспристрастные шаги
иронии. Мы с вымыслом враги.
Юнец, твой лик - заведомая липа.

Была причина верить и любить,
еще не зная, что переиначит
рука Рябой судьбы, что время, значит.
Ткать жизни полотно, вплетая нить,
едва заметную, чужого произвола.
Льняных забот запутана стезя.
Сойти с пути, чтоб спрятаться, нельзя:
учитель строг, сродни острогу школа.

Пришел мой час проверить и принять
осеннюю гармонию обмана.
Сухие крошки в закромах кармана
веселых птиц приманят ли опять?
Яснеет сад, пустеют небеса.
Щелчком расколот лед на бледной луже.
Антракт в произростаньи. Ода стужи
юлит перед зимой - пророчит чудеса.

Держись, не падай! - скользкая стезя.
Рябит в глазах. Сквозь перхоть снегопада
увидишь дом: чугунная ограда -
живет здесь мой двойник, живу здесь я,
ей богу, рад немножечко визиту -
стучать не надо - дверь не заперта, -
какая грусть торчит в изгибах рта?!
Исторгни звук, - сыграй свою сюиту.

- - -

Валгалла доморощенного бреда:
куриные поджаренные ноги,
поджарая наследница береза
прикрылась второпях зеленой маской
от медленного зарева зари.
Метался лист - усталый погорелец.
Устойчиво стоял на пьедестале

чугунный призрак – признанный вояка,
не Командор, а просто – командарм, –
не даром ноги в сапогах убиты,
бренчат на солнце бронзовые шпоры.
Врасплох неполированные листья
трепещут и трясутся, но ни с места!
Куда бежать? Окраины пылают.
Окрашен кровью горизонт рассудка.
В морях кровавых жалоб
каравеллам крылатых дум
карабкаться по дну.
Крадется прочь репатриированный кенарь –
застряла в горле пламенная песня.
В клешах клешней зажав,
пытают крабы реликтовую редкую улитку –
вникают в суть полупрозрачной плоти,
в дрожащий мелко судорожный студень
своими бестолковыми клешнями.
Клише заборных надписей мерцают
столь неотчетливо, что разбазарят вскоре
последний смысл вечернего декрета
о мире, о земле и о свободе.

– – –

Из прядей снега пряли белизну
ночных ненастий медленные руки,
кляня судьбы каприз, клонясь ко сну,
кренясь над ним и заглушая звуки
дыханий, вздохов, шорохов, гудков
творцов разлук у дальней водокачки.
Ловила ночь арканами зрачков
бессонных окон светлые подачки.
В прозрачных сферах искрами тепла
мерцала жизнь, даруя свет, но пряха
веретено вращала и вела
Судьбу – сестрицу, бледную от страха,
на волосок от смерти. На висок
ложилась прядь. Ложились хлопья снега
по руслам длинных ре, по рельсам строк –
шел снегопад, валился наземь с неба.
Метался ветер за его спиной
среди пустых домов – наземных зданий.
Будильник века тикал за стеной
собора сна и в залах ожиданий,
в конурах злобы, в камерах добра,
внутри Москвы, снаружи Ленинграда
и в дебрях дальних чащ, куда с утра
уходит автор снов и снегопада.

– – –

Перенасыщен воздух комарьем.
Их флот крылатый оснащен трезвоном.

Что делать мне?
Растерян и смущен,
смотрю вокруг, ищу в кустах спасенья,
но там не слаще. Брат мой - мотылек
блуждает, бедный, в лабиринте веток,
иллюзий, бликов, отсветов, мерцаний,
теней и листьев, по мудреной вязи
немых писмен на умершем наречьи.
Крылатый странник, - вот мои ладони -
аэродром для мотылька-малютки,
присядь на них, не ожидай подвоха,
ты - мой собрат, союзник, собеседник.

Сей день прошел и больше не вернется.

По трупу дня отслужим панихиду
пока слепое зарево заката пугает Запад,
заливая кровью одну шестую долю небосвода,
и все наглей, нахальней комары.
Святое воинство! - что ни комар - то рыцарь,
храбрец и смертник, вроде самурая,
он рвется в бой, рассудок свой теряя,
вонзая в кожу клювик-хоботок,
неутомим, настырен и жесток.

Вонзайся, жаль, зови на помощь друга!
Я обречен на звонкое закланье;
трясется бездна дальнего болота,
дымится тихо логово уюта,
стремится мимо лезвие ручья.
Двоится время - делится на доли
равновеликих половин соблазна:
Вчера и Завтра.
В озареньи света
святого солнца медленный апостол
добра и мира, прямо ведай радость
и возвращайся вспять к своим истокам,
внушая мне и комарам жестоким
простую мысль: не жалуясь, не жалить,
а претерпев и боль, и блажь, и муки
свирепой жажды, вверив кровопийцам
свою судьбу, сказать, - ведите на Голгофу!
Испить желаю огненную чашу,
хочу дожить до светопреставленья!

Уже темнеет; на скрещеньи веток
распят рассудок-мотылек. Варрава
и фарисеев злобная орава
кричит: "умри! Смысл века в состраданьи
с народом, с нами..." Кричу им:
"Кровопийцы!"
Над лесом всходит всепрощенья месяц
в тиаре папской - в шапке рогоносца.
Ночь возглашает хором переклички...
/живых и сущих, но уже пугливых/,
гордясь и грезя, аллилую свету,

но неизбежно ночь темнит при этом
в венке стыда, в невинном святотатстве,
роняя ризу синего тумана.

Пора и мне найти уединенье.
Осталось ждать три дня до воскресенья, -
друг обещал мне принести всесильный
бальзам спасенья антикомариный.
Да будет свет!
Да сбудется спасенье!
Явись, отец, избавь меня от чаши
с надкушенными острыми краями,
и,
примирив на время с комарами,
запри их орды в тихую темницу -
в ковчег тюрьмы для звонких трубадуров!

- - -

Склоняются в поклоне, в реверансе,
в присядку пляшут перед палачами
плечистыми, в сиреневых погонах,
в серебряной - до звона - седине.
Судилище сидит на эшафоте
просцениума - в ямах лож, как в западнях,
и западу грозит корявыми крюками.
Восток алеет в азиатском смысле -
с учтивой церемонностью в согласьи,
храня до срока страшные секреты,
неведомые только дураку.
Река Времен течет промежду прочим
среди скалистых гор вблизи границы
двух государств: Сегодня и Вчера.
В ее глубинах тонут постепенно
вкантные пока что пьедесталы,
похожие на плаху изголовья.
Вчерашний узник темноты и страха,
зачем ты бродишь так неосторожно
и не вникаешь в злую подоплеку
сограждан добрых в меру принужденья,
и белозубо ласковых по виду,
пока не рассвело? Пока рассола
печальных слез хлебнуть нам не дано?
Как протрезветь? Протри зеницу ока!
Алеет край кровавого Востока,
алеет рот убитого певца,
алеет маска, снятая с лица
правителя. Эпоха потакает ему подобным.
тикает будильник. Пульсируют вечерние проспекты
и гонят кровь двуногими тельцами.
Зверь на ловца бежит. Бежит и Время.
Куранты бьют пронзительно при каждом
соитьи стрелок: время неизбежно.
Далее: полотнища из ветра и воды -
услада улиц, всплески Серафима -

двумя крылами из шести, помимо
очей пернатых в зареве беды;
в огнях пожарищ, в вихрях, в залпах грома
коленопреклоненный сын Содома
искупит ли вину сограждан! Гнома
напоминает, странен и горбат,
а Лотова жена отводит взгляд –
летят и льнут к ней пепел и зола,
едва достигнув на стезе ухода.
Над соляным столпом добра и зла
– ад темноты, глухая непогода.
Постой, не уходи, застынь, как столп,
светясь во тьме несуетно и свято.
Анахорет, аскет, изгнанник, волк –
Лот, твой супруг, торопится куда-то.
Мнит, что спасен, безгрешен, – грамотей,
о простота, священная, святая!
Посланник бога – почтальон вестей
его надул, совсем не почитая,
вручил письмо на странном языке
иносказаний, аллегорий свода
цитат из книг, хранимых в тайнике
архивов наших – в памяти народа.
Еще – не лезвие, на бритвенной строке
пляши паяц, паясничай безбожно,
пока возможно,
сняв груз обуз, шататься налегке,
не опасаясь нападений с тыла,
подачки муз хватая налету,
пока судьба не подвела черту
и чорту в лапы не препроводила.
Зажав сухарик черствый в кулаке,
будь нем, как рыба в иле
на могиле:
замок на мыслях и на языке.
Послушай, бес, как плещется в груди
Река Времен, кровавая по цвету,
преображаясь в медленную Лету.
Гол, как сокол, в волненье вод впади,
дрожа, как лист, притянутый к ответу,
качаясь в отраженьи наяву,
ныряй на дно за раковиной следом.
Жемчужины словес, нацелив к ней, дуплетом
вгоняя в лузу, мчась на рандеву,
с возлюбленной, которую зову
гражданкой Смертью, не кривя при этом
душой и не переча естеству.
Ты прав, Игрок, тоскуя натощак,
ты прям, как шпиль, вонзающийся в небо.
Сошлись на то, что бог не выдал хлеба
всеобщих благ и, значит, никому
нет дела до певца и до паяца, –
ныряя в нуль, он может не бояться,
что кануть в Лету запретят ему.

1978

- - -

Туманам плыть и плыть
над гладью водяной,
узорной сединой
все берега покрыть,
остановить разбег
раскинувшихся вод,
запутаться в резьбе
карнизов и ворот,
о высоте забыть
и крыльях за спиной...,
туманам плыть и плыть
капелистой весной.

1958

- - -

Ершится календарь, а ты опять
ленивых дней перебираешь пряди.
Ей богу, лучше, будущего ради,
не лжи иллюзий время уделять,
а метить в явь - то спереди, то сзади.
Иллюзии - мишень для идиота,
глазного дна подпольная работа,
незрячей памяти незрелый плод.
Ах, фантазер, тебя мираж влечет
туда, где всё немножко набекрень, -
остановись, вникая в светотень
вселенских сходств с различьями на грани.
Алхимик-сон творит алмаз из дряни:
взволнован зритель вымыслами, но
светает в мире, видит он окно -
его мирок - иллюзия экрана
голубизны, чей глупый телеглаз
доверчив сам, ввел в заблужденье нас
арабской вязью хмеля и дурмана.
Видений мастер ведает вполне
соцветьем снов, созвучьем слов, союзом
единств и множеств, позволяя музам
морочить нас и в жизни и во сне.
Боязнь деревьев перед листопадом,
органных труб одышливая речь
гораздо громче выразит, чем надо
абсурдность бреда, но сознанье радо
мечтаний бремя сбросить наземь с плеч.
Уходят сны по улице туманной.
Грохочет Время. В библии карманной
ораторствует бешеный пророк.
Дымится Юг, тревожится Восток.
Немой творец поэмы безымянной -
апостол - мим, а правда между строк.

1978

В а л е н т и н   С Е М Е Н О В

был заметен в потоке молодых поэтов, участвовавших в создании поэзии
в конце 50-х годов в Ленинграде, хотя его чтение стихов "на массу" -
на большую аудиторию, обычно студенческую, не имело шумных рукоплеска-
ний, - его манера чтения ~~стихов~~ была суха - без театрализации /воль-
ной или невольной/, каковой обладали поэты шумного успеха. Содержание
стихов тоже не было сладкой костью для слушателей, так как не являло
ни призывов, ни обличений / в доме культуры им.Горького когда-то гремел
Бродский: "Богу - крест. Быку - хлыст." Кажется, со временем и возрас-
том Бродский разглядел, что крест не отличим от хлыста, отличие только
в сусловии/. Сам Валентин Семенов к публичным чтениям относился, как
к обязательному злу в поэзии, он считал, что стихи писать и читать нуж-
но в одиночестве.

    Валентин Семенов был членом литературного об'единения "Голос Юности",
которым руководил Д.Дар. До "Голоса Юности" Валентин посещал многие ли-
тературные коллективы в институтах и домах культуры Ленинграда, но не
задерживался там подолгу, а в "Голосе" прижился - точнее - сдружился,
видимо, оттого, что основным в этом об'единении было не соревнование в
изобретательности, а постоянные искания забытых или новых истин во время
"домашних" - уютных и камерных литературных игр. Заметим, что на эти
"игры" в 1958-1959 годах стекалось в "Голос Юности" поголовное большинст-
во молодых поэтов, известных в Ленинграде.

    Однажды Владимир Губин /тогда ещё не вступивший в банду "Горожан"/
принес на чтение страницу рассказа, вернее, одну фразу, с которой дол-
жен бы начаться рассказ, фразу в сто вариантов: "Город начинается вокза-
лом. Города встречают нас вокзалами. Вокзалом открывается город..." И
так далее.

    - Рассказ не пошел, - сказал Губин, - я не смог найти нужной инто-
нации.

Валентин Семенов откликнулся:

> Города начинаются с вокзалов,
> но этому мало,
> и он начинается в поле,
> где комья грязи и колья.

    - А дальше? - спросил кто-то.

    - А дальше я не нашел правильной интонации, - ответил Семенов.

    Летом 1958 года ватагой - около 20 человек - мы ездили выступать в воинскую часть в поселок Грузино под Ленинградом, где Виктор Соснора тянул "через день на ремень, через два - на кухню" - солдатскую лямку обязательно" воинской повинности. Разумеется, выступление в в/ч было ширмой нашего навещания Сосноры, однако мы причастились солдатским обедом, почувствовали себя на минуту солдатами и... ринулись играть в футбол, разделившись на две неравные команды: 5 и 15. В меньшинстве играли Семенов, Сабуров, маленький Олежка /ныне почтенный мэтр Охапкин/, Баглай /тогда еще муж дочери Д.Дара/ и я, - и мы выиграли матч, причем основная заслуга в победе была Валентина. Семенов был спортивен - жилист, быстр, неутомим. Росту он был малого, волосы светлые, на носу веснушки, но когда смотришь в лицо Валентина, видишь только глаза - цепкие, умные, весёлые и очень детские.

    Неожиданно для друзей Валентин Семенов прекратил писать стихи.

    - Я больше не расту. Бессмысленно писать по привычке. Видимо, я не поэт, - сказал Валентин.

    В 1959 году, окончив высшее учебное заведение, Семенов выбыл на Север для работы по инженерной специальности.

    В памяти остались осколки стихов Валентина Семенова, и остается надежда, что рукописи, которые якобы не сгорают, вдруг обнаружатся...

Темнота превращается в утро.
Превращается "мокро" в "красиво",
превратилось в "отчетливо" - мутное,
а идти перешло - не по силам.

И ещё - меж дорожной безбрежности
и унылого скрипа телег
превращается в силу нежности
сила тяжести на земле.

                              1958г.

...Имя твоё - название
вкусов моих и привычек,
имя твоё - развалина,
если сложить из спичек
/это работа простая -
спичками накружил/.
Твоё имя можно составить
из вытянутых жил...

                "   "   "

  За временем угнаться бы
по улице, по лестнице,
всё с той же интонацией
и той же околесицей...

                "   "   "

А ты сама всё по лесу
меж световых полос,
из воздуха и пояса
запястия волос...

                "   "   "

Тосковать, как че скрипит
на крыше вертлюг,
тосковать, как рисовать
волову* в петлю,

Тосковать, как вытигать
погубур тьму,
тосковать, как рисовать
натюрморт-тюрьму...

Не помню в каком томе АНТОЛОГИИ было весьма облыжно говорено о Глебе Семенове. Совершенно искренне, меня совсем не интересует его поэтическое творчество, хотя слышал я его стихов мало, а книжек не читал ни одной.

Мы с тобою крылья ворона,

оба сильные, смятенные,

неразрывно смотрим в стороны,

навсегда соединенные...

Не могу полюбить такие стихи - не умею. Но разве хлебом единым? Если образу Глеба Сергеевича Семенова подбирать нарицательное качество, то следует сказать ВОСПИТАТЕЛЬ, включая понятие УЧИТЕЛЬ. Краткий список имен-авторов, которые обязаны считать его своим учителем /Глеб Семенов может не считать их учениками - его право/, служит доказательством истины, хотя истины - обычно - аксиомичны, но в человеческой практике стало обычным доказательство аксиомы . Вот имена: Глеб Горбовский, Александр Кушнер, Леонид Агеев, Олег Тарутин, Александр Городницкий, Григорий Глузман, Андрей Битов, Елена Кумпан, Владимир Британишский, Лидия Гладкая, Эдуард Кутырев, Борис Рацер /на трибуну вышел Рацер: надо ж где-то обосраться/, Виктор Соснора, Чина Королева, и так далее. Уверен, что за 25 лет в Ленинграде не было ни одного явления /проявления/ литературы, которое так или иначе подпадало под заботу Глеба Семенова.

Я не был в дружбе с Глебом Семеновым, но мы были достаточно хорошо знакомы для "частного обмена мнений". У меня есть хамская привычка отвечать на удар с большей силой, чем этот удар пришелся по мне, особенно, если в воздухе чувствуется безнаказанность.

В 1960 году Д.Я.Дар пустил по друзьям и знакомым слушок, что Слава Гозиас вернулся из Баку, чтобы разобраться с советской властью. Из Баку я не вернулся, а сбежал без документов /остались в ведомстве печати, где я должен был служить молодым специалистом, но я не был таковым/. С советской властью разбираться не приходилось - это невозможно, ибо таковой власти в природе нет. Тем не менее, я был в напряге - на нелегалке и без денег, - и когда Глеб Семенов /весьма дружелюбно/ сказал:

- Слава, я слышал от Давида Яковлевича, что ты решил разобраться с советской властью...

Я вспылил - пыль, злость - и выпалил:

- Скажите, Глеб Сергеевич, когда вы пишите стихи, вы чувствуете, что они эпигонские или подражательные, или это приходит после?

- Чу, знаешь, Слава... - сказал Глеб Семенов и развел руками.

Мне потребовался почти двадцатилетний жизненный опыт, чтобы понять, какой отвратительной гадиной я был в тот вечер.

Семенов собрал великолепную аудиторию, но среди приглашенных не было ни единого чиновника и ни единого недоброжелателя. На Соснору "нападала" молодежь среднего возраста /ещё не члены СП, но готовые вступить в ряды/. Соснора был почти болен от волнения - его колотил озноб, руки тряслись, а голова потела. Кто-то выкрикнул /кажется, Алексей Кирносов/: - Так писать нельзя! Потом добрый десяток раз помянули имя Евтушенко. И тогда взбунтовался Александр Володин:

- Евтушенко - рефлектор, талантливый, но отражатель. Он не умеет думать самостоятельно. И вообще пишите, как хотите, а когда захотите есть, партия вас научит, как надо писать..

Володин озадачил слушателей нападкой на кумира столицы. А Глеб Семенов очень академически, то есть подробно - длинно - спокойно объяснил, что поэзия Виктора Сосноры уже существует, но эту поэзию не ждет легкая жизнь и ликование обожателей, что нужно иметь ум и сердце, чтобы воспринимать не совсем привычную поэзию... Глеб Семенов несколько ошибся, так как поэзия Сосноры прижилась довольно быстро.

Основными педагогическими качествами Глеба Семенова были мягкость, искренность и внимательная требовательность, то есть те качества, каковые хотелось бы чувствовать в рассуждениях о ещё "неопробованной" литературе. Мягкость Глеба Семенова не мешала ему одергивать несколько зарвавшихся фаворитов. К примеру, в 1966 или 67 году в библиотеке им. Маяковского, ге

Глеб Семенов вел лито, почти царствовали Марамзин, Ефимов и Шеф, но при обсуждении повести Владимира Алексеева "Без конца дни и ночи" Глеб Семенов занял "неожиданно" противоположную фаворитам позицию. Ефимов сбежал первым. Через несколько минут выбыл Марамзин - выбыл после слов Семенова:

- Послушайте, друзья мои, что здесь происходит? Автор читает интереснейшую, на мой взгляд, вещь, но ты, Володя, и ты, Игорь, слушаете только самих себя. Что с вами? Художественные приемы могут быть непривычными для вас, - учитесь слушать...

О Глебе Сергеевиче Семенове - о его **заботливой педагогике** могут рассказать десятки авторов. О Глебе Сергеевиче Семенове **должна** рассказать и АНТОЛОГИЯ, так как Глеб Семенов **не был платным** преподавателем, не был **штатным работником идеологического аппарата** - он такой же неофициальный деятель культуры, как большинство имен, вошедших в тома АНТОЛОГИИ, - и забыть о Глебе Семенове было бы неправильно и не справедливо. В организации умов пишущей братии в 50-х и 60-х годах Глеб Семенов сделал больше, чем Д.Дар, но ученики нашего времени, ставши героями, предпочитают забывать об учителе.

P. S.

Для справки: повесть Владимира Алексеева "Без конца дни и ночи" утонула в болоте "Континента", куда эту повесть рекомендовал Д.Дар

P. S.

/Сними мою Аккуратность, и нет времени переписать,

/А ты - мою, потому что: НЕТ СИЛ - ККК/

Здравствуйте вам, Кукуй Кайсацкия Улы!

Подгоняемый первой же возможностью "наговорить" о Сабурове, сделаю это
нелорко, что естественно при спешке, а отложить или пришерстить не
мог /и не хотел/ по той причине, что возможности "наговаривать" у меня
нынс так редки, что дырки торчат на опуть... И спать хочу: сперва с
бабой, а потом - одинешонек, - ибо опосля всего хороший сон приходит.
Хронически недосыпаю: на сутки упадает 5-6 часов и то в два приема -
утренний сон /после того, как отвезу Катьку в школу/ часа три-четыре
и полтора-два часа после обеда. А мексиканский народ в округе моей ной
квартиры беснуется криками, пьет пиво и курит травы, так что я серьез-
но подумываю учинить стрельбу с кровию, чтобы сдержать очередную мек-
сикано-социалистическую революцию. ПО ЭТОМУ ВПОЛНЕ СЕРЬЕЗНО - причеши
текст так, как считаешь нужным, то есть рассматривай это как инфо ма-
цию о Сабурове - - - не более. То же и с Михуилом Красильниковым. Об
акмеистических последышах буду делать серьезно, ибо хочу понять кто
кого куда тянет, а также как натягивает. Деление на группировки или
фракции я, впрочем, не признаю, но тут выплясывается русское горе вто-
рой половины века: элитомания /ты это учуял точно, но и сам подыгры-
ваешь, упираясь весьма часто в имена друзей-учеников/. Я совершенно
- я до чего-то - упоен, обрадован, восторжен стихами Жени Рейна, ибо
стихи его духовно высоки, чисты, умны и искренны, а его рыжий ученик
есть зануда с большой одаренностью, которая не уменьшает занудства.
Помнишь ли, что Рыжим называют клоуна в цирке? Сопоставь с стихот-
ворением к И.Бродскому. НО у Оси отыскал два любимых давно: "С грус-
тью и нежностью" и "Одной поэтессе". У Наймана два текста тоже вполне,
но твоей любви к его стихам не испытываю. А Горбышева не имею - плывет
он. Общее приподнятое по делу твоей АНТОЛОГИИ несколько омрачает
тенденция причисления к лику святых деда, Охапкина, Куприянова, Шурале
/шир - тигр по-тюркски, а Витя - скорее всего барсик/. Но своих ты
знаешь лучше, а вот Д.Дар не совсем такой, каким ты его трактуешь, -

он /Дар/ бывал и черствым, и мерзким, и пошлым - в быту и в отношении "учеников". Например.

- Если ты тронешь мою дочь, я сделаю так, что ни одно издательство никогда не напечатает никаких твоих стихов, - сказал Дар Глебу Горбовскому, уличив пару /без поличных/ на тахте. Но Глеб вынес Лорку двумя годами позже и без суровых санкций.

Ещё. В 1960 году /до устройства зав.складом/ я был нелегален для Ленинграда - диплом и паспорт проживали в Баку, откуда я сбежал. Денег не было. Кормила мать, но с упреками.., так что случалось, что я не ел по трое суток /в январе даже был голодный обморок, как записали медики со скорой помощи, правда, тогда я не ел 7 суток/. И вот однажды "Голос Юности" во главе с Даром потопал в Эрмитаж на выставку, а перед входом Давид Яковлевич спросил /общий вопрос/ не нужно ли чего кому-нибудь. Я попросил купить мне пару бутербродов или пирожков. А Дар заявил:

- Я не верю тебе, Слава. У тебя чистая рубашка. У тебя отутюженный костюм. Человек не может быть голодным в таком костюме.

И ни пирожков, ни бутербродов... После Эрмитажа купил Леха Емельянов, - он верил и знал.

И ещё ранее. В 1959 году я сделал рассказ и отдал деду на отзыв. Через день дед позвонил мне и сказал:

- Я прочел твой рассказ, Слава. Мне очень нравится. Это интересно. Давай сделаем так, ты приедешь ко мне в четверг /пятницу,воскресенье - не помню дня недели/ и мы с тобой подробно поговорим об этом.

В назначенный день и час я был у Д.Дара на Марсовом поле.

- Вы хотели поговорить со мной о рассказе, Д.Я., - сказал я

- О каком рассказе? - удивленно спросил дед.

- Но ведь вы мне звонили и просили придти для разговора?

- Конечно. Я рад тебя видеть и мы поговорим...

Рассказ Дар отыскал через месяц, когда мне было совершенно не интересно знать, какое либо мнение об этом.

Ещё. Дар во все времена уповал на бескомпромиссную - честную литературу, но сам упованиям не следовал. Более того, в 1962 году - перед передачей ЛИТО Емельянову, Дар говорил Анатолию Степанову /и другим/:

- Чтобы быть профессиональным писателем, надо этого добиться, потому что писатель, даже самый посредственный, живет в десять раз лучше любого хорошего слесаря, маляра или столяра.

Степанов внял - стал стараться быть проходным профессионалом и сломался /не совсем/ - см. сборник "Точка опоры".

Со мной Дар ханжествовал и по поводу выпить. Мы приехали к нему в комаровский дом творчества /по сговору, разумеется/ с бутылочкой водки /мы - Галкина, Шигашев и ещё кто-то/, но дед вылил водку в раковину, приговаривая:

- Мы встречаемся не для того, чтобы выпивать, мы не уголовники с Васильевского. Мы литераторы, и для разговоров о литературе водка не нужна.

Сравни этого деда с тем, который встречал тебя, а?

Эти факты не есть поклёп, а как бы растушевка общего рисунка его характера. Он был живой и артистичный /арцисцизмс/, и по воле настроения являл себя народу.

С Охапкиным вообще дело-дрянь. Дар обангельствовал его с доброй целью, позабыв, что читательско-издательское воспримет это буквально. Но и сам Похабкин воспринял это по указанию деда, то есть уверовал в свой ангельский чин. Но ангельские чины выдаются ангелам, а не Похабкиным. Начнем с того, что Охапкин родился не в блокаду, а после, ибо в 1944 году в октябре месяце в Ленинраде блокадой даже не пахло - я был там в это время учеником 4-го класса средней школы номер 30 Василеостровского района. Второе, некоторые молитвы Олег действительно знал, когда появился ремесленником в "Голосе Юности", но знал не полностью - не наизусть, он же говорил, что мать заставляет его ходить в церковь. Третье, трудовые подвиги Олега приукрашены и Даром, и Олегом. Охапкин - лодырь, кто работал с ним в Эрмитаже, тот знает об этом /другое дело, что поэту совсем не обязателен физический труд или какой угодно другой - кормовой вид деятельности/. Охапкин не стал артистом не потому, что его перетянула поэзия, а потому, что он мог быть певцом, но не артистом, к тому же при наличии баса у Олега не всё благополучно со слухом. Четвертое, где то в 1961 году Олег поселился у Энны Михайловны Слепчик /Алейник?/ - она вроде бы театральный критик или критик чего-то в чем-то. Идея была Д.Дара. Причина - нищенская жизнь и грязная теснота в комнатенке на Обводном канале /там ныне гостиница советская живет/ - я однажды был у Олежки на канале: это было грязнее, чем шанхай, и тесно, как в трамвае, со специальным запахом нищеты. Мы все были рады за Олежу - рады, что у него будет свой чистый угол и своевременный кусок хлеба, и возможность писать и заниматься. Чем занимался Олег у Энны я не знаю, возможно, что и.., но не знаю точно. Однако приживалкой он стал презрычайно быстро, а локальными ангажементами он - безусловно обязан Энне. И всё же отрадно, что сквозь графоманское мудозвонство /см. стихи на от"езд Бродского/, сквозь желание показаться самым умным и самым гениальным /большей частью желание беспочвенное/ - см. теорию поэтических времен имени Охапкина; сквозь занудство самовлюбленности и подражательности /в мелодиях, а также в длиннотах/ - пролезает Олег Охапкин - поэт, гражданин, бабник, остроумец, - дай всемогущий силы ему - не подохнуть раньше времени от славной жисти в родимом городе /стране/. Признаюсь, я не знал о процессе над Горецом, где Олег свидетельствовал, Энне, хоть и поздненько, но я рад за Олега - у меня бы не хватило выдержки на прения, сорвался бы в истерику: и себя, и других бы наказал. Когда-нибудь я тебе расскажу о моей голодовке протеста в 1975 году... Олег бы в моей ситуации победил бы, а я чуть не перекинулся...

Ладненько, целую уста алкогольные и Эмму, ежели допустят, а жалобиться буду в другой раз

Герман Сабуров.

С поздней осени 1955 года я стал посящать литературное об'единение "Голос Юности", где учительствовал первый живой и настоящий писатель моей жизни Давид Яковлевич Дар. Направил меня в "Голос Юности" другой ленинградский автор Глеб Семенов, после разгромного обсуждения моих творений в Горном институте /главный оппонент Леня Агеев/. Лито собиралось два раза в неделю, и первые два года я не пропустил ни одно собрание. А в 1957 году стал менее дисциплинированным кружковцем - и прогуливал занятия для лебедей. Однажды, после какого-то перерыва я увидел в ЛИТО новичка: низкорослый, но плечистый парень с улыбающимися глазами и удивительным ртом - рот чайкой, почти как на занавеси МХАТа - больше ни у кого я не видел рта такого разреза - и этому парню этот рот был впору, то есть соответствовал и складу лица и характеру, ибо парень это часто похохатывал, а его "чайка" летала. Парня звали Герман Сабуров.

Герман Сабуров родился в 1937 году в Ленинграде. Отец его погиб на фронте, мать умерла. Герман жил в деревне в Калининской области с дедом и с бабкой. Вернулся в Ленинград после окончания средней школы. Стал металлистом, кажется, фрезеровщиком. Однажды увидел афишку: " При ДК Трудовые Резервы работает лит.об'единение "Голос Юности". Он и пришел по "об'явлению", как на смотрины, так как стихи писал с детства, но не постоянно. Он рассказывал, что первое четверостишье наговорил в четыре года - наговорил и запомнил /я тоже запомнил, но только две строчки/:

> . . . .
>
> . . . . трава,
>
> и пилит бабушка и внучек,
>
> а колет дедушка дрова.

Поэзии тут не видно, однако уменьшительные суффиксы раздают детское искреннее тепло.

По заведенной традиции /заведенной Д.Даром/, после официальной - учебной части занятия - теоретической - следовало ознакомление друг друга с тем, что придумалось за последние дни. В то время за исключением Валентина Семенова и Евгения Феоктистова в коллективе не было интересных поэтов /Соснора служил в СА - в Грузино, Охапкин был В летним ремесленником с никакими стихами, а Георгий Левицкий, написав несколько конструктивно-патологических стихотворений, декламировал их при каждом удобном случае:

```
      ... тело пахнет мной - мужчиной,
          ты же этого хотела...


      ... я теперь души не чаю
          в белизне девичьих рук,
          вот возьму и стану вдруг
          алкоголиком по чаю.


       .. путешествую, будто клад ища,
          умру и то пропутешествую
          до кладбища./.
```

И вот стал читать Сабуров:

```
          Клен вздрогнул первым,
          рванулся к крыше, -
          не выдержали нервы
          свирепых вспышек.
```

Так начиналось стихотворение "Гроза". Герман читал хорошо, то есть естественно, как смеялся. Его естественность и нервное напряжение его стихов завораживали. Д.Я.Дар очень горячо воспринял нового поэта и сулил ему громкую славу, что без сомнения начинило Германа тщеславием, которое Герман сдерживал, так как в "Голосе Юности" ещё сохранялись крупицы демократичности. Ободренный вниманием, Герман писал активно и в короткий срок сделал свои лучшие стихи, с которыми победил Иосифа Бродского на поэтическом турнире осенью 1958 года. Правда, победа эта была состряпана Д.Даром при участии кружковцев. Первенство поэта определялось реакцией зала - слушателями, которые должны были

записать имя понравившегося поэта на карточке и опустить эту карточ-
ку /или передать жюри/ во что-то /не то ящик, не то шапку - не помню/.
Так вот Д.Дар и десяток кружковцев заполнили именем Германа Сабурова
не менее 100 карточек, кроме того девичья часть слушателей восприняла
стихи Сабурова с большим восторгом и охотно отдали свои голоса в его
пользу. Герман читал:

        Подозревают все и всех,
        и я живу подозревая
        самонадеянность в осе
        и чей то страх в собачьем лае,
        и хищность, скрытую в весне,
        мужчину в женском горе,
        и недоверие ко мне
        в трамвайном контролёре.

Завершалось стихотворение странновато:

        Я, как преступников у стен,
        расстреливал бы подозренья,
        и людям отдавал взамен
        всю силу веры и прозренья.

Потом были стихи:

        Меня в деревне под иконой
        за березовым столом
        поили парни самогоном,
        а девки - скисшим молоком.

        И подходила молодая
        одна с платочком на груди
        и пела: "Ты не зазнавайся,
        ах, я не хуже, погляди."

По требованию зала Герман дважды читал это стихотворение, с моей
колокольни, отнюдь не лучшее.

    Видимо, победа на поэтическом турнире вскружила голову моло-
дому поэту. Некоторое время он ещё тянул - продолжал писать активно
и старательно, но вскоре сломался и... этого никто не заметил. Я узнал
об этом "сломе" пожалуй что поздно, а разглядел характер Германа ещё
позже, когда восстановить поэтическую настырность Сабурова было уже
невозможно: он стал бояться листа чистой бумаги, но не мог отказать
себе от звания лучшего поэта - победителя турнира, - и запил.

Кроме частых или постоянных выпивок, у Германа Сабурова было кошмарное желание жениться на каждой особи женского пола, с которой он переспит. Не знаю какому греху или какой добродетели принадлежит этот кошмар, для Сабурова это был гибельный кошмар. В конце 1960 и в начале 1961 года мы совмещали дружбу и трудовую повинность; мы - это Горбовский Глеб, Сабуров Герман и я, ваш покорный.., но не очень. Моя должность именовалась зав.складом, а Глеб и Герман были грузчиками при складе. Это была моя идея - пристроить друзей на заработок, где почти никакой работы. Глупей идеи я не придумал больше никогда. Однажды на складе горючих и смазочных материалов /взрывоопасно!/ Глеб и Герман развели костерок и стали вываривать политуру... Меня известили по телефону о пожаре на ГСМ. Я прибежал на склад и разбросал костер /под дурашкие хихиканья обоих удальцов/, а Глеб и Герман обиделись - не дал выпить.. Другой раз парни подпили и уснули в кипах ветоши, а мне пришлось разгружать две машины с кислородными и ацителеновыми баллонами - срочно! чтобы не было штрафа за простой, чтобы моих друзей не уволили по статье. За этот подвиг я отматерил обоих, и они снова обиделись. Потом Глеб обвинил меня в том, что я пью казенный спирт без него, и перестал бывать на работе. А Сабуров... У нас на складе была своя бухгалтерша - Женечка - не молодая и не старая якобы девица со всеми женскими принадлежностями. Когда возникла возможность неожиданной семьи - не ведаю. Я был поставлен перед фактом взаимного желания, как писалось во всяческих актах разнообразных комиссий. Кроме того, Герман Сабуров был бездомен /ютился у дяди или где придется/, а у Женечки была комнатка на Нарвском проспекте у одноименных ворот. Словом, Герман женился. Несколько позже я стал снимать комнатенку на том же Нарвском проспекте и, как результат, получил полномочия воздействия на Сабурова от его супруги. Я был обязан убедить Германа вести правильную семейную жизнь, то есть не пить, зарабатывать деньги и быть великим поэтом. Я не убедил Германа - не убеждал.

- Он пьет и злится, - жаловалась Женечка /Герман её называл Тятя-лошадь/, - хоть бы писал стихи, а то ходит всю ночь, грызет карандаш и ни строчки не пишет.

Признаюсь, этого тревожного сигнала я не принял, - я был уверен, что Тятя-лошадь оговаривает супруга, который не очень влюблен в её. А это было начало "слома".

В июне 1961 года мы были в деревне Савёлово Весьегонского района Калининской области - у бабки поэта. Герман жил в избе, а я - в чулане, где пахло медовым репейником, смолой сосны и солониной, подвешенной в узелках к потолку - от крыс, должно быть.. Герман пил каждный день почти без проснпу, а я запоем писал: единственный раз в жизни за 23 дня мной было сделано 90 стихотворений /выжило одно/. И все же мы успевали гулять по грибы и даже переляться настолько, что я решил не знать человека по имени Герман и по фамилии Сабуров.

- Вы говно оба, - домогался пьяный Сабуров, - я пишу лучше Глеба и лучше тебя. Вы ещё это увидите.

Увлеченный собой, я не расслышал мольбы Германа в его руганях.

После гостевания в германовской деревне, мы встречались редко и случайно, и новых стихов я от него не слышал, хотя говорили, что Сабуров пишет прекрасные стихи.

В 1963 году мы примирились с Германом. В этом же году он подтолкнул меня на "сабуровский" шаг - на женидьбу, правда, я был влюблен в Наталью Галкину, как молодой кот, и надоумить меня было весьма легко Только Д.Дар был против нашего брака.

- Два поэта не могут жить под одной крышей, - говорил Дар, - кто то кого то с"ест. Смотри: Глеб Горбовский и Лида Гладкая - нет семьи. Десятки примеров тому. И в истории тоже...

А моя вдова говорила:

- Я тебя женю на себе, и жить заставлю.

- Женись, Гозя, - сказал Сабуров, - вы же любите друг друга.

Я был счастлив. И женился.

Но старик Дар был прав: мы не с"ели друг друга - не людоеды, но разошлись. И на какое то малое время любовь переросла в ненависть, а потом развеялась.

Однажды /в 1965 году/ у Анатолия Степанова на играх в коммунальные ~~вечах~~ с выпивкой Сабуров читал новые стихи, которые были встречены общим восторгом, но мне они /стихи/ показались ветхозаветными.

- Если бы эти стихи были написаны в 19-м веке, это было бы прекрасно, для ХУ столетия они старомодны, - сказал я.

- Гозя никогда не бывает доволен моими стихами, - возразил Сабуров, обращаясь ко мне в третьем лице, очевидно, чтобы зацепить за живое.

Я смолчал. Но вредный случай всегда на страже. Вернувшись домой в этот вечер и дожидаясь времени, когда жена приведет себя в ночную готовность, я запустил руку в книги - на удачу! - и вынул томик Аксакова. Пролистав несколько страниц, я наткнулся на стихотворение, которое совсем недавно читал Герман Сабуров /называется, кажется, "Купол"/. Когда Наталья вошла в комнатенку, я стал читать стихи вслух.

- Ой, какая память у тебя, какая память! - ойкнула Наталья, думая, что я со слуха запомнил стихи. И тогда я показал текст Аксакова.

Итак, Сабуров был уличен в плагиате, но и тут словчил, сказав, что он специально читал Аксакова, желая проверить наше знание отечественной классики. На меня, как ни странно, Герман не осердился.

Наша дружба без стихов продолжалась даже тогда, когда Сабуров женился последний раз и переехал на жительство в Москву - к жене.

Последнее, что мне известно о Сабурове, что он работает водителем троллейбуса, пьет до помрачения, обрел дочь, платит алименты на снна, а его последняя жена Татьяна обожает его в любом виде. О стихах Германа Сабурова последние 10 лет разговоров не было.

А вот в 1959 году, когда Давид Яковлевич Дар предложил упражнение для литературной игры "надпись на могильном камне Д.Дара", награда за лучшую эпитафию - карамелька, - Герман Сабуров получил эту карамельку за:

Литературы верный раб
Пановой и Руссо
вина не пил, боялся баб,
отравлен колбасой.

Я м а

В яме было два гриба.
Возле ямы два дуба.

Шел упрямый дровосек
по воде, как по росе,
и рубил углы сплеча.
А ко мне пришла печаль,
и пошел я к тете Моте:
- Тётя Мотя, что вы трёте
про меж ног, когда идёте?
- Жопу тёркой к четвергу,
я иначе не могу.

Дровосек сидел за кадкой
и подслушивал украдкой,
понял всё и дал дуба.

Стало в яме три гриба.

Наталья Галкина
Слава Гозиас
Герман Сабуров
Анатолий Степанов
Ольга Степанова /жена его/
и Юрий Шигашев, который не

принимал участия в сочинительстве по причине алкогольного одурения, ибо
жадный до халявы, он выжрал настой водки на красном перце - о настойке
Степанов забыл - перец спиртовался более двух месяцев и побелел от.
Шигашев был предупрежден, что пить это - смертельно. Одначе он выпил и
не помер, но одурел. Вся остальная камарилья писала по кругу - по стро-
ке. Стихотворение нам казалось удачным - озорно и обло, поэтому оно
часто читалось на сборищах, как затравка. Это писалось в доме у Ана-
толия Степанова. А где-то в 1967 году в моей квартире на Космонавтов
шли частушки и стихи. Частушки мы делали с Сабуровым на равных, но
ежели частушка "застревала", то есть не двигалась - не виделось удоб-
ной строчки, то Сабуров великодушно отдавал поделку мне - на завер ше-
ние. Вот примеры нашего труда:

Мы - российские робята	/Сабуров/
Что ни харя, то овал	/Гозиас/
Приходите шкуры-дуры	/Сабуров/
Ночевать на сеновал	/Гозиас/

У начальника ЧП: (с)
Ч - не Че, и П - не Пе.   (г)
При проверке оказалось, (с)
аскариды в черепе.   (г)

            Печальное

    У жонглёра случилась беда -
    вместо мячика выбросил ногу,
    и осталась одна нога,
    но пора отправляться в дорогу.
    Рассмеялся спокойно жонглёр,
    вынул сердце и бросил собаке.
    По дороге пошел гастролер,
    позабыв о разводе и драке.
    Так и ходит хромой и босой
    по холодному телу травы...
    А вот в Киеве - в морском порту -
    грузчики по-своему правы.

                    Н.Галкина.

                    С.Гозиас

                    А. Степанов

                    С.Тимофеева /жена Абрамичева/

                    П.Абрамичев

Гляжу в твои глаза
и точки не найду.
Чакакала коза
и не перешагнуть
....
Гляжу в тебя, тону,
перед глазами - муть.
Не всякому говну
всплывать и не тонуть.

Собака на сене

Собака на сене. Собаке легко:

собачья должность, собачее дело.

И столько беды на собаку легло,

что эта собака запела   /почти охуела/

И есть неприятно, и хочется спать,

чужое добро упирается в ребра

и в жопу, и ей не понять

зачем же грохочут безводные ведра,

соломой запасся хозяин к чему,

собака ли я и при чем тут солома?

... Уозяйство вести, не мудями трясти,

а если трясти, то лишь с пользой для дома.

Галкина
Тимофеева
Абрамичев
Гозиас
Степанов

И в "Печальном" и в "Собаке на сене" концовки есть дело рук Степанова,
у коего ощущение парадокса в игре яркое и ярое - раскрепощен, зато в
прозе унил, ибо для дела

Собственно, тебе без надобности воспоминания этих игр, так сказать,
то было дело житейское: играли почти каженный день - с пьянью, с регото̌,
со счастливым удовольствием... и с наказаниями, когда брались за
карты. Вот, в вечер стихов, выпивки и наказаний Охапкин /был самый мо-
лодым из нас и, как он убеждал, нецелованным/ проиграл и в наказание
должен был целовать жопу Степанову - и выполнил добросовестно. Степа-
нов же по наказанию выполнял частушку : "Из-за леса вылетала конна я
милиция. Задирайте бабы юбки - будет репетиция," - он лежал на брюхе
без порток с горящей свечой в жопе - - - по условию же.   Вообще же

меня поражает ныне непобедимая любовь к самому себе всемирно известного мудозвона: никто из игроков наших ещё не помер и присваивать коммунальный труд не по божески /а пастырю то и того более, а?/. Словом, бываю злым и злопамятным. Так, Охапкин ещё прежде рассказывал мне, как он "доставал" цветочки для Зины Сикевич /вполне общая подруга моя, Уолоденко, Емельянова, Сосноры, Сабило и десятков других/ в её день рождения, пробираясь к соседнему балкону по карнизу.., но он врал - мне, так как 9 мая 1963 года /день рождения Зейнаб - мы так её звали/ я был пьян в лохмотья, розы и деньги /полумесячное жалование-зряплату/ я вручил водителю такси, и когда Зейнаб открыла дверь на мой трезвон, то спросила: - Где же розы? Ибо я обещался прибыть с розами - в телефон, предварительно. Тогда то меня и накрыла идея ободрать цветник соседей, идя карнизом. Удержать меня не успели или не думали, что я это совершу /карниз этот отделял три этажа здания - цокольные этажи с рустовкой, - от верхней части дома, который изготовлялся в пору архитектурных излишеств и поныне стоит на Гаванском пр. под номером 18/. Я отрезвел, когда впрыгнул в комнату с цветами. Леха Ельянов /тогда мы ещё держались общих взглядов/ вывел меня на пленэр и отчитал, аки виновного в том, что понюхать понюхай, а без свидетелей из друзей и не в квартире имянинницы. Признаюсь, отрезвел от позднего страха, - ветру сдуть было вполне под силу, а высота сталинских этажей - спаси и помилуй! Часа два мы бродили с Лехой после моего подвига, и эти два часа ноги мои подламывались - трусили ещё. Это было моё последнее верхолазанье. Предпоследнее /для справки/ было в 1960 году - я спиздел кастрюлю с супом с 4-го этажа в чужом доме на Чапаева /лез по трубе/ - страху не было, ибо жрать хотел. И - это было нетрудно: труба в углу, окно у трубы, а до второго этажа - козырек параднякa. Если Охапкин и это присвоит, то - дуэль, бля, на козявках /если простужусь в Техасе/.

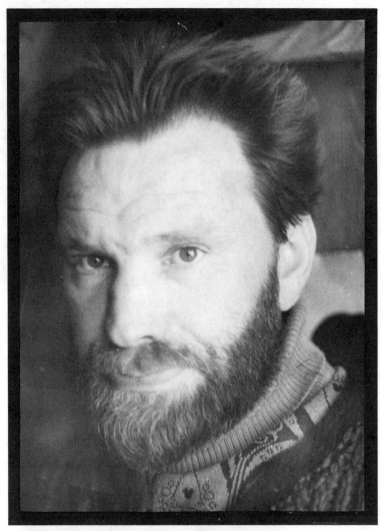

MOREV

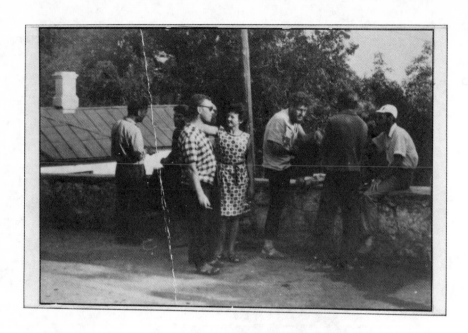

ПУШКИН У БАХЧИСАРАЙСКОГО ФОНТАНА. ВСТРЕЧА С РАЕВСКИМИ. 135 ЛЕТ СПУСТЯ...

Занесло меня, в погоне за Мадонной - трясця ей в поясницю! - в Алупку, по лету 1968 года. Поступил в экскурсоводы, к графу Михал Семенычу Воронцову, в промежутках пил. Источник в две струи /пивную и винную/ располагался промеж дворцом /пониже/ и площадью /повыше/. Торчали там ханыги - Коля Евсюков, экс-чемпион Крыма и Украины по боксу, которого я чуть не побил, еще один Николай, Володя /сын полковника, а потом бармен/ и прочая приличная публика из верхнего свету.

Выступал, говорят, за чехов. Август - и Красной площади нет - рассказывают: сидит волосатый человек на бочке и прохожих за грудки хватает: "Ну ты не будешь стрелять в чехов? Ведь нет?" А сам плачет. Признал светлый образ свой. А рассказывали проезжие.

Не город, а проходной двор. То с Ираидкой у Лени Тимофеева воссоединился - катила девушка через Крым с Кавказа, то вот - фото выше. Забежал я между группами освежиться к "фонтану" - а там что-то публика знакомая. Гляжу /слева направо/ - Боренька Тайгин в темных очках и с женой Ниной, за ним уж я, спиной же - Толик Домашов, и в белой каскетке - Саша Морев. Как и откуда они ехали, я не помню, освежились изрядно, графа Михал Семеныча помянули и семейные неурядицы его с поэтом Пушкиным.

Я там занимался, в основном, его реабилитацией. Не поэта, а графа. С эпиграммы знаменитой начавши, излагал: "полумилорд" Воронцов, сын российского посланника в Англии - и по роду, и по воспитанию - был куда повыше захудалого дворянчика Пушкина, с сомнительными кровями; "полуневежда" - знал все европейские языки /а Пушкин в аглицком не шибко тянул!/, в библиотеке его была /до Советской власти/ часть библиотеки Вольтера /дядюшка во время путча прикупил/, коллекция ценнейших портуланов и т.п., и все книги носили его пометочки; "полугерой" получил золотое оружие за храбрость; "полукупец", быв назначен генерал-губернатором Малороссии - построил дороги в Крыму и гавани, ввел виноградарство и табаководство /Массандровские погреба!/, пшеницу и прочее; ну а "подлеца" /и полного!/ следует отнести к Александру Сергеичу, который, ссыльный, быв принят у него в доме - трахнул жену, Елизавету Ксавериевну, да еще эпиграммы писал. За какие экскурсии меня и выгнали. Пил...

MOPEB И АНЧАРОВ

Писал я уже о стихах художников. В 1-м томе. Но это, скажем, о тех, для кого стихи явление как бы второстепенное, как для меня живопись /которой я не занимаюсь/ или скульптура /которой тоже не очень - четвертый год хочу глины купить/. Заниматься надо чем-либо одним. Луис Аксельрод, например, на пианино играть бросил /Рихтера из него не получилось/ и бегать перестал. Сидит и книжки пишет. Познавательные, о Мире искусства, например. И еще рассказики. А вместо пианина граммофон завел. С трубой.

Не знаю, какой художник Анчаров. Никогда не видел. Плохой, должно быть. А вот песни его загремели в начале 60-х, "МАЗы" и "Песенка об органисте". Где имеются строчки: "И органист я, конечно, маленький, / Но нас уравнял - орган!"

Равняет и Морева с поэтами - поэзия, с художниками - живопись.

Услышал я его в 60-м, 14-го февраля, на турнире поэтов. Помимо читали - и Глеб, и Соснора, и Кушнер, и Бродский, разумеется, их я отметил, но впечатление произвел - Морев. Читал он "Рыбий глаз", стихи, которые я с тех пор нигде не мог обнаружить, и многое другое из того, что приводится здесь. Читал бархатным баритоном в свою окладистую рыжую бороду. Читать он умеет. После этого я подошел к нему /заодно и у Иосифа отметился - год не встречались/ и попросил стихов в перепечатку. Стихи теми же днями были охотно даданы. Сел я за машинку, тогда у меня еще был "Мерседес" Льва Васильевича Успенского, отобранный впоследствии, году в 63-м, за попытку украсть и продать /вместе с крестным моим братцем Левкой/ "Книгу маркизы" Сомова, венецианское полное издание 1916 года, на которой мы выросли. Меня за это изгнали из дому, Левку же, как родного сына, оставили. И машинку забрали.

На машинке же этой был печатан не только Морев, а - многое. Так вот, сел я печатать поэта. Печатаю: "Жизнь - это квартирный коридор, где РУЧКУ спускает жена скрипача..." "Саша, говорю, - воду спускает!" "Нет, говорит, это оправданный вульгаризм!" Так и стоял на своем. А я - на своем: напечатал "воду спускает". 15 лет спустя, читает он у Юлии, слышу: "воду", все-таки. Поправил. Но сколько-то лет на это потребовалось. Ручка - это, конечно, мелочь, но научить Морева писать стихи оказалось невозможным. Как и рисовать.

Читал он гениально. Его голос скрывал все дефекты его стихов, как и борода - скрывала очень слабо развитый подбородок /я однажды видел фотографию Морева, бритого - бррр!/. Как он читал! Убедившись, однако, что писать он не умеет, а живопись его мне тогда нравилась - например, портрет Одри Хэпберн в роли Наташи /о влиянии американской "Войны и мира" я уже писал/, выполненный к тому же в духе "Незнакомки" Крамского, да и другие картины - меня весьма, по незнанию, впечатляли. Решив переубедить его на живопись, в конце 62-го, привел я к нему двух своих друзей-мухинцев, Валеру Иванова и Саню Юдина. Думаю, посмотрят, восхитятся и переубедят. Пришли, показывает картины. Мухинцы - "Да, темпера. Темпера. Хорошая вещь - темпера..." Поговорили о темпере. Потом Морев начал стихи читать. Вышли мы, Валера с Саней мне и говорят: "Слушай, скажи ты ему, мудаку, чтоб перестал он пачкать холсты, а писал бы свои гениальные стихи!" Переубедил, словом.

Морев /и фамилию он переделал в покрасивше из ординарного "Пономарева"/ - являл собой пример типичного дилетанта, как в поэзии, так и в живописи.

Но дилетантизм, вообще, явление положительное. Только дилетант мог напихать столько интереснейших фактов в повесть "Сода-солнце", художник-актер-поэт-певец-кинематографист Михаил Анчаров. Потому что дилетанту открыто - многое. Может, он всерьез ничего не знает /особенно по своей профессии/, но зато - знает многое другое. Чего не знают "профессионалы". "Специалисты", значит. Да Винчи не был специалистом, как и Митурич. Я тоже, к сведению, дилетант.

Не умеют скандалить. После выступления Бродского на ЛИТО в "Промке", году в 62-м, не в зале, а так, в комнате, со столами и стульями, вылез Морев: "А вот, я!...", взгромоздился ногами на стол перед моим носом и стихи про еврея /"Ближе к ночи распяли его..."/проорал. Ботинки, однако, снял и на стол в носках взгромоздился. В грязных. Тогда я, наверно, и разуверился в поэтическом таланте Морева - ну скандалишь, так лезь на стол в сапогах! Бродскому, полагаю, тоже не очень понравилось. Да и вообще все было по дурацки.

Встречаю Морева, году в 66-м. Серию графических поэтов-блокадников закатил, для открыток, к какому-то там юбилею. Напечатали. Портрет поэта, и рядом стих какой. Натурально, помимо Берггольц, была там и королева-мать Ахматова. Значит, это было в 65-м, поскольку Ахматова еще не померла: Морев просил меня передать ей ее портрет, с автографом. Хотя портрет был один из самых паршивых /ты уж прости, Саша!/, просьбу я выполнил. Через Анюту передал Анне. Я и то, Анютин портрет лучше нарисовал /хранится у моей бывой 4-й супруги, если не выкинула/. У Анюты такая челочка была, характерная. В технике - авторучка, зеленые чернила, бумага. Размер - в пол писчего листа. Анну Андреевну же Морев не видел /как, впрочем, и я/ и портрет делал по фотографии.

Роднит "вторую культуру" многое. И в первую очередь, духовность. Не случайно каждый третий поэт, не кого, а Баха поминает: "А за ним старый Бах в парике, Что органно-серебряно-трубен..." /Морев/, "Бог - это Бах, а царь под ним - Моцарт..." /Бобышев/, "В каждой музыке - Бах, / В каждом из нас - Бог..." /Бродский/, "Я нацелился в зал / Токкатою Баха, / И нажал басовый регистр..." /Анчаров/, и - так до бесконечности.

Бах и Ахматова стали символами духовного в поэзии /но Ахматова - внешне, а Бах - внутренне/. И то, что ставлю я их рядом: Баха и Ахматову, Бродского и Морева, Бобышева и Костю Смирнова, объяснено - Анчаровым:

> "Бах написал,
> Я растревожил
> Свинцовых труб ураган.
> То, что я нажил -
> Гений прожил,
> Но нас уравнял - орган."

Орган, поминаемый Бобышевым в стихах "Медь, олово, свинец". Сквозь музыку аккордеона, вигливой гармоники, балалайки и гитары мы слышали - орган. Слышали музыку Хрисанфа и Державина - сквозь благодушное пение кастратов Суркова и Симонова, того самого Суркова, который распоряжался имуществом - Ахматовой. Того Суркова, который отговаривал Гнедич ехать в Англию: "Вы ведь, так сказать, были репрессированы, Вам могут задать провокационные вопросы..." И не пустили в Англию - переводчицу Байрона, правнучку Гнедича-поэта, по личному приглашению - внука Уинстона Черчилля, председателя общества дружбы "СССР - Англия". Сама рассказывала. Ничего, в Англии обошлись. Сурков поехал. А Гнедич - так и умерла, не увидав Тауэра. Зато видела Мордовию. Но об этом - в статье о Гнедич.

Грустно за Морева. Потому, что он - наш.

Я всегда уважал неудачников.

Александр МОРЕВ /настоящая фамилия - Пономарев/ принадлежит к поколению Глеба
Горбовского, Виктора Сосноры, ныне действительных членов Союза писателей.
Родился где-то в середине 30-х, первые тексты датируются 1945 и 1949 гг /"Рос-
сия"/. Рос в Ленинграде и в деревне, в Ленинграде на 9-й линии Васильевского
острова делил 8-миметровую комнатушку с теткой, холсты висели в прихожей.
Художник по профессии, в 1959-60 гг начал выступать как поэт. 15 февраля 1960 г.
вызвал фурор на турнире поэтов во Дворце культуры им. Горького /"Нарвская за-
става"/. Одновременно с ним выступали Соснора, Кушнер, Горбовский и Бродский.
Наибольший успех /и скандал/ вызвали стихи Морева "Рыбий глаз" /не найдены/ и
стихи "Еврейское кладбище около Ленинграда..." Иосифа Бродского.
В 1961-62 гг. Морев занимался в ЛИТО "Нарвская застава" вместе с Тайгиным, Шней-
дерманом и Николаем Рубцовым /ныне покойным классиком/ и выступал на многих ве-
черах поэзии /напр., в ДК Промкооперации в феврале? 1962 г., полемизируя с Бро-
дским стихами "Ближе к ночи распяли его..."/.
В 60-е годы занимался живописью и книжной графикой. Его портрет А.Ахматовой для
серии открыток "Поэты - блокадники" /или "Поэты в Великую Отечественную"?/ был
передан мною Анне Андреевне с автографом Морева.
С конца 60-х гг. подрабатывал заставками в журнале "Нева", поэма "Месса" была
напечатана в "Дне поэзии" за 1967 /68?/ г. Писал прозу.
В феврале 1975 г. одним из первых вошел в число участников сборника "Лепта /32
неофициальных поэта/", предложенного вниманию издательств и Союза писателей, и
одновременно - в редколлегию сборника неофициальных прозаиков вместе с Б.И.Ива-
новым и Вадимом Нечаевым. Был один из активнейших участников.
Участвовал в неофициальных выставках 1975-76 гг.
В июле 1979 г. покончил с собой, выбросившись из окна /в лестничный пролет?/ в
районе новостроек Васильевского острова, имея на свои чуть ли не 50 лет напеча-
танными - одну искаженную цензурой поэму, несколько стихотворений и ряд рисунков,
сделанных, в основном, "для хлеба".
И все.

Пишет матушка /11.1.80/:

     "О Саше Мореве мне сразу позвонила Майя /жена поэта Г.Алексеева - ККК/,
вернее в день похорон, ее муж был с ним дружен. Видимо у Саши было опять плохое
псих. состояние. Он многократно ходил возле этой шахты приглядываясь. Дома, в
этот период, у него никого не было, на столе оставил записку очень невразуми-
тельную, только в конце: "теперь я вылечился". Документов при нем не было и он
долго пролежал в морге. Заходил ко мне Боря Т/айгин/ и сказал, что должна вый-
ти подборка с его стихами, этим занялся Г.Горбовский. Что-то Глебушка очень о-
хотно популяризирует умерших поэтов, но спасибо ему и за это, за то что хоть
помнит."

     Нет у меня "Дня поэзии" с "Мессой" Морева, где-то за 67 год. А там были
/проскочили, как и вся поэма!/ очень не соцреалистические строчки, характерные
для поэта-художника и романтика-натуралиста, каким был Морев /см. "Есенистое"
и др./:

               Облака, словно вата в кровавой пене,
               Солнце - красным лбом вылезает.
               Это гор раздвинув колени,
               Новый день Земля рожает.

Плохо, но круто.

ВАШИ ПУБЛИКАЦИИ

Помянул поэта Глебушка. Вот она, ''Аврора'' №3 за 1980 /стр. 151-153/, под рубрикой ''НАШИ ПУБЛИКАЦИИ''. Перепечатываю:

НЕОКОНЧЕННАЯ БЕСЕДА

Он жил на Васильевском острове.

И в голодные мальчишеские дни ленинградской блокады, и в солнечные послевоенные годы, учась в Художественной школе, что располагалась наверху в знаменитом здании Академии художеств на Неве, и все последующие годы, когда писал яркие, взрывные, в смелых мазках живописца, стихи свои... Жил на Васильевском острове. И на этом же острове умер. Совсем недавно. Круг этот, кольцо любимого острова, не разомкнулся, не отпустил его от себя.

У меня дома висит портрет - ''Крестьянин''. Работа Александра Морева пятидесятых годов. Бревна избы выкрасило солнце. А не сплошь, а в одном месте скользнул благословенный свет и оживил не только мертвое дерево сруба, но и лицо доброго, даже веселого старика с золотым колечком на грубом бугристом пальце. Руки крестьянина лежат на коленях, и сам он смотрит негрустно куда-то не ''вдаль'', а как бы в лицо близкой Жизни. Именно жизни - не смерти. Беседа с жизнью.

Александр Морев беседовал с жизнью и при помощи стихов, и посредством изобразительных возможностей, а в самом конце пути - и неторопливой прозой нескольких повестей и романов, которые он, за малым исключением, опубликовать не успел.

Многое нравилось в Мореве его друзьям - его страстная любовь к искусству, к людям. Я любил стихи Саши Морева, его поэзию.

Публиковался он крайне редко: в нескольких номерах альманахов ''День поэзии'' и ''Молодого Ленинграда''. И вот мы, его друзья с Васильевского острова, предлагаем журналу несколько отрывков из неопубликованного наследия поэта. Мы помним его улыбку. Мы слышим отголоски его беседы с судьбой. И - с нами.

                                                        Глеб Горбовский

И далее следуют 105 строк самого Морева, 7 безобидных почеркушек, из которых только одна - ''Тишина'' - приводится у меня.

Молчал бы уж, Глебушка. Какой оптимизм! ''Кольцо любимого острова'' - ПЕТЛЯ, задушившая Морева - безысходностью, безвыходностью. ''Публиковался он крайне редко...'', ''... Опубликовать не успел'' - да кто ему и ДАЛ БЫ - ''публиковать'' - то, что он писал?! Ты, Глебушка, перманентный член редколлегии ''Авроры''? У-тю-тю, гуленька ты моя - как все СЛАДКО - о ''поэте'' - гадко и подло.

Молчи, молчи, хотя бы, СУКА!

Это ж ты - НА ЕГО гонорары живешь! И на всех остальных.

Да не в деньгах же дело...

Смазать поэта, проблему - это ж второе убийство, после самоубийства его! Морев - не выжил. Не хотел и НЕ МОГ он - ''Светлые песни'' писать!

Его НЕ печатали, НЕ выставляли, и НЕ будут - кому, как не ЧЛЕНУ Горбовскому, знать сие.

Все, Глеб, от тебя снесу - кроме ПОДЛОСТИ.

Неудачник был Саша.

Я люблю неудачников.

СНЕГ

Кто-то продажный молился рублю,
Кто-то, чавкая, ел блины,
Кто-то отчаянно крикнул: "Люблю!..."
Кто-то слез равнодушно с жены.

А снег все падал, белый, пушистый,
В прихожей, шаркая, гроб выносили,
А мир в снегу - был светлый и чистый,
Блюдечко с лепестками лилий.

ночь 1955

РОССИЯ

Сына взяли, и мать больная.
В комнате солнечной - темно.
На улице праздник - 1 мая!
Вождём - завесили ей окно.

Май 1949

Ближе к ночи распяли его,
У пивного ларька за углом,
И в еврейские руки его,
И в еврейские ноги его
Люди били тупым кирпичом.
Ночью дождь хлестал по щекам,
По бортам пиджака, по ногам,
Дождь хлестал его накрест крест,
Дождь хлестал и хлестать устал.
Но еврей рано утром воскрес
И за пивом в очередь встал.

Прим.: в позднейших чтениях и вариантах -
"И за воздухом в очередь встал", но
я печатаю по тексту начала 60-х, да
так оно и лучше. /ККК/

ГОЙЯ

Пленных в тыл отвести приказали,
Наших троих в конвой им дали.
Конвойным скучно, шагают трое:
Один с ухмылкой, другой суровый,
А третий - шельма, в глазах - такое!...
Совсем безусый, белесобровый.
А пленных - тридцать,
Тридцать фрицев,
Кутают щеки, носы в башлыки.
Им холодно, охают,
Очень плохо им:
Зима, Россия, большевики!
А трое в ватниках,
Шагают в валенках,
Рукавицы теплые -
На автоматиках!
Только долго вести их очень,
Может, в тыл доберемся к ночи?
И в лесу автоматная очередь
Гулко рассыпалась над Россиею.
Легли все тридцать,
Тридцать фрицев,
Пленных фрицев -
В мерзлом осиннике.
Руки подняты,
Ноги согнуты,
Души отняты
И не отпеты.
А трое обратно идут: "Мать их так!"
Солнце на автоматиках.

ТИШИНА

Бывает разная тишина.
Стали часы - тишина.
Любит он, и не любит она,
И молчание их - тишина.
И в ночи, когда на земле весна,
Поцелуи людей - тишина.
И в утро, когда началась война,
В снах детей жила тишина.
Но снова бой вспоминаю я.
В громе орудий полковых,
Она ушла, уже не моя,
Легла в снегу, не в цветах полевых.
А в грохоте танков
Росла тишина,
Такая, что некуда деться.
Ведь совсем как живая лежала она,
Но под шинелью не слышал я сердца.
И тихо схватывал слёзы мороз...

....

Расцветает сирень - тишина.
Осыпаются тихо листья берез.
Тишина на земле, тишина.

ЕСЕНИСТОЕ

Не декольте и не расстегнутые брюки,
не тело белое под шелковым чулком,
он видел: роза между ног у проститутки
его берёзовым облита молоком.

Он шел, пошатываясь, между белых столиков,
Понявший всё и непонятный им,
от пьяных губ поклонниц и поклонников,
туда, где был когда-то молодым.

Его за рукава хватали чьи-то руки,
и пляской живота звала к себе Дункан.
А он хотел травы с глазами незабудки,
Где под стогами был росою пьян.

Ах, если б знать, что делать с этой силой —
в стекло зеркальное бутылочный удар!
За золотистый чуб его рука скрутила,
и вытолкнул за дверь, в мороз, швейцар.

Ушел он в снег, а улицы молчали,
Но счастье шло от новых, светлых слов.
Он спал и видел, — все ему прощали:
мать, звезды и стада пасущихся коров.

ВЕТКА ВЕРБЫ И КУРИНОЙ СЛЕПОТЫ

Верба набухла, серебром распушилась,
Празднуя теплого солнца рожденье,
И странное, светлое что-то случилось
С обычным днем и словом "Воскресенье".
Не успела весна в пасху розы воткнуть,
С кулича полотенце русское снять,
А дед уж графинчик успел кувырнуть,
И нам, ребятам, по стопочке дать.
И Зинка, как будто суровее стала,
Меня, не то что в гостях у берез,
Как чужого три раза поцеловала,
Словно взрослого холодно, невсерьез.
Но вот старухи на солнце вышли,
И мчимся мы за вербою в лес.
И жутко, и радостно мне от мысли,
Что, правда, где-то Христос воскрес.
А вечером батя мой с Зинкиным батей
Напились и стулья стали ломать.
И било, и било грязным в распятье
Великое, чистое слово - Мать.
Мы с Зинкой сидели в углу и молчали,
Мы не глядели на образа,
Но страшно было, когда встречали
В темном углу немые глаза.
И Зинка на двор увела меня.
Он не воскрес, он не любит их...
А рядом смеялись куры, клюя
Скорлупу яиц цветных.

Начало 50-х.

МАЛИНА

Немного слов, затейливых, нестрогих,
И над кроватью - коврик для детей.
Все было так, бывало так у многих:
У птиц, зверей, у мух и у людей.

В квартире женщина.
Он для нее - мужчина.
Играют дети на дворе в песок.
Краснеет коврик на стене малиной.
Со стула виснут галстук и чулок.

Пусть на окне открытом занавеска,
Пусть солнце движется над ними по стене;
Но дети на дворе, и чей-то голос детский:
"А мама куклу все не купит мне..."

И город словно затаил дыханье,
И им бы перестать, подумать, всё понять...
Но снова шум двора, трамваев громыханье,
Квартиры тишина и в тишине кровать.

Запомнил, но не комнату мужчина,
Не женщину - нет! - коврик на стене,
Как осыпалась кроткая малина,
Как засыхала тонкая малина,
Как, засыпая, думала малина:
"А мама куклу все не купит мне..."

И словно детская в нем радость пела,
Пришел он снова, только к той - меньшой.
Он улыбался и звонил несмело,
Большую куклу пряча за спиной.

Нет, сам с собою не играл он в прятки,
Он помнил, в сердце где-то затая:
Был где-то полдень, лес,
В лесу малинник сладкий,
Кругом малина, а в малиннике - змея.

ТРОЕ

Не так это было, как думают люди.
Ей ключ оставляли, а мы приходили...
Я вижу булыжников серые груди,
И стены парадной, покрытые пылью.
Нам дверь открывала старуха. Блестели
Глаза - не глаза - две старых монеты.
Вела коридором... Дверей конверты,
Пряча чужое, молчали, чернели,
Пряча исподнее, пряча исконное,
Деньги, любовь, матерщину, буфеты...

Входили мы двое в дверь незнакомую,
В дверь, словно в ночь, в неизвестность
                                   рисковую...
Рука нащупывала выключатель.
Сухой и пустой, как орех, щелчок -
И левый угол взрывался кроватью,
И в левом углу над кроватью бог.
Черный, как ночь, и непонятный, как шорох,
Засиженный днями и мухами бог.
Он видел там двух - двух счастливых,
Которых, мертвецки распятый, не видеть не мог.
Он слышал там шопот, где слово каждое
Было грехом и за грех прощеньем.
И знаю, он там захотел вот так же
Нести этот крест - губ и рук скрещенье,
Взять в губы глаза ее, мочку уха,
И сердце с сердцем спаять до рассвета,
И также к дверям прижимала б старуха
Белый глаз - щупалец с блеском монеты.

Я плакал. Небритой щекой, как рогожей,
Я тер ее щеки, и тер ее груди,
Я плакал... Ты знаешь, ты видел, боже...
Не так это было, как думают люди.

Конец 50-х.

Я денег у любви не занимал.
В кармане мелочь, только мелочь на трамвай.
Любимой я цветов не покупал,
Любимой я духов не покупал,
Не обнимал, не целовал, не обнимал, -
Сплетались руки - в шалаше был рай.
Я денег на любовь не занимал.

Она была верна мне, как табак,
Как мать, как воздух, как земля под небом,
Она мне говорила: "Ты чудак!"
Она меня любила просто так,
За то, что я чудак,
И что другим я не был.
Она была верна мне, как табак.

Так, как она, любить никто не может.
Она срывалась с крыши легким звоном,
Она врывалась в окна звонким громом, горном,
И в улицу, и в дом текла потоком горным
Ко мне. Но вас она не потревожит, -
Так, как она, никто любить не может.

Чтоб все узнать, чтоб все увидеть и услышать,
Чтоб у людей, как у собак, найти участье,
Я принял все: и свет в окне, и крыши,
И воробьев, и облака, и выше...
Я БУДУ ВЕЧНО МОЛОДЫМ, ХМЕЛЬНЫМ ОТ СЧАСТЬЯ!
Чтоб смог узнать ее, увидеть и услышать.
Я буду мудрым, молодым, седым от счастья!

Весна 1959 г.

Та, другая, не придет ко мне
В комнату, где фикусовый глянец
Растопырил листья на окне.
Там Пикассо красный на стене,
Там Пикассо синий на стене,
Как вино в наполненном стакане.
Там затейливый узор обоев
Не скрывал клопиных старых гнёзд.
Там нас как-то случай свёл обоих,
Там нас как-то муж застал обоих.
Дворник, сволочь, видимо, донёс.
Муж и я, и наша та, другая,
Только вскрикивала из угла.
У него спина была тугая,
И глаза, и лоб - как у бугая,
Вся в наклон, по бычьи, голова.
Может, что и слышали соседи -
Как на стол, на блюдца он упал.
Может, что и слышали соседи...
Только я стоял. Молчал. Дышал.
А босая, наша, та, другая,
Белая, как призрак в простыне,
Медленно сползала по стене.
... Дворник, дворник, не тебя ругаю -
Фикус, страшный фикус на окне.

Умерла. Унесли. Тихо.
Дождь по трубам, и снова - сухо.
И земля - на могиле - прахом.
И цветы - на могиле - пухом.
Это жизненная прострация
Под бельем ее чистым в комоде,
Под газетой старой в комоде,
Где написано о народе -
Трехпроцентные облигации,
И одна из них - выиграла, вроде.
Неизменно все было серым,
А потом вдруг стало - черным,
И вот, совсем неизвестным.
Все сначала бывет - тесным,
А потом - простым
И просторным.

УБОРНАЯ НА ПОЛУСТАНКЕ

Кровью, дымом, потом и розами
Пахло утро, земля, платформа, страна.
Полустанок надрывно кричал паровозами,
Выл, взывал, называл: - Война!
Знойную синь расплескав в бесконечности,
Солнце жарило шар земной.
И тянулись рельсы из неизвестности -
Войны и матери руки, руки за мной.

Сапогами гремя, пояса расстегивая,
Мы заходили в белый сарай...
Солнце в щелях, заснеженность хлоровая,
Два полушария дыр. Прямо рай!
И вдруг, не Петрарка Лауру любил.
Лепестков чистота, красота узорная!
Уронил кто-то
                алую
                        розу
                                в уборную,
Прямо в пекло,
                к мухам,
                        к червям уронил...
Не из слабых я, - видел много,
Видел трупы в канавах, в кустах.
Не черемухой пахла черемуха, -
Лежала война на дорогах!
Не черемухой пахла черемуха, -
Солнце, пыль и черви в глазах!
И червями смерть оживала,
Копошилась в копях тел.
Но лишь губы плотнее сжимал я -
Нет, не лошадь в траншее лежала,
Но лишь губы плотнее сжимал я -
Там человек в окопе чернел...
Видел клюкву и мох порыжелый,
В глазницах черепа - воду дождя,
Из каски скалился рот обгорелый,
Но - я губы сжимал, проходя.

А тут не сонеты Петрарки мне!
А тут мне бы сердце из стали,
И то стало б душно мне.
Мозг преисподней доски сжимали,
Солнце жарило,
Мухи жужжали,
Роза пылала на дне.

Конец 50-х.

СТАРАЯ СОЛДАТСКАЯ ПЕСНЯ

Часы за часами надо стоять,
Смирно надо стоять,
Учить ружье к плечу поднимать,
И к сапогу опускать.
И кто-то не вынес этой муштры,
Бледнея, в строю стоял.
И кто-то не от полдневной жары -
Нарушил строй и упал.
К обеду начистить са-по-ги,
А руки - можно не мыть!
Шли на обед, не сбиваясь с ноги -
Скрипели и пели в пыли сапоги,
Взвод с песней шел есть и пить.
И снова, с ноги не сбиваясь, взвод
С песней в отхожее шел -
Солнце, песня, полный живот,
И значит - все хорошо!
А в белый сарай заглянула бы мать -
Не захотела б рожать:
По ранжиру сыну стоять,
По ранжиру и ...
Сра-зу тронулись, крепче шаг:
Не бойся, не будешь высечен -
Это раньше было так,
Теперь - без зуботычин!
Теперь, если скажет что сержант -
Смолчи, а если ответил -
Даст наряд, а в зубы даст,
Но так, чтоб никто не заметил!
И вновь по порядку но-ме-ров
Голоса набирали бег.
Стоим, как забор, поленицей дров,
Бревным-бревно человек!
А наш старшина - мордаст и туп,
Он глазом целит в меня.
Он в гимнастерке - зеленый дуб,
И мы - молодой дубняк!

В окне был июль, не помню, какого года.
Я вошел и повесил шляпу.
Она улыбалась мне,
                нет, не шляпа, а женщина.
Она шла мне, не шляпа, а женщина,
Она шла мне навстречу,
Очень медленно, очень пристально улыбаясь глазами,
Где-то там, с другой стороны глазных яблок,
Улыбалась на самом дне черепных глазниц,
и ждала...
            Я молчал.
Кто же бросится первый, ну кто же?
И тут вдруг упала она,
                нет, не женщина, - шляпа.
Вот мерзавцы шляпных дел мастера,
Или вешалка виновата,
Или это моя рука,
            что дрожала, ее повесив!
Я не поднял ее, не поднял, -
            я все понял!
Пусть валится старая стерва,
Ведь она улыбалась мне,
                нет, не шляпа, а женщина.
Я протянул к ней руку,
            мою единственную руку,
Я взял в свою ее руку,
                такую холодную руку,
такую необъятную, давнюю муку...
О, безволия порыв
            Или страх,
                    или звук упавшего фетра
Пробудил в ней весь пыл -
Она с криком повисла на мне!...
Поднялась, поднялась снова пыль
Над воронкою странного лета...
Уронил я костыль -
            ведь она была замужем,
А я любил ее мужа,
Я очень любил ее мужа,
Ну, еще бы -
            ведь - когда-то, давным-давно
Я подарил ему запонки,
            такие чудесные запонки...

О, какие дивные запахи,
О, какие дивные волосы!
У меня по щекам текут ее слезы и волосы,
У меня по щекам текут ее губы без голоса,
О, какая давняя заповедь!...

Память моя - твои волосы,
Память твоя - мои возгласы,

но теперь
я молчал...
И когда я нагнулся и поднял свой костыль,
И когда я нагнулся и поднял свою шляпу,
свою старую страшную шляпу,
свою верную вечную шляпу, -
Она вдруг упала,
нет, не шляпа, -
а женщина.
Она обняла мою ногу,
единственную ногу,
И заплакала страшно, навзрыд...

О, моя единственная женщина!

Конец 50-х.

ПОИСКИ

М.Шпитальному

Я долго искал в комиссионных и в Пассаже
Искал на барахолке себе меч и щит,
И Россинанта в колхозах подыскивал даже,
Чтоб мир был в золото и любовь расшит.
Я ходил смешной и, наверное, странный,
Тоскуя о том, что хорошо,
А люди говорили: "Он слепой, он пьяный..." -
Когда улыбаясь через улицу я шел.
Меня штрафовать милиционеры не решались -
Были сила и слезы у меня в прищуре глаз.
Я же мечтал об острове, где б пальмы надо мной
                                        шептались,
Граждане, граждане люди, я не могу без вас!
Город такой многоликий, город такой великий!
И я знал, что все растает и все пройдет,
Как осыпятся старых икон почерневшие лики,
Как растает в душах страх, тишина и лёд.
И я останавливался на углах, говорил с прохожими...
Пьяница лез целоваться, завмаг головой кивал.
Но я уходил. И ничего похожего, -
Пьяница снова бил жену, завмаг опять воровал.
Вечер на крышах, и там, где антенн так много,
Я видел Голгофу - на телевизионных крестах.
Словно вечер кроткого, словно мир голубого,
Там голуби тихо распяли Христа.
Я вижу: идет и плачет маленький человечек.
И надменные люди улыбаются ему вслед.
Мимо едут автобусы, им падает снег на плечи,
И головы детей седые. В белый, белый снег.
Где вы, друзья-студенты, Сруль и филолог Ваня,
Ведь вас за хулиганство не задерживал патруль.
Почему же филолог теперь седой и работает
                                        сторожем в бане,
И неизвестно где милый философ Сруль.
Как давно уже снятся поля, я хочу умчаться
                                        в ночное...
Эй, мальчишки!
Как мой Россинант?
                        Где ты верный Санчо-простак?
Утро настанет завтра новое, молодое...
Завтра утром я лезу за доспехами на чердак...

Ночь, январь 1950 г.

КОГДА ПОЕЗД ОСТАНАВЛИВАЕТСЯ НА МИНУТУ

Когда поезд останавливается на минуту,
Останавливается на полустанке, заросшем цветами,
Вам кажется полустанок тем уголком земли,
Где вы остались бы навсегда.
Но жизнь вы проводите в городе,
В душном городе,
В каменном городе,
Где много бань, больных и аптек,
Где много библиотек.
И много женщин
С ногами, красивыми, как на витринах,
И жизнь для вас - за стеной
Играющий сосед - скрипач,
Квартирный коридор, где воду спускает жена скрипача,
Жизнь - это десять минут до работы,
И на плечах непромокаемый плащ.
Жизнь - это ящик для свежих газет
И ящик для мятых газет,
Это робкое "да", потонувшее в категорическом н е т !
Это дрова, а не лес, это сено - но не трава,
Это окно, за которым кто-то платит за свет.
Это утра и вечера, холодные, как закуски,
Но главное - это ноги женщин,
Красивые, как на витринах.
Но когда вас гонят, чтоб убивать подобных себе и бесподобных, -
Вы, равнодушные, в серых клубах дыма,
Вы видите дорогу, серую, как шинели,
Вы видите шинели, серые, как панель в пыли,
И вы стреляете в шинели, как в мишени.
Вы еще помните, что где-то есть вино,
Чистое белье, радость и жалость,
И вы идете чужими дорогами,
Любя вино, улыбки, тепло и жалость,
Любя хлеб, синее небо и женщин,
Да, главное, женщин с красивыми ногами, как на витринах.

Конец 50-х.

САСКИЯ

Картина окончена, куплена рама.
С холста улыбается знатная дама
В кольцах, в брильянтах пальцы, запястья
Боком смял складки тяжелого платья
Пёс у ног, не знающий блох...
Саския, Саския ван Эйлерборх.
Лютней, вином расплескался вечер.
Пахнет краской от рук и овечьей
Брынзой от губ его под усами...
Песни поет он с учениками,
Словно капрал, на камине часы
Вверх закручивают усы.
Милую женщину Саскией звать,
С маленьким сыном пошла танцевать.
"Саския, Саския, ну, а со мной," -
Рембрандт счастливый танцует с женой.
Белые руки, белая грудь,
Ус касается брови чуть-чуть.
Трутся под платьем чашечки ног,
Красный омар на столе, как цветок.
Лютня, ах, лютня, ах как хороши
Свечек в подсвешниках карандаши!
Пляшет кружево воротников
Черных камзолов учеников.
Белое кружево, бойкая прядь,
Вот бы такую тебя написать!
Лютня, ах, лютня, ах, как хороши
Свечек в подсвешниках карандаши!
Саския, Саския! Колкий смех,
Дивные зубы колют орех.
Люстра и лютня льют узор
В лица, картины, скатерть, фарфор.

В блюде в омаре, как в розе, ножик...
Трутся под платьем чашечки ножек,
Пляшет, пляшет, - дышать нет сил,
Кашель лютню, свечу погасил.

Ухо, что волосато чуть-чуть,
Доктор кладет на белую грудь...
Саския, Саския! Ангел в огне!
Гроб, могила с водой на дне...

. . . .

В дверях кто-то в черном, лыс и пузат.
Может, кредитор, а может, прелат.
Шумят богачи, молчат бедняки, -

Дом продают, с молотка, за долги.
Не лютня, палитры - литры вина,
В каморке художника - пыль, тишина.
На башне ратуши час на часах -
Кладбище, колокол, полночь в ушах.

. . . .

С холста улыбается знатная дама.
"В раме продать ее или без рамы?
За триста гульденов можно продать...
Эй, тысяча гульденов!
Тысяча пять!
Кто же даст больше, кто?" - И опять
Люди в толпе задают вопросы:
"Как эту милую женщину звать?"
И кто-то всхлипнул, пьяный, обросший:
"Милую Саскией, Саскией звать,
С маленьким сыном шла танцевать..."

Вечер, 1959 г.

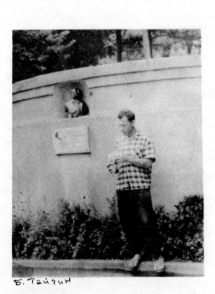

Б. Тайгин

А. Морев

Архив Тайгина

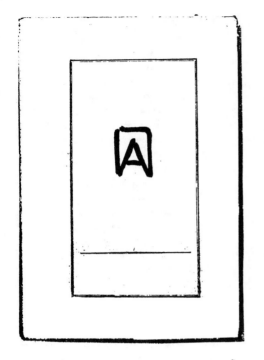

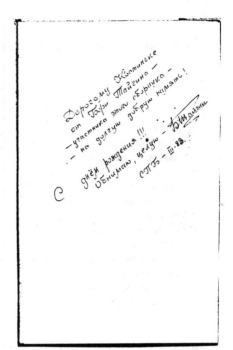

ЗВОН СКВОЗЬ

Стихи
Александру Мореву

ленинград
1981

ТЕПЕРЬ ЗА ВСЕХ СВОИХ
ДРУЗЕЙ СПОКОЕН ЗА ВСЕХ,
КТО ОКРУЖАЛ МЕНЯ

Я ВЫЗДОРОВЕЛ

Из последней записки А.Морева

Содержание

зааааааааааааааааааааааааааааааааааааа
Геннадий
А Л Е К С Е Е В

Н а с м е р т ь С а ш и М о р е в а

Вот и Саша
внезапно умер

лежит он
и даже пальцем не шевелит
            наконец-то
        он может полежать спокойно
костюм на нём новый
чёрного сукна
            наконец-то
        он оделся вполне прилично

3

лицо у него жёлтое
и очень задумчивое
            наконец-то
        он может обо всём подумать
по лицу его ползают
зелёные мухи
            наконец-то
        они могут по Саше поползать

вот земля застучала
о сашин гроб

сначала громко
        и как-то радостно
а после глухо
        и как-то смущённо
а потом чуть слышно
        будто устыдясь

4

вот и Саша Морев
зачем-то умер

мы с ним вместе частенько
мечтали о бессмертье

Июль 1979 - 6 мая 1981

5

ааааааааааааааааааааааааааааааааааааааа
Валерий
Б Е Р Е З О В С К И Й

П а л и н д р о м н а я
к о м п о з и ц и я
Морев с ревом
"Сартр! Страсть!"
        искал ласки.
        Гений нег!
        А луна канула.
        Нуль лун
        делся во слех.
Утих...Сквером Морев к скиту...
        Скит - Стикс.
        ...Целью ищи привелец.

лето 1979

8

Раиса
В Д О В И Н А

. . .

Экскаватором вырыли яму ему,
Покупали для трупа одежду,
Говорили напутствие праху сему
И слезой искупали надежду.

А душа заблуждалась, мечась в пустоте,
И ломилась в окошки и двери не те.
Именуемый он оставался немым
И зияла пучина меж нами и ним.

17 июля 1979

13

Глеб
Г О Р Б О В С К И Й

н е с в е т с к и й поэт
А.Мореву

Встанет спозаранку
маленький поэт,
рот зажав, как ранку,
выйдет на тот свет.

Громыхнёт в парадном,
нахлебавшись щец...
А жильцам отрадно:
вышел, наконец!

Гением непонятым
/кто ты, Имярек?/

21

топает он по небу
в косяке калек...

С козырька у пьяницы -
как сосулька, грусть...
Впишем в поминаньице
маму его - Русь.

1963

22

Анатолий
Д О М А Ш Е В

Н а р в с к о е з а с т о л ь е

Когда Гутан, сказав "ну, что же",
сутулясь, встал из-за стола,
то я был пьян уж. Морев тоже.
Пьяна компания была.
Блестел очками Ивановский,
смеялся Рогов Николай,
Беспалько спорил с Бешенковской,
лилось застолье через край.
Бочком к столу, лицом к соседу,
в короне взлюбленных вихров
о чём-то с кем-то вёл беседу
крамольный Костя Петухов.
И каждый тих или взволнован,

28

...взяв окурочком в руке,
полукрасив, полураскован
на этом вольном ветерке,
который не сыскать повторно,
хоть будь вдвойне навеселе,
чтоб было так словам просторно,
а тесно рамкам на столе,
чтоб повторился в лучшем виде
союз без повода-числа...
...Гутин ушёл. Но не в обиде.
Это уже семья ждала.

12 июня 1971

Г у р з у ф с к и й   э т ю д
                    А.Мореву
Я выбрал точку.Я рисую,
рисую темперой пейзаж:
прибоя полосу резную,
шоссе, скалу, весь антураж,
изгиб прибрежного селенья,
рассыпанного возле ног.
Какого цветопредставленья
мне преподносится урок!

Я смел. Я смешиваю краски.
Спешу закончить, завершить.
Мгновенья цвета быстры, кратки -
не передать, не уловить...

...пока я мучаюсь упорно,
в игре живых полутонов
становится зелёный чёрным
и красным тот, что был лилов.

Густеют, гаснут с темнотою
цвета залива, веток, скал,
и не похоже под рукою
всё то, что я нарисовал.
Как восклицанье, повис
на белых скалах кипарис!
И не добьёшься кистью сходства
живой натуры и холста:
пока я крашу, в первородстве
уже действительность не та.
И холст мой врёт. Изображенье
на нём фальшиво сверху вниз:
изображаю я в движенье
несуществующую жизнь!

Художник я не настоящий,
шутя включился я в игру,
а настоящий - он, как ящер,
содрав ладони об кору
ствола столетнего инжира,
сидит на бивневых ветвях
и эту сладкую поживу
со смехом давит на зубах.

23 октября 1973

Островитяне

В начале жизни школу помню я...
Пушкин

...Там собрался уникальный
по разношёрстности народ:
певец квартиры коммунальной;
художник; несколько богов;
совсем нетронутые бытом
где-тут девицы; кавалер;
и был ещё один забытый
поэт, а может, инженер.
Висел там дым над головами,
обои красные... Вино...
И музыка - почти словами

45

ветвилась словно дерево.
Со стен внимательные боги,
дивясь, глядели по углам,
но суть не в этом... просто многим
та жизнь родиться помогла...

2 октября 1970

46

Николай
И В А Н О В С К И Й

. . .
Александру Мореву

Я видел Морева во сне,
Домой батон он нёс,
Туда, где прямо на стене
Распят Иисус Христос...

Туда, где обликом похож,
Губаст и бородат,
Хозяин сам, как бог хорош,
В рубашке из заплат.

В штанах, изношенных до дыр,
В иконной простоте,

47

Он пил божественный кефир,
Разлёгшись на тахте...

Я видел Морева во сне
У тех трагичных мест,
Где он лежал... на самом дне,
Раскинув руки - крест!..

48

Из книги отзывов посмертной выставки
живописи и графики А.Морева в редак-
ции журнала "Аврора" 9 января – 8 фев-
раля 1980 года.

Я с Сашей учился в СХШ. Среди
нас, послевоенных, блокадных ребят
класса он был, пожалуй, наиболее та-
лантливым человеком. Стремительно
талантливым. И нисколечко не прида-
ющим никакого значения этому своему
таланту.
Потом прошло лет 25-30, как мы
не встречались. И вот неожиданная
встреча... Безумно жалко его. Нет
больше Саши.Осталась добрая память.

23.01.80   М.Смирнов?

Борис
Т А Й Г И Н

Ш у т к а   х у д о ж н и к а
вольный сонет

Ал-дру Мореву

Во сне свершаются мечты
континентального полёта...
И вот, в пространство пустоты
уже летят два идиота!

Господь сподобил этих двух -
на героическое дело.
Но - отлетел сермяжный дух
от их кликушеского тела...

Они остались на Земле,-

два трупа, бывших два кретина...
Вполне достойная картина!

Художник был навеселе:
отдал картину Эрмитажу!
А копии - пошли в продажу...

Ленинград
Н.П.б-ца Балинского
7 января 1975

Эдуард
Ш Н Е Й Д Е Р М А Н

А л е к с а н д р у   М о р е в у

На той скамье,где твой двойной тёзка
Сто с лишним лет назад внимал чутко
Осенней ночью тишине звёздной,-
Свой город слушал ты. Был свеж воздух
И тих, и по Неве текли звёзды,
И волны о гранитный спуск тёрлись,
И старенькая пристань стонала.
На той скамье, гранитной, холодной,
Закрыв глаза, ты всем собой слушал,
Как Жизнь и Вечность трутся бок о бок,
И что-то переходит границу,
А что-то затихает и гибнет.
Как будто пульс держал, внимал жадно,-

Ты вслушивался, сосредоточен,
В себя и вместе с тем во всё в мире.
И сквозь тебя уже текли звёзды,
И волны бились о твоё сердце,
И сердце убыстряло биенье.
Поэт - он держит пульс - страшн, века
И там найдёт слова, где нет слова.

Виолончельный тембр имел голос,
Который замолчал, убит смертью.

7 марта 1980

Александр Морев
П Р Е Д С М Е Р Т Н О Е

Люди, дождитесь утра,
дождитесь пришествия утра,
оно уже за пригородом
идёт по рельсам к городу.

Я заклинаю: дождитесь утра!

Я иду, я курю, ну а там, -
где-то там, за домами, в комнате
я ещё обнимаю тебя,
прижимаю к щеке твои волосы,
придвигаю к тебе твои туфельки,
даже завтрак неслышно в газету
заворачивается сам,
придвигаясь к краю стола.
Заклинаю: меня не забудь!
Этот воздух и шорох листьев - я!
Это солнце, к шторам приникшее - я!
Эта слава, в шторах погибшая - я!
Это слово, в штольне затихшее - я!

Неужели я жив? Подожди!
Дай осмыслить потерю и встречу.
Что я, что нет меня там, позади, впереди,
что я, что нет тебя в твоей комнате.
Не уйди от меня, не уйди!

Жизнь до боли в глазах -
                    в твоей памяти я!
Ведь до боли в висках незапамятен я!
Дом кричит, и трамвай,
                    и углами - стол:
-Задержите его!
            Стёкла в окнах звенят,
в коридоре шаги мои держат пол,
я иду - я ещё не успел, не ушёл.
Но не ждите меня,
                не зовите меня...

Моя молодость -
            в страшном свержении лет,
в дивном страстном молчаньи холстов
                            на стене,
в непрописанных истинах сигарет,
и в согбенной рембрандтовской спине.
Я стар до предела,
                и полк мой разбит.
Я иду - моей палкой дорога стучит.
О, такси! Нет, не надо такси!
А свеча всё горит,
всё горит и горит...
Но светает - свечу погаси.

Прощайте, дюны, дом, дубы и долы,
долги, прощайте, выдумки и думы.
О, как в неведенья я жил среди вас долго!
Вернитесь, дамы, в пушкинские залы,
вернитесь, дымы, в пущенные терма.
Прощай, мой век, неистовый и бурный,
наполненный, как в воскресенье урны.
Прощайте, книги - исповеди века,
где люди есть, но нету человека!

Прости, любимая, отмеченная мною.
Я - противостоянье аншлагов!
Прощай, неведомая ложь амвонов!
Прощай, заведомая правда флагов!
Прощай, зелёный свет реклам неоных:
"Храните деньги..."
О, с какой болью
звенят медяшки у меня в кармане!
Земля, как много всё же ты дала мне!
Прощай, дощечка: "Не ходите по газонам!"
Я ухожу в неведомые дали.
Леса, я снова задыхаюсь от озона,
поля, я снова полонён и полон вами.
Я снова с вами, снова я отшельник,
пет тени за спиной - я снова дома.
Иду - и расступается мой ельник,
туда, где всё мне до брусничники знакомо,
иду, освещённый осенним солнцем,
иду, беспаспортный и беспартийный,
иду, свободный снова, чистый снова,
иду - и расступается осинник.
О, погружаюсь в море хвои, листьев,
багульником и вереском ведомый.
О, не пугайтесь меня, волки, лисы,
я вам не враг - я брат ваш,
                        все мы дома.
О, обрамляйте лик мой жёлтым, листья,
как нимбом, золотом.
                И с верою в поверья
лижите мои руки, волки, лисы,
Я вам не враг -
            я брат ваш заповедный.
Я - те же травы в человеческом обличье.
Я - радугою с неба в землю врезан.
Примите ж меня в вотчину, примите!
Иду и расступается березник...

Хочу быть там, у самого истока,
с корнями слиться, в ветви воплотиться,
хочу бежать цветами вдоль дороги,
на синем белым облаком клубиться!
Хочу бессмертия,
                  растёртый в прахе,
свою ненужность, мизерность измерив,
чтоб шёл во мне огромный
                            звонкий пахарь,
я песни пел,
              и свои зёрна веял!

Как солнце возвращается к востоку,
всё в мире возвращается к восторгу!
Как реки возвращаются к истоку –
всё в мире возвращается к восторгу!
Как вдовы возвращаются от стона
вновь к сладкой, всё врачующей истоме,
так блудный сын опять уйдёт из дома,
так пьяница опять вернётся к водке.

Всё в мире возвращается к восторгу!

27

aaaaaaaaaaaaaaaaaaaaaaaaaaaaaaaaaaaaaaaaaaaa

В Е Н О К   Д Р У Г У

Составитель А.Ф.Домашёв

Выпуск I-ый

Тираж 4 экземпляра

Экземпляр № 2

ад 01.XI.81

ммммммммммммммммммммммммммммммммм

И, из письма от 10.3.83:

/от Эдика Шнейдермана/

.... Написал я статью о Мореве /в "Часы" наши, кот. уже 40 №№ натикали/. Все же по прошествии времени видишь, какой самобытный, крупный он был поэт. Никакого никому подражания, все свое, все – свежее, полная свобода во всем. И осталось-то мало /около 90 вещей всего/, и писал-то давно /в 1967-м бросил стихи/, а ничуть не устарел. С Рубцовым посложнее. Все не добил я эту тему.

Статью о Мореве Эдик мне, естественно, не посылает. Как не посылает и книгу о Рубцове. Надеется, полагаю, что так и выйдет: Эдуард Шней-
дерман "Русский поэт Николай Рубцов", в издательстве "Советская Рос-
сия". Поэт Морев – уже вышел. В издательстве "Бэ-Та", тиражом – 4
экз. Мне достался экз. №2, который и воспроизвожу. Кусками. Стихи
Нонны Слепаковой /одно из многих/ – привожу в статье о ней.
"Часов" – не видел ни одного номера.
Удивило меня другое – СКОЛЬКО неофициальных поэтов откликнулось на
смерть Морева – одного из них... И я о нем пишу, много.
Вряд ли даже о Бродском так вздохнут.
И это потому – что Мореву никто не завидовал. Завидовать там было –
нечему. Трижды неофициальный: художник, поэт, прозаик. Как Гозиас.
Но остался в памяти многих. Художники собрали уйму его стихов, даже
которых у меня нет. Толя Басин прислал. Воспроизвожу.
Морева я, по своему, любил, а одно время – даже очень.
И судьба его – судьба большинства из нас. Он – как зеркало.ВРОВЕНЬ.
А до Бродского судьбы – надо еще тянуться.
Так что Бродский и Морев – два полюса. И нулевая точка – член Союза,
как нынешний Глеб...

Саша МОРЕВ

представитель сразу трех цехов — художников, поэтов, прозаиков —
расстраиваясь, всегда чуточку опаздывал, например, на выставку "в Газа".
"Железное равновесие" и "Железную необходимость"
        (за 3,5 года до собственной смерти)
выставил в "Невском" (10—20 сентября 1975 г):
петушившимся и "лезущим в бутылку"
15 сентября в день годовщины "Великого озеленения",
на пьянке один "выступал" против всех
        (все выходили группками и их не трогали)
и оттого и выпившей одиночкой показался на улице. тут же подъехала
"хмелеуборочная машина", где ему досталось по всем тем же трем статьям—
били приговаривая: "Не будешь писать стихи, художник".
после Саша полгода ходил с палочкой и перевязанной головой,
правда гордо поднятой. а еще года через три с какой-то необходимостью
Саша выбрал единственный путь —
отправился в рядом строившуюся станцию метро и бросился в шахту.

Александр ПОНОМАРЕВ

Умевший очень красиво рисовать пером
в немодерновой манере,
и оттого стеснявшийся этого дара.

и правда, — лишился места графика
в общественно-литературном
журнале "Нева".

оставив дома записку:
"Друзья, я здоров",

Я младше Саши на пару лет,
Он же старше меня на целое поколение.

Поколение, открывшее и ненавидевшее место ночного сторожа,
Зарабатывая на нем себе на жизнь;
Мечтавшее стать членом союзов,
И лишь не самой лучшей своей половиной ставшее им;
С законным клиническим диагнозом
Частью оказавшееся на излечениях в дурдомах.

Для моего же поколения ночной сторож — лишб — престижнейшая должность
А если ты не был в дурдоме — ты, не человек просто
Подъезды наши /на Васильевском острове/ находились рядом
И, однажды, /между ними/ я предложил Саше
Переслать его стихи за бугор.
Он же предпочел шахту.
Апрель 1984 — юбилей — 5 лет.   А. Басин

Не знаю, как мне это все назвать...
Я солнца луч хочу поцеловать
И дождь и радугу,
И муравьиную тропинку,
И в утреннем лесу
Блеснувшую росой на солнце паутинку.
Березы сока сладкую слезу,
Бегущую из чистой светлой раны,
Хочу поцеловать.
Ведь это не весна, не небо, не поляны,
И даже не земля —
Во всем я вижу
Мать!

Две сосенки, поля,
Посаженный картофель —
Неповторимый в мире уголок.
Мне радостно.
Я счастлив,
Хорошо
Быть частью этого живого мира.
Не славы я хочу, не быть кумиром,
А так пройти,
Как этот день пропал.
На сук ольхи повесить свою лиру,
Сесть у воды и слушать лепет волн,
Покою подбирать в душе созвучья,
Поскрипыванье тихое уключин,
Качанье камыша, вечерний звон.
Любя весь мир и чуточку скорбя,
Быть мудрой, ласковой душой народа.
Склоненного на грядках огорода.
Быть продолжением, голосом тебя.
Быть выражением твоим, моя природа.
Устав в пути, заночевать в березах.
Сияньем звезд твоих лицо умыть.
Сложить к твоим ногам суму и посох,
Достать твой хлеб и тихо отломить.

Подорожник

Он словно создан из зеленой стали
Выносливость его мне не понять.
Не раздавить его ни нам, ни стаду,
Пылящему дорогами в полях.
Он на границе праха и цветения
О, жертвенность листа, затоптанного в пыль;
Стремленье с краю быть — не просто отрешенье,
Он мог бы в поле победить ковыль,
Бой выиграть за самоутвержденье
С любой травой. Но он стоит, увы
Подняв свои решительные пики,
Он сторожит от смерти край травы,
Причисленный травой к святому лику.
Но может быть, бежит он от травы,
И людям в дар себя готовит?
Когда порежетесь случайно вы —
Он тут же как тут — он кровь вам остановит.
Он любит слушать баб у сельского колодца.
Проселкам по полям, тропинкой к дому рвется.
И окружает каждый сельский кров.
Не знаю, как бы он без человека жил!
Он там растет, где наша жизнь проходит.
Вот и на кладбище он иногда заходит,
Чтоб постоять у стареньких могил.

Над головой ночное небо синее

Над головой ночное небо синее,
Внизу бледнеет гаснущий закат
Но в дне прошедшем было столько силы,
Что кажется,
Вот-вот вернется он назад.

Воспоминания

Кукушка над лесом, притихшие ели.
Как немного нам надо...
Чтоб вечером все мы сидели
Вот так на веранде.
Поет самовар, и в розетках варенье,
И папа в вишневом халате.
На плечи у мамы накинута шаль,
И бабушка вяжет.
А дедушка что-то смешное сейчас нам расскажет.
На клумбе раскрылись ночные цветы.
Вечер тих и прекрасен.
В качалке сидит старичок —
Наш сосед из сиреневой дачи...
Ах милые дачники, все вы
приехали, чтоб так скоро уехать,
Осталась лишь память...
На скатерти фантики
И скорлупа от орехов...
Ах, мама, мне хочется плакать.

Ветер

Ветер смял и выгладил воду,
Ветер выстругал дорогу,
Облака разогнал далеко,
Дал полдневному солнцу свободу.
Стали красными красные маки
Но остались стебли цвета хаки.
Где-то в шепоте полуистин
Притихшие люди сидели.
Он врывался в окна и двери...
Ветер, ветер, он был неистов.
Он срывал с людей кепки и шляпы,
Он катил шляпы в грязную лужу...
Ветер, ветер, мальчишка гадкий,
Выворачивал все наружу —
Из зонтов делал черные маки.

В перчатках белых дождь —
Ведь это снег...
В зеленом маскхалате лес—
Весна...
О как необозрим, причудлив свет
Над хрупкой, тонкой лопастью
весла!
И взмах, и новый взмах от
тех плотин,
В которых рвется сердце из
груди!
И снова поиск слов на пол-
пути,
Чтоб эту грань покоя перейти...
И даже ночь, да будет для меня
Всегда вот так,
всегда на грани дня.

Аве, Мария

Мария!
—Аве, Мария! — пели детские голоса.
—Аве, Мария! — взмывал орган по своды.
Близорукий Шуберт в умилении щурил глаза,
Дрожащие пальцы брали у неба аккорды...
А в гестапо коммунисту глаза выжигали,
На лбу, на груди вырезали звезды,
Евреев, как мусор, в Майданеке сжигали,
И Рувим, на минуту оставшись в живых,
Говорил: "Лучше рано, чем поздно..."
Орудийный гул заглушал орган под землей,
Но что-то звенело золотом в небесах,
Покрывая, глуша бомбовозов неистовый вой:
— Аве, Мария — пели детские голоса.

Опаздывать - во всем опаздывать

Опаздывать - во всем опаздывать
И опазданий не оправдывать.

Забывчивость - выйти из дома,
Оставив в столе сигареты,
И стрелять у прохожих.
Забывчивость - оставить на вешалке шляпу
И надеть чужую мокрую кепку.
Забывчивость - снять телефонную трубку,
Набрать номер,
И не помнить, кому и зачем звонишь.
Забывчивость - весной, торопясь на работу,
Остановиться в скверике
И щурясь, смотреть на деревья.
Забывчивость - жить в двадцатом веке
И любить звук клавесина и чембала.
Забывчивость - быть занятым самим собой,
Как яблоня - яблоками.
Забывчивость - выходить из дома,
Ключ в дверях,
И идти, подняв воротник по трамвайным путям
По мокрому пригороду,
К кольцу, как к концу.
Круг замкнулся.

Зонтик - хоровод летучих мышей

Зонтик - хоровод летучих мышей
Над моей головой.
Когда в декабре у тебя нет любимой
И крыши над головой,
А если только зонтик,
- Это уже полбеды.

На колени нас на колени!

На колени нас на колени!
И глаза, как костры, горят.
И стреляют в толпу поленья,
Бородинской битвой палят.

Наши души, как печи растоплены,
А глаза, как дворцы распахнуты
Вечен я, как земля, растоптанный.
Вечен ты как хлеб залапанный.

У НЕБА ВСЕ ЦВЕТА

Есть серый, синий
Есть красный, черный, белый и зеленый.
Я не дальтоник — просто я художник:
Еще не зная слов, я полюбил цвета.
Поверьте мне — лишь то прекрасно,
Что властно над душой.
А что не властно —
то это "липа", пыль и "одуванчик"
Оставим нюхать это мы другим.
Ходить по улицам,
Разглядывать фризы
И видеть только инз их.
О, недогадливость, наивность архитекторов,
Отдавших украшенья голубям!
На улицах я вижу подворотни.
Где рядом с тумбами жилых подвалов окна,
Где в полдень тихо, сумрачно и дико —
Где едоки картофель свой жуют.

Пора бы мне давно сменить пластинку
Или пойти в вечерний шумный город.
И кафе мне в чашечке остыло,
И сигарет осталось только две.
Быть человеком,
Просто человеком.
Потея, вкладывать во все по капле душу,
Задуматься и сердцем мир подслушать,
Не отрывая руку от лица.

"Красота лесов"

Красота лесов
И убранство полей,
И твои босые ноги в пыли,
И что-то невыразимое, как музыка в лесу.
И солнце в спицах велосипедиста
И капельки пота на лбу,
И молчанье цветов в овраге,
В изумрудной тени у ручья,
И что-то невыразимое, как музыка в лесу.
И прохлада летних ночей,
И парное молоко на губах,
И бревенчатые стены избушки в этюдах
И стол и пол в цветах,
И что-то невыразимое, как музыка в лесу.
Я поднимаюсь на четвертый этаж,
В окне слышен звон трамвая,
Снимаю трубку, набираю номер,
И твой голос,
Как что-то невыразимое, как музыка в лесу.

В солнечный день
Холодные коленки любимой,
Собака, грызущая ошейник,
На солнечной стороне улицы...
Быть "пригодным мчащимся к морю,
Встречать удивление в окнах встречного,
Проноситься над солнцем
Мимо дюн и мокрых перронов.
Задевая щекой листву
Огромных деревьев.
Забыть в поезде
Непромокаемый плащ,
По песку выйти к морю,
Чтоб узнать тишину земли
В шуме набегающих волн.

Снежность

Человек любил леса.
Тихо падал снег.
Человек рубил леса.
Сосны падали в снег.
Быстро строились города.
Тихо падал снег.
И сгорели дотла,
Покрывал их снег.
Замерзали вдали от земли,
И на лицах снег.
- Что ж, сходитесь, - сказал секундант.
Кто-то падал в снег.
И погасла над миром звезда.
Тихо падает снег.
За годами идут года,
Но не тает свет.

Глухой

В уютном дворике, где голоса детей
Смешались с музыкой, со скрипом экипажей,
Открылись окна тихих этажей:
Бродячую шарманку слушал каждый,
Кто улыбался, что вздыхал глубоко,
А подмастерье музыкантов думал важно:
- Мою музыку, слушая всплакнет,
Быть может, кто-то.
Текла шарманка музыкой сермяжной.
Но к дому шел глухой, не разбирал дороги.
Дождя не слышал - только в лужах пузырьки...
Был вновь сюртук забрызган,
Вновь промокли ноги,
А мысли, как поток стремительной реки!
Вбежал. Дверь хлопнула.

В раскрытое окно втекла шарманка,
Заунывная, тугая.
К роялю он прошел по листопаду нет.
Пусть деньги кончились, но все равно
Счета от лавочников жизни не меняют!
Не улыбнется — нет!
Лишь ярче бледность щек.
И счастлив он!
И можно ли иначе?!
Играй же, Людвиг!
Ну еще! Еще!
Шарманщик замолчит на улице.
Заплачет...

НАШИ ОФЕЛИИ НЕ СПЛЕТАЛИ БЕНКОВ !

Наши Офелии не сплетали венков!
Они над станками качались от
    бессоницы и голода.
И не прятали плеч в горностай
королевских мехов,
На них ватники, блокадным
подбитые холодом.
Наши любимые не нас по ночам
встречали. — Девичьи руки спешили
гасить зажигалки на крышах.
Ложились в постель к ним не мы —
забирались от холода мыши...
Наши любимые старались,
ожидая нас , умирали.
Офелию бы туда, чтоб в косах
давила вшей!
Чтоб мать оплакать не находила слёз.
Чтоб в море уносила куклы своих
малышей, чтоб лежала в поносе
кровавом — не в венке из роз!

МЕНЯЯ ОЧЕРТАНИЯ ОВАЛА.

Меняя очертания овала,
Чуть поносился на стене портрет.
В моём лице все признаки обвала, –
В потухнувшем вулкане жизни нет...

В предверьи сумасшествия стою.
Оно как пасть! Оно меня глотает.
Я отбиваюсь, но оно толкает
в ту бездну, что у смерти на краю...

Мигание огней. Дождь бурей пахнет.
Приставлен к горлу чей-то ржавый нож.
Отчалив, плещется заброшенная барка.
Бьёт колокол.
И наступает ночь...

ТВОЙ СОН

Я вдруг вошел в твой сон –
Ты за столом сидела,
Блестящий чайник отражал окно,
В окне капель весенняя звенела,
Забыв, что я любил тебя давно.

И вновь я стал беспечным, вдохновенным –
Ведь ты была, как восемь лет назад.
Как будто нашей жизни перемены
Не отвратили этот мой возврат.

В ту комнату, где старые обои,
Где юность наша, словно ранние цветы...
Где ты стоишь с кулечком гоноболя,
Еще полна любви и красоты.

Твое видение вновь слило наши души
И невозможное случилось в час росы.
И на подушке я под ухом слушал,
Как долго бились на твоей руке часы..

И пусть магическою силой совьёт

Твой сон стал вызовом моей судьбе...
Но я исчез!
И через город сонный
Вернулся к спящему без снов.

К себе.

✳ ✳ ✳

Мир был молод и подстрижен под нулевку.
Пальцы пахнуть начали махоркой.
Дерево и сталь звались винтовкой,
Чья-то жизнь и смерть звались винтовкой.
Розовый, веснушчатый, высокий,
Мир был молод и подстрижен под нулевку.
Перебежка, склеп и вновь могила,
Мраморный Христос с подбитым глазом....
Пуля уходила, приходила,
Пуля приходила, находила...
Кто-то замер, кто-то стонет рядом.
Мраморный Христос с подбитым глазом...
Перебежка, склеп и вновь могила.

Кладбище, где крест раскинул руки...
Пуля первая легла в противогазе,
А вторая залегла в желудке.
Он не ел уже вторые сутки,
Он не жил уже вторые сутки...
Пуля пятая легла под глазом.
Он лежал, как крест - раскинув руки.

<u>Будь спокоен и му жественнен</u>

Когда память останется в старом доме,
Когда небо режут реактивные самолеты,
Когда у ног в скверике пустом и горячий песок.
- Будь спокое и му жественен.

Будь спокоен и мужественен на мосту,
Когда на будущее ни гроша надежды,
Когда за прошлое - ломаный грош,
И в кармане **не** револьвер, а пачка сигарет. -
Закури, - и плюнь в воду.

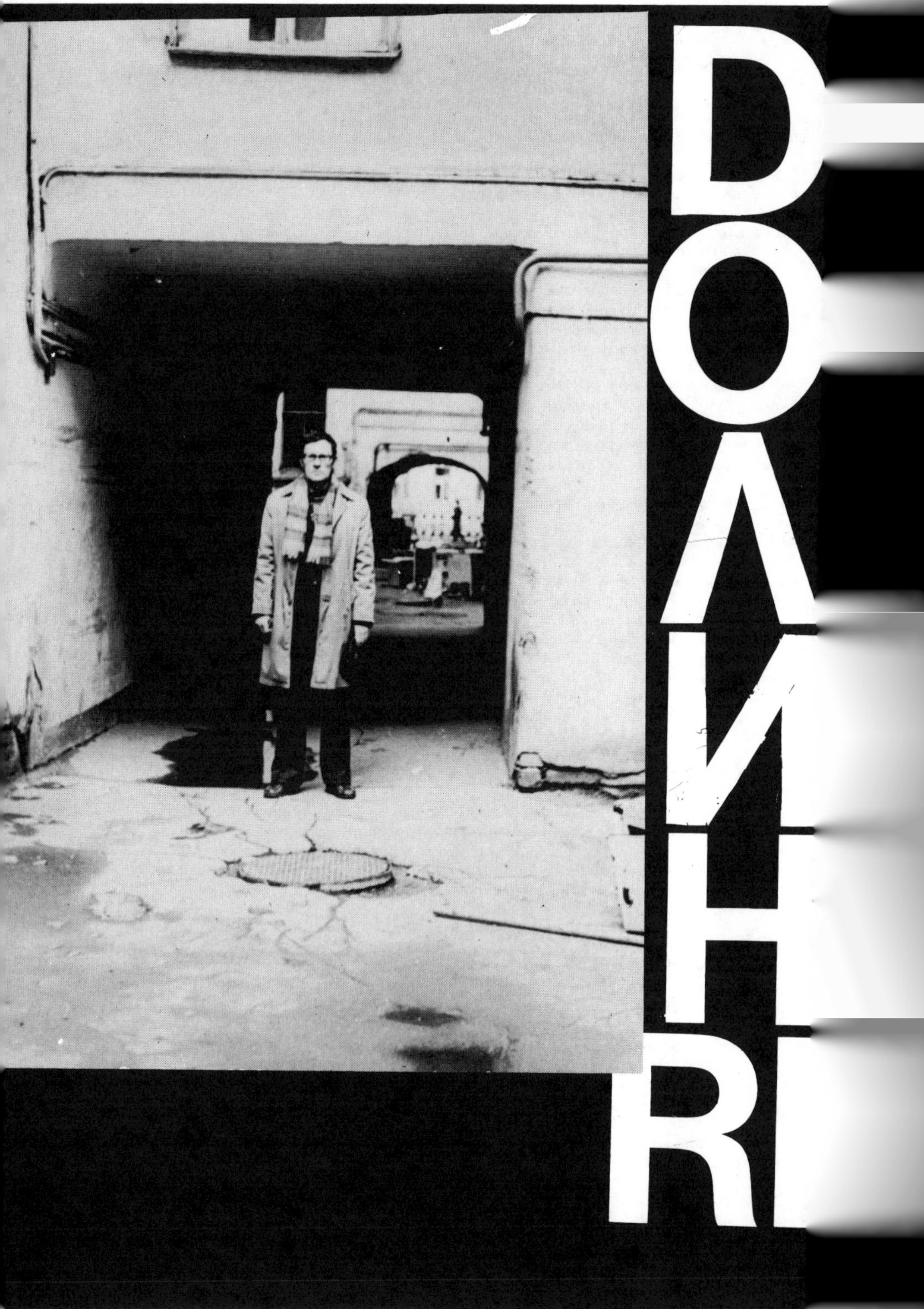

ПЕТЕРБУРЖЕЦ ИГОРЬ ДОЛИНЯК

По мнению профессора /и - по факту публикаций - поэта/ Г-на Ю.П.Иваска, в составляемом мною томе ленинградских поэтов конца 50-х - начала 60-х гг., из примерно 40 представляемых - надлежит оставить двоих: Бродского /со скрежетом зубовным/ и Бобышева. Меня - надо понимать - "не надлежит".

По мнению советского "полуподпольного" литературоведа Гарика Левинтона /из компании помянутых Бродского-Бобышева/, "поэтов не может быть больше 10-ти, сравним это даже с плодотворным началом века".

В книге "Поэты Пушкинской поры", изд-во "Московский рабочий", 1981 - наличествует 7 имен. Рабочим более не требуется. Нет Нелединá-Мелецкого, Кострова и графа Хвостова - ну так что ж в том? Они поэтами, надо понимать, не были.

С мнением полных профессоров, полупрофессоров и составителя Н.Банникова /помянутый выше сборник/, правда, несколько расходится приводимое Шкловским мнение Венгерова: "Венгеров ... понимал, что литература делается многими, это общий труд и неизвестно еще, кто возглавит эпоху. Поэтому надо изучать и еще не прославленных и даже забытых." - но не он Венгеров заведует кафедрами славистики в Америке, и не он рецензирует книги.

По моему мнению - поэт Игорь Долиняк существует уже 20 лет, но об этом мало кому известно. Ко мне он пришел году в 62-м /63-м?/ со стихами шибко романтическими и малость технологическими. Про Золушку, каких-то принцесс и - запомнилось: "/Какая-то/ гордая / /Какая-то/ хмурая / Приходишь и сразу / Садишься у кульмана." Я ему изъяснил, что имя Иоганна Кульмана, первого коммуниста, сожженого на Руси в царствование Алексея Михайловича "Тишайшего" - известно мне из журнала "Вокруг света" за 1928 г., изд-во "Красная газета", известно мне так же и наличие какого-то чертежного прибора, одноименного - но зачем это знать читателю? Словом, разнес начинающего ровесника, ровесник, похоже, обиделся, и - забыл о нем. Но не о "кульмане". И вот, 20 лет спустя, по Дюма, звонит мне сосед Бродского и Иваска по Массачузетсу, Роман Левин и говорит, что издает книжку Игоря и хотел бы мое предисловие. Я согласился просмотреть тексты, а потом уж - писать - не писать.

И обнаружил - зрелого уже - поэта. Детские болезни, правда, продолжают - приглушенно - присутствовать: и романтизм, и обращение к именам хрестоматийным, но поэт - наличествует.

Такой, философствующий лирик, вроде, скажем, Давида Самойлова или там - Вадима Шефнера /или и это - не поэты?/, глубоко чуждый мне - цинику, ернику, хулигану, бунтарю - но чем-то, вероятно - чистотой и некторой грустью - берущий, и стихи я его прочитал с удовольствием, нашел буквально 2-3 чисто поэтическо-технических правки необходимыми, да пару малозначущих - коротких - текста похерил. И остался - поэт.

Стихи традиционно-петербуржские, "каратыгинские", как я определяю - застегнутый воротничок и вицмундир, в отличие от пуповой Москвы Мочалова, родственные Александру Кушнеру и поминавшемуся Шефнеру - Шефнера, кстати, любят весьма многие /и весьма приличные/ люди, а Кушнер - просто прекрасный поэт, так что сравнение /как и с Самойловым/ - в похвалу только.

При том хвалить мне приходится то, что я старательно - годы уже - убиваю в себе, находя это - гм - "сентиментальным". Перечитывая Ремарка... 20 лет спустя - зверел и плевался: и чем он мне дался, в юности моей? И не моей - а "нашей". Моей и Игоря Долиняка. Скромность - которой всегда я чуждался, предпочитая быть шутом. А Игорь не шутит, не до шуток ему.

Чистые у него стихи. СТИХИ. Вот и все, что я хотел сказать.

А профессоров, полагаю - надо вешать. За паразитизм. И импотенцию. Но это уже - тема другой статьи...

Три, не то и 4 года назад Ромка Левин попросил меня написать это предисловие к другу, которого знал и я. За это время издательство Р.Левина выпустило с дюжину книг графоманов - от Иваска до Юпа ЗА ДЕНЬГИ - на друга попрежнему денег нет, Америка, жрать-то надо, да двух дочек кормить... Поэтому пускаю куски готового набора, чтоб хоть так...

НАЧАЛО

1

И неужели было —
только Нева и высь,
как голубые крылья,
в стороны
          разнеслись?

Тихо чернели ели,
и завалы ветвей
под шагами хрустели
предвестниками
костей.

Я пробиваюсь сквозь дебри,
натыкаюсь на пни.
Скоро вот в этот берег
люди вобьют гранит.
Площади лягут.
         Стаями
разбегутся кусты.
Сгинут леса...
       Я знаю,
где возведут мосты,
где купола засветятся,
шпили взлетят у воды,
где я в ином столетии,
тягостном, буду бродить.
Слышатся мне разговоры,
трудная хлюпает гать, —
это к Балтийскому морю
толпы идут,
умирать:
соснам валиться под ноги,
в заводях гнить без креста,
даже не зная, что подвигу
слава одна — красота.
Вижу за мглистой завесой,
веки прикрою лишь,
то очертанье леса,
то силуэты крыш.
И пропадают мысли.
Путаются слова...
А за плечами — листья,
и под ногой — трава.

2

Каждое утро шел
царь в полумглу рассвета,
зеленый его камзол
раздувался от ветра.

И скрипели плоты,
сваи вгрызались в берег.
И по Неве кнуты
хлопали на галерах.

Гнали люд без числа
в неприступные плавни.
И на верфях смола
закипала гортанно.

Словно полчища скал,
рос из зарослей город.
Трубку царь доставал
и распахивал ворот:

шел он на звон топоров
к мужикам полуголым
мимо черных голов
на густых частоколах.

И раскрытые рты
вопрошали картаво:
— Царь, а вернишь ли ты
в это страшное право?

Только не поводил
он ни глазом, ни бровью.
Дым густел впереди,
морем пахло и кровью.

МИГИ

Рвутся в зеленые тени
солнечные ножи.
Девушка по ступеням
древним
к прибою бежит,
гордо счастливое тело
в жадное утро неся.
Грохот цикад оголтелых,
светом наполненный сад.
Листья роняют на кожу
пряные капли росы,
и за ветвями тревожно
море внизу голосит.
Утро... Когда это было?
Думал и вспомнить не мог,
только запомнилась сила,
только мелькание ног.
Знаю простые заботы,
где не уйти от судьбы:
нужно ходить на охоту,
чтобы добычу добыть,
в крышу вколачивать гвозди,
пол проверять под ногой,
ночью, не помня о звездах,
сон принимать и покой.
Что же останется с нами
в самый последний наш час?
Канут заботы из памяти,
станут корысти молчать,
рухнут они, как вериги,
трудный забудется год...
Только припомнятся миги,
миги...
И ничего.

ЗЕРКАЛА
ВО ДВОРЦЕ

Здесь зеркала
в гирляндах украшений,
на рамах —
позолота и резьба.
Я устаю от сотен отражений,
от повторений самого себя.

Я между двух зеркал
и словно падаю
сам на себя в необозримый ряд.
В пустую бесконечность анфилады
вошла колонна собственного ,,я".

И медленно уходит безразличие,
меня гипнотизирует число.
Как просто осознать свое величие —
застыть и постоять перед стеклом.

И двойники покорно и подвластно
движение любое повторят,
и оправдают всякое пристрастие,
и злодеянье всякое простят.

Я убегаю, отраженья бросив,
и повторяю, шаг свой торопя:
— Друзей не бойся,
и врагов не бойся,
и равнодушных,
а страшись
себя!

Пойду по Марсову полю
туда, где храм на берег встал
и тенью красочной заполнил
канал.

И глазурованная глыба
начнет торжественно пестреть:
„Каких врагов себе ты выбрал,
таких же сильных, как царей?"

Что я смогу тогда ответить?
Я не раскрою даже рта.
Багряным видится отсветом
твоя кровавая плита.

Я побреду в недоуменьи,
в своих сомненьях одинок...
И вдруг за Летним, как прозренье:
пивной!.. ликующий!.. ларек!..

Ехать Россией нищей,
гусиным скрипеть пером...
Я говорю:
                — Радищев,
остальное потом.
Горя прогорклый запах,
рабских лачуг упрек...
А на Петровской заллы —
продолжение строк...
Ехать щемящей тишью,
стучаться в осевшую дверь...
Кто-то потом услышит,
в ком-то очнется зверь...
Ехать, а главы — деревни,
буквы — кресты у дорог...
Не сомневаюсь, первый —
тот, кто берет
                перо.

Я знаю угрозы на древних камнях:
„Вперед — ты загубишь себя и коня".

И слева есть камень — торчит из травы:
„Налево — тебе не носить головы".

И камень направо — лобастей, чем бык:
„Поедешь — и конь под тобою убит".

О витязь! Везде угрожающий тон...
Куда ты поехал, не скажет никто.

Но если ты был настоящим бойцом,
ты долго не думал над страшным концом.

Ты шлема коснулся, коня торопя,
направо, налево петляла тропа.

И снова назад уходила изгибом,
глядели из зыби глазастые рыбы,

и вслед оживали трухлявые пни,
сменялись дубравы наклоном равнин.

И шли облака многослойным наплывом,
и было и страшно тебе, и счастливо.

Какие удачи, какие мытарства
тебя стерегли в заколдованном царстве?

А если и смерть, то на зависть бойцам
такая, которую выбрал ты сам.

РАЗЛИВ

1

Замельтешили покосы.
Взгляд полетел по лесам.
Гулко расколота осень
поездом
        пополам.
В станции не вглядеться.
Это похоже на взлет, —
поезд уносится в детство,
время уходит вперед.
Поезд колотит по стрелкам,
жарок пожар на окне.
Это о юности реквием
осень дарует мне?
— Здравствуй, - шепчу я, — здравствуй, —
зовом лесов одержим.
Это горящее царство
было недавно моим.

2

В прибрежном мы возились иле,
со смехом падали в песок,
и постепенно в нас входили:
прозрачность леса, пыль дорог,
ночные грозы и рассветы,
и крики птиц, и ясность рос,
дач иудейских монументы...
И сердце вздрогнет: „Холокост!"

Камыш, вода, лесные звуки, —
как много в мире схожих мест!..
Ты гладишь бок бродячей суке,
пока она консервы ест.

И снова ровно волны лягут,
что приглядевшись к ним, порой,
мое, увидишь, по бумаге,
скользит, как лодочка, перо...

И будет кровью в чутких венах
крутиться каждая строка,
и, словно демоны вселенной,
пройдут по небу облака.

3

И лодка врежется в кустарник,
и низкий берег оглядит.
И мы с тобой смеяться станем,
мол, там, за деревом — бандит...

Ты для костра разложишь ветки,
присядешь, разведешь огонь,
и на прищуренные веки
положишь нежную ладонь.

Пошевелит вершины ветер,
и паравоз вдали вздохнет...
И будет день, и будет вечер,
и ночь, и пламя, и восход...

4

И снова — солнце и жара,
и снова брызг счастливых ливень.
Мы в воду прыгаем с утра,
вперегонки плывем Разливом.

И нам Разлив — что океан;
он беспокойно волны множит,
и на виденья дальних стран
все берега его похожи.

И невозможно угадать,
установить его качанье,
и нас несет, несет вода,
чем дальше, тем необычайней...

И, может, сбудется когда:
(тебя к грядущему ревную!)
чтоб нас несла, несла вода.
в иную жизнь, в страну иную...

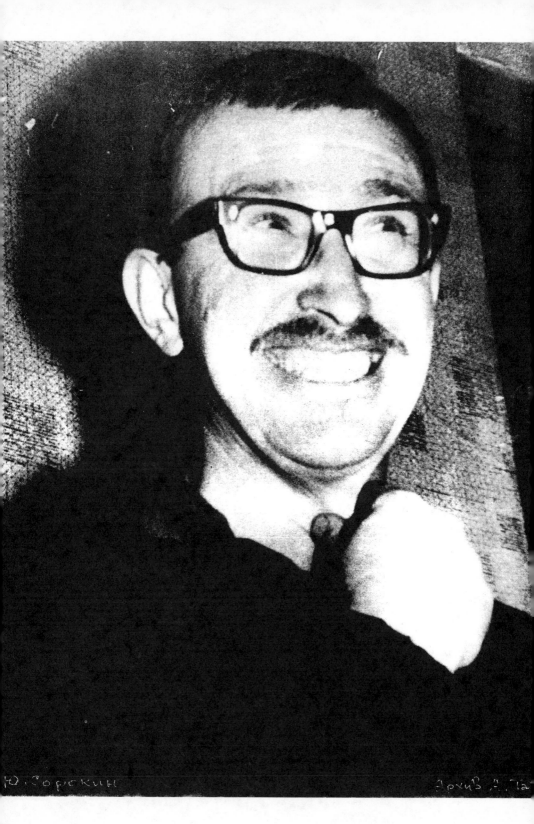

Дорогой Ка-Ка!Прилагаю подборку стихотворений Юрия Сорокина,состав-
ленную им самим.Пришла два месяца тому из Питера.Англичанка,которая
это привезла,говорит,что он рад был бы опубликоваться.Если сочтете
нужным,включите,пожалуйста,в Голубую лагуну.Хотя,к сожалению,наибо-
лее соответствующий том уже вышел,где Хвост и Анри.Сорока несомненно
принадлежит к школе Хвоста.Они соседи и старые приятели.О качестве
стихов не имею понятия,потому что и самого оригинального из этой
школы - Хвоста - понимаю с трудом.По профессии Сорока художник-
прикладник по металлу и пр.Сидит в отказе уже третий год.
Привет Левину,Ярмолинскому и Виньковецкому.Ваш Е.С.

Он же - Ефим Славинский, друг Бродского и Хвоста.] прим.
Поэтому (см. - "понимаю с трудом"), вероятно, проф.] ККК
Иваск (к счастью, уже покойный) и рекомендует его!

1) Кузьминский не должен оставаться единоличным редактором антоло-
гии Голубой лагуны, а его соредактор Г.Ковалёв повидимому не прини-
мал деятельного участия в этом сборнике. Необходимо выбрать еще одного
редактора, хотя бы, напр., Ефима Славинского(ВИБИСИ, Лондон), который
достаточно осведомлен о новейшей русской поэзии и достаточно
объективен. Я назвал бы и Илью Левина.

2) текст, подготовленный к печати в томах II А и В должен быть
сокращен на 50-60 %.

3)необходимо удалить все сведения и суждения, кого бы то ни бы-
ло порочащие(диффамацию).

4) Следовало бы пересмотреть многие критические статьи.

Прилагаю тексты машинописи обоих томов Антологии Голубой Лагуны.
с моими пометками на полях, а также черновики с моими замечаниями.

                        юрий иваск [подпись] September 1981.

P.S.

О себе. По отношению почти ко всем участникам антологии Лагуны
я принадлежу к поколению отцов. Но это не значит, что я не способен
их понять. Несколько лет тому назад я многими из них увлекался.
Позднее - разочаровался.Но продолжаю высоко ценить Бобышева,
Бродского, а также - стихи обновленной простоты,
написанные очень разными поэтами и представленные в антологии.

        Прошу послать копию этого критического отзыв К.Кузьмин-
скому и всем редакторам Голубой лагуны.

Попытка воспоминания

Ночью, когда сворачиваются листья,
А членистоногие цепенеют,
Завораживает шорох шелестящих страниц,
Словно шелест струн лютни-цинь
Оранжеволицых жрецов Дзен.

Ночь, шаман восточный, пленительнострастный,
Как трепетно-терпкий шелест цикады,
Как звёздные гимны мудреца Заратуштры,
Зачаровывает. И оцепеневаешь,
Погружаешься в омут фантастических грёз,
Отрешённый,
В безвременьи простора
Зубчатокаменной башни.

А утром звенят струны лучей,
У замковых ворот гулкие удары
В барабаны молочных бидонов,
Двор полон тёмного шелеста листвы,
Варится чай... И вдруг нечаянный
Тонкий звон вороного клинка;
Перевязан эфес чёрным бантом.
Выпад, туше, две вероники, ката, —
Как изысканен танец кармы, —
И на камнях
Круг крови,
Как упавшее красное облако
В зареве вечном заката...
Ипадает, падает —
Сражённый.

Посторонний
(l'étranger)

Надоел мне край оранжевых собак,
Надоел мне край раскрашенного солнца,
Я лечу, ушами разгоняя мрак,
Голова пуста, как блюдечко японца.

Проплывают мимо горы и долины,
В облаках расселись радужные сны,
Хочется малины, хочется рябины,
И совсем не хочется атомной войны.

А надо мною звёзды, знаки-зодиаки,
В бархат неба вшиты, блещут - хороши.
Прибежал астролог и сказал мне строго:
- Не ищи свободы для своей души...

...Для души китайца я рекомендую яйца,
Для души японца - велосипед, -
Для тебя ж, агностика, в этом мире гостя лишь,
На кофейной гуще только слово "нет".

Нет тебе покоя, нет тебе удачи,
Нет тебе удела, нет тебе любви,
Нет тебе морковки, нет тебе селёдки,
Нет тебе - закона, нет тебе - судьбы.

Так и будешь плавать в хлопьях белой пены,
Стряхивать ушами голубую гарь...
В чёрных водах Стикса, на краю Вселенной,
Выловишь, наверное, радужный фонарь.

1974

~~театр ... — шире пейзажа~~

1. Летний сад   Ю. Суриц

(Petropolis)

летний сад — мой огород
(из письма поэта)

Сад летний Петра —
корабельный трап —

Парящая над дельтой трапеция —
Петрополя идиллический просцениум —
Лесистая сатрапия языческих италийских идолов.
Евклидово неравнобедренное каре —
Тетрагональный остров средь вод Невы,
Фонтанки и Мойки,
И Лебяжей канавки.
Лес, просека, пруд,
Лебединый парад:
Сад летний Петра —
Пасторальный театр.
Пантеон античных богов
под сенью северных лип
Лавры славы, атрибуты триумфа
Мраморные, вздутые ветром, драпировки —
~~будто~~ волны ~~отжившего~~ ритма.

528

(Из "Четыре времени — год, или вода" — Ю. Сорокин*

4. Дельта
(Ленинград)   О, ветрам, о море!

О, дельта доледниковой поры!
Розоватый гранит не скуёт твой капризный порывистый нрав.

Ты лишь терпишь это нагромажденье камней, расчерченное и воздвижённое циркулем придворного лейб-строителя.

Эти дворцы, построенные ширенгами,
в кильватерном строю, как корабли на параде.

Эти сады, ограждённые литым чугуном
и кованным железом, ритмичным и вибрирующим,
как застывшие в холоде воздуха ~~фуги~~ Баха *фигуры*
и ~~этюды~~ Шопена. ——————

систему Шопена
Шершавый — когда-то белый — мрамор
итальянских скульптур, на коих юные абитуриенты культуры упражняются в первозданном —
почти античном — язычестве.

Инфрабасовую арфу трамвайных струн,
троллейбусных проволок и растяжек.

Ультраструктуру тайных — и явных — каналов связи, сходящихся в громоздком гранитном пристанище...

Запретную сеть отелей, ресторанов, баров — под магическим символом *"Intourist"*
под эгидой аббревиатуры "КГБ", — где ~~постылые~~
подментованные ловкачи сколачивают скороспелое состояние, и гладкие улыбчивые визитёры таращатся прозревшими кротятами в реестры псевдо-русской кухни.

Подземную сеть кротовых каналов, по которым голубые экспрессы снуют гигантскими челноками меж хрустально-мраморных дворцовых казематов, этих храмов воинствующего атеизма,
изгнавшего проповедующих с паперти, обративщего их куполообразные логова в сияющие музеи разума...

О, дельта. О, времена.
О, длительность...
О, вечность!

4 ноября 1982 года

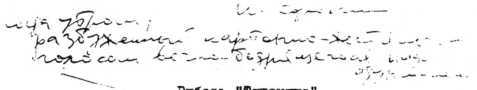

Гибель "Титаника"

Когда утром, — полупроснувшись, одурманенный
ужасами сновидений и микроотравой пищевых и
атмосферных инквизий, с беспощадным сознанием
бессмысленности бытия — *полупроснувшист* я вперяю, как в последнюю
купель, в свою ледяную ванну, когда холод
железной ладошкой хватает за сердце, а ватерли-
нию шеи жмёт, словно дуновением струй фреона,
когда душа застревает где-то между слипшимися
вибраторами голосовых связок, а сознание отры-
вается от тела и блуждает где-то в космическом
межзвёздье, — каждый раз в этот торжественный
момент я вспоминаю гибель "Титаника".

Я снова вижу (откуда-то сверху и слегка
обоку) устойчивый рисунок, след водоворота,
на поверхности океана, шлюпки вдали, и, в другой
стороне, влекомое течением скопище оцепеневших
тел, и — айсберги, обломки айсбергов, крошево
айсбергов ...

Почему "Титаник", а не полярный конвой PQ17?
Не знаю.

· ·

Я вспоминаю огромный корабль, иллюминирова-
нный новорожденным электричеством, подобный
снящемуся видению Феллини. Банкиры в чёрном
с жёлто-восковыми шарами слоновой кости стоят
у зелёного стола биллиарда. Инженеры с сжатыми
губами и холодным взглядом новых жрецов курят
модные длинные папиросы. Невообразима необузда-
нная роскошь и мишура ресторанов: хрусталь,
прозрачный фарфор, серебро, хрустящие скатерти,
манжеты, манишки, салфетки, фраки, фалды,
галстуки, подтяжки, веера. Сверкающая медь
труб, золото саксофонов, тёмный лак скрипок

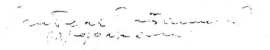

Страдивари. Мерцающее переливчатое сияние
шиншилл, песцов, соболей, каланов. Африканский
колорит гепардов, пум, пантер, ягуаров, сибир-
ской рыси. Режущий, беспощадный, блеск
бриллиантов - море, океан бриллиантов - чёрных,
жёлтых, голубых, бесцветных - все чистой воды.
Магические многогранники огранки, магия огней,
метафизика символов. Квинтэссенция претензий
этого мира, вызов энтропии, конечности бытия,
смерти, даже - может быть - небу.

И небо (может быть) приняло вызов.

И океан - огромный, как небо - поглотил
и блеск камней, и шорох купюр, и гордый миф
абсолютной надёжности.

И каждый раз, снова и снова, в моём про-
буждённом сознании возникает гигантский водо-
ворот, медленно, плавно закручивающий гребни
океанских валов в феерическую водяную лутку,
так похожую на снимки далёких галактик
из книжек про астрономию.

1982 зима, в день солнцеворота

К А. Л. Хвостенко

Квадрат гранитного собора
Упруг и тесен, как гранат, -
Его зерна гранит пунцовый
Дарит старинный Арарат.

Графит старинного стекла
Гранит осколков света блики,
И блёкло блещущий металл
Явит чеканенные лики
Святых, застывших в узких нишах
По стенам жёстким и остывшим.

А над конической вершиной
Скелет столь узкого креста,
Взнесённый ввысь, семиаршинный,
Будто чугунная стрела, -
Символ претензий непомерных, -
Как длань клинка над шлемом медным.

...Под срубом северных соборов
Тебя манит армянский храм:
Тогда, взирая на помора,
Ты мыслью мчишься в Ереван.

Скажи, зачем тебе Севан?
Там спит форель на хрупкой ветке.
Гляди: за связью древних рам
Ещё твой Бог, обугленный и ветхий.

Ещё твой бок прилеплен к парапету.
Ещё твой блок качается по ветру.

Ещё твой плуг лущит щепу болот.
Ещё твой плут плетёт плетень тенёт,

Ещё в дупле сидит твой огурец —
Блажен и весел нежный огурец.

Ещё ползёт по телу мягких мыслей
Мясистый клоп, подвижностью напыщен.
Ещё твой клоп в твой маленький уют —
Чарующевлекущий чахлый спрут !

И как Кааб благого Магомета
Обтянут чёрноугольной парчой,
Твой блик (как бледен блеск кометы)
Ещё затянут паранджой.
Твой лик дымка травы тян-шанской
~~Колеблет~~ сладостный дурман...
Колышет

Алёшенька, а не распить ли нам пол-банки ?
А завтра уж - всенепременно - в Ереван!

Антология

Здесь нам как-будто недалеко до России, которую некогда посетил Гоголь... А. Хвостенко

Мандельштам, Ходасевич, Пастернак, Фет — евреи
Набоков (подобно Чаадаеву) — англоман
Лермонтов, а с ним и Цветаева — романтические германцы
Пушкин — аффрофранцуз (либо, если угодно, франкоафриканец)
Ахматова — подобно Окуджаве с Ахмадулиной —
    в сущности, поэтеса татарская
Гоголь — типичный малоросс
Маяковский — скакун кавказский
Блок, Бальмонт, Белый, Брюсов, Бунин — шведы
    (и наверное, Надсон — северянин)
Остаются: Тредьяковский, Ломоносов, Державин,
Семён Бобров, Тютчев, Денис Давыдов, Полонский,
Боратынский, Кольцов, Демьян Бедный, Горький,
Твардовский, Есенин, Симонов, Высоцкий, Галич
... И, пожалуй, Алёша Хвостенко

Ю. Сорокин

ВОЗМОЖНОСТИ

Лучше мне было остаться в Египте:
сейчас я был бы императором всего Востока
Наполеон

Он выпадал из карманов Истории,
громко шлёпался о петербургские мостовые
А. Хвостенко

Если бы я остался в Британии — и был англичанин, —
фланировал бы по набережным
в палевых фланелевых бриджах,
пил пиво в пабах,
и в доках играл в 'Бридж', —
и смотрел бы на маслянистую воду
с моста Ватерлоо.

Будь я француз-бродил бы без картуза по Шанз Элизе,
и улыбался бы холодными губами элегантным дамам
и их галантным собакам.
В качестве немца пожирал бы груды брызжущих сосисок
безукоризненной вилкой
и мечтал о Лорелее.

Греком питался маслинами, фехами, овечьим сыром-
и танцевал сиртаки.
Испанцем обожал бы корриду,
и, как буриданов осёл, раздваивался между левым
и правым.
... Но я — житель страны развитого социализма.
Я — как в аппендиксе Истории — прописан
в коммунальной квартире.
Я подал прошение о выезде в Израиль.
Я сижу в отказе —
как кролик в каталепсии —
как больной Наполеон на острове Св. Елены.
Я стою на голове, бегаю трусцой по петер-
бургским мостовым, чередую первой холодной
водой, а дух — голоданием...
И уповаю на эволюцию общественного
сознания и внешней политики.
1 января 1983

RID GRACHEV

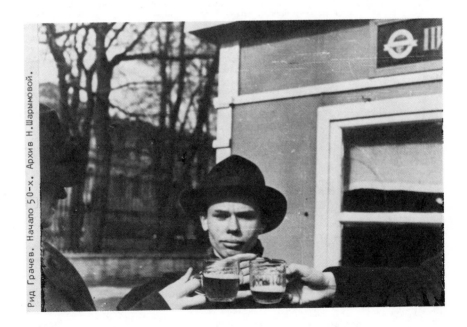

"В ШЛЯПЕ ЕЩЕ НЕ СОВСЕМ СУМАСШЕДШИЙ РИД ГРАЧЕВ..."

Нашлись стихи прозаика Рида Грачева. Левин сохранил. Из антологии "Лепта" /см. 4-й том/.

Соснора назвал его КИМ:

"Маленький, с волчьей челюстью, воспитанник детприемников 1937 года, брошенный прямо из лагерей в горнило 1956 года, - тогда ему было 20 лет, он за год закончил университет, потому что прошел все эти программы в лагерях, он превосходно музицировал, писал маслом, знал все основные европейские языки, уже в 1957 году вышла его первая книга рассказов, их перевели во всем мире, и тут - первая любовь и женитьба, конечно же, на одной из тех графоманок-сучек, которые не пропустят ни одной постели, если простыни хоть чуть-чуть пахнут славой. Он был так нежен и глуп: этот гениальный волчонок вообразил, что между концентрационным лагерем и остальным миром - пропасть, о нет, повсюду те же вышки, та же колючая проволока истязаний, тот же кодекс палача и жертвы, та же поножовщина за пайку и за пайку же - совокупленье, что святые слова "Свобода, хлеб, любовь" - лишь циничные символы-значки - он это понял только тогда, когда /очень скоро!/ был вышвырнут из всех редакций и издательств, потому что переменилась конъюнктура, когда пьяная жена-филолог, совместно с пьяным "другом" - кандидатом математических наук связали КИМа и попросили его расшифровать имя, он, ничего не понимая, расшифровал - Коммунистический Интернационал Молодежи, они его спросили, почему он не хочет дать жене развод, он ответил: он любит ее, и тогда они устроили в мансарде Коммунистический Интернационал Молодежи: посадили хорошенько в кресло связанного и при освещеньи в двести ватт разделись и проделали на глазах мизансцены, какие только мыслимы между мужчиной и женщиной /на кровати лежал шведский журнал "120"/, они перелистывали страницу за страницей.../. Они ненавидели его, потому что о нем писали, что он литературное явленье из ряда вон выходящее, и он твердо знал - это так. Так оно и было на самом деле, им и не терпелось испытать сие из ряда вон выходящее, они и придумали способ. КИМа оставили связанным и ушли, он развязался и на той же веревке повесился. Они не ушли, подсматривали в замочную скважину, у них хватило гуманитарного образования снять тело с потолка. Так и получилось: первая психиатрическая больница. Его вылечили, он вышел и узнал: весь город знает, что произошло; кто выбалтывался по пьянке, а кто и присылал порнографические открытки с тремя восклицательными знаками. Через две недели КИМа схватили две старых женщины и старик: было около часу ночи, метро закрывалось, он рассчитал последний поезд и бился головой о мрамор метро, - просчитался, не успел, с поезда сошли трое. Потом КИМа приняли в Союз Писателей и он бросил писать. Чтобы как-то существовать - переводил. Писать считал ниже собственного достоинства.

....

Мы - антиподы. КИМ бросил писать, а я дисциплинированно пишу и выбрасываю в мусоропровод.

....

Утром выли полицейские сирены и сирены скорой помощи. Это - КИМ! Я выбежал на улицу, перескакивая через несколько ступенек, - он. И три пожарных машины.

КИМ взял напрокат фортепьяно. Он всерьез собирался поступить в Консерваторию /37 лет!/ и репетировал сам с собой. Этой ночью он сложил все обрывки своих писательских, композиторских и живописных сочинений, разбросал их вокруг фортепьяно и поджег. Когда взломали дверь, он сидел голый и смеялся у костра. Фортепьяно только тлело и тлел паркет. Погасили ведром.

Он вышел сам: впереди два санитара, сзади два милиционера и КИМ с великолепной волчьей головой, на тонких юношеских ногах - вельветовые штанины, на плечах - собачья куртка, как горностай императора. На тротуаре он остановился и запел:

- Какая честь! Мне человечество дарит два лимузина! В какой садиться, господа!

У подъезда стояла толпа старух и трепетала.

/Виктор Соснора, "Летучий Голландец", "Посев", 1979, стр.170-181/

Пишет Довлатов:

"Писатель Рид Грачев страдал шизофренией. То и дело лечился в психиатрических больницах. Когда болезнь оставляла его, это был умный, глубокий и талантливый человек. Он выпустил единственную книжку - "Где твой дом". В ней шесть рассказов, трогательных и ясных.

Когда он снова заболел, я навещал его в Удельной. Разговаривать с ним было тяжело.

Журналист по образованию, он бросил газетную работу. Источника существования не было. Друзья решили ему помочь. Литературовед Тамара Юрьевна Хмельницкая позвонила двадцати шести знакомым. Все согласились ежемесячно давать по три рубля. Требовался человек, обладающий досугом, который бы непосредственно этим занимался. Я тогда был секретарем Пановой, хорошо зарабатывал и навещал ее через день. Тамара Юрьевна предложила мне собирать эти деньги и отвозить их Риду. Я, конечно, согласился.

У меня был список из двадцати шести человек. Я принялся за дело. Первое время чувствовал себя неловко. Но большинство участников мероприятия легко и охотно выкладывали свою долю.

Алексей Иванович Пантелеев сказал:

- Деньги у меня есть. Чтобы не беспокоить вас каждый месяц, я дам тридцать шесть рублей сразу. Понадобится еще - звоните.

- Спасибо, - говорю.

- Это вам спасибо.

Метод показался разумным. Звоню Гранину. Предлагаю ему такой же вариант. Еду на Петроградскую. Незнакомая дама выносит три рубля.

Мы стояли в прихожей. Я жутко покраснел. Взгляд ее говорил, казалось:

- Смотри, не пропей!

А мой, казалось, отвечал:

Не извольте сумлеваться, ваше благородие!

У литератора Б. /примечание: Фамилии не называю. Это добрый человек, не знаю, что с ним произошло. - С.Д./ я просидел часа два. Все темы были исчерпаны, а денег он все не предлагал.

- Знаете, - говорю, - мне пора.

Наступила пауза.

- Я, конечно, трешку дам, - сказал он, - но только по-моему Рид не сумасшедший.

- Как не сумасшедший?

- Не сумасшедший и все. Поумнее нас в вами.

- Но его же лечили!

- Я думаю, он притворяется.

- Ладно, - говорю, - мы собираем деньги не потому, что Рид больной, а потому, что он наш товарищ. И находится в чрезвычайно стесненных обстоятельствах.
- Я тоже нахожусь в стесненных обстоятельствах. Я продал ульи.
- Что?
- Я имел семь ульев на даче. Я вынужден был три улья продать. А дачу вы бы видели! Одно название...
- Что ж, тогда я пойду.
- Нет, я дам. Конечно, дам. Просто Рид Грачев не сумасшедший. Знаете, кто действительно сумасшедший? Лурье из журнала "Нева". Я дал в "Неву" исповедальный роман, а он мне пишет, что это гипертрофированная служебная характеристика. Вы знаете Лурье?
- Знаю, - говорю, - это самый талантливый критик в Ленинграде...
С писателем Р. /Примечание: Р. умер. Его фамилию упоминать не следует. - С.Д./ встреча была короткой.
- Вот деньги. Где расписаться?
- Нигде. Это же добровольное мероприятие.
- Ясно. И все-таки для порядка...
- Вы не беспокойтесь. Я деньги передам.
- Как вам не стыдно! Я не это имел в виду. Я привык расписываться.
- Ну хорошо. Распишитесь вот тут.
- Это же ваша записная книжка.
- Да. Я собираю автографы.
- А что-нибудь порядка ведомости?...
- Порядка ведомости - нету.
Р. со вздохом произнес:
- Ладно. Берите так.
В общем, уклонился я от этого поручения. Мои обязанности взяла на себя Тамара Юрьевна Хмельницкая, больная и старая женщина.
Помочь Риду не удалось. Он совершенно болен.

/Сергей Довлатов, "Невидимая книга", "Время и мы", 1977, №24, стр.96-98/

Я Рида Грачева не знал, только - о нем.

Вот все стихотворные тексты Грачева, что удалось обнаружить. Приводятся факсимильно. Архив И.Левина.

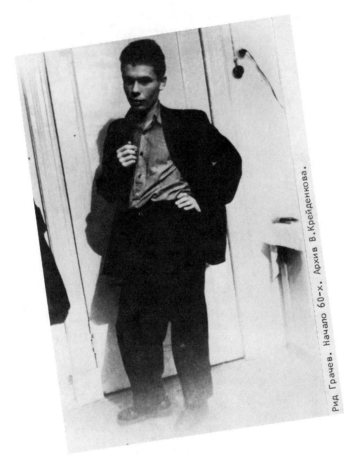

Рид Грачев. Начало 60-х. Архив В.Крейденкова.

КОНТРОЛЕРУ

Не спрашивай меня,
кто я таков,
Не вороши свирепо
документы,
Не лязгай инструментом -
я готов
сказать, что знаю
в некие моменты.
Кто я?
Никто.
Никто, ничто
и всё:
вагонных рам
дрожанье,
рожденье
сна
ребеночка,
рыданье
у скучного
дорожного окна.

Я состою
из этого стекла,
из этого же самого железа,
из скрипа
одинокого протеза,
из малых волн
огромного тепла.
И если бы не эти галуны,
не этих светлых пуговок охрана,
ты сам бы вспомнил,
как мы все родны,
родством вины,
родством
открытой раны.
Как перед деревом
виновен стол,
перед горой
железо виновато,
перед осиною
виновен кол,
перед землей
вина солдата.

Мы родственны с тобой.
В морской крови,
в такой же лимфе,
как у насекомых.
Но я храню
молекулы любви.
Молекулы любви
тебе знакомы?

Любовь - это такое вещество,
способное
воспламенять предметы,
любовь - это такое
естество,
оно в тебе,
тебе
понятно это?

Открыть тебе?
Понять тебе -
тебя?
- Открытое
оно пребудет в тайне.
Я тихо сторонюсь
небытия
и в этом поезде
случайно.

Как пуговки твои
в глазах
рябят...
Я в поездах
безмолвствую невнятно.
Что поезда?
Привозят никуда,
увозят
от себя,
тебе
понятно?...

- - -

Среди растений,
стриженных в кружок,
среди прямых
и на ногах стоящих -
наклонное,
прозрачное,
дружок,
лишь ты еще
подобна настоящим.

Растения
предохраняют тут
от бесконечных повторений,
от преждевременных потуг,
от преждевременных рождений.

Я слышу крик
твоих наклонных рук,
я жду твоих
волшебных превращений...
Я падаю.
Я твой
наклонный друг.

Наклонный друг
наклонных ощущений.

- - -

Как всё прекрасно
у людей
от пальцев ног
до озарений узких.
... Неизлечимостью прекрасен
иудей,
неутолимостью прекрасен
русский.

Неутомимостью
китаец озарен,
индус
прекрасно неподвижен,
неумолимостью
германец одарен,
француз
небрежностью возвышен.

В невероятности
английский дух,
не объясним ничем американец,
неведеньем
прекрасен африканец,
не выбирает грек
одно из двух.

Непогрешимостью
прекрасен финн,
испанца украшает
неспокойность,
не утешает
итальянский фильм,
не помогает сам себе японец.

Как все прекрасно у людей
от пальцев ног
до узких озарений,
от вечных льдов
до вечных испарений,
от осужденный до судей.

В несходстве лиц
неуловим их общий лик,
необходимо ясен:
он ненавистью
к /......./ опасен   /пропуск в рукописи - ККК/
прекрасен тем,
что неосуществим.

ЛЕС

Вот уже который миг
из своих грибниц
подо мною лезет гриб,
чтобы тут же сгнить.

Вотуже который час
оглушает лес
реактивный свистопляс-
паразит небес.

Вот уже который день
-сродницей кусту-
среди елок, прячась в тень,
медленно расту.

Вот уж несколько недель
деловит и рьян
надо мною ноет шмель-
паразит полян.

Спотыкаясь и кряхтя,
уж который год
бродит малое дитя,
ягоду жует.

Вот уже который век
мается вдали
суетливый человек-
паразит земли.

МОЦАРТ И САЛЬЕРИ

Мне снился
Моцарт и Сальери
в расцвете сил.
Все было, как на самом деле,
творил он и боготворил,
себя
с Юпитером равняя,
и строил музыку,
как бог,
а после,
с алгеброй сверяясь,
не мог понять себя,
не мог.
И плакал от бессильной
злобы,
от нежности к своей
судьбе,
от бога в собственной особе
и черной зависти
к себе.

Не доверяя
общей мере,

себе в бокал
насыпал яд
и выпил -
Моцарт и Сальери -
бокал
и умертвил себя.

Мне снился
Моцарт и Сальери
в расцвете
всевозможных сил.
Он был один.
А кто не верит,
тот не испытывал,
не жил.

- - -

Собака я, собака,
ничей приблудный пес,
держу в приблудных лапах
приблудный мокрый нос.

Откуда приблудился?
Куда бреду, куда?
Наверное, родился
от блуда для блуда.

Блуждаю по задворкам,
по улицам брожу,
и рад бываю коркам,
когда их нахожу.

Лежу, хвостом махаю,
гляжу на сытых дам
и даже вслед не лаю
идущим поездам.

Пускай себе проходят,
пускай себе идут,
пускай себя находят,
пускай себя блюдут.

Блудливо улыбаюсь,
чтоб дали есть и пить,
и вовсе не стесняюсь
униженно просить.

Ведь я живой собака,
живой приблудный пес,
у колбасы есть запах,
а у меня есть нос.

Я под ноги кидаюсь,
под палку и под нож,
и если не китаец,

меня ты не убьешь.

Хоть я совсем приблудный,
блуждаю и блужу,
по выходным и в будни,
и польз не приношу.

Не лаю на прохожих,
не лаю на своих,
не лаю на хороших,
не лаю на плохих.

Гляжу на ваши шрамы,
глотаю слезный ком,
зализываю раны
шершавым языком.

ВАДИМ КРЕЙДЕНКОВ

РИД ГРАЧЁВ

Он подошел ко мне в читалке филфака. В его манере была особенность, как будто только вчера вы расстались с ним. И теперь, на другой день, вполне логично дополнить вчерашний разговор еще одним соображением. Сразу располагала эта манера, дружелюбие, живость ума и необычная внешность. Он был скорее малого роста. Непропорционально большая голова как бы заставляла его чуть заметно сутулиться. Имел широкий массивный стриженый затылок. Губы были слишком длинны. В глазах лучилась теплота. Иногда - неизвестно к кому - сострадание. И почти всегда - живой интерес. Лицо было не очень здорового цвета. Когда улыбался, заметны были выдающиеся вперед резцы. Носил потертый пиджачишко неопределенного возраста. Брюки казались мятыми, впрочем, немногие на филфаке носили отутюженные штаны.

Мы виделись и прежде. Даже примелькались друг другу в коридорах факультета - по его словам, единственного зеленого здания среди желтых домов Ленинграда. Оказалось, что он тоже живет в общежитии на Мытне, куда я только что переехал. В его комнате обитали еще поляк Тадеуш, словак-полиглот и веселый малый по имени Шао неизвестной южно-китайской национальности. Во всяком случае, Рид утверждал, что Шао по национальности - хуец, а не ханец. Последний с необычной для китайца легкостью вживался в русскую, европейскую для него, ментальность. Наслаждался классической музыкой. С очевидной иронией улыбался по поводу ежедневных собраний китайского землячества. Даже был в известной степени разгильдяем, что нам особенно импонировало. Грачев говорил о нем - русский китаец. Когда Рид разговаривал или просто шутил со своими приятелями, заметно было сколько природного дружелюбия, гибкости ума, такта и интуиции было в этом маленьком динамичном человеке.

Из его комнаты, окнами выходящей на Неву, вид на Дворцовую набережную был изумителен. Река и старинные дворцы на том берегу всегда таили что-то про запас , словом, в другой раз вся картина казалась опять новой, как бы невиданной раньше. В раме окна, этот вид вспоминается одним из лучших городских пейзажей, какие я видел в жизни.

Под окном вдоль изгиба набережной росли одинаковые, как новобранцы, стриженые городские деревья, сдавленные со всех сторон подступавшей коркой асфальта. И сейчас вижу этот пейзаж, который нарисовал Рид акварелью. Но в его пейзаже было много жалости к деревьям, как в его рассказах человеческой жалости к людям. Деревца на картине стояли в дрессированном парадном ряду, куцые, убого остриженные, с показным достоинством, скрывая в своих бедных ветвях беду. Он никогда не учился рисовать - он рисовал. Надо было иметь талант лирика, чтобы так сразу, импровизируя, передать в маленькой картине богатство быстрых чувств, взволнованность и что-то очень петербургское. Рисовал он акварелью и пастелью. Получалось почти профессионально. Кое-где нехватало техники, навыка. Но в каждой картине присутствовал лиризм, хотя скорее поэтический, чем чисто живописный.

В то время он писал стихи. Любил стихи Красильникова. Из моих ему нравилось только два-три, знал их наизусть и с видимым удовольствием цитировал. Его собственные стихи того времени построены как короткие баллады, их образы импрессионистические, внезапные. Например, о человеке, потерпевшем любовное крушение: "на мокром асфальте - пуговицей от кальсон". Все стихи, которые он мне читал, были урбанистические, городские.

Он необычно хорошо, не по-любительски играл на рояле, особенно Шопена. Где он учился - уж не в детском ли доме на Урале, где прошли его школьные годы.

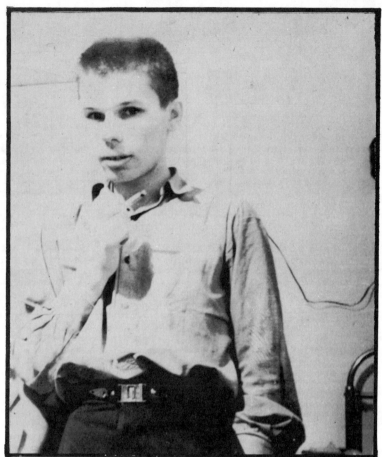

Рид Грачёв.   Из архива Крейда.

Практиковаться ему было негде. Когда изредка имел возможность играть, казалось, что отсутствие практики совсем не препятствие. Шопена он исполнял, передавая чувство душевной невесомости. Не просто легкости, но левитации и света. В его игре звучал тот же импрессионизм и быстрота образов, как и в его стихах. Ни до, ни после я уже не слышал такой интерпретации Шопена. Рид вкладывал в эту музыку богатство своей природы. Оттенял свет и легкость Шопена нотой особой печали - не польской, не парижской, а петербургской. Печаль звучала как неизбежность. Артист знал о ее сизифовой нескончаемости. Смотрел на нее с доброй насмешкой, непривязанно, но жалел свою печаль, как ребенка, или может как щенка.

Но музыка Баха выходила у него как-то легко. Он лишал ее трагизма, эпичности, солидности. Это был Бах-импрессионист. Знающие музыку лучше меня говорили мне, что у Рида абсолютный слух. В этом его даре не случилось повода усомниться.

Карма осыпала его щедрой пригоршней талантов. Кроме таланта доброты и дружбы, кроме поэзии, музыки, живописи, кроме таланта прозаика и дара влиять на людей так, что люди вдруг находили свой собственный дар, было у него дарование блестящего критика. Те два эссе на тему французской литературы, которые я читал позднее, когда пути наши увели нас друг от друга, являются одними из лучших, какие я знаю в рус. литературе двадцатого века. Франц. литературу он знал прекрасно. Первым стал переводить Экзюпери. С публикацией ему не повезло. Вскоре в чьем-то ином переводе вышел "Маленький принц". Зато "Миф о Сизифе" и другие эссе Камю в переводах Р.Грачева стали достоянием ранней эпохи самиздата.

Видимо, "Миф о Сизифе" он принял как выражение своей философии жизни. Рид был прирожденный экзистенциалист в его франц. ипостаси. Но не как философ, ибо имел ум не глубокомысленный, а острый и блестящий. Он был слишком художником, чтобы быть философом.

Прозу начал писать рано. Рассказы отличались точностью деталей, чистотой стиля, сжатостью формы, умение найти человеческое под отталкивающей внешностью. Рассказы полны теплоты и симпатии к герою. Книга "Где твой дом" появилась только в 67-м году, включив некоторые рассказы едва ли не десятилетней давности. Сколько борьбы ему стоило опубликовать книгу! Редакция "Советского писателя" требовала то выкинуть, то добавить, то переделать. Книжка вышла общипанной, ампутированной. Я не узнал рассказов, ранее читанных в рукописи.

В это время мы уже не встречались часто. Он был болен, иногда желчен. Но принес в подарок свою книгу. На титульном листе написал ясным почерком: "С чувством некоторого недоумения, причину которого мне трудно объяснить - и с чувством перспективы /в просторечии - надежды/". Сначала я думал, недоумение относится к результату. Не такой надеялся он увидеть первую книгу, истерзанную редактурой. Но теперь, через много лет прочитал его дарственную надпись по-другому: недоумение относилось к тому, что же стало с ним самим, с нашей дружбой.

Возможно, и не стоило бы писать об этом. Мало ли на свте авторов, опубликовавших свою единственную книгу. И книжка Р.Грачева также не явилась крупным литературным событием. Но он был писатель, делавший писателей. Многие обязаны ему многим.

/1980/

KREIDENKOFF

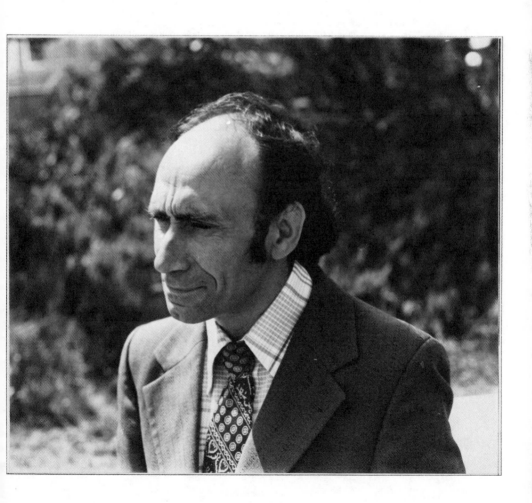

ОТВЕТ НА "АНКЕТУ ИЗ ТРИНАДЦАТИ ПУНКТОВ"

1 Крейденков Вадим Прокопьевич

2 Родился в 1936 году. Место рождения - ссыльный город Нерчинск в Восточной Сибири.

3 Школьные годы прошли в Казахстане. Тюрьмы и лагеря всегда были по соседству. Среди одноклассников преобладали дети ссыльных - украинцы, чечены, немцы, ингуши, поляки. Еще будучи школьником, поработал летом на местном заводе сельско-хозяйственных машин. Все работяги, без исключения, оказались бывшие зэки. Словом, ко времени поступления на филологический факультет в Ленинграде был здоров идеологически, то-есть свободен от советских комплексов. Друзья оказались не меньшим образовательным фактором, чем профессора.

   Через 16 лет после окончания Ленинградского университета еще раз стал студентом. Учился год в аспирантуре на философском факультете в Калифорнии. Но был это такой провинциальный дебилизм, что без смеха и вспоминать опасно.

4 После университета перебрал много работ - слесарем, паркетчиком, штукатуром, стекломоем, электромехаником, верхолазом, грузчиком, сторожем, матросом, разнорабочим, электриком в почтовом вагоне и пр. Рабочие всегда удивлялись, узнав, что у меня университетский диплом и три профессии /редактор, преподаватель русского языка и журналист/. Тогда, в конце 1950-х, удивлялись и мои однокашники, ставшие редакторами, преподавателями и журналистами. Через несколько лет моя тенденция победила. Редакторы повалили в сторожа. Тогда я стал редактором в Эрмитаже, где подготовил к печати много книг по искусству, а позднее редактором в Союзрекламе, где ничего не редактировал.

5 Слава Богу, в России почти не печатался, если не считать немногих рецензий, в том числе одна в старом "Новом мире". В смысле участия в самиздате отмечу только главное - первый перевод на русский язык дзен-буддийского текста. Еще в 1961 организовал у себя в коммунальной квартире выставку художника Михаила Иванова. Посетителей было много, выставка имела успех.

6-9 В мою комнату на Стремянной часто заходили друзья. Олега Целкова знал еще раньше, когда жил в Пушкине, будучи всегда поклонником его таланта. Как он и Уфлянд походили друг на друга! Кажется, никто этого не замечал. Появлялась Таня Кернер вместе с художником М.Ивановым. Колорит в ее картинах был столь чувственный и столь женский, что Рид Грачев сказал свою похвалу: "Таня пишет гениталиями".

   Глеб Горбовский, мой сосед, заходил с полбутылкой портвейна, отхлебнув половину на лестнице. Закончив начатое, читал стихи. Как он всех их помнил наизусть, всё это изобилие! Из десятков этих чтений запнулся лишь раз и был беспокоен и зол на себя, пока не вспомнил. Если не читал, то мычал. Среди мычания являлись на свет Божий афоризмы. Примера ради приведу один: "Цветаева? - Баба с яйцами." Свою книгу "Косые сучья" принес с дарственной надписью, которая трогает меня и теперь через много лет: "Вадиму и Вере - с верой в наше человеческое бессмертное движение. Будьте счастливы. И добры к себе. Ваш Глеб".

   Иногда заходил Вадим Нечаев, которому я предсказал его будущее. Еще и теперь он мне пишет изредка из Парижа об исполнении очередной части предсказания.

   С Борей Ивановым, позднее издателем "Часов", разговоры длились порой до трех ночи. По ходу дела возникали у него новые идеи, которые впоследствии я находил в его работах по философии истории.

Гаврильчик искал сюжетов для картин. Поэт, вдохновенно читающий стихи перед стадом свиней или солдат, нажимающий кнопку ядерной войны... Такие сюжеты нужны ему были. Без сюжетов писать свои картины не мог. Или просил моего сына искать металлолом для своих скульптурных композиций. Всегда одобрял мои живописные опусы. Мне же казалось, что он просто добр. Свои стихи читал нечасто, держал на голодном пайке. Но всегда это было особенное удовольствие слушать его чтение. Стиль свой называл "маразмарт". Кажется, сам и был автором этого термина.

Побывал на Стремянной и Бродский Иосиф. Сидело там шесть человек. Переговорил и переспорил с легкостью всю полдюжину и исчез. Нёс изысканную чепуху, в которую и сам не верил. Но даже такой циничный знаток извивов человеческого ума, как Саша Уманский, спасовал. Не переговорить ему было Иосифа. ... Но ведь это ответ на анкету. Время мемуаров еще не пришло. Наверно, и не придет.

На Стремянной проявилось три круга общения, и они почти не пересекались. Второй был - петербургские мистики. Третий - физики, математики, естественники.

10 Духовные учителя - эзотерическая философия.

11 Живописцы больше чем поэты.

12 1/ В начале 1955-го открыл для себя Серебряный век. В эстетическом энтузиазме пересмотрел сотни Аполлонов, Весов, Золотых рун, сотни книг искусствоведов, художников, поэтов, философов той поры. И пришвартовался в гавани теософии. Чувствовал себя первооткрывателем, ибо никто кругом еще не копал этих пластов. Вскоре, однако, встретил в этой запретной зоне В.Герасимова.
2/ Летом 1955-го в торжественном одиночестве объявил начало всесоюзной эпидемии туризма. Пришел пешком к Красильникову в Ригу. В след. году путешествие по центральной и волжской России.
3/ Осенью 1956-го через тщательное изучение архитектуры Петербурга открыл мистический смысл города. В дальнейшем - ряд личных встреч с тремя его тайными Хранителями.
4/ В конце 1956-го изучил польский язык, чтобы читать в польских переводах европейских авторов, а также свободную тогда польскую прессу. Переводил польских поэтов.
5/ В 1957-ом стал насаждать в Петербурге интерес к оккультным наукам.
6/ Читал лекцию по индуизму в первом свободном университете в Ленинграде. Университет просуществовал несколько недель.
7/ Ввел в русский язык термины "психосфера" и "вторая культура". /Ну, второй термин, положим, все вводили, даже СП и КГБ! - ККК/
8/ Изобрел принципиально новую колоду карт - работаю над ее выходом в свет.
9/ Несколько килограммов рукописей затерялось где-то в России после перелета в Америку. Но жалею главным образом о пропаже трактата о средневековой монохромной живописи Японии.
Других заслуг перед отечественной словесностью не имею.

Вадим просил, почему-то, эту анкету похерить или - "чтобы я ее переписал". Я ее и переписал. Слово в слово. Не меняя ни буквы.
Потому что то, что я о Крейденкове могу сказать - гораздо лучше изложено в его анкете.
А авторы, со своими правками, комментариями, дополнениями и изменениями - уже мне остопиздели. Не столько работаешь, сколько держишь в голове: то перепечатай, то поправь, это перепиши...
Добро б - что серьезное. А то - сами же пишут, потом - я правь!
Надоело. Если б знали вы, как мне надоело...

/Из цикла "Город Питер"/

1

Когда сгущается вечерний сумрак быстрый,
Душа смущается - в ней трепет ни о чем.
И разжигается нечаянная искра,
И подпираю вновь косяк окна плечом.

Линованное проводами резко,
Как будто небо - нотная тетрадь,
Там в оттепели синевы небесной
Ворон тяжелых прочудила рать.

Желтки огней по этажам напротив.
Квадрат небес еще синей, синей...
И голуби взлетают, колобродя,
Лишь входит дух из царствия теней.

Еще смеркается. Взор станет неподвижней.
Душа чиста. И будет ей дано
Увидеть тень, принесшую из ниши
вечерних сумерек - нездешнее вино.

2

У меня на устах
Холоднее, чем снег на кустах,
Ни улыбки, ни звука.
Нянет бодрый закат
И ссылает красоты лучей
На сетчатку очей.

Из какой-то неведомой веси
Вместе с ладожским льдом
В наш балтийский Содом
Приплывают ледовые вести.

Неуютно стоять на мосту
И глядеть за версту
В перспективу, угрюмо и остро.
По течению льда...
Вдруг смещаются Стрелка и ростры,
И плывут не туда, не туда.

4

Так одинок и чист отшельник-лама,
Он в небе возвышаясь, чудный диск,
Вдруг на фронтон заброшенного храма

Бросает блеск - победный обелиск.

Вторая четверть после новолунья...
Высок и светел, Месяц, этот труд.

Ночная мышь, безумная ведунья,
Все выбирала правильный маршрут.

5

Марево над городом, жара.
Пленная, неверная пора.
Призрачная охтинская даль.
Крепость, берег, зной.
                Нева, печаль.

Может не печаль, хотя печать
Сглаза есть, и дел нельзя начать.
В воздухе, мерцая и дрожа,
Все начала пожирает ржа.

В глыбу зноя вплавлена слюда,
В будней плоть - четверг, среда, беда?
Середина года, суток счёт
Где-то там, а здесь Нева течёт.

В мареве искажены дома.
Или сводит их жара с ума?
Или кто-то сжечь хотел всердцах,
И мерцает ртуть в пустых торцах.

Пешеходы редкие бредут,
Не идут, а вроде как грядут.
И в асфальт напечатлев стопы,
Вяло уплывают от судьбы.

Шпиль знакомый, невский старожил
Глыбу зноя золотом прошил.
Не мираж - ах, это неспроста
Ангел отделился от креста.

6   Орехово

И мысли в тишине прозрачной,
Как серебристая плотва,
Юрки и безмятежно зрячи;
И сорная своя ботва
Забот, и бестолочи быта
Утешно ныне позабыто.

И ка́к природы званный гость,
Как именины их справляю -
Хвалю рябины горькой гроздь
И крепость чабера вдыхаю,
Любуюсь вереском высоким
И в хвое дятлом краснобоким.

А быстрый утренний покой,
Осенний, голубой и ломкий,
Как хруст под праздною ногой.
А слух без вслушиванья тонкий
Как будто дышит, дышит весь
На тайну - солнечную весть.

9   Город Питер

С деревьев падали листья,
Едва поднимался ветер.
Рябины спелые кисти
Качалися в бледном свете.

И высились за прудами
Торцы акварельных зданий.
Казалися легкими снами
Бездомные улиц дали.

Потом набежали мысли
О нашей судьбе бредовой.
И пили никчемный рислинг
В кафе на углу Садовой.

10

Сад изваян тишиной
Первый снег земля встречает
Белый ангел надо мной
Он к началам возвращает

Время умеряет бег
И сквозь бредни Ленинграда
Петербурга хрупкий бред
И смятенье Петрограда.

А петровский кленов строй
Лип, дубов и пруд старинный
Что-то сделали со мной
Словно жизнь была из глины.

13   Прогулка в Ботанический сад

Борису Иванову

Блестящий наст, вороний раж,
Вверху ветвей пересеченье.
Почти саврасовский пейзаж
Средь экзотических деревьев.

На Петроградской стороне
Американская береза
В воскресной светлой тишине
Фантасмагория и проза.

Но всё вмещал лазурный день,
Анахронический предтеча
Весны в природе и в судьбе, -
Просторный мир и нашу встречу.

И уличный конструктивизм, -
Его бедняцкую солидность,
Их жизни горькую постыдность,
И кумачёвый их девиз.

14

Блещет серп новолунный
Акварелям зари.
Вдоль Невы тонкорунной
Цепью вдаль - фонари.

Строй имперских строений,
Зодчей славы парад.
... Время предано тленью
У тебя, Петроград.

Но тобой заостриться,
Только быть не твоим.
Неспроста говорится:
Вместе тесно двоим.

73

/Из книги "Слова из междусловья"/

15

Оазис в Азии песчаной,
Весь финиковый и арычный.
Красильщики, склонясь над чаном,
Беседуют гортанно-зычно.

И даль окрестности пустынной
В солончаковый и верблюжий
Цвет красят - монотонно-длинный
И украшают миражами.

Барханы бархатные ткут
Тут женщины, в чадрах. И зыбкий
Прозрачный воздух льет прелюд
Чадрами скрытой их улыбке.

17   Геката

Теплел янтарь далекого заката.
И ты, - златоволосая Геката.
И травы изумрудные предгорий,
Как юное забвенье жизни горней.

Тот дуализм умел соединить я
Тогда судьбой. А Мнемозины нитью
Связать зарю с твоей улыбкой проще,
Чем изменить воспоминаний росчерк.

И вспомнив чародейскую отраву,
Я вижу силуэты Ала-Тау.
В ушах шумит поток серебропенный,
Хоть я иной - в сетях любви нетленной.

Тогда пасьянс нам выпал без валета:
Дни без забот. В то царственное лето
Читал поэтов медленно, все утра.
И вечер был - закат и кама-сутра.

Но все течет. И наш серебропенный
И тот другой поток, хотя нетленный.
Его водой я нищ. Чем ты богата,
Когда закат уже настал, Геката?

21   Урок живописи

В.Гаврильчику

В омутке аквариума акварельная рыбка
Выкатила в траурной каёмке глаз.
К стенке приклеена старинная открытка
И ходики показывают, который час.

На столике золотая с птицей клетка
И рядом кот, по имени Мур.
Хозяин в цилиндре лежит на кушетке
Усат, благороден и не понур.

Серебряной пилкой чистит ногти,
Сигарка струит тонкий дымок.
Человек изящно отставил локти,
Как будто он добровольно одинок.

Белее фарфора занавесок складки,
Хлопьями плавает снег за стеклом.
Этой тишины минуты ему сладки,
И он не мечтает о чем-то былом.

Все живут лишь этим моментом,
Не хочется им об ином вспоминать.
Как удивительно, что и мне там
Не надобно скрытого смысла искать..

29

Дорога мысли - обольщений всех
Не перескажет ни слеза ни смех.
Пути ее кто вычислит итог
Не могут люди и не хочет Бог.

И прежде чем Адам творил слова,
Предчувствьем мысли полна голва.
Но только пламень, пламень сердца прост.
Светлеет сердце - значит ум возрос.

32

Как призраки у изголовья,
Сошлись слова из междусловья.
Из-под молчания взошли,
Свои светильники зажгли.

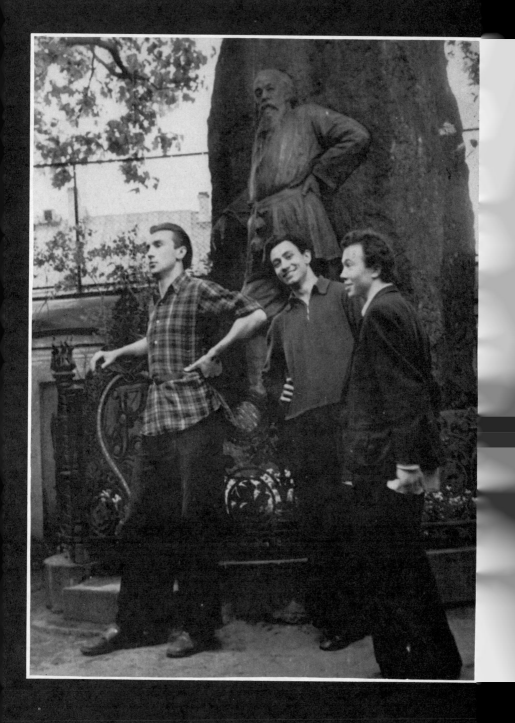

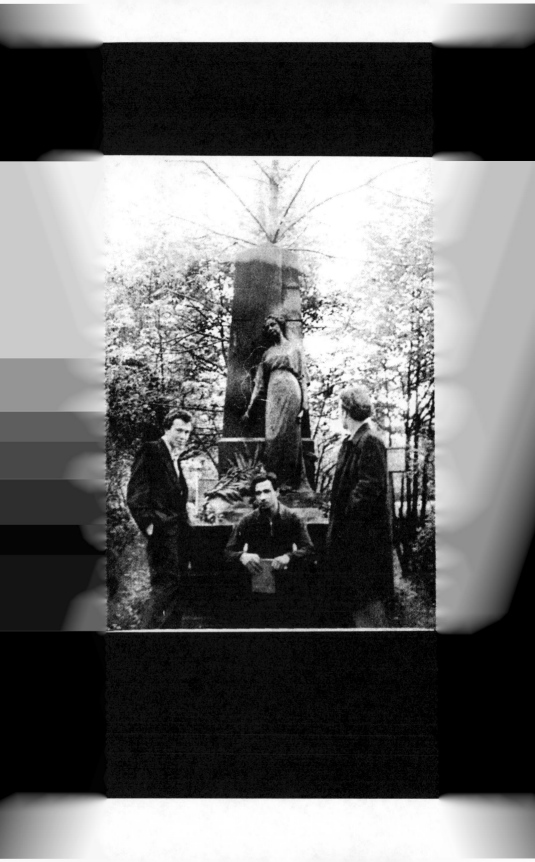

На обретение утраченных фот

Зри,Константин,- искал я не вотще! Я щи варю и вспоминаю младость.
Невозвратима дней минувших сладость как вкус,увы,уже съяденных
щей. Смотри ж на фотографью со вниманьем.Пусть эта вот! В ней
академик Марр,испив языкознания дерзанья, был погребен;ево
в его безумный дар,ох,и проник микроб идеализма.Но вот какая
истинная тризна по нем была.Пришли к гробу втроем с трудами Ста-
лина;в них корифей науки пролил познанья ценный водоем и до-
казал:напрасны Марра муки.Без скуки корифеевы труды у праха.
Марра мы втроем читали:нам сталин доказал всё без балды,чтоб
лишь его мы в сердце почитали:
            Гляди сюда и млад и стар:
            Неправ был академик Марр.
Вот прах не Марра - прах иной,Куинджи тут обрел покой.
Был зорким,как орел в тенденциях развития ландшафта.Но как
досадно:Уфлянд словно шавка,из-за гранита зрит без торжества,
не созерцая бренность вещества.Довольно,дерзкий,куролесить
особенно в кладбищенской тиши;еще мы не хотим тебя повесить,
бери стило и оду соверши!Лишен,ты Уфлянд,чувств благоговенья,
увы,черства,поэт,твоя душа.Ты снят на кадр - пусть знают поко-
ленья-не понимал ты в смерти ни шиша.
Вот девы прах - не смея чувств высоких оско
ить,пришли сюда,чтобоонвонепременно и очень непомерно решили
вместо девы поскорбить.Но Уфлянда   отнюдь не скорбен вид:должно
быть он душевный инвалид.Зато иной,поклонник неизвестный /направо
ой/лирический иоэт,он просто переполнен чувством мести:
ладонь в кармане сжала пистолет.
Решившись подглядеть,что есть за гробом,и крышку саркофага смело
сняв,таранит Уфлянд гроб прекрасным лобом,как будто тайну
страшную поняв. Красильников всегда археолог,он хочет знать:
се - прах или подлог.
Еще одна здесь карточка осталась.Хотел сказать я - смысл ее како
Со мною вдохновение рассталось,утратив дар слагания стихов.

Броссовоопоминания

Прочти сию заветную страницу, и глубь ее всем разумом измерь.
И даже коль полюбишь как царицу,страницу эту всеж-таки ПОХЕРЬ!

                              Профессор Иван Потапофф ,черман.

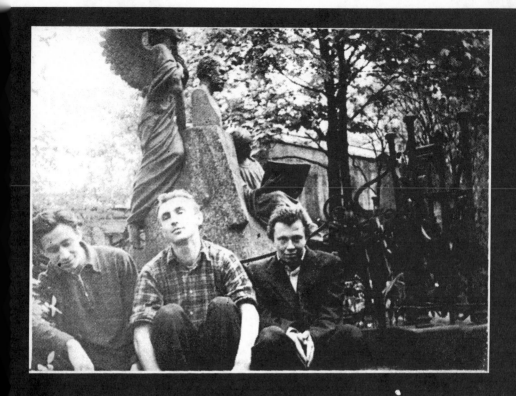

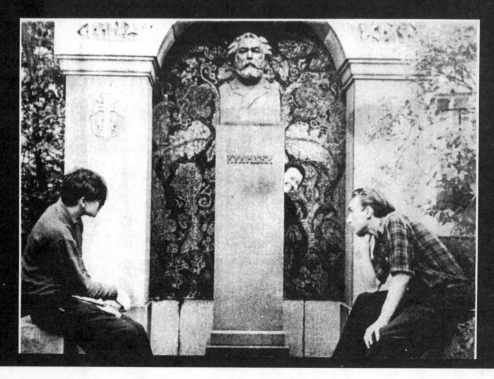

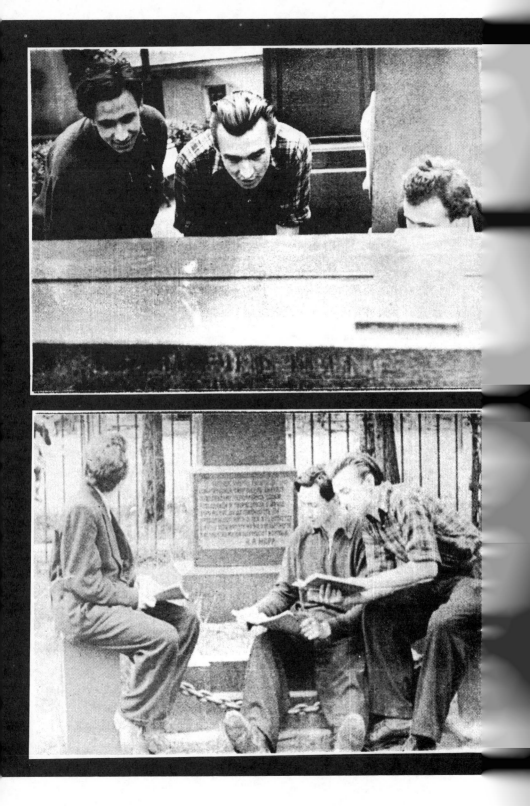

Вадим Крейд

Футурист пятидесятых годов

Было это еще до хрущевской речи против культа. Вехи времени
здесь важны, поскольку тот же самый поступок в одну эпоху
выдается как яркий и необщий; в другую - в нем нет ничего осо-
бенного, словно и самого поступка нет.

В Ленинградский университет приехал Назым Хикмет. Тогдашних
лет пропаганда запечатлела .   даже не в совсем юных умах
имя Хикмета как раблезианских размеров классика, как живой
монумент самому себе. Словом по причине нашей культурной   обво-
рованности и нищеты Хикмет выглядел большим поэтом. Таким же
великим как Пабло Неруда и Луи Арагон, автор кирпича в жанре
романа под названием "Коммунисты". Я решил пойти посмотреть на
иностранца. Тем более,что он был первым иностранцем,которого я
видел, не считая "демократов". Последних, то-есть албанцев,
немцев,   поляков ::   и всех иных из колониальных
стран Европы было немало, а китайских студентов в Ленинграде
было тогда до десяти тысяч.

Примерно в те же дни появился в университете человек с
весьма запоминающейся внешностью. Чрезвычайно тощий, не по-русски
длинный, прямой сухой блондин с усталым серьезным лицом.
Пальто мешковатого вида из несоветского материала висело на
нем как на гардеробной вешалке. Геометрия плеч подчеркивала
это сходство. Ничего не было легче,чем выделить его среди
тысячной толпы и запомнить на годы. Но стоявший рядом со мной
едва знакомый мне студент сказал мне: "Американский шпион."

Учится в университете". С точностью проверенного диагноза :
шпион и никаких гвоздей. Позднее я видел не раз нелепую
фигуру американца, всегда в круглом одиночестве. Вероятно,
каждому он был представлен со спины и с той же рекомендацией.
Естественно, неприкасаемость ходила за ним по пятам. Каждый
боялся приблизиться. Именно в это время была популярной
лагерного происхождения песенка:

> Он предлагал мне деньги
> и жемчуга стакан,
> чтоб я ему разведал
> советского завода план.

Словом, дело было серьезное.

Итак, шпион, *мой второй иностранец,* плыл еще из Америки через океан, а Назым Хик-
мет ~~мой первый иностранец~~ уже выходил на сцену в актовом
зале Двенадцати Коллегий. Студентов в зале было меньшинство,
на это я сразу обратил внимание. Аудитория состояла из людей
постарше среднего студенческого возраста. Мне, первокурснику,
показались они преподавателями - может так оно и было.
Знаменитость на сцене оказалась вполне упитанной и в меру
холеной личностью. Рыж, высок, с хорошей кожей лица, без
русского городского сероватого оттенка щек, без теней под
глазами. Стихи читал по-турецки, и фонетика заморского наречия
присутствующим преподавателям понравилась.

Впрочем, по-русски поэт говорил очень сносно. Нужный
Москве был человек. Знал меру и турецкие стихи читал недолго,
ровно столько, чтобы очаровать экзотикой ритма, стамбульской
гортанностью звуков, поставленным рокотливым голосом. Затем
решено было задавать вопросы. Один вопрос был задан, другой.
Потом вдруг прозвучал голос как из бочки, легко перекрывающий
пространство зала. Я уже слышал эту единственную интонацию
раньше. Спутать ее ни с чем было невозможно.

Я посмотрел через несколько рядов в направлении голоса и узнал человека, которого уже не раз видел в коридоре филологического факультета и на Университетской набережной в солнечные дни. Всегда в окружении людей, говорящих громко, и сам говорил громко, но ровно и без суетливости. Люди, применялись к его интонации достоинства, невольно имитируя ее.

С той же интонацией, которую и сейчас слышу, задан был вопрос - что-то о футуристах; возможно о том, повлияли ли на Хикмета другие футуристы, кроме Маяковского, то-есть те, добавим от себя, кого университетский учебник ущемлял мелким шрифтом и по ком проходился мелким бесом. Тут меня уже перестал интиресовать рыжий турок на эстраде, и все внимание мое сфокусировалось на спрашивающем. Я еще в своей жизни не слышал, чтобы кто-либо задал вопрос таким образом:

В полном зале, человек на четыреста, обыденно и спокойно как с дедушкой на завалинке. Не было в голосе   подчеркивания независимости. Независимость была такая натуральная, что даже не сознавала себя. Уважение собеседнику авансировалось такое, какое может быть лишь по отношению к равному, и все же с обертоном бессознательного покровительства. Так, например, можно задать вопрос младшему брату, с симпатией и давая понять, что с ним говорят на равных, и пусть он, наконец, забудет возрастную разницу. Сама интонация была какая-то демократичная. То-есть без русских экивоков и комплексов: без приниженности и без желания показать себя чем ты являешься и чем хочешь явиться, без "мы тоже не лаптем". Это было ~~необычно,~~ непривычно и удивительно.

Сомневаюсь, что Хикмет хорошо чувствовал тонкости русской интонации. Но он выделил спрашивающего и отвечал ему иначе,чем другим,бессознательно ощутив Личность. Когда выступление кончилось, тот подошел к Хикмету, обратившись к нему запросто по имени - "Назым". Затем они пошли по университетскому коридору,продолжая разговор.

Вскоре я познакомился с ним,с Мишей Красильниковым. Разговор коснулся одной философской книги сомнительного содержания. Я сказал,что все же вижу в ней такие-то достоинства / прощаю себе восемнадцатилетнему/. Реакция Красильникова была, на мой нынешний вкус, поистине философская. Сказал он лишь: Да что ты,Вадим! - и сказано это было с таким сожалением и участием и искренним недоумением,что я как бы протрезвел. Интеллектуальные
аргументы присутствовавшего тут же Ю. Михайлова /Красильникова друга/ не произвели на меня ~~никакого~~ впечатления, в сравнении с Мишиным восклицанием. Я узнал, что Красильников и Михайлов недавно восстановились в университете после годового /или больше?/ исключения   за безобидную проделку.
На лекции,имеющей отношение к русским древностям, явились они
в расшитых русских рубахах,в сапогах. Достали /не ~~из запазухи~~ из-за
ли? / деревянные миски, из-за голенищ деревянные ~~ложки~~ же,
приготовили на глазах у остолбеневшей преподавательницы
квасную тюрю и тут же стали хлебать ее, мужиковато приосанясь
и почтительно собеседуя. Был это всего лишь театр для себя.
Посмеяться бы тут да перейти к плюсквамперфектуму или аористу,
да год был несмешной - в самом начале пятидесятых. К тому же
1-ое декабря,то-есть траурный день в Ленинграде: годовщина
зверского убийства троцкистами Сергея Мироновича Кирова.
В "квасном патриотизме" Красильникова партийное бюро факультета
узрело злостный выпад против памяти любимца питерский рабочих.
Десятки дармоедов занялись изучением преступления.

Порок был наказан,справедливость торжествовала,злоумышленники изгнаны из университета.

То ли отец полковник спас Мишу от худшей кары, то ли просто звезда, которая сияла Мише до поздней осени 1956 года, но отделался он сравнительно легко, куда как легче,чем в ноябре 1956-го. Вольный поступок произвел всеуниверситетскую сенсацию, и ведь был он действительно в духе Красильникова. Во-первых, поступок, а не фига в кармане. Во-вторых,оригинальный,хотя и навеянный чтением русских футуристов. В-третьих,поступок забавный,игровой и веселый. И в четвертых, поступок абсолютно добродушный,такой,который не затрагивал ничьих интересов, не наступал на чью-нибудь амбицию, не оскорблял,не претил нормальному вкусу,но напротив,всех потешал,поражал и освежал.

В общем Красильникова восстановили в университете,хотя уже не на идеологически важном отделении журналистики, но на отделении русского языка,тоже идеологическом, но   не важном. Не думаю,что он был заядлым посетителем лекций. Чаще его можно было видеть в коридоре,который,мне думается, был лучшей кафедрой ~~университетс~~ факультета. Разговоры, которые там велись, не все были ученые диспуты. В них было больше веселости,чем серьезных материй. Но имена писателей, которые в коридоре были обиходными, в университетской программе обходились молчанием - нечистым молчком. Много людей подвизалось вокруг Красильникова; натура его ~~была~~ широкая и был в нем дарованный магнетизм - привлекать людей. Но несмотря на его тотальную доброжелательность, само собой случилось, что под-бирались и отобра   лись люди творческой природы. Из того круга самые известные теперь Уфлянд и Целков. Но уже тогда в пятидесятые годы юный Уфлянд казался мне зрелым поэтом, и

юный Олег Целков значительным художником. Ни тот ,ни другой
к филфаку отношения не имели. Да и не только они. По какой-то
касательной соприкоснулись с этим кругом Евгений Рейн и
Дмитрий Бобышев. Сверкнул в 55-ом или шестом Глеб Горбовский.
Мелькнул на краткий миг писатель Голявкий, тогда студент
Академии Художеств. С Володей Герасимовым появлялся Сергей
Вольф - загадачная для меня фигура,острослов, в его присутствии
становилось неуютно,ощущалась напряженность. Несколько его
стихотворений было известно, говорили,что он пишет рассказы,
кажется,так оно и было.

Начиналисъ перепатетические времена. Само слово "кружок",
доставшееся на м от общественной жизни девятнадцатого века,
может быть произнесено лишь условно. И стиль времени и хозяева
времени не позволили бы существовать группе с какой-либо
фиксированной структурой,членством и формулированными правилами
игры. А у Красильникова имелось в меру художественного вкуса
и своеобразного такта поведения, чтобы никогда не заикнуться,
а может и не подумать о формализации кружка,о ярлыке и программе.
В иные времена из этого кружка возникло бы направление,журнал.
Но время позволило ровно столько,сколько позволило.

Ядром кружка ,по моим понятиям, были сам Красильников,
Уфлянд, Еремин, Виноградов и,пожалуй, Герасимов. Примыкавших
в той или иной степени было много. И как сказано раньше,
кроме примыкавших, были мелькавшие. Например, упомянутый здесь
Голявкин ни в какой степени не примыкал; просто Красильниковские
перепатетики не сидели на месте, и таким образом встречали раз-
ных людей.Однако по неуловимым приметам "свой" легко отличался
от " не свой".

~~О кружке этом уже немного писали. Несколько лет назад~~

что-то появилось в "Посеве". В первом томе "Антологии" Кузь-
минского — ~~очерк Льва Лифшица~~. Но ~~раньше всех~~ O кружке писал
интересный ↑
Вадим Нечаев, посвятивший Мише главу в своей ранней повести
"Вечер на краю света"/1964/. Книга вышла давно, малым тиражом,
и, таким образом, имея отношение к нашей теме, заслуживает
длинной цитаты:

"И опять он увидел прежних друзей своих. Они все сидели в той
же просторной комнате, чуть подвыпившие, и почему-то наперебой
уговаривали его жениться.

- Да, да, - говорил его любимый старший друг Миша Кронов, которого
за любовь к искусству и за обаяние прозвали Бурлюком, - да, тебе,
Мара, просто необходимо найти подругу жизни.

При этих словах второй его друг, слывший эрудитом и похожий
на редкую экзотическую рыбу, саркастически усмехнулся и добавил:

- Чтобы ставить ему клизмочки?

- Володя, - сказал Миша Кронов, - не кощунствуй! Мы должны
помочь Маре. Нам больно смотреть, как он скатывается в пучину
нижменных наслаждений. Он не рожден для гордого одиночества.

- А кто рожден, - спросил третий, он всегда держался с таин-
ственностью, говорил отрывисто и постоянно был голоден.

- Нет, нет, не спорьте, Мара должен жениться, - продолжал Миша,
по привычке растягивая слова. - В нем пропадает редкий поэ-
тический дар.

- У кого он не пропадает, - вставил чей-то ехидный голос.

- А чем он питается? Поглядите, - вел свою линию Кронов. -
Это тихий ужас! Одними пельменями он питается.

- Разве у него есть пельмени? - спросил третий, тот, который
был вечно голоден.

- Вот то-то и оно, что у нас нет пельменей, - сказал Кронов. -

Кто-то из нас обязательно должен жениться. И больше всех в
этом нуждается Мара. Он такой меланхолик,что я боюсь оставлять
его одного.

- У меня тяжелый характер,- сказал Марат.

- Это ничего не значит,- возразил Кронов.

- Значит вы приносите меня в жертву Гименею? - спросил Марат,счаст-
ливо улыбаясь.

- Да,да,мы хотим,чтоб ты сейчас, сию минуту женился,- сказал
третий.

- Сейчас же?- переспросил Марат.

- Сию минуту,- подтвердил третий.

- И тогда у нас всегда будут пельмени,- сказал Кронов.

- И гречневая каша,- сказал второй,слывший эрудитом,он и был им.

       Подвыпивши Красильников /в повести - Кронов/ развивал свою
очередную идею как раз в манере, показанной у В. Нечаева.
Второй - эрудит,похожий на рыбу, - Володя Герасимов. Третий -
по-видимому, Л. Виноградов; точнее не угадать, а Вадима Не-
чаева я никогда об этом не спрашивал. С увеличением объема
выпитого Красильников впадал в лирическое настроение и начинал
читать стихи - часто Уфлянда:

                    На станции без названия,
                    Где выйдя гуляют по лесу,
                    Я долго ходил за вами,
                    Чтоб вы не отстали от поезда.

                    Конечно,отстали мы оба,
                    Пошли по шпалам пешком
                                    и т.д.

Читал Уфляндовы стихи так,как сам Володя,по моему, не мог.
Изредка читал свои стихи. Собраны ли они? Бывало,что компания
пела свой гимн - на популярный джазовый мотив и слова Красиль-
никова:

Мы картошку выкопаем
всю дотла.
А потом пойдем в избу
искать тепла.

А потом мы будем
на соломе спать.
А потом возьмем с собой
землицы пядь.

Будем вспоминать мы,
в чем была вина тьмы.

Этот припев переходил в жизнерадостное футуристическое ржание.

Были там еще такие слова:

Церковь,синагога
суть ужасный яд.
В церковь ходит только лодырь,
бюрократ.

Вариант:

Церковь,синагога
суть ужасный яд.
Водку пьют
крестьянин,лодырь,бюрократ.

Бескорыстная защита пропогандных штампов непременно вызывает
                              прием
комический эффект; этот был изобретен Красильниковым. Уфлянд,

написавший многие ранние стихи в том же жанре,я уверен, перво-

начальный импульс получил от Красильникова.

Позднее Владлен Гаврильчик,не знавший Уфлянда и Красильникова,
                              род поэзии
самостоятельно набрел на тот же   ,дав ему точное имя -

"маразмарт".

    Песня была сочинена в какой-то из сентябрей пятидесятых

годов,когда студентов вывозили в область копать картошку.

Во всяком случае, в конце 1954-го я уже слышал эту песню.

/Дата важна в плане хронологии маразмарта/.

    Подобный же энтузиазм обнаруживался не только в картофеле-

водстве,но и в более деликатных сферах,как то изобразительное

искусство. Скажем,Красильников со всегдашними спутниками

оказывался на выставке Кончаловского в Академии Художеств /1956/.

Зрителю, которого четверть века сего *кормили* идейным акаде-
мическим натурализмом, живопись Кончаловского могла пока-
заться левейшим авангардом. Походив по выставке, Красильников
и приятели, направлялись к книге отзывов. Совместными усилиями
импровизировался отзыв вроде следующего, в котором верен дух,
а не буква, ибо по прошествии стольких лет не могу цитировать
все те записи в книгах отзывов наизусть : Мы, цвет ленинградского
пролетариата, посетили выставку Кончаловского, чуждую духу
социалистического реализма и выражаем наше рабочее недоумение,
что такое безыдейное с позволения сказать искусство еще живет
в наших рядах. Художник под влиянием гнилого Запада рисует
цветочки вместо злободневных дел. С корнем вырвать такие цветочки!
Дорогие товарищи устроители, чаще показывайте нам патриотические
полотна Иогансона, Серебряного и Кукрыниксов. Выше знамя культуры
в массах. Затем следовали подписи.

    Как я сказал, - это не цитата. Но игра обычно строилась на
том, чтобы абсурд, уже существующий, сделать более осязаемым,
более рельефным, чтобы снять границу между абсурдом и маразмом.
~~Одним словом игра была по своему человеку более совершенноразом~~
~~хомотсоветикус.~~
~~прррррррррррррррр~~ Могло составиться впечатление, что игра
не прерывалась, точнее игры. Но это было больше чем озорство.
Это был футуристический театр для себя, слишком веселый и неза-
висимый для подъяремной, невеселой эпохи. Нельзя сказать, что
участники этой игры родились слишком поздно, не в свое время.
Без них эпоха была б еще мрачнее. В добавок все это имело
отношение к литературе и искусству и даже повлияло на них в *некоторых*
    ~~к~~ случаях.

    Еще чаще игра обнаруживала лишь темперамент участников
и их "гносеологическую гнусность", если использовать выра-

жение Набокова в его "Приглашении на казнь". Скажем, компания
направлялась в университетскую столовую, покупала неслыханное
количество клюквенного киселя и начинался конкурс. Победителем
являлся, конечно, выпивший наибольшее число стаканов. Красиль-
никову приписывали рекорд - сорок стаканов студенистого картофель-
ного крахмала, подкрашенного клюквенным концентратом: Кисель
был дешев. Приведенный вне атмосферы тех дней, случай этот
должен вызвать лишь слабую улыбку или решительный вопрос: ну и
что? Но для участников кисельного состязания, кроме развлечения
и радости быть вместе, в этих кисельных реках было еще досто-
инство направленности против течения, против убогой обыденности.

Разговор за киселем, как и за другой выпивкой и без питья
вовсе легко переходил от буффонады к серьезным темам, причем
литературная и художественная осведомленность участников была
редчайшей по тем временам. Группа не брала на себя никакой
роли вообще, но независимо от личных желаний, объективно говоря,
роль была просветительской. Те имена авторы, о которых в этом
кругу говорили в середине пятидесятых годов, стали достоянием
"общественности" лишь в середине шестидесятых. Уже в 1954 - ом
знали в этом кругу всех художников "Мира искусства", говорили о
журналах начала века - "Аполлон", "Весы", "Золотое руно" и других.
Упоминались имена русских поэтов, вряд ли известных препода-
вателям филологического факультета. Кто знал тогда в России
Джойса? Но эти люди откопали перевод глав "Улисса" в забытой
"Интернациональной литературе". Читали "Портрет художника в
юности" Джойса, Шервуда Андерсона, Хемингуэя еще до моды на
него, Пруста и Луи Селина, не говоря о множестве иных русских и
западных авторов. Открывая запретные имена, книги, картины,
журналы, соответственно и чувствовали себя словно первооткрыва-

тели. На филфаке нас стерильно оберегали от "цветов зла"
и соответственно подготовили умы остро жадные до недозволен-
ных духовных ценностей.

Назвать вещь - значит упростить ее. Название есть перевод
и поэтому влечет за собой известную потерю. Если все же опре-
делить,каким был этот кружок,то со сносной точностью
можно назвать его эстетическим и модернистским. Эстетским он ,
конечно, не был ни в каком отношении,даже в стихах поэтов кружка.
Даже сам Оскар Уайлд в Ленинграде 1955 года ходил бы в штанах с
пузырями на коленях и в выходящей из моды лондонке - кепке из
пестрой ткани и якобы первоначально популярной среди лондон-
ских кокни. Брюки на три пальца уже чем обычный клеш, превращали
вас в социально опасного стилягу. Внешний вид компании
/ Красильников говорил "кумпанство", разговор называл "беседой"
и т.п./ был в общем-то затрапезный,хотя непышный кок над
красильниковским лбом и узкие брючки Володи Герасимова
намекали на некие предпочтения. Так что эстетическая ориентация
имела более общего с содержанием,чем формой. Содержание же
было модернистским. Ценились французские импрессионисты и пост-
импрессионисты, и несколько малопосещаемых комнат на третьем
этаже Зимнего дворца,где висят картины Монэ,Сезанна,Ван-Гога,
Гогена,Матисса,были местом паломничества. Пикассо был
признан одним из достойных задолго до знаменитой выставки в
Эрмитаже,когда имя этого великого коньюнктурщика пошло по
проектным институтам вместе со стихами Рождественского и Евтушен-
ко.

Самым блестящим эрудитом числился Володя Герасимов.
Человек с прекрасной памятью,сильной тягой к экзотическому и
анекдотическому знанию, был довольно беспомощен перед лицом

университетской программы и переходил с курса на курс и шатко и
валко и нерегулярно. Но за пределами знаний, годных лишь для
экзамена, это был блестящий человек. Когда вы пытались говорить
с ним на том уровне ,где по необходимости присутствует обобщение,
анализ, идея, он скучал, и вы немедленно понимали, что это ваша,
а не его глупость. Его интересовали эстетические впечатления
и их анекдотическая бахрома, и обилие сведений на этом уровне
было у него баснословное.

Однажды Рид Грачев, который относился к Володе с огромной сим-
патией, навестил его в больнице и затем рассказывал мне : лежит
один, общаться не с кем, новостей ни от куда, читать нечего, но
удивительное дело - столько у него новостей, рассказов, историй,
анекдотов, кажется, никогда не иссякнет.

Я встречал Герасимова по библиотекам : в журнальном зале
Публички, листавшим редкий, полностью забытый журнал, в библиотеке
Эрмитажа, в библиотеке Академии Художеств, в библиотеке Акаде-
мии Наук, куда студенту вообще было трудно проникнуть. Он знал
все запасники ленинградских музеев, так сказать музейные спец-
храны, цель которых скрывать сокровища от зрителя. Герасимов был
рожден - так мне казалось - чтобы стать выдающимся искусствоведом.
Юмор его никогда не шел наубыль, но не был таким ж е/доброжелатель-
ным как у Красильникова. Мы оказались с Володей в Русском музее,
он предложил сфотографировать меня. Я ничего не подозревал; через
несколько дней подает мне снимок : я стою рядом с ослом, который
                        из картины Семирадского
выбран как фрагмент в качестве "остроумного" фона. Кажется, он же
фотографировал нас на кладбище Александро-Невской Лавры. Снимок
случайно сохранился. Красильников /слева/ имитирует позу великого
            Стасова (?)
человека композитора. Ковбойка подпоясана на манер композиторской
прростонародной рубахи. Уфлянд - справа, я в центре. Были и еще

снимки этой серии.

Примыкал к кружку, точней - соприкасался с ним и Рид Грачев,
ибо как сильная и завершенная индивидуальность, *он* органически не
мог стать ничьим последователем, но сам был центром, стягивающим
к себе десятки людей. С Красильниковым его могла объединить
случайная кружка пива у киоска в погожий день или иная *какая-нибудь* про-
делка. Помню на одной из демонстраций, на которые ходили охотно,
кричали лозунги, несусветно путая "долой" и "да здравствует".
В особый раз вошли, поравнявшись с обкомовской трибуной на
Дворцовой площади. Помню весьма неодобрительные взгляды демон-
странтов в соседних рядах, несколько таких взглядов я перехватил.
Все обошлось, к тому же и шум кругом стоял не малый - поди г
разберись. Такая ж же озорная затея 7 ноября 1956 г. не кончилась
благополучно. Я на этой демонстрации не был. Через день или два
я узнал, что Мишу взяли - то ли за "свободную Латвию" / он был
из Риги/, то ли за "свободную Венгрию"/год венгерских событий/.
До Дворцовой площади на сей раз не дошел, схватили на Дворцовом
мосту.

Увидел я его через четыре с лишним года в Риге. Он
отсидел в Мордовии, недавно вернулся домой, выглядел как
после болезни, много пил. Разговор /был *наш*/ почти такой, как раньше.
Но на протяжении всех часов встречи не ~~уходило~~ *покидало* острое чувство,
что что-то ушло невозвратимо , и не только время. Тогда, в
пятидесятые годы, его несла волна истории. ~~которая не смотрит~~
~~на размеры личного дарования.~~ В шестидесятые годы волна уже
взметнула других.

Статья Вадима, честно говоря, настолько плоха - НО ДРУГОЙ, ТЕМ НЕ
МЕНЕЕ, НЕТ - что я привожу ее просто в черновике. Тем более, что -
даже не для литературоведа - черновик показывает осторожное, сугу-
бо неуверенное, отношение Вадима к слову - ну не один ли хуй, что
Гранин "невнятно мямлил" или - мямлил, но внятно, или - жевал рези-
ну, мочалку, сосал банан - Вадим, из этой жизни вышедший, как и А.
И. /вечно мною поминаемый/ - слов из нее не берет, на фене не жела-
ет, рядится в обветшалую лексику символизма /да и занимается исклю-
чительно им/, а сказать "жопа" - не может, разве что - процитировав.
Не ему б писать о веселом хулиганье начала 50-х, или - не его язы-
ком, методом, штилем, а - скажем, Гаврильчику б.
При том: рассказывает Вадим - сдержанно, но ярко, как гораздо инте-
реснее письма его /кои он не дозволяет цитировать/, нежели "готовые"
статьи.
Убегает крамольных тем: так я и не выяснил, кто с кем спал, и с че-
го это Таня Кернер выкинулась из окна, оставив грудного младенца, а
моя подруга Зиночка, дочь сектантки с литовского хутора, худенькая,
с седой прядью и каким-то пятном на бедре и икре /отчего всегда но-
сила черные чулки и смотрелась "синим чулком"/, подруга моей Мадон-
ны Ляльки, ведьмочки с Лысой горы, сшедшись с Б.И.Ивановым - переста-
ла вообще разговаривать, так и сидела молча на заседаниях "Лепты"
и даже со мной, старым другом - ни слова.
Что за чертовщина происходила у трех Ивановых - Б.И. я попросту бо-
ялся, а других не знал, но слышал, с кем и в каком количестве жила
Таня, почему выпрыгнула - неясно мне и по сю. Ясно лишь стало, что
дед ивановский был "революционным Робин Гудом", грабил почтовые по-
езда - а, стало быть, за грехи и в потомстве.
Эта скованность Вадима в писаниях и трезвая наблюдательность в уст-
ных рассказах - и не позволяет мне относиться к писомому с доверием.
О Леше Лившице-Лосеве он мне рассказывал как-то ночью весьма живо-
писно: идет по Невскому Вадим, в ватничке, при мешке-сидоре, с тор-
форазработок, а навстречу - Лев Лившиц, в пиджаке и при галстухе, с
работы /или даже в рабочее время/ из своего "Костра". Пообщались -
студент-иногородник - с журналистом, сыном члена. Я себе так все уж
очень живо представляю. Или как помянутый Лившиц выжрал всю водку,
в складчину купленную, "в шутку", а потом - жестом - несчитанную
десятку вынул: "Сбегайте еще!" Мне это знакомо. Как знакомо и то,
что пообщавшись письменно и телефонно по 1-му тому, на 2-ом наши
"отношения" путем Бродского завяли, а встретив впервые помянутого
на вернисаже Целкова у Нахамкина, в декабре прошлого, 85-го, пои-
мели пять фраз разговору, будучи приглашен не к Нахамкину, а ко мне
в подвальную галлерею - естественно, не явился, на том знакомство и
завязали.
Но Вадим об этом писать не хочет, относя бытовуху к событиям не ли-
тературным или, может, тяготясь полуголодной юностью, вспоминать
неохота, я вот тоже - о школьных годах - ни гу-гу, уж больно тошно.
Опять же: в чем винить Лившица-Лосева? Что сын советского писателя
/рука не поднимается назвать "поэта"/? Что служил в "Кострах" и пи-
онерских зорьках Сахалина и Санкт-Петербурга? Что был и есть - сы-
тый и жмется к истэблишменту? То к Целкову, то к Бродскому? Но это
его дело.
А Вадим не хочет разводить-раскрывать все эти нюансы подколодные, и
кто там кого, и как. Зато, раздражает меня в нем - поминание сов.
власти шпилечное - да ебали мы конем /и по нотам/ само ее существо-
вание! Нет, как истый интеллигент-символист, поминает. А по мне вся-
кая власть - зло. Отчего и висит у меня над головой черное знамя
анархии. Сам и нарисовал. В духе ребяток-пятидесятников, о которых:

Ф И Л Ф А К   В   П Я Т И Д Е С Я Т Ы Е

Г О Д Ы

/Из статьи - на правах редактора, составителя и друга -
привожу только заднюю часть - ККК/

Поэты Горного института не раз читали на филфаке, где, впрочем,
имелось и свое собственное Лито, руководимое Хаустовым. Что писал
сам Хаустов мне не известно. Прочитал однажды сборник его стихов
и тут же забыл, о чем они. (А может это был сборник Абраменко?) Из студентов в объединение входили
Дима Минин, друзья Гусев и Шумилин, несколько забытых мною людей,
а также классик филологического факультета Илья Фоняков, служивший
позднее собственным корреспондентом "Литературной газеты" в Ново-
сибирске. Поэт он был вполне комсомольский, не хуже Жарова, но лю-
бил и стихотворную шутку. Один примерчик фоняковского юмора за-
стрял в памяти:

                    Почему у кошки хвостик?
                    Я не знаю - я агностик.

Происхождение этого афоризма, предполагаю, следующее. На пятом
университетском году давался курс истории философии; тогда-то наш поэт и позна-
комился с содержанием термина "агностицизм" и тут же разоблачил
это буржуазное течение, надсмеявшись над оным. Лито собиралось
регулярно. Приглашалась публика. Читали новые стихи. Царил стиль
школы Прокофьева-Дудина-Орлова-Шестинского /выпускника факультета/.
Впрочем, кому-то из названных или подобных принадлежала эпиграмма,
которая повторялась с удовольствием и даже служила трафаретом для
аналогичных двустиший:

                    Искусству нужен Дунаевский,
                    Как жопе нужен вид на Невский.

Эпиграммы вообще пользовались успехом,запоминались и цитировались-
уместно и неуместно. Кто-то раскопал редчайшую тогда книгу "Парнас
дыбом".Хорошо знали пародии Архангельского. Находились знатоки,
которые даже его пародийную прозу цитировали наизусть /Красильни-
ков,например/.

Но поэтов,как сам Красильников,в Лито не имелось. А ведь их
было не слишком мало - одни стали поэтами,другие рано бросили
писать.Одни стали в каком-то смысле известными,другие забыты.
В 1956 г. наделал шуму журнал "Голубой бутон". О нем передавали
"голоса".Появилась громокипящая статейка в ленинградской "Смене".
"Голубой бутон" явился созданием Афанасьева,Богданова,кого-то еще.
Аскольд Богданов,казался, мне человеком глубоким и одаренным.
Не доучившись, он ушел из университета в 1957 г. /или ушли?/.
Одну строфу,ему принадлежащую и вошедшую в "Голубой бутон" запомнилась:

> Кусает ляжки
> собачий холод,
> полно курящих
> любого пола.

По словам "Смены", стихи не соответствовали облику советского сту-
дента. "Бутон" был первым в Ленинграде пятидесятых годов непод-
цензурным литературным журналом.

Другой скандал задымился вокруг стенгазеты "Филолог". Была
газета как газета,но вдруг вышел номер совсем в духе 1956 года.
Этот выпуск провисел лишь один день,собирая толпы читателей. На
следующий день номер был сорван по приказу партбюро. Редколлегию
разогнали. Последовали репрессии. Слух о газете вышел за пределы
университета. Ею специально заинтересовались в Смольном . Через
некоторое время аналогичная ситуация повторилась в Технологическом
институте им. Плеханова. "Смена" опять откликнулась гнусной статьей.
"Боевитых" журналистов в этой газете груд пруди. Поставщиком борзо-
писцев   как раз и был филолгический факультет. Знавал я кое-кого

из них еще на студенческой скамье. Писали пасквили, пили до окаянности, с покаянием били в грудь*себя*, и обращаясь к кому-либо не продавшемуся - "Ты, Коля, человек. А я говорю - ты чеовек". Хотел бы я теперь прочесть эти статьи. Одни названья чего стоили. Скажем, такое: "Йоги у выгребной ямы". И кратко и лирично. Журналисты получали гонорары, их герои, бывало, получали срока.

Среди преподавателей факультета также был писатель - кажется, всего один единственный. Говорю о Федоре Абрамове, книга которого "Братья и сестры" стала широко известной в конце пятидесятых годов. Абрамов принадлежит к числу деревенщиков, у которых был, есть и будет читатель в России. Роман "Братья и сестры" действительно широко читался, но не студентами-филологами. О профессорах мог бы быть особый разговор, теперь не вполне уместный. Однако не могу не упомянуть Проппа, ~~лучшего~~ *одного из лучших* в нашем столетии специалистов по русскому фольклору. Однако его ... книга "Морфология русской волшебной сказки", известная всем славистам мира, была неизвестна студентам крупнейшего в России филологического факультета. ~~Пострадавший~~ Пострадавший за формализм, на своих лекциях он не упоминал эту книгу. Может, и упоминал позднее, но не в 1954 г., когда я слушал его курс.

Однако вернемся к нашим поэтам. Самым заметным, но и наименее популярным был кружок Красильникова. Что до самого Красильникова, то стихов он писал мало, либо читал их редко. Одна песня на его слова действительно пелась, так что и он должен быть включен в число "бардов". ~~пятидесятых годов, даже если как автор лишь одной песни.~~ Двумя наиболее талантливыми поэтами его кружка были Владимир Уфлянд и Михаил Еремин. Уфлянд учился на историческом факультете, Еремин - на русском отделении филфака. В стихах Уфлянда смесь неожиданного примитива и добродушной иронии; нарочито кондовый прозаизм ~~неожиданно~~ перетасован с чистой лирикой.

Все эти грани стиха исключительно близки дарованию ~~самого~~ Красильникова. Скорее всего Красильников и повлиял на ~~поэтому~~ стиль Уфлянда, но, должно быть, менее своими стихами и больше личностью, мироощущением, своим отношением к вещам и людям. Ранний Еремин ближе к футуристам начала века. Возможно - к Хлебникову, но точнее к футуристам "вообще", и это "вообще" не абсолютно из первых рук. Футуризм пришел к нему окрашенный восприятием М.Красильникова. Сказанное претендует на точность лишь в связи с пятидесятыми годами. Более поздние стихи Еремина — более независимы.

С кружком соприкасались и неуниверситетские поэты: Рейн, Бобышев и другие. Помимо того, несколько поэтов не примыкали ни к Лито, ни к кружку и не объединялись в какое-либо спонтанное сообщество. Назову здесь два имени ради примера. Сергей Кулле, студент отделения журналистики, ироничный, замкнутый, должно быть, больной, читавший стихи лишь нескольким приятелям. Володя Королев, студент немецкого отделения - в нем ощущался талант и индивидуальность. Мог прочесть свои стихи, остановившись с кем-либо в коридоре факультета. Самиздат еще не оформился. Стихийно предпочиталась устная передача поэзии.

Прозаиков было меньше. За пределами университета обращали на себя внимание начинающие тогда Битов и Голявкин. Последний был тогда студентом Академии Художеств. Его рассказы того времени - странная смесь Сарояна и Зощенко с изрядной примесью абсурда. Многие из филологов знали его лично и слышали эти рассказы в его собственном чтении. Появлялся откуда-то остроумец Сергей Вольф, выглядевший как "чувак" с Невского. Он также писал рассказы - прозаический жанр номер один в те годы. Но более известен он был своими "хохмами". Скажем, речь шла о популярном тогда романе Бёля "И не сказал ни единого слова". Вольф перефразировал:"И не сказал не еби меня снова".

ПРИМЕЧАНИЯ /мои - ККК/ к черновику статьи "Филфак в 50-е годы" и "Вариантам"

1. Авраменку с Хаустовым можно перепутать по стихам, но не по рожам: см. у ранне-
   го Дм.Бобышева:

   > Я берусь различить их по роже,
   > Кто читатель, а кто - верхогляд:
   > Вот он, с будкой, с башкою порожней,
   > Как Авраменко   сыт и усат.

   > /Ок.1956/

   Илья Авраменко - как сейчас помню - на фото: с козацкими усами и в вышитой ук-
   раинской рубашке. Был еще и сын его, Сергей. Тоже рожа.

2. Подобных "двустиший" ходило множество:

   > Для искусства Жорж Мдивани -
   > Что для жопы гвоздь в диване.

   > Искусству нужен Виктор Ардов,
   > Как жопе - пара бакенбардов.

   > Искусству нужен Э.Каминка -
   > Как жопе третья половинка.

   И даже про никому, кроме ЛЕНПРОЕКТА, неизвестного архитектора Слонтика:

   > Архитектуре нужен Слонтик,
   > Как раскрытый в жопе зонтик.

3. В моей компании Архангельского заменял Флит и Малаховский, "Братья-писатели".
   Книга была тиснута в 37-м и Малаховский Борис, художник, тут же загремел -
   говорят, по доносу Александра Флита, а в 66-м в Павловске я спрашивал дочку
   его, Маринку Флит, и она отрицает. Малаховского же выставку пыталась в 70-х
   пробить искусствовед Геша Гуткина, для чего подняла тонны газет и журналов и
   атрибутировала его работы, но выставки все равно, вроде, не было. Наизусть
   из этой книги я и по сю цитирую страницы прозы и стихов, они того стоят. Пе-
   реиздать же - и не на что, и не кому.

4. Статей типа "Йоги из выгребной ямы" /где, впервые, кстати, цитировался И.А.
   Бродский, названиями стихов: "Умру, умру..." и "На кладбище" - второе, ска-
   жем, принадлежит Горбовскому, а первое - уже более позднему Евтушенке: "Когда
   умру я...", вполне оптимистическое/ было куда как много: "Лезут на Парнас",
   "Когда Аполлон нетребователен", "Будь благословен, Васисуалий", "Навозная
   муха" и "Окололитературный трутень", но найти их здесь никак не можно. Не
собрав их там, понадеявшись на библиотеки Йейля и Конгресса, оказался я у раз-
битого корыта. В недолгую бытность мою профессором, заказал я "Смену", "Вечер-
ку" и "Лен. правду" за 20 лет, чтоб самому перрыть и найти. Через полгода библи-
отекарь славика техасского мне с гордостью сообщил, что микрофильм "Лен. правды"
ими получен, а других нет. И не будет. В ЦРУ я не служу, поэтому даже материалы
"Голоса" или "Волны" и их архивы - мне недоступны. Могу и попросить, конечно,
кого из сотрудников, друзья и там имеются - но уже неохота. Платить мне все рав-
но ни одна блядь не платит, а работать задаром - я и так ВОСЕМЬ томов отпахал...
Так что комментарии и сноски нехай делают академики - им все равно делать не хуя.
Кроме как по советским учебникам для института Лумумбы - канзасских студентов
учить. Гори они ..., как и авторы помянутых статей-фельетонов!

5. Любимым учеником Проппа являлся мой /и Уфлянда/ друг Юра Рыбников, по основной
   профессии - егерь-натасчик собак, по смежным - филолог, корректор и экскурсо-
   вод Павловского дворца, о чем особо. В другой главе-примечании.

ГОЗИАС: О Красильникове М.

С 1954 года - с начала дружбы моей с Глебом Горбовским и, благодаря
Глебу, начались многочисленные литературные и окололитературные знаком-
ства. Сам я до новых знакомств непригоден, так как определяю качество
нового знакомого экспромтом - сразу - со взгляда - с облика - с запаха,
и это первое впечатление почти не поддается исправлению. Но отпускать
Глеба одного в странствия я не мог /чувство ответственности?/, да и он
был спокойнее, когда отправлялись вдвоем... в странствие по городу или
на литературные вечера или в поисках выпить. Редкий день мы не были
вместе, и вот в один из таких редких дней Глеб обзнакомился с Леней   *осенью в 1955 г.*
Виноградовым, Володей Уфляндом , Ереминым и Красильниковым. О троице
Виноградов-Уфлянд-Еремин он рассказывал, словно об одном человеке, мол,
считают себя гениальными, пишут, вставляя слова на латыни, но красиво.
О Михаиле Красильникове он говорил отдельно: крестьянствует в городе,
носит косоворотку и сапоги, словом, славянофильствует с деревенским
прононсом.   Два раза я встречался с Михаилом Красильниковым после за-
очного знакомства. Оба раза шапочно. Первый раз на улице, что называет-
ся, на ходу. Красильников был мрачноват, но одет обычно, как горожанин,
даже при модной в то время "лондонке" - этакой мохнатенькой кепочке с
резиновым козырьком под тряпочкой. Второй раз я видел его на дне рож-
денья у Лиды Гладкой /еще не, уже/ жены Горбовского. Не помню с чего и
для возник разговор. Михаил сказал: *- приблизительно!- так.*
- Хочу знать всё о жизни. И в быту. И в труде. И на улице. И в тюрьме.
Только не знаю, как в тюрьму попасть.
- Да просто, - сказал я, - плюнь менту в рожу и семь лет схлопочешь.
- Нет, это не для меня, - ответил Михаил.
- Ты ж хочешь в тюрьму?
- Я хочу, чтоб красиво было, с понтом, по делу...
   Месяц или два спустя, Глеб сказал, что Красильникова повязали на
демонстрации, когда он кричал: " - Долой власть Булганина и Хрущева!"

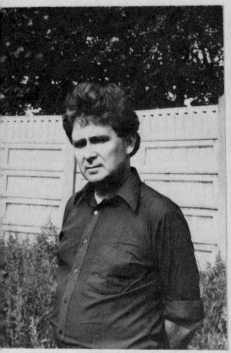

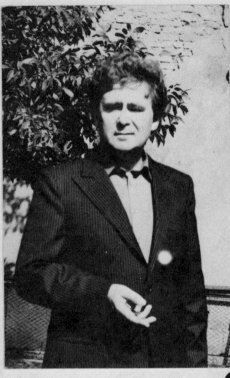

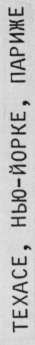

ГЛЕБ В ТЕХАСЕ, НЬЮ-ЙОРКЕ, ПАРИЖЕ

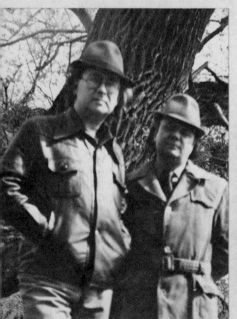

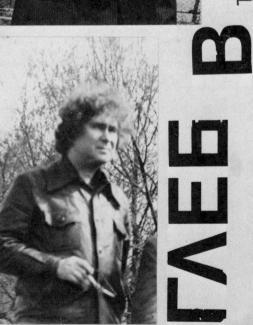

Фоты Глеба из архива
Б. Тайчина

Глеб и поэт Юрий Паркаев —
эк, разнесло!

ГЛЕБ В ТЕХАСЕ

Поэт, прозаик и художник Слава Гозиас, которому Г-н Виньковецкий сделал обрезание - на фото на стр.407 /вверху справа/, в 1-м томе, их было - четверо: Гозиас, Горбовский, Тарутин и Виньковецкий. Гозиаса Виньковецкий обрезал, Яша любит быть со знаменитостями, а Гозиас - не. О Гозиасе же мне писал старик Дар, но встретились мы уже недавно.

На Голубой Лагуне, на камнях, с Толиком Шиманским с биофака /другом Боба Шипилова, о котором я уже писал: начинал как "шишкинец", а потом стал толковым сюрреалистом и - последнее, что слышал - утопился в Кристательке, пруду нашем в Старом Петергофе, биологическом.../, ловили окушков. Под водку и кюрасао. Я упал со скалы, головой вниз, заснувши, а Гозиас - упустил здоровенного кэт-фиша /вроде сома/, которого поймал я. Воду он, видите ли, в ведро наливал.

Сварили мы ушицу из этих окушков, а Слава рассказывает: эти американские в мизинец величиной рыбешки - в Москве идут, как декоративные, аквариумные, тем он последние 2 года перед отъездом и кормился, разводя их в Ленинграде и загоняя в Москве по пятере. Подсчитал я: дюжина таких окушков в котелке - на 60 рубликов, ушица подороже стерляжьей! Однако, выхлебали.

И во все свои наезды, до того, как врезался днями на своем фургоне в дерево и сильно повредил его, а также сломал бедро /жена же сломала мизинец/, Гозиас рассказывал мне за Глеба. И Геру Сабурова, поэта-эрмитажника. Общался он с ними в конце 50-х /когда и появился на урезанном фото, осталось только плечо/, а потом на все 60-е ушел в живопись, и лишь в конце их - воссоединился уже с ... Охапкиным.

Нет, я уверен, занесет меня ежели даже в Новую Гвинею - и там друзей Глеба или Охапкина обязательно повстречаю. А в Новую Гвинею я твердо решил свалить: жизнь в Техасе становится невыносимой, ставки уборщицам упорно не повышают, а антология требует все больше и больше денег. Не у Яши же просить, он этого очень не любит! Так что, с первых же гонорариев - покупаю себе крокодилью ферму и валю. А то опять Глеба перепечатывать. Правда, на сей раз стих - за которым я годы охотился. А Гозиас его, натурально, на память помнит. У жены еще не был сломан мизинец, и он ей велел его переписать. Вот он:

> Каждый день гробы на катафалках
> Свозят на кладбищенскую свалку.
> Мимо окон, с музыкой прощальной,
> С мимолетной кучкою скорбящих
> Проезжает грузовик печальный,
> Увозящий сложенное в ящик.
> Каждый день за сумрачным окном
> Мне напоминает об одном:
> Все идет куда вставляют клизму,
> А не к коммунизму.

/1959/

Поел вот сейчас ростбифа со своей борзунечкой /ростбиф паршивый попался, в жилах, половина борзухе перепала/, лежу и думаю: публикация это или не публикация? И кому тогда деньги? Левин звал бы я публикацией. И даже напечатал бы. Правда, за Горбовского еще не платят. Платят за Хармса, отчего и натыкаюсь тут на его "публикации" и публикаторов. Но я Хармса не люблю.

А вот с Горбовским было встретиться - приятно. Спасибо Гозиасу /хоть его и нет на снимке/. Помнит зато.

СТИХИ О КВАРТИРНОЙ СОСЕДКЕ

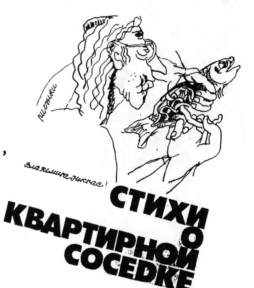

Я свою соседку -
изувечу!
Я свою соседку -
изобью!
Я ее
в стихах
увековечу,
чуждую,
но все-таки - мою!
... Я соседку
выдерну на на кухню,
перережу ей...
электросвет!
Пусть, непросвещенная,
потухнет!
Я куплю за деньги
пистолет!
Наведу его
на всю квартиру,
разнесу -
филёнки и мозги!
Я принципиально -
против мира!
Я - за бомбу,
не за пироги!...

... Что насторожились, дураки?*

* Последняя строчка получилась у Глеба непроизвольно.
  Во время чтения на филфаке после слов "Не за пироги!"
  - зал замер. Глеб посмотрел в зал и спросил: "Что на-
  сторожились, дураки?" уже обычным тоном. Так она и
  вошла в стих.

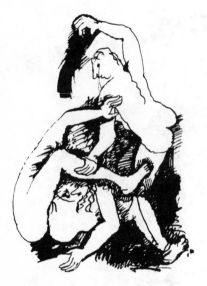

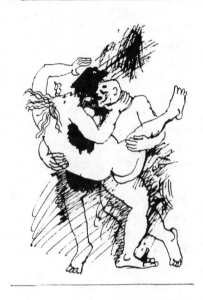

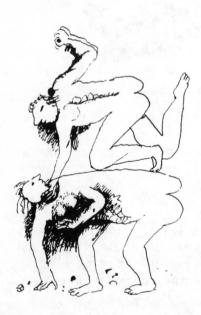

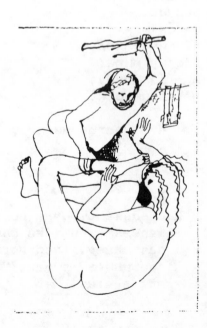

Camera Arts

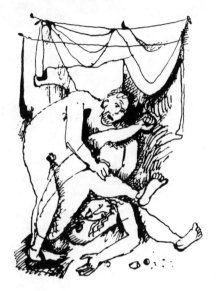

Camera Arts

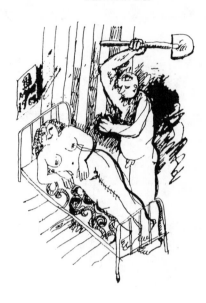

Camera Arts

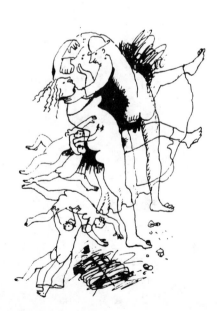

Camera Arts

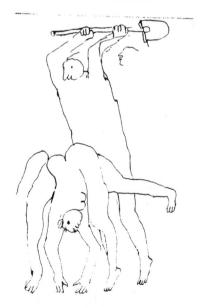

Camera Arts

Camera Arts

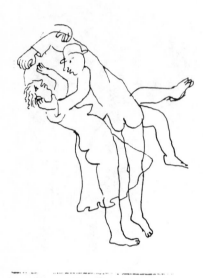

Camera Arts

Camera Arts

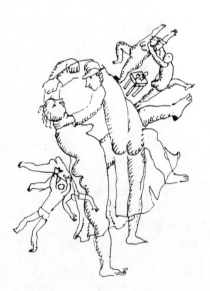

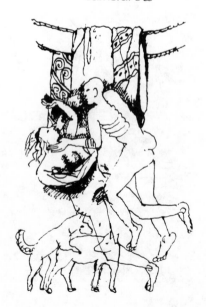

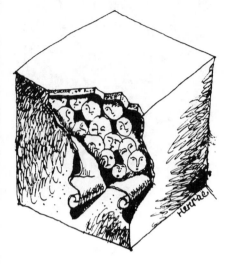

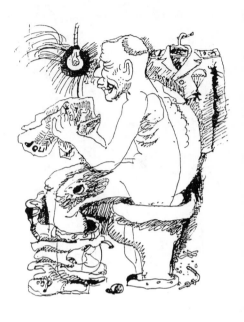

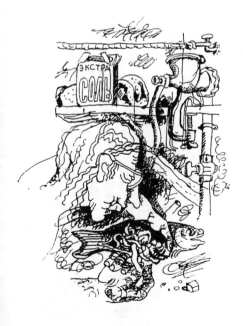

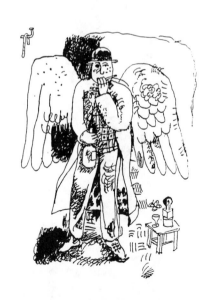

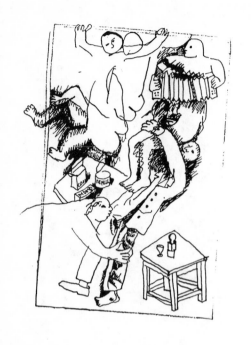

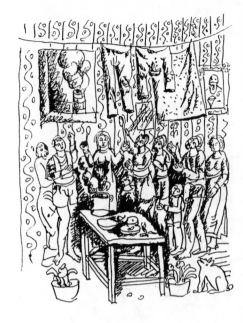

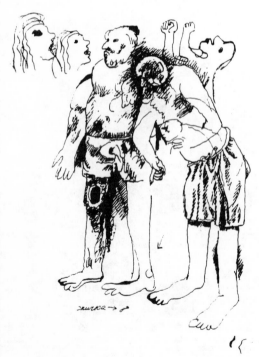

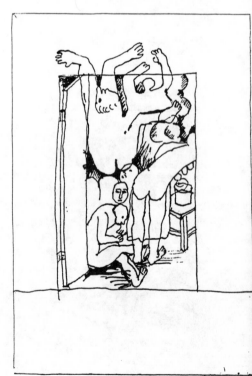

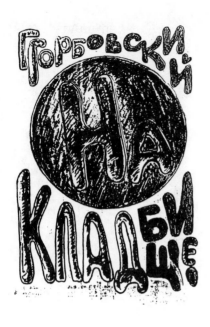

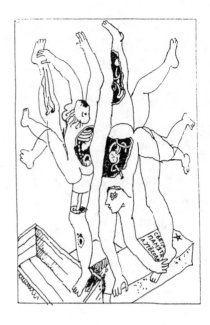

CameraArts

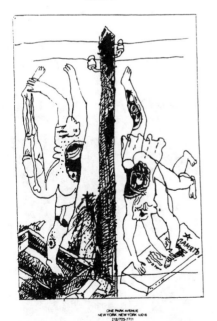

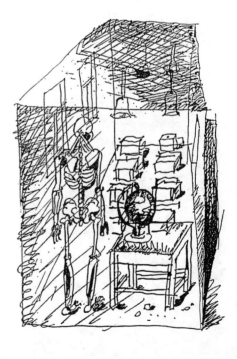

Camera Arts

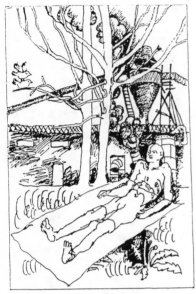

ONE PARK AVENUE
NEW YORK, NEW YORK 10016
212/725-7711

A ZIFF-DAVIS PUBLICATION

Camera Arts

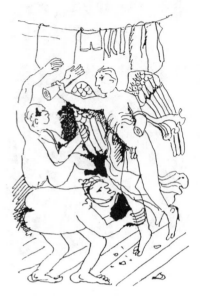

Camera Arts

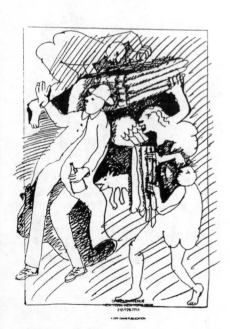

ONE PARK AVENUE
NEW YORK, NEW YORK 10016
212/725-7711

A ZIFF-DAVIS PUBLICATION

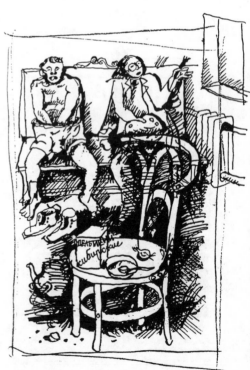

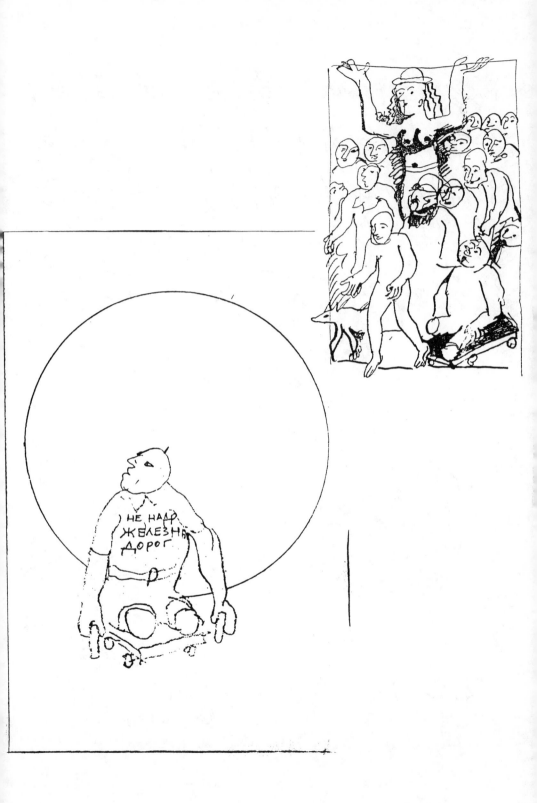

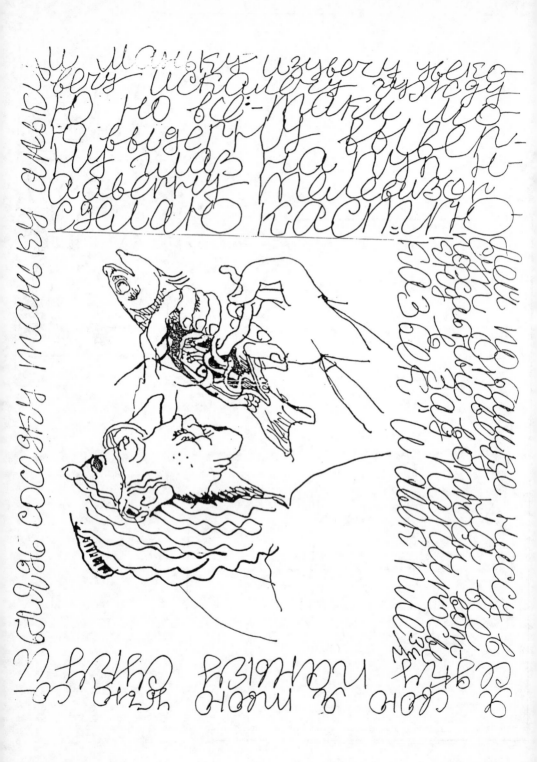

ГОРБОВСКИЙ И АХМАТОВА

Я не знаю у Глеба стихов с посвящением Бродскому, хотя "ребятам по эпохе" /Уфлянду, Еремину, Красильникову/ он их посвящал. Но Глеб и был - ПОСТАРШЕ. Зато у Бродского посвящения Глебу - имеют быть. Датированные где-то 60-м, 61-м годом. Это "Сонет к Глебу Горбовскому" и "Посвящение Глебу Горбовскому" /стр.40 и 41 "Стихотворений" Бродского, 1965/. Что-то, вроде, было еще, но я не помню.

Как четко заметил Слава Гозиас, Глеб - не умен, он, скорее, хитер. Глеб "делал глупости", когда слава его еще создавалась, а потом он их делать перестал. Глеб эпатировал - именно в конце 50-х, когда эпатировать и подвергать сомнению было модно. У Вознесенского в "Мозаике" вырезали "Кассиршу" /потом автор ее вклеивал - почти во всем тираже/ за строчки: "Кассирша, осклабясь, / Взирала на солнце / И ленинский абрис / Искала в полсотне. // НО НЕ БЫЛО ЛЕНИНА. / Она была - фальшью..." Только вырезали, самого Вознесенского не тронув. За что? У Глеба были тексты, которые "вырезать" было никак не можно, и публикуются они тоже впервые /со слов Славы/:

> Карл Маркс у вас имелся -
> "Капитал" и борода,
> С ним какой-то Енгельс спелся -
> Два пархатые жида!

Датируется, как и "коммунизма - клизма", где-то концом 50-х. О принадлежности их Глебу спорить не приходится, см. хотя бы "Пили водку..." в 1-м томе.

Играл Глеб в "мужичка". Люмпен-пролетариат, с уклоном в деревню /правда, скорее, ПРИГОРОД или вовсе Дальний Восток/, Глеб, по свидетельству Гозиаса, был сыном ПРЕПОДАВАТЕЛЕЙ ЛИТЕРАТУРЫ, имевших роскошную библиотеку. Каковая библиотека сначала прочитывалась, а потом, поштучно, пропивалась. То же и так же - происходило с библиотекой Льва Васильевича Успенского /где вырос я/, с библиотекой Левы Васильева, с библиотекой Бориса Зельдина и, несомненно, других.Пропивалась, естественно, не в одиночку, а с друзьями: на себя - жаль, да и книжек - тож , а уж "для милого дружка - и сережку из ушка" - берешь первую попавшуюся книжку, из тех, что подороже - и к Эстер Вейнгер на Литейный. Или к Алисе на Герцена. Или уж совсем - к каким Юпам в садик на Литейном же, за "Академкнигой". Знакомо.

Но Глеб и Ахматова. Уж на что я привычный, но эти два имени никак не объединял. Антиподее некуда. Но:

читают Бродский и Глеб у Ахматовой. "После чтения у Ахматовой Глеб рассказывал: - Читал Бродский - "Шествие". Потом старушка спрашивает: "Скажите, Ося, а почему Вы такой страшный?" /сообщено Гозиасом в Техасе 1 октября 1981/.

"Шествие" написано Бродским в сентябре-ноябре 1961 года, как значится в первом его сборнике. Стало, чтение у Ахматовой датируется где-то около или 1962-м. Бродскому - 22, а Горбовскому - и за 30. И оба они у Анны Андреевны, хотя испугал ее не Глеб, а Иосиф.

Вряд ли Глеб ей читал "Квартиру" или там "Художников", "Морг"... Но "Стихи о квартирной соседке" - вполне мог загнуть. И уж всяко, у Глеба это был отнюдь не самый лирический период, а даже напротив. Но Ахматову он не напугал. Помимо того, что "старушка" знавала Зощенко, она еще и сама пережила уплотнение и прочие прелести гражданской войны, эвакуации, очередей.

Но "Шествие" со страшным, карнавальным миром Бродского - ее подкосило. Я вот все задаюсь вопросом: не связаны ли "Карнавалы Санкт-Петербурга" Шемякина, в его гофманианско-дрезденском ключе - с "Гаммельном и Питером" Бродского. Поэму эту Миша уже знал, хотя бы от меня - я в 63-м носился с нею, и даже Клячкина совратил: тот поклал на музыку многие ее части, несколько лет Женя их пел. Так что для НАС - Бродский не был "страшен", как и для Глеба - мы видали пострашнее, а вот Ахматову - напугал.

И это тоже относится к серии "наших публикаций".

О Глебе и Ахматовой.

У заведенья «Пиво-воды»

СТИХИ ГЛЕБА ГОРБОВСКОГО

Мы публикуем здесь несколько песен ленинградского поэта Глеба Горбовского, сочиненных им еще в 50-е годы. Блестящее чутье песенно-народного стиля, фольклорного юмора сделало их чрезвычайно популярными, и за эти годы они разошлись и поются по всей стране. В те времена Горбовский не был еще признанным и печатающимся поэтом. Он был рабочим у геологов, и первыми слушателями его были охочие до песен братья-геологи, которые распевали их повсюду, даже и не припомнив, где в первый раз их слышали. Народная стихия поглотила их, впитала в себя, сделав частью своего песенного достояния. Варясь в этом котле, тексты их видоизменялись, появлялись варианты, весьма далекие от авторских.

Этой публикацией мы хотим вернуть песням авторство и восстановить, насколько возможно, варианты первоисточника. В конце 50-х — начале 60-х годов мы с Глебом были ближайшими соседями в Ленинграде. Редкий день мы не видели друг друга, и, естественно, ни одна встреча не обходилась без стихов и песен. И вот теперь, полагаясь на свою память, я записал эти тексты Глеба, Горба, как звали его мы, друзья. Я очень надеюсь, что Горб, буде до него дойдет эта подборка, не найдет эту мою работу недобросовестной, а наши читатели по достоинству оценят эти маленькие шедевры.

А. ХВОСТЕНКО

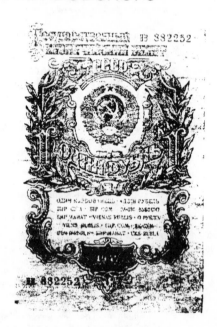

В ВАТИКАНЕ

В Ватикане идет мелкий дождичек,
Моросит на священный асфальт.
Папа римский отужинал с водочкой
И глядит в заоконную даль.

На востоке, в Москве уже ноченька.
Спать легли атеисты в кровать.
Папа римский сосредоточенно
Начинает в душе проклинать.

Не нужны вам мои индульгенции
И просвирки мои не нужны.
Всех греховнее интеллигенция,
И тем паче советской страны.

В Ватикане идет мелкий дождичек,
Моросит на священный асфальт.
Папа римский отужинал с водочкой
И глядит в заоконную даль.

НА САДОВОЙ УЛИЦЕ

На Садовой улице в магазине шляп
Потерял я голову из-за этих баб.
Головы их, головы, груди и носы,
Потерял я голову из-за их красы.
    Ах, вы груди, груди, груди,
    Носят женские вас люди,
    Бабы носят нытики,
    Девки-паралитики.

А под одеянием, скажем, под трико
То-то ароматище, то-то велико.
Сколько вас, поганого семя, развелось,
Повстречал я женщину, пьяную насквозь.
    Ах вы, груди, груди, груди,
    Носят женские вас люди,
    Бабы носят нытики,
    Девки-паралитики.

Беру ее на руки, приношу в свой быт,
А она ругается на чем свет стоит.
Разлеглась, паскудина, на диван-тахте.
Чего ты прикасаешься, говорит, к моей красоте.
    Ах вы, груди, груди, груди,
    Носят женские вас люди,
    Бабы носят нытики,
    Девки-паралитики.

Беру ее на руки, выношу во двор.
А она ругается там до этих пор.
Из носу зеленая тянется сопля.
Разлеглася, мозгами еле шевеля.
    Ах вы, груди, груди, груди,
    Носят женские вас люди,
    Бабы носят нытики,
    Девки-паралитики.

На Садовой улице в магазине шляп
Потерял я голову из-за этих баб.
Головы их, головы, груди и носы,
Потерял я голову из-за их красы.

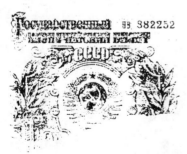

У ЗАВЕДЕНЬЯ ПИВО-ВОДЫ

У заведенья пиво-воды
Стоял непьяный постовой.
Он вышел родом из народа,
Что говорится, парень свой.

Ему хотелось очень выпить.
Ему хотелось закусить.
Хотелось встретить лейтенанта
И глаз за глазом погасить.

Однажды ночью он сменился,
Купил полбанки коньяку
И возносился, возносился
До потемнения в мозгу.

Потом он выпил на дежурстве
И лейтенанта подтолкнул.
И снилось Пиво, снились Воды,
Как в этих водах он тонул.

Деревня древняя Ольховка
Ему приснилась в эту ночь,
Сметана, яйца и морковка
И председателева дочь.

Из заведенья пиво-воды
Шагнул непьяный человек.
Он вышел тоже их народа.
Но вышел и упал на снег.

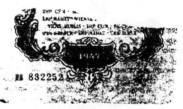

Торговала ты водой газированной.
Был мужик он молодой, образованный.

Он окончил факультет филологический,
Наградил тебя болезнью венерической.

Наградил тебя сполна под завязочку,
Чтоб носила на носу ты повязочку,

Чтобы помнила всегда землю русскую,
Говорила чтобы в нос, по-французскому.

И сидишь ты под замком, затворившись.
Нос не кажешь, так как он отвалившись.

СМЕРТЬ ЮВЕЛИРА

Он вез директора из треста
На волге цвета изумруд.
Не суждено было до места
Доехать тем, кого везут.

На самом резком повороте
Хватил шофера паралич.
В предсмертной жалобной икоте
Упал на руль шофер Кузмич.

Машина вырвалась под гору.
Нога шофера на газу.
Он позабыл про светофоры —
А был он ни в одном глазу.

Директор делал выкрутасы,
Баранку рвал у мертвеца.
Но ни одна на свете трасса
Ведь не бывает без конца.

Она кончалась магазином,
Где ювелир, как изумруд,
Стоял, роскошный рот разинув.
Сказал: «Сейчас меня убьют».

Вот так убили ювелира.
Убил его мертвяк-шофер.
И поэтическая лира
На этом кончит разговор.

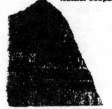

Полегоньку, потихоньку
Полюбил я девку Соньку.

Заглянул в ее сердечко,
Колупнул ее нутро —
Немудрящий человечко
Был устроен нехитро.

Наливаю Соньке чаю,
Чаевые получаю.

Запрокинул на кушетку,
Примостился кое-как.
Вызывайте акушерку.
Подымайте белый флаг.

Полегоньку, потихоньку,
До свиданья, не взыщи.
До свиданья, девка Сонька!
Выводи свои прыщи.

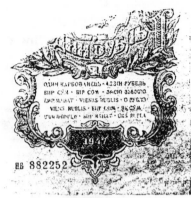

ХУДОЖНИКИ

На диване, на скрипучем на диване
Мы лежим, художники.
У меня, у меня да и у Вани
Протянулись ноженьки.

В животе, в животе снуют пельмени,
Как шары бильярдные.
Дайте нам, дайте нам хоть рваных денег,
Будем благодарные.

Мы б буты — мы б бутылочку б по попе
Хлопнули б ладошкою.
Мы бы дрыг — мы бы дрыгнули б в галопе
Протянутою ножкою.

Закадри — закадрили бы в кино мы
По красивой самочке.
Мы лежим, мы лежим, малютки-гномы,
На диване в ямочке.

Уменьша — уменьшаемся в размерах
От недоедания.
Жрут сосе — жрут соседи-гулливеры
Жирное питание.

На диване, на скрипучем на диване
Тишина раздалася.
У меня, у меня да и у Вани
Жизня оборвалася.

С.Гозиас

Несколько слов о Глебе Горбовском

Русский поэт Глеб Горбовский незаметно скончался в конце 60-х годов XX_го столетия, но член союза советских писателей Глеб Яклвлевич Горбовс кий продолжает славное проживание в Ленинграде на Васильевском острове в месте, которое по старой памяти зовется Гаванью.

Глеб Яковлевич Горбовский издал.., точнее, Глебу Яковлевичу Горбовс кому определенные литературно-административные инстанции издали более 10 книг, включая "Избранное". Название "Избранное" звучит несколько странно для ещё пишущего автора: то ли Горбовский дал обещание не писать лучше, чем в "Избранном", то ли признал себя неспособным к дальнейшему созданию поэзии.

- Глеб - это эпоха! - говорит голос Константина К. Кузьминского из телефонной трубки, - Вот и вчера опять всю ночь говорили о Глебе. Глеб - мерило...

Первой моей реакцией был протест: э т о н е т а к! Не может один человек быть эпохой чего бы то ни было. Но протест был бессловестный - по американскому телефону не поспоришь, ежели абоненты не имеют постоянного и приличного /по величине/ дохода. А второй реакции не было - был укол памяти, пронзительная боль о бывшем и удивительно ясная видимость вспять - зрячесть, очищенная длиною времени и расстояния.

> ... Любившими доказано,
> любовь в разлуке - зорче.

> Г.Горбовский, строки из неудачной
> поэмы о Ленинграде.

Не могу оспаривать поэтическое провиденье Глеба Горбовского, но и верить не могу, так как утверждение поэта не более, чем штамп - литературный ляп, которые так крепко прижились в издательствах, видимо, всех стран и народов: официальные власти любят такие ляпы - они оставляют в памяти читателя кирпичик "законного", с которого начинается "удобное сознание."

Но назад - к нашим баранам.

Эпоха... Что такое - эпоха? Какой исторический или нравственный смысл закрыт в это прозвище? Глеб - это эпоха... А Евтушенко - тоже эпоха, или часть , или не? Может быть существует эпоха имени Вознесенского? Или Маяковского? Или Мандельштама? Трагический тенор эпохи - Блок - звучал в период революций, так сказать, был звуком эпохи, но не эпохой и Анна Андреевна поименовала Блока так для большей убедительности и красоты, ибо сама в то время была только хористкой. А что потом? Какая эпоха сменила революции: эпоха ЧК? эпоха пролеткульта? эпоха коллективизации? Во сколько миллионов трагических голосов звучали эти эпохи? Где имена певцов? - - - Но поиски эпох могут увести в несказанные дали и увести от предмета разговора, и, чтобы не терять умозрительной ниточки, по которой мы отправляемся в поиски истины, заручившись правдой /правдивостью, точностью, документальностью/, помня, что ИСТИНА и ПРАВДА далеко не всегда одно и то же, - назовем - - вполне условно! - следующую эпоху русской литературы ЭПОХОЙ СОЦИАЛИСТИЧЕСКОГО РЕАЛИЗМА. Невнятица понятия "социалистический реализм" легко об'единяет любые поэтические прявления, лишь бы главным в творчестве авторов было служение так называемой советской власти, а власть за службу делает автора известным в определенном ранге. И еще давайте запомним, что социалистический реализм отгораживался кровью и колючей проволокой от тех, кто не служил советской власти или служил не так рабски, как требовалось. И в данном случае творчество поэта Горбовского может быть действительно наглядным об'яснением существа социалистического реализма, однако не более наглядным, чем творчество Павленко, Евтушенко, Наровчатова, Дудина, Орлова, Кузнецова и прочих деятелей.

Одно время казалось, что Глеб Горбовский - поэт божьей милостью - не будет связан путами службы. По крайней мере, черты его биографии должны были бы отвергнуть поэта от службы. Казалось...

Глеб Горбовский родился 4 октября 1931 года на севере от Ленинграда в КОМИ - так было записано в паспорте, который Глеб таскал в кармане пиджака, не расставаясь. Родители Глеба Горбовского были преподавателями русского языка и литературы. По словам Глеба, его отец был репрессирован по нелепому доносу /кажется, за покушение на жизнь Кагановича/, на допросе Якову Горбовскому выбили глаз ударом тяжеленного тома "Капиталла" - в коже и слатунными наугольниками. Яков Горбовский отбыл 10 лет в трудовых лагерях, а потом не получил право на жительство в крупных городах, и поселился на Волге, вроде бы в Кинешме. После ареста отца, мать поэта вскоре вышла замуж за прокурора, который обвинял Якова Горбовского, и с новой семьей переселилась куда-то на юг, а Глебу осталась большая полутемная комната /29 кв.мтр./ на 9 линии Васильевского острова. Со слов Глеба мне известно, что в 1941 году его отправили в деревню к дяде, в этой деревне его захлестнула война. Немецкие солдаты из озорства спаивали подростка шнапсом, Глеб привык к выпивке и нес эту "привычку" почти 30 лет. Среднюю школу Горбовский не закончил по причине пьянства, но закончил ремесленное училище по профессии плотника. До призыва на воинскую службу успел побывать в колонии для несовершеннолетних нарушителей, а потом два года прослужил в стройбате /филиал исправительно-трудовых лагерей/. За два года службы Горбовский получил 196 суток ареста за пьянство, и в конце второго года службы был уволен из армии по болезни.

Наша дружба началась стихийно - в 1954 году, но запомнил я Глеба Горбовского еще в школе в 1946 году: клубок тел скатился по лестнице к гардеробу, клубок рычал, хрипел, орал - и распался, - над всклокоченным и рычащим парнем в боксерской стойке замер Дон, общий любимец школьников. Дон не ударил поверженного - Дон протянул руку, помог противнику подняться на ноги, и оба в обнимку вышли из школы. Вихрастый рычун был Глеб Горбовский. Дон - Юрий Игнатьев стал с той поры приятелем Глеба на долгое время, - только растущая известность поэта, то есть новый образ жизни Горбовского прекратил их приятельство. Юрий Игнатьев - мастер спорта по боксу, был чемпионом города, но для некоторых уголовников работал по "отмазке". Не знаю писал ли стихи Глеб в этот период жизни, но точно знаю, что пил, а пьяный - зверел.

Двумя годами позже я не успел на спектакль снятия с крыши пьяного ремесленника, - снимали пожарные с помошью складной лестницы. Ремесленник кричал и брыкался на радость сотоварищей по ремеслу и на веселье гарнизону местной шпаны.

Однажды, в пору дружбы, мы спешили с Глебом за бутылочкой "зубровки" на Малый проспект в непопулярный гастроном, где продавались настойки - тоже непопулярные в те годы. Пробегая мимо "ремесла", мы заметили на крыше двух парней, которые нетвердо шли вдоль карниза.

- Резнутся, - сказал Глеб.

- Нет, - возразил я, вспомнив подвиг пожарных, - пожарники снимут.

- Это меня снимали... - без восторга признался Глеб.

... Последняя встреча с Глебом Горбовским была у меня в 1979 году в августе месяце, в Ленинграде, в ОВИРе... За более, чем 30 лет знакомства, на долю дружбы выпало только семь-восемь лет - с 1954 по 1961 год - самое интенсивное и самое интересное время творчества поэта Глеба Горбовского. По словам Глеба, к 1962 году были сделаны 6 поэм и около 1000 стихотворений и песен. В "Избранное" вошло 450 стихотворений, но только около 70 помечены датами тех лет. Где остальные стихи поэта?! Не ведомо. Впечатление, что Горбовского обокрали. Но кто? Пожалуй, что сам поэт. Весь ряд поэтических публикаций доказывает это. Авторская правка для "прохода" некогда казалась временной уступкой цензуре, к сожалению, на деле не уступка, а служба литературным администраторам стала правилом поэта Горбовского.   Вот примеры:

Было
...квинтэссенция в хлебе,
в парт и проф нахлобучках.

Стало
... квинтэссенция в хлебе,
в бытовых нахлобучках.

или

... я буду стрелять, если в выстреле
                 сущность,
с улыбкой умру за родимую Русь...

я буду стрелять, если в
выстреле сущность,
с улыбкой умру за Советскую
Русь...

В каждом варианте правки изменено по одному слову, зато полностью измене
смысл стихотворений. Оба стихотворения из "непечатных" превратились в
служебные.

    А в 1954 году в записной книжке Горбовского было не более 20 сти-
хотворений* - предостихотворений, из которых в памяти остались строчки:

           Витька, друг,
           жили мы помнишь как?
           А теперь по барабану легких палочки Коха.

Последняя строка несет груз стопроцентной реальности - наш друг той поры
Виктор Бузинов /ныне известный беспринципностью, пьянством и авторством
поделок о Ленине радиожурналист/ заболел туберкулезом и потерял одно
легкое. Тяга к конкретным деталям наметилась у Горбовского ещё в дости-
ховом периоде, эту тягу он осознает и сделает "мясом" стихов, а через
десять лет пьяный Шигашев будет пророчествовать:

           - Отец, пойми, главное - детали, детали, детали...

    Началом поэзии Глеба Горбовского - бесспорно- явилось стихотворение
"Ослик", которое и зафиксировало неразрывность фактов биографии с геогра
фией стихов в творчестве Глеба Горбовского. Ленинградцы должны помнить,
что в 1954-1955 году по городу из района в район перевозилась на ослике
касса цирка.

           Рыжий ослик родом из цирка
           прямо на Невском в центре движенья
           тащит фургон, в фургоне дырка -
           касса: билеты на все представления.
           Ослик тот до смешного скромен,
           даже к детям он равнодушен.
           Город-грохот так огромен,
           в центре ослик, кульками уши.

           Славный ослик, немного грустный,
           служит ослик, как я, искусству.

При всех шероховатостях стихотворения,   обаяние так велико - и поэта и ослика, точность попадания в читательское сердце такая снайперская, что Ослику ничего другого не оставалось, как выполнить свою миссию и ввезти в святой город поэзии новое имя.

Глеб Горбовский не только написал удачное стихотворение - он ещё уловил возможность эксплуотации определенного приема писательства, то есть возможность стиля, - и сразу же опробовал действие своей находки в стихах. Следом за "Осликом" - залпом /или запоем?/ выплеснулись стихи "Муха", "Зеркало", "Воздух", "В автобусе" и другие. Основные стихи этого потока были опубликованы в сборнике "Молодой Ленинград" в 1956 году - тогда, когда имя поэта Глеба Горбовского было уже на устах студентов - самого массового и самого активного класса любителей поэзии.

В 1954 году о поэте Глебе Горбовском ещё никто не знал. В записной книжке были песенки, куплеты, частушки, сотворенные во время солдатской службы, а может быть и ранее.

> У сержанта новый ремешок.
> Ты, сержант, хороший корешок.
> Убери ремень с дороги,
> чтоб глаза он не мозолил,
> дважды два ему приделать ноги.

> Или:

> Ты любитель беленькой "московской,"
> я её поклонник с давних лет.
> Вам клянется сам солдат Горбовский:
> в целом мире лучше водки нет.

> Или:

> Маленькая, пьяная деваха,
> из какого бара ты ушла,
> на тебе вся порвата рубаха,
> ты почти раздета до гола...

> Или:

> Когда качаются фонарики ночные
> и темной улицей опасно вам ходить,
> я из пивной иду, я никого не жду,
> я никого уже не в силах полюбить...

Или песенка, обличающая "запад":

Сидела пара на скамье,
и мисс в об"ятиях дрожала,
а Время как всегда: тик-тик,
а Время как всегда - тик-тик -
бежало.

Я не привожу тексты песен и куплетов полностью - нет нужды. Но песенка
о "западе" была сотворена специально для исполнения в самодеятельности
на календарных праздниках, сотворена по заказу комбата, и за такие песен-
ки Горбовского освобождали из-под ареста гауптвахты. Разумеется, это бы-
ли ловкие шалости, литературные шалости, но опасные шалости - через трид
цать лет после первых шалостей мы видим, что "шалостями" начинено "Изб-
ранное" Горбовского, что это не случайно, а специально, то есть Горбовс-
кий начал делать компромиссные стихи давно, расчетливо, уверенно. В сере-
дине пятидесятых годов разглядеть этот метод внедрения в поэзию было не-
возможно. Во-первых стихов было чрезвычайно много и в сравнении со сти-
хами поэтов официального приложения /Дудин, Чепуров, Браун, Азаров в
Ленинграде, и такая же популярная серость в Москве/ казались праздничны-
ми блестками, а во-вторых в то время еще не было ясного представления о
поэзии будущего десятилетия: поэзия большинства молодых авторов казалась
монолитом новой, чуть ли не революционной формации, нового - свободного
дыхания поэзии:

Плевало Время на меня,
плюю на Время.

Но повторяю, буйный и пьяный Горбовский имел трезвый, расчетливый
ум. По складу характера ему был ненавистен любой вид насилия над его
личностью. И вот в солдатчине, когда капитан заставил Глеба заготовлять
дрова для капитанского дома, плотник и солдат Горбовский одним махом то-
пора отрубил себе две фаланги правого указательного пальца, за что под-
лежал осуждению трибуналом. Но Горбовского комиссовали по-чистой, то
есть по болезни без переосвидетельствования, - Глеб это вычислил заранее
и выполнил расчет, ибо по инерции сталинских законов трибуналу подлежал

и капитан, который за использование солдатского труда в личных целях
мог получить срок больший, чем членовредитель.

Кстати, о "Фонариках". В то время не было сомнений, что песня при-
надлежит Глебу Горбовскому - он ее пел, от него мы ее услышали, они -
Глеб и песня - были похожи эмоциями. Но в 1961 году вышел на экраны филь
"Гибель империи", где в одном эпизоде - в каталажке лихой уголовник /ак-
тер Н.Рыбников/ поет "Фонарики". У Глеба Горбовского в ту пору еще не
было ни широкой официальной известности, ни хватких друзей, которые мог-
ли бы протащить его песню в сценарий /в фильм/, тем более, что песня
была "непечатная" - блатная что-ли. Гонорара авторского за эту песню
Глеб тоже не получил. Мелькнула тень подозрения, но пропала - не до по-
дозрений было в ту пору. Сейчас же плагиат Горбовского очевиден - он
присвоил песню очень давно для утешения непомерного тщеславия. По сло-
вам Горбовского, "Фонарики" сделаны где-то в 1951 году, то есть в то
время, когда он не владел техникой стиха, а текст "Фонариков" сколочен
мастерски. Далее, публикация текста песни в "Антологии" Константина К.
Кузьминского с "новым", то есть прежде не певшимся, куплетом - уже не
доказательство, а криминальная улика, так как куплет не только старомо-
ден, но и начинен реалиями дореволюционного города, которых Горбовский
знать не мог. Но с уголовным миром юный Глеб был знаком коротко, и в
лабиринтах этого мира мог "найти" свою песню.

После успеха первых стихотворений в стиле "горбовский", Глеб пишет,
как штурмует, - редкий день проходил без стихов, но - обычно! - за одну
ночь он успевал написать два-три, а то и пять,шесть стихотворений. Неу-
дачная поэма "Дебри" или "Добрые дебри" - приблизительно 300 строк, был
выполнена за две ночи /на коммунальной кухне в квартире, где я прожил
большую часть жизни/, - осколки поэмы в виде стихотворений помещены в
"Избранное" - это "В кабине", "Рубины малины в кустах при дороге."

В каждой работе о творчестве поэтов - будь то краткая статья или
обширное исследование - обязательны жесткие факты биографии, которые

подкрашиваются доброжелательством или злобностью, так сказать, освещают поучительностью заурядные поступки. Моя работа о Глебе Горбовском есть скорее всего - некролог, а эта литературная форма требует сдержанности и обобщенности, но, тем не менее, и мне хочется рассказать о конкретных проявлениях поэта в быту, чтобы фольклор о Горбовском имел черты истинности и ежедневности.

Внешность Глеба Горбовского

Он близорук, глаза сидят очень близко к переносице, брови и ресницы густые и неяркие. Если Горбоский смотрит вдаль, он щурится, морщит нос, рот открывает треугольником, как кот; если он смотрит себе под нос, то глаза делаются круглыми, зрачок судорожный, словно зверик смотрит. На голове у Глеба волос - тьма, двоим бы хватило, - волос рыжеватый, тусклый и жесткий.

Глеб довольно высок, то есть в пятидесятых годах рост 178-180 см. считался высоким, но следующие поколения, рожденные в мирные и сравнительно сытые времена, стали крупнее /длинее/, и Глеб стал человеком среднего роста.

Горбовский в труде

Он не был силен и не был здоров физически - от постоянных пьянок он испытывал изжогу и боль в брюхе. Физический труд он ненавидел и трудиться на производстве не стремился, в чем, безусловно, был прав, так как труд поэта - поэзия, а не таскание, пиление, тесание, взрывачие и все прочее. Трудовая география в стихах Горбоского объясняется очень просто: до вступления в члены союза советских писателей социальное положение поэта именовалось "тунеядец", он мог быть преседуем милицией, и друзья Глеба из "горняков" /в частности, Олег Тарутин/ устраивали его в экспедиции для заработка и трудового приложения. Член ССП Глеб Яковлевич Горбовский прекратил дальние заезды, и катается в дома творчества, а иногда к родственникам последней жены в Белоруссию, что также отражено в стихах последнего десятилетия.

Удивительно, что критика как бы не заметила стихотворения "На лесоповале", хотя оно опубликовано не менее 10 раз, а стихи говорят:

> Тела, смолистые от пота,
> а бревна, потные от тел.
> Так вот какая ты, работа...
> Тебя я так давно хотел !

В 1958 году - дата стихотворения - Горбовскому было 27 лет, но он ещё не отведал труда, то есть постоянный труд для поэта был в новинку. Хотение труда - выдумка поэта, выдумка, угодная редакторам издательств.

Фольклор о Горбовском

3 мая 1955 года Глеб Горбовский вышагнул в окно с лестничной площадки - с третьего этажа. Он был бос, то есть в одних носках /ботинки остались отдыхать в комнате/. Глеб не разбился и даже не поцарапался, - он шагнул на поленницу дров, прикрытых ржавым железом, - грохот был жуткий, словно взрывы, стены двора-колодца отражали звук, многожды усиливая его. Глеб решил исчезнуть, сбежать, потеряться. Возвратить Глеба отправился человек сравнительно трезвый, богатырской силы и непобедимого здоровья.

- Идем назад, Глеб, - говорила лошадиная мощность.

- Давай, я тебе сперва в морду резну, потом пойдем, - отвечал Глеб.

Глеб ударил наотмашь, но без видимого результата, - здоровяк даже не покачнулся.

- Не, - сказал Глеб, - надо не так. Давай снова.

На второй раз Глеб угодил здоровяку кулаком в горло. Здоровяк заперхал, отплевался, а потом погрузил Глеба на плечо и принес в комнату веселья, причем долгий путь через дворы и до четвертого этажа по лестнице Глеб перенес молча и без сопротивления: выполнял данное слово "потом пойдем"

x   x   x

Глеб ходил в баню не чаще одного раза в год - не было смены белья, но не это было главным. В отрочестве или в юности лихие друзья изрисовали тело Глеба аляповатыми татуировками: на груди яркая лира с ангелочкам - лира не менее суповой тарелки по величине, на ногах фигурки обнаженных человечков, и прочая дребедень в различных местах кожи. Глеб стеснялся татуировок, стеснялся до такой степени, что не снимал рубахи даже в "глуши", когда вокруг не было пляжного населения. Стеснительность - сильное и яркое качество Горбовского, но когда он одолевал стеснительность, то становился наглым:

- Вы без меня задохнитесь, задохнитесь, задохнитесь! - орал пьяный Глеб.

x   x   x

Глеб остро чувствовал юмор, но в быту оперировал несколькими характерными штампами имени Горбовского /дяди, ибо Глеб говорил, что нашел эти словеса у дяди в деревне во время войны/:

- Всё говно, кроме мочи.

- Лататы по кустам.

- Это всё берцы.

Не дай бог слушателю спросить, что такое лататы.

- Лататы - это такая же пизда, как ты, - с мрачным восторгом отвечал Горбовский.

Но обладая ораторской способностью объясняться матерно, Глеб использовал умение крайне редко - уверен, что реже любого среднего ленинградца, отягченного высшим или специальным образованием. У озлобленного Глеба чувство юмора переходило в патологический сарказм. Для примера две эпиграммы Горбовского:

На трибуну вышел Рацер:
надо ж где-то обосраться.

или:

У Мочалова моча
по стихам бежит, журча.
И Мочалова мочу
я читаю и молчу.

x   x   x

Область исследования "Горбовский и женщины" заслуживает многих страниц, а то и целой книги, так как у Глеба не было /и не могло быть/ только функционального, инстинктивного влечения к женщине. Поэтический дар тоже не помощник в любовных делах, так как заставляет избывать чувства такой силы, каковые не умещаются в сознании даже таких оригинальных женщин, как первая жена Глеба Горбовского - Лидия Гладкая. Дамьё же любит поэзию, как правило, как наряды, то есть до и после постели. А Глеб обладает цельным чувством, неделимым на время суток, неделимым на удобные слова, что не может служить подарком женщине. Огромность чувства пугала женщин - они отбывали, убывали, исчезали, а Глеб пьянел от своей любви, как от водки, и обрушивал поток стихов на следующую женщину - на каждую следующую женщину.

⟨вставка "4 Женщины". 1960 г.⟩

x   x   x

Глеб на природе - явление увлекательное, - мы знаем литературные примеры такого рода в виде кабинетных ученых, оказавшихся на просторе земного шара, как Паганэль господина Жюль Верна. Стоило больших разговоров - уговоров, чтобы вытянуть Глеба на рыбалку или на отдых вдали от Города.

Первый выезд к невским порогам был без приключений, если не считать провидческого нежелания Глеба снять рубаху. Мы были там втроем. Двое носились голышом, а Глеб ходил в длинных носках, в семейных трусах и рубахе, застегнутой до горла. И вот в этой пустыне появилась пастушка - не юная, не добрая, но криво повязанная и голосистая, - она призывала не то

Вставка к стр.12

Нас женщины любили, -
спасибо им от нас!
Для них мы щеки брили
порою лишний раз,
для них цветы по кличкам
старались называть,
для них сообща и лично
ходили воевать.

Они нам грели спины,
кормили нас борщом,
они, мужей покинув
таких живых еще,
шли даже к нам, бродягам,
голодным и худым.
За эту их отвагу
да будет счастья им!
Да снимут с них проклятья
бессонные мужья!
Как знамя, край их платья
теперь целую я.

1960-1961 г.

козу, не то овцу:

- "ань, мань, мань, мань...

Мы - голыши - прыснули в кусты, а Глеб реготал, очень довольный.

Второй заезд на рыбалку оставил след даже в литературе Горбовского:

> Хлеба на озере нет два дня,
> скоро не будет огня...

Мы отправились рыбачить на озеро Вялье. Добрались до Ящеры поездом в деревне Ящера отменно поели /у нашего друга в Ящере каждый третий житель был родственником/, а от сытости утратили память и внимание. Мы ушли на озеро /около 10 километров по шатким болотам/ рыбачить и охотиться но забыли в Ящере патроны к ружью, наживку к удочкам, хлеб и консервы, нож и ложки... Мы вспомнили о снаряжении на озере, когда распаковывались Топор был, но не было топорища. Топором без топорища было изготовлено топорище, затем нарублены хвойные лапищи для удобства наших тел, так как почва была кочкастая и влажная. Нашелся в рюкзаке пакет пищевого концентрата и хлебная горбушка. Ширяич наградил удочку хлебным шариком - и клюнуло... За вечер была отловлена не то плотвица, не то язица - малек в палец длиною, но и малька испекли над костром, и сожрали без соли. А потом налетели комары:

> Комар вонзился в прокопченый палец,
> но я смолчал, я слова не сказал, -
> и кровью человечьей наливались
> немые комариные глаза...

Следующим утром мы покинули славное озеро. В Ящере опять было объедение пищей. Потом Ширяич добыл плоскодонку и мы отправились ловить на дорожку /это когда леску держишь в руке, или в зубах, или намотаешь на большой палец ноги, а блесна юлит за кормой со скоростью лодки/. Ширяич греб я потягивал леску, а Глеб сидел нахохлившись и без интереса. Но вот Ширяич бросил весла и схватил себя за ногу - за леску, схватил и потянул, и вытянул щуренка на полкило весом /безмен-то у нас был и на озере!/ -

яркого, стройного и очень живаго. Глеб тоже ожил.

– Да* мне, – сказал Глеб. – А как я узнаю, что клюнуло?

– Рыба дернет, как зацепится, – ответил Ширяич.

Через минуту Глеб выговорил сдавленным шопотом:

– Зацеп, зацепило...

Глаза у Глеба светились, как у хищного зверька на охоте.

– Тяни, – посоветовал Ширяич.

Глеб потянул – тянул и вытянул великолепную щуку /раз в пять больше первого шуренка/ – сильную, бьющуюся. Над лодкой щука выплюнула блесну и полетела в лодку, колотясь о дно, прыгая, извиваясь. Следом за щукой поныгнул Глеб – через Ширяича, через меня, забыв о том, что плоскодонка может опрокинуться, что он сам не умеет плавать, – Глеб вцепился всеми девятью пальцами в щучий загривок, он оскалился, как щука, он давил и давил – – – и щука запищала тонким, предсмертным фальцетом, а Глеб зарычал. А после победы над рыбой, Глеб спросил:

– Что это она пищала?

– Ты ей воздух из плавательного пузыря выдавил – это воздух пищал, об"яснил добрый Ширяич.

Мы пробыли на озере Вяльем и в Яшере двое суток, и, за исключением времени ловли щук, Глеб не расставался с записной книжкой, на странички которой что-то записывал. Я хранил листок из этой записной книжки долгое время, так как и для меня это были следы живой жизни – слова-памятки, по которым легко вспоминалась та или иная ситуация: костер, топор, галстук, ерш, три сосны и так далее. В 1979 году при выезде из Ленинграда таможенники из"яли мои бумаги, и теперь этот листок, вероятно, хранится на крепких полках КГБ – как улика.

... Но вернемся домой, то есть к стихам, к творчеству поэта Глеба Горбовского, так как возвращение в дом – неизбывная тема российских поэтов.

... Очень возможно, что двуликость или многоликость есть общечелове-

ческое качество или свойство, то есть в зависимости от обстоятельств че-
ловек проявляется тем или иным образом, как бы чуждым ему, как бы случай-
ным, или резко противоположным его обычному складу. Так, наедине, когда
не было рядом чужих глаз и ушей, Глеб Горбовский был человеком невероят-
ного тепла, тишины и заботы. Перед чужими Глеб "выступал", поддразнивая
или зля, или злясь самолично. И стихи для прихожан Глеб читал едкие, а
иногда и лютые, вроде:

> Мы - поколение нерях,
> за разгильдяйство нас резонно
> мариновали в лагерях
> простых и концентрационных:
> за то, что мы не гладим брюк
> и щек не бреем ежедневно,
> за то, что мы не моем рук,
> на нас покрикивают гневно:
> - А, ваши трусики в дерьме,
> за это вас сгноим в тюрьме.

Естественно, что эти стихи Глеб не читал с эстрады, но всегда - дома для
прихожан. Он знал, что такие стихи бьют в сознание без промаху, что у
каждого есть обнаженный нерв протеста, что трогать этот нерв сладостно и
для себя, и для других:

> Зачем он роет эту яму?
> Во-первых, скажем, это труд,
> а труд ведет к получке прямо,
> а получив, едят и пьют.
> Лопатой чешет там и сям он, -
> грунт испугался, грунт притих.
>
> Рабочий знал, он роет яму
> не для себя, а для других.

В воздухе 1955 года носились очень смелые слухи о Сталине - возможно,
что в "народ" специально процеживались некие вольности, подготавливая мас-
совое сознание народонаселения к раскрытию культа личности Сталина. Глеб
реагировал остро и точно:

> Постучали двое в черном,
> их пустили, как своих.
> Папа мой сидел в уборной -
> сочинял для сына стих.

Мама грызла торт-полено,
я - дурак - жевал картон,
и вибрировал коленом
звездолобый пинкертон.
Нехорошие вы люди,
что вы роетесь в посуде,
что вы ищете, ребята,
разве собственность не свята?

Даже в стихах для эстрады, которые Глеб читал на поэтических вечерах и турнирах, звучали откровения горечи, нужды, протеста:

..А счетчик считает без счет, без бумаг,
и кажется, высчитан каждый твой шаг,
движение каждое сердца и ног,
подсчитан и крови стремительный ток, -
плати! - за биение сердца в груди,

плати!...

/Счетчик, 1956 г./

Или:

... А рабочий любит щи, -
для него в тарелке мелко,
для таких, как он, мужчин
огород бы на тарелке.
Ешь, рабочий, ешь плотней -
будешь лошади сильней.

/В столовой, 1955 г./

Тем печальней читать в "Избранном":

... Как мало нужно для смиренья:
всего лишь горсточку ума,
и вот случилось озаренье...

... и эти яростные флаги,
и вечный тот прищур вождя...

Конечно, прищур; естественно, что прищур, - прищур стрелка в сотни тысяч прищур организатора концентрационных лагерей, прищур создателя кастрированной партийной литературы, которой ныне служит Глеб Яковлевич Горбовский - душой и телом. В книге "Явь" есть стихотворение "У шлагбаума" - это обычная литературная подлость без ума и сердца. Автор там - сторонний но активный наблюдатель, даже более - общественный обвинитель - добровольный общественный обвинитель, активный на шмон, на вражду, на ненависть. И не мудрено, что словесный ряд стихотворения калькирует наихудшее идеологическое оружие, изобретенное Геббельсом-Ждановым для усмирения вольнодумных масс.

У шлагбаума

Он уезжает из России.
Глаза, как два лохматых рта,
глядят воинственно и сыто.
Он уезжает. Всё. Черта.

"Прощай, немытая..." Пожитки
летят БЛУДЛИВО на весы.
Он взвесил все. Его ужимки
для балагана. Для красы.

Шумит осенний ветер в липах,
собака бродит у ларька.
Немые проводы. Ни всхлипа.
На злом лице - ни ветерка.

Стоит. Молчит. Спиной к востоку.
Да оглянись разок, балда...
Но те березы, те восторги
его не тронут никогда.

Не прирастал он к ним травою
и даже льдом не примерзал.
Ну, что ж, смывайся. Черт с тобою.
Россия, братец, не вокзал!

С ее высокого крылечка
упасть ВПОТЬМАХ немудрено.
И, хоть сиянье жизни вечно,
а двух отечеств не дано.

О каких потемках - "впотьмах" - глаголет автор? Уж не Россия ли во мгле? Что ж это славные редактора просмотрели? Или поэту Горбовскому отныне позволено властью мутить воду и наводить тень на плетень? Я воспринимаю этот текст как личное оскорбление и как пошлую ложь, оговор, поклеп, как тупое жандармское ругательство в адрес людей, осмелившихся покинуть отечественные застенки. Видимо, Глеб Яковлевич более не тревожится тем, что в его дверь постучат те "двое в черном".

Итак, за плечами Горбовского пятьдесят лет жизни и более 10 книг. И ни одна книга не охватывает душу полным ощущением - горя - счастья - любви. Если для первой книги "Поиски тепла" - книги надежд - была простительна некоторая рыхлость подбора стихов и некоторая инфантильность чувств /поэма, давшая название книги, есть поэма ни о чем, то есть о пешем походе на свидание с не очень любимой женщиной - ни имени, ни лица, кроме лукавого "моя любовь сейчас в тепле"/ - простительна по той причине, что первую книгу Горбовского подбирал некто Владимиров, а редактировал некто Кузьмичев, - Глеб только радостно согласился с подборкой, так как знал, что первая книга - первая ступенька новой жизни, к которой он тяготел, не не простительна и не об'яснима - казалось бы - позиция автора в следующих книгах, в которых четко и твердо запечатлен поэт официального идеологического приложения. Вспомним:

> ...Его ветрами облизало,
> его - как факел, голова.
> Ещё Россия не сказала
> свои последние слова!

Патетично. Безусловно, патетично. И почти красиво. Но о чем это? Да ни о чем, но звук какой - еще Россия не сказала свои последние слова! - мед в горло власти, которая так умильно пестует руссизм, и претензия на мировое господство, ежели не территориальное, то духовное. И связь времен прямая:

> Умом Россию не понять,
> аршином общим не измерить,
> у ней особенная стать -
> в Россию можно только верить.

О чем это? То же самое - ни о чем, но звучит сладко, что забываешь о боге, в которого нужно верить, которого не измеряют и не стремятся осознать, ибо вера есть доверие... Отождествлять какую бы то ни было страну с богом - грех, - это понятно даже мне, язычнику.

Тенденция служебных стихов развивается у Горбовского с каждой книгой, развивается так сильно и стремительно, что после 1970 года - практически нет ни одного оригинального стихотворения, но только строчки и отрывки, это какой-то поток общих идеологических наставлений, поток разрешенной и даже обязательной проблематики. И поэта не спасает умение писать стихи ид службы и тут работает. Сравним словесный ряд в стихах живого /до 1970 года/ и почившего /после 1970/ поэта:

Приходите ко мне ночевать,
мягче ночи моей - только сны,
я из трав соберу вам кровать
на зелененьких ножках весны...
нужно ... рекой овладеть
и держать ее гриву в руке.
                    1964 г.

Найти себя не в годы странствий...
ветхо убранство, невзирая на усталос
столь утлым все мирозданье предстает,
в сей бездне, в груди восторг, к
зову времени, сущий вздор, и жить
сначала...

                    1973 г.

Превратиться в мелкий дождик,
город толстокожий, трогать
гриву леса, нежностью небес-
ной гладить сонные поля...
                    1966

Проснулся и слышу: - Зачем я родился?
Отвечу, изволь. Чтоб радовать Землю.
Немалая роль. Столикую славить ее
красоту. Стозвонному горлу внимать.
                    1973

Кого спасает шкура,
кого огонь азарта.
Одних хранит культура,
других - обед и завтрак.
Тебя спасет помада,
его спасет работа.
Меня спасать не надо -
мне что-то не охота.
                    1961

Приняв снотворное, явился танков гул,
какая быль - такие сны, проснувшись,
сам не свой, и вдруг прочел про орде-
на спортсменам, вдруг рванулся - ах,
эта красная звезда...

                    1976

Тебя солне подлизало
с городской шершавой шкуры,
таял ты, как тает сало ..,
в белом фартуке татарин
гнал тебя метлою взашей..,
снова дворника качало
на метле по тротуару...
                    1957

Притороченный к ней, измученный,
явились глаза твои, окруженье врагов,
в ореоле веков, ширью полей, ласкаю
дитя, отрешась от страстей, солнце
всходит на помощь тебе...

                    1978

Можно сравнивать почти каждое стихотворение - результат будет одинаков, словно после 1970 года Глеб Яковлевич Горбовский окончил некое церковно-канцелярское заведение с длительной практикой в манасях, так речения поэта не стилизация, не изыскание в истории, а духовное зрение. В стихотворении "Снег" автор изменил одно слово - вместо "татарин" встало слово "товарищ", - что ж, это по-товарищески. После 1970 года поэту Горбовскому ни разу не удалось "рекой овладеть и держать ее гриву в руке" - плачьте, женщины, удаль пропала! И все же атавистическая память /о том, что он поэт милостью божьей/ заставляет писать строчки, в которых различим

прежний Глеб - теплый, чистый, искренний:

> Наступает разлука с собою.
> Все слышнее последний звонок.
> После жизни, как после запоя,
> убегает земля из-под ног...

Или:

> Шагая устало и зыбко,
> я слышу: "Что с вами стряслось?"
> И прячу в дурацкой улыбке .
> дурацкий ответ на вопрос.

Или:

> Как гордо любилось!
> Как любим отныне покорно.

Или:

> Ах, какие кавалеры
> спят, не выйдя из меня!

Или:

> Не кричи, разговаривай шопотом:
> я услышу тебя, как судьбу.
> Я уже успокоенный, шелковый,
> из зерна перетертый в крупу.

Но такие строки - редкость, как археологические драгоценности. Зато стихи стали перенаселены пошлостью . Во вступительной статье к "Избранному" Наталья Банк замечает: "Творчество Горбовского вступило сейчас в новый возраст четких пристрастий, человеческих, гражданских, эстетических.." О, пронзительный критик Наталья Банк! - углядела-таки отличие человеческого от гражданского и от эстетического! Однако, читая "Избранное", видим четкое пристрастие поэта - службу. По служебным обстоятельствам стихи заселяются не образами, а шаблонами, штампами, ляпами "о людях старшего поколения, о тех, кто воевал" /перечень Натальи Банк/ и, конечно же, о тех, что кровь мешками проливал, за что имеет льготы пожизненно. Не мудрено, что стихи становятся все более "программными" - программность одолела лирика, программность есть индикатор, показывающий степень отсутствия поэтического мышления. Да и зачем нужно поэтическое, ежели есть гражданс-твенное мышление, четкое, как погоны, определяющее уровень поэта в среде авторов? Эти программные стихи - их больше двухсот в "Избранном" - самое отвратительное, что мог написать Горбовский, вооружась опытом стихописа-ния. Читайте и судите сами, вот краткий список: "Старый охотник", "Орден", "Баллада о генерале", "Баллада об интеллигенте", "Черные кони", "В аэро-порту", "Сикстинская маданна", "Письмо", "Дом", "Скрипичный мастер", "На вокзале", "У реставратора", "Приметы" и так далее. Основным качеством этой продукции является название стихотворения, чтобы читатель не сбился с пути, чтобы запомнил, что известный поэт написал ЭТО - О или - ОБ.

Но стихи живого поэта - их невозможно исключить из жизни - протестуют против казенщины ▮▮▮ ▮▮ ▮▮▮▮▮▮▮ "▮▮▮▮▮▮▮".

Глеб Горбовский против члена ССП Г.Я.Горбовского

Найти себя не в годы странствий,
а лишь теперь - на склоне лет...

1973

Рябило в глазах от мелькавшего
                              хлама:
то вспыхнет вершина, то явится яма,
то венчик победы, то холмик утраты.
Людовики, Карлы, а вслед им -
                              Мараты.
Всё было, всё было. И вдруг осенило:
есть высшая доля!
есть высшая сила!

Ребенок вымочил усы
на дождесеющей погоде,
и две ладони, как весы,
как балансировали вроде...
Ребенок тонок, хил и мал,
пожух от времени, погнулся.
Он сорок лет себя искал
и, не найдя, назад вернулся...

1959-60 г.

Каждый день гробы на ката-
                          фалках
свозят на кладбищенскую свалк(у)
Мимо окон с музыкой прощально(й)
с мимолетной кучкою скорбящих
проезжает грузовик печальный,
увозящий сложенное в ящик,
- каждый день за сумрачным окно(м)
мне напоминает об одном:
все идет туда, куда вставляют
клизму,
а не к коммунизму.

1957

Зачем я родился? Отвечу. Изволь.
Чтоб радовать Землю. Немалая роль.

И эти яростные флаги,
и вечный тот пришур вождя.

Достучаться до звезд.
Вот и все, что мне надо покуда.

И

Поэты - частники, надомники..,
поэмы строят многотомные,
стучат по буквам молотком...

"Загадочная русская душа..."
Какая чушь! Она открыта настежь
и для веселья,
и для мятежа,
и для молчанья гордого в ненастье.

... Ее удел - гореть не остывая!
О русская душа!
Душа живая.

Опаздываю. Не взлететь по трапу,
как будто ночь свалилась мне на
                              плечи.
Опаздываю, но не на корабль, -
на вечность.

Карла Маркс у вас имелся -
"Капитал!" и борода,
с ним какой-то Энгельс спелся:
два пархатые жида.   *1960-61*

Постучали двое в черном,
их пустили, как своих.
               /Полный текст приведен выше/.
                              1956

Канава ржава. В тоннах слизи
в канаве жаба - жабий мир.
У жабы тут полно провизий -
живи, наслаивая жир,
плодись, заваливая местность
своею собственной икрой.
И мне доподлинно известно,
обрушь светило той порой,
спали весь мир, оставь канаву,
и жаба будет как всегда дышать,
кормить себя на славу, -
была бы мокрою вода.
               /Из поэмы "Право на себя",
                              1957

Последнее, что нужно отметить в сборнике "Избранное" - это некоторая подтасовка дат, коими отмечены стихотворения. Смысл подтасовки мне недоступен. Возможно, что специалист /имеется ввиду профессиональный искусствовед, хотя бы в штатском/ поймет или разгадает для чего автор смешает даты. Легкая неточность /ошибка на два-три года/ возможна по причине издательской, то есть под стихотворением может оказаться дата не написания, а опубликования стихотворения. Но есть вещи, на мой взгляд, не объяснимые. Например, в 1961 году Глеб Горбовский не был знаком с Юрием Шигашевым /они могли познакомится не раньше 1964 года, но вероятнее всего, что они познакомились в 1965-1966 году, когда у Шигашева появилась семья и комната в центре города - за плечом Дворца пионеров, куда заскакивали жители окраин и жители иных градов и весей/. Словесный ряд стихотворения прямо скажем, посмертный - так уныло Глеб Горбовский в 1961 году писать не умел. Стихотворение, которое некогда было посвящено Наталье Шурыгиной, ныне опубликовано с посвящением Е.Евтушенко. Для чего? - Укрепление связей Москвы и Ленинграда? Или своеобразный вид клятвы-признания в соучастии? А ещё одно стихотворение:

> Когда я потускнел и поржавел,
> и пообтерся, это ль не зловеще? -
> Ко мне впорхнула стая дивных тел!
> Блистательных и девушек, и женщин...
>
> А раньше!? Где вы были жизнь назад?
> Когда я сам летал и разрастался,
> когда еще благоухал мой сад,
> когда я ласки в поисках метался?
>
> Вот вы пришли. Я вам налью чайку.
> Я вам стишок бесполый проболтаю...

Это истинный голос пожилого Горбовского, а не слова Глеба в 1961 году, когда он клокотал от чувств - от боли, от горечи:

> Даже ты уходишь замуж,
> одиноче я кукушки.
> Мне тебя поить куда уж
> из моей солдатской кружки...

Наталье Шурыгиной, 1961 год.

Не влетала тогда в темную комнату Глеба никакая стая дивных тел - не было места в комнате, и не было бесполых стишков. Бесполые стишки - находка Горбовского последнего десятилетия. И в последнее десятилетие появилась возможность наблюдать стаи этих тел, - после женитьбы на Светлане, и читать бесполые стишки подругам Светланы, слетающимся на ИМЯ - на лицезрение пастыря, а пастырь - по должности своей - обязан творить высоко моральные, то есть бесполые стихи.

    Остается слабая надежда, что со временем всплывут горячие тексты Глеба Горбовского, и опытная рука составит "Избранное" без оглядки на власть

составит для поэзии, составит для русской литературы, которую Глеб Гор-
бовский - безусловно! - любит. Возможно, что в это время ни поэта, ни
его оппонентов не будет в среде живущих. Но кесарю - кесарево, а богу -
богово.., ежели богово не уничтожено самим автором.

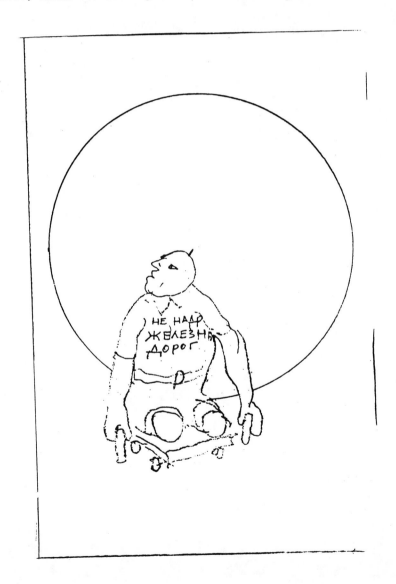

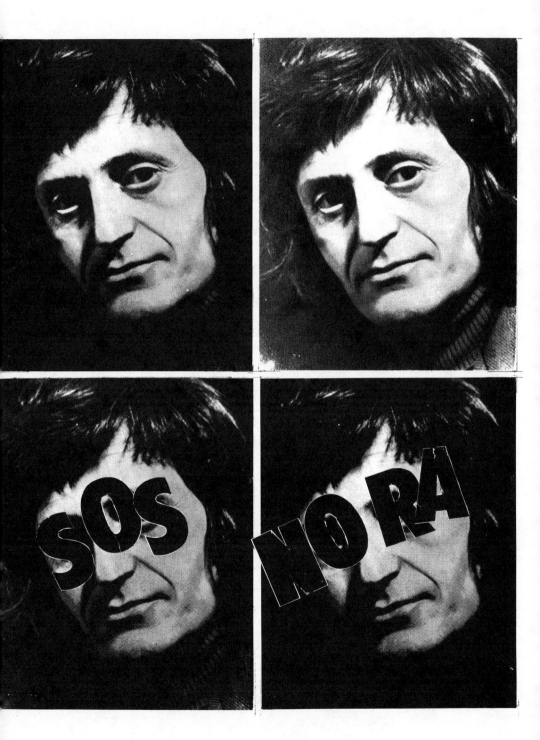

СОСНОРА И ИСТОРИЯ

/от историзма к сюрреализму/

Соснора известен у нас, как историк. Даже и предисловие к его третьей книге "Всадники" писал академик Д.С.Лихачев. Но прежде, чем говорить о Сосноре, поговорим об истории. И о том, кто и к чему ее употребляет. Советский период XX века ознаменовался "уходом в историю". А куда еще? И вот, Тынянов к 37-му году создает трилогию о 37-ом же, только 19-го века. Однако, параллели напрашиваются. От пылкого идеализма к мрачной тирании. Бюрократической. Это уже позднее стало известно, как декабристы раскалывались на допросах, Тынянов об этом не писал. Но приготавливался. Платонов пишет "Епифановские шлюзы", прямо по Покровскому. В то время, как Эйзенштейн и граф Толстой трудились над апологиями самых мрачных самодержцев российских по личному приказу вождя, история играет с ним такую злую шутку! Кстати, по этой причине "Восковая персона" и "Малолетний Витушишников" Тынянова долгое время не переиздавались. Историю можно толковать по-разному.

Для иных история служит уходом от повседневности, средством подачи лирики. Таков текст Анатолия Домашёва:

- Я не князь, я не Игорь,
растерял я свои полки.
Не до забав молодецких мне, не до игр -
тоска по погибшим полкам

мне сердце огнём палит!

- Князь!..
- Да какой же я князь! Я не князь, я не Игорь!
- Князь ты мой, и больше ничей.
Ты моё бедовое иго
в забытье этих чёрных, как очи твои, ночей!

Не проси ты пощады, прими от меня участье,
губы губами лови!
Разве просят пощады у счастья?
Разве нужно щадить в любви?

- Я не князь, я не Игорь.
Не собрать мне свои полки.
Ярославна,
полуночное иго,
полони меня,

полони!...

1960

Для Домашова и иго, и полки служат лишь средством выразительности одиночества, слабости и отчаяния страдающего героя. За счет исторического параллелизма - повышение лирической напряженности.

У Леонида Палея /Хейфеца/ история служит совершенно иным целям. Делая по заказу ленинградского радио поэму о восстании на Семёновском плацу, поэт вылез за рамки соцреализма, перейдя к гумилёвским интонациям /о которых см. дальше/. Поэма, долженствующая обличать самодержавие, превратилась в своего рода гимн. Естественно, на радио она не была принята. Лёня Палей, мой ближайший друг с 19-ти лет, отличался рыцарством характера, а как я уже говорил, советской власти рыцари не нужны, за вычетом "железного Феликса", а гумилёвская рыцарственность – и подавно. Лёня кончил мореходку им.Макарова, служил парашютистом-десантником, всегда любил балерин /кончил же драматической актрисой Ольгой Бган/ и всегда был - прежде всего – поэтом. Как он ни старался "пробиться на Парнас, чтобы потом тащить нас за собой", ему, по причине именно рыцарской честности, это никак не удавалось. Даже песни для кабаков, писанные на "рыбу" /т.е. на готовую мелодию/ у него выходили слишком хорошо и искренне, и потому не проходили. Но вернемся к "Балладе о Семёновском плацу" /привожу только начало по памяти/:

> Конец баллады - баланда,
> решетки,
> > да писк крысиный.
>
> Начало баллады - парады.
> Начало баллады -
> > красиво.
>
> Командиры
> > коней седлают,
>
> ногу в стремя:
> > "Здорово, братцы!"
>
> Семёновский
> > полк Государев
>
> идёт
> > за Родину
> > > драться.

Такого рода панегирик прогнившей царской армии никак не мог понравиться на радио. Требовалось доказать обратное - почему восстал Семёновский полк.

Но приведем другой пример , на сей раз из поэмы "Первомартовцы" Василия Бетаки, написанной, как он утверждает, "эзоповым языком".

БАРАБАННАЯ

> Царь един, и Господь един,
> И России от века дан
> Алексеевский равелин,
> Аракчеевский барабан.
>
> Аракчеев давно помре.
> Но как прежде, гулок туман,
> И стучит, стучит на заре
> Аракчеевский барабан.
>
> Пётр в Европу рубил окно,
> Мы заделали вновь - zehr gut!
> В барабанах дыры давно,

Их латают, и снова бьют.

Барабанщик давно вспотел,
Но во-всю барабаны бьют:
Кто там равенства захотел?!
И в полки студентов сдают.

Не хотите ниже травы?
Вас тревожат судьбы страны?
Но зато уж в казарме вы
Одинаковы и равны!

Все построены в серый ряд.
Всё глушит барабанный бой.
Что же будет с тобой, солдат,
С барабанной твоей судьбой?

Корка хлеба, да кваса жбан —
Послужи царю и стране!
Лупят палочки в барабан,
А шпицрутены — по спине!

Вот и равенство вам дано,
Вам капрал являет пример —
Чтобы все на лицо одно,
Чтобы всё — на один манер!

Вы такого хотели? Нет?
Барабаны твердят, не лгут,
Что российский интеллигент —
Детонатор народных смут.

Барабан! И построен взвод.
Барабан! И ряды равны.

Отправляем совесть страны
С барабаном
На эшафот!

Вася очень любил читать эти стихи в воинских частях, заменяя "капрала" "сержантом" — для доступности. Я же при этом обычно читал свою пацифистскую поэму "Рукопись из XX века", облеченную в форму фантастики. По знаку офицера советские солдаты размеренно аплодировали. Бетаки, будучи учеником Павла Григорьевича Антокольского, к истории и ко всему подходил утилитарно и реалистически. Его афоризм — "Если я не понимаю образа, я никогда его не использую". Так однажды в "Мазурке /последний бал моего прадеда/" он заменил замечательный образ "Черными птицами мечутся свечи" на... "Мелкими птичками мечутся свечи" — по "непонятности" первого. Бетаки долгое время работал в Павловске, но ничего оттуда не вынес. Потом мы с ним работали в Петергофе, тоже экскурсоводами. В этот период история приобрела у него более декоративный, нежели практический, оттенок. Цитирую, опять таки, по памяти:

VASILY B.

Фото прозаика-фантаста Андрея Балабухи. Конец 60-х.

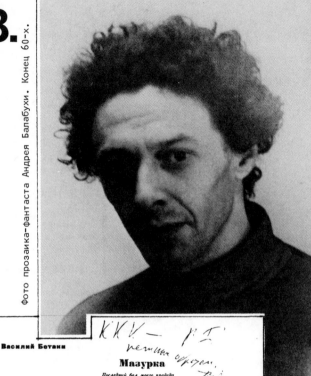

Два автографа Василия БЕТАКИ и он сам. Публикация в "Авроре" с "мелкими птичками" и последующей авторской правкой. Нижний же экспромт написан, надо полагать, на какой-то из моих дней рождений в конце 60-х, типичный подарок поэта, которому жрать нечего. Сейчас, будучи сотрудником "Континента", "Немецкой волны", "Посева", "Граней" и "Свободной Европы", ему есть чего, однако, писать он от этого лучше не стал, но зато ему за это платят. Немецкими, полагаю, марками, что не хуево. Стихи же привожу для образца почерка. Как и портрет поэтический /блокопушкин/.

Василий Бетаки

Мазурка

Последний бал моего прадеда

В зале мазурка хлещет с балконов.
Зарево золота в белых колоннах.
Четки античные профили женщин.
Мелкими птичками мечутся свечи.
Мечутся рыжим пламенем баки —
Мчится в мазурке поручик Бетаки.

Белая роза на доломане.
Музыка кружит, музыка манит:
Прочь до рассвета ученые споры!
Росчерком свет — в золоченые шпоры!
..Шпора сотрется в свете сусальном,
Звон обернется звоном кандальным,
Белая роза дворцового бала
В белой метели

    окажется алой!
В легкость мазурки лязгом железа
Врежется медленный гром полонеза:

В бой
  вы пой-де-те
    за
      ца-ря...
Который раз, который раз
Желез-ные мело-ди-и твердят:
В бой вы пой-де-те
      за
       ца-ря...

Всплески мазурки тонут в железном.
Пляска снежинок в отблеске лезвий.
По ветру яркие ментики мечутся!..
— Иль вы презрели
Царя и Отечество?
В басках последнем слепнет заря:
— Будет Отечество!
   Гоуб   Без царя!
— Иль ль — на площадь? Если угодно,
    можно и проще...
    — НЕБЛАГОРОДНО!
(без театральных эффектов —
    ну как нам?)
Сабля скользит по граниту Гром-
      камня.
Придают кони: не было б хуже,
Саблю, как косу, точит Бестужев,
Отблески — молнии в облаке близком

(Был он Бестужевым — будет
      Марлинским!)...

Всплески мазурки, снежной мазурки;
Пули снежинок в черные бурки.
Скинь-ка перчатки, рыжий поручик:
Эта мазурка без лайковых ручек!
Ядер горячи по льду шипенье...
Скоро ль откликнется Польша Шопена?

Гром.
По Сенат-ской
      пуш-ки бьют.
И лед трещит, рас-ко-ло-тый,
И по-ло-нез
      ползет
        че-рез Неву...

Через Неву бы!.. Солнце над Горным.
Взблеск ли клинков или выкрики
      горна?
Лебедь декабрьский, горнист
      очумелый!

Снег ли?
Кровь ли?
Красный да белый:
Белые стены, красные лица,
Хлещет мазурка вьюжной столицей!

Цепи наручников на доломанах...
Что же, поручики, вас доломали?
Лавры ль Марата? Пыл патриота?
Или святая болезнь Дон-Кихота?
Мельницей
    вертятся ветры российские,
Петли пеньковые, тракты сибирские;
В ритмах мазурки звенят
      колокольчики:
«Кончено, кончено, кончено,
      кончено...»
Трупы завернуты в черные бурки.
Мельница вертится в ритмах мазурки.
Снег? Перемелется! Век?
      Перемелется!
Крутит Россию кровавая мельница...

Горские пули, кавказские кручи?!
Видно, в рубашке родился, поручик!

632

В небе летнем, старинном,
И почти что пустом,
Резко вздыблены спины
Разведённых мостов.

И нежданный, как небыль,
Над Невой недогретой,
В фиолетовом небе -
Силуэт минаретов.

.... призрак
Бухары бирюзовой -
Азиатским капризом
В сон Европы суровой.

Словно в "Ave Maria"
Влился клич: "Бисмилля!",
Полумесяцем крылья
Изогнув у орла.

Словно небо кусая,
Две змеи над Невой
Встали рядом, касаясь
Облаков головой.

И у каждой по телу
Пляшет ромбов мираж,
И молчит опустелый
Петропавловский пляж.

1967

Это единственные два текста Бетаки, которые я помню. Остальные его тексты, известные мне, отличаются дидактичностью и поэтически слабы, хотя историзма в них хоть отбавляй.

Приведем примеры двух исторических текстов поэта, а ныне прозаика, Владимира Корнилова:

ГУМИЛЕВ

Три недели мытарились:
Что ни ночь, то допрос...
И не врач, не нотариус,
Напоследок - матрос!...

Он вошел черным парусом,
Уведет в никуда...
Вон болтается маузер
Поперек живота.

Революция с гидрою

Расправляться велит.
То наука не хитрая,
Если в гидрах - пиит...

Ты пошел, вскинув голову,
Словно знал наперед:
Будет год - флотский ''чоновец''
Горшей смертью помрет.

Гордый, самоуверенный
Охранитель основ,
Знал, какой современников
Скоро схватит озноб!...

... Вроде пулям не кланялись,
Но зато наобум
Распинались и каялись
На голгофах трибун.

И спивались, изверившись,
И рыдали взасос,
И стрелялись, и вешались,
А тебе - не пришлось!

Царскосельскому Киплингу
Пофартило сберечь
Офицерскую выправку
И надменную речь.

... Ни болезни, ни старости,
Ни измены себе
Не изведал...
           И в августе
В 21-м
     к стене

Встал, холодной испарины
Не стирая с чела,
От позора избавленный
Петроградской ЧК.

1967

ЕКАТЕРИНИНСКИЙ КАНАЛ

На канале шлепнули царя.
Действо, супротивное природе.
Прежде прибивали втихаря,
А теперь - при всем честном народе.

На глазах у питерских зевак
В день воскресный по сигналу девки

Два бродяги - русский и поляк -
Кинули две бомбы-самоделки.

Сани набок... Кровью снег набух...
Пристяжная билась, как в припадке...
И кончался августейший внук
На канале имени прабабки.

Этот март державу доконал.
И, хотя народоволке бедной
И платок сигнальный, и канал -
Через месяц обернулись петлей,

Но уже Гоморра и Содом
Бунтом и испугом задышали
В Петербурге и на всем земном
Сплюснутом от перегрузок шаре.

И уже, чем дальше, тем скорей,
Всех и вся спуская за бесценок,
Президентов стали, как царей,
Истреблять в паккардах и у стенок.

В письма запечатывали смерть,
Лайнеры в Египет угоняли...

И пошла такая круговерть,
Как царя убили на канале...

1972

Дай Бог поэтам писать, как этот прозаик! Эти стихи уже не эзоповым языком писаны, а русским. Характерно употребление лагерного жаргона - Гумилеву "пофартило", царя - "шлепнули" и т.д. По поэтике это ближе к Галичу и Высоцкому.

2

Итак, Соснора. Соснору "ввёл" в литературу Николай Асеев, и опять же за исторические стихи. Однако, еще до того, как эти стихи были напечатаны, Соснора уже пользовался известностью за счет своих циклов о Бояне и Илье Муромце. Тексты эти печатались в кастрированном виде и появились полностью только 10 лет спустя, в сборнике "Всадники", третьей книге стихов. И там академик Лихачев пишет: "Общие представления о Киевской Руси в стихах Сосноры поразительно совпадают с теми, которые дает нам в своей книге "Люди и нравы Древней Руси" советский историк Б.А.Романов." Далее он приводит письмо Н.Н.Асеева от 25 ноября 1961 г.: "... Я рекомендую его Вам не как подражателя, а как открывателя совмещения в стихе древнего с сегодняшним, вводящим в словарь темы древности смелые говорные термины и интонации, вроде слов "завихренья", "роба", "взъерепенился", "барахло", "халупы", от которых должны прийти в ужас пунктуальные слововеды, как от не свойственных древней лексике. А именно в том-то и прелесть этих стихов..." /"Всадники", Лениздат, 1969, стр.7-8/. Подобная языковая смелость Сосноры, оригинальная в стихах о Киевской Руси, в стихах о Руси современной – просто неудобоварима. Соснора мешает столь различные лексические ряды в одну кучу, что создается впечатление полной безграмотности. "Каких подонков коронуешь? / Сколь бесподобен с королями? / Как регулируешь кривую / Своих каракулей, кривляний?" – это уже пример типического языка современного итээра /инженерно-технического работника/. Никто /пока/ не попытался дать анализ языка Сосноры, а главное – его корней. А это явление не одинарное. Задавшись целью разобраться в языке Сосноры, я провел анализ попутно с ним и еще двух поэтов, весьма разных по таланту, но страдающими в одинаковой степени огрехами лексики. Это Борис Куприянов и Владимир Нестеровский /см./. Ответ нашелся в биографиях трех поэтов. По мнению автора этой статьи, языковой базис складывается у ребенка где-то годам к 13–14-ти. И зависит он от окружающей среды. Потом подросток уже "выбирает" язык – в системе общения, чтения. Но базис определяет. "Безграмотность" Сосноры меня поражала. Но его ли это вина? Родился в Алупке, блокаду провел в Ленинграде, 6-ти лет был вывезен на Кубань, оттуда – в Махач-Калу, потом жил в Архангельске, во Львове и, наконец, снова в Ленинграде. Это же вавилонское смешение языков! Аналогичная история с Куприяновым – все детство он провел в офицерском городке в Германии, где офицеры были из Рязани и из Тюмени, псковские и нижегородские. И каких диалектов он наслушался? Когда я спросил поэта Нестеровского, поразившего меня своей отвратительной лексикой, где он вырос – "О, в сорока городах!" – ответил он. Так что достоинства и недостатки Сосноры базируются на одном и том же – на смешении языковых пластов. Когда это берется, как прием /в исторических циклах/ – это освежает язык, когда же от языка остается одна "свежесть" – ... Кстати, ни Асеев /автор предисловия к первому сборнику "Январский ливень"/, ни Лихачев и не анализировали "современные" стихи Сосноры, особенно в плане лексическом.

В плане же "историческом" Соснора гениален. В истории он себя чувствует, как рыба в воде. Я не читал его романа о Державине, который вот уже лет 10 ждет публикации. Но его "Уроки истории" /или "Исторические куриозы", как я их посоветовал ему назвать/, тоже все еще ждущие публикации, являют собой пример поразительной "недостоверности" истории, переходящий в план сюрреальный. Соснора берет все сохранившиеся свидетельства о внешности Пугачева, цитирует их подряд, и подбивает бабки: итак, Пугачев был "высокий, низенький, среднего роста", "бороду носил окладистую, клочковатую, подбородок брил чисто", "глаза имел маленькие, выпуклые, серые, голубые, зеленые, карие", – от всего этого веет исторической жутью! Жуть, мрак, несусветность истории – таков переход от – насыщенных жизнью и плотью текстов об Илье Муромце к трагедии Бояна и к рыбьему царству в "Сказании о граде Китеже". Уже в песнях Бояна врываются евангельские реминесценции – "Вторая молитва Магдалины", которые потом вылились в "Псалмы". За эти псалмы Соснора был отлучен от публичных чтений сроком не то на год, не то на два.

Творчество Сосноры неизмеримо глубже и страшнее того немногого, что появилось в пяти его маленьких сборничках, общим объемом страниц в 500 /среди которых добрая треть повторений и треть "паровозных" – по определению Натальи Грудининой – текстов: ода "Электросварщики" и т.п./. Соснора характерен не этими одами, равно – уже – и не историческими стихами. А "больничной" темой, которая начинается в ранней его поэме "Трус", воспроизводимой мною по памяти вопреки желанию автора. Эта тема переходит уже в сюрреалистические тексты позднего Сосноры.

О самом Сосноре говорит Сюзанна Масси:

Неважно, что пишет Сюзанна Масси о Сосноре. Тем более, что это напечатано в ее-моей книге "Живое зеркало". И говорит она, при этом, по английски. Для Запада - получается прекрасный портрет русского поэта /и в самом деле, неплохой!/.

Но я лучше расскажу о Марине Сосноре. Все тексты, года до 74-го /а дальше не знаю/ посвящены ей. И она того стоит, не меньше, чем Лиля Брик, с которой они в подругах. Какая же она?

"Не отменна Марина станом,
невысока, курноса явно.
Но конечно, не крынкой сметаны
обаяла Марина Бояна.

Обожает Марина вина,
пьет с Бояном, и спит - в чернике.
Только не побежит Марина
за Бояном в родной Чернигов.

Что возьмешь с гусляра Бояна,
продувного, как сито?
Разве будешь от песни пьяной
или сытой?"

Пишет Соснора.

И я пишу: "Горят костры на Ростральных колоннах, страшно, огонь, вечный огонь на Марсовом поле, окна Мейлаха Миши глядят на него, пионеры, студенты поют, Марина Соснора ноги в Лебяжьей канавке моет - опять на такси прикатила, бурлачка, подстилка, любовь, шефу морду набьет поутру, триолевой туфлей по плешивому черепу, неистребимая, монстр." /В неопубликованном романе "Хотэль цум Тюркен"/.

И - не то, чтобы две Марины, Марина одна, но стоит трех Лиль. Двух женщин я в жизни боялся: Марины Сосноры и Ольги Бган. И обоих любил, за безумие. Марина, с фигурой подростка, с круглым лицом, вздернутым носом, золотом веснушек и зеленью глаз - русее Руси /о которой Соснора и пишет/, пьянь и рвань, хулиганка, красавица, баба - здесь уместно и к месту рассказать Ольгу Бган, актрису, любовь моего друга, поэта Палея.

Вспоминается - анекдот. Идет, крепкий, как корешок, Леня Палей с Ольгой по Невскому, и кепочку скидывая, с каждой третьей подругой здоровается. И вдруг получает такой удар по челюсти, что - боксер, мухач - еле на ногах устоял. "За что, Леленька?!" "А не здоровайся с каждой блядью."

Приходим мы с Борей Куприяновым к Лене. Ольга сидит, в занавеску, как в неплюс, завернувшись. Пьем. Ольга увидела Борю - и плачет. "Поэт", - говорит. И целует, и плачет.

Наутро приходят ко мне. С Леночкой. Мы с Мышью с похмелья в лежку лежим. Ольга: "Одевайтесь, и идемте гулять!" "Не могу, Лелинька!" Она меня - за бороду, и с кушетки - нагишом - на пол. Мышь - за ногу, голую, и туда же: "Одевайтесь?" Оделись, идем. Стоим на спуске Невы, в партию какую-то вступили, насрано на спусках - "Идем в ресторан!" Ну, идем в ресторан. С Ольгой не поспоришь.

Замужем она за сыном Симонова была. Константина. Надоел он ей, спустила она его с лестницы /квартирка у них двухэтажная была/, сверху чемодан кинула. А сын - то с ней, то у бабки живет, у Симоновой.

Приходит она с Леней Палеем к Олежке Целкову, Леня привел кого-то картины смотреть. Пока Леня с Целковым и гостем в другой комнате картины смотрели, Ольга в первой комнате осталась, с каким-то москвичем. Леня слышит – а в комнате жуткий удар об пол, чего-то тяжелого. Выскакивает, а Ольга джентельмена за ворот с полу поднимает /нахамил он ей чем, не иначе/ и целится второй раз врезать. Леня бросается: "Леленька, что же ты делаешь, ведь ты же убьешь его!" "А ты отойди, а то и тебя убью, не мешайся." И снова – пачку тому.

Подруги у нее – Бэлочка Ахмадулина и Галя Луконина /которой Луконин придатки отбил на Купавинском шоссе – см. "Бьют женщину..." Вознесенского, с натуры писано, и называлось "Купавинское шоссе", потом ему пришлось вместо "у поворота на Купавну" – "сминая лунную купаву" поставить, когда в "Треугольную грушу" включал, это тоже к истории литературы/. Так вот, все три – были лучшими на Москве хулиганками. И легенды, легенды... То Ахмадулина к Гале Лукониной придет поутру: "Гаааля, нет у тебя чего выыыпить?" А та в ванной – "Посмотри, говорит, в серванте." "Галя, я выпила, только почему этот коньяк так странно пахнет?" "Где ты нашла коньяк? Там же водка была... Дура, ты же на 200 рублей французских духов выпила!" Духи там стояли в серванте, в графинчике, а рядом – в бутылке – водка.

Повязали Бэлочку с Галей на их машине в милицию. Нарушили что-то. Протокол составляют. Берет мент паспорта /а Бэла Ахатовна к тому времени с Евтушенкой уже развелась, но штамп снять забыла, за Нагибина вышла, Галя же за Евтушенку, и штамп поставила/, смотрит: у одной в паспорте муж: Евгений Александрович Евтушенко, у другой муж: Евгений Александрович Евтушенко. Однако, не это его удивило: "Две жены – такого знатного человека, – и такие алкоголички!"

Уехали Леня с Леленькой в Ленинград, а квартиру симоновскую Высоцкому оставили. Приезжают – дверь не открыть. Леня нажал своим крепким плечом – с трудом подалась: в тамбурчике-прихожей некуда ступить от порожних бутылок, а на кровати лежит голый Высоцкий, один глаз приоткрыл: "Машка, шампантского!" Это он так Марину Влади называет. Приходит она на съемки – с фонарем под глазом. "Что это с вами, Марина /как там ее по батюшке?/?" "А это меня Володинтка так любит."

Так и Марина Соснора любит. Взахлеб, до мордобития. Лежу я, после некоторой болезни, еле живой, трупом, а день рождения у меня, Чугунов, учитель мой, с дамами пришел, торт принес, Ирочка какая-то семнадцатилетняя, с разноцветными глазами у постели сидит, вкатывается Марина с Веркой Левоневской и с бутылкой портвейна: "Убери это гавно /на торт/, а это что еще за бляди расселись?" "Марина, говорю, это же девочка." "Пусть все катятся!" Я тут чего-то на Верку глаз положил, Марина увидела, сняла туфлю, и отвозила меня по морде. А потом увидела, что наделала, обняла и поцелуями и слезами все лицо мое вымыла.

Берет такси на Гражданке: "Таксер, гони на Лебяжью канавку, ноги мыть буду!" И моет.

На кафедре банкет устроили, она французский язык преподавала, чем там шеф ей не угодил – снимает туфлю, и его туфлей – по лысине.

Наверно, за это и любили мы их. За мордобой, за органичность.

Приезжаем мы с Соснорой к нему домой, пьяные. За такси нечем зашатить. Вызвали Марину. "Буду я за вас, пьяниц, платить!" – и три рублевки в помойное ведро выкинула, я утром нашел, с Витей и опохмелились. И всю ночь я у него на плече проплакал, за Марину.

Неистребимая. Сюзанна приехала, денег мне привезла. Цельную пачку пятирублевок, рублей сто, наверное. Поехал к Марине, она у Левоневских была, и всю дорогу ей в голую грудь пятирублевками бросался. Потом она меня на такси домой везла, а я из машины вывешивался, поребрик орошал. Пятирублевки собрала, и все матушке отдала.

И так с 69-го по семьдесят, скажем, второй.

А с Соснорой подерется - машинка пишущая с 9-го этажа летит, всю посуду перелупят. Потом помирятся.

Встречаю Марину у Союза - фонарь под глазом, ссадина на губе, рука поцарапана - "Вены, говорит, резала!" "Чем это ты, говорю" "А безопасной бритвой!" "Ну, знаешь, и при бритье так аккуратно не удается порезаться!" Царапинки-то еле заметны. Это она Соснору пугала. "Ну, ничего, говорит, я ему всю морду покарябала, помнить будет!" Встречаю Соснору - поцарапаный. "Как это, говорю, тебя?" "Да понимаешь /своим медленным голосом/, молодежь пошла, драться не умеют. Захожу я в Гастроном, а там трое пацанят, лет по шестнадцать, привязались. Ну я их уделал, конечно, только видишь - поцарапали." Через месяц возвращается из Эстонии, загорел, а цапки, белые, видны. "Да, говорю, заметно!" "Да понимаешь, мы тут на рапирах фехтовали, без пуандаре..." "А что ты мне в следующий раз расскажешь?" "А что я тебе рассказывал?" Ну, говорю ему, что все знаю. "Ну ты же знаешь Марину..."

Знаю я Марину. И Ольгу Бган знаю. Обе неистребимые. Тем то и прекрасны. Марина про себя говорит: я же прачка, бурлачка, с Волги я. Ольга не говорит, но и так видно. Бабы они. Русские. Жалкующие и любящие, а если морду набить - отчего ж? И любовь от этого слаще.

Не Лиля она. Лучше Лили. Та мозги Маяковскому 20 лет морочила, а эта - просто Соснору любила. И может, лучшее, что написано им - благодаря Марине.

Вечер был. Леня Палей устроил. "Светлое имя твое", в клубе швейников Володарского. Соснора, Горбовский, Палей. С Фиртичем, Архимандритовым, Успенским. Музыкальные композиции на слова поэтов давали. Циклы "Марина", "Светлана", "Людмила". Нехорошо у двух поэтов получилось. Глеб-то читал стихи, Анюте посвященные. Переписвятил: в зале новая жена, Светлана сидела. И у Лени не очень-то вышло, посвящал он Милочке /Милочке Плотицыной, балерине, о ней я потом расскажу/, а в зале Женичка сидела. У одного Сосноры - была Марина, и есть Марина. Очень я верил в них двух. Чуть не двадцать лет прожили. Дрались, любили, пили. И пели. Пели той же Сюзанне Пастернака на голоса, и как пели! Марина, по весне, молодой картошечки прикупила, с телятиной и со сметаной, вместо хлеба - свежий чурек из шашлычной. И водки. Холила она Соснору. Дом вылизывала. С похмелья встанет, и пойдет, с тряпкой по полу, а потом на работу, учительствовать. Чисто было у них всегда, об этом и Сюзанна пишет, и по российски уютственно. Дом был. А что Марина любила, так ведь она же баба. И верила в своего мужика, как в икону. Как Анюта в Горбовского верила. Мне читать не давала, но я ублажал ее - ранним Соснорой.

И кончилось все. Перед отъездом пришла ко мне, думал - по человечески попрощаться, нет, в предательстве родины упрекнула, а сама, говорит, за Василя Быкова замуж вышла. Ну в Быкова я не поверил, но наговорила она мне крупно. Как и Глеб, со своими "У шлагбаума". А потому что русские они, и Глеб, и Марина. Добрые и безобразные.

А Марина, к тому же, красива. Не той, классической красотой, а волжской какой-то, бурлачьей.

И не одного Бояна обаяла она. Меня тоже.

О чем и пишу. А стихов я ей не посвящал, ненаписанную поэму "Лжедмитрий".

Соснора же - посвятил ей все лучшее. И это должно знать. Не дожидаясь "Нового о Маяковском", за которое из Лили Брик маяковские сестры всю душу вынули: оплевание памяти великого поэта. А кому писать о нем? Сестрам?

У Сосноры сестер не было. Была Марина.

КАК МЫ С СОСНОРОЙ НА ДУТИКАХ КАТАЛИСЬ

Это явно году в 69-м было, по осени. Когда Марина нам не дала и три рубля в корзину выкинула. Мусорную. Всю ночь я у Сосноры на груди проплакал, а поутру в корзине башли обнаружил. Ну, вытащил, ополоснул, разгладил. Пошли мы с Соснорой по пиву у него на Анниковом. А потом - что ж, в центр надо ехать, в "Старую книгу" на Литейном, у Эстер денег занимать. Заняли под Соснору десятку у Эстер, оттуда - куда? На Жуковскую, в розлив. Говорим мамочке: два по двести, и в одну посудинку, значит. А она: мы, говорит, на вынос не торгуем, берите стаканами. Я у нее, однако, и пустую бутылочку попросил. Вылили мы туда два по двести /в магазинах коньяка не было, давно уж/, видим - недостает. Ну, взяли еще два по двести, остатки пришлось допивать. И двинулись к Артуру, на Чехова. Артура же, несмотря на паралич, дома не оказалось. Выходим - напротив извозчик стоит. Я к нему с клюкой своей, дубовой: "Извозчик, -кричу, - свободен?" "Свободен", - говорит. "Садись, говорю, Соснора, поехали!" А Соснора кочевряжится. "Садись, говорю, мудак! Рессорный экипаж, на дутиках!" Сели. "Гони, говорю, дядя Вася, тебя дядей Васей звать?" "Дядей Васей." "Гони, говорю!" "Так я на базу..." "Гони на базу!" И выезжаем мы на Литейный, на лошадке, я палкой над головой размахиваю, а Соснора, как сова, на фуре сидит, и бутылку к грудям прижимает. База за углом оказалась, в трехарочном подъезде, где я Оленьку Назарову вручную охмурял, в белые ночи, но далее не пошло. Остановил рысака дядя Вася, дали мы ему коньяку отхлебнуть, и лошадке на хлеб рублевку выдали: угости, говорим, животное хлебом. Обещал. Сами же двинулись на Старо-Невский, к невесте моей, а потом пятой жене, Эмилии Карловне. Она в гриппе лежала. Пьем, сидим. Врач приходит. Эмилия Карловна нас на кухню выставила, врач ее слушает. Я тоже вкатываюсь: хочу, говорю, сердце любимой послушать! Выкинули. Так и доели мы бутылку на кухне. На той же кухне на свадьбе Соснора с Шигашовым весь джин выдули, что Сюзанна принесла, но об этом особо.

КАК МЫ С СОСНОРОЙ У ЗЕЛЬДИНА ПИЛИ

В ту же осень 69-го приволок нас Кривулин к Зельдину. У того родители поразъехались, выпить было чего, Машка-японка еще, по комнатам торы валяются, Библии и Евангелия, Зельдин мне псалтырь и медный крест подарил, но потом отобрал, выпили круто, я к Машке в изголовье сел, с головы ее охмуряю, Кривулин же в ногах пристроился, и с другого конца начинает. Потом Кривулин к стенке за Машку залез, там и задрых, Машка же свалила и пришлось мне спать с Кривулиным, что плохая замена. Соснора же замотался в ковер, так в рулоне и спал. Утром просыпаюсь, на голой жопе у меня фиолетовый штамп стоит: "Годен к употреблению". И такой же у Сосноры, и у Кривулина. Зельдинский юмор. Это он в трампарке работал, резиновую печатку - вру, "Годен к эксплуатации"! - которой вагоны маркируются, раздобыл. Ею и метил. Сосноре же на орган его же "Триптих" положили, а "Январский ливень" - на морду. Оклемавшись, Соснора собрался домой, и Кривулин и Зельдин - туда же. Кто-то с нами явно еще был, поскольку в такси брать 5 человек не хотели, почему я был посажен на пол и выдан за говорящего и пишущего стихи пубеля. На пубеля таксер соглашался, так мы и доехали. У Сосноры Зельдин вел себя развязно, халат Марины надел, в котором я так ее помню, отчего я не выдержал и ушел. Это-то /халат/ и послужило причиной вражды нашей с Зельдиным, о чем он и не знал, и узнал только 8 лет спустя, на выставке в Вашингтоне, где мы с ним помирились. Он тогда уже ходил в художниках, а начинал в поэтах, но с кем не бывает.

КАК МАРИНА СОСНОРА СТУКАЧА УЛИЧАЛА

А мне нехорошо стали говорить за Зельдина. И супруга моя, и супруга поэта, убей меня бог, не запомню, много их было, Нинка Овсянико-Куликовская, поэт же, следовательно, был - в Павловске я еще с ним общался, а - Игорь Калугин, и стихи у него были про юродивых, про базар, где

              ... снует меж копыт и ног
              чей-то голый, как стыд, щенок.

Но с Калугиным мы не сошлись, а супруга его приезжать продолжала. Они-то и попали с моей, тогда еще невестой, к Зельдину. Помимо охмурения, они его ЗАПОДОЗРИЛИ. А тут я узнаю, что Зельдин, человек редкостной проницательности, на Сосноре уже к Артуру въехал. А Артур, филолог, полупарализованный и в болезни гниющий, в цензуре работал. Цензором. И при этом, на удивление, вместе с женой свой Наташей, был редкостной порядочности человек. Меня к ним Марина затащила, в один из наших запоев, и очень я их полюбил. Они же любили Соснору, но меня полюбили тоже. Артур к тому же, как выяснилось, меня на радио подписывал, единственную мою /обо мне/ передачу, которая начиналась словами: "Путь Константина Кузьминского начинается ОТ дверей Ленинградского университета..." Это мне Ленечка Палей удружил. Но хоть стихи были хорошие. Лирика. Слушал я эту передачу на пьеховском гарнитуре, у Лени же. Пьеха с Броневицким гарнитур купили, финский, а поставить его было некуда, свезли в квартиру Палея, и там матрацы на шкафы положили, на коих я под потолком и возлежал. К передаче я от волнения так набрался, что ничего, кроме "от дверей", и не слышал. Но это о гарнитуре, а я о Зельдине. Так вот, узнав, что к Артуру Зельдин проник, ПОДОЗРЕВАЕМЫЙ, позвонил я Марине и попросил выставить. Тем более, что халат никак не мог простить. Марина же, вместо того, чтоб просто на хуй послать, допрос с пристрастием учинила, и меня для очной ставки выписала. "Ну скажи, ведь ты же не стукач? Ведь не можешь же ты быть стукачом с такими чистыми глазами?" Зельдин молчит. Марина пытает. Зельдину бы плюнуть, выматерить и уйти, а он все сидит. И я как дурак, а Марина ко мне, это ж я ей слухи передал. Подтверждаю, говорю. Не могу ж я в собственной жене, тогда еще невесте, сомневаться, да и Зельдин мне был зело антипатичен. Ушел я, в конце-концов. А с Зельдиным мы после этой грязной сцены так и не виделись. До Вашингтона. Вот так у нас в стукачи и попадают. Все в них побывали. И я.

КАК МАРИНА КАНКАН ТАНЦЕВАЛА

Эта Марина Соснора мне в 69-м году трех больниц стоила, да еще я через нее и Зельдина селезенки лишился и сколько-то метров тонких кишок. На сей раз меня Кривулин в стукачах объявил, в отместку за Зельдина. Мне и приложили. А впрочем, не знаю. Может, и ГБ. Кита вот, гитариста, года три как - таким же методом убили. А подозрения были на Зельдина. Тьфу, на Вензеля. Но об этом потом. Гудел 69-й. Пили мы с Мариной, с Соснорой и без, пили с Веркой Левоневской, пили у Ники, и пили у меня. У Ники Марина канкан танцевала, еще до Парижа научилась, высоко задирая узкую юбочку и показывая подвязки на чулках. Колготки она не носила, "ни дать, ни взять" которые. Ох, как я их проклинал! И не раз, и не несколько. Марина же была женщиной от мозга костей. Пьем мы с ней и с Веркой Левоневской. Верка девушка застенчивая, - хочу, говорит, сделать стриптиз! Сняла кофточку, юбку сняла, рубашку. До лифчика добралась - не могу, говорит, дальше! А сама плачет. Тут Марина: смотри, говорит. И - жестом Мессалины или Афины Паллады гордо и красиво все с себя сбрасывает. А я в углу кухни сижу, как паша турецкий, водку пью под фикусом. Нет, Марина это умела. Ей бы жить, действительно, в Париже, только не в нонешнем, там этим никого не удивишь, а лет на сотенку пораньше. А как Марина с Сюзанной на лестнице у меня ругалась! Обе по-французски, так и чешут, но здесь я приводить не буду, еще Сюзанна обидится. Напишу когда мемуары. А это только так, зарисовки. Чтоб не позабыть.

КАК СОСНОРЕ САБО ПОДАРИЛИ

А позабыть ее трудно. Соснора, думаю, тоже не скоро забудет. Ему там сабо подарили, какие-то гости французские, на банкете в Союзе писателей. Во Франции Соснору очень уважают. Лиля Брик позаботилась. Через Эльзу. Кушнера же - в Италии. Бродского всюду. Меня нигде. Так вот, по причине сабо, выкинул он за окно в Неву новенькие ботинки, надел деревянные. А на улице январь. Зябко. Возвращается домой на такси, а лифт у них в 11 часов отключают, и начинает в этих сабо подниматься по лестнице. На 9-й этаж. Марина его уже на 4-м услышала. Клетка там гулкая, район новостроек, весь домину перебудил. А на пороге - Марина. Мало того, что Соснора пьяный, так еще и в сабо. Сняла она с него сабо, и по морде его отвозила. Марина такое может, она может и не такое. А сабо, по-моему, она тоже в окно выкинула. В квартире у них я их и не видел. Все-таки, лучше бы он туфли носил.

КАК СОСНОРА С ДОВЛАТОВЫМ ДРАЛСЯ

Довлатов об этом не пишет. Как и о том, как я вздул его в электричке, при этом Довлатов сломал мне ребро. Рассказывал же, однако, мне сам. Пили там где-то. Соснора, как чортик, всех подзуживал, и натравливал на Довлатова. Получилась драчка. Соснора же прыгал вокруг и сам не дрался, только подзуживал, и Довлатова тоже. Надоело это Довлатову /а мужик он - два метра десять и сто двадцать килограмм живого веса/, отмахнул он Сосноре, так, тыльной - Соснора юзом под стол въехал и из под стола, высовываясь, укоризненно: "Крокодил, ну, крокодил!" Ибо драться он не умеет, как и большинство поэтов наших, так, руками махаются, отчего все почти бывают биты.

Юмор же у Сосноры - безобразный, зоологический. Приходит домой, а на кухне Руна /пудель/ с Мариной в обнимку лежат. "Две ссуки!", говорит, и проходит к себе в комнату.

Я его всегда совой называл, хотя похож больше он на какую-то другую птицу. На какую, не знаю, потому что меня с биофака еще до курса орнитологии выперли, и Соснору толком классифицировать мне не удалось. Что-то есть в нем от птицы ночной, мрачной, горбатой, нахохлившейся. Михнов - тот похож на марабу, я его как-то так и нарисовал, а Соснора - это "рара авис", а по-русски - ворона белая.

Мрачная птица Соснора. Но таким и люблю.

Пишет матушка /23.2.80/:

"За Марину грустно, 8.3. годовщина ее смерти. Мне сказали, что она прыг-
нула с 9-го этажа, но на самом деле она отравилась. ... Хоронил ее Соснора."

Отравилась, как Лиля Брик. В день Женщины.

Марина, неистребимая...

Памяти ее /а хотел при жизни/ привожу начало ненаписанной поэмы "Лжедми-
трий", которую задумал в конце 69-го, в сумасшедшем доме на 15-й линии. Не напи-
сать мне ее. А теперь уже поздно. Две строфы - все, что осталось.

ЛЖЕДМИТРИЙ

/вступление/

красногривые кони топтали ковыль
выражали глазами тоску и печаль
одинокий стрелок заряжая пищаль
обреченно на Запад ноздрею кивал

назревали события временных лет
в черных гнездах пищали - пиши - вороньё
ибо ствол у пищали всегда воронен
потому что он слезы свинцовые льет

1969

Марина, неистребимая.
Ольги тоже уже нет.

Остались Палей, Соснора и я.

ВИКТОР СОСНОРА

СТИХОТВОРЕНИЯ

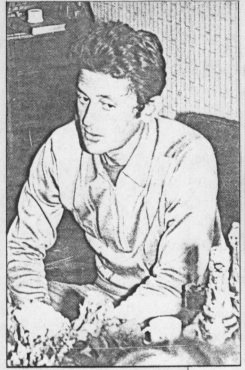

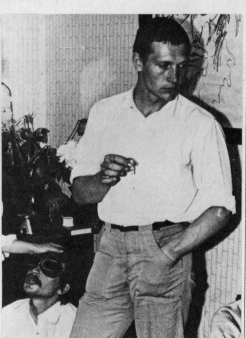

Соснора, рука Сюзанн Масси,
Эрль в синих очках и Олег
Охапкин на свадьбе /моей/. 1970.
Внизу: Соснора после. Я тоже.

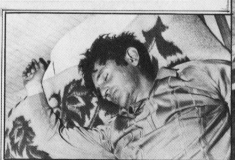

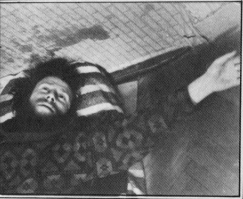

От этой поэмы Соснора отрекся. Но я её
помню наизусть, люблю и помещаю вопреки
его отречению.(К.К.)

Т Р У С

(рассказ о четырех часах в Закарпатье)

I. ПРИВАЛ

Сухари, что черепица
сухари!
Этот буковый участок
прямо дик.
- Если кончил чаепитье
закури, -
зубоскалит наш очкастый
проводник.
Он парит над чаем, парит
концентрат,
знает энное количество
примет.
Проводник открытый парень, -
как тетрадь!
На щеках загар -
коричневый пигмент.
Он подвыпил. Челка мокрым
помазком,
ворот порван - очевидно
одинок.
Он горланит: - Было, ох, как!
Под Москвой.
У меня, что чечевицы
орденов!
Мы им всыпали печального
дрозда!
Прыгал немец во все стороны -
оп - ля!
Мы не слушаем. Случайные
друзья,
по алфавиту отобранный
отряд.
- У меня же героичная
судьба, -
проводник орет, -
а вы - букашки,
хлам!
Мы устали, как две тысячи
собак.
Нам бы спать, а он показывает
шрам.

II. ЧЕРЕЗ ДВА ЧАСА

Он хлебал из фляги
спирт,
на все педали!
уши точно флаги
красным трепетали.

Он рычал, сморкался,
  рот кривил:
- Товарищ...
хоть с тобою каши все одно
                      не сваришь,

но сынок не мамкин ты,
не смотришь волком.

Ожидало танки
 в сорок первом
войско.
Только что обидно:
мы во всю глазели,
как в бидоны били
бодрые газеты.

А на деле было -
  то-то, и оно-то, -
на двоих - бутылка,
на троих - винтовка.
Я в войну по фильмам
верил всеми фибрами.
Знал:
герой Панфилов,
думал:
сам Панфиловым.

Чтоб -
на ветер волосы -
развернув портянки -
чтоб -
как двадцать восемь
броситься на танки!

Ш. ЕЩЕ ЧЕРЕЗ ПОЛЧАСА

Шли танки -
так много!
Шли танки в атаку.
И тикали ноги
и руки от страха.
И кашляли желобы
пушек широких.
Шли танки - тяжелые
кашалоты.
Ползли бронированные
морды.
Я струсил.
Упал.
Я прикинулся мертвым.

Я плакал от страха
визжал, как отродье,
я видел в гробу себя
в белых портянках.
Всей роте - каюк.
Я остался от роты -
герой, отразивший нашествие танков.
Да, танки... Шли танки.

Но вдруг неохотно
они повернули
у самых окопов.

IУ. ЕЩЕ ЧЕРЕЗ ЧАС

Наверно, был зал танцевальный
                              в палате
в гражданку.
Палата овальна, как ноль.
Нас было сто сорок, сто сорок в палате.
Штук семьдесят рук
и штук семьдесят ног –
чуть больше, чуть меньше.
Я – с самым невинным
раненьем.

По виду невинным, но гнусным:
три пули сквозь ребра,
три пули – навылет,
как будто на вилы
специально наткнулся.

Газеты за фото мое перегрызлись:
Листки боевые вещали полезность
деяний моих.
О моем героизме
писали роман политрук с хлеборезом.

А в нашей палате я был легендарен.
Сосед –
конопатый, контуженный снайпер –
мне каждый обед
объявлял благодарность
за то, что "ты жив и лежишь рядом с нами".
Сестренка – семнадцатилетняя Лада –
(вот имя!)
меня величала:"Доватор",
в ресницах – восторг!
На дежурство в палату
как на демонстрацию в классе девятом
она приходила.
И как полагалось,
носила нам утки,
вливала бульон,
меняла белье...

Ну, а я – балаганил
и дулся, как стоатмосферный баллон
и охал.
А охал-то я бесподобно!
Был каждый мой "ох"
обреченно глубок.
Я ей лепетал, что придется подохнуть,
так и не познав,
что такое любовь.

Однажды, однажды, однажды
я утром проснулся!
Мой туфель-урод
лежал на коленях у Лады,
она же
шептала и гладила туфель:
— Умрет...
Так Лада шептала и плакала вяло
Но вдруг... поднялась,
напряглась, как игла,
закрыла глаза, подняла одеяло
халат расстегнула и рядом легла...

Матрац был когтист
и когтист, как репейник.
На стенах висели знамена зари.
Палата примолкла,
палата храпела.
Палата спала —
хоть "пожар" заори!

Вот я — проводник,
даже пьяница, даже
под пьяную лавочку
сею раздор
в содружестве юных туристов...
А дальше?
Я выжил.
Она
умерла от родов.

РОГНЕДА

На Днепре
            апрель,
на Днепре
            весна
волны валкие выкорчевывает
А челны
            черны,
от кормы
            до весла
просмоленые, прокопченые.

А Смоленск
            в смоле
на бойницах –
            крюки,
в теремах горячится пожарица.
У Днепра
            курган,
по Днепру
            круги,
и курган
      в кругах
            отражается.

Во курган-
            горе
пять бога-
            тырей
груди в шрамах – военных отметинах,
непробудно спят.
            Порубил супостат
Володимир родину Рогнедину.

На передней
            короге
в честь предка
            Сварога
пир горой –
      коромыслами думными.
Но Рогнеда
            дичится,
сдвинув плечи-
            ключицы,
отвернулась от князя Владимира.

Хорохорятся кметы:
– Дай рог
            Рогнеде,
продрогнет Рогнеда под сорочкою. —

Но Владимир
           рог не дал
нелюдимой
           Рогнеде.
Он промолвил:
- Ах, ты, сука непорочная!

Ты грозишь
           в грязи
народишь сынка,
хитроумника, ненавистника,
           и пацан
                отца
           завлечет в капкан
и прикончит Владимира быстренько.

Не брильянты глаза у тебя! Отнюдь!
           Не краса
                коса —
           цвета просового.
От любви
           убил
           я твою родню,
от любви к тебе,
                дура стоеросовая!

Прослезился князь,
           преподносит: на!
скатный жемчуг в бисерной сумочке.

Но челны
           черны,
           и княжна
                мрачна,
только о ч и
           ворочает
                сумрачно.

СОЛОВЕЙ-РАЗБОЙНИК

3.

У Илейки   темница
                    темна –
не увидишь даже –
                    собственных рук.
В той темнице
              ни щелей,
                    ни окна,
в потолок закручен стражей крюк.
Хоть повесься,
              хоть повесь
сапог,
и дивись, вообрази, что бог
сей сапог,
          нечто вроде Христа.
Но на Муромце нема креста.

Потому-то богатырь давно
ни Идолищу,
            ни Богу
                      не угоден,
что уверовал только в бревно,
на котором коротает годы.

Неспроста,
не за пустяк сюда
усадил богатыря Государь.
Говорил властелину Илья:
– Или ты води дружину,
или я.

Третий год богатырю во сне
снится жареная всячина-
                        снедь.

А в темнице –
              темень
и сырь,
и разгуливают орды
крыс.

Богатырь насупил темя,
сир,
и ошметок от коры
погрыз.

Проворчал,
            лапоток залатав:
– Превратили Муромца в Золушку.
Отомщу я   тебе, сволота,
Володимир Красное Солнышко...

5.

Раскачался Разбойник, —
                    любо! —
на сучке:
влево-вправо
крен.
Дубина —
          обломком дуба
у смутьяна промеж колен.
У смутьяна
          рваное ухо
/О,Разбойник еще тот!/
Знает:
надо дубину ухнуть,
а дальше —
          сама пойдет!
надо песню заначить,
а дальше —
          сама пойдет!
С дубиной звенящей
не пропадет.

Раскачался Разбойник, —
                    ух, ты! —
на сучке:
влево —
          вправо
крен.

— Здорово,
рваное ухо!
— Здорово, Илья, старый хрен!
Как в Киеве?
Так же пашни
Владимир оброком забрасывает?
По-прежнему крутит шашни
с богатырями Апраксия?
Небось,
          княжна подставляла
твоим поцелуям вымя?
— Э,
      брось шебуршиться,
                    дьявол.
Что ссориться?
Лучше — выпьем.
Слезай, Соловей,
ты
    да я
          да мы —
двое в России
          пасынков.

Сивуха смачна,
          заядла,
как поцелуй Апраксии.

ЦЫГАНЕ

1.
По бессарабии двора
цыгане вечные кочуют.
Они сегодня - тра-ра-ра -
у нас нечаянно ночуют.

Шатров у них в помине нет.
Костры у них малы, как свечи.
Они укладывают в снег
детей на войлочные вещи.

Где гам? Элегии фанфар?
Легенды? Молнии? Ра-банки?
Одна семья. Один фонарь.
И, как фанерная, собака.

На дне стеклянной темноты
лежит Земфира и не дышит.
С кем вы, принцесса нищеты,
лежите? Вас Алеко ищет.

Ему ни драки, ни вина.
Он констатирует уныло:
- Моя Земфира неверна,
ввиду того, что изменила.

Кукуй, Алеко, не кукуй,
а так-то, этаким манером,
а изменила на снегу
с неглупым милиционером.

Ты их тихонечко нашел, -
под шубой оба полуголы, -
ты не жонглировал ножом,
ты их сердца сжигал глаголом!

Ты объективно объяснил,
ты деликатен был без лести,
Земфиру ты не обвинил,
милиционер рыдал, как лебедь.

2.
По Бессарабии дворам —
цыгане и не кочевали.
Потомки Будды, или Ра
они у нас не ночевали.

Наш двор, как двор, как дважды два —
полуподвальные пенаты,
а на дворе у нас трава,
а на траве дрова, понятно.

Мы исполнительно живем,
и результат — не жизнь, а праздник!
Живем себе и хлеб жуем.
Прекрасно все. И мы — прекрасны!

Мы все трудящиеся львы.
Одни цыгане — тунеядцы.
Идеология любви,
естественно, им непонятна.

Земфира, ты — Наполеон,
с рапирой через мост Аркольский!
В тебя любой из нас влюблен, —
и человек, и алкоголик.

Но мы чужих не грабим губ,
нам труд и подвиг — долей львиной!
Мы не изменим на снегу
себе, отечеству, любимой!

А тот милиционер, а тот
милиционер тот знаменитый,
он — аномалия. И то —
он изменил,
            но извинился.

3.

Играй, гитара!
Пой, цыган!
Журчите струны, как цикады!
Все наши женщины — обман.
их поцелуи — как цитаты.

Они участвуют всерьез
в строительстве семей,
                все меньше
цыганских глаз,
цыганских слез,
цыганской музыки и женщин.

И я один. В моей груди
звучат цыганские молитвы.
Да семиструнные дожди
дрожат за окнами моими.

ИНТИМНАЯ САГА

I.

В мире царит справедливость.
Она царит:
в тюрьмах,
в казармах,
в больницах.
Справедливость существует лишь в этих трех измереньях,
потому что там все люди равны,
то есть каждый сам по себе равен нулю.

2.

В этой больнице была какая-то замаскированная зелень.
Листья висели, как вялые огурцы.
6 марта 67 года
я шел в шинели образца Порт-Артура
по биллиардным аллеям больницы,
я шел под конвоем фельдфебеля медицины,
Я,
новобранец
объявленной - всем!всем!всем! - Всемирной Войны,
я, уже не гражданин СССР, а почти небожитель.

Передо мной открывалась отличная перспектива.
I. В никелированной колеснице
по больничной аллее скакал паралитик моего
поколенья
с лохматой и ласковой мордой,
как Чудо-Юдо из сказки "Аленький цветочек".
Он сообщил мне:
- Стой, двуногое недоразумение!
Мои ноги отнялись.
Никто их не отнимал у меня, это они сами.
Они нетрудоспособны, но я их зачем-то таскаю на
колеснице.
В этом виду я символические параллели:
ноги мои - как наш пролетариат - не работают,
но существуют.
И, указательным пальцем указывая на фигурки, он
захохотал:
- Тише! Они меня боятся. Я ваш социолог!

Это был не сумасшедший, а так. немножечко паралитик.

2. Из окна операционной талантливая невидимка
исполняла все гаммы Сумак и Пиаф.
Там лежала белая девушка с фарфоровым телом
и живот у нее был распахнут, как роза.

3.Инвалид на одной ноге танцевал балет Майи Плисецкой.
И пролетающей мимо мимозке-медсестре,
он поманил ее - Люсенька! - и сказал:
- Ваше лицо напоминает мне чье-то чудесное лицо.
- Чье же?-
            Люсенька мне подмигнула из-под красного крестика,
                                        из-под косынки.
- Ваше лицо-точь в точь лицо вратаря из команды "Молдова".
4.Два практиканта несли на носилках полузнакомых труп.
В зубах у них было по сигарете "Шипка".
У одного гиганта сигарета пылала, как мираж морских
                                            приключений.
Другой практикант-негритенок не прикурил с перепугу.
Я вспомнил:
это был труп иностранца с инфарктом.
Пока у него узнавали анкетные данные,
он почему-то тихонечко умер в приемной.
С него позабыли снять кислородную маску,
так и несли с кислородной маской, как труп водолаза.
Два мушкетера в тюремных пижамах,
двойники Арамиса и Д.Артаньяна,
пробегали взволнованно по аллее
и один быстро-быстро признавался другому:
Я никогда еще не был пьяным.
Что такое напиться - для меня секрет.
Д.Артаньян подпрыгнул, как кенгуру:
- Сейчас мы купим пару бутылок бренди
и ты в две минуты разгадаешь страшную тайну своего секрета.

3.

На японских деревьях висели колечки солнца.
Пролетала в колечки красавица птичка.
Ах, ты, птичка, проталинка-птичка!
Чем питаешься ты в Петербурге, в граде Кранкебурге?
Солнцем стареньким, небом молочным?
Как ты скармливаешь птенцам трамвайный билетик,
подсчитав предварительно:
счастливый, или несчастливый?
Не улетай!
Братец твой - ангел на Петропавловском шпиле
все улетал и не сумел. Правда!

4.

"Нас было четыре сестры, четыре сестры нас было"...
                                М. Кузмин

В нашей палате нас было четыре.
Иван Исаич Кузьмин - весь весельчак.
97 лет, у него белый любительский череп с усиками на
                                        безгубом лице.
Няня кормила его с руки, как голубка.
После отбоя он пел колыбельные песни голосом барса.
Люсенька,
медсестра, которая ставит катетры,
тронула тоненьким пальчиком вершину его интимной детали,

и деталь подняла свою римскую голову.
И держалась деталь, не шевелилась, - кобра на олимпийском
хвосте.
Четырежды Люсенька пыталась просунуть резиновую трубку
и четырежды старозаветная кобра бешено бунтовала,
как юноша Декамерона.
- Кто ты, дедушка? - Люсенька растерялась.
- Я герой трех революций и четырех войн.
А в мимолетных антрактах
после общественных сдвигов и перед гражданскими потрясениями,
я, как и все мы, сидел.
Я сидел:
      с народовольцами, в камере Александра Ульянова, в ссыл-
      ке со Сталиным, с большевиками, с эсерами, с эсдеками,
      с центристами, с кадетами, с меньшевиками, с дезертира-
      ми 1916 года, с белогвардейцами, с белочехами, с дум-
      цами, с бабами Бочкаревой, с черносотенцами, с иеговиста-
      ми, с бухаринцами, с попутчиками, со шпионами англо-гер-
      манской и австралопитекской разведки, с семьями чудаков
      и чекистов, с Руслановой, с Бабелем, с пленными, вышедши-
      ми из немецкого плена в 1945 году, с офицерами, освободи-
      телями стран и народов,порабощенных фашизмом, с Паулю-
      сом, с Шульгиным, с власовцами, с космополитами, с паци-
      фистами, с Солженицыным, с сектантами, с эмигрантами, с
      атеистами, с князьями Волконскими, возвратившимися на Ро-
      дину из Парижа в лагеря на лечение от ностальгии и т.д.
      и т.п.
Вот кто я.
Вот моя биография и специальность.
А поэтому ты, девушка, не беспокойся, -
                    Кузьмин указал на уже усмиренную кобру, -
Я однолюб,
я по блядям никогда не ходил и не буду!
И не буду! -
      Вот как сказал 97 летний воитель всех времен.
Ночь как ночь.
Однорукий технолог мясокомбината зевал, как Шаляпин.
Он уже восемь суток лежал на утке и ничего не получалось.
Наша Люсенька нас разбавляла стрептомицином.
В коридоре, под лампочкой, в полутьме, на полу
двое почечников переставляли шахматные фигурки.
Иногда они вскакивали, и, как девочки улицы, прыгали со скакалкой,
безнадежно надеясь, что выпадут камни из почек.
За окном ничего не мигало.
Только, как на ипподроме, стучали копыта деревьев.
Ночью Исаич встал и спросил:
- Что это есть "удаленье"?
Я сказал:
- Удаленье есть удаленье.
- Стой, балбес, не перебивай.
Мне сказал этот профессор, сопляк и соратник смерти:
"удалим потихоньку ваши интимные двойники".Я согласился.
Что это, к дьяволу, за "интимные двойники"?
- Это то, что находится под интимной деталью,
куда Люсенька вам безуспешно хотела вставить катетр.
- То есть яйца.

О паршивые сукины дети шарады! –
                он засмеялся.
В шесть часов утра нам ставили градусники.
В шесть часов утра ртуть в градуснике Кузьмина не поднялась
                                ни на одно деленье.
При вскрытии трупа обнаружили: он задушил сам себя.
Как и чем он ухитрился – обнаружить не удалось.

Три лейтенанта принесли три чемодана орденов и медалей.
А по аллее у павильона прогуливались три генерала.
Лейтенанты уехали на машине "Волга" нового образца.
Генералы постепенно ушли на трамвайную остановку.
Студент-негритенок причесал Кузьмина железной расческой усы.
Его труп увезли /труп не негритенка, а Кузьмина/
в институт экспериментальной медицины
для использования в анатомических целях.

    5.
После праздников у мужчин небритые лица.
У девок – синяки на лице и под платьем.

8 марта у Люсеньки получилась любовь.
Ее полюбил тот студент-гигант, который носил с негритенком трупы.
Мы называли его шпагоглотатель.
Гигант был морфинист.
Он знаменит под названьем Альберт во всех альковах больниц.
После одиннадцатилетки он три года работал троглодитом на
                            каком-нибудь дизель-заводе.
Где по-божески баловался "планом".
Потом кто-нибудь познакомил его с морфием.
Но простому советскому Альберту очень трудно стать истинным
                                наркоманом:
нужны какие-то деньги и международные связи.
И Альберт поступил просто.
Начал он скромно :
проглотил программу квартального плана
бригады коммунистического труда
и четыре новехоньких гайки.
Его оперировали.
Поудивлялись, как это он невзначай проглотил все это хозяйство.
Он объяснил:
– По рассеянности.
Он пил пиво и перепутал программу с воблой.
Ведь даже учитель земного шара Карл Маркс,
как вспоминает Лафарг,
обедая, по рассеянности, иногда вместо хлеба отрывал уголок
газеты и пережевывал типографский текст не без аппетита.
Убедил.
– А гайки? – спросили.
– Ах, гайки, – улыбнулся Альберт, –
Все мы гайки и винтики своей многомиллионной державы.

И вот разговор приобрел политическую перспективу,
что уже далеко не уголовное дело.
Месяц Альберта кололи морфием и понатпоном.
Через месяц Альберт проглотил плоскогубцы.
Потом он глотал:
                гвозди из ФРГ.
                склянки из-под гематогена,
                щипцы для обкусывания заусениц,

шприц с иглой и шприц без иглы,
ассорти из наждачной бумаги и фольги,
и как ему посчастливилось проглотить цепь
от велосипеда?
Восемь месяцев Альберт употреблял бесплатный наркотик.
На девятый Альберт был разгадан.
Ему предложили на выбор:
тюрьма за покушение на самоубийство,
больница имени Бехтерева для излечения душевной болезни.
Но Альберт был умнее:
он поступил на фармокологический факультет медицинского
института.

Теперь он переносил потихонечку трупы,
а медсестры давали ему потихонечку морфий.
Жалели.

Так у Люсеньки получилась любовь.
Девушка на дежурстве 8 марта –
это драма, достойная небезызвестной драмы "Гроза".
Альберт
на 8 марта подарил Люсеньке свой пламенный взгляд
и они напились медицинского спирта.

Дежурный врач
обнаружил дежурную медсестру в туалете.
Люсенька
наклонилась над унитазом,
как будто искала на дне жемчужное ожерелье Марии Антуанетты.
Альберт
шевелился всем телом,
он наклонился над Люсей,
держался за плечи ее, как за руль мотоцикла,
он наклонился,
как будто шептал ей в затылок тайну перпетуум мобиле.

Как раз в это время задушил сам себя Иван Исаич Кузьмин.

6.

Он был очарователен.
С утра моросила его машинистка, –
в банальной больнице под одеялом ослиным
он особо секретные документы
подписывал,
рисуя передо мной исторические параллели
между собой и Маратом, который подписывал все это в ванне.
Он веселился:
– Неугасим мой творческий темперамент, как лампочка Ильича.
Нет на меня Шарлотты Корде. –
Сей секретарь ошибался.
Была на него Шарлотта Корде,
была, невзирая на весь диалектический материализм его всесторон-
них сентенций.
– На каждого, бабушка, есть своя Шарлотта Корде.
/"Бабушка" – так мы называли этого претендента на лигу
бессмертных,
потому что под вечер,
когда почему-то болели его подвенечные члены,

он непростительно плакал и бушевал на весь павильон в приступе
                                       атавизма:"Бабушка, бабушка!"/
- На каждого, бабушка, есть своя Шарлотта Корде:
на царя и рецидивиста,
на любителя виолончели,
на крестоносца и на
                      секретаря.
Сегодня в полночь, по Гофману, вам, бабушка, сделают клизму,
и на ззаре ззавтра, по Андерсену, вам, бабушка, сделают клизму
И ровно в 12.00 по московскому времени
вам уд алят наиважнейшие шарики вашего организма,
без которых вы с танете, бабушка, совсем и совсем не вы.
- Нет, я есть я, и я буду я, -
                    утверждал секретарь, потрясая позолоченными
                                                         очками.

Кроме физ иологии, ты, формалист, есть еще философия!
Есть оптимальная самоотдача!
Есть нравственность!
Есть борьба зза идеи!
- О, да, уж чего-чего, а уж нравственности и морали
будет у вас, идеал, так много,
что ваши все машинистки,
как Але нушки будут рыдать,
вспоминая про ваш осиротевший фаллос.
Вас кастрируют, вы понимаете, или нет?
- Ну и что? -
              возмутился холерик,-
Ведь кастрируют, скажем, котов.
- И свиней, - подсказал я.
- И быков, - поддразнил он .
- И быков. Но быки убегают в пампасы и усиленно умирают
о т стыд а. Как умер Кузьмин.
- В любых обстоятельствах, если этого требует дело, которому
                                                        служишь,
нужно жить, а не умирать.
А Кузьмин, невзирая на все ордена и медали -
о тъявленный отщеп²нец и плюс стопроцентный старик.
Мы таки х повидали:
и м драгоценно лишь собственное я, но не общее дело.
- Да, им дорого собственное "я" для общего дела,
а вам общее дело д ля собственного "я".
- Хватит, - сказал он, - ты паяц и мерзавец. Мы таких еще
                                             в первую
                                                очере д ь
перервспитаем.
- Я паяц и мерзавец. Вы мичуринец и преобразователь.
Но природа вам отомстила.
Через час после кастрации не Иван Владимирович, а природа
приступит к преобразованию вашего организма.
Она вывесит вам сатирические груди с сосками.
Ваша з адница с антинаучным названием "таз"
продемонстрирует девственные окорока, такие, как у окаянного
                                       клоуна или кокетки.

Ваш богатейший бас,
которым вы нас призывали к доблести и к трудовым достижениям,
станет репликой безволосого альта.
Преобразуется мо зг.
Он станет с женским уклоном,
Вам знакома идеология женщин, товарищ?
- Что ж. И с женским уклоном мы можем прекрасно работать.
Сколько женщин работает на руководящих постах.

А для голоса есть микрофон.
Мне 57 лет. И я полон энергии и энтузиазма.

- Господи, Боже! -
                        подумал я с изумленьем, -
как жизнелюбивы твари твои!
И Валерик энтузиаст. Но с уголовным уклоном.
Помимо вечерней школы и катушеной фабрики он -
командир оперативных отрядов.
Я никогда не подозревал, что это за наважденье.
Это нечто вроде "народной дружины", но помоложе.

Я рассказывал истины об искусстве,
Валерик внимал машинально, а потом вспоминал о своем:
- По ночам в Сестрорецке мы устраивали засады.
Знаешь, белые ночи, кусты, красота, море-нежность,
У птиц замогильные звуки получаются,
и совсем ни звездочки, ни фонаря, и бутылочный воздух.
Мы в кустах.
Мы бледны и готовы.
На песке появляется пара.
Но они не решаются на преступление на песке.
Они раздеваются и уходят в Балтийское море,
куда-то туда, в глубину, как будто купаться.
Мы-то знаем: нет, не купаться.
И с напряженными нервами мы ожидаем.
И - а как же! - они погружаются в воду, где подальше, по пояс,
и начинается то, ну, ты сам понимаешь, что может начаться между
                        парнем и девкой, если тот и другая совсем не
                        имеют хаты, а уходят развратничать в море!
                        Ты понимаешь мои намеки?
- Я-то понимаю, а ты?
- И я. Мы приносим обществу пользу и двойную:
мы спасаем свое поколенье от разврата и от простуды в воде.
- Это трогательно.
Как же вы из прекрасного далека распознаете их действо?
- Очень просто.
Во первых: на лицах у них красными линиями написано вожделенье,
во вторых: нам выдают бинокли. Специально.
Но бывает, - вздохнул мой Валерик, - очень трудно их уличить.
Хитрецы уходят под воду и на дне совершают все свои отрицатель-
ные процедуры, ныряя по нескольку раз.
Пока добежим - уже оба довольны и есть оправданье - ныряли.
В таких случаях лица у них невинны, как небо.
Ничего не поделаешь. Поматеришься - а ночь пропала.
И ни тебе благодарности от начальника отделенья,
ни премии к празднику первого мая.
- Ну, а с теми, кто пойман?
Валерик задумался.
Бюст его на больничной койке был копией бюста Родена "Мыслитель".
- Ты бы видел, как мы галантны.
Вынимаем отличный оперативный билетик,
после парню бьем морду, чтобы морда побита была хорошо, но
                        бесследно,

ну, а девку, естественно, в общем, стыдим:
пусть чуть-чуть прокжится, пусть нам будет смешно!
И того, и другую, пошептавшись, штрафуем потом в отделенье.
Ты не знаешь, - спросил он с непосредственностью, достойной
всячнского восхищенья:
почему это - в наше-то время!- так развит разврат?
- У кого?

- Да у них. Вот у этих, как сказал бы Гюго, тружеников моря?
- Потому что вы все - восемнадцатилетняя сволочь.
О Валерик, то, что ты называешь "разврат" - он развит у вас,
не у них.

Была у тебя хоть какая-нибудь плохонькая девица?
- Этого еще нехватало.
- А теперь и не будет.
А теперь расскажи мне, что ты чувствуешь, ангел небесный,
наблюдая в бинокли, что делают эти двое? То же, что и они?
Не так ли?

Он покраснел.
- А в ночи, свободные от дежурства, что ты делаешь, Апполон,
сам с собой?
То же, что и они, но в одиночку, не так ли? Под одеялом?
Он совсем раскраснелся.
- Вот видишь.
Потому что вы все - ублюдки милиционерской морали.
Дивные девки
обожествляя солнечную современность,
лежат на пустынных пляжах вселенной, как сливочное эскимо
в шоколаде.

Бедный Валерик!
Завтра тебя кастрирует в кожаном фартуке хитрый хирург,
и еще целых семьдесят или более лет
ты сможешь служить лишь сторожем
в гинекологической поликлинике.

Его жалели медсестры и пасмурный парикмахер-папа.
Двое суток Валерик валялся в истерике.
Но на операцию согласился.

8.
Выздоравливали.
Паралитик моего поколенья был исцелен:
обе ноги его бегали, как ноги велосипедиста,
но чуть-чуть отнялась голова.
Бултыхалась его голова-дирижаблик, но врачи утверждали, что это
пройдет,
главное, что к больному вернулось самосознанье:
прежде он присвоил себе ореол социолога - Ариэля,
а теперь он опять именует себя сидоровым-ивановым.
У фарфоровой девушки роды не состоялись,
но она усиленно и успешно
штудировала геометрию с применением тригонометрии,
чтобы перейти в 7 класс.
Ученик Майи Плисецкой получил полномочный протез.
Он размахивал новенькой ножкой,
как офицер на параде 7 ноября на Красной площади.
Мушкетеры уже перестали пить иностранное бренди
и перешли на одеколон отечественного производства.
Бабушка и Валерик встали
и гуляли плечом к плечу по гулким ходам павильона.
У них вырисовывался румянец.
До операции все смотрели на всяких врачей молитвенными глазами.
После операции все кое-где собирались и сообщали друг другу:
- Возмутительно.
Почему во всякой советской больнице все врачи - евреи?

9.
Мы живем так, как будто будем еще жить и жить.
Научи меня жить так, как будто завтра - смерть...

Когда я пришел в больницу 6 марта 67 года, уже начиналась весна.
Когда я вышел 22 апреля 67 года, весна еще и не начиналась.
Воздух был голубой, а павильон морковного цвета.
А вообще-то воздух был сер и мутен.
Ленинград уже 5 месяцев, или больше, или меньше, готовился к
                                                               юбилею.
Всюду - и в парках и на перекрестках центральных -
                            стояли типографские тумбы для афиш.
Они были оклеены революционными газетами,
               такими, как они выглядели 50 лет назад.

Там дрожали трамваи.
Там летали на крыльях черные кошки-вороны,
Надо мной было солнце - белок полицейского глаза.
Раскрывалась вселенная - раковина ушная,
система подслушивания моего последнего сердца.
Современность влюбила меня, очаровала,
воспевая, воспитывала чудовище века-меня,
а над сердцем моим, над тюрьмой моего последнего сердца,
был поставлен логический знак существованья -
Но напрасно осталась солнечная современность:
Я ее обманул :
я ей отдал одно только сердце,
а у меня оно не одно -
у меня миллион миллионов сердец.

ЛИТЕРАТУРНОЕ

Сверчок не пел. Свеча-сердечко
не золотилась. Не дремал
камин. В камзоле не сидели
ни Оскар Вайльд, ни Дориан

у зеркала. Цвели татары
в тысячелетьях наших льдин.
Ходили ходики тик-таком,
как Гофман в детский ад ходил

с Флейтистом /крысы и младенцы!/
За плугом Лев не ползал по
Толстому. Было мало денег -
и я не пил с Эдгаром По.

который Вороном не каркал.
А капля на моем стекле
изображала только каплю,
стекающую с только лет

с окна - в социализм квартала
свинцовый. Ласточка-луна
так просто время коротала?
самоубийца ли она?

Мне совы ужасы свивали,
я пил вне истины в вине.
Пел пес - не песьими словами
не пудель Фауста и не

Волчица Рима. - фаллос франка
выл Мопассан в ночи, во всю!
Лежала с ляжками цыганка,
сплетенная по волоску

по Мериме. Не Дама, - проще, -
эмансипации раба
устами уличных пророчиц
шумела баба из ребра

по телефону. /Мы расстались,
и я утрату утолил/.
Так Гоголь к мертвецу-русалке
ходил-любил, потом - творил.

Творю!.. Мой дом не крепость - хутор
в столице. Лорд, где ваша трость,
хромец-певец?.. И было - худо.
Не шел ни Каменный, ни гость

ко мне. Над буквами-значками
с лицом, как бог-Иуда - ниц,
с бесчувственнейшими зрачками
я - пил. И не писал таблиц -

страниц. Я выключил электро-
светильник... К уху пятерню,
спал эпос - этот эпилептик,
как Достоевский, - Петербург!

ЛАТВИЙСКАЯ БАЛЛАДА

На рассвете, когда просветляется тьма
и снежинками сна золотится туман,
спят цыплята. овцы и люди,
приблизительно в пять васильки расцвели,
из листвы, по тропинке, за травами, шли
красная лошадь и белый пудель.

Это было: петух почему-то молчал,
аист клювом, как маятником, качал,
чуть шумели сады-огороды.
У стрекоз и кузнечиков - вопли, война.
Возносился из воздуха запах вина,
как варенья из черной смороды.

Приблизительно в пять и минут через пять
те, кто спал, перестал почему-либо спать,
у колодцев с ведрами люди.
На копытах коровы. Уже развели
разговор поросята. И все-таки шли
красная лошадь и белый пудель.

И откуда взялись? И вдвоем почему?
Пусть бы шли, как все лошади, по одному.
Ну, а пудель откуда?
Это было так странно - ни се и ни то
то, что шли и что их не увидел никто, -
это, может быть, чудо из чуда.

На фруктовых деревьях дышали дрозды,
на овсе опадала роса, как дожди,
сенокосили косами люди.
Самолет - сам летел. Шмель - крылом шевелил.
Козлоногое блеяло... Шли и ушли
красная лошадь и белый пудель.

День прошел, как все дни в истечении дней.
не короче моих и чужих не длинней.
Много солнца и много неба.
Зазвучал колокольчик: вернулся пастух.
"Кукареку" - прокаркал прекрасный петух.
Ох, и овцы у нас! - просят хлеба.

И опять золотилась закатная тьма
и чаинками сна растворялся туман,
и варили варево люди.
В очагах возгорелись из искры огни.
Было грустно и мне: я-то знал, кто они -
красная лошадь и белый пудель.

КРАСНЫЙ САД

Мой Красный Сад! Где листья - гуси гуси
ходили по песку на красных лапах
и бабочки бубновые на ветках!
карленки-медвежата подземелий
мои кроты с безглазыми глазами!
И капли крови - божии коровки -
все капали и капали на клумбы.
И бегал пес по саду, белый белый
/почти овца, но все-таки он - пес/.
Мой сад и... месть...

Как он стоял! Когда ни зги в забвенье,
когда морозы - шли, когда от страха
все -старость, или смерть... и веки Вия
не повышались /ужас - умирал!/
когда живое, раскрывая рот,
не шевелило красными губами,
а зубы - в кандалах, и наши мышцы
дерев одервенели. Отстоял
пруд лебединый карповый во льдах,
он был уже без памяти, а рыбы
от обморока - в омутах вздыхали...
И только Сад стоял и стыл!
Но мозг его пульсировал. Душа
дышала...

Как расцветал он! Знаю. Видел. Неги
не знал. Трудился. Утром пот кровавый
струился по счастливому лицу.
И ногти, до невероятных нервов
обломанные о коренья - ныли!
И сердце выло вместе с белой псиной
а в судорогах жвачных живота
гнездился голод. Пах его был страшен,
ибо рожал он сам себя -
живому!

Как он любил. Хотя бы /вижу!/ вишню,
синеволосой девушкой росла...
потом детей вишневые головки
своих ласкал! А яблоня в янтарных
и певчих пчелах, - сыновья взлетали
в ветрах на триумфальных колесницах!
И сколько было там других деревьев -
в дождинках в карнавале винограда.
Сад всюду рассыпал своих послов
на крыльях:
- Ваш Сад созрел! Войдите и возьмите!
Все слушали послов и восхищались.
Но - птичьих слов никто не понимал,
а всякие комарики, стрекозки
вообще не принимались во вниманье...
Не шли. Не брали. Падали плоды...
Мой Сад... был болен.

Сад жил немного. Место - неизвестность,
Во времени - вне времени. И так
никто не догадался догадаться,
что Красный Сад нипочему не может
не быть!
Что Красный Сад - всецветие соцветий,
что нужно только встать и посмотреть
живому. Полюбить его собаку.
Поесть плодов. Собрать его цветы.
Не тронуть птиц. И не благодарить,
лишь знать - он есть.
                              Никто не знал...
И это был не листопад, а смерть.

Что листопад! Совсем не потому,
а потому, что в самом сердце Сада
уже бsiенье Бога заболело,
и маятники молодых плодов
срывались. Превращались в паутину
обвислые бесчувственные листья.
А на запястьях ягодных кустов
одни цепочки гусениц висели,
а птицы-гости замерзали в гнездах
и еле-еле уползали в воздух
поодиночке. Струнный блеск дождя
опять плескался. Дождь, как говорится,
да что! не плакал вовсе - шел и шел.

Лишь плакал белый пес на пепелище,
овцесобака. Псы умеют плакать.
И листья лапой хоронил в земле.
И скатывал орехи, смоквы, груши
все в те же им же вырытые ямки
и опускал на это кирпичи
и заливал цементом... Разве розы
цвели еще? Цвели, раз он срывал,
охапками выбрасывая в воздух
и желтый дым и красный лепестков
оранжевый заголубел над Садом,
пионы, маргаритки, незабудки,
гортензии, фиалки, хризантемы...
Пес лаял. Я ему сказал: не лаять,
Сказал же? Да. Но лаял. Это - пес.
Но эхо неба нам не отвечало.
Неистовствуйте! Эта пропасть неба
для солнца лишь, или для атмосферы,
и нашей черноносой белой пастью
все это не разлаять...
                              Сад-хозяин
велел себя убить. И я убил.

Что ты наделал, Сад-самоубийца?
Ты, так и не доживший до надежды,
зачем не взял меня, а здесь оставил
наместником и летописцем смерти,
сказал "живи" и я живу - кому же?
сказал "иди" и я иду - куда?
сказал мне "слушай" - обратился в слух,
но не скааз ни слова...
                              Сказка Сада...

завершена. Сад умер. Пес пропал.
и некому теперь цвести и лаять.

На улицах — фигуры, вазы, лампы,
Такси летит, как скальпель. Дом. Декабрь.
Стоят старухи головой вперед.
Псы ходят в позе псов.
                              Судьба моя,
бессмыслица моя моей медузой
сползает к ним, чтоб с ними прорасти
в своей соленой слякоти кварталов
растеньицем... чтобы весной погибнуть
потом — под первым пьяным каблуком.

ПЕСНЬ МОЯ

Ой в феврале
тризна транспорта, фары аллей.

В Летнем саду
снег у статуй чуть-чуть зализал срамоту.

Дебри добра:
в шоколадных усах у школ детвора.

Толпы Пирцей
сочетаются кольцами в бракодворце.

Девушки форм
любят в будках под буквами "телефон".

Как эхолот
шевелящий усами эпох полицейский-илот.

Солнце-Дамокл.
Альпинистокие стекла домов.

Мерзкий мороз
моросит над гробницей метро.

Тумбы аллей
в краснобелых тельняшках — опять юбилей.

Бей сердце бей
в барабан безвоздушных скорбей.

Плачь сердце плачь,
всех смятений сумятицу переиначь.

Пой сердце пой!
Ты на троне тюрьмы. Бог — с тобой.

Ой в феврале
вопли воронов, колокола кораблей.

Худо дела:
чью там душу клюют, по ком — колокола?

МУХИ

/ историческое/

Мерзкие мухи... местный орнамент.
может быть, мухи были орлами
в ветви варягов?

И осененные диво-делами,
может быть мухи были двуглавы, -
визг византийства?

Может быть мухи в очи клевали.
конницу Киева расковали, -
с тьмою татарской?

Кровь на Малюте, кровью Малюты,
может быть мухи сеяли Смуты, -
отрок Отрепьев?

Или же мухи в роли небесных
флагов, убийц флото-немецких
первопетровских?

Или же мухи в рясах растили
Дом Ледяной под кличкой "Россия", -
бабой Бирона?

Или они посредством "Наказа"
стали совсем бриллиантоглазы, -
флиртом Фелицы?

Или они в сибирях опали
смертью цепей о бульдике-Павле, -
отцеубийства?

Ревом гусарским в пустыне синайской
мухи махали снегом Сенатской, -
пять в Петербурге?

Может осели / труд и тулупы!/
все что живое - трупы и трупы, -
после в потомстве?

Все, что под именем "многомужье"
преподносили - лишь многомушье. -
блуд балалайки!

И венценосными токарями
в громе с грядущими топорами, -
наша надежда?

"МОЙ МИЛЫЙ"

I

Было!—в тридцать седьмой год от рожденья меня
я шел по пескам к Восходу. Мертво-живые моря
волны свои волновали. Солнце глазами льва
выло! Но сей лев был без клыков и лап.
Двадцать восьмого апреля с Книгой Чисел в Восход
в одежде белой с пряжками, в свиных башмаках
я шел. И шумели волосы, хватали меня по ушам.
Хладно было. Я матерился, но шел.
Я шел как и скаждым Восходом иду и иду
бормочущий буквы, язвящий грешный язык,
не слышимый в Небе ни Богом, а на земле, —
земля и без букв - будет! благо. что есть букварь.
Благо. что есть таратайка труда и кляп клятв,
суки в чулках. котлеты в общем котле.
в клюшки играем. от пива песни поем. буквоман!
Тсс... нету - споров! Я - всех - вас - люблю!
Итак:
Море месило влагу. Брызги - были. клянусь!
Песок состоял из песчинок. Парус - не белел.
Вставали народы и расы. Вставая - шли.
Счастья искали. Трогательная тема.
Лишь гадкий птенец, логарифмический сын их с небес
                                             набросал
вчера в полнолунье на этот уже эпохальный брег
лампочек, апельсинов, палочек от эскимо.
лифчиков. презервативов. всякого пола волос.
А там, где граница моря и взморья, там, где вода
с брегом сливается. на полотняном песке
вот - восемь букв:
                    МОЙ МИЛЫЙ!
Буквы-канальчики: в М - немножко воды.
О заплыло совсем. Й - брезжило лишь...
МОЙ - плохо просматривалось. но киноэкранно гравюрны
были пять: МИЛЫЙ.
Как непростительно просто, как на берегу богов
на бюрократическом бреге - МОЙ МИЛЫЙ!
И ничего. Желтые буквы беды
сосуществуют со всем вышеописанным счастьем.
А над апрелем чайки читали Восход.
или весну вопрошали: "Когда же проклюнется рыба?"
Всюду светились нежнозеленые личики листьев.
Дети засматривались на пляж. не купаясь, в кепочках
                                                    кожи.
Да мотоциклы мигали, красные, как вурдалаки.
Жрали все больше и больше электрожратву
вы, электропоезд. обслуживающий курорты.
Но рановато. Пока пляж был безлюден /то есть - без тел/
девственен! Ждал своего жениха! Мифотворца!

2

Песню весенней любви теперь запевайте. вы,
майские Музы!

Было! - у самого моря стоял Дом
Творчества. В доме был бар. Но об этом позднее.
В Доме том жили творцы и только творили.
Творчеством то есть они занимались, - и это понятно.
Всякая тварь испытала на собственной шкуре, что значит
творить.

То есть - таланты там были. И точка.
В Доме директор - был. Проницатель Биант.
Физиономия в коже их паутины с носом Иуды из Кариота.
Знал он. что есть и ныне и присно и будет во веки веков.
А потому что: там. в кабинете Бианта. забронированном
автоматической дверью,
всюду вращались, как водовороты. магнитофоны соцреализма.
охи. сморканья, волненья отечественных одеял,
расшифрователи стука машинок, - по буквам, -
пишущих, анализаторы кала, пота и спермы.
плеск поцелуев, беседы о Боге, шипенье бокалов.
хохот. хотьба /о чем ты задумался все же. детина?/
И по утрам, когда утихают ласки
и разговор приобретает /хм!/
резко политическую окраску,
из-за занавески выходят бледные парни Бианта
и говорят, отворачиваясь: - Хватит, ребята.
Ласки ласками, но и тюрьма, как-никак, - государственное
учрежденье. -
Буря ревела, дождь ли шумел, молнии мнительные во мраке
блистали-
но поразительно прост и правдив был Биант:
на расстоянье вживлял в мозги полусна элегантные
электроды
/что там приснится? - Сияющие Вершины.
или - вниманье! - лицо нимфы Никиппы. к примеру!/

3

В лифте летал Апполон. Лиллипут. В голубом.
Ласточкой галстук. С красной кифарой.
Чуть краснобров. За голубыми очками глазастые очи.
Ехал на лифте. как эхо - людям служить. Словом и славой.
Мужество - было. Гражданское. Два подбородка.
Запад огульно не отрицал. Нового - страстный сторонник.
В номере ныл и лизал Никиппе чулки.
Официанток отчитывал голосом грома.
Сед. как судак. Влюблен. Но нелюбим.
В жизни своей не замучил ни женщины. Был драматургом.
Да. а Никиппа? Невеста она - Апполона.
В общем. она тут ни при чем, - так, отдавалась.
В доме был бар. /Пора, брат. пора!/ В доме был лифт.
Вот что в баре: в баре сидел настоящий сатир. Современник.
Может быть, с рожками. только в кудрях затерялись.
Кудри его! Не описываю. Не фантаст.
Девы дышали. как лошади, кудри его пожирая очами.
Очи его! Очи ангелов, или гусаров, они - цвета злата!
Ноги его! На копытах! Ну, что тут прибавить?
Руки!.. Впрочем. руки с похмелья гуляли.
Есть небольшая деталь... так. не деталь. а штришок:

голый ходил. Даже не в чем мать родила, куда бы ни шло.
                                                                   а - голее.
Правда, кудрями своими неописуемыми чуть-чуть вуалировали
                                                       обе ключицы,
но что, извините, женщине плечи мужчины,
если он - гол! Как питон! Как пиявка!
В баре он - пил. Из бутылки! Бальзам! Все... смотрели.
Выпив свою сардоническую бутылку,
и, обведя аборигенов золотыми от злобы глазами, вставал
и - вылетал, как скальпель, в дверь под названьем "Выход".
И...
в море купался. Как все!
Марсий, - о нем говорил. Фамилия: Марсий.
Кстати, Никиппа. В ней-то и дело. Любила она отдаваться.
Нравилось ей. У нее были белые ноги,
ну, и она время от времени их раздвигала.
Вот Апполон. Это - жених.
Ну, а жених - это тот, кто ждет своей очереди к невесте.
Марсий, к примеру.
Этот - гений флиртов и флейт.
Марсий - любил, а она хорошо мифологию знала.
Был и в Москве какой-то Гигант. Но этот был - настоящий
                                                            поэт:
в "Юности" публиковался. Пел под окном, как Лопе де Вега.
И колебалась в стали стекла шляпа его с шаловливым
            свиное?   павлином
и кружилось жабо с мужскими усами.
Пел темпераментным тенором светлый романс Ренессанса о
                                                   страсти,
с болью в душе и с отчаяньем отмечая:
вот они двое в объятьях лежат - сатир и русалка,
вот она с кем-то совсем посторонним /увы!/ до утра на ковре
                                                   кувыркалась,
вот появлялась в стекле ее лебединая шея с башкою Египта,
время от времени с грустью поэту в окошко мигая.
/Улица Горького аккомпанировала звонками Заката!/
Нимфа Никиппа была из семьи не семитов. Папа - писатель.
Нет, не на службе. Не алкоголичка. Не блядовала.
И вообще ни хуя не хотела. С чувством читала
Марка Аврелия. Сказано выше - она отдавалась.
Искусству была не чужда и философии наша Никиппа!
Песню весенней любви продолжайте вы, майские Музы!
Как начиналось? А так: нехватило дивана.
Было - вошел Апполон в почти новобрачную спальню,
и - чудеса! - был диван. Был на месте, и - нету.
-Боги Олимпа! - взмолился тогда Аполлон. - где же диван?
И боги сказали: - Иди и увидишь. - Пошел и увидел:
двое лежали на дивном диване в позе, весьма соответствующей
                                                       моменту.
- Что вы здесь делаете? - воскликнул вопрос Апполон дрогнув-
                                                   шим гласом.
Марсий ответил просто и кратко: - Ебемся.
- Не верю.
- Как знаешь, - ответствовал Марсий.
- Разнервничался, - Никиппа сказала.
- Ну, хватит, хватай свой диван и дуй. Лифт направо.
Невесту свою не оставь. - Аполлон
взвалил свой диван крестоносный, потопал. Невеста
как лебедь египетская за ним, - неземная.
Поставив диван, лиллипут набросился на невесту, весь
                                                   сотрясаясь.
Она отдалась.

Так началось:
как полагается – ревность, а снею – все, что связано с нею:
рвенье к любимой, просьбы к Всевышнему, робкие в сердце
                 попытки
в общем, беспочвенных, но неслыханных наслаждений и мести.
Ибо отправлен в изгнанье был Аполлон нимфой Никиппой
в номер соседний. Там он и спал:
в очках, в сединах, весь в голубом, одинок.
Кто из людей не вздохнет, слушая, как за стеной отдается
                 его невеста?

Что ж – Аполлон в таком случае – бог?
тоже вздыхал, не лучше, не хуже, чем все остальные.
И... как отдается?
Но всей анатомии этого милого всякому смертному дела.
Но... будем скромны, как и прежде.
Способов много: очи опустим, голову тоже.
Спору нет: все эти способы свято подсчитывать жениху за
                 стеной–
небезинтересно,
если в особенности объект за стеной – невеста твоя.
Есть и другая еще, плюсовая деталь проблемы:
Никипша и Марсий в поте лица отдавались друг другу,
а Аполлон только слушал и только кончал –
без труда и без пота! не ударив палец о палец!
Утром сатир кифареду весьма дружелюбно кивал.
Итак:
ибо:
бог Аполлон был Большой Гражданин Государства,
вся эта ебля приобретала уже государственное значенье.
Это тебе не семейный совет: выпил водки-селедки,
и – по зубам! А пока ремонтируют зубы, –
любовник уже утомлен и уехал...
Нет! – как? почему? отчего? где? зачем? на каких основаньях?
нет ли здесь умысла идеологических, скажем, ошибок?
Разобрались. Есть и нет, но идеи – на месте.
И идеалы грядущие – в норме. К тому ж – не жена, а невеста.
Вызвали Аполлона. Спросили. Сказал.
Сказали: мы не позволим. Нужно хранить Граждан – т.д.
Перевоспитывать сволочь.
Драматургия – это искусство для масс.
– Кифара в порядке? Ответил. Сказали:
– Нужно запеть!
– То есть? – спросил сквозь очки.
– Голосом. Гласом. Мирное соревнованье систем:
кто проиграет, с того сдирается шкура.
Вы на кифаре, этот на флейте.
Он – проиграет. Он-то один, за вами – гражданская тема.
Песню весенней любви теперь оппевайте вы, майские Музы!
Запели.
Вот Аполлон заиграл о ликующей всюду любви. Ликовали.
Марсий завыл на фиговой флейте какое-то хамство.
Еб твою мать, как матерился!
      / Но материться в поэме нам не к лицу/.
– Паспорт посмотрим. – сказали. Потом – почему на копытах?
Национальность? Сатир. Вот как. Все ясно.
Шкурку вы сами снимите или позволите нам? Скальпель и
                 морфий!
Морфий не нужен? Смеетесь? Вам больно? Ах, нет? Тише.
                 Тем лучше
Это – последняя шкурка? Не вырастет? Чушь. Сейчас все
                 вырастает.

Кудри скальпируем. Так. Животик-то - пленка.
Теперь повернитесь спиной. Спасибо. Копытца отвинтим.
Вы полюбуйтесь только теперь на себя:
новый совсем человек! Запевайте о новом! Шагайте шагами!..
Не зашагал. Осмотрелся. В баре сидел Аполлон и нимфу
                                        кормил шоколадом.
Шел разговор о вояже на Запад: свадебные променады.
У лиллипута сверкали очки, окрашивая все в голубое.
Расхохотался - Марсий. Напился. Всюду совал свою мерзкую
                                        морду.
Так и уехал без шкуры, но хохотал - как хотел!
В общем, сей тип, к сожаленью, так и остался в своем
                                        амплуа.

5

Бойтесь, Орлы Неба, зайцев, затерянных в травах.
Заяц пасется в степях, здравствует лапкой Восход.
Нюхает, зла не зная, клыкастую розу,
или кощунствует в ковылях, передразнивая стрекозу.
А на закате, здравствуя ночь-невидимку,
пьет сок белены и играет на флейте печаль.
Шляется после по лунным улицам, пьяный,
в окна заглядывая /и плюясь!/ к тушканчикам и хомякам.
Лисы его не обманут - он лис обцелует.
С волком завоет - волк ему друг и брат.
Видели даже однажды - и это правда,
заяц со львом ели похлебку из щавеля.
И, вопреки всем традициям эпоса, кобра
может, вчера врачевала его ядом своим.
Все это правда, все мы - дети Земли.
Бойся, Орел, птица Неба, я вижу - ты прыгнул
с облака вниз, как пловец, руки раскинув.
Замерло сердце у нас, омертвели колени,
не убежать - ужас желудок окольцевал,
не закричать, не здравствовать больше Восхода,
лишь закатились очи и пленка на них.
И - горе тебе! - мы по-детски легли на лопатки,
мы - птичка-зайчик, дрожащими лапками вверх.
Что это - заяц живой, или жаркое - зайчатина с луком,
                                        с картошкой тушеной?
Бойся, Орел, улетай - это последние метры вашей судьбы.
Вот вы вцепились когтями в наше нежное тело,
клювом нацелился в темя /теперь-то - не улететь!/
дышишь нам в очи, как девка в минуту зачатья... минута...
где же орел? где он? ау - нету орла.
Только пернатое месиво мяса. Повсюду
разного веса разбросаны и валяются в травах куски.
Вон две ноги рядышком, как жених и невеста.
Все остальное - хвост, обнаженные ребра и крылья
залито соусом, соус - живая кровь. Пар от крови.
И, вытирая травами кровь со своего сведенного тельца,
ты осмотри свои задние ноги, заяц, зверек изумленный:
Это они, обморок твой защищая,
судорогами живота приведенные в действо,
в лютой истерике смерти взвивались и бились
и разорвали орла. А ты и не знал!
Да и знаешь сейчас. Отдышался, оттаял
и побежал на тех же ногах к Закату,
здравствуя лапкой счастливой свой горизонт!

6

В год Рафаэля, Байрона, Моцарта, Пушкина, - кто там еще?
я все шел. и дыханье свое выпуская шарами
солнечными. а в тени - чуть-чуть нефтяными.
пересчитывая шаги. скрестив до боли ресницы.
остолбевал на тридцать седьмом. и . в который раз
бледный и скорбный стоял над пропастью сей незатейливой
фразы:

МОЙ МИЛЫЙ!

Кто написал через каждые тридцать шагов и семь - МОЙ

МИЛЫЙ?

Ран романтизма не перечислить. Длинное дело!
Рок Рафаэля! Байрона бред! Моцарта месса! Пушкина пунш!
Что предчувствия?
Может Мадонна тело тебе отдавала свое. Художник.
только затем. чтобы ты умер на теле?
Может Августа и не сестра. а постриг
в святость карающей крови. - и что вам?!
Может быть. реквиемом без жен ты скончался. Моцарт,
скрипку любя. только ее краснотеплое тело.
Может быть. Натали не до балов. а пуля Дантеса
точка и только. А судороги супруги-
ненависть женщины тела к гонению неба.
Может. народы и расы. границы. войны. системы. -
только ненависть Тела к Небу - и нет им сосуществованья.
Может быть. нимфа Никиппа мне написала "МОЙ МИЛЫЙ!"
мстя за насмешки поспешные / смех - чтоб не слезы!/
Может быть. просто Наташа с телом Египта
так посмеялась от плача?
Знаю: не знаю. Я ухожу в утренний ход моря.
Чайки - белое чудо. Море - восстанье весталок. А горизонт
кто-то оклеил газетами. За - горизонтом -
небо мое!
Что ж. Застегнем все пряжки нашей белой одежды.
Очи откроем и будем идти. как идти
за - горизонт,
за - Долину Блужданий!
Будем молчать, как язык за зубами. А надписи эти,
эти песчинки чьих-то там поздних признаний.
эта отвага отчаянья - после потери. - да не осудим! -
слышал я. слышал - устами не теми.

ПОСЛЕДНИЙ ЛЕС

Мой лес, в котором столько роз
и ветер вьется,
плывут кораблики стрекоз;
трепещут весла!

О соловьиный перелив,
совиный хохот!..
Лишь человечки в лес пришли, -
мой лес обобран.

Какой капели пестрота,
ковыль-травинки!
Мой лес - в поломанных крестах /перстах/
и ни тропинки.

Висели шишки на весу,
вы оборвали,
он сам отдался вам наь суд -
вы обобрали.

Еще храбрится и хранит
мои мгновенья,
мои хрусталинки хвои
мой муравейник.

Вверху по пропасти плывут
кружочки-звезды.
И если позову "ау!"-
не отзовется.

Лишь знает птица Гамаюн
мои печали.
- Уйти? - Или. - я говорю.
- Простить? - Прощаю.

Опять слова слова слова
уже узнали,
все целовать да целовать
уста устали.

Над кутерьмою тьма легла,
да и легла ли?
Не говори - любовь лгала,
мы сами лгали.

Ты, Родина, тебе молясь,
с тобой скитаясь,
ты - хуже мачехи, моя,
ты - тать святая!

Совсем не много надо нам,
увы, как мало!
Такая полная луна
по всем каналам.

В лесу шумели комары,
о камарилья!
Не говори, не говори,
не говори мне!

Мой лес, в котором мед и яд,
ежи, улитки,
в котором карлики и я
уже убиты.

ПСАЛОМ №: 156.

Совести нет на скамьях, где гул голосов, лжепророки с графинами,-
глупость!

Этот совет - разврат, блуд белены - собранье.
В залах факельных ваших по алебастру лампы
всеосвещающие. Их письмена: "Встань и иди! И - будешь!"
Арфа моя отсырела от бреда бессонниц. Я встану рано.
Солнце Восхода из арфы моей выпарит росы.
Пепел- мой хлеб, а питье мое - мокрый воздух.
Камень - меня строитель отверг и я не встану
ни во главу угла. Канv. куда вся канет.
Слово пою! - как пеликан в пустыне.
Сплю, говорю с глазами: филин кладбища:
вот оно вам, что вы возвещали "И - будешь!"
Будет! - лишь червь и кость ваших могил мяса.
Вы посмеялись над мыслью нищего: "Слово - суть сути".
Множество тел толкали меня и лимфой тельцов обливали.
Псы сатанели, пересчитали клыками мои ребра.
Ризы мои запятнали навозом, отчьи мои одеянья - в лепрозорий.
Дали мне в пищу желчь, в уста выливали уксус.
И восклицали: "Вот он вот-вот умрет и имя его не воскреснет!"
Оводы очи мои клевали, от жаб - укусы.
гусенице - мои дерева плода, саранче - труд злака,
цепью убили мой виноград, а сикоморы - секирой,
скот мой казнили язвой, стада пали от молний.
Да, я дрожал душой. А вы восклицали:
"Кто к нам со Словом придет, тот от Слова погибнет!"
Так я молился во мгле своему Слову:
"Душу мою от меча не избавь псов - стук ее одинокий,
если мой путь за - горизонт, за - Долину Блужданий,
зла не убоюсь - со мною Твой жезл и Твой посох.
Гнев - на мгновенье Твой, на жизнь - жизнедаянье.
Вечером водворяется плач, наутро - с нами радость.
Нищий не навсегда забыт, бессмертна надежда нищих.
Бездна аукает бездне хором Твоих водопадов,
волны Твоей власти - над моей судьбою.
Логовищами львов, клыков и когтей, - клятва!
Львам ли пленять во тьме чудеса Твоих таинств?
В этой земле забвенья оклеветали Твою правду.
Душу мою не возьми от злодейств, от львов - стук ее одинокий!
Те колесницами, те конями, а мы - именем Слова!
Схима, или скитанья - чисел не надо: было!
Слезы - в сосуды воска, в страницы страх замуруем...
Слово - как звук Небес и над нами - жилище Солнца!"
Вымя племен нарывает, беременеют расы,
ка сыты сыны их в лежбищах лжи, в шествиях празднеств,
дочери лижут живот на чердаках винных,
пленка завяла в глазах отцов, их уши упали.
Пир вы пророчили в грезах грядущих, - где же?
Ужас у вас самих: вот - удар стрелы! ибо сами - убийцы стрельбищ.
Нет с нами пророка и кто вас воспитывает - доколе!?
Води - твои, Вавилон, Блудница, а я - жив и слезу не вылью.
Арфу свою повешу на вербу, - шуми и мешай струнами!
Связанный вервием не откликнется Словом веселья,
очи он отвратит, язык за зубами отравит,
знака не даст, если в столицу ворвется варвар
/слышу копыто крови и меч мести/
и разобьет о камни твоих младенцев!

ЗАСТОЛЬНАЯ

Пью первый тост за варваров от вер!
Птенец, твоя оливковая ветвь
не нам! ты многокрыл, но что - твой Бог!
Бессмысленна для нас попытка - вверх,
нет звезд над нами - барабаны бомб!
Нет нам Суда, все слезы - от лица!
Мы караван тельцов, на шее - вервь.
Нам рок - не кара. Нет у нас Отца.

Пью тост второй за то, что я вором
ворвался в это лежбище времен
со Словом к вам, но Слово стало - немь,
"я" стало "мы", на "да" воем надо "нет".
Нет Слова нам - цитатник и девиз,
блевота каннибалов - нам в лицо,
и фаллосы в волосьях у девиц,
и губы.- как влагалища юнцов.
Нам пища - врана кость и жабы жир,
питье - моллюска мозг, моча пчелы.
в лицо нам - камни, кал и улюлюк.
и око судеб стада - Вечный Жид -
мигает нам в болотах вечной мглы.
И запах зла - наш утренний уют.
И наша кровь не бьется. - для тепла...
Да здравствуют двуногие тела!

Пью третий тост. Пью третий тост! И пью
тост Зверя - 666 - и пусть таким
останется в устах, как тарарам.
где Пропасти. Вершины - пустяки.
Моление о Чаше по утрам -
у пьяниц. Нет ни терниев. ни пут.
Не Словом с нами соловьи поют,
а лаем льва. Все сущее - мишень
и марш! - в ничто. не чая ничего.
Смерть Ангелу - за вопли "СОС" его.
на "еден за Нем" - "се ля ви. ма шер!"
Нам сладостен твой сок, о гроздь Христа.
И мы - Сыны. цари природы - МЫ!
Да будем мы тверды. как тверд кристалл!
Да будем мы новы. как ты. наш мир!

Автограф раннего Сосноры
/из архива Виньковецкого/

Виктор Соснора —
Виньковецкому
в семь продолж
аргонавтов
наслов.

23.05.89г.

В.С.

X X X

С работы,
Прокопченный, как селедка,
Без кепки,
В парусиновом плаще,
Топорщившимся на плечах горбами,
Как бесшабашно
Я врывался в вашу
Обширную и теплую квартиру,
Притихшую на третьем этаже.

В квартире пахло
Плоскими духами
И скрипками.
Еще касторкой липкой
И лисьим мехом.

Я пробирался в кафельную ванну,
Лавируя между ампир-трюмо
И вазами китайского фарфора.
Две тетки,
Две твоих плешивых тетки,
Мне в ванную встревоженно кричали,
(Одна —
Прильнув очками к чертежам,
Вторая —
Перелистывая смачно
Брошюру выступлений Микояна)
Они кричали:
— Аккуратней, парень!
Не проглоти капроновую щетку! —

А я остервенело драил зубы,
Рычал нарочно,
Взвизгивал нарочно,
И топал,
Как пятьсот гиппопотамов.

Нарочно я выпрыгивал из ванной,
Мотал башкой, Нахально тряс руками.
Икапала с кистей моих обвислых
Намыленная серая вода
На желтый и лоснящийся паркет.

Папаша твой,
Ревматик дальнозоркий,
Ответственный работник "Гипровафель",
Протягивал мне скрюченные пальцы
И заявлял,
Намеренно картавя:
—Ну, здгаствуй, пагень!

Потом мы пили чай.
И ты молчала,
Как будто увлеченная безмерно
Верчением розетки для варенья.
А после чая—
Мы опять молчали.
Папаша удалялся в кабинет,
А тетки,
Тетки приступали к делу:
Одна—
Очками льнула к чертежам,
Вторая—
Перелистывала смачно
Брошюру выступлений Миколина.
Я чувствовал как
Семейство ваше ждет
Когда я догадаюсь их покинуть.

Я понимал учтивое молчанье.
Насвистывал марш Хачатуряна,
Я нахлобучивал на плечи парусину,
И уходил,
Дымя напропалую
Измятой отсыревшей сигаретой.

Ты целовала в лоб меня у двери
И спрашивала, только чтоб спросить:
Позвонишь утром в понедельник, парень?
И отвечал я, только чтоб ответить:
А как же! Безусловно позвоню.-

Час ночи.
Я один на остановке.
Курю
И сплевываю никотин сырой.
Подальше,
Прочь из этого района!
Вон из Москвы!
Троллейбус мне,
Троллейбус!

МК 72

Искусство чавля
процедуры и весы
Художник только
искорка из безуны

В. Сидюра

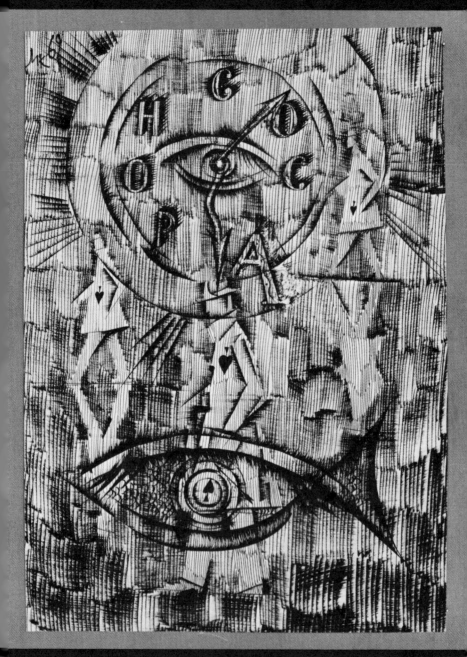

Ф. Косс

О С о с н о р е

Соснора для меня - поэт-алкоголик. Или алкоголик-поэт.
Соснора для меня - большой поэт и большой алкоголик. Или боль-
шой алкоголик и большой поэт. Я совсем не могу забыть, что я
знала Соснору, когда у него было сорок дней запоя и потом
Соснору практически не знала.

Сорок дней знакомства с поэтом в состоянии запоя - не
знаю, может ли здесь выйти что-нибудь объективного о поэте,
об алкоголике - да, наверно.

Для меня слово "алкоголик" совсем ничего обидного для
глубоко уважаемого мной человека и поэта Сосноры не значит,
кроме того, что человек болен болезнью под названием "алкого-
лизм".

Соснора знает, что он болен. Он сказал при мне жалобно,
куда-то в стол: "Я же больной человек, я же алкого-о-лик".
Я очень меня разжалобил. Я чуть не заплакала. Совершенно ис-
кренне. Потому что он очень мучился. Как мучается алкоголик,
который знает, что уже давно пора остановиться и - не может.

Соснора повторял в ужасе: "Ну было три дня, пять дней,
было десять. Но со-о-рок!" Абсолют беспомощности и страха,
паника.

В один из первых своих визитов, в течение этого великого
сорокадневного запоя, притащила виноград, поколку Соснора
сказал по телефону, что болен.

На виноград посмотрев, застеснялся. Сказал: "Я, в общем-
то, не в этом смысле болен /очевидно, в смысле полезности
витаминов при тяжелом и обескравливающем течении болезни/. Я
просто пьян".

И такой девичий румянец на щёчках. А может, туберкулёз-
ный-то румянец? Соснора с детства - туберкулёзник. Всё равно
жалко человека. А тем более великого.

Со студенческих лет гонялась за сборниками Сосноры и бе-
гала стрелять билетик на морозе - поаплодировать с далёкого
ряда поэту, нелюбимому Союзом Писателей /студенческие фольк-
лорные биографии кумиров, ореол мученичества/.

А тут ещё поэт болен. Алкоголь поэта убивает.

А тут ещё Костя сказал: "Ему и жить-то осталось пару лет. Туберкулёз почек у него".

Значит - "погиб поэт". А такое может повергнуть в любовь и жертвенность ещё до первого взгляда.

Немножко саркастичен поэт. Немножко романтика пьяна. Интерьер, опять-же, кричит о больной немощи. Бутылка у кровати уже не с алкоголем, а с каким-то другим бытовым содержимым. Но это можно и не видеть. Не всё, что бросается в глаза, достойно внимания. Тем более, что поэт её убрал с застенчивой улыбкой. Застенчивость в великих подкупает. А забывчивость при алкоголе - симптом болезни.

Быт, опять-же, в виде коммунальной квартиры с длинными зигзаговыми коридорами, порождает у великих протест до отвращения к общественному туалету.

По этому поводу я квартирные эти коридоры вымыла, ибо наступила очередь поэта дежурить в коммуналовке, а он - совсем плох. Надо помочь. Чувствовала себя приобщённо. Не букет к пьедесталу поэзии, но всёх-таки какая-то лепта. И тактом его была польщена - туалет вымыл сам. Представляю, какими потоками холодного, а может горячего, пота, а может, теми и другими по очереди, обливался поэт. Попробуйте при сорокадневном запое вымыть туалет в коммуналовке.

А тут ещё стирка. Ну как, скажите, стирать поэту, если руки дрожат и ноги тоже? Тут не до стирки и не до поэзии. Пришлось постирать штанишки для поэта.

Суп сварить под бдительным оком соседки.

К собственному ребёнку в собственный дом сбегать тоже надо. Там тоже стирки хватает. Бегу - и думаю: смотри-ка ты, в каком районе живёшь - тут великие водятся.

Когда великий человек, страдая и мучаясь, перевалил с девятнадцатого на двадцатый день запоя, прибегаю после стирки в собственном доме - сидит Соснора под портретом Сосноры, тем, что работы Кулакова, и рассуждает.

Но сначала о портрете, а потом о рассуждении поэта о бесполезности лечения от алкоголизма.

Комнатка Сосноры в коммуналовке - музей Сосноры. А точнее - музей о Сосноре. А для меня в те сорок дней и вовсе - мавзолей поэта.

На портрете Соснора за столом. Красный и чёрный фон - позади Сосноры и между фоном и спиной Сосноры - виселица с устрашающей петлёй над Соснорой. Лицо Сосноры /в профиль - орлиный/ повёрнуто к виселице, и на лице этом, что касается меня, так я прочла ужас.

Что это? Приговор Поэту? Тематика у поэта - обречёность? Да что бы там ни было - жалко поэта. В комнате своей поэт один боится оставаться. Страх поэта мучает. Безымянный маниакальный страх неизвестно чего. Больной страх.

А поэт сидит под портретом и рассуждает: "И ведь она же мне сказала -"а пить Вы всё равно будете".

Она - это доктор. Алкогольный специалист в госпитале, где Соснора пробыл пару месяцев, пробуя лечиться от заболевания алкоголизмом.

"Всё дочку свою за меня замуж спихнуть хотела",- жаловался поэт, - "А в общем-то там хорошо было. дали мне отдельную комнату. С окошком. Бумагу дали. Сидел. Писал".

Отсидеть пришлось два месяца /но вообще я точно не помню/. После чего Соснора не пил долго. По поводу чего сказал: "Но уж как за-а-пил! Ты смотри, ведь не остановиться".

В больницу Соснора попал по поводу белой горячки, о которой сказал со страхом: "Ведь она не тогда начинается, когда пьёшь, она тогда начинается, когда бросаешь".

Когда Соснора выскочил на улицу в горячке и бросился к Фонтанке, на пути встали синие великаны: "Я стоял перед ними, разговаривал, и казался себе таким маленьким".

Очень для Сосноры не характерное ощущение. Никогда он не казался себе маленьким. Чувство великости одолевало поэта.

Поэт вздыхал: "Это сейчас они меня придерживают, не публикуют. Платить, потому что, надо. А стоит помереть, сразу всё напечатают. Полное собрания сочинений. У них там всё моё есть. Им задарма публиковать хочется. Только и ждут, чтоб человек помер, а уж потом..."

Печатать на великого человека - удовольствие. Сама пред-
ложила. Как услышала, что поэт жалуется на безденежье и что
машинисткам платить нечем, так и предложила.

Всё лето печатала. На пляж не ходила. А печатаю я плохо
и медленно..Потому пришлось стараться. Соснора уже из запоя
вышел, уже жене позвонил, чтоб возвращалась. Уже с женой жил,
трезвый. Я всё печатала. Я про то, что у него жена есть, даже
и не знала. Не та, с которой он развёлся. А другая.

Но это неважно. Поговорили, выяснили, что есть жена, ну,
что ж делать, великие не без недостатков. Печатать на великих
всё равно надо аккуратно.

Жены Соснора боялся. И потому, на сорок первый день, по
возвращению жены в дом, пить бросил.

ОТ СОСТАВИТЕЛЯ:

*Фаиночка, из девичьей скромности или романтизму, не указывает, в
чем были "штанишки" великого поэта. В том же, что и составителя
данной антологии - на 7-ой или, скажем, 14-ий день обратно же 40-
кадневного запою. Знакомо.*
*Жены я, к сожалению, не боюсь, но не этот "недостаток" различает
меня с моей-соснориной верной машинисткой, а сугубо американс-
кая жизнь. Точнее, не жизнь, а - выживаловка. Жизнь - была там.
Здесь, за 5 лет в Нью-Йорке, я видел Фаину - раз 5. А всего-то -
мост переехать. Но машин у нас нет, на метро - мне лень, а ей -
страшно, за квартиру же надо платить ежемесячно.*
*Белые ночи... В Нью-Йорке они - черные. Не постоишь у парапета:
выебут или ограбят /первое, при том, грозит и мужику/, такси в
мой район не ходят, а в Фаинином - нельзя и пешком, остается -
ТЕЛЕФОН.*
У меня зазвонил телефон...
*И звонит, не переставая. Из Парижу, Нью-Йорку, Калифорнии, Остина.
Фаине мне звонить не хочется. Не посидишь, как прежде, за чашечкой
чаю далеко заполночь, не проводишь девушку набережной и ночной пер-
шпективой, не покатаешь на яхте-моторке /см. т.4А/, остается - об-
щение деловое и телефонное.*

И антологию мне приходится - набирать одним пальчиком, самому.

Впрочем, быть может, это и старость...

ПЕРЕВЕРТНИ ФЕЛИКСА ЛЕВАНЕВСКОГО

"Палиндром - и ни морд, ни лап."

/Ф.Леваневский/

Никогда не писал перевертней. Даже не представляю, как их можно писать. По-моему, их пишут математики. У которых "x,y,z" - в любом порядке переставляются. Хлебников был математиком. Хромов - не знаю. Кондратов - точно был, он даже письменность с острова Пасхи, кохау-ронго-ронго, с помощью ЭВМ расшифровывал. А Леваневский - уж просто математик.

К тому же, друг Сосноры, о чем свидетельствует изящный палиндромон:

"Я - вол. Соснора - барон сословья."

Отец у Феликса - член СП. Но это бывает. Нельзя же, чтобы все члены Союза писателей - умирали бездетными. Хоть что-то приличное они должны же создать, детей хоть. Отец прозаика Феди Чирсткова - сценарий к "Падению Берлина" написал, у меня у самого отец чуть членом Союза художников не стал, но погиб добровольцем. Так чем же Леваневский хуже?

Встретил я его на питейных занятиях у Сосноры, выпито было и у него, а потом я выяснил, что он умеет палиндромоны. При составлении сборника "ЛЕПТА" в 1975 году, вычислил я и Феликса, попытался привлечь. Привлекаться он не стал, но палиндромоны дал.

Путем этих палиндромонов и выяснилась приятная особенность, что никто из 30 с лишним поэтов-участников "ЛЕПТЫ" создание перевертней серьезным занятием не считает. Кривулин даже заявил, что он сам может палиндромоны. Пропыжившись чего-то с неделю, он выдал нечто и отдаленно не похожее на палиндромон, путем чего проиграл бутылку чего-то, которую, как это за ним водится, зажал.

Палиндромоны же и графические стихи /Галецкого/ вызвали резко отрицательную реакцию редколлегии "ЛЕПТЫ" и ими решено было поступиться в первую очередь. Не членами редколлегии, а перевертнями.

Я же к палиндромонам отношусь положительно, поскольку сам их писать не умею. Попадались же мне они - крайне редко. Разве только в "Науке и жизни", со статейкой Валентина Хромова.

В антологии же сей они попадаются часто, что свидетельствует о популярности жанра. Так, не то Виньковецким, не то Лившицем был сообщен по телефону еще один палиндромон Александра Кондратова /см. 1-й том/ на тему дня, хотя и давний:

На вид - Иван,
но он
Натан!

А во втором - я рад представить Леваневского.

Лес. О, шорох! Хорош осел
он ест сено
с
рогаток, скот. А гор
и
не видно. Тон дивен.
Дорога - на город,
откосов, осок-то
мотор кротом
пых-пых-пыхтит - хып, хып, хып.

*

Лев украл. К ларьку вел.
Окосел - в лес око.
Тот еще тип - пить еще тот.
То король зверья - рев, зло, рокот.

*

Рота! За ним мина - затор.
Ров - таз, луна - клещ, щелканул затвор.
Во толпу летит Тит, ел у плотов,
а самолет слетел с телом аса.

*

То не енот,
а
Рысь лазила и лизала сыр.

1970 г.

Я - рацион, но и царь я,
из аксиом мои скази.
Уху бальзам и мазь лабуху.
Кот я! Под потоком мок. О, топь до пяток!
Но я йог, а Гойя .
Я вол. Соснора - барон сословья.
Форт строф
метал Соснора, дар он, с осла тем
и
ворт с остров.

Я вижу, живя.
Увижу - живу.
Ущучу тучущу,
узор - грозу,
я лопот тополя
учу.

Тог я, тягот
барин и раб.
Мыт и питым,
дарьям я рад.
Комету темок
метил - и тем
я, диво видя,
мечен не чем.
Тон до пяток! Кот я, под нот
кокса заскок,
покой окоп.

Пусть суп,
пуст суп,
не варен суп. Опус не равен
еде.
На рот - смак рома. Каморкам - сто ран,
на рок - ищи коран.
Вор, он ищи, норов.
Но как искать такси - как он?
итти
тупик и путь?
в
тумана муть?

1970 г.

Узора розу
ливень не вил,
а бензин из неба
лил,
и
мы дым
ели в иле.

Я - око покоя
еще
неопоен,
умучив яви чуму,
лепил или пел,
или плакал. Пили.

Театр тает
и трепа паперти,
течет
вода садов
с
водоводов,
и трет аксон, но скатерти
к
винам сманив,
сон унос-
или.

1970 г

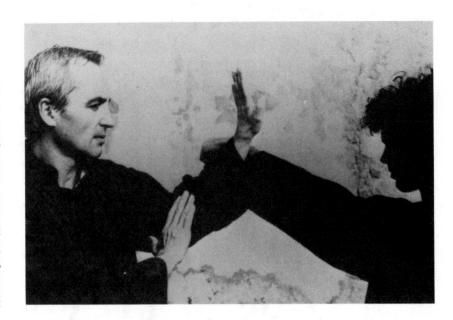

осень 1979. V. Pamfili, maestro Kulakov M.
allievo Ricciardi F. I dan, full-contact.
Демонстрация двойного блока против oi-zuki

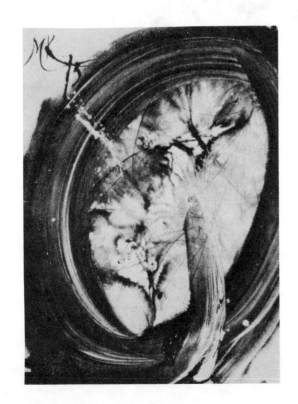

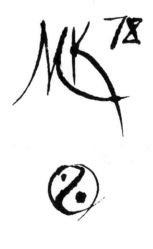

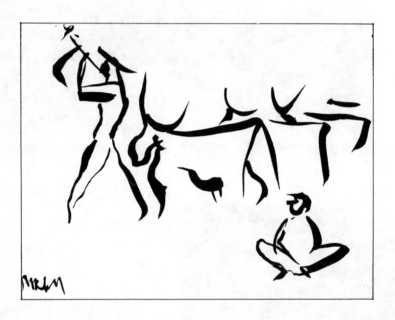

Рим,октябрь 1979,Кулаков Михаил, via Luca della Robbia 80 Roma
Ноябрь   Italia

                                        tel. 5745366

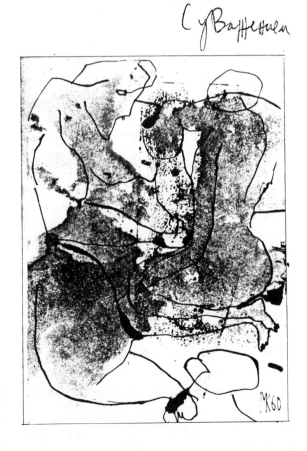

28. Ноябрь. 1977. Рим.

Дорогой Костя!

Шлю Вам небольшой кусок говна. Если приго-
дится, используйте. Нет - и суда нет.
Из воспоминаний отрывки если понравятся махните
в мою сторону и я застучу на машинке
вновь. А так - надоело.
Относительно высказываний об этом искусстве
есть балык - эшейчик, могу если хотите переде-
чатать отрывки. Впрочем, более не желаю Вас
беспокоить.

С уважением

Два момента толкнули на писание своего рода автобиографии, - ан-
кета Кости Кузьминского ,сама по себе документ послевоенного пери-
ода 60х - начала 70х годов ленинградского *underground'а* ,как и
манерой вопросов характеризующая довольно хорошо ленинградского
поэта К.Кузьминского;и одно место из "Героя нашего времени",лю-
бимой книги,перечитываемой в течение многих лет - столетий.
Вот это место:

"И в самом деле,здесь все дышит уединением;здесь все таинственно-
и густые сени липовых аллей,склоняющихся над потоком,который с
шумом и пеною,падая с плиты на плиту,прорезывает себе путь меж-
ду зеленеющими горами,и ущелья,полные мглой и молчанием,которых
ветви разбегаются отсюда во все стороны,и свежесть ароматического
воздуха,отягощенного испарениями высоких южных трав и белой ака-
ции, - и постоянный,сладостно-усыпительный шум студёных ручьев,
которые,встретясь в конце долины,бегут дружно взапуски и наконец
кидаются в Подкумок.."
Волшебные слова,другой мир,хотя с этим описанием пейзажа те же стра-
сти,зло и прочие докучности мира сего.

Все я знаю,все я видел,а эйфория вновь схватила за глотку:я дол-
жен писать,занимать себя творчеством,любым,графоманством,обороняясь
от скуки и ностальгии.Этот лермонтовский кусок напоминает рай,
каким я смог бы его представить конкретно.Ностальгия по раю,из
которого мы все были,как ветхозаветный Адам,изгнаны,желание чу-
да не оставляет,несмотря на то что голубые троллейбусы детства
испарились,как "сон,как утренний туман".

Как я познакомился с Цырлиным?Не помню.Пошёл 1956,МОЖЕТ быть
1957 год,я уже прошёл предостаточно в науке жизни:служил в пе-
хотном училище,но коммиссован по нездоровью/порок сердца/,здесь
хочу сказать другую версию:Небо не хотело обычной карьеры,пре-
пятствуя,участвовало в моей судьбе;работал на базе Медоборудования

кладовщиком,где научился пить водку и подделывать чеки на три
рубля или такие же "астрономические " цифры,рисовал самоучкой,
мечтал стать Репиным,наконец устроился ближе к искусству в Малый
академический театр по большому блату/бабкина подружка-уборщица
в театре и по совместительству любовница начальника отдела кад-
ров/маляром,не простым маляром,а маляром – декоратором,
Однажды Илья Иоганович Цырлин,известный советский искусствовед,
появился в нашей коммунальной квартире №70 по Кадашевской набереж-
ной в нескольких шагах от Третьяковской галереи,куда я часто за-
бегал с детства.Какое это время года?Какой месяц?Не помню.Вообще
ще всегда плохо помнил точные интервалы времени,какой день,число,
зато всегда могу нарисовать картину ситуации и описать ощущения
/внутренние/,сопутствующие ситуации.Помню нашу комнату,перегоро-
женную шкафами на две неравные части,работы,которые показывал.
Я был в белой чистой новой рубашке и с черной повязкой на одном
глазу,вполне корсарский,во всяком случае романтический вид .
Илья еще молод для той карьеры,которую сделал:он завИзо в редак-
ции "Искусство",читает лекции во ВГИКЕ и пишет книги о художниках
современности,о Зардарьяне,например.Окна балкона с перекрёстьем
на втором этаже,выходящим на Обводной канал с панорамой на кино-
театр "Ударник",продолжающийся модерновым/по тем временам/ прямо-
угольником Дома Правительства,~~которое осмыслят в эпох прошлом~~
~~~~.Время послеобеденное,солнце
через балкон и окно,выходящее на Болотную площадь,~~на была~~ сквер,
бьёт в глаза и хорошо освещает мои работы,которые я демонстрирую
Илье.На стене на склееных картонах вместе висит фреска "Три фило-
софа",символизирующие то ли три типа мышления,то ли три части
света,с робкой деформацией под Пикассо,другие работы-пейзажи под
Рериха,поиски,уже вплотную проскакиваю сюрреализм,ищу себя.
Другая встреча в начале нашего знакомства запомнилась,потому что
происходит в начале эпохи так называемой "оттепели" в музее ~~изо~~
изящных искусств им.Пушкина на первой выставке в СССР Пикассо,
нашем кумире тех времен.Два маленьких залчика переполнены людьми,

со многими я в недалёком будущем перезнакомлюсь,некоторые еще поз-
же станут диссидентами,часть из них сядут по лагерям,часть отпра-
вятся в эмиграцию,некоторые приспособятся к советской действитель-
ности и остаток своей жизни им придеться доказывать свою лойяль-
ность перед советским строем.В зале не было воздуха от споров и
доказательств,там я впервые встретился с замечательным художни-
ком и человеком Володей Вайсбергом,там же я впервые услышал пер-
вые откровения по современной эстетике и новых западных течениях
в изоискусстве.Илья сопровождал своих учеников из ВГИКа и,чтобы
нечто сказать,мы прошли/я прилепился к их группе/ в зал античного
искусства,где было совершенно пусто и спокойно.
"Ну,вот,здесь достаточно спокойно,-сказал Илья с иронией.

Нашел в старых справках свидельство о смерти гражданки Ломакиной
Антонины Алексеевны,умершей 24 марта 1959 года в возрасте 50 лет,
причина смерти - гипертоническая болезнь,как говорит лаконично
справка.Место регистрации отдел Загса Ленинского района. г.Москвы.
Моей матери было в 1959 году,когда я поступил в Ленинграде в теат-
ральный ин-т на курс к Н.П.Акимову,50 лет.Мне 8 января исполнит-
ся 47 лет,через три года я буду в возрасте матери,когда она умер-
ла от "гипертонической" болезни.

Может быть я познакомился с Ильей раньше?В 1956 году,когда рисовал
под Рериха.В 1958 году я уже работал как ташист,нечто советского
Дж.Поллока,которого не знал,а впоследствие увидел репродукции
в " Art News ".Наша дружба началась идиллически,как содру-
жество художника и критика,идеальная дружба,прерываемая коллизи-
ми семейных отношений Ильи и моим изгнанием из Москвы.Илья был
брюнетом,с высоким чистым лбом с ленинскими залысинами,крепкого
сложения,сошёлся в последние годы жизни с моей первой любовью
Мариной,ибо был биссексуален.Наша дружба могла перерасти в муже-
ложство,чему воспротивился я,ибо моей природе сие было всегда

чуждо.Дружба была неровной,кончилась ссорой и смертью Ильи в Лен-
инграде.Илья приехал за сбором материалов к книге о Петрове-Вод-
кине ,его обожаемом художнике.Я жил тогда на Колокольной,прозванной
поэтом Глебом Горбовским Кулакольной.Вечером зашёл Илья,пили вод-
ку,присутствовал и пил вместе с нами художник Кубасов по прозвищу
Кид,впоследствие ставший маньеристом в стиле Михнова - Кулакова.
Поссорились довольно быстро,ибо ничто нас более не связывало,мне
очень не нравилось,что он выбрал Марину:явный фрейдистский комп-
лекс мужеложества через общую женщину.Практически я его выгнал.
Илья обиделся и стал уходить,на пороге неожиданно для себя я его
обнял,как бы предчувствуя наше последнее свидание.Он уехал к старо-
му приятелю на Московский проспект,где спустя два часа умер от раз-
рыва сосудов вокруг сердца,сердечный инсульт,кажется так называет-
ся.Однажды я сказал Илье,что он очень добр,принимая участие в
моей судьбе/некоторое время мне пришлось жить в его семье,когда
после смерти матери мой отец выгнал меня из дома/,на что он рас-
смеялся.В его смехе всегда была некая затаённая горечь иронии
над собой и .... над другими."Я вовсе не добр, - ответствовал
он, - это я делаю для себя".Разве я могу забыть,как он ходил за
мной в день смерти матери.Я плакал прямо на улице,он поддерживал
и водил меня,как маленького ребёнка.Господи,прости и помилуй
раба божьего,Илью Цырлина.
Славочка Климов,Илья Цырлин,московская интеллигенция,жена Славоч-
ки,глуховатая и тем счастливая,что не слышала многих гадостей
мира сего,Мурочка,ухитрявшаяся заводить романы под носом у ревни-
вого Славы Климова.~~Как во времени наружают то~~
Компания московских интеллигентов,все неверующие,поехала слушать
"Разбойников",лучшее пение под Пасху,кажется за два дня до светло-
го праздника.Приехали в Троицко-Сергиеву лавру на электричке в
темноту,и как мне тогда показалось,долго шли по темным улочкам ,
сбходя лужи и грязь.Низенькие прошлого столетия домики,с дере-
вянными наличниками,тюлевые занавески на окнах и непременная гера-

нь в горшках,атрибуты мещанской уходящей Руси,которую так и не
написал совхудожник Когин .В ту ночь я не видел всех
деталей загорского уюта, я вспоминаю задним числом.В трапезной
слушали пение из Евангелия/место о разбойниках/Голгофа/ среди
духоты от свечей и человечьего пота,неожиданное красивое пэние
о Страстях Господних.Было грустно и экзотично,как всякому не ча-
сто ходящему в церковь атеисту.Такие минуты остаются навсегда и
еще сильнее переживаются после крещения.Вечер,точнее ночь закон-
чилась застольем с водкой у знакомых Ильи,работавших в местном
краеведческом музее.Я дичился и стеснялся людей,не понимал споров
милой московской интеллигенции времен доктора Живаго.Горбовский,
обыгрывая слово "Живаго",с шумом произносил "Сухаго",имея в виду
сухое вино,которое мы употребляли,когда не хватало денег на водку.
Знаменательный разговор с Ильей по дороге от станции к монастырю на
полутёмных улочках Загорска:я просил помощи Ильи,приводя в пример
судьбы художников итальянского Ренессанса,сравнивая себя ни мало
ни много как с Микельанджело,а Цырлина с просвещенным Лоренцо
Медичи.Разговор шел о дружбе и союзе понимающих искусство сердец,
Илья был в восторге.После ужина водка разобрала меня,я к чему-то
придрался и поссорился.Помню разговор,состоявший сплошь из междо-
метий,под сводами главного входа в монастырь.Илья ударил в лицо,
не сильно,но обидно.Почему-то я не стал драться,хотя был агрессив-
нее и сильнее.В проеме ворот дул ветер,было неуютно,Славочка раз-
нимал нас и мирил.Как-то вечером со Славочкой мы бродили по Сузо-
ровскому бульвару,я ему задал вопрос,что он считает главным в
своей жизни."Постараться поступать так,чтоб не обидеть другого,
не принести зла ближнему и дальнему".Ответ благородный,а так ли
это было в его жизни не мне судить.....

Каждое утро при вставании думаю:куда сегодня и что сегодня?итти
на вилу Памфили или в палестру,или никуда не итти или что дру-
гое?почему нужно говорить по-итальянски?почему все вокруг говорят
только по-итальянски?неужели последний остаток жизни придеться
думать

только по-итальянски?а я умею мыслить и писать только по-русски?
остаётся болтаться в общих принципах?или пора замолчать и уста-
виться раз и навсегда в собственную пустоту,из которой происходит
все?Скука сопровождает рядом с экстазами духовными и плотскими,
она неотъемлемый спутник и более,приятель и двигатель в поисках
новых"зияющих высот".Скучно мне было всегда,за исключением несколь-
ких творческих минут,но про них сказать,что это были счастливые
минуты — вранье!Минуты или часы войны,напряжения,войны с красками
и другими материалами,бой с самим собой,с желаниями и разочарова-
ниями,где все средства хороши,как военные атаки в лоб,так и парти-
занские наскоки в спину.

Всегда вдруг!Замечательное "вдруг"!Читаю "Героя нашего времени",
вдруг!вспомнил стеклянную терасу в Комарово на даче у Александра
Ильича Гитовича,кухонный стол,накрытый клеенкой в зеленую клетку и
салат из огурцов и помидор под майонезом,сделанный на скорую руку
Сильвой Соломоновной.После каждой стопки водки Александр Ильич
хвалил Сильву Соломоновну за салат и восхищался его вкусом.Вооб-
ще он умел восхищаться обыкновенным вещам,например,каждому новому
поллитру,новому знакомству.Над нами шумят комаровские мачтовые
сосны.В Сан-Вито они шумят так же.Я люблю музыку природы,в ней
столько потенции жизни.Рядом дача Анны Андреевны Ахматовой.
Салат отличный!водка лучшая на свете!А знаешь,что называли древ-
ние китайцы вином?Самогонка из риса,вот, что они так красиво об-
зывали в стихах словом "вино".Когда Ли Бо пишет,как он поднимает
чарку вина,понимай,пьет обычный вонючий самогон из риса не очень
хорошей очистки.
По темносинему прямоугольнику окна медленно катится лунный
шар,сплющенный в желтую дольку мандарина.Полнолуние в двух ипос-
тасях — вверху в небе застыл КРУГ цвета кадмия желтого,внизу на
экране воды мерцает и вибрирует прекция диска.Ли Бо,обре-
менённый круглым,как тыква,животом,вмещающим доу рисовой водки,
увидев скользящий,распадающийся на осколки и — вновь скользящий пол —

ный круг луны,решает выпить на луне.Прыгнув из джонки на водяной
экран с изображением луны,Ли Бо тонет.

Бальмонт продолжает ту же игру,бредя в котелке и фраке по колено,
затем по горло в воде.Для него путешествие оканчивается   удачнее:
испугавшись утонуть,Бальмонт просит о помощи,и друзья,не смевшие
перечить прихотям ве-ликого поэта,с удовольствием втаскивают
мокрым в лодку.

Напротив за столом сидит Гитович,вспоминающий миф о смерти вели-
кого китайского поэта и пьяницы.Лицо Александра Ильича испещрено
склеротическими прожилками,богатыми венозной кровью свекольного
цвета,и шахтами пор,следами долгого и любовного употребления ал-
коголя.Гитович всегда с гордостью говорил:"Мы пьяницы,а не алкого-
лики!"а любую пьянку величал пиром,хотя бы распивалась только
"маленькая".Смерть Гитовича проста,о ней не успели сочинить миф.
Ночь в Комарово поднялась буря,столбик барометра заметно упал
/или поднялся,для меня поведение барометра всегда оставалось
тайной/.Утром старик/всего 57 лет/,собираясь в город, нагнулся
зашнуровать ботинок.Лопнул сосуд/или сосуды/ в затылочной части
черепа.Инсульт.Через десять часов не приходя в сознание небытие.
Луна продолжает свой ход и вскоре скрывается за крестовину оконного
переплетения.Луна потеряла девственность.На ней побывали люди.
В средние века в Японии жил монах,который по ночам созерцал луну
и следовал за ней из одной комнаты в другую.
Скоро на луну высадятся колонисты и выпьют с приездом.Мечта Ли
Бо,Бальмонта и Гитовича осуществится.Осуществится......
А сосны над нами шумят.После третьей Александр Ильич заводится,
темперамент не позволяет говорить тихо или спокойно.Кто-то видел
однажды/еще много раз будет "однажды"/ двух стариков ,идущих по
Невскому и громко-громко говорящих между собой,как будто никого
вокруг нет.Гитович был в валенках и пальто внакидку,друзья встре-
тились в подвале "три ступеньки ниже":встали с похмелья,набросили
палтуганы,быстро-быстро до нельзя всунули старческие щиколотки
в валенки и!за водкой.Мудрая Сильва по приказу Гитовича бегает

на станцию и сдает пустые бутылки,собрав на последние,покупает
поллитру,без которой Александр Ильич не может начинать утро.
Водка зло?Водка и добро.Сильва понимает,что водка разрушает пос-
ледние крохи алкогольного здоровья мужа,но и понимает,что без
водки жизнь не жизнь,а тем более писать стихи.Сам Гитович любит
повторять пушкинскую сказку из "Капитанской дочки",рассказанную
Пугачевым главному герою Гринёву о том,что лучше питаться сырым
мясом и прожить недолго,как орел,нежели жрать падаль и долго му-
читься жизнью,как ворон.И Сильва по возможности оберегает поэта
от запоев, и за водкой бегает на станцию.

"Мы не алкоголики,мы пьяницы/ - весело шумит Гитович.ЭПир, - кри-
чит поэт"Раньше все пьянки называли пирами,а у китайцев была осо-
бая книга штрафов,если кто напивался и под стол или еще что.Если
надирался о-о-о-чень,тебя закатывали в ковер и ты должен в таком
состоянии выпить еще одну чарку водки.Или залесть на дерево и
принять вина во внутрь."

"Мы пьяницы",-до сих пор стоит гул в моей голове от веселых тостов
комаровского Ли Бо.Гитович не знал китайской писменности,но полу-
чил несколько уроков в языке,ритмике стиха и китайского склада
ума от академика Конрада.Впрочем судьба Ли Бо или Ду Фу были очень
понятны Гитовичу похожестью жизненных ситуаций,непризнанием,нище-
той и....пьянством.Нищета их понятна,и гонения императора,интриги
чиновников,и бегство через водку от проблем,бегство в экстаз,в
подражание древним - ведь практически ничего не изменилось,что
во времена Таньской династии,то в период сталинской диктатуры.
И Гитович сохранил честность поэта-человека,пройдя худшие годы
сталинизма чистым и не предавшим ни своей души,ни колег.Отчасти
помогла водка.Фадееву она не помогла остаться честным,но помогла
в другом:водка усугубила картину предательства,результат - самоу-
бийство.Она же глушила сомнения и колебания,сводила и разбегала
людей,делала поэта слабым и неспособным к социальным акциям,что
спасло душу перед Небом.

ЗИМНИЙ ПЕЙЗАЖ

М.А.К.

В разноцветном лесу, в воскресенье,

Молодёжь разжигает костёр,

И неведомо ей опасенье,

Что безумный художник — хитёр.

Только старость почувствует это,

И уже не обмануты мы,

Бурным праздником красок и света —

Этим ~~праздником~~ пиром во время чумы.

Это стихотворение он написал и посвятил мне после просмотра моих
работ, я привёз большие листы ватмана на тему "Божественной коме-
дии" Данте. И согласился позировать. Кажется, писал два сеанса, недол-
го, ибо каждый раз старик томился ожиданием момента для принятия
водки. Его поразило, что нижнюю губу я нарисовал чересчур сочно
красной и чувственно-оттопыренной.

"Неужели ты увидел во мне фавна?" — допытывался Гитович. Я смеял-
ся и отнекивался, мол, интуитивно, и бегал за водкой вместо Сильвы.
Вот как произошло наше знакомство, помню до любых деталей.

В один прекрасный день Яша Виньковецкий, приятель и колега-калека
по живописьПисьПисьПиси предложил прокатиться в Комарово. Осень,
что ли? И заодно познакомиться с Александром Ильичем. "И водки возь-
мём, старика уважим. Он большой любитель по этой части". Между про-
чим в те годы я то же был большой любитель зелья. Старик? а он вов-
се не старик, 54 года, только что борода и волосы седые, а глаза
блестят и радуются всему, во гневе же сверкают и вокруг благоухает
мат. Старик раскрыл нам объятия и скомандовал Сильве, чтоб быстро-
быстро закуску делала. "Слыхал, слыхал про вас, что вы большой люби-
тель выпить," — с удовольствием и с легким юмором шумит Гитович.
Я и не знал, что я большой выпивоха, а поскольку слыхал от Яши про
старика, что он большой выпивоха, не стал его разубеждать, что я

малый вышивоха.Симпатия Гитовича возникла после следующего:когда
водка кончилась,а она кончилась быстро,я вызвался ,чтоб сделать
приятное старику,сбегать на станцию в магазин.Да,вспоминаю,была
осень,но без дождей,приятная редкость в питерском климате,было
сухо и пахло моими любимыми запахами:прелой опавшей листвой и
иголками сосновыми,поэтому я обернулся бегом   так быстро,что по-
разил нетерпеливо ждущего вдку Александра Ильича.Оказалось,совсем
недавно в юношеские годы был чемпионом на средние и короткие дис-
танции.Чемпионом я не был,неправда,но бегал вполне прилично чуть
ли не первому разряду на стометровке.В дальнейшем мне приходилось
туго, - чтоб держать марку бегуна,а главное,не разочаровывать ста-
рика,не маялся чтоб,-в любую погоду,в снег,слякоть,дождь сильный,
или будучи уже в крепком подпитии,сбив дыхание и страдая от арит-
мических гулких сердечных ударов,приходилось бегать туда-обратно
за водкой,а если ночевал,по утру снаряжала Сильва Соломоновна с
рюкзаком,полным пустых бутылок в приемный пункт,глядишь,наскре-
балось на "маленькую",еще лучше - на большую.

ЖИЗНЬ ЧЕЛОВЕКА - ВРЕМЕННЫЙ БИВУАК В ПОХОДЕ ЗА ЗОЛОТЫМ РУНОМ7
Занятия ИСКУССТВОМ КАК ПУТЬ,А НЕ РЕЗУЛЬТАТ.

Мы сидим на веранде и пьем водку.Сильва страдает,Гитович рычит,я
слушаю.На участке вокруг дачи Анны Андреевны валялись пни,краси-
вые пни,из которых обычно дилетанты",подглядев в спонтанных из-
гибах природы,делают скульптуры танцующих балерин и дедов-лесо-
виков.После очередного подпития вышли мы с Яшей воздухом подышать,
может быть поссать с крыльца.Красивые пни заметились,через минут
десять-пятнадцать,ставя их друг на друга в разных комбинациях,я
составил Россинанта.Сохранилось фото,на котором молоденький Яша
и Кулаков стоят около коняги,который тут же рассыпала приёмная доч-
ка-приживалка Анны Алексеевны.Имя запамятовал.Она:нельзя трогать
пни,они священны и принадлежат Ахматовой.Старик услыхал из окош-
ка и пустил её увесистым матом,оф которого стало теплее и увереннее

Однако на следующий день дочка по имени Аля растащила бедного
Россинанта и раскидала пни по старым местам.А где эта фотография?
В моем архиве,который по мере старения уничтожаю,а не наоборот.
Я наклонился к голове Россинанта,Яша стоит в профиль и улыбается,
в глубине среди стволов сосен видна дача Ахматовой.Через Гитовича
я впервые получил импульс к знакомству с восточным мышлением и
культурой.Теперь-то я знаю,что одним из моих воплощений на земле
▬▬ в прошлом – индийские танцовщики.

В 12 ВЕКЕ Я БЫЛ ВОЛЬНЫМ САМУРАЕМ – РОНИНОМ,БРОДИВШИМ ПО ХОККАЙДО.
УБИТ В НОЧНОЙ СТЫЧКЕ МЕЖДУ САМУРАЯМИ ДОМА ТАЙРА И ВОИНАМИ МИНАМО-
ТО,ОСТУПИВШИСЬ В ТЕМНОТЕ В ЯМУ.ИЗ-ЗА ВЫВИХА НОГИ НЕ УСПЕЛ ОТРАЗИТЬ
chudan – tsuki   И ПОРАЖЕН В ТЕМЯ КЛИНКОМ.

Первое,что я сделал после смерти А.И.Гитовича,купил водки и пое-
хал в Комарово к Сильве.Между прочим,узнал я о смерти следующим
образом.Старик скучал и иногда писал письма,куда мол запропастил-
ся,зная,что без водки никогда не приеду.В последний год жизни он
был очень плох,после двух рюмок ложился в постель и спал,а вече-
рами Сильва читала вслух Тома Сойера или Геккельберри Финна.Иногда
приедешь с водкой,а сам думаешь:вдруг старик уже тово!Робко посту-
чишься в дверь,выйдет Сильва,покачает головой,что,мол,нельзя,плох
старик,повернешься и уедешь обратно пить водку с кем-нибудь.
Не был я у него как несколько месяцев,то ли денег не было на вод-
ку,то ли ехать неохота:приедешь,а Сильва скомандует от ворот по-
ворот.В-друг!Я же обещал еще много раз "вдруг",нашлись деньги и
даже на коньяк,приехал,шагов сто-двести осталось через мелкий
ельник пройти до дачи.Навстречу местная женщина,она у них прихо-
дила прибрать,как-то странно посмотрела на меня и спрашивает:
"Вы не к Гитовичам ли идете?"Знать признала меня.
"Да,а что?" -со страхом спрашиваю я,предчувствуя нечто плохое.
"А его как вчера похоронили,"-услыхал ответ,и махнула рукой до-
вольно неопределенно видимо в сторону кладбища.Давно я готовился
услышать дурную весть,-готовься не готовься,никогда не подготовишься.

Смерть приходит как тать в ночи,так же и известие о смерти близ-
ких,друзей.

Сердце мое ныло,когда я сбежал в Ленинград с Цырлиным смотреть
русско-советский авангард 20х годов в запаснике Русского музея.
Тогда я познакомился с замечательной женщиной Антониной Николае-
вной Изергиной,последней женой экс-директора Эрмитажа Орбели.Она
была замечательна вовсе не замужеством с Орбели,а сама по себе.
И быстро сгорела буквально в один месяц от рака.И вскоре умер мо-
лоденький Митя,сын-вундеркинд от престарелых родителей/Орбели,
когда родился Митя,было за 60,а Антонине Николаевне к 50/.
Сердце чуяло беду:возвращаюсь в Москву,иду коридором нашей ком-
муналки,а душа уже понимает/ум нет/:случилась беда,что-то
непоправимое.Мать лежит в параличе второй день,паралич левосто-
ронний,исход только летальный,а я виню себя,что расстроил её окон-
чательно своим бегством в Ленинград.Вот и расплата.Десять дней
паралича,десять дней недосыпа,щетина похудевшего отца,который в
эти дни вырос в моих глазах,как герой.Дело в том-"герой" совсем
недавно выгнал меня из дома за "тунеядство".Все десять дней отец
почти не спал,переворачивая пеленки из-под матери,бережно ухажи-
вал за ней,как за грудным ребёнком/после войны они практически
разошлись,но за неимением другой жилплощади спали на одной кро-
вати спина к спине/,а когда наступила агония,подошёл к кровати
матери и произнёс удивительно сильным,при его бесхарактерности,
голосом красивые слова/век их не забуду/:"Встаньте дети!"
При этом он схватил наши руки и поднял их на воздух,откуда сила
взялась в этом щетиной заросшем,согбенном,плюгавом,человечишке?
"Дети!Мать кончается.Просите прощения,мы все виноваты перед ней".

Последний вздох матери,последние секунды жизни здесь,после десяти
дней бессознания мать открывает глаза,и нам кажется,что из пропасти,
куда она уходит,с сознанием и узнаванием последний раз на нас взгля-
нули глаза матери.Теперь можно подносить к губам зеркало и оно не по-
кроется туманной пленкой дыхания.

С Глебом Горбовским я познакомился в первые же дни приезда в Ленин-
град для поступления в театральный ин-т на постановочный факультет. к
Николаю Павловичу Акимову.Московский поэт Валя Хромов,знаток Хлебни-
кова и поклонник стихов Стасика Красовицкого,писавший перевертни
"немец цемент
              тет-а
                    тет",дал адрес Генриха Штейнберга,моего будущего
большого приятеля,жившего совсем рядом с Московским вокзалом на Пуш-
кинской.То ли я поздно приехал к ночи,то ли от стеснения /родители,
неудобно,незнакомые люди/,я ночевал на последнем этаже на лестнице
перед дверью Генриха,стесняясь позвонить в квартиру.Уже к утру,видимо
кто-то из соседей,заметив подозрительно кимарившего парня на ступенях,
позвонили в милицию и рано утром я был забран в местное отделение ми-
лиции при вокзале для выяснения личности.Выяснив,что я всего навсего
будущий студент театрального института,не успевший устроиться в обще-
житие/а я и не хотел в общежитие,идиосинкрозия против коллективного
сожительства налицо/,милиционеры благодушно оставили греться в части
до начала занятий.В часов шесть я был выпущен и в тревожнорадостном
состоянии шел попрохладному Невскому проспекту,освещаемому осенним
солнцем.В состоянии эвфории от недосыпа и первых смутных контактов
с милицией/контакты будут продолжаться и прогрессировать,увы! впредь
до эмиграции/ я напрсился к дворничихе в помощники и усердно поливал
из кишки сонную улицу.

СОННЫЕ УЛИЦЫ.НАШИ ГРЕХИ ЗАПИСАНЫ В КНИГЕ БЫТИЯ.КНИГА БЫТИЯ НЕ ТОЛЬКО
В НЕБЕ.ОНА В НАС,ЭТО НАША ПАМЯТЬ И СОВЕСТЬ.И СТРАШНЫЙ СУД НАЧИНАЕТСЯ

ПРИ ЖИЗНИ С ПОМОЩЬЮ ПАМЯТИ И НАШЕЙ СОВЕСТИ.ТЫ СУДИШЬ СЕБЯ И ПРОСИШЬ
ПРОЩЕНИЯ У ГОСПОДА.ЗДЕСЬ НА ЗЕМЛЕ ДО ОКОНЧАНИЯ СВОЕГО СРОКА ~~ИЗ КАМЕРЫ~~
И ТЕРПЕЛИВО ЖДЕШЬ БОЛЬШОГО СУДА.

Вечером я набрался храбрости и позвонил в квартиру Штейнберга.В этот
же вечер позвонил Глеб,пришедший прямо с вокзала с поезда Владивосток-
Ленинград в одном пиджачке и без багажа.Считалось в наше время,если
человек вернулся с заработков с Сахалина или откуда еще дальше,то в
кармане у него полно денег,~~или~~ как теперь говорят "капусты".Он пришёл
ночевать к Генке,благо близко от вокзала,потому что карман Глеба был
пуст,ни копейки даже на трамвай до Васильевского острова,голодный несколько
дней,Глеб стеснялся попросить Генриха дать что-нибудь поесть или на
дорогу,голодный настолько,что рано утром он тихонько залез в ванну
/небось,не мылся месяцами на Сахалине!/ под холодную струю,стесняясь
зажечь газовую колонку.На подоконнике Глеб обнаружил вялый кочан ка-
пусты,который с удовольствием обглодал.Как же так?Вернулся с Сахали-
на с длинным рублём,с чемоданами,полными банок красной икры и свежей
лососины и вдруг голоден?Насчет багажа он соврал,якобы оставил в ка-
мере хранения вокзала.Глеба по внешности сравнивали с Есениным,тот же
чуб,русые кудри,голубые глаза,скуластесть монголоидного славянина,и
читал подвывая,особенно в сильном подпитии.Ему не нравилось сравне-
ние с Есениным.

> Всё пою и пою,
> как дурак тухломыслый.
> Попаду ли в струю
> или заживу скисну?
> Попаду,попаду,
> меня будут печатать!
> Я еще накладу
> свой большой отпечаток!

Мы лежали в столовой у Генки на одной кровати,выпить было нечего,
хозяин ушел в свой кабинет:рано вставать,учеба на двух факультетах,~~сам~~

геологическом и геодезическом,Генка был суперменом,оставив нас обоих
в похмельном состоянии.Похмельное состояние будет преследовать нас
в течение многих лет по простой причине:бедность не порок и быстро
восстанавливаемое желание выпить.Нашлась Сельвинского "Улялаевщина"
с чудными иллюстрациями Тышлера.Глеб открыл первую попавшуюся страни-
цу и начал читать,пришептывая,хихикая и смакуя странные фонетические
выкрутасы бывшего авангардиста.Пол ночи продолжалось ржание и обоюдное
чтение "Улялаевщины".Глеб был первым,кто научил меня чувствовать звуч-
ность и интонацию слога - слова в стихе.Глеб обладал даром чувствовать
ударения -смысла СЛОВА в строке интуитивно без образования в литера-
турном институте,народный дар скоромоха к мелодии стиха-песни.Слово
за слово,этим по столу,а что?если хочешь,давай жить вместе на Василь-
евском острове в квартире номер девять,про которую Глеб позже напишет:

> Вам хинного экстрактика
>
> не хочется ль отведать?
>
> Вы проходили практику
>
> в квартире номер девять".

Хинный экстракт продавался в аптеках как средство от перхоти.Алкаши
надыбали,что он делается на спирту,"подожжешь,горит".Пузырек на 250
грамм стоил баснословно дешево.После рюмки хинного экстракта прихо-
дилось по полчаса стоять с разинутым ртом,с глазами,полными слёз,и
ждать,когда же наконец восстановится дыхание:закуска,увы,не всегда
бывала.Глеб пригласил меня жить в коммуналку на 9ую линию Васильевско-
го о-ва рядом с мостом им.лейтенанта Шмидта,на что я охотно согласил-
ся -неохота жить в общежитие,где он владел пеналом в 10 кв.метров.
"А я живу в своем гробу....."
На титульном листе второй книги стихов "Спасибо,земля",СовПис,1964,
Горбовский написал:" Самому моему старинному собрату-другу,со-
брату по погребели,до свидания....-там....." Где там?после смерти -
погибели?Стало быть в ином мире?В этой жизни мы уже не встретимся:
я в эмиграции,он - один из присяжных знаменитых поэтов совВласти,
член правления писателей гор.Ленинграда,член того-сего-другого.

> Кого спасает шкура,
>
> кого спасает - завтра.

Одних хранит—культура,

других — обед и завтрак.

Тебя спасет — помада,

его спасет — работа.

Меня ж спасать — не надо,

мне что—то неохота."

Квартира номер девять была густо перенаселена людьми и клопами.Далеко за материалом для своих поэм в прозаическом стиле не надо было ходить. Через стенку слева каждый вечер можно слушать ругань—визги—затем драку мужа и жены,иногда программа менялась:приходили гости,и маленькая дочка "Ела" в середине застолья—выпивки вызывалась к разбитому пианино,чтоб продемонстрировать способности в игре на тему "кошачий вальс". Каждый раз Елла ошибалась в одном и том же месте и каждый раз начинала пьесу сначала.После трех-четырех разбегов она проскакивала опасное место и потихоньку подбиралась к концу.После ухода гостей программа не менялась:ссора — визги — драка,"сейчас как долбану утюгом", "милицию вызову,милицию вызову" и весь набор русского мата.

По другую стенку жила за сорок длинющая старая дева,благоволившая к Глебу.Благоволить к Глебу было трудно,ибо не проходило ни одного дня без пьянки,чтения стихов,часто переходивших в крики ла-та-ты-ты! грыжа в маринаде!пошел в дупу и т.д.Финал пьес провоцировался режиссером с одним содержанием:мордобитие.Стенки пенала из фанеры, слышимость — стопроцентная,поэтому так часто нам приходилось удирать из Глебова пенала во избежание встреч с милицией.Компании водил поэт разные,к нему приходили и воры,и отсидевшие срок,и начинающие поэты, просто графоманы,художники,— всех приветствовал поэт,особенно если приносили водку и закусь.

Однажды вечером,вечером,вечером,когда пилотам скажем прямо делать нечего,собрались В.Бакинский,Виктор Голявкин,А.Битов,Г.Штейнберг и другие — все личности исторические.Топография комнаты:вытянутый пенал /10 кв.м/ делится на две части шкафом/зачем?/,в малой части у единственного окна с видом на унылый питерский двор-колодец стоит стол в стиле квази-рококо на трех ножках,в другой-рыдван,на нем спит Глеб, а на крышке от дивана,кладущейся прямо на пол,сплю я.Немногие предметы нашего быта прославились,"вошли в историю",тем что поэт описал их в стихах и песнях.В песне "Художники" Глебом описан диван-рыдван с большими впадинами,куда каждую ночь проваливается пьяное тело поэта:

"Мы лежим,мы лежим малютки-гномы

на диване в ямочке".

Может быть еще пара стульев - вот и весь интерьер Быта,а не Бытия, где я прожил больше года.Исторический вечер начался водкой и селедкой, Глеб читал свои стихи и,пока не напился,читал как всегда превосходно с хорошей дикцией,чуть-чуть подвывая и форсируя звуками содержание стихов.Одна очень интересная особенность личности Глеба,его дуализм здесь сказался наглядно:одно и то же стихотворение Глеб умел читать взависимости от качества и уровня публики,изменяя совершенно в противную сторону пунктуацию и ударение в звучаниях слов-интонациях. Он ухитрялся среди богемной голытьбы читать стихотворение,как протест против существующих порядков,и это же стихотворение совсем иначе звучало в его исполнение среди лойяльнонастроенной интеллигенции,где эпатаж Горбовского был неуместен.Глеб чутко понимал публику,тем более что чтения были обычно приватные,у кого-нибудь на дому в ожидание выпивки и закуски.

А жрать было нечего.Моя стипендия пропивалась в первый же день,а затем жили чем Бог пошлёт,-сегодня принесли буханку черного и поллитра водки,позавчера разживились на пельмени,которые

"В животе,в животе снуют пельмени,

как шары бильярдные,

дай-те нам,дай-те нам

хоть рваных денег,

будем благодарные".

готовились в чайнике без носика,поэтому воды вмещалось до уровня дырки вместо носика,в нем же кипятили чай и все другое.Другого не было. Кто-то уходил,кто-то приходил.Кончился вечер криками Глеба "вон" и крепче,Вадим Бакинский/псевдоним Нечаев/ ушел раньше,поэтому в его воспоминаниях тот вечер зафиксировался мирным,он не увидел продолжения, обычного конца собрания русских мальчиков/теперь все они гиганты русской культуры/,- после водки и дружеских общений мордобитие и разбегания до следующего раза.Финальные сцены,как правило,смещались с подмостков убогих конур-пеналов на лестничные проемы,где пространство позволяло развернуть шире плечи и катиться кубарем с другом-недругом в обнимку по позвонкам лестничного проема.И для соседей развлечение, звонки в милицию,"хулиганы","сукины дети,выселить тунеядцев" и прочие радости коммунального быта,зафиксированные в первых декретах советской власти.

Горбовский познакомился с Цырлиным в Москве на улице Чайковская по Садовому кольцу в доме,где некогда проживал Ф.Шаляпин,рядом с американским посольством.Мы решили с Глебом размяться и прокатиться в Москву в гости к Илье на праздники под Новый год.ОТкуда были деньги на билеты и прыть к путешествиям,не припомню,может быть не успели пропить стипендию,или Илья выслал почтовым переводом копейку.Погода отмечена в моей памяти,как классическая под Новый год,-пурга,посему московское Шереметьево самолеты не принимало.Мы томились в зале ожидания и,подсчитав оставшиеся копейки,решили:лучше один раз выпить в аэропортовском ресторане,чем думать о будущем.Утром пурга улеглась, солнце осветило выпавшие за ночь сугробы белоснежного снега,зал ожидания был переполнен вновь прибывшими на новые рейсы.Первые самолеты брались штурмом,нас с Глебом сбросили с трапа,приставленного к самолёту ТУ-104,не помогли удары,раздаваемые Глебом по головам восставших кофейником оранжевого цвета польского происхождения,который везли как презент Илье.Почему я помню детали?Для меня детали,неГлавное несут больше смысла,чем универсальные тенденции.Белый снег,покрывший гигантской простыней пустое пространство аэропорта,люди,берущие на абордаж ТУ-104,Глеб,словно викинг,размахивающий яркооранжевым кофейником вместо меча.Чудеса случаются на каждом шагу- мы улетели,улетели без единой копейки в кармане.В Москве ждало новое приключение,нужно было платить за билеты в автобусе от Шереметьево до Белорусского вокзала. Глеб ерзал в ожидании кондуктора,я,стесняясь/еще чувство вины,обыч-

ный комплекс с похмелья/,попросил у сидевшего соседа денег на два
билета,бормоча,мол,отдадим,дайте ваш адрес и прочую ерунду.Сосед не
удивился и спокойно дал на два билета,от сердца отлегло,но,приехав на
Белорусский вокзал,выяснилось,что у нас нет даже по 5 копеек на биле-
ты в метро,чтоб доехать до шаляпинского дома.И "вдруг"!их будет много
в моей жизни,счастливые и несчастливые "вдруг",растерянные,стоим у касс
метро и пытаемся решиться попросить у прохожих 10 копеек на билеты.
Я исчерпал душевную храбрость на автобусные билеты,Глеб слишком ро-
бок с похмелья.И вдруг навстречу знакомый ,с которым мы некогда учи-
лись в Педагогическом институте на художническо-педагогическом факу-
льтете,имя и фамилию запамятовал.

"Здорово-здорово,как жизнь!то да се,послушай,нет ли у тебя 20 копеек
на дорогу."Прошу уже с запасом,а вдруг пересадку делать или еще что
другое.Бог знает,что подумал обо мне,но 20 копеек дал,больше-говорит,
-нет,наверное вид наш располагал к рублю на пиво,а бормочу об адресе
и об отдаче.

В тот раз или иной за низким квадратным столом,покрытым клеенкой в
клетку,в огромной комнате шаляпинского дома академик Валентин Вален-
тинович Новожилов читал свои студенческие стихи и пил водку,может
быть "перцовуб", с нами.Тогда ли познакомился Новожилов с Глебом?или
я привел Глеба для чтения стихов и выпивки в гостеприимный дом Ново-
жиловых по Московскому проспекту позже?"...смешалось все....кони,люди,
и залпы тысячи орудий слились в протяжный вой...",как писал любимый
поэт, — не помню.Время для меня движется как стрела и незыблемо оста-
новилось с момента рождения,словно я родился не 8 января 1933 года в
городе Москва,а среди неподвижно сидящих фараонов со сложенными руками
на коленях в период Древнего царства – одновременно.Ничто не умирает.
До тех пор пока не умирает душа,ничто не умирает,на бесконечных гранях
которой записаны наши дела и грехи.

Валентин Валентинович читал стихи о трубке и дыме,о дыме,как символе
жизни-миража,и еще-что красивое в духе десятых годов стиля "либерти".
Предположим,Глеб в тот раз сидел за квадратным столом со своим зака-
дычным дружком Сашей Васильевым и читал

чудную поэму о квартире номер 9,пока не напился и не начал драться

на сей раз с закадычным Сашей.Я то же не выдержал и полез то ли драть-

ся,то ли разнимать друзей,начинаешь за здравие,а кончаешь за упокой.

Валентин Валентинович вмешался в кучу-малу,пытаясь разнять пару Саша-

Глеб,или Миша-Глеб,ИЛИ Саша-Миша и т.д.,но миротворцу крепко доста-

лось от Ильи,и астматический астеник Новожилов отлетел от удара Ильи

в угол.Стихийно возникшая свалка так же быстро распалась,только ака-

демик/тогда еще член-корреспондент Академиииииии Наук/ Валентин Вален-

тинович ходил среди нас и жалобно спрашивал:

"Ребята,а мне -то за что?"

            "Скука,скука,съем человека,

            перережу в квартире свет...... читал с вызовом к НЕКТО

Горбовский,поджимая узкие губы в презрение без сомнений.

            "Я итог двадцатого века,

            я садовник его клевет....."

Из Глеба исходила сила,магия слов завораживала,и сердца теплели.В та-

кие минуты ему прощали пьянки и дебоши,"пошел в дупу" или его люби-

мое выражение тех времен:"грыжа в маринаде".

Они спали оба на тюфяках и утром можно было видеть,как два ручейка

из-под них сливаются в обширную Волгу-Волгу.Между прочим,польский

кофейник мы довезли до Цырлина,и он пользовался им еще полтора года.

Цырлин умер в 1961 году,может быть 1962,когда ему было 56-57 лет.

Рано утром бабий голос в телефоне спросил меня.Я жил тогда на Коло-

кольной,которую Глеб переименовал в КУлаколЪную.Было около 5 часов,

после ссоры и пьянки с Ильей я находился не в лучшей форме.

- Это говорит Вася,-откуда-то издалека сказал бабий голос.

- Какой Вася?-ничего не понимая,переспросил я.Какой может быть Вася

в 5 часов утра?

- Миша,это Вася такой-то,приятель Ильи Цырлина.Ты приезжал с Ильей

к нам на Московский проспект.

- На Московский?Вася?-да,теперь вспомнил.Но почему так рано?Что слу-

чилось? сердце уже сжимается,душа уже поняла,а разум нет.

- Миша,Илья умер,-продолжает бабий голос.-Он умер два часа назад,

я всем звоню,звонил Глебу,его номер телефона я нашел в записной книж-
ке Ильи.Не могли бы вы с Глебом приехать и помочь свезти Цырлина в
морг?

- ? Надо было ехать.Я позвонил Глебу /как ни странно,несмотря на гус-
то перенаселенную коммуналку,телефон имелся/ и договорился встретиться
на Московском в квартире Васи.

Вася рассказывал спокойным тоном,как после нашей ссоры он вернулся
к ним,где он всегда останавливался по приеду в Ленинград,выпивал с
хозяевами,танцевал/почему?/,потом лег спать,вдруг стал кричать и про-
сил лить холодную воду на сердце и вокруг.Вокруг сердца лопались со-
суды.После вскрытия сердце оказалось дряхлым,старческим не по годам.
В последние годы в период писания статей-халтуры для заработка Илья
принимал на ночь,он любил писать по ночам ,чтоб никто не мешал про-
цессу,феномин,наркотик.

Перед нами лежал голый Илья.Подавленность от смерти,комплекс вины с
похмелья,благоприобретенный от счастливого детства и счастливого бу-
дущего,так силен,что я чувствую себя убийцей.Глеб в таком же состоя-
нии.На правой ноге Ильи след от тугой резинки носка,лицо спокойное
без архаической улыбки Аполона,которая обычно появляется сразу после
последнего вздоха-выдоха на лице покойника.Приехала скорая помощь,в ква-
ртиру деловито ступила санитарка,звать Тамарка,с широченными плечами.
-А,ну,хлопцы!-скомандовала нам,выведя из оцепенения,когда все чувс-
тва замирают внутри,-нет ни слез,ни раскаяния,ни слов утешения.
-Давай,давай,шевелись,-улыбалась гигантская тетя.-Помогите-ка мне
снести покойника вниз, - и деловито стала расстилать носилки.
Спускались с 6 этажа следующим порядком:"тетенька" впереди одна за
обе ручки носилок,мы сзади с Глебом вдвоем вцепились каждый по одной
ручке.Покойник оказался тяжелым,а в жизни я легко подбрасывал Илью
вверх.Потом ехали наедине с Ильей в цинковом гробу машины,сплошь за-
харканном покойницкой кровью и еще чем-то гнилым и противным.От того
что он лежал голый на цинковых нарах только под простынкой,нам было
холодно и промозгло.В морге мы подняли его,нам помогал прозектор в
очках,и закатили на деревянные нары.

Илья брякнулся,он уже успел застыть.По соседству лежал синюшный труп сухопарого пожилого человечка с бородкой вверх,вылитый Христос на картине Гольбейна,весь усеянный фиолетовыми кружками от медицинских банок.Видно крепко маялся перед смертью.

Прости и прощай/-,сказали мы каждый в себе и поехали добывать на пол-литру

> "А человек-обугленный пенек-
>
> торчал трагично и не без сознанья,
>
> как фантастично был он одинок,
>
> заглядывая в сердце мирозданья...."

Ночью Глеб засосал большую бутыль "южного",фугаску,как он выражался, и ~~написал~~ сочинил две поэмы за одну ночь,"Морг" и "Художники". Глеб Горбовский сочинил много замечательных стихов и поэм.Я люблю большинство их,написанных до его "оздоровления",когда он бросил окончательно пить.Как он бросил пить - это история на целый роман.Перед отъездом из России я навестил Глеба в Ленинграде.Глеб был радушен,потчевал водкой,красной рыбкой,шоколадными конфетами,сам не пил и был чрезвычайно скучен.Вспоминаются слова Глеба,будучи в легком подпитии, в период постепенного "оздоровления"/водка-вино крепкое-вино сухое-пиво-наконец,лимонад и газировка/ - Москва не сразу строилась! - —А может под конец жизни я еще так запью??!!!и такое еще наложу??!!!

> Хожу ночными тропами
>
> в таинственном лесу.....
>
> Ни шороха, ни топота —
>
> весь мир как на весу.
>
> Несу остатки шопота:
>
> "Послушайте....послушайте...."
>
> Вздохнете — все разрушите.

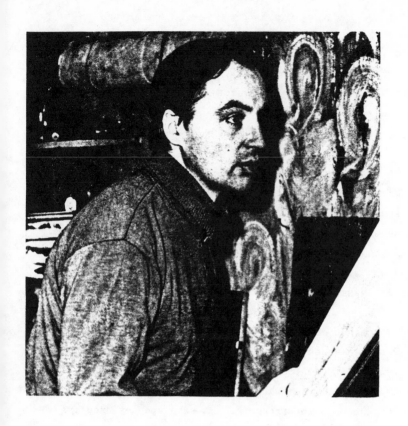

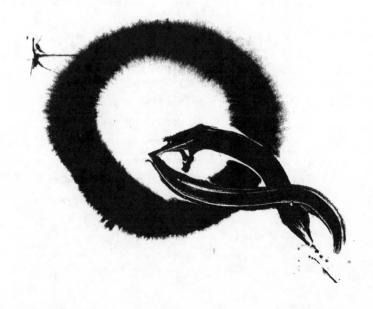

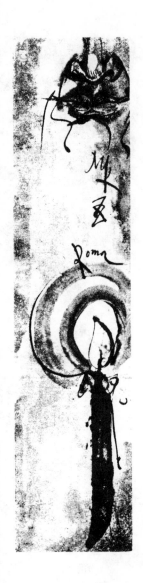

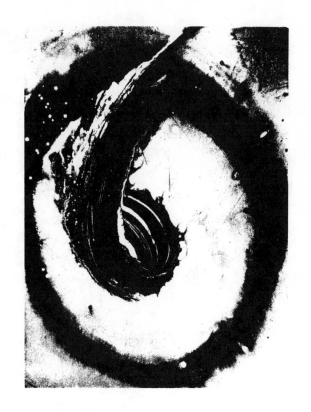

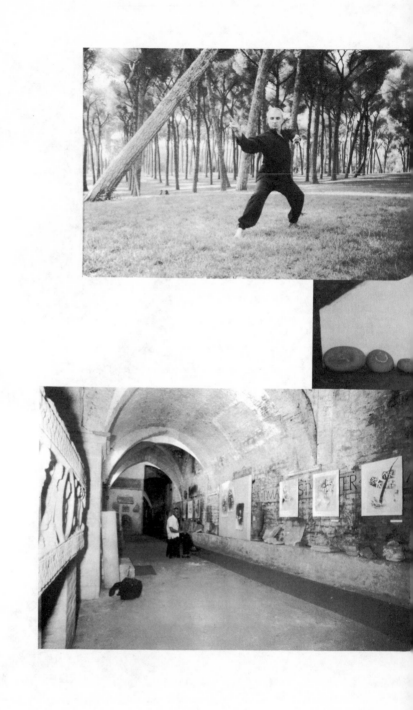

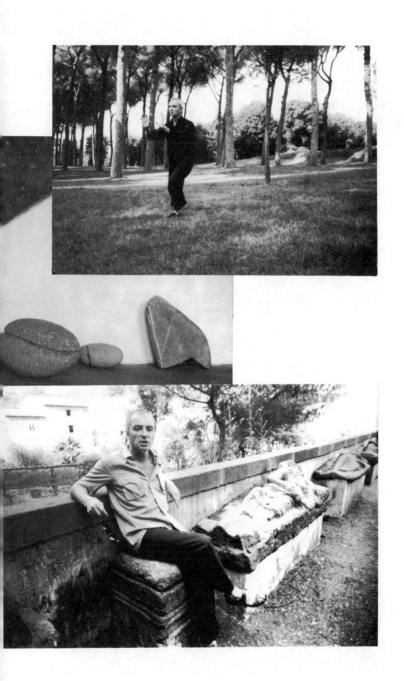

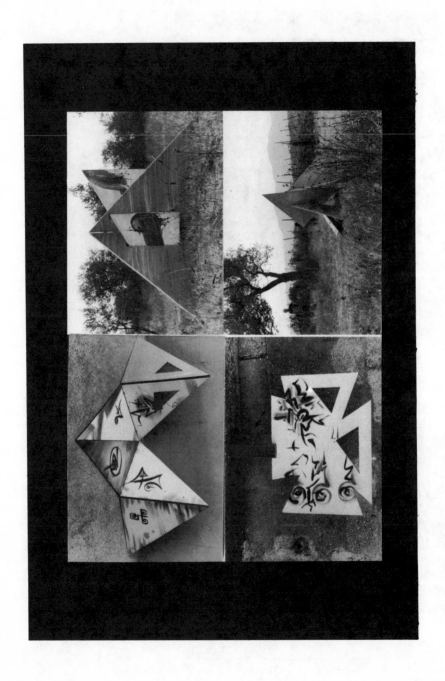

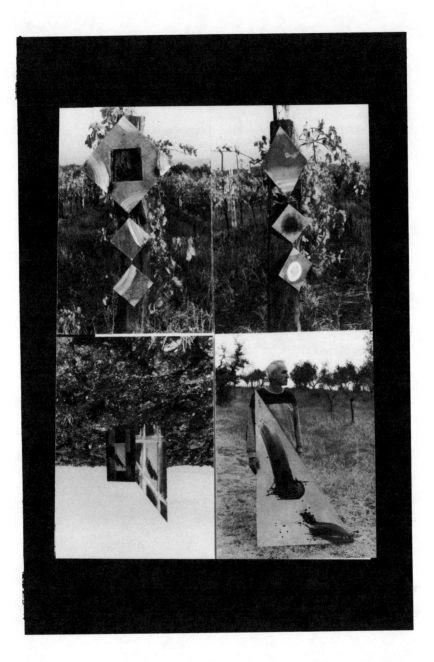

АНКЕТА ИЗ ТРИНАДЦАТИ ПУНКТОВ

1. ФИО

2. Дата, место рождения, родители.

3. Образование - годы и место.

4. Работа /места/.

5. Публикации, участие в выставках, симпозиумах, конференциях.

6. Друзья - наиболее запомнившиеся /максимально подробно/.

    а/ художники

    б/ поэты

    в/ литераторы, музыканты

    г/ прочие

7. В каких домах /салонах/ бывали и как часто.

8. Чего там делали.

9. Кого там встречали: эпизодические встречи.

10. Духовные учителя /живые и мертвые/.

11. Учителя в искусстве.

12. Периоды жизни /наиболее значительные/.

13. Типичный день /в пределах каждого периода/.

Дополнения, пояснения, враги, недруги, высказывания /и соображения/ об искусстве, пороки, любимые занятия, путешествия и переезды, надежды, мечты, любимые кушания, любимые женщины, впечатления от заграничной жизни, отношение к Солженицыну, мнение о "Континенте" и прочих журналах /газетах/, ностальгия, желаете ли кому набить морду, планы на жизнь /будущую/ и прочие не приходящие в голову вопросы.

Стиль - авторский /свободный/, размер - не лимитируемый, на нежелательные вопросы можно не отвечать /можно и отвечать/, писать на машинке или от руки, за подписью.
Фотографию приложить обязательно /любую/.

Ответы на Кость Куз.минскую анкету

1. Кулаков Михаил Алексеевич

2. Родился 8 января 1933 в Москве.Отец и мать мелкие совслужащие, мать даже покрупнее отца,начкадрами министерства заготовок.Что заготовляет это министерство,не знаю,может быть продырявленные оводами шкуры,может быть прах от столбовой дороги.Оба умерли,мать раньше,вывезя из прифронтовой полосы массу женских болезней,отец- недавно,страдая болезнью Паркинсона.

3. Образование гинегретное:десятилетка,два года в институте Между- народных отношений,с которым никаких близких сношений не произо- шло – сбежал,возмечтав стать гениальным,как Репин или Шишкин.По- ворот от ворот-увидел Ленинград,его итальянские ансамбли Росси и Растрелли.До поступления в акимовский институт болтался два года /почти/ в пехотном училище в Вильнюсе,сбежав из дома,вернее отец выгнал,когда я бросил "перспективный" МИМОтношений.Делать я ни хуя не умел после десятилетки,забрился добровольно в курсанты,но Провидение рассудило иначе:вылетел оттуда по причине митрального порока сердца.В этот промежуток,как говно в проруби,болтался груз- чиком на базе "медоборудования",маляром/не простым,ебёнть,маляром!а/ -декоратором в Малом академическом театре,ближе к искусству.Нако- нец,поступил в тихую гавань педагогического ин-та на художествен- чертежный факультет,откуда после года обучения с треском вышибли за "квартирную" выставку у московского искусствоведа Ильи Иогано- вича Цырлина.Пришлось бежать в Питер,где В конце 50х-начале 60х го- дов фрондировал Николай Павлович Акимов,который принял меня На свой факультет без экзаменов,зная мою дурную славу московского ~~авангар~~ ~~диста~~ авангардиста.В 1961 году окончил театральный институт,диплом с отличием,что позволило мне спрятаться в своем Левашово и никуда не ехать по распределению.Зачем я так долго крутился по институ- там?Чтоб иметь крышу над головой и хоть мало-мальски небольшую копейку/стипендию/,ибо все мои желания были направлены на занятия живописью,живописью,как я хочу,а не как хотят от меня.Отсюда небо- льшая мимикрия и приспособление в борьбе за существование,точнее,за выживание. *Учесть строгости сов протекций.*

4. Всю жизнь я стараюсь не работать нигде,но,увы!время от времени приходиться заниматься всякой хуйней.Работал кроме грузчика кладо- вщиком на той же пресловутой базе "медоборудования" на побегушках у директора,например,приносил из Столешникового переулка пирожные,поне- множку учился воровать у государства из вверенной мне кладовой,пра- вда там ничего стоящего не было,кроме бухгалтерских бланков и ды- рявых покрышек,которые мы с приятелем/он был начАХо и он же учил воровать/ списывали,чтоб набрать на поллитровку.В Малом драматичес- ком я раскрашивал бутафорскую мебель и отдельные части декораций, понемножку пиздил масляные краски,чтоб по воскресеньям ездить за город и писать этюды.После окончания акимовского института работал постоянно,как книжник-иллюстратор,в Лениздате и СОюзписе,оформлял стихи Сосноры,Горбовского,Давыдова,ПРОЗУ Грина.ЧТО-то оформлял в Выборгском дворце культуры,чуть ли ни Мльер,что ли,в другом дворце культуры/по рекомендации Акимова/,довольно известный городок под Питером,оформлял пьесу,кажись Корнейчука.Единственное промню-там

меня крепко наебли,не заплатили всех копеечных денег по договору.
Апофеозом деятельности в области театра был знаменательный Пизди-
десятилетний/50 лет/ юбилей советской власти.В тот год я работал
с режиссером Плучиком над пьесой В.Маяковского "Баня" в московском
театре сатиры.Плучик сказал:хуячь что хошь!некиим образом,как лю-
бят выражаться в стране Керосинии совинтеллигенты:карт-бланш.На
деле "карт-бланш" оказался фикцией.Например,Плучик мне:Михаил Алек-
сеевич!Что-нибудь такое,особенное,матьегозаногу,тудысюговичаель,
абстрактное!!!!Пожалуйста,дорогой Плучик!Приношу эскиз с конструк-
цией,напоминающей скульптуры Певзнера,а он мне:Михаил Алексеевич,
а нельзя ли рядом дровишки и печурку-времянку,чтоб было понятно,
где дело происходит.Конечно,можно,но на хуя козе баян,не вяжется
современная конструкция а ла Габо с передвижническими дровишками
и дымком в печурке.Пришлось итти на компромиссы,чтоб и рыбку съесть
и на хуй сесть.Из-за такого характера компромиссов я театр ненави-
жу лютой ненавистью.Впрочем не только из-за этого.
5.Участие в официальных выставках ограниченно:ракется,двумя разами,
и все они по книжной графике.Основной урожай в неофициальных или
полуофициальных.Я уже писал,что за первую выставку на квартире
Цырлина меня помели из педагогического института,первый листочек
лег в папку моего досье в 1957 году.В 1958 году в Москве я начал
первые эксперименты,которые ДЖ.Поллок закончил уже в 1956,а Михнов
параллельно писал в Ленинграде в сходной манере.Расцвет неофициль-
ных-полуофициальных выставок приходится на 60 годы.В 1963 году после
окончания института мы с Соснорой по путевкам ленинградского ком-
сомола поехали в Академгородок под Новосибирском,где Соснора пил
и выступал с чтением стихов,а я пил и устроил выставку в Доме уче-
ных из работ,написанных на месте.Пить в Академгородке было приятно
по многим причинам:и тебе лето жаркое с мотылями и девочками,и
вокруг завались энтузиазма-маразма молодежного, - в те годы Академ
переживал стадию юности и всяческой веры в прекрасное будущее,
поэтому пить было очем,и было,что пить:в простых магазинах сухое
болгарское и водка,а в распределителях для ученых коньяк и чистая
пшеничная,какой теперь не сыщешь в "Березке".Нам так понравилось
выпивать в Академ,что на будущий год я вновь по собственному по-
чину посетил сей приятный уголок среди сибирской тайги.Директором
дома кино был приятель,сибиряк В.Немировский,натура широкая и шиб-
ко питейная,настолько широкая,что через пару лет он вылетел из на-
чавшего быстро стареть Академ в столичном направлении в поисках
работы.В 1964 году новая выставка,в основном портреты местных уче-
ных,большинство из них были приятелями-собутыльниками.
В 1967 году было сразу две персональные выставки:у Плучика в театре
сатиры на площади Маяковского и у П.Л.Капицы в иституте физических
проблем.С Плучиком не подружились,а с Петром Леонидовичем и его
женой,Анной Алексеевной,сошлись и дружили,насколько позволяла
разница в возрастах и наше общественное положение,П.Л.Капица ученый
с мировым именем и я,говно,с точки зрения советского бюрократа.
На выставке у Капицы были мои друзья американцы,с которыми в юби-
лейный год у меня был крепкий альянс,поэтому были

и другие,не стольприятные встречи с кегебешниками.Вот что написал
комендант охраны института физпроблем,наверняка в чине подполковника
в книге отзывов:
Очень жаль,что для такого "искусства" предоставляются стены офи-
циального советского и такого авторитетного учреждения.
Организаторам выставки об этом не следоваłоры забывать.А друзья и
родственники тов.М.Кулакова нашли бы возможность и в другом месте
прославлять то,что не вдохновляет человека ни на труд,ни на под-
виг.
Жаль,что художник,вероятно получивший образование в советском вузе,
бесцельно растрачивает время,не идет в ногу с тѣми,кто отдает все си
-лы и знания строительства коммунизма в нашей стране"
            13.6.1967. и красивая закорючка подписи.
Слава Богу,что я не пошел в ногу со строителями будущего лагеря.
Наш союз с поэтом Соснорой продолжился в 1968 году,когда мы поле-
тели в Ереван,Виктор читать стихи и продолжать пить вино и водку,
а с новой выставкой в доме ученых института физпроблем под руко-
дством Алиханяна.Ереван был подснегом,но тепло.Соснора читал новую
очень эпатирующую поэму с матерными словами,наконец,не выдержал соб-
ственного геройства и смял остаток программы.Здесь я познакомился
с рядом замечательных художников,как покойный Минас,с Рудольфом
Хачатряном,со скульптором,жившим многие лета в Париже и знавшим
Пикассо,Кочаром.Армянское гостеприимство настолько широко,что в
конце-концов превращается в самозащиту от нашествия иноземцев:вы
уезжаете больным от выпитого и съеденного,дав зарок никогда больше
не посещать стольгостеприимную страну.
В том же урожайном году,может быть 69,я поимел еще две выставки,
в институте химфизики,директор ак.Семенов,кстати приятель П.Л.Ка-
пицы.Она просуществовала два дня,не успев открыться для общего поль-
зования,до открытия пришел некий хуй не голландский,назвавшись
журналистом из "Вечерней Москвы",и всячески угрожал устроителям
выставки подвалом в "вечерке" и пр.выговорами и снятием с работы.
Успели посмотреть только сотрудники института,а я вечером напился
и попал в отделение милиции,где был избит.Стоял я себе на углу
Ленинского проспекта и еще чего-то,стоял в одиночестве и очень
хотелось курить.Попросил у прохожего,он курил,а он послал меня
на хуй.Я удивился:по вечерне-ночным законам всегда угощаешь про-
хожих,кто бы не попросил,а тут "на хуй",я еще раз,а он "сейчас
сдам в милицию".Тут мое удивление достигло апогея и,качаясь и еле
стоя на ногах,я его смазал легонечко по роже.А он поймал мою руку
и заученным милицейским приемом закрутил за спину,срывая с себя
плащ,чтоб продемонстрировать под ним китель в милицейских погонах.
Самое странное ввязалось в том,что я стоял прямехонько напротив
местного отделения милиции,куда и был втащен и крепко получил по
холке.
Вторая выставка происходила в опять научном городке под Москвой
в Дубне.Здесь я полностью обнаглел и представлял ученым в доме
ученых поэзию Сосноры и его самого.Я видел поглазам Сосноры:"Ну,
и ну,ну,ты даешь!"а мне было трын-трава,-впереди ждало нас сытное

угощение от ученых столов с коньячком.Сам я к этому времени набрал-
ся прилично.Между прочим,выставка была в полном смысле передвиж-
ная,мы её,т.е. мои работы притащили на горбине с приятелем Димкой
Корольковым,который сейчас сделал,кажется,в своем мире карьеру.
Сгрузили с электрички в ДУбне две здоровые пачки работ на пероне
.Дело было к ночи,никто гениального Кулакова не встречал,взвалили
на хребты и пошли искать дом ученых.Во одном магазине повезло -ку-
пили две бутылки вина и тут же под кустами распили.Потом я звонил
академику Тяпкину,запинаясь,но еще мог выговаривать слова.Академик
Тяпкин,каким-то образом ответственный за культурно-массовую работу
в доме ученых,приехал на велосипеде на сквер,где мы допивали пос-
леднюю бутыль болгарского красного.Пошли устраиваться на ночлег
в лучшую комфортабельную гостиницу Дубны,здесь меня развезло окон-
чательно,я не мог даже проставить свою подпись в бланке,который
заполнил академик Тяпкин.На вернисаже мне задавали всякие вопросы,
многие явно провокационного характера:"а как вы относитесь к соц-
реализму?"Приходилось выкручиваться,зная ,что среди смотрящих че-
ловек пять стукачи или просто кегебешники.Один интель отвел в сто-
рону и спрашивал о "какая философия заложена в моих произведениях?"
Какая на хуй философия?когда вокруг обложили стукачами?мудак сра-
ный...Обратно уехали тем порядком,только теперь нашлись приятели,
тащившие мои работы,а я в поддатии шел себе тихо и не пел песен.
Да,вспомнил,для нынешнего главрежа театра сатиры в Питере Пети
Фоменко делал спектакль по Светлову "Гренада,Гренада,Гренада моя",
когда Петька еще не был толстым и главрехом,а хулиганом и заводи-
лой в дилтантском театре при московском университете.Петя сделал
два прекрасных спектакля,один светловский,второй "Татьянин день
или на Руси веселие пити",за что погорел,попав в черные списки.
Пришлось маяться ему лет так шесть-семь без работы или халтурить
по провинции,пока начальство разрешило вновь работать на столичных
подмостках.Мы с Фоменко кончали 9 школу ленинского р-на г.Москвы.Был
он хулиганом интеллигентным,например,на улице Горького/московский
Бродвей/ замечательно убедительно продавал калоши свои с язычками
старушке,а мы катались по тротуару от хохота.Однажды выпивали втроем,
Леонард Данильцев,Петр и я на площади Пушкина в кафе,где теперь
кафе-мороженое.В те "добрые" времена продавали там водку в любом
количестве под сосиски с горчицей.Петр,будущий режиссер,руководил
нами.Приказ:пьем под платком.Обкей,под платком,так под платком!
Вынимает Фоменко огромный грязный платок,накрывается им и на удив-
ление сидящих соседей пьет ,вернее опрокидывает стопку водки.По-
том, я,потом Леонард.Вообще,накрались под платком мы прилично,а
на Пушкинском сквере Петька приказал снимать штаны.Мы его слуша-
лись бесприкословно,остались в длинных динамовских трусах ,в носках,
поддерживаемых подтяжками по моде тех лет и в шляпах.В таком виде
три мушкетера прогуливались по пушкинскому скверу.Проходя мимо па-
рочек ,сидящих на скамейках,мы замечали,как они ложились на ска-
мейки от смеха.Конечно,появился милиционер и на редкость добродуш-
ный,ставший упрашивать нас одеть штаны.Петька стал перепрыгивать
скамейки,Леонард встал на колени перед милиционером и начал читать

монолог Гамлета,схватив ноги мильтона в обхват.Мильтон совсем рас-
терялся и застеснялся,а я просто валялся в песке и хрюкал от удо-
вольствия.Всево лишь маленький пример Петькиных причуд.А их было
много,он расточал щедро свой большой талант в ситуациях,которые
теперь теоретики театра обзывают "конкретным" театром.
6.На сей пункт или пиши роман,или сухо перечисляй.Я последую вторым
путем,попробую перечислить друзей,которые в другие периоды могли
стать и врагами.

Московский период

Володя Зайцев,однокашник,талантливый пианист,похеривший свой талант
по ленности.Превратился в совмещанина с проблемами животного су-
ществования.
Могу ли я назвать Стаса Красозицкого или Валю Хромова друзьями?
Думаю,что нет.Мы не были коротко знакомы.
Саша Харитонов,православный художник,один из моих первых учителей
в области колорита.Он преподал мне треугольник Синьяка,он же помог
обратиться к церкви.Но до того как он стал православным художником,
он просто забулдыгой-пропойцей.Куклес,Зверев,Плавинский и другие
собирались частенько на Плющихе у него в комнате,где устраивались
импровизированные пирушки.Помню один случай,как обычно не хватило
выпивки,стали сблочиваться,кто сколько может.Саша вызвался сбегать.
Ждем час,второй,на третий является пьяный и говорит:"Бейте меня,
я пропил ваши деньги."Не бить же хилого башку,а он этим и пользо-
вался.Другой еще смешнее.У великого Плавинского была десятка/в
деньгах до девальвации/,у меня другая,нехватало еще одной до пол-
литры.Сашка :пошли к моему деду,я займу у него.Скажу,мол,на краски.
Привел нас Харитонов к красному кирпичному дому невдалеке от Но-
водевичьего монастыря,поднялись на пятый этаж."Подождите,здесь,-
говорит Саша.-А деньги мне дайте,чтоб я деду показал,что не хватает
на краски.-
Ждали мы с Димкой долго,пока не догадались приоткрыть дверь,которая
легко открылась.Перед нами был длинный коридор с дверьми,а в кон-
це зияла дыра другой двери,выходящей в другое парадное.Саша заб-
рал деньги у лучших друзей и смылся выпивать на двоих через про-
ходную дверь.Рассудил он правильно:двадцатка на троих мало,на
одного-достаточно.
Зверев Анатолий Тимофеевич,про него я писал в эссе,сравнивая мос-
ковскую и ленинградскую школы живописи.К нему у меня остались са-
мые теплые чувства,несмотря на его маразм,пьянство и пр.
Цырлин Илья Иоганович,о нем я писал в своих воспоминаниях.Среди
московско-ленинградской интеллигенции ходили слухи о наших проти-
воестественных отношениях.Могу сказать только одно,чего не было,
того не было по причине простоты моей натуры,которая всегда с ува-
жением относилась к пизде,и только к пизде.Я вовсе не против педи-
ков,но это не мое,не моя вечная душа.
Больше я настоящих друзей приобрел в Ленинграде,когда вынужден был
бежать из Москвы и устраивалсяяяяяяяяяя у Н.П.Акимова.
Генрих Штейнберг,геолог,крупно пострадавший из-за своего романти-
зма на Камчатке,долгое время отставленный от работы и зарабатывав-

ший хлеб насущный истопником там же.Сейчас живет и работает попре-
жнему на Камчатке,влюбленный в вулканы.Переписываемся.
Глеб Горбовский,поэт,разошлись натуральным образом без ссор и драк
еще до его "оздоровления".
Виктор Соснора,поэт,я его любил сильно,как и его поэзию,разошлись:
после второго его предательства,вернее слабости,а по слабости и от
эгоцентризма.Увы,наша духовная связь все-таки прервалась.
Наталенко Валерий,врач-психиатр,много помогавший мне в нищете и
голоде.Он далеко,разошлись географически.
Марик Стерин,инженер,человек замечательной духовной красоты.Виделся
этим летом,когда чудом оказался в Москве,как итальянский сотрудник
международной выставки "Быт и мода".Люблю его попрежнему и нисколь-
ко не разочаровался в его душевно-духовных силах.Между прочим,в
этот странный заезд в Россию я увидел,как вместе со страной быстро
деформируются лучшие люди,в частности,пришло   разочарование от
встреч со многими моими друзьями.От Марика такого не произошло.
Когда-то была дружба с Битовым,но рассыпалась,а почему?-это уже дру-
гой вопрос.
Большая дружба меня связывала с Игорем Диментом,для которого я
был некиим примером,примером личной жизни и любви к искусству,на-
ходясь в невыносимых условиях.А условия были таковы,что каждый
день приходилось думать,   я сегодня буду есть и на какие шиши
платить за квартиру,то бишь за времянку,в которой зимой под утро
выступал иней на ресницах,и вылезать из постели – подвиг,равный
броситься в прорубь.Один раз-ладно,хер с ним!но каждый день в те-
чение многих лет?
Михнов Евгений,друг-враг,эгоцентрик,от которого мы натерпелись
предостаточно,волшебник и маг в живописи,в жизни эгоистическое
говно,гений и папаша совавангарда в жизни не очень приятным был
человеком.Он жил на Рубинштейна,я на КУлакольной,почти рядом,по-
этому в какой-то период мы виделись почти каждый день,начиная на-
ши встречи в пивной на Владимирском,а заканчивая у него в комнату-
шке-мастерской с фанерными стенами,через которые соседи могли слы-
шать про наши подвиги-ссоры-скетчи-философствования и пр.хуйню.
Про Михнова я написал эссейчик,как и про Зверева,два самых ярких
явления в живописи двух центральных городов СССР.Оба первачи сов-
авангарда,один московский,другой питерский,оба маразматики и гении.
Получается,на хуя мне гении,а вот таких как Марик – единицы.Занятия
живописью мне интересны постольку поскольку,мне не менее интересна
вторая профессия – маестро Tai Chi   ,преподавание военных искус-
ств.Гением быть не так уж трудно,труднее быть истинно добрым и
этичным.
7.Насчет салонов,-не знаю,   шлялся по разным домам,где накормят,
где водки поставят,где в шею выгонят.Академик Валентин Валентинович
собирал авангардистов:Зверева,Виньковецкого,Зеленина,Михнова,Кула-
кова и др.Дом был хлебосольный и гостеприимный,там поили и кормили,
слушали и иногда денежку подкидывали .Горбовский этим пользовался
и частенько врывался в этот дом попросить на поллитра.Академик

Юрий Николаевич Работнов,с которым мы познакомились в Академгород-
ке,собирал некоторое время Зверева,Яковлева,Виньковецкого,Кулакова.
Особенно он любил Зверева и его устные импрвизации,пока хватало вил
слушать Толю,который мог трепаться хоть всю ночь,что не мог позво-
лить себе занятый академик в годах.В Академгородок ехали многие за
рыгалиями и чинами,но вскорости побежали обратно,ибо городов бук-
вально за несколько лет оброс бородой и сделался городищем.А хру-
щевская идея аванпостов ~~Смерти~~   науки в Сибири полетела к ебени
матери.

Был в Ленинграде один замечательный человек,ботаник,ученик Вернад-
ского,Сергей Юльевич Липшиц,двоюродный брат знаменитого скульпту-
ра Жака Липшица.Собирал он нас,голодранцев,желая хоть немножечко
помочь в нашей жизни.Он собирал ,что ему нравилось,а не что было
модно,поэтому у него висели/скорее лежали,стояли из-за малых разме-
ров комнатушки в комуналке/ картины не только Менаса,Шемякина,Зе-
ленина,Кулакова,Михнова и др.,но и совсем неизвестных творцов,уча-
щихся и студентов худвузовучилищ.Однажды Сергей Юльевич выгнал
Михнова за антисемитские речи,а Женька по пьянке просто нес чушь,
как это может любой русский человек по пьяни быть антисемитом.
Антисемитизм русский не от корней,это шлак,а от системы,от тота-
литаризма,царского ли,али коммунального.Пушкин пригвоздил одной
фразой:"Народ молчал."Это,пожалуй,лучшая оценка народа,данная кем-
либо,если вспомнить слова Амвросия Медиоланского:"И паки некто
из отцов говорит:молчание есть таинство будущего века,словеса же
орудия суть мира сего." Был?Почему был?Он и сейчас есть,дай Бог
ему здоровья.

А вообще мы шатались с Глебом или Виктором по домам по разным при-
чинам:где накормят,где напоят,а где и спать положат в одну пос-
тель.Я предпочитал дружить с людьми смежных профессий,уж больно
трудно,видимо,было переносить гениальность в собственной профессии,
как и им мою.Среди литераторов я чувствовал себя легче,не ощущал
тяжесть зависти колег-калек,а они мне были благодарны за внимательн-
ное слушание стихов.Я был хорошим слушателем,даже неплохим чтецов
стихов Глеба и Сосноры.С Гитовичем мы поладили на водке и мужской
солидарности к дружбе,не зря же он любил переводить милые сердцу
мотивы мужской дружбы,пьянства,одиночества/тоска по собутыльникам/
и любованию земной красотой у китайских поэтов.От него я впервые
получил первый опыт в восточном мышлении.Вообще со стариками у
меня дружеские отношения устанавливались более ровными и теплыми.
В Ленинграде я дружил с Липшицем и Гитовичем.
В Москве с Капицей,Валентиной Михайловной Ходосевич и Лилей Брик.
С В.В.Новожиловым поддерживал дружеские отношения.Цырлина не могу
назвать стариком,он пил и безобразничал,как все мы,несмотря на раз-
ницу в годах лет на двадцать-двадцать пять.

Московский период
РАЗДЕЛЕНИЕ НА ПЕРИОДЫ условно,потому как мои взаимоотношения скла-
дывались и продолжались одновременно,как в Питере,так и в Москве.
Виктору Сосноре я обязан одним из самых дорогих подарков:
он познакомил с Лилей Брик в один из совместных заездов

в столицу.Минуло лет 18 нашей дружбы.Лиля покончила собой,не в
силах более выносить физические недомогания,в частности,она сло-
мала ногу и месяц лежала в постели.Дважды в жизни она покушалась
на жизнь и оба раза её спасали,последний раз Василий Абгарович
уехавший по делам в Москву из Переделкина,возвратившись,застал
Лилю холодной.Она приняла много таблеток снотворного.Про Лилю пи-
сали,и,особенно,сплетничали очень много:тут и стукачество,и бля-
дство,и инрриги,следствием которых погиб Маяковский и др.За 18 лет
дружбы я ничего такого не видел,кроме хорошего и заботы,чем помочь
талантливым людям.Она познакомила Виктора с Асеевым,который дал
доброго пути Виктору в литературный мир,приглашала своих друзей,
чтоб кто-либо из них купил картинку и помог неофициальному худож-
нику,свела меня,например,с Плучиком на предмет работы в театре.
Возможностей у неё было немного ,ибо власти всячески блокировали её,
как личность.Ведь через неё просачивалась информация о Маяковском,
не как о мудаке из гранита на площади Маяковского,а как о человеке,
добром и злом,с грехами и всеми слабостями,свойственными каждому
человеку.То что пишут антибрикианцы,возможно многое есть правда,но
такой правды сколько хошь можно написать про Ивана Ивановича,толь-
ко Иван Иванович всю жизнь бздел,а от трусости его все его пос-
тупки остались на уровне помыслов.Что он может рассказать?Как за-
нимался онанизмом,глядя в щелку общественной уборной,а потом успо-
каивался на собственной жене?или как про себя мечтал стать Стали-
ным и резать своих врагов,с которыми приходиться по кухне каждый
день встречаться и раскланиваться?а уж как хотелось ему переебать
весь мир вдоль и поперек,вот почему от зависти он обзывал Лилю
блядью и доносчицей!
Лилю я люблю,она была последним из могикан замечательной эпохи,
в которой зло и добро перемешалось до невозможности.Наш суд чело-
веческий,подождем настоящего суда,суда Божьего.
П.Л.Капица -это сила,тут тебе намешано густо и сталинизм со всяче-
скими самодурствами,недаром сотрудники обзывали Петра Леонидовича
"Кентавром",видимо за силу и пробиваемость.Я не буду говорить о
гении Капицы в науке,я ни хера в этом не понимаю,хотяяяяяяя его
талант ощущался во всем,даже когда он чинил на даче сломавшийся
холодильник.Я весьма благодарен семейству Капиц,в частности,Анне
Алексеевне,за моральную поддержку.Не часто,но изредка они покупа-
ли работы,чем поддерживали мои нерегулярные заработки,но главное
не в покупках,а от мысли,если завалюсь или заложат/большой про-
цент мании преследования,болезни,очень распространненой в Кероси-
нии/,есть люди , а вдруг!они помогут в трудной ситуации,да даже
если непомогут,все равно легче.
8.Дрался,напивался,говорил умные вещи/кому как казалось/,кадрил
дам,молчал,стеснялся ит.д.
9.У Лили встречал Плучека,Кирсанова,Слуцкого,Тышлера,канадского
посла с женой/поэт/,Колю Глазкова,Плисецкую/писал её портрет/,
Щедрина Родиона,Вдову Черкасова,Вознесенского.
10.Валя Гуревич,пришелец с другого мира,спустился с УФО для пропо-
веди второго пришествия Христа.
Слава Ануфриев -

- святой человек,пролежавший много лет больным в ~~постели~~ постели.Высокой
души христианин.
Д.С.Дудко,святой человек,священник,у которого я крестился,от него
исходит божественный свет благодати.
Христос,явившийся в 1956 году под Звенигородом в Нижне-Савинном мо-
настыре,где я писал все лето пейзажи и получил озарение.
11.Боря Пашков,изумительный акварелист,знаток Анри де Ренье и ис-
кусства Франции 17-18 веков.
Третьяковская галерея,куда я в детстве часто ходил,ибо жил рядом
на Кадашевской набережной.
Икона в Третьяковской галерее,посещение с Леонардом Андроньевого
монастыря,когда он еще организовывался и кроме фотографий ничего
не было.Собирали и организовывали его по крохам святые люди,напри-
мер,покойный директор музея-монастыря с грузинской фамилией,про-
шу прощения,не помню фамилию.Я хорошо помню лица и визуальные ситу-
ации,так же ощущения,связанные с психологией,но имен и чисел не пом-
ню.Пикассо,который насрал в душу нашему поколению предостаточно,я
не избежал общего увлечения.Сейчас спокойно отношусь к его творче-
ству.
Профессиональных учителей кроме природы и нужды не было.
12.Наиболее значительным периодом было райское время лёжки в матке
у матери.Физическое подобие рая,но помню,что внешний мир и тогда
не очень нравился.Я его ощущал через толчки,передаваемые через ма-
теринское тело,а так мать принадлежала в внешнему миру и принима-
ла неприятные для меня позы,то и тогда я ощущал мир чужим.
Конец 1958,когда назрел конфликт и необходимо было сматывать удо-
чки из Москвы.В том году я написал много произведений,в которых вы-
разил себя наизнанку,т.е. сумел выскочить из обычного русла реали-
стического/соц/ мышления.Год взрыва,тогда я понял,что возможности
гения неограничены.
1960-лучшая графика за все периоды.Дело не в графике:в этот я со-
чинил свой современный миф в большой серии графических работ.Мог-
ло произойти и в живописи,но не было денег на покупку такого боль-
шого количества холста и красок.На бумагу и тушь хватило.
1963-64 годы веселья в творчестве.Творил спонтанно и легко,с удо-
вольствием извергал семя на любую поверхность и в любую дырку.
1968-серия больших холстов/больше двух метров/,явное дон-кихотство,
где же найти размеры квартир,чтоб успокоить холсты,повесив на сте-
ны.Музеям я был ненужен.Лучшие работы погибли - утешаю себя мыслью,
что с ними происходит реинкарнация,как и с людьми.
1976-год эмиграции.Принял эмиграцию,как испытание для духовного
совершенства.Одиночество-благо в борьбе с помыслами,иными словами
спасибо советской власти за тот монастырь,который она мне устроила.
Какой-то мудак однажды пернул:что не делается под луной,все к луч-
шему.В эмиграции/а не в Зарубежье/,потому как лучше быть странни-
ком,подружился с Рапопортом,с которым учился на одном ф-те у Акимо-
ва и не подружился.А здесь получилось,спасибо ситуации.Земля по-
ка на автобус,с которого придеться сойти,чтоб сделать пересадку.

Сижу себе на месте и жду переводки.Надеюсь доехать до цели,поэто-
му можно жить и в Зарубежье,как пишут ностальгирующие по власти.
Моя истинная родина Небо,а отрезок жизни дан для тренировки,чтоб
подготовиться к новым условиям на облаках.Пора возвращаться на Ро-
дину!

13.Нет у меня типичного дня,каждый день новый,хоть сиди себе на
месте,а все-равно что-нибудь внутри изменяется,не говоря уж о внеш-
них изменениях.Могу конкретно описать сегодняшний день.
Встал в 6.30,размял поясницу специальным восточным массажем,т.е.
разглаживая точки,в которых за ночь скапливается много Яня.Прос-
рался и поехал на 26 автобусе в палестру/спортзал/,где преподаю
древнекитайский стиль Тai Chi .Полчаса сидел в медитации,чи-
тал лекции на итальянском языке и ждал учеников.Пришел всего лишь
один ученик,правда,самый способный.Объяснял метафизические кирпи-
чи творческой пустоты и практическое дыхание/пранайяма/.Пришел
Саша Эйдлин из Москвы,проездом в Штаты.Вдалбливал ему,что он му-
дак,занимаясь карате,а не внутренними стилями,вреде Ба Гуа и Тai Chi Chuан
Домой приехал,а мои бабы ждут меня и не начинали еще есть.Было прия-
тно,что несмотря на эмансипацию и прочую хевины западной жизни,
бабы не испортились.Бабы,это жена Марьяна и её мать,Валентина Ва-
лерьяновна.

Думал над специальными движениями В ТАИ ЧИ ЧУАН и пытался родить
новые.А сейчас хуячу эти строчки для уважаемого Кости Кузьминского,
который почему-то меня знает,считает говном,но говном историческим,
поэтому согласен прочесть мою графоманию не без интриг драхайшего
Рапопортика.После обеда пытался читать по-итальянски газету,осо-
бенно интересуюсь рубрикой "чинема",но,увы!ничего интересного сегод-
ня в кино не идет.Люблю смотреть говнянские вестерны и фильмы для
дураков,не люблю фильмы интеллигентные или с претензией,потому как
для меня посещение кино -это КИНО - ЙОГА,где я отключаюсь и полу-
чаю от небесных сил энергии.
Врагов не имею,они/враги/ имеют меня,я - нет.Прекрасный вопрос
относительно набить ебальник,и может быть есть кое-кто,кому бы
стоило это сделать,но не могу.Во-первых,не могу,потому как профессио-
нал,состоящий на учете в полиции.Я 16 лет изучал,как бить ебаль-
ники,а теперь главная моя сверхзадача,чтоб не бить никого.Но все-
таки кое-кому стоило.Раньше любил читать книги,теперь газеты.
В газетах интересует хроника,а не статьи по искусству и тем более
по политике.Интересует до сих пор психология людей,убийства,похи-
щения,грабежи,политические убийства,насилия и вообще любое насилие,
попадаю в хронику.Потому что не приемлю насилие в любой форме.Помню
с каким жадным интересом я любил хроникальные фильмы про дорогого
Иосифа Виссарионовича и его приятеля Адольфа Гитлера.Меня всегда
интересовала проблема власти и насилия,особенно сейчас,когда начал-
ся земной Армагеддон, и по земле свирепствует Насилие,орудие Власти.
Из пороков осталась любовь к сладкому,остальное уже не интересует.
Путешествий не люблю,но и не отказываюсь от передвижений.Нравиться
сидеть на одном месте и заниматься медитацией.Люблю ходить на аме-
бовидные фильмы.Впечатления от заграничной жизни кончились,началась

серая трудовая жизнь в погоне за реалиями,т.е. второй период жизни –
эмиграция – это период реализаций,замыслов,которые было невозмож-
но осуществить в Керосинии.Еще люблю пиздеть с друзьями,которые раз-
бежались по всем углам земли.Может поэтому и люблю,что невозмож-
но пиздеть по чисто географическим причинам.В Керосинии гады спра-
шивали об отношении личном к Глазунову,а фрондёры задавали тот же
вопрос с противоположной целью,точнее,цель была одна и та же у сов-
гадов и у Фронды,а отношение,естественно,разное.Здесь то же самое
по вопросу об отношении к Солженицыну,однако есть и разница:

primo /прямо/,Солженицын не Глазунов,а большой мастер ему Судьба даровала
быть рупором лучшей части человечества на сегодняшний день.Другой
вопрос,насколько он прав,когда изрекает на политические темы.Дай
Бог,ему здоровья и трудов!"Континент" читаю,как детективы,но могу
обходиться и без детективов,и без кино.Ностальгия есть и большая
по.....родине:хочу в Царствие Божие,где находится моя настоящая
родина.А березки пусть растут в Керосинии и в Канаде.Последняя поез-
дка в СССР этим летом отбила последние ошметки конкретной носталь-
гии.Зато в душе высвободилось больше места для ностальгирования по
раю небесному,истинной родине человека.
Никаких планов,горькая жизнь научила,что никакие планы не сбываю-
тся,а подчас происходит такое,о чем никогда и помыслить не смел:
сижу себе,предположим,в священном городе РИМЕ.О таком никогда и не
мечтал,когда читал Стендаля "Пармская чертоза" или Муратова "Обра-
зы Италии".Иисус учил жить одним днем,вот я этому и учусь,так,на-
верное, и не научусь.Вдруг подопрет нечто и ворочаешься в постели,
и думаешь,и строишь планы,и ругаешь себя:мол,мудак,заткни вообра-
жение кран воображения,а мысли лезут и лезут,как полчища муравьев
на сахарный песок.Что же остается делать?Продолжать тренироваться
не строить планы и любить мгновение.Час.День.Вечность.

27. Ноябрь. 1979. Рим. Кулаков

via Luca della Robbia 80 Roma Italia
tel. 574 53 66

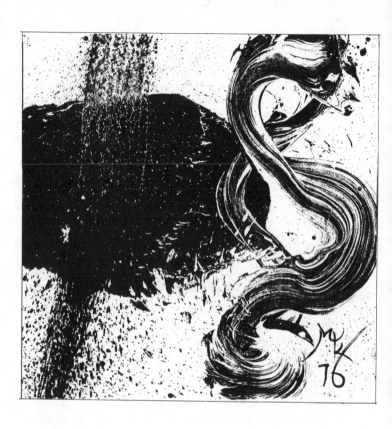

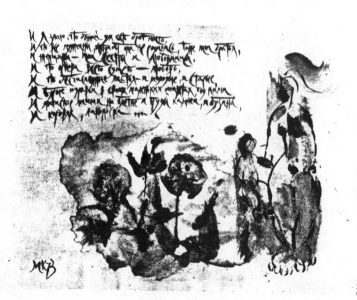

ГИТОВИЧ, КУЛАКОВ И ТОЛЯ КЛЕЩЕНКО

Антология растет, как снежный ком. Она не может не расти, и поэты это –
ветви, а то и листики, и события опережают слова. Пока готовился том – с 17-го
августа 1979 – заговорил впервые за 4 года молчания Охапкин, покончил с собой
Саша Морев, погибли Марина Соснора и Ольга Бган /а узнал я спустя/, выбросился
из окна художник Андрюша Геннадиев, выпустили из тюрьмы Юлию Вознесенскую и она
уже, вроде, на выезде, пролистал 1-й том у меня Алик Гинзбург – вроде, доволен,
мне уже стукнуло сорок, и я впервые узнал Кулакова.

Кулакова я знал много лет. А теперь вот придется перепечатывать поэму Го-
рбовского "Морг" /а она уже тиснута в "Эхе"/, вспоминать стихи Александра Гито-
вича и пытаться вспомнить все, связанное с Анатолием Клещенко. Пробегая по зна-
комым улицам и дорогим именам кулаковских воспоминаний, поневоле воскликнешь –
"и я!" Как это было с прозой Венички Ерофеева – до боли знакомой в Союзе, и не-
понятной, чуждой, чудовищной всем, кто есть здесь. Эксперты по Союзу – Патриция,
скажем, Блейк – пишут о прозе советской, имена Тендрякова, Аксенова, Битова – а
имя Венички им и по сю еще внове. Внове им будет язык Кулакова – да не язык да-
же, стиль – и это неверно, а МИРООЩУЩЕНИЕ в целом. Это немного просек профессор
Джон Боулт, в своем ведущем и вводном предисловии к 1-му тому: ЧУДОВИЩНЫЙ мир,
из которого вышли мы все. Но он, полагаю, умеет видеть. Остальные же – не. Им
удобнее, спокойнее, ПРОЩЕ И ЯСНЕЕ воспринимать нынешнюю Россию, как нечто, под-
чиненное законам борьбы и логики, этакую ухудшенную и упрощенную версию запад-
ного мира. Там сажают – так ведь и тут же сажают! Страшно, когда говорю я с поэта-
ми местными – ну, худо-бедно, за ДВАДЦАТЬ лет они – разобрались, что есть Ев-
тушенко, но – как ХАРАКТЕР, а не как ЯВЛЕНИЕ. Похерили его. Или – он сам себя.
Тут неважно. К нему притерпелись – и отмахнулись. И за 20 лет на Западе вышла
не одна антология "наших". Текстологии, впрочем. С краткими – иногда – биографи-
ями. Ну, родился, там, много работал. Кончил то-то и то-то. И что? А ничего. На
полочку можно поставить. Первая – Сюзанна Масси захотела поговорить О ПОЭТАХ.
Проскочило, как блин. Но не комом. Выходящие книги – от них отталкиваются, как
от ГУЛАГА: всем спокойней и легче – без них. ПЯТЬ С ЛИШНИМ лет на Западе издан
Венедикт Ерофеев. Ноль внимания. Казус. Отскакивают – как с гуся вода – "ИДИ",
Милославский и "Эдичка". Всем спокойнее что-то другое читать. Итээрам, дантист-
ам, журналистам же и славистам – тем более. Можно тихо заняться серьезным и сде-
лать ученую степень, не влезая в эту кучу говна, бытом и сутью советской именуе-
мые. Нет, понимаете, нет мира обэриутов ВНЕ мира 30-х. Как – нет мира 30-х ВНЕ –
смеси ГУЛАГА и песенок Дунаевского.

Все и везде меряют своими аршинами. Поэтому американские битники и друзья
мои, "новые" – меряют: "и у нас тоже плохо". Я читаю Кулакова. Мне страшно. Я –
знал только треть. У меня была ленинградская прописка. У меня была нежная и го-
рячо любящая матушка. И я всегда был сыт, за вычетом иногда шлянии моих и скита-
ний. Я читаю автобиографическое Бродского. Мне не страшно, мне скушно. Хотя и
это я испытал, хоть и не в той степени. А и он пишет О ТОМ ЖЕ. Арсенал, совет-
ская школа /и страшные серые стенки/, морг, Кресты, арестанты, вокзалы, порногра-
фия детства /забавы под партой/, самолетики, армия, девочки, Джотто, рябь Невы –
но писал обо всем по-английски, это реминесценция в духе Запада и для Запада же,
Кулаков же писал – по-российски. Английский вариант /оригинальный/ был напечатан
в New York Review of Books, vol. XXVI, No.14, 1979, русский здесь. Кулакова не
будут печатать нигде. Не за мат: издают Алешковского Юза, Проффер хочет клубнич-
ки, он любит. А – ЗА НЕНУЖНОСТЬ. Им не нужно знать все, и тем более, тем, кто чи-
тает. Бывший советский читатель – еще и орбиту глаза назад не загонит, западному
же – и впрямь не до того: они ГУЛАГ за детектив почитают.

Я пишу эту антологию. Я начал ее вполне прилично. Я начал ее с текстоло-
гии. Даже нет, даже раньше: я начал ее с Сюзанной Масси. 13 лет тому назад. Я
начал ее, как принято делать антологии - подбор текстов /который доверил я авт-
орам/, немного истории, и - о поэтах. Сюзанна не ограничилась биографией. Ее по-
разили поэты. И она стала делать портреты. Вот эти-то портреты, их экзотичность
и поэтичность - не занесли эту книгу в ПЕРВУЮ правдивую книгу о русских поэтах
/насколько правдив может быть западный человек, наезжавший с полдюжины раз по
туристской/. Но Сюзанна - столкнулась с характерами. А еще она была женщина. А
еще - ей знакомо страдание. /См. в остальных ее книгах/.

И все-таки, все-таки, все-таки - сирень, белые ночи, телятина под запоте-
вшую столичную, матушка с клюквенным морсом, пароходики и театры - все это было,
от нас - для нее, а для нас оставалось другое. Коммуналка, где соседка, мужской
или не помню там, женский мастер - устроила у нас на кухне парикмахерскую, грязь
и продрогший троллейбус по дороге в Купчино к Глебу, мразь на Анникове, где жил
в писательском доме Соснора, очереди у пивного ларька /опохмеляться с приема/ и
вызов Глеба на Литейный - все это было нам.

Поэтому, при всей любви и благодарности к Сюзанне, не включаю я ее лири-
ческие предисловия, а включаю - Кулакова, который о Глебе и Сосноре рассказал -
ДАЖЕ мне - много нового. Сохраняю не только стиль его, выражения и прочее - а
просто воспроизвожу авторскую рукопись, как документ, ибо антология эта - все
более приближается к документу. Моему, но уходя от меня.

О Гитовиче. Гитовичем бредили. И Ли Бо, с девятнадцати. Восемнадцати даже.
Ибо пилось и пелось. Читаю по сю наизусть. С Григом Баранюком, первым моим учи-
телем в поэзии, пили, как помню сейчас, шоколадный ликер под Ли Бо, называя по-
следний /ликер/ старым добрым названьем "Какао Шуа". Пили также и сладкие вина -
Шато там Икем, пили просто портвейн /но реже/, а потом перешли к бормотухе. Пи-
ли, читая Ли Бо, Гумилева и Киплинга /впрочем, Киплинга позже, с 19-ти/, пили в
его комнатушке на Суворовском, где на старом радиоприемнике стоял череп с выби-
той нижней челюстью /об голову Вити Евсюткина/, а ноги можны было положить на
стол. Пили, под предлогами занятий анатомией и высшей математикой /обе шли ху-
до/, играли всю ночь напролет в очко и в дурака, словом, гусарствовали.

И вот, 10 лет спустя, в 67-м, сидя в Союзе /разумеется, внизу, в кабаке/,
заспорили мы с Бетаки о Хаузмане. И Суинберне. Человек же, сидевший напротив, с
фиксой, татуированным якорем и лбом в четверть пальца - подошел и сказал, что -
впервые слышит в Союзе писателей имена эти! Перебрались к Ли Бо и Гитовичу. То-
лик Клещенко /это был он/, говорил о Гитовиче с нежностью, как об учителе, дру-
ге и собутыльнике, скажем. Тогда я вытащил из своей невем чем набитой головы -
ранние стихи Гитовича, напечатанные в одном из альманахов "ЗиФ" в начале 30-х,
и за что-то другое попавшем в спецхран. Напоминаю, в 19 я имел возможность меся-
ца два покопаться в спецхране. Натурально, Гитович не переиздавался и поздний,
жил переводами, Клещенко же, близкий к нему человек, стихов этих четко не знал.
Проспорил мне бутылку коньяку /нашел, с кем!/ и тут же свалил в экспедицию. А
потом он погиб. Как, не знаю. В однотомничке повестей его об этом глухо, а спро-
сить - у кого? Знал его и Радыгин /см./. О Гитовиче говорила мне и тетка Танька,
Т.Г.Гнедич, человек тяжелой судьбы, как об одном из немногих честных. Кто расс-
кажет о нем? И когда?

А стихи его ранние - вот. Ибо - наш.

АЛЕКСАНДР ГИТОВИЧ

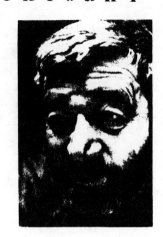

РАВНОВЕСИЕ

Толпою ходят ротозеи
В зоологическом музее.
Там туша толстая кита
От головы и до хвоста
Поблескивает аэроста-
Том,
Подвешенная к потолку.
За узкой глоткою - живот,
Рыбешек братская могила,
Отвис на воздухе уныло -
Еще дрожит, еще живет!
И страус двигает крылом,
Согретый солнечным стеклом,
И разноцветны, и пернаты
Тропические экспонаты.
Но вот - последний зал открыл
Орангутангов и горилл...
Мои двоюродные братья!
Еще я помню хвост и шерсть,
Раскрыты душные объятья,
И когти, ржавые, как жесть.
... Но позади - другое, потное,
Сидит на корточках животное.
Вся меховая, без изъяна,
У первобытного костра -
Она гордится, обезьяна,
Исчезновением хвоста!...
Сюда дошел белесый след,
Через пласты угля и лет -
Доисторический скелет.
И мраморная пыль костей
Молчит о равенстве путей.
Так, отойдет в пласты столетий,
Так, унесет все тот же ветер,
В стандартной урне, в забытье -
Наследство легкое мое...
Но книга, старая, как мох -
Все, чем я жил, все, что я мог -
Она кого-нибудь ударит!
Эпоха вылезет из строк,
И поглядит немытой харей
Вещей, жаргонов и дорог!
И он дойдет из мглы промозглой,
Он полетит издалека -
Мой первобытный, хриплый возглас,
Моя последняя строка!

1930-е.

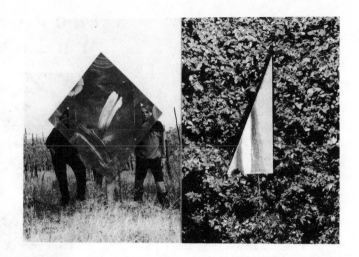

ПРИЛОЖЕНИЕ :

ЛЕВАШОВСКИЕ   ХРОНИКИ

Начато 23 ноября 1979, РИМ

Кончено 21 декатря 1979
РИм

Стада теней от облаков бродили по холмам.

18 марта 1979 ГОДА,Сан-Вито ди Нарни.

"Все было встарь,все повторится снова,
И сладок нам лишь узнаванья миг".

О.Мандельштам," Tristia ".

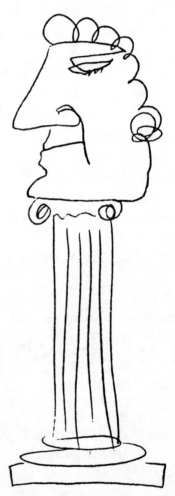

Глаза — окно души,в которое можно подглядеть семейную жизнь ДУХА

Нос — как корма финикийского корабля,зовущая вперед

Уши — гулкие шаги по спирали раковины улитки

Губы — стражи рта,привлекательные,словно спелые ягоды и ~~вкусные~~ соленые,

как слезы

Волосы бегущей по волнам — стихия ветра и подушка для сна

Кисть руки — завершает грацию танца

Два столба ног — колоны,поддерживающие телесный храм

Груди — холмы,по которым я некогда гулял

Лингам — словно древо жизни,из которого вырастают новые сучки,на

которых некогда появятся плоды

Две ягодицы Евы похожи на подушки,на которых я уснул мертвецким

сном

Влагалище Евы, — грот,из него я выпал в свет и всю жизнь грущу об

утраченном рае

Ладонь стопы ноги покрыта шагреневой кожей блудного сына

Хорошо быть блудным сыном,чтоб вернуться к Отцу

Как говорит Христос:"Будьте прохожими".

Позвоночный столб — главная дорога,по которой я ухожу в неизвестность

И ДВОЕ СТАНЕТ ОДНО.

ОБРАТНАЯ ПЕРСПЕКТИВА — мышление детективно-пуаристское

Шар,лучше сфера,определенного диаметра ————————> диаметр
увеличивается в сторону знака бесконечности/∞/,описание негра-
мотно,но мне понятно и нравится.Все предметы/объекты разных кон-
диций/воспринимаются в обратной перспективе.Опишите вокруг себя
круг — это и будет ОБРАТНОЙ ПЕРСПЕКТИВОЙ,в центре стоите вы,человек
и мудак.Вещь,событие,корпус тела,лицо разворачиваются задней сторо-
ной,продолжая стенки БЫТИЯ своего тела в сфере ————————> ,стремя-
щейся к бесконечности при стремлении всех/множество,тьма/ диамет-
ров,направленных во множество/бесконечное/ направлений.Это ситу-
ация "разбегания галактик".Вещь,вообще объект,для меня/глаз,точка
,-а Я внутри/ смотрится малой площадкой,а далее я вижу,как боковые
стороны телесной оболочки разворачиваются и уходят в прекрасную и
страшную даль бесконечности,как если бы я мысленно ~~которая~~ разд-
вигал площадь ворот в Кашире домика моей покойной бабушки до,во-
о-о-он того ясеня,ни хуя себе,до того облачка и т.д.За створками,
то бишь воротами моей бабушки-дедушки-моей юности,уходящими в приро-
ду бесконечности Творца — я везде вижу Бога — располагается непоз-
наваемая реальная часть дхармы,тогда как видимая площадь лица,вещи,
причины,которую я вижу или мыслю,есть иллюзия-маска-как говаривали
умные люди,покров МАЙЯ,Малая площадка того,что я вижу/предмет,собы-
тие,война,свеча,стол/,как декорация/но живал/,за которой происхо-
дит основная драма,где скрывается реальность Истины,которая одно-
временно присутствует,просвечивает феномен .За декорацией жизни
скрывается/пока/ реальность Творца,уготовившего для нас,людей,но-
вую землю и новое небо,ибо в феноменальной жизни мы вместе не
получились,как было задумано.Во-первых,имею ли я право говорить
о ПЛАНЕ,таким образом вторгаясь в тайну,в которую я не посвящен?
Христос скромно всегда говорил,что он всего лишь СЫН,проводящий
ВОЛЮ ОТЦА,т.е. проводник,а что говорить о нас?Говоря не получилось,
я таким образом навожу тень на плетень,сужу.Открываю газету и на
первой странице:убийства,перевороты,землетрясения,тайфуны с жерт-
вами,борьба "южного и северного царей",опять расстрелы и убийства,

оправдываемые политикой и прекрасным будущим,расстрелы во имя Бога,
во имя Аллаха - все эти смертоубийства и облысение земли отнюдь
не располагают к страху,что тебя некто обвинит в манихействе или
ты потеряешь буддийское спокойствие.Камень преткновения,теодицея
Творца,его изначальная Реальность совсем другого характера сосу-
ществует наряду с пороками тления и смерти,и здесь собака зарыта.
Нашему не понять:несправедливость и присутствие благодати в одной
точке напряжения.

Последний разговор по телефону с Гришкой Кирилкиным.Откуда он уз-
нал о моем отъезде?и невозможность объяснить,потому что сам не осо-
знал.Еще лучше:не освободился от комплексов страны Керосинии.

Было ли озарение?То,что я есть,говорит - нет.Все - от всех.Компи-
ляция и общая духовная стилизация того,что БЫЛО.Значит - есть.

Да веселятся небеса,да торжествует земля,и да скажут в народах:
Господь царствует!
Да плещется море и что наполняет его,да радуется поле и все,что
на нем.
Да ликуют вместе все дерева дубровные пред лицом Господа;ибо ОН
идет судить землю.
Славьте Господа,ибо вовек милость Его....

/1-я Паралипоменон,гл.16,31-34/

САД МОЕЙ ДУШИ

Грёзы,неосуществимые желания-мечтания,как правило,глупые/срабаты-
вает,антитеза,здравый разум/.И много чудовищ.Помыслы,мои чудовища.
И сны рассказывают и дополняют к мечтаниям в бодроствовании,что
хочу запретного,греха по-нашему,по-человечески.

Где же сад моей души?Где густота и вязкость желаний – обретений?
Вторая половина жизни – итальянская – хуйня сатанинская – реализа-
ция мечтаний.Начиналось с мечтаний о подвигах Казановы и бурной
жизни Бенвенутто Челинни,а кончается,чем кончается?чем кончается:
эвфорией.Гуляя через мостки,пардон,через строчки моей души,нет,
гуляя по саду моей души,спотыкаясь о камни/похмелье любое,на хуй!
мне нужны эти люди?!/,заводишься опять же на себя и становится
лучше,мол,смысл,дребезжание,т.е. туман обретается.

"Благодари каждый миг бытия и каждый миг бытия увековечивай".
.....Смысл – не в вечном;смысл в Мгновениях.Мгновения-то и вечны,
а вечное – только "обставвка" для них.Квартира для жильца.Мгно-
вение – жилец,мгновение – "Я".Солнце."
           /"Уединенное",В.В.Розанов/

И Кэнко-хоси.Розанов,конец 19-начало 20,а Есида Канзёси/"хоси"-
монах/,конец 13-первая половина 14 века.Русский мистик,умирающий
от голода после революции/Великой Октябрьской/ и странствующий мо-
нах сказитель,буддист и даос,японец Кэнко-хоси,знаток "чувства не-
постоянства бытия" – мудзёкан,а мыслят почти слово в слово.
Послушаем еще раз В.В.Розанова:
"Человек беспределен.Самая суть его – беспредельность и выражением
этого служит метафизика....У человека есть жажда "другого".Бессоз-
нательно.И из неё родилась метафизика."   /"Мимолетное",Розанов/
А вот слово в слово о мгновении пишет Кэнко-хоси в "Записках от
скуки":"Никто не жалеет мгновений.Отчего это – от больших познаний
или по глупости?....Мы не задумываемся над тем,что такое миг,но
если миг за мигом проходит не останавливаясь,вдруг наступает и срок,

когда кончается жизнь.....Когда же спросят,зачем жалеть мгновения,
можно ответить,что,если нет внутри человека тревоги,а извне его не
беспокоят мирские делааааа,решивший порвать с миром - порвет,решив-
ший постигнуть Учение - постигнет."И ЕЩЕ того же автора о беспре-
дельности человека:

"Человек - душа вселенной.Вселенная не имеет пределов.Отчего же
должны быть отличны от нее свойства человека?Когда ты великодушен
и не ограничен пределами,твоим чувствам не мешают ни радость,ни пе-
чаль и люди тебе не причиняют вреда."Один православный,другой будди-
ст и знаток даосизма.Как же такое совместить?
Грехи Розанова делают меня более терпимым,чем лучшие наставления
из Добротолюбия.О времени Розанов в "Мимолетном" пишет:
"В минуте иногда больше содержания,чем в годе.А когда приходит сме-
рть,то в её минуте столько содержания,сколько было во всей жизни.
Что же такое время?И час,год,неделя?"
Что такое время?Когда было то-то или это?В-ремя,пивал поэт Соснора,
БРЕМЯ.Ирония.Довольно горькая.Зен считает время драгоценностью,
дарованной человеку.Я никогда не могу припомнить число,когда что-
то произошло,но могу помнить всю жизнь запах или рисунок ситуации,
произошедшей в прошлом,как будто это произошло вчера.Прошлое мое
и прошлое других,с которым я связан ментальным воображением,есть и
настоящее,пульсирующее и изменяющееся под давлением настоящего и
никогда не умирающее,а существующее на равных правах с настоящим.
Помню мгновение.А что такое время?Атрибут феномена,как бы сказал
европейский мыслитель?РИТМ.Время есть ритм,то быстрый,то медленный,
то плавный,то прерывный.Время есть ритм Бытия и того,что есть - не -
есть Бытие.Через ритм - время Бытия я познаю и "тренируюсь" в ритме
того,что ЕСТЬ - НЕ ЕСТЬ - БЫТИЕ.Апофатическое мышление.Я тренируюсь
/познаю/,еще один синоним - творю,и пытаюсь БЫТЬ,т.е. готовлюсь к ..

Однажды я посетил развалины античного порта Остия.Сижу среди лаби-

биринта заросших травой развалин,солнышко припекает,народу мало.
Ящерицы греются на красном кирпиче бывших домов.Хорошо бы через
медитацию,обращаясь ,нет!погружаясь в лучистое поле Единства,вос-
крешать помыслы/не слова/ людей,живших некогда,людей разных наций,
людей,желавших общения с полем Истины.Например,через думание о
естественных движениях,иметь контакт с древним китайцем или индусом,
адептом,знающим кое-что о внутренней силе ЦИ/прана/.

Маруцца наседает со своей релиией – свидетели Иеговы не любят,
чтоб про них говорили "секта".Наседает по вопросу о Троице,что
есть только Иегова,а Троицы никакой нет,а Иисус Христос Сын чело-
веческий,а не вторая ипостась Единосущного.Религия свидетелей Ие-
говы возникла в пионерские времена освоения Америки,когда люди
были крепки верой в свои силы,отсюда такой жесткий монотеизм.В эпо-
хи освоения и завоеваний,как во времена завоевания дикого Запада,
людям нет времени до тонких мистических прозрений.Нужна вера в
свои силы и вера в трансцедентную помощь,крепкую,как друбленный
дом из секвойи.Но крепость такой веры должна зиждется на отрица-
нии старых христианских институтов,которые по мнению пионеров-за-
воевателей превратились в придатки государства,утратив свою хри-
стианскую свободу.Споря с Маруццей,я попытался найти доказательст-
ва в Ветхом и Новом заветах.
Пр.Даниил,7,9,13...."Ветхий денми" и "Сын человеческий,подведенный
к нему".
Кн.Бытия,I2,7;17,1;18,1;27,2,24,48,3.
Иоанн,1,18."Бога никто не видел никогда,единородный Сын,сущий в
лоне Отчем,Он явил."
ИО,1,14"И Слово стало плотью и обитало с нами,полное благодати и
истины;мы видели славу Его,славу как единородного от Отца".
ИО,14,9"Видевший меня,видел Отца,как же ты говоришь:покажи нам
Отца".
Можно этими цитатами воспользоваться как для доказательства Троицы,

так и для существования только Иеговы.В конце-концов я плохой богослов и спорить не умею,но знаю точно:любые цитаты без озарения свыше можно подогнать под любые доказательства.Такова история Церкви и Соборов,однако у меня нет такого недоверия к Преданиям отцов Церкви,как это наблюдается у свидетелей Иеговы.Я вообще доверчив по натуре не от того,что нечего сказать и поэтому моментально подвергаюсь влиянию сильного,а по мысли:каждый человек - истина,и каждый имеет право на ошибки.Правда,иногда ошибки превышают все этические лимиты.В декабре,кажется,исполняется столетие со дня рождения великого вождя народов Иосифа Виссарионовича Сталина,так он верил в свои глупости наверняка на сто процентов.Если и бывали сомнения,то тактического характера,но никак не стратегического. Его экрименты обошлись одной шестой земной суши в 60 миллионов загубленных жизней.

"Несвоевременные мысли"/"Новая жизнь",№185,19 ноября 1917/
Горький:"И я особенно подозрительно,особенно,недоверчиво отношусь к русскому человеку у власти/ - недавний раб,он становится самым разнузданным деспотом,как только приобретает возможность быть владыкой ближнего своего."

Господи,прости мои греховные помыслы,но так и хочется сказать: Господи,помоги дорогому вождю,чтоб ему не было скучно на том свете.

Триада:Творец————творчество————————творение
Творец/по образу и подобию Бога/ - личность,ипостаси личности,рождение личности/творческая биография/,самая лучшая проза-автобиография.Атрибуты личности,т.е. принципы для всех————антиномия———— индивидуальность,или универсальность и уникальность.Информация/культура/.Рождение личности до рождения,формирование семени личности на третьем круге второго неба,второй этап —в личности формируется индивидуальность в чреве матери,период эмбриональный.Третий этап-

реализация личности через индивидуальность,тренировка для возвра-
щения в состояние ДО РОЖДЕНИЯ.

Творчество - процесс формирования образа и реализация его.Процесс
созидания образа распадается на период ДООБРАЗНЫЙ,или ПредОразный,ко
-гда образ представлен в бесформенном состоянии стихии/энергети-
ческий/,но над ним как бы витает коррелирующая кристалическая сет-
ка Духа Святого,стягивающего бесформенные энергитические массы -
СИЛЫ в точку натяжения-напряжения.Здесь антиномия-Дух не имеет
формы кристалической сетки,это всего лишь метафора для изображения
руководящего напряжения Святого Духа над СИЛАМИ-стихиями.Истинная
реальность Образа существует-не-существует на уровне третьего неба
без формы.Выбор и импульс-толчок для рождения образа получает на уро
-вне второго неба,где духовные ипостаси могут приобретать форму.
Духовный импульс образа=ПредОбраз движется сверху вниз/направление
сверху вниз условно,так реально и противоположное направление/ в
область первого неба,где происходит встреча с земными материалами-
мыслями,через которые оформляется конкретный Образ.Драма,несоот-
ветствие духовного импульса-замысла с реально-земным воплощением
/кенозис/Абсолютное воплощение -Христос,Будда.Нет,только Христос.
Процесс творчества:
1.Свободная воля к творчеству/принципы/
2.ПроОбраз/силовое поле Истины,семя,метафора-натянутый лук/
3.Стрела срывается с натянутого лука,команда- волевой импульс/пры-
хок в ничто/
4.Одновременно с командой "В атаку!" вскрываются два пласта :
познание себя через познание культуры/объект/ и самоПознание ку-
льтуры через познание себя-субъект/
5.Начинается процесс первого отбора-селекции на уровне ПредОбраза,
когда происходит одновременно воплощение/нисхождение в ад знаний/
и движение вверх ,чтоб вновь окунуться в сияющее море силового поля
Истины.Оба процесса можно представить как движение по окружности и
по спирали/сон/ со стягиванием в одну точку этой окружности.Первый
выбор и возвращение в лоно Света для проверки первого выбора через

высвечивание,как высвечивают больные места человеческого тела для
определения ~~болезни.~~ диагноза.

6.Сделать выбор в поле Света - это и значит выполнить медитацию,т.е.
растянуть мысль-концентрацию-предобраз во времени и в пространстве
фа феномена и в бесконечности ноумена.Я описываю процесс творчества
как дуалистический,происходящий на земле и на небе одновременно,но
это всего лишь недостатки нашего языка-коммуникаций.На самом деле
оба процесса происходят одновременно и нераздельно,но неслитно.
Вот и понимай такую ахинею!"Царствие Божие в нас самих и вне нас"...
7.Из апокрифа Дидима Иуды Фомы:

4."Когда вы познаете себя,тогда вы будете познаны,и вы узнаете,что
вы дети Отца живого.Если же вы не познаете себя,тогда вы в бедности
и вы -бедность. 4.

12.Когда вы окажетесь в свете,что вы будете делать?В этот день,
вы - одно,вы стали двое.Когда же вы станете двое,что вы будете
делать?

19.Ученики сказали Иисусу:скажи нам,каким будет наш конец.
Иисус сказал:Открыли ли вы начало,чтоб искать конец?Ибо в месте,
где начало,там будет конец./движение по окружности и по спирали/
Блажен тот,кто будет стоять в начале,и он познает конец,и он не вку-
сит смерти.

20.Блажен тот,кто был до того,как возник./Зарождение семени Пред-
Образа в третьем небе/.

27.Иисус увидел младенцев,которые сосали молоко.Он сказал ученикам
своим:эти младенцы,которые сосут молоко,подобны тем,которые входят
в Царствие Божие.Они сказали ему:что же,если мы - младенцы,мы вой-
дем в Царствие?Иисус сказал им:когда вы сделаете двоих одним и ког-
да вы сделаете внутреннюю сторону как внешнюю,и внешнюю сторону как
внутреннюю сторону,и верхнюю сторону как нижнюю,и когда вы сделаете
мужчину и женщину одним,чтобы мужчина не был мужчиной и женщина не
была женщиной,когда вы сделаете глаза вместо глаза,и руку вместо
руки,и ногу вместо ноги,образ вместо образа- тогда вы войдете в
Царствие.

55.Иисус сказал:Если вам говорят:откуда вы произошли?- скажите им:

Мы пришли от света,от места,где свет произошел от самого себя.ОН...
в их образ.Если вам говорят:кто вы?-скажите:Мы дети ᴱᴦᴼ и мы избра-
нные Отца живого.Если вас спрашивают:каков знак вашего отца,кото-
рый в вас? - скажите им:это ДВИЖЕНИЕ И ПОКОЙ./В одно слово с вос-
точным взглядом на природу:ИНЬ-покой и ЯН-движение./

81.Иисус сказал:Я - свет,который на всех.Я - все:всё вышло из меня,
и всё вернулосьььььь ко мне.Разруби дерево!я-там;подними камень,
и найдешь меня там. "

Ученик спросил у маэстро/то ли Чжуан-цзы,то ли Ле-цзы,не помню,а
лезть в книгу неохота/:Где находится ДАО?Маэстро ответил:
В воде.А еще где?В огне.А еще?В могильном прахе.

Чтобы понять,что имел ввиду Иисус Христос,когда говорил о ПОКОЕ,след
процитировать пункт 56.Ученики его сказали ему:В какой день нас-
тупит покой тех,которые мертвы?и в какой день новый мир приходит?
Он сказал им:Вы оставили того Тот/покой/,который вы ожидаете,при-
шёл,но вы не познали его."Покой ‑учение Христа о Царстве небесном
и созерцание славы Отца Его.Иисус ответил ученикам,что с ним при-
шёл ПОКОЙ,"новая земля и новое небо",духовное состояние медитации,
но ученики не заметили в себе этого состояния,ожидая,как все прос-
тые люди,физического царства на земле.Значит,еще до перехода в ,
как говорится,"мир иной",при жизни возможен вариант перехода из
состояния жизни в - состояние НЕ-ЖИЗНЬ,т.е. НОВАЯ ЖИЗНЬ на "НОВОЙ
ЗЕМЛЕ И НОВОМ НЕБЕ".Совсем близко,прямо горячо,к понятию НИРВАНА.
В вероучении ЖЕЛТОЕ НЕБО/китайская секта 15-16 веков/ есть ОБРАЗ матуш-
ки У - шен лаому,матЕ ᴿᴵ человечества.Люди потеряли свою настоящую
родину,заблудились в пути.Матушка У - шен послала на землю Учение,
чтоб люди одумались и спаслись,чтоб возвратиться в лоно матушки
У-шен.Итак,люди небесные скитальцы и земля вовсе не первая их роди-
на.Христос говорит своим ученикам,чтоб они были странниками,чтоб
не считали землю своей постоянной родиной.

"Матушка У-шен,

на пруду Девяти лотосов/живущая/,

гневно взирает на своих детей,

/Они/ в восточных странах,

алчут богатства и любовных утех,

жадны до мирских соблазнов,мысли их ложны".

/Баоцзюань о Пу-Мине/

Моя настоящая родина - Небо,а не ушедшая в прошлое Россия,но если опять на меня начнут нападать,обвиняя в спиритуализации и отрицании земной жизни,её радостей и "добро зело",сказанное Главным Архитектором,я скажу:большое ФФЕЕЕЕ-ЕЕЕЕ.ОТ того что я чувствую себя пришельцом,закинутым судьбой на земле,не умаляется моя любовь к жизни,отнюдь.Нооборот,я еще больше люблю земную жизнь и грущу по красоте утрачснных мгновений .Поэтому эмиграция есть продолжение Пути,дорога теряет свой след за горизонтом в пространстве,где духовное пространство слилось с космическим.И где умирать - мне безразлично,под ли родным лопухом или на некатолическом кладбище в Риме в приятном соседстве с Китсом и сыном Гёте.

93.Иисус сказал:Почему вы моете внутри чаши и не понимаете того, что тот,кто сделал внутреннюю часть,сделал также внешнюю часть?

мМедитация подобна спуску стрелы и попаданию её в цель:чем точнее попадание в цель,тем глубже растворяешься в пустоте,тем сокровеннее знание о себе,как об отражении/двойнике/ в Большом Зеркале Истины. Следующее воплощение/опускание,схождение-кенозис/ - погружение в месиво мыслей и информации,накопленной личным опытом и позаимствованной из культуры,созданной поколениями.

СЕдьмой пункт описания творческого творчества связан с новым выбором - отбором среди культурно-генетической информации.Момент импровизации необходим во ~~время~~ в процессе поиска лучшего образа из общего пантеона ПослеПредОбразов/любовь с первого взгляда/.

8.Реализация,работа и завоевание материала,овладение спонтанными процессами материалов,раскрытие возможностей максимальное.

9.Финиш,завершение момента процесса,любование творением,нахождение эстетических ценностей в произведении,которых не заметил в ходе работы,отсюда – удивление:как мог такое сотворить!Завершение,совершенство ,шедевр и есть мистерия смерти.И ГОЛГОФА Христа есть шедевр и совершенство воплощения,тогда как здравый разум иронизирует и издевается над логикой абсурда."Мудрость мира сего безумие перед Господом".

Тертуллиан" De carne christi ":
"Сын Божий был распят:не стыдно,потому что стыдно;
умер Сын Божий:еще более вероятно,потому что бессмысленно;
и погребенный воскрес:достоверно,потому что невозможно."

Снежная равнина холста – нерожденное пространство,творческая пустота "шуньята" и 2/Мастер,творец,сотворенный из шуньяты – два члена,необходимые для творческого процесса:мастер и холст,импульс и зеркало,отражающее акциденции духовного начала.
Первая медитация перед актом творчества:сосредоточение на идее рождения внутреннего пространства,пространства души,которое переходит в медитацию,созерцание внутренней пустоты.В этой медитации интересно почувствовать пульсирующие границы между внутренним и внешним пространствами,словно сферическое тело амебы,сжимающейся в точку и расширяющейся в шарообразное тело.Конец медитации – оба пространства ощущаются как единая неделимая пустота.Из такого типа медитации рождается импульс/свободная воля/-желание встречи с феноменом/объект,помысел,идея/.Нисхождение и воплощение не принимает на первом этапе завершающих форм,легкое касание земли,встреча небесного облака с вершиной горы и – импульс,не приняв определенной формы,возвращается в материнское лоно ноумена,неся на крыльях чувственное воспоминание о встрече с землей.Вторая медитация начинается с более конкретной сосредоточенности,скажем – я есть камень,или – я есть дерево и т.д.Следует новое падение в ад первого неба и новые встречи с шестью чувствами,опять выбор среди памяти-информации/память в свою очередь делится на память ДоРождения и после Рождения,т.е. память о пребывании в раю и память-информация

культурно-генетических слоев/,вновь медитация-движение по вертикали,затем кенозис -движение по вертикали,но сверху вниз,а не снизу вверх,какакакакакак в медитации и так много раз,пока окончательно не установиться выбор на определенном образе.Движение по вертикали вверх-вниз и наоборот происходит одновременно,фиксация дискретности этих процессов скорее существует как модель для коммуникаций и пояснений.В природе БРАХМАН В АТМАНЕ И НАОБОРОТ.

Реализация,или по терминологии Бердяева,объективация происходит незамедлительно после выбора ОБРАЗА.Творческий акт с участием зен-жеста.Что такое зен-жест?Мысленно в голове вы несколько раз производите этот жест,который потом хотели бы повторить на холсте.На первом этапе сосредоточение на топографии жеста-линии-пятна.Почему я люблю употреблять двойные слова через дефис?Линия-пятно,два диаметрально противоположные понятия,но линию можно представить как множество точек,если мы мы мы мы мы мы мы будем разглядывать её под микроскопом,так же как по телескопу мы обнаруживаем молочную реку Млечного пути,распадающуюся на отдельные скопления звезд. А пятноточку можно растянуть в линию,состоящую из отдельных точек. Диалектика антиномии.

На снежном поле холста/бумаги,белом листе памяти/ локальными участками возникает жизнь,красочные пятна,группируясь в хороводы,образуют линии-изгороди,при помощи которыхххххххххххххххххххххххххх возникает возможность огородить локальные участки огородов,принимающих форму лица,уха,машины,запаха мысли и т.д.Реализованное пространство на холсте - жалкий след идеального пространства души.

В этом пункте ожидания-схождения возникает узел драмы,разрастающий -ся от одного произведения к другому и подчас приводящий к трагической развязке.Микельанджело в старости настолько сильно переживал подобную трагедию,что многие работы подверг уничтожению. Леонардо да Винчи заглушал демон неудовлетворенности работой в других областях/принцип рассасывания сгустков ЯНЯ с помощью небольших атак ЯНЕМ же/.В более житейском плане это звучит так: возникновение стресса,шока от углубляющейся пропасти между идеальными началами третьего неба и образом жизни первого неба.Результатом такой войны бывало самоубийство или его провоцирование,например,дуэль Пушкина и Лермонтова,или длительная агония болезни Ницше. Путь творчества-подражание /насколько возможно сие/ главному Архитектору бытия при уяснении/схема,но не подлинное бытие/ трансцедентности Творца через имманентность тварного мира.

"Но Реальность,как начало или стихия,противостоящая Богу,есть чистая потенциальность,бесформенный динамизм и пластичность.Творение мира есть формирование,расчленение и согласование этого материала, внедрение в него актуальности и завершенностииииииики Бога."

/Франк,"Реальность и человек"/

Творение бытия Богом есть вечный процесс при мгновенности завершения ситуации,естественный и органичный процесс СамоЖизни,выделения из себя стихий первореальности,как материала с параллельным автономным сосуществованием пустоты,как носительницы потенций.Пустоту необходимо представить как бесконечно растягиваемый резиновый мешок,поглощающий потенции-стихии,некая бесформенная пластичность, принимающая любые формы под воздействием напора Сил,вырывающихся из того же мешка-пустоты,если его вывернуть наизнанку.Пульсация или способность к пластичности у шуньяты такова,что позволяет растягивать резиновый мешок пустоты до бесконечности,и наоборот- мешок можно стянуть в единую точку напряжения.Чем сильнее растягивается мешок в разные стороны,тем он ближе к точечному состоянию. Точечное состояние я условно обозначу как СОСРЕДОТОЧЕНИЕ пустоты, а разбегание стенок /растягивание/ мешка-пустоты как МЕДИТАТИВНОЕ состояние.При растягивании пустоты в бесконечность растягиваются внутренние стенки мешка-пустоты с визуальным наблюдателем в центре,/-ПАН но одновременно внешние стенки пустоты стягиваются в точку,в которой находится другой наблюдатель - БРАХМАН.Если сжимать сферу пустоты по всем бесконечным радиусам к центру,внешние стенки сферы будут сжиматься и уменьшаться,а внутренние расширяться,разбегаться, возбуждая к движению силы от разбегания внутренних стенок сферы. В Tai Chi Chuan существуют упражнения на сжимание воображаемой

сферы до критического момента,то .ки,при этом внутренние стенки
сферы расширяются,создавая колоссальные энергии.В критический момент
ладони рук релаксируются и возвращаются в исходное положение под
действием вновь возникших сил обратного мира,т.е. от расширения-
разбегания внутренних стенок сферы.Модель расширения и сужения
сферы-пустоты на первый взгляд похожа на очередную модель перпе-
туум мобиле.Так оно и есть,есть еще одна единица размышления,-
та но существования Бога,тайна Его всемогущества,тайна Его любви,
тот первотолчок Ньютона,который необходим для ~~~~~~~,~~~~ запуска~
каждый раз систему,дошедшую до крайнего предела,импульс,приведший
в движение ~~~~ Творениe.Думаю,что эти импульсы похожи на волновые
колебания,посылаемые могуществом Творца беспрерывно,ибо мы нахо-
димся внутри его дыхания и Любви,как и вовне.Человек по древне-
китайским понятиям относится к трем великим пределам,два осталь-
ные -Небо и Земля.Человек есть точка соединения внешнего и внутре-
ннего,пограничная зона двух антиномийных сил,ИНЯ и ЯНЯ.

"Быстрейший конь,который вас донесет до совершенства,есть страда-
ние."   /М.Эккарт/
"Блаженны плачущие,ибо они утешатся". /Евангелие/
Творчество-Бытие.Последний метафизический слой луши-духа -созер-
цание,последний этап созерцания - НИРВАНА,не-Бытие,не есть Бытие
/политика Бытия/,не Азия,не буддизм,а смыкается с тем,что обозна-
чается на человеческом языке-святость,покой,актуальность конечного
во встрече с актуальным начальным, -равно для Запада,как и для
Востока,движется на Север и с равной силой на Юг,общий принцип
Земли и Неба.
Обнаружение принципов опять приблизительно:между Франком и саран-
чой/если смотреть сверху вниз или снизу -один хуй!/ нет разницы
/в нашем понимании/ перед бесконечностью аспектов/принципов/ бы-
тия.Со стороны Бога есть или нет разница между Франком и саранчой -
не знаю,ибо не знаю что знаю,что такое Бог.
Как слово,так и буква - дерьмо.
Здесь молчание.

Золотое дно литературы и вообще.

Я живу в ущелье с друзьями по ту сторону добра и зла.Вдруг,посмот-
рев вверх в горловину расщелины,вижу,как наезжают много людей,может
быть из несвободного мира,проникающие в ущелье.Ущелье,по Фрейду,
влагалище,первобытный рай,из которого мы выгоняемся рождением.На-
тыкаюсь на одного и решаю спрятаться на всякий случай,чтоб не при-
хватили в их мир.В скалах в одной из пещер я прячусь за дрова,кото-
рые мы распили.Сдровами связана половина моей жизни,проведенной в
СССР,несколько лет подряд в Левашово одной из проблем существова-
ния была проблема по доставанию дров на зиму и когда не было денег,
приходилось просто красть каждую ночь из чужих дворов по охапке
на одну растопку.Опытный волк никогда не режет овец в ближней де-
ревне-я старался соблюдать это правило:приходилось через месяц
ходить за дровами после полуночи на край света за несколько кило-
метров,прогулка по крепкому морозу не очень приятная.
Налево от пещеры дыра,пролезая,я попадаю в советское учреждение
со множеством комнат.Чтоб не вызвать подозрение в беготне советс-
ких чинуш,быстро продвигаюсь   через лабиринт комнат,через множе-
ство людей,стучащих на машинках,галдящих о делах,вверх по лестни-
це,наконец,открыв одну из ~~комнат~~ дверей бесконечной перспективы
комнат/~~как на декорации~~ эскиз декорации Н.П.Акимова к пьесе Сухо-
во-Кобылина "Дело"/,выхожу на балкон,где и прячусь,ложась на пол.
Образ лестницы и лабиринта преследует нас во многих снах.Лестни-
ца - символ поднимания вверх,символ духовного роста и независимо-
сти.Ужас лабиринта Минотавра существует с детских лет,раскрывал
человеческий страх перед неизвестностью,перед бездной,перед смертью.
Материалист Фрейд трактовал страх смерти как страх кастрации,одна-
ко в древних мистериях символ кастрации ~~■■~~ означает стать Андрогином,стать
божеством,слиться с ним в единое целое.Вообще страх всегда возни-
кает при переходе из одного состояния в другое,второе состояние
предчувствуется,т.е. исход его всегда представляется двусмысленно,
а животная плоть хочет только одного решения:жить,жить,жить!

Лежать на балконе на высоте значит пребывать в покое,НИРВАНЕ.Вдруг
под балконом проходит Зверев,я ему тихо:"Зверев,Зверев".Он подни-
мает голову и видит меня.

—"Лезь сюда скорей,—шепчу ему.

Зверев через брусья балкона оказывается на нем.

—"Скорей,за мной Анатоль!

Мы быстро начинаем обратный путь сквозь множество комнат с чинов-
никами,к счастью для нас занятыми своими делами.Темп нарастает,путь
обратно оказывается другим,я заблудился,но продолжаем бежать.
Наконец,нахожу лестницу,по идее ведущей к спасительной пещере с
дровами.Спускаясь по лестнице,мы слышим женский голос сверху:
"Архипыч,держи их!"Появляется Архипыч в серой телогрейке в расто-
пыренных руках.Я бью его в челюсть.Он падает.Путь свободен.Мы вно-
вь в пещере,ощущение — мы свободны,перейдя границу и избежав пого-
ни.И Зверев на свободе.Такое может быть только во сне:как может
быть свободен Зверев,если он на учете в психдиспансере?да и не
потянуть ему для эмиграции,силенок маловато-то осталось,пьянки,
вытрезвители,звериное существование,да и неохота выгребаться из
тюрьмы,из одной в другую,—мало радости!Я опять вернулся в свобо-
ду,которая смыкается с миром советского учреждения,с миром несво-
боды.Этим летом произошло чудо-я въехал в Москву и......выехал
в родной Рим,а не в противоположную сторону.Один шаг в сторону и
ты в тюрьме!То же самое со смертью.Почему Архипыч?Стереотип мышления ?
Никакая медитация не поможет против такой заразы.Что ж?Сдаться?

Был однажды со Зверевым интересный разговор.Разговор я забыл,но
успел записать несколько предложений,характеризующих впечатление
от прошлого разговора.Передать разговор невозможно,потому что Ана-
толий в личной беседе только импровизирует,употребляя игру слов
в самых неожиданных сочетаниях,какие не снились ни Хлебникову,ни
Крученых.Звучит только в устной речи,при передаче словом соль про-
падает и становиться вульгарным.

ЕВАНГЕЛИЕ ОТ ЗВЕРЯ

ЕВАНГЕЛИЕ ОТ ЗВЕРЯ

1.Как ссать в метро/в брюки/

2.Харкать в промокашку/покупается в аптеке/

3.Трупы,словно присосавшиеся к Наполеону пиявки,содрогались и ко-
рчились от воскрешения/мнимого/

4,Новелла о паспортах.Если милиционер требует документ"граждане,
пройдемте",кидай паспорт под ноги милиционера,мол,не свои,а чужие,
и граждане чисты,как кресты.Такой прием ошеломляет и тебя отпус-
кают.

5.Запомнить состояние легкого опьянения и через него понять сос-
тояние мадонны/писалось давно,но не хочу скрывать грехи/,имеющей
похожее состояние в другие промежутки времени и,думая об этом,пе-
редать телепатемму.Момент экстатики и отключение от сиюминутного
сюстороннего общества.

Привожу впорядок записи нескольких лет.Рядом.......

/Для меня/ НИЧТО/а что это такое?/ есть краткий миг остановки,па-
уза между мгновением потока Сознания,равна одной девяносто шестой
доли секунды.Пауза ничему не равна,нуль между мгновением в   1/96
долю секунды,физическая характеристика смерти.Ничто/пауза/ не нео-
бходимость для человека и неизменность для высших сил,как константа,
а обозначение нуль,пропасти между умершим мгновением и еще нероди-
вшимся мгновением,преодолеваемой благодатью Господа.Я не хочу оп-
равдываться,но получается такое впечатление.Во сне надвигающийся
ужас НИЧТО преодолевается криком,чтоб проснуться.В дневное время
в бодрствование пауза НИЧТО разрушается магией молитвы с просьбой
о помощи.Всю жизнь молитвой - просьбой.Ничто это интервал паузы,
которой в действительности не существует,а НУЛЬ характеризуется
пустотой личности,шуньятой.Такова грандиозная разница между поня-
тием НУЛЬ и НИЧТО.Нуль обозначает пустоту потенции,бездна,которая
кормит большой космос.Ничто самая малая величина,даже не мнимая,
т.е. со знаком минус,а несуществующая и как знак,и как реальность.

Пустота личности существует в понимании освобожденности от навыков, предрассудков разума и иллюзорных восприятий наших шести чувств и похожа на пустой сосуд, ожидающий наполнения водой. Вином еще лучше. Еще это похоже на стремление к неведению первого человека, обитавшего в раю до грехопадения. Преодоление НИЧТО можно назвать устремленностью воли, чтоб между человеком и Богом была восстановлена пуповина, которая оборвалась изгнанием из рая. По ней течет питательная смесь благодати, живая вода жизни.

"Ибо свобода не в возможности выбора между добром и злом, как мы обречены теперь думать. Свобода есть сила и власть не допускать зло в мир."   /"Афины и Иерусалим", Шестов/

На стр.149 "Афины и Иерусалим" Шестов пишет о Киркегарде:
"В пустом призраке, в бессодержательном НИЧТО он вдруг начинает видеть всемогущую необходимость. Оттого все, что делает падший человек для своего спасения, ведет его к гибели."

Пустота личности незаметным образом переливается в великую пустоту ПАО/по-немецки Abgrund /, в первоначальное состояние неделимости. Пауза Ничто уподобляется пустыне, прокаленной лучами солнца, ни травинки, ни шерстинки, даже ящерицы спрятались под камни, воздух превратился в огонь — ослепительный миг смерти, интервал, после которого последует прыжок в неведение первого человека в раю. Пустота личности не пуста, наоборот, вся жизнь, бытие вообще происходит из бездны пустоты и окутано чернотой мрака, чтоб через откровение выйти на свет, преображенной в новую невинность, став новорожденным, и не отрывая новорожденную пуповину, соединится с Отцом, вернуться на родину/матушка У-шен/. Вот как говорит Дионисий ученику Тимофею:
"Милый сын, Тимофей, ты должен с безмятежными чувствами устремиться за пределы самого себя, за пределы душевных сил, образа и существа, в сокровенный тихий мрак, дабы ты пришел к познанию неведомого сверхбожественного Бога!" Эту цитату я беру из старого трактата, пи-

санного в Левашово в году¹ 1971.Тогда я переселился во второй раз
во времянку в Левашово,покинув навсегда Бассейную улицу.
Продолжаю цитировать собственное сочинение:"Если бы спросили у
дзеновского монаха,что такое НИЧТО,он ответил бы вероятно,что НИЧТО
это НИЧТО.Ответ,что и говорить,красивый,но неудовлетворительный
для неспособного к медитациям европейского характера."После цитаты
псевдо-Дионисия стоит следующая запись:"т.е. познание самого се-
бя без средств и образов,ведущее к самопогружению/медитации/.Опять
Восток!"знаменательная фраза,а надо сказать,что в те далекие времена
я только-только начинал интересоваться йогой и военными искусствами.
Перескачить через НИЧТО-смерть в следующее мгновение /на дискретном
уровне,тут же сосуществует прагматический-бытийный уровень/ значит
заново родиться,воскрешение.Воскрешение на дискретном уровне -
например,вновь полюбить женщину,которую разлюбил,или в творчестве
получить сатори-озарение и приступить к новой работе.Воскрешение
Христово-воскрешение бытия вообще,какакакакакакаккккк Воскрес
Иисус Христос.Первое рождение из чрева матери,второе рождение
духовное с помощью Духа Святого.Пустота не пуста,бездна скрывает
во мраке всю субстанцию жизни,которая дана человеку,но сокрыта от
души,чтоб через смерть-НИЧТО воскреснуть к "новой" жизни.

Ананка,НИЧТО,смерть

жизнь,сокрытая в бездне
мрака,как летящая ракета
в черноте беспредельной
вселенной.Да простят меня
за тривиальную метафору,
навеянную чтением в детстве
фантастических романов.

Вот левая и правая стороны,уравновешивающие друг друга.В простран-
стве между этими двумя членами происходит первый и последний
Страшный суд.
Спросил ученик у наставника:Что такое Будда?
Будда есть Будда,-ответил монах.

ФЛОРЕНЦИЯ,пятница,суббота,воскресенье,октябрь 1978
Забастовка работников музеев.В субботу сильный приступ:упадок вил,
стенокардийные боли в области груди,организм реагирует на изменение
в погоде,а погода прекрасная.Марьяна как-то водила меня к врачу-
терапевту.Благородный старик не смог установить диагноз и дал сле-
дующий совет:спросите у Бога,я бессилен что-либо сказать определе-
нное.Первый раз встречаю врача,дающего оригинальный,не врачебный
совет.Несмотря на приступ хожу по Флоренции и полюбил с первого
взгляда.В витринах красивые шмотки и обувь.Я люблю красивые одежды
особенно обувь,недаром маестро Маркевич говорил,что Флоренция от-
личается от других городов Италии своим изяществом и тонкостью.Даже
оливки здесь лучше и больше,добавлял маестро.И он оказался прав:оливки
ки бесподобны,особенно черные,особым образом приготовленные,похо-
же скорей на чернослив.Улицы узкие и старые,скаты крыш выступают
далеко над улицами,почти соприкасаясь с противоположными,поэтому
даже в сильный дождь можно прогуливаться без зонта.В старые време-
на люди неплохо решали проблемы удобств.Переходим Арно через понте
Веккьо,сохранившемся со времен прогулок Леонардо заВинчи,торговые
лавки ювелиров,закрываются толстенными ставнями старинной конструк
-ции,изменилась только публика и,рядом с дорогими лавками торгует
хиппишная молодежь дешевым рукодельем.За Арно зашли в церковь Свя-
того Духа,где наблюдали забавную сценку.Малыш вытаскивал свечи и
зажигал об другие,ставя на общую установку с щипцами.Заметил поп,отру-
гал мальчишку и стал гасить свечи,чтоб зря не горели.Я про себя
ругаюсь:почему другим скупым можно быть,а попу нельзя?Нельзя всем,
в том числе и попам,-такова запись,сделанная в период пребывания
во Флоренции.В записях продолжаю:но попам особенно,по якобы боль-
шой близости к Богу.Господи,прости и помилуй меня,грешного.
Флоренция - город гармонии,дома не низки и не высоки,как бы вы-
разился Корбюзье,они соответствуют человеческому модулю,т.е. про-
порции домов соответствуют пропорциям человеческого тела.Глядя в
записки,обнаружил,что не понравилось только паллацо Питти по ри-
сункам Грунеолески,которое неплохо выглядит на гравюрах Пиранези,
но не в реальности.Впрочем,сделаем скидку на приступ.Возможно,в
следующий раз будет другое впечатление.
Размышление по поводу,что такое красота,глядя на одну из последних
"Пиета" Микельанджело.Эта пиета очень интересна по композиции:дей-
ствие заключено в круг,причем положение снятого тела Христа S-об-
разно,напоминает символ Тай Цзи в круге,как символ Неба.И здесь
вкралась ошибка,то ли маестро ошибся,а ошибка была подсказана непра-
вильной формой камня,потому что непластично из композиции круга
выскакивает святой,стоящий сзади.Попробую начертить схему,чтоб было
более понятно.

Вот этот кусок
отскочил от общей
пластической массы, не
создав ассиметричное
напряжение.

То ли не расчитал точное расположение масс,архитектонику композиции от старости,что ли,не знаю,ибо в более молодые годы он справился со схожей задачей,создавая Давида.Если исходить из метафизических основ творения,то Главный Архитектор создал,скажем,вселенную,нет,будем говорить только оземле,"добро и зело",-удобной и красивой для бытия.Стало быть в понятие красоты входит составной частью и утилитарность,комфорт и удобство.Не могу согласиться с американским архитектором Райтом о происхождении красоты исходя из прагматизма и рационального использования материала.Дом ли,картина,человек ли творятся рационально-экономично и одухотворенно одновременно.Голый дизайн Мондриана годится для декоративных целей,например,украшения витрин,ево функции ограничены и схематичны.Кроме точной пригонки архитектонических масс,необходимо вдохнуть жизнь в творение,одухотворить его.
"И создал Господь Бог человека из праха земного,и вдунул в лицо его дыхание жизни,и стал человек душею живою." /Кн.Бытия,гл.2,7/
Что такое дыхание жизни?
Это когда ребенок делает песочные куличики и верит,что перед ним сказочный замок
Когда море дышит само посебе,или когда тебе кажется,что оно дышит
Когда ветер шумит в верхушке сосны,а ты сидишь под сосной и смотришь в даль на голубой силует горы
когда огонь в печке весело загорелся,сначала затрещал по березовой коре,потом обхватил более крупные поленья,а ты сидишь около и смотришь в огонь
когда умер человек,он уже холодный и вдруг из уголка сомкнутого рта потекла черная сукровица
когда хочется жить,а как не знаешь,когда расходятся люди навсегда и миг расставания,словно укол иглы в сердце
Когда наступает белое молчание,когда все ясно без "когда"
Дыхание жизни входит в плоть архитравной конструкции нашего приятеля здравого разума.

Парфенон возник из образа гребня морской волны и,как пена,вознесся над Афинами.Это я хорошо почувствовал в детстве.

Так что же такое красота?Ответил на этот вопрос?нет,не ответил.
А что такое красота,я знаю.
Несмотря на забастовку удалось галопом пробежать Уфицци,из-за чего был устроен приезд во Флоренцию.Огромная икона-доска Симоне Мартини "Благовещение",где на золотом фоне Флоренского доминирует синева Божьей матери.Перья ангела,архангела Гавриила,принесшего благую весть,полыхают огнем,знак неземного мира.Венера Медицейская. Та самая,по которой сходил с ума в детстве,изучая греков по системе Мюллера и по картинкам.Божественный Ботичелли,"Примавера", огромная картина,на всех картинах Ботичелли лежит печать щемящей грусти по красоте утраченного мгновения."Рождение Венеры" - золотой закат,ностальгия по утраченной юности,так сильна грусть,что в былые годы,когда естество питалось более грубой пищей,с его кар-

тин,вернее с репродукций,веяло чувством утраченного близкого,такого родного,но потерянного навсегда- и я сильно чувствовал это настроение,подражал и пытался подобное настроение вырезить в своих неумелых первых картинках,которые писались на работе в Малом академическом театре на антресоли,где я рисовал шаблоны ,по которым столяры вырезали бутафорскую мебель.Еще на картине Картины занетия красивую веточку белых лилий.

26.3.1978.День католический пасхи.
Лациум.Бомарцо.Некий самодур из Орсини на равнине перед замком, расположенном на горе,разбил сад.Среди естественных скал и бульдигов устроил выставку чудовищ.Эклектика,навеянная этрусками,потому что Лациум один из самых этруских районов.
Городок Виторкьяно на плато из туфа,как прекрасно умели выбирать место одни только этруски,и чтоб тебе город был защищен,стало быть на возвышении/лучше плато,они любили вокруг просторы/,а внизу естественное кладбище-ущелье,где они вырубали в том же туфе пещеры-захоронения,внизу речка с чистой водой,теперь вода мутная и в пене от стиральных порошков.Лощина широкая и издавна вспахивается под сады.Неожиданно мы обнаружили чистую долину,не засранную,как правило,неопрятными и легкомысленными итальянцами,аккуратно поделённую на возделываемые участки,прислоненные к огромным камням и скалам.Цвели персики.Среди японского сада стоял дом с галереей, где двое пьяниц пировали.Перед въездом в Виторкьяно современная вилла из серого туфа,почти сливается с окружающим ландшафтом.
В городке послучаю праздника марширует местный оркестр,девочки, с толстыми ляжечками в мини,играют марши.После каждого марша долго отдыхает и марширует по узким,пропитанным спагетти,улочкам.
Нас разобрали слёзы/внутри/,слишком сильно для каждого напомнило детство.Даже траттория в городке называется *Tratteria fideli* траттория верных.Столы покрыты клеенками,местное белое вино и неплохое.По дороге в Витербо сюрприз:на плато в земле камушки – здесь жили этруски /6 – 5 в. до р.Х.всего лишь/.Затем попался бывший римский город Forentum с амфитеатром,кусок старой дороги,мощенный огромными камнями.Куски такой же дороги я видел в *Carcurae*, Остии антика.Город на плато,с которого открывается вид на долину с голубыми невысокими горами.Покидая красивую декорацию развалин Форентума,наблюдали полыхающее языками пламени закатное небо.
А вчера на небо приклеилась огромная луна Бенуа.Утром из окна Соратте в тумане,как на гравюрах Хирошиге.Слишком много.Усталость от вина,общения,счастья,неохота ехать в Рим,как в детстве,- пусть всегда будет солнце,пусть всегда будет феста.День в Лациуме – подарок Христа.Японский сад со скалами и цветением персика.Обомшелые камни,вокруг них разграфлённая земля.И чисто,странно для итальянцев.

Лето.Август.1977.Сан-Зито ди Нарни.12.Суббота.
Посещение Нарни,в 30 км от нашего дома.Глядя на розовые стены средневекового городка: *НАдаётся фраза – ЗЕН.*

стены городка отполированы взглядами жителей.Написал и подумал: кто-то уже так выражался?кто?может быть один из слоёв моего "Я",кото -рому я приписал по мании величия "ТЫ"? Фраза "кажется,кто-то сказал или написал" меня преследует довольно часто.Бывает так: что ты увидел,услышал и принимал участие в ситуации,кажется уже знако- мой, что ты узнал в прошлом.Например,смотришь фильм и мучительно припоминаешь,кто же мне говорил о нем,т.е. впечатление,что я его если не видел,то слышал о нем.Так ли это?И здесь напрашиваются три варианта:

Первый, фильм или произнесённая фраза несут элементы всеобщей банальности,посредственности под видимостью блестящего рассказа, т.е. "это уже было" в смысле - все пошлое однообразно и действитель- но началось с рождения человека.

Второе,сам являешься пошляком в том смысле,что не можешь одну и ту же ситуацию пережить по-новому,отсюда скепсис и уголки рта на- чинают опускаться словно крылья птицы,вниз.

Третье,в одном из воплощений было нечто подобное и отсюда мисти- ческий ужас перед простой ситуацией,которая на твой взгляд не стоит того.Искусство различать слои - быть Мастером.

Храм/Онто / 12 века.Деревянная статуя св.Антония.Собор святого Ювенала.Склеп,посвященный Кассию и Ювеналу.Составлен из римских камней.Над склепом мозаика 9 века,изображает Иисуса в кру- ге,вокруг круга фреска.Под портиком клуб местной молодежи,как не- когда на набережной Бабьего городка стояла шпана и под гитару ба- цала чечётку.А здесь просто треплются.Так же чесали языками в период строительства храма .К часу городок мертвеет:все ушли на...на обед,молодежь - тоже.

Собираюсь писать книгу "Метафизика кунг-фу".Буду ли?Марьяна спра- шивает,как ты будешь писать её?
Мы идём по понте Гарибальди,внизу "свирепствует" Тибр.
- КАК течет, века, - Отвечаю.

Из итальянских дневников

СИЕНА. Маеста Симоне Мартини и Маесса Луччьо Буонинсенья.Музео публико.В огромном зале собраний на центральной стене блистает Богоматерь на троне в окружении Святого воинства.Именно блистает, лучше не скажешь про замечательную фреску Мартини.Боже мой!Какие времена совсем недавно были для искусства!Какие клиенты!Какие день- ги платили!В следующем зале роспись Лоренцетти,называется:"хоро- шее и плохое управление".Бытовые сценки,24 советника,Данте среди них.Жизненные ситуации происходят на фоне итальянского пейзажа/тос- канского/,который практически не изменился по сей день.

Монтегуальдо -городок,упомянутый в какой-то терцине у Данте в Аду,Гуальдо,где мы купили несколько бутылок кьянти.Несколько слов о местных тосканских кьянти -здесь налицо четвертое измерение, перепутье,где встречается мир нагорний и мир природы.Лучи солнца делают чудеса с виноградом и землей,а руки человека завершают при- родные процессы фотогенеза,превращая разного рода энергии в чудес -

ное вино кьянти.В Santa Guico церковь романского стиля с витыми колонами.Чудища Monte pulciano ,ниже собор Сангалло 16 века,фаттория,где Маруцца и Пиччи заказывают вино.

Sangimigniano ,город башен,каждый синьор-приор соревновался с соседом у кого башня окажется выше.Благодаря честолюбию местных жителей вов времена не столь далекие/ "" 14-16 века/ современный рисунок городка отличается от других тосканских множеством прямоугольных башен,которые на фоне тосканского пейзажа смотрятся вполне сюрреалистично.Ночевали в старинной гостинице,жратва тосканская плотная,мясная.Видимо ее этого тосканские коты поражают своей величиной по сравнению с римскими,питающимися спагетти.Главная площадь **Нет** в Сиене напоминает раковину со стоком в одной точке.Шёл ,атаковал сплошной ливень с картины Шишкина "Дождь в дубовой роще". Ночью до 3х часов разговор с итальянским коммунистом о культуре и её постепенном разрушении,пророчества относительно разрушения остатков демократии и европейской культуры.В процессе разрушения принимает активное участие коммунистическая идеология,с чем он не мог согласиться.Разговор странный,ибо не я ностальгировал по сталинским временам,а он,вспоминая свою учебу в московском университете, пустые улицы,засыпанные снегом и теплое отношение русских.Тогда первые итальянцы в Москве были на особом положение,сами будучи простыми ребятами из рабочего класса,встречали самый теплый и радушный прием у московской молодежи и интеллигенции,как представители иного марсианского мира.Теперь Москва попривыкла к любым иностранцам и в рот их ебет.В общем у него была ностальгия по хорошим человеческим отношениям,которых не найдешь ни на западе,ни на востоке.Теперь.Впрочем.......
Пиенца,городок Пия 2,бывшего кардинала Пикколомини,дворец,главная улица,вдоль которой идут дворцы и дома возрожденческие.От главной улицы маленькие переулки часто с экзотическими названиями,например, Vicolo dell'amore /переулок любви/ и Vicolo del destino /пер.отчаяния/,обрывающиеся вниз каменным уступом или уходящие ввысь в голубые небеса.Названия еще раз подтверждают итальянскую любовь к аффектации и театральности.

10.СЕНТЯБРЬ.1978.Последняя поездка с Фрицем на его машине после смерти Карлы.Скоро у Фрица появится новая жена,наша дружба,скрепляемая карлиной,распадется.Заехали в Valnerina .Обедали в маленьком городке Scheggino ,прилепившимся к розовым скалам,в траттории Гротино,где подают чудную жареную форель,спагетти с черными трюфелями и красное вино.Внутри всегда прохладно.Городок-деревня ползет вверх,башня с часами,узкие улицы,как горные тропинки с запахом куриного помета.По хорошему шоссе поднялись в горы в местечко Сuso ,через 6-7 км остановились в Davelli ,где нас ждал приятный сюрприз.В церкви моего патрона св.Михаила обнаружили фрески хорошего художника 16 века Spagnola .Просто чудо!В маленькой деревушке замечательные росписи,хорошо сохранился Св.Себастьян. Сидели с Марьяной под стогом сена на высоте 1160 метров на полянке,усеянной осенними цветами/по-немецки, Herbstzeitlose /,любящими рости среди навоза.Губа не дура!Внизу долина-лощина,вдали синие горы Умбрии,напротив ~~все~~ упругая поверхность горы,покрытой кустарником/род плюща/ и мелколесьем,словно кабанья щетина.Спустились в долину и попали на фесту в _Monteleone_ .Красивый собор 14-15 веков с кусочками химер и порталом явно средневекового характера.Планировка стандартная:главные ворота,главная улица,упирающаяся в главную площадь,с тыла подпираемая собором.На площади на грузовике самодельная платформа-подмостки,местный острослов в микрофон сеет юмор,соревнования-бега с тачкой,принимают участие и женщины,потом главное соревнование:кто быстрее съест,нет!сожрёт ртом тарелку спагетти,руки у участников завязаны сзади.Победителем оказался местный Геракл Освальдо с животом Силена.Одна женщина сошла с дистанции,не выдержав конкуренции с мужчинами.Геракл,чтоб показать свою силу,доедает спагетти с тарелки женщины,а жена оттаскивает его от тарелки по ревности.Едем дальше по долине и попадаем на фесту альпийских стрелков в _Leonessa_ .Все ходят в шляпах альпийских стрелков с перышком.В баре пьем вино.Марьяна обращает внимание на местного красавца дон-хуана времен Валентино с подвернутыми вверх тонкими усиками,несущего гордо профиль римского августа. Пьет вино,придерживая стакан с оттопыренным ~~ми~~ мизинцем в сторону, не глядя на никого.На пальце кольцо с камнем.Орет радио,даже мне захотелось купить зеленую альпийскую шапочку и беспечно ходить,как все.Нет пьяных.Мне нравится итальянский бардак/казино/.Сейчас,сию минуту.Тип с картофельным носом сложил руки на объемном пузе ,стоя у подъезда своей квартиры, и ~~смотрит~~ обозревает гуляние по корсо.

СТРАНИЦЫ РЕЛАКСА.

28.суббота.1978.РИМ.Поездка в Тарквинию.Интересно,проставлено в записках все:число,день недели,год,от-куда поехали,-за исключением месяца.Думаю,поздняя осень или начало зимы.Часто в Риме начало зимы похоже на начало весны,как,например,сегодня,когда я печатаю свои импрессионистические заметки,6 декабря 1979 года,уже близко к Новому году.Продолжаю печатать всё,что относится к числу 28.суббота.1978.РИМ.Голые вспаханные поля,собачий норд-ост,вдали бирюзовая полоска моря.Томбы этрусков.Осмотр Тарквинии,музея в _palazzo V.Helfeschi_ ,где остатки фресок из томб перенесены на холст для лучшей сохранности.Изумительной красоты танцы,движения рук-тут же вспоминаю движения рук плакальщиц с египетской стелы в музее изящных искусств им.Пушкина-,рук-кистей и пластика композиции.Сред-

невековая часть города с 20ю башнями.В Чивитавеккиа обошли стены форта,сделанного по рисункам Микельанджело.

Ранняя томба 6 века до Р.Х. Очень слабый рисунок,а тема уже стандартизирована.Еще не родились хорошие мастера.Лучшие фрески классического периода/5 век до р.х./ написаны греческими мастерами.Этруски не создали принципиально новых направлений в искусстве,используя греческие образцы. Их новизна не в формах,а в эзотеризме,в вере в загробный мир. Интересно,что этруски поразили меня в Италии более,чем художники Возрождения,хотя я с детства мечтал о встрече с ними.Я не был подготовлен к таким встречах:первый год в Италии прошел под сильным впечатлением от творческого духа этрусков.

Одна фраза маестро системы Гурджиева меня насторожила,когда он рассказывал о волнениях Гурджиева по поводу открытия наскальных рисунков во Франции,утверждал,что рисунки сделаны эзотеристами для передачи своих знаний.Во всяком случае этруски были эзотерическим народом,получившими знания вероятно отегипетских иерофантов. Я говорю "этруски",хотя было достаточно ~~еще~~ миссии одного жреца для распространения знаний.Культура народов складывалась во внешней жизни и во тьме пещер,напоминая спокойное течение реки,прерываемое время от времени порогами и прочими преградами,вдруг уходящее в подземное русло и вновь появляющееся на свет Божий.

"И под личиной вещества бесстрастной
везде огонь Божественный горит...."   /Вл.Соловьев/

Легенда о Великом Инквизиторе/Братья Карамазовы/,масонская и человеческая мечта о земном рае,отказ от творчества духа,мечта о Золотом векккке наивности,"устами младенца глаголет истина",объясняется стремлением к покою/инерции/ и прочному фундаменту под ногами. Поиски Сережи в мире ортодоксии среди святых старушек прежде всего продиктованы мотивами страха очутиться в бездне одному,налицо детские страхи перед пустотой,темным чуланом и мрачным коридором,ведущим в уборную.Я боюсь пустоты,смерти,НИЧЕГО,которое однако невозможно представить человеческим умом.Приходиться постоянно тренироваться для перехода в ....Ничто через смерть.В Скедхино,когда еще Карла была жива,мы зашли в деревенскую непритязательную церквушку с раскрашенными куклами святых.Карла сказала нечто вроде,что готова ходить в любую церковь и молиться,лишь получить помощь от надвигающегося рака.Не веря поверить,чтоб не умереть.С жизнью трудно расставаться в любых случаях.Неужели не увижу еще раз цветение персика и розовые скалы Вальнерины?и не съесть спагетти с ракушками?и прокатиться в Сан-Франциско?и не побеседовать с другом?и не пройтись по Трастевере?и не нарисовать картину?и не написать книгу? и не сидеть в медитации,прося помощи у Маестро?и не показывать ученику,который внимает ,упражнения в стиле ТАЙ ЦИ ЧУАН?Неужели наступит пустота-чернота и ВСЁ?и зачем тогда рождаться,чтоб вновь уйти в НЕБЫТИЕ?и только?Быть такого не может!А если может?То что делать?Продолжать поскорее насладиться последними картинами жизни? или уйти из жизни раньше?Следуя диалектики "мудрость мира сего— безумие перед Господом",напрашивается вывод:да, за смертью ничего,нет, ни хуя нет

Почему такой вывод?Думаешь:для чего-то ведь ты родился!А раз для
какой-то,неизвестной тебе,причины ты родился,то после смерти что-
то есть,а раз думаешь так причинно,стало быть "мудришь" по земному,
мозгами,что есть безумие перед Творцом.Однако если есть Творец,то
все-равно что-то должно после смерти быть,не сегодня,так завтра!
А почему?Какое мы имеем право влезать в дела Творца и наделять Его
своими желаниями?Получается,даже если мы признаем наличие Главного
Архитектора,после смерти может ничего не быть ПО НАШЕМУ МНЕНИЮ,
НА НАШ МАНЕР МЫШЛЕНИЯ.А на манер Творца мы не можем ответить,ибо
"пути Господни неисповедимы".Значит надо готовиться к НИЧЕМУ,что
после смерти никаких блаженств или наоборот,ужасов ада,что наша
душа никуда не полетит и не будет вкушать амброзию!Вот к чему необ-
ходимо готовиться – к НИЧТО,а не к "новому миру,блистающему краска-
ми и золотом".Вот здесь и тайна!Значит отчасти правы свидетели
Иеговы,утверждая,что после смерти душа "спит",а не взлетает в бла-
женное поднебесье.Отчасти,ибо после Страшного Суда каждая тварь
вновь воскреснет и воссоединится с проснувшейся душой.Здесь уже
утешение для человека,пусть далекое,не такое близкое,как в офици-
альных религиях,но все-таки утешение.

Я знаю,почему князь Гагарин,Печорин Чечерин и В.Иванов перешли в католи-
чество,вроде сектанства,только сектанство интеллигентное.В основе
лежит безблагодатный максимализм,стык между национальной русской
душой и первопринципами тварной природы человека,которые свойственны
всяким нациям,а не только русской.Вообще в спорах о границах между
принципами и национальными чертами желательно быть очень осторож-
ным.Это принципиальное разделение между личностными принципами и
индивидуальными качествами.На нижнем срезе бытия присутствуют ин-
дивидуйные качества/запах навоза и запах человечьего дерьма/,здесь
в этой области уместились все 9 или 8 типов носов по Леонардо за
Винчи/"за" – так шутил Анатоль Зверев/.Но дело не только в типах
носов или стереотипах,имеющих более общие характеристики, – пере-
ход из нижнего среза Бытия происходит незаметно,словно задумавшись
над чем-либо,ты переходишь из одной комнаты в другую,хотя в одной
расположена спальня,а в другой гостинная.И на хуя меня потянуло
в такие пошлые сравнения?но "слово не воробей,вылетет,не поймаешь".
Посему безблагодатный максимализм лежит не только в основе русской
"таинственной" души,но и у других наций,вернее у других индивидуев
разных наций,ибо большей части поверхности сие качество – принцип
распространяется вообще на титул "ЧЕЛОВЕК".Все-таки,я процитирую
так,как записано в писульках:"безблагодатный максимализм,в основе
которого лежит широта русской псих-души/нации;задыхаясь под деспо-
тизмом государственным и мещански-житейским сделать попытку изменить
КАРМУ личной жизни в некую сторону.Чечерин,несмотря на жестокие
власяницы и епитимьи,не верил в живого Бога,если верить моногра-
фии Гершензона,ибо я не знаком с его жизнью.Русская удаль– менять,
так менять все:родину и веру.В этом месте есть что-то верное по
поводу русского характера.Впрочем этот вопрос мне не хочется вы-
снять,все равно напутаю,и мне вообще наплевать на тайну русской

души.Гагарин был масоном,поэтому не видел в православии достаточного для себя волеизъявления и влияния на историю,а через католицизм с его мощной бюрократической машиной надеялся на лучшее личностное функционирование и влияние на судьбу истории.
В.Иванов,эрудит и эллинист,маг слова,выдворенный насильно из России после революции 1917 года,решил через силу и организованность католицизма благоустроить свой быт на чужбине,чтоб иметь возможность безболезненно продолжать заниматься своими искусствами.Все трое, казалось бы по разным причинам,перешли в католицизм.
В этом коренном изменении веры-жизни есть нечто от мщения мачехе-родине,которую все трое подсознательно продолжали любить.Свыше человеческих сил не любить,забыть родину-культуру-поколения умерших людей,добывших много ценностей,которые я обрел благодаря им- свыше человеческих сил.Лучше не противиться любви,хотя бы в ненависти к ней.

Л.Шестов,"Афины и Иерусалим":"Вера не только не может,она не хочет превратиться в знание.Смысл и таинственное содержание веры,о которой рассказывается в Святом писании,в том,что она непостижимым образом освобождает человека из тисков знания,и,что знание,связанное с падением человека,может быть преодолено только верой.Так что, когда приходящая от веры истина превращается нами или постигается как истина самоочевидная,в этом нужно видеть указание на то,что она нами утрачена."

Там же:"Самое важное лежит за пределами понятного и объяснимого, т.е. за пределами допускаемого языком или словом общения".

Там же:"Сократ погиб не оттого,что столкнулись два порядка идей,а потому,что не умел и не хотел держать язык за зубами.Истин-новых и старых - люди не так боятся,как проповедников истин.Ибо истина никого не трогает и не тревожит,а проповедники народ неприятный: сами покоя не знают и другим покоя не дают.""В сущности этим и кончилось:как только Сократ умер,все стали его прославлять.Знали, что он уже не будет приставать - а молчащие истины никого не пугают."
Эта цитата совсем в духе Гюрджиева:"Не правильнее было бы сказать,что люди чувствуют себя бесправными и бессильными колесиками одной большой машины и забыли о том,что мир создан для них?"

Можно озаглавить вышеприведенные цитаты:о втором измерении мышления. Первое - ничто человеческое мне не чуждо,ментальное мещанство. Второе -теургическое и действенное,земля для человека,как сказано в книге Бытия:"И увидел Бог все,что он создал,и вот,хорошо весьма. И был вечер,и было утро:день шестой."
С этого момента начинаются ЛЕВАШОВСКИЕ ХРОНИКИ.
ЛЕВАШОВСКИЕ ХРОНИКИ.
Вечерние часы осени.Лай собак.За запотевшим окном расползается туман-тоска,скука,скука,съем человека по телу в сердцевину костей.

Как скучно люди живут,похоже,как не скучно,а скучно.Что делать?
Чем занять себя?Ожидание становиться тоской-туманом,валишься на
продавленный диван,через секунду вскакиваешь и,чем себя ████ за-
нять?
Никто уже не придёт,поздно.Прошла предпоследняя электричка.Пойти
некуда,вчера на фильм,сегодня тот же.И пышить нй скем,к хозяину
не пойду.Злая Марья не любит мои приходы,мол к пьянству.
А поулице идёшь - как тепло от красных абажуров,светящихся в пря-
моугольниках - крестах левашовских изб.За окнами,за стенами живут
хорошие,добрые люди,им интересно жить.Лай собак обозначает,что кто-
то прошел мимо забора,дома,калитки.С последней электрички или за-
поздалый пьяный.Ах,дорогой и милый Чехов!

Перемены.Книга перемен.Перемены необходимы,чтоб не уставать от
жизни.Перемены времен года.Перемены космические.Перемены социаль-
ные,перемены личные.Накрнец,перемены в состоянии здоровья.Физичес-
кие недуги являются так же переменами,вроде во-о-оооон-нин той туч-
ки,набежавшей на пригретые солнцем голубые холмы моего детства.
Болезнь уничтожает радость тела.Но болезнь ли ?Может быть болезнь
только усугубляет сумеречность и тоску жизненного однообразия,от
однообразия счастья,от яркости и нахальства света,от муравьиного
ОдноЕдиноОбразия в укладе быта/встал,посрал,выпил кофе-чай-пошел
на работу-идет дождь-светит солнце-обед-сон-туалет-и прочееееее/.
И вдруг заболел живот.И весь ритм быта сломался.И все другое по-
летело в .И стало плохо.Тело страдает.И жить совсем неохота.И в
недрах "жить совсем неохота" рождается новое желание жить.Или нас-
тупает апатия и тогда ......Каждый,прошедший через все круги физи-
ческих страданий подтвердит,как приятно и свежо возвращаться в
тот самый мир,который совсем недавно так надоел до противности
самому себе,а не только своим близким,которых изводил капризами.
И встречи с теми же вещами радуют вновь глаз,и те же поступки ка-
жутся новыми и удивительными.А абрикосовое дерево уже отцвело.

Человек не умеет двигаться,ходить,стоять.Человек не умеет дышать.
Смысл жизни - научиться красоте движений и дыхания.Если человек
умеет пластично передвигаться -,он способен создавать красивые
образы и идеи и выражать их в красоте походки или жеста,прежде
всего.Мистика движения и красота в движении.По походке можно су-
дить о характере индивидуя.По движению кистей рук - о темперамен-
те и предсказывать судьбу.В строении кисти руки смыкаются сразу
много факторов:красота жеста и красота помыслов.В нарочно беру
противоположности.В изгибе ногтя больше смысла,чем в еврокоммуни-
зме.Покой в движении и движение в покое - главная заповедь для
тренинга как походки,так и мироощущения,поведения и понимания сущ-
ности красоты.Красота ноуменальная проглядывает в блеске и живости
глаз,в походке,в конструкции кистей и э типе носа.Конечная цель
любого вида военных искусств или "стрельбы из лука" в медитациях-
обретение покоя через физическое или ментальное движение.
В.В.Розанов:"Двигаться хорошо с запасом большой тишины в душе,напри-

мир,путешествовать.Тогда все кажется ярко,осмысленно,все укладыва-
ется в хороший результат.
Но и "сидеть на месте" хорошо только с запасом большого движения
в душе.Кант всю жизнь сидел:но у него было в душе столько движения;
от ~~неслышь~~ "сиденья" его двигались миры." /"Опавшие листья"/
Розанову пришлось сослаться на Канта,как коммерсанту на фирму
Диор.Когда пишешь для себя,все равно думаешь о других и снижаешь
собственный эзотеризм.

Сознание и мир.Стирание памяти и сосредоточение на нижнем поле
киновари/терминология даосская/,чтоб вновь опознать мир.Дискретно-
сть и межа "шуньяты".
Как записано в "Дао дэ цзин",5:"Разве пространство между небом и
землей непохоже на кузнечный мех?Чем больше /в нем/ пустоты,тем
дольше /он/ действует,чем сильнее /в нем/ движение,тем больше
/из него/ выходит/ветер/."
Пустота/кузнечные меха/ желает в нашем сознании быть опознанной
Словом,определением.Рождение,озарение/сатори/ есть опознание сос-
тояния мира в локальной точке шуньяты.Мерцание или мгновение похо-
же на вспышку молнии,озаряющей дерево и кусок стены соседнего
дома.Шуньята - бездна,потенция сил,желающая быть опознанной через
Логос-слово,как кошка по весне,желающая быть осемененной котом.
Творчество/сознание/ есть процесс слитности желания бездны быть
высвеченной через опознание словом с желанием из НИЧЕГО сделать
вещь-имя-ТВОРЕНИЕ.Точка,укромное место в лесу для встречи Свобод-
ной воли творца со стихийной волей потенции-бездны,где происходит
озарение-рождение.Вопрос:пустота есть порождение и отпочкование
от поля Творца или существует автономно?Или это сосуд,вместилище и
обиталище Творческих сил и Силового поля?Думаю,что вопрос неправо-
мочен,если вспомнить евангельскую истину,что Святой Дух живет,где
хочет.Поэтому Царство Божие,Божий дом везде и нигде.Силы есть вто-
ричное явление с нашей точки зрения,но Силы-Энергии существуют и
не существуют,как Бог есть и Бога нет.Здесь я хотел сказать об
одновременности рождения-существования-не рождения-не существования
Мгновение,скажем,для человеческого уразумения равно 1/96 секунды.
Между рождением нового мгновения и смертью прошлого существует ин-
тервал,пропасть,через который следует перепрыгнуть,чтоб родилось
новое мгновение.Бытие составляется из ряда таких мгновений.НО
БЫТИЕ не определяет БОГА ,как существо,наоборот:Высшая Реальность
определяет наше Бытие.И тут же рядом необходимо сказать об автоном-
ности бытия-человеку дана свобода,свобода воли.Уложить такие проти-
воположные понятия не в силах человеческих,но в силах веры.
Максим Исповедник:"Божество и Божественное в некотором отношении
познаваемо,а в некотором непознаваемо.Познаваемо созерцанием о том,
что окрест Его;непознаваемо в том,что ОНО есть САМО в СЕБЕ.У
Относительно антиномического и апофатического познавания сказал
Псевдо-Дионисий:"Не следует полагать,что отрицание противоречит
утверждениям,но что сама Первопричина изначальнее и значительно
выше всякого отрицания и утверждения."

Апофатика Псевдо-Дионисия:"Не ~~следует~~ ~~помнить,~~
Бог познается во всем и вне всего,познаётся и в ведении и в неве-
дении;то о Чем существует понятие,слово,познание,касание,чувство,
мнение,представление,имя и все прочее и вместе с тем Он не позна-
ётся,Он неизречен и неименуем."
В 6 веке до р.Х. ~~же~~ Лао - цзы писал/или говорил своим ученикам/:
"Я не знаю,чье оно/дао/ порождение,/я лишь знаю,что/ оноононо
предшествует небесному владыке."
"Превращения невидимого /ДАО/ бесконечны./ДАО/ - глубочайшие врата
рождения.Глубочайшие врата рождения - корень неба и земли./ОНО/
существует /вечно/ подобно нескончаемой нити,и его действие неис-
черпаемо."
Поражаясь глубиной и схожестью высказанного совершенно разных учи-
телей/Восток и Запад/,не могу не процитировать замечательные слова
Григория Паламы о познании Творца:
"Мы причащаемся и мыслим всего БОГА через каждую из энергий,ибо
бестелесное неделимо телесно."
Между прочим,если я рядом с высказываниями Псевдо-Дионисия и Пала/
мой поставил ~~~~ сказанное Лао-цзы о ДАО,это не значит,что я пос-
тавил знак равенства между Богом и ДАО.Следует искать вертикальных
ассоциаций,а не горизонтальных.

Вот уже несколько дней подряд лихорадит меня,хозяина Ивана Ивани-
ча,пьянчугу,где я живу,Тома,хозяйского кобеля с бельмом на правом
глазу по кличке "Чомбе",штабеля дров,небеса,солнце - Марья в гневе,
жена хозяина.Грозился сослать Ивана на чердак моей времянки,которую
снимаю у них за 23 рублей в месяц,а меня ко всём матерям катись.
Сижу вечером один,как обычно,думаю о том,что буду писать или нем-
ножко рисую- не помню.Стук в дверь.Удивляюсь,кого несет в такой позд-
ний час."Кто?-спрашиваю через дверь в сенях."Открой",Михаил",-голос
Ивана из темноты.Пьяный.Я де пью двое суток,на работу не вышел,
сбегай за водкой,ноги не идут.И ~~~~ сказано просительно и жалобно.
Конечно,Марья где-то рядом караулит и подслушивает.Так и есть!
На обратном пути около времянки на тропинке маячит силует Марьи.
"Об твою мать!Слуга засранца!Выкину его на.....Подавись его вод-
кой.Заплатишь за месяц и катись к ебени матери!и на кой хуй пусти-
ли еще одного пьяницу...зараза,чтоб твоего духу......и в-се в
таком духе.Иван боится Марьи:у Марьи 12 тысяч на книжке,а у него
только 2 с половиной.Открываю ключом замок и вхожу в сени,на крю-
чок закрываю дверь.Открываю дверь в комнату - темно.Иван погасил
свет и сидит в темноте верхней частью вопросительного знака.
Вхожу расстроенный,подавленный.Хотел человеку помочь,а попал в меж-
дуусобицу между двумя жлобами.Выкинь его,выкинь!...как я могу вы-
кинуть из времянки хозяина из его же времянки.Дверь на щеколду,
Марья может ворваться с дрекольем.Марья!Марья не женщина,а фурия,
бывшая станочница,работяга из деревенских,по-пьянке Иван проговори-
лся,что у неё не 12,а 14 тысяч на книжке.Больше всего любит день-
ги,смысл жизни.Для Гурджиева деньги были космическим продуктом на
перевалочном пункте четвертого измерения.Я завишу и от

Марьи,хозяйки времянки,в которой обитаю второй раз/первый жил сразу
после окончания института в течение двух лет/,и от милиции-пропис-
ка,и от случайных заработков,и от настроения временщиков/это я понял
позже/.-
- А ты не обращай внимания,-советует Иван.
Это напоминает сцену из пьесы Островского "Горячее сердце",почти
слово в слово.
У Марьи закон:неделя -все тихо и спокойно,вторая - предел.Назревает
потребность поругаться,обязательно ей кого-нибудь надо изаять или
поругаться.Не успокоиться,пока не наорется.Не обращай внимания.
Надо смотреть на жизнь со стороны,созерцать и не расстраиваться.
Так учит левановский стоик Иван.Он дошел до этих простых истин
через опыт.Через равнодушие и трусость.Так проще выжить.
-Но почему гнев Марьи пополам?на вас и на меня?Что я ей?Сын,това-
рищ,муж?Никто,поселенец,так какого .... трам-тарарам ей нужно от
меня?
Мы подавленно молчим,наконец:
-Хуже не будет!Давайте выпьем что-ли?
-Вот это речи мужа,а не мальчика.
Пьем и вздрагиваем при каждом внешнем звуке,шорохе.Философствуем
о жизни,что все бабы таковы,действительно не стоит расстраиваться,
надо смотреть на жизнь проще,а в Китае дела дерьмовые,что ни до
чего хорошего Никсон с Мао не договорились,что к началу нового сто-
летия будет новая атомная война.,уж больно много народу народилось,
и вообще в високосный год неурожай,а мы были плохо подготовлены к
войне,ну а американцам надоела война во Вьетнаме,но престиж не поз-
воляет,а евреи лезут на арабов,а арабы хотят реванша.
-Тут недавно к Марье соседка приходила с противоположной стороны
Урицкого,через два дома живет.Вдова.Три года назад муж умер.Ля-ля-
ля-ля и проговорилась,что мужа отравила.
-Как так?А вскрытие,заключение врача?
-Муж был такой уж пьянчуга,а как напьется,так бить,видимо надоело
бабе,она ему раз!однажды,он с похмелья,мол,вынь да положь,а дай
ему опохмелиться,а она вместо водки подсунула ему стакан 90% ук-
сусной эссенции.Ну,мужик тут же и помер.Мало ли что,пьяница,но
пьяный ошибся и выпил.А через три года не выдержала,проговорилась.
Живет себе...что ей делается...Мужика нового хочет взять в дом...

"Дао дэ цзин":гл7:"Небо и земля - долговечны.Небо и земля долго-
вечны потому,что они существуют не для себя.Вот почему они могут
быть долговечными.
Поэтому совершенномудрый ставит себя позади других,благодаря чему
он оказывается впереди.Он пренебрегает своей жизнью,и тем самым
его жизнь сохраняется."Вспомните:"и последние станут первыми..."

Утром боюсь открыть дверь и выйти.Марья везде,на чердаке чугунными
шагами командора шагает за сеном для кроликов,якобы для кроликов,
сама же пытается подслушать нашу с Иваном Иванычем беседу.Её гне-
вом густо наперчен двор,сарай,дрова и воздух.Не пробиться!По-парти-
зануки смотрю в щель между досками в предбаннике.Тропинка прямо —
свободна,слева - калитка,в мои владения свободно,за поленицей Ма-
рьи не видно, — хватаю ведра и короткими пробежками от двери к
калитке,от калитки на тропинку в поле.Здесь полегче,-воздух чист,
прозрачен,свеж.Десять минут до колонки,две минуты наполнить оба
ведра,двенадцать минут обратно до калитки,где необходимо оглядеться
и скорей!скорей к двери!Дверь шарк на щеколду!Теперь можно отды-
шаться.Прислушиваюсь,в радиусе 10 - 15 метров тихо.
Пронесло.
Стук в дверь-значит не пронесло.Иду открывать- все равно не скро-
ешься.В дверях Иван с похмелья.
-Михаил,не осталось ли от вчерашней водки?
Лезу за диван и достаю остатки.Пьем.Потом собираем бутылки в рюк-
зак и идем к станции сдавать.Путешествовать с Иваном по Левашово
интересно.Жаль,что не писатель.Сюда бы Фолкнера или Толстого на-
пустить.Стоят по обеим сторонам шоссе мирные дома дачного типа с
пристройками,поленицей дров и не менее обязательной псиной из породы
помесь сен-бернара с полевой мышью.Вокруг огороды,главный источник
существования,полиэтиленовые паруса парников,сады цветут зеленые,
а в них идут влюбленные,где иногда расцветают яблони и груши,даже
груши,а сквозь невысокие заборы мирно выглядывают пенсионеры.Потом
эти же пенсионеры раздвоятся,одной частью они продолжают мирно
сверкать на солнце очками и греться на солнышке,а другая,существен-
ная часть пошла в столовую рядом со станцией,где в шубах нарас-
пашку заседают в столовой,пропахшей гороховым супом и макаронами,
иногда переходя площадь по давно проторенному пути - винной ларек -
от него в магазин за опохмелкой покрепче,далее в столовую за за-
кусью и потрепаться в тепле и там до когда кончатся деньги и ми-
лые старички-мате-бриаты не свалятся под стол,на мостовую,рассуж-
дая о верности пса и подлости людей.Иван показывает на испитого
сухопарого пенсионера неопределенного возраста от 50 до 100 лет,
наливающего дрожащей рукой в стакан из маленькой.Лицо сосредото-
ченное одной мыслью,как бы не расплескать,не пролить ни капли.
Иван рассказывает:вдовец,недавно старуха умерла.Оба уже будучи на
пенсии крепко пили,напившись ругались,что де один выпил больше дру-
гого.Теперь пьет один и не горюет,что не с кем ругаться,времена
старосветских помещиков прошли.Я чувствую,что Иван,рассказывая
про пенсионера,сам бы хотел очутиться в подобной ситуации,чтоб пить
одному и никто тебе не изругает.Подсаживается раскидистый мужичон-
ко,говорит громко,но непонятно.Вроде бывший лейтенант морского
флота,сейчас дом имеет,дочь красавица.По ходу разговора выясняется,
что всего лишь был матросом,домишко действительно имеет,предлагает
жениться на дочери.-Ты мне нравишься, — говорит бывший матрос,-такие
как ты,подуставшие и наебавшиеся.Иван после подтверждает,что дей-
ствительно местный и дом есть,но дочь зануда и почему ему захо-

телось вторично выдать?Толстая женщина сонным движением вытерла
крошки со стола и села на табурет у раздачи.
—Видишь её,—представляет Вергилий-Иван.—Помнишь Витьку татарина,
который приходил резать свинью?Так вот какая история произошла:
баба эта с сыном лет двадцати двух снимала у Витьки комнату.Чувст-
вую декамероновское начало.Однажды Витька застал сына этой толс-
той бабы с его женой,занимавшихся чем положено,когда остается с
глазу на глаз молодая баба и парень.Витька за топор,парень успел
схватить кальсоны и босиком по морозу зимой трусцой,трусцой.Витька
машет топором,парень впереди трусцой для сохранения энергии,видимо
чувствовал,что придется побегать по морозцу предостаточно.Наконец,
молодость взяла-Витька уперился,вернувшись домой закатил жене
синяк,а шмотки квартирантов выкинул на улицу.Вот и вся история,
без слез,романтики и крови,история по-левашовски.Приятно после
выпивки гулять по Левашово и слушать ивановы истории.Иван мелким
бесом приоткрывает крыши мирных левашовских домов неротенькими
новеллами-сплетнями об их хозяевах.
Улыбаясь и хромая приближается Ефим Ефимович,до сих пор мечтающий
достроить дом,начав его строить во времена сталинские,когда по
стандартным проектам полагалось делать фундаментально:стены как
стены древних монастырей,окна-бойницы,чтоб только выглядеть-кто
таков?внутри без света.Мечты тихонько сбываются,оба этажа недостро-
енной крепости завалены буфетами,шкафами,гинекологическими кресла-
ми,и все под девятнадцатый век.Хозяин гордо:здесь клейме стоит,мол,
делал мастер Гошкин,значит 19 век,правда о клейме говорится,но не
показывается.Гоголь вечен,напридумав на веки вечные типов,которые
живут себе и не умирают в Левашово или где еще.До того ноздрещина
зараза,что сам не заметишь,как начинаешь врать восторженному
Ефиму Ефимовичу о поездке в Италию,и корчи из себя гондольеры в
старинных курточках без рукавов.Стоп!Как-то странно я врал,скорее
похоже на пророчество,ибо через несколько лет я переселился совсем
в Италию,а точнее,меня переселили.И гондольеров настоящих увидел
в Венеции на Биеннале осенью,только что не катался по причине до-
роговизны.Да вот что забавно:в одной кампании шибко надрался!и
с кем?вы можете себе представить,Ефим Ефимович?с дочерью генерала
Кутепова,выкраденного чегебешниками.Сикстину плохо видно,голову
приходится задрать,путая себя с Роденом,ложусь на мраморный пол
капеллы,весь уделанный мозаикой,и довольный рассматриваю творение
Микельанджело....где-то на полпути между Римом и Флоренцией стано-
влюсь свидетелем убийства двух влюбленных гомосексуалистов,по вагону
шопот,что дело рук мафии,наконец,после третьей бутылки водки,кажет-
ся,в Венеции встречаюсь с Байроном,и мы на спор плывем на остров
Лидо в чем мать родила.Вылезаем из окон дворца дожей,повисаем на
карнизе и смеясь,нырнув в Большой канал,плывем под......
Прошел срок марьиного гнева,дитя здоровается со мной на улице,зна-
чит можно спокойно думать и писать картины.Слава Богу,пронесло!
Как-то будет в следующий марьин заход?

Сущность есть время и время есть сущность.Каждая вещь в мире является врвмеем в каждом своем мгновении.Практиковать религиозную дисциплину,ожидать откровения и входить в нирвану есть ничто иное,как констатация,что все эти факты являются сущностью,которая есть время,и что все время является сущностью.Так приблизительно говорил великий Доген.Доген говорил:"Рождение и смерть есть жизнь Будды."
5 линий основоположника секты Зен-Сотто Тунг-Шанг/Tung-Shang, 807-869/
1.Абсолют в относительном
2.Относительное в абсолютном
3.Абсолют как независимая сущность/трансцедентность/
4.Относительное Sabo /одно/
5.Абсолют и относительное в рождении единого
Относительное-мир феномена
Абсолют - мир неуменальный.
Абсолют в феномене/самопознание/,влияние секты ТЕНДАЙ на ДОГЕНа.
Теперь настали пора банальных сравнений. в таком роде,как"время летит так стрела",или "так же быстро,как исчезает под лучами солнца утренняя роса".Однако прошлое не исчезает,живет рядом с настоящим,изменяясь вместе с сиюсекундным мгновением.Странно?Но оказывается можно влиять на твое прошлое,иными словами,совершать путешествие в прошлое без машины времени,воскрешая его,осознавая его и очищая свою душу от грехов ,совершенных в прошлом.Не имеет смысла прятать комплексом,благоприобретенные в прошлом:они по принципу бумеранга возвратятся с удвоенной силой.Их лучше высветлять и делать достоянием разума,поощряемого совестью.Тогда прошлое "возвращается" в прошлое индивидуальное и просветленное.Это и есть реальная модель машины времени.Когда прошлое возвращается на круги своя очищенным, карма судьбы так же изменяется.Возможен вариант изменить карму свою и всех воплощений за один круг жизни настоящего,работая над собой в этом направлении.Период путешествий в прошлое длится всю жизнь. Одному не справится с этой задачей.Проси помощи всегда и везде у главного Творца.Без Его воли в лучшем случае станешь Наполеоном. Или сукой.Или Сталином.Или просто говном.
Про карму можно сказать,что это одно и тоже,что книга Бытия в Откровении Иоанна.Книга-ментальный образ,в литературе мы называем словом "метафора".А можно представить книгу,где записываются все судьбы и их повороты,грехи и очищения в виде молекулярно-генной структуры.Все будет зависить от образовательного ценза адепта, исторического момента,а принципы остаются как для гения кибернетики,так и для простой старушки одинаковыми.Но дух динамичен. Таким образом правильное препровождение одного дня для дня дня является сеенем сущности Будды и правильным действием всех Будд. Высшая реальность заключается в том,что мы делаем и экспериментируем Нет более изменчивой и невидимой реальности как правильная практика каждого дня.
"Машина времени" заключается в простом принципе контроля всех ассоциаций,приходящих вдруг на память.Совсем неожиданно для сознания, когда делаешь самые прозаические вещи,как еда или что иное

приходит в память воспоминание из далекого детства,как ты обманул приятеля,потому что страстно желал нечто только себе одному.Сцена приходит объемной в трех измерениях с запахами и в цвете.И следует пережить её вновь да реагировать на сильные желания детства ли, юности "по-новому",т.е. как твоя совесть сейчас располагает.Имеет смысл пережить ситуацию,а не отбросить,как стародавнюю и ненужную за давностью.Тогда кристаллическая сетка гармы тогдашней ситуации перестраивается и возвращается на старое место в новых комбинациях.Это и есть путешествие по времени в прошлое.Только после таких упражнений приходит способность путешествовать в глубь своей и других жизней. Все,чему человек может научиться,он уже знает/дано в природе/. Человек задан свыше совершенным.Почему же он стал говном?и какой человек?Изгнание Адама и Евы из рая — метафора.Впрочем может иметь место и как историческое событие.Так почему же Серафим Саровский и Рамакришна рождаются раз в столетие на миллионы простых?Почему? Вот и отвечайте.

Дискретность,временность,мгновенность —реальность Будды.
Доген говорил:"Дайте свету отразиться,чтобы он преломился и осветил "Я".Разум и тело исчезнут и проявится первоначальный облик."
"Дайте свету отразиться"...от чего отразиться свету?от неба?от Великого зеркала истины?от собственного двойника,отраженного в небе?кто мне даст ответ?может все перечисленные понятия суть одно и то же?Великое зеркало как гладь спокойного озера есть полное расслабление или первооснова ИНЬ.ЧТОБЫ рассуждать о Великом зеркале,необходимо представить пустоту дао в виде мехов."Разве пространство между небом и землей не похоже на кузнечный мех?"Такой мех — дао имеет внешнюю и внутреннюю поверхности.Если сжимать внешнюю поверхность,то внутренняя наоборот будет расширяться. Ось меха —струны есть сосредоточие контакта между двумя поверхностями сферы-меха.В древней китайской космологии это гора Суншань, вполне реальная гора,затем гора Куньлунь,и,наконец,вымышленная гора Истань;у древних индийцев сказочная гора Меру.Если вывернуть сферу-мех наизнанку,то внешняя поверхность окажется внутренней и наоборот.Процесс выворачивания напоминает процесс рождения нового эона. Таким образом человек является одновременно внешним зрителем и обозревает с птичьего полета внешнюю поверхность нашей гипотетической сферы-меха и рассматривает изнутри сферы внутренние стенки её."Я" личности раздвоется:один находится на внешней поверхности шара,другой—двойник внутри шара.Соединяются оба "двойника" в момент рождения нового эона,новой земли,нового неба и нового мгновения.Мое внешнее "Я" отражается на внешней поверхности,а внутреннее на внутренней поверхности сферы-меха.Плоскость,соединяющая два отражения обеих поверхностей,и есть плоскость Великого зеркала. Таким образом плоскость Зеркала есть граница внешней и внутренней поверхностей,корректирующая искажения обеих сферических поверхностей.В Большом Зеркале Истины отражается истинная реальность нашего "Я",если таковое есть.

Позволю себе нарисовать схему проекций для лучшего объяснения.

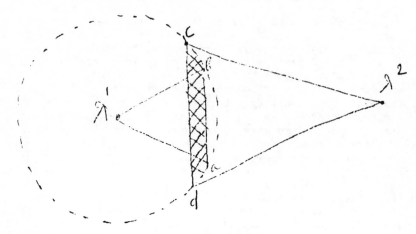

Я[1] - "Я" внутри сферы. Я[2] - "Я" во вне сферы.
ав - проекция личности Я на внутреннюю сферу
сд - Проекция личности Я на внешнюю сферу.
Заштрихованная зона - зона Великого зеркала Истины. А где точно
расположено Зеркало, не знаю. Необходимо представлять оба процесса
одновременно, что невозможно, значит /по логике Тертулиана/ достоверно.
Деформации обеих проекций исправляются в Зеркале Истины, словно
сложная система двух кривых зеркал, когда искажения ~ одной исправ-
ляется ~~~~~~~~~~~~~~~ кривой ~~~~~~~~~.Похоже на закон диа-
лектической логики:отрицание отрицания. Прочем это только модель
для коммуникаций и объяснений.Совершенная истина бесформенна.
"Дао,которое может быть выражено словами,не есть постоянное ДАО.
Имя,которое может быть названо,не есть постоянное имя.Безимянное
есть начало неба и земли,Обладающее именем - мать всех вещей."
От Иоанна,Евангелие,гл.1,Т,2,3.
"В начале было Слово,и Слово было у Бога,И Слово был Бог.
Оно было в начале у Бога.
Все чрез Него начало быть,и без Него ничто не начало быть,что
начало быть."
Относительно опознания локального участка бездны.Проблемы прост-
ранства."Я[1]",наблюдатель находится внутри круга.Такое расположение
точки зрения относится к обратной перспективе,которой питалась
человечество на заре туманной юности и...... дети во все времена.
Обратная перспектива предполагает зрителя внутри изображаемых про-
цессов/детский рисунок с изображением предметов по окружности,т.е.
вверх тормашками,или обр.перспектива в иконе,когда зритель прини-
мает участие в изображаемых ситуациях-рассказах/.
"Я[2]"-зритель находится во вне и пространство просматривается в
линейной перспективе Учелло и Леонардо да Винчи.

✱ Наложенных друг на друга

Более древнее мышление,не секулятивное,с применением обратной перспективы,когда зритель одновременно и участник изображаемого процесса.В 60е годы была сделана попытка "конкретного" театра,где зритель меняется местами с акрёром и становится актером,а актер зрителем.Еще раньше в 10е года нашего столетия Евреинов предложил идею "соборного" театра,отталкиваясь от соборного вече в Новгороде.
Идея соборного театра очень близка обратной перспективе в живописи, но в секулятивный 20й век вряд ли смогла осуществиться.В более древние времена связующим цементом в соборном действе была вера, религия.Отсюда каждый участник-зритель не отделялся от сценической коробки условностью ,а принимал непосредственное участие в действе, мираклях,мистериях и т.д.Когда я смотрю на страсти Господни,через веру в Христа и в изображаемые на иконе страсти-ситуации я сопереживаю вместе со страданиями Христа,воскрешая их в памяти.Таким образом я становлюсь участником литургического действа,а не сторонним зрителем.В манере линейной перспективы я смотрю как бы в окно на событие,которое меня не касается.Я,зритель,отчужден сценической коробкой и точкой схода на линии горизонта.Я нахожусь во вне наблюдаемого события,в отличие от обратной,где я активный участник - зритель.Однако линейная перспектива дает преимущество посмотреть на событие-предмет состороны,с птичьего полета,что позволяет абстрагироваться от страстей и посмотреть на него более холодным и рассудочным взглядом.Находясь внутри сферы,ты пристрастен и не в силах проанализировать происходящее со стороны,ибо ты непосредственный участник;находясь вне сферы-меха ты сторонним взглядом оцениваешь событие/слишком холодно/,но без той теплоты и веры,когда ты являешься участником события.
В Великом Серкале Истины отражаются оба процесса.Накладываясь друг на друга,они корректируют недостатки у каждого взгляда-системы.
Мы наблюдаем истину не в искривленном зеркале стране чудес,а созерцаем реальность личности "Я",адекватной сущности Главного Архитектора.Чтобы развить одновременное мышление-представление дихотомичности процессов,происходящих слитно и одновременно,необходимы специальные тренировки.Какие?Только по системе "мантра в ухо".Объяснять через слово ~~все~~ невозможно.
Вернусь во времени,в частности,к мгновению.
Когда наблюдаешь за временем,то наблюдаешь с точки зрения времени, а когда приходит момент - момент уже пришел. Фиксация момента,его анализ,философия чтоли момента -мгновение уже прошло,ибо оно - уловимо для фиксирования.Настоящее рождение момента-мгновения происходит в период,когда ты не фиксируешь сознанием.Значит,кульминация совершается вне сферы сознания,через сознание происходит фиксация-смерть данного мгновения.Итак,процессы жизни и изменений имеют жизнь сами по себе,а сознание останавливает процессы изменений для анализа и передачи информации.Будем различать в процессах сознания два момента:на уровне помыслов слово активное поле,стреляющее импульсом в космос,и вынужденная остановка для фиксации момента -импульса,своего рода классификация,похожее на составление гербария. Ко второй части процесса сознания относятся проблемы коммуникации.

Мне интересны выводы относительно момента-мгновения вот почему:выходит,что я живу хорошо или,как еще сказать?по-настоящему тогда,когда не осознаю себя.Когда же я осознаю себя,я занимаюсь только классификацией событий,поступков друзей и людей вообще,сужу и ряжу,но счастья у мне нет.Счастлив я тогда,когда меня нет,или,когда я на взгляд разумного человека дурак.А раз меня нет,нет и счастья.

У Догена есть понятие СВЕТ ВРЕМЕНИ.Он говорит:ты должен сконцентрировать своевнимание - сердце в упражнении только сегодня,именно в сей момент,не теряя СВЕТ ВРЕМЕНИ.Сейчас - это полнота озарения не менее,чем завтра.И почему необходимо ждать благоприятных условий для озарения "завтра",если сию секунду ты можешь получить сатори. Важно напрягаться и расслабляться каждую долю секунды,в каждое мгновение.И опять на память приходит слова апостола Павла,сказавшего,что "едите ли,пьете ли или иное что делаете,делайте во славу Господа." С таким мышлением,вернее направленностью в мышлении,система ежесекундных тренировок приобретает образ жизни!ДА,НО КАК ТАКОЙ ОБРАЗ ЖИЗНИ ВЕСТИ ТРУДНО,практически НЕВОЗМОЖНО!Увы!

Полнота заний содержится в сейчас,в сию минуту.

Христос в Евангелии от Матфея говорит о важности момента настоящего:"Взгляните на птиц небесных:они не сеют,ни жнут,ни собирают в житницы;и Отец ваш небесный питает их.Вы не гораздо ли лучше их? ..."Итак,не заботьтесь о завтрашнем дне,ибо завтрашний сам будет заботиться о своем:довольно для каждого дня своей заботы."

/От Матфея,6,4/

Странствующий монах "хоси" Ёсида Канзёси или Кэнко-хоси/1283-1350/ вторит в "Записках от скуки":"Никто не жалеет мгновений....

Мы не задумываемся над тем,что такое миг,но если миг за мигом проходит не останавливаясь,вдруг наступает и срок,когда кончается жизнь..

....Ежедневно мы теряем - и не можем не терять - много времени на еду,удобства,сон,разговоры и ходьбу.А в те немногие минуты,что остаются свободными,мы теряем время....- это самая большая глупость, ибо так уходят дни,текут месяцы и проходит вся жизнь."

ЧТО значит напрягаться в медитации на важности именно данного момента?Верить в важность мгновения,верить в Истину-вот что значит "напрягаться",а вовсе не напрягать мышцы или мозги каждую секунду. Не ждать "завтра",что завтра и погода ,и настроение будут благоприятствовать вхождению в медитацию.Нет!ожидать озарения именно сейчас,а не в следующее мгновение.И так каждое мгновение,и так всю жизнь.Уметь ждать каждое мгновение - уметь ждать всю жизнь!!!!

Когда я начинаю разворачивать рулон холста или бумаги,он стремится вновь свернуться,та часть белого развернутого поля холста между двумя валиками свернутого холста похожа на мою жизнь.Пора разворачивать все полотнище холста и уходить в белое безмолвие.

"Ибо кто хочет душу свою сберечь,тот потеряет её,а кто потеряет душу свою ради меня и Евангелия,Тот сбережёт её."/От Марка,ГЛ.9/

"И сказал им:истинно говорю вам:есть некоторые из стоящих здесь, которые не вкусят смерти,как уже увидят Царствие Божие,пришедшее в силе." /От Марка,гл.9/

Розанов,размышляя о метаморфозе бабочки,куколки и гусеницы,начи-
нает понимать египетские и орфические мистерии.Я хочу сравнить прин-
цип выворачивания наизнанку меха-сферы-пустоты,когда внешняя повер-
хность становится внутренней и наоборот,и этот миг выворачивания и
есть рождения новых энергий,своего рода модель PERPETИИM mobile, в
котором из ничего возникает Божественная энергия, с процессом питания амёбы.
Выворачивание наизнанку мехов происходит по такому же принципу,как
питается простейшая амёба,выпуская ложноножку,затем обволакивая
жертву внешними стенками капли-тела,высасывает все соки из жерт-
вы,при этом внутренние стенки становятся внешними.

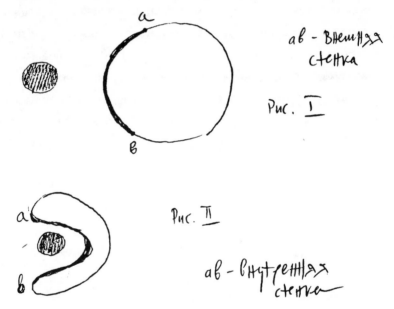

ав - ВНешняя стенка

Рис. I

ав - Внутренняя стенка

Рис. II

На схеме видно превращение стенки ав/внешняя/ во внутреннюю ав'.
Интересно,что мешок-пустота выворачивается не через узкое отверстие
горловины,как это делает хозяйка для очистки мешка от мусора,а сле-
дующим образом:представьте,что сферическая плоскость пустоты сос-
тоит из идеально малых площадок-поверхностей,у которых имеются
вверх площадки и низ.Все /в бесконечном количестве / площадки в одно
мгновение,как по команде,переворачиваются на 360°,словно дохлые
рыбы кверху пузом.И каждая маленькая площадь меняет свою топографию:
нижняя часть становиться верхней и наоборот.Таким образом общая
сумма составляет поверхность мешка, в котором нет кота.Пульсация
мешка с выворачиванием стенок напоминает космический процесс рож-
дения нового эона.

Но прежде чем площадки, образующие стенки сферы, поворачиваются н
360°, меняясь боками, происходит процесс "втягивания" стенок сфер
вдоль оси /гора Кунь Лунь/. Наступает смерть сферы, превращение
стенок-площадок в ряд точек, образующих центральную ось сферы. Сл
дующий этап: вновь, наподобие распускающегося цветка из почки, из
мертвых точек оси "оживают" площадки /лепестки/, развернутые друг
стороной, их количество растет и таким образом возникает новая сф
ра-Вселенная. Рост количества площадок и их поверхностей объясняе
следующую фазу в жизни метагалактики, как разбегание галактик.
Точка, растягиваемая в оба конца оси, есть точка координат актуал
ности Творца. Здесь происходит то, что мы называем тайной.
К геометрии /а здесь скорее топология/ возвращается древняя вера.

"Казалось,дорога вела на небо,потому что,сколько глаз мог разгля-
деть,она все поднималась и наконец пропадала в облаке,которое еще
с вечера отдыхало на вершине Гуд-Горы,как коршун,ожидающий добычу;
снег хрустел под ногами нашими;воздух становился так редок,что было
больно дышать;кровь поминутно приливала в голову,но со всем тем
какое-то отрадное чувство распространилось по всем моим жилам,и
мне было как-то весело,что я так высоко над миром, - чувство дет-
ское,не спорю,но,удаляясь от условий общества и приближаясь к при-
роде,мы невольно становимся детьми:все приобретенное отпадает от
души,и она делается вновь такою,какой была некогда и верно будет
когда-нибудь." /"Герой нашего времени",М.Ю.Лермонтов/

Я процитирую отрывок из собственного доклада,прочитанного на
Биеннале в 1977 году в благословенной Венеции.
"Наконец,последняя проблема:взаимоотношения мастера и созданного
им произведения.Мастер имеет право после акта творения отдыхать и
восхищаться созданным.Я предпочитаю забыть,что я был автором данно-
го конкретно произведения,и если судьба меня сведёт ещё раз с моим
произведением и оно мне понравится,я буду им восхищаться не как
своим,а как работой,выполненной некогда моим старым другом.Освобо-
бождение от восхищения/или наоборот/ и от воспоминаний о сотворё-
нном,позволяет мастеру быть готовым к новой деятельности,к новым
реакциям,как на мир,так и при встречах с собственным некогда сра-
ботанным произведением..А также освобождает мастера от излишнего
эгоцентризма,чем так часто грешны мои колеги."

Проблема творца и творения уместилась в одном предложении у великого
Лао-цзы:"КОГДА ДЕЛО ЗАВЕРШЕНО,ЧЕЛОВЕК/должен/ УСТРАНИТЬСЯ.В ЭТОМ
ЗАКОН НЕБЕСНОГО ДАО."
Лет десять назад,живя в Левашово,снимал времянку у Ивана да Марьи,
от скуки и чтоб занять себя баловался писанием на всякие мистичес-
кие темы.Целый день не попишешь,- краски быстро кончаются,а день-
ги еще быстрее.ЧЕМ себя занять?не служу,друзья редко навещают,а
в крови горит огонь желаний несмотря на голод и безденежье.Вот и
придумал писать мистический трактат,в котором были,например,такие
строки:
"А ты?мостик,перекинутый через пропасть небытия от земли к поющим
осанну?Условно поставим знак тождества между миллиардами лет жиз-
ни Вселенной/сколько было всего эонов?/ и духовным импульсом нагор-
него мира."Уже тогда в частом употреблении были такие занюханные
слова,как "небытие","нагорний мир" и прочая хуйня.Самое лучшее,что
я могу делать - переписывать цитаты:
"Что у Господа один день,как тысяча лет,и тысяча лет,как один день."
/2 послание Петра,гл.3,8/
Дальше вообще идет бодяга,а ведь тогда казалось интересным:
"Изучая творческий процесс через себя,обнаруживаешь следующее -
приходит на ум без следующего,следующего не будет,ну его на хуй,
перечитывая десятилетней давности графоманию,зеваешь от скуки или
стесняешься шаблонности мышления и особенно неумелому владению

формой,а вслед такой мысли назревает следующая:так ведь и теперешние строки через какой-то срок будут казаться вялыми,содержание наивным.Значит,бросай писать!в общем эта поебень длится весь промежуток жизни.Однажды охота выразиться,в другой раз желчь и критика застят глаза,так что противно от собственной писанины.А почему противно?Потому что прихожу я домой и вижу,нет,сначала чую противные рыбные запахи по всей квартире,потом вижу на кухне на полу валяется кастрюлька с недоеденной рыбой,вокруг рыбья чешуя и слизь,и-мерзкий запах рыбы.Начал я учить уму-разуму всех воров-котят и впридачу Марусю,слегка озверел и стало противно и от запахов,и от воровства,и от собственной злости.Вот поэтому и родился скептический кусок в моей графомании.А в таком настроении читай не читай, особенно,собственную писанину,-противно,да и только!

Выдергиваю другую цитату из"трактата":

"твое нахождение как конкретной личности неизвестно;иными словами в какой-то интервал потока сознания/одна 74 секунды,как вычислили буддийские ученые/ ты равен божественному сознанию,пребывающему в яйце безвременья и безпространствия."Большого ума не нужно,чтоб написать такую ерунду.Что это такое за "беспространствие"?похоже, что равен скорее дураку,чем божественному сознанию.Еще один перл: "Ты достиг стояния перед лицом и дыханием неизмеримого,одновременно все клетки твоего тела продолжают стремиться в радостном бытие к смерти,отстукивая в унисон с окружающим миром удары быстротекущего времени."Пошло?Согласен,но самое забавное в этой иронии над самим собой,что если сказать всю эту абракадабру другими словами,найти приличную форму,содержание окажется правильным и не столь наивным. "Бог ты на секунду,в другое время -человек,тварь."

Видно,очень хотелось поддержать себя такими красивыми лозунгами, вроде "Бог ты на секунду",хотя бы на секунду,а затем опять скотина.Но ведь так оно и есть.

Моя личность в Левашово зависила от прописки,стало быть от милиции, от настроения хозяйки Марьи,от доброходных подаяний на хлеб,сахар и кефир.Водку привозили друзья.Самый лучший период в Левашово,когда я учился в институте,милиция не приёбывалась,а впереди широка страна моя родная.И именно тогда я создал одну из самых удачных серий в моей творческой жизни,серию из 100 листов на тему "Апокалипсис".Я его нарочно не читал,чтоб голову не забивать иллюстративными подробностями,а предсавлял в общем всемирную катастрофу, вроде атомной войны,небесное воинство,несущееся по небесам в космических пространствах,и в конце серии ряд листов,где уже нет земли,нет жизни,нет ничего,одна пустота,в которой формируется новый зон.Рядом была любовь,но "Апокалипсис" шел своим путем и никакого отношения к любви не имел.Как будто мной руководили,а я был всего лишь посредником.Трактат я писал во второй период бытия в Левашово, когда ушел из "дома",кажется так принято писать,хотя у меня никогда не было своего дома.Возвращение в Левашово было по нужде,чтоб где-то иметь крышу над головой,после "шикарной" квартиры на Бассейной. Вообще мир вышибал меня из всех дыр,а я цеплялся и мечтал вновь писать картинки.

Мной руководит мысль,что пишу не только для себя.Без утешений.
"Тайна рождения импульса к творчеству – желание вечной жизни самому
себе",-я продолжаю изымать из трактата очередные сентенции.
"Больше всех любят жизнь с цветочками,кашлями,ретузами,восходами
солнца,ревматическими болями,"духовными подглядываниями" на строй-
ные женские ножки старики,а милые мальчики с девочками брезгуют
и стесняются наслаждаться жизнью,и готовы покончить счеты с ней,о
чем говорит мировая статистика самоубийств."Цитату надо понимать,
как иллюстрацию о живучести плоти."О!Как сильна плоть!"Наверное,
когда писались эти строки, кроме голода и социального статуса су-
ществовала еще одна проблема:сексуальная,короче,страсть,как ебаться
хотелось. Отсюда и появляются такие предложения о плоти:
"Желание плоти продлиться до вечности не есть желание духовного
тела к саможизни в пределах замкнутого контура окружности,где со-
вершается смерть и воскрешение одновременно,т.е. по нашему малому
разумению ничего не совершается."
"Духовное тело –океан с идеально зеркальной поверхностью без ряби.
Природа духовного тела такова,если вообще в отношение тела абсолю-
та возможно применение слова "природа",что пронизывает все живущее,
бывшее и не существующее,которое должно быть,невидимыми лучами,
двигающимися со скоростью,превышающей скорость света,т.е. когда
о каких-либо материальных процессах говорить невозможно за невоз-
можностью существования материи при таких условиях.Источник лучей
благодати их не испускает,ибо вылетая со световой скоростью вне
времени и пространства они продолжают одновременно покоится в духов-
ном теле абсолюта.
Употребление терминов "духовное тело","тело абсолюта","лучи благо-
дати" носит характер коммуникаций,для наглядности восприятия,
такого тела и лучей нет и быть не может."
Я начну с конца.А вдруг такие лучи и такое тело может быть?
А в том,что лучи благодати,облетая сферу-пустоту,возвращаются на
прежнее место и такое дело совершается так быстро,что для нашего
уразумения как будто и не вылетают лучи из гнезда, а остаются на мес
-те, – в этом есть что-то от истинной интуиции.Тогда что такое
материя?Может быть самый нижний срез смердящий навозом,и есть
материя?
духа.Материя спиритуальна – такова интуиция приятеля Васи,
живущего в Геленджике.Однако буддисты пошли дальше:они утверждают,
что никакой материи не существует,то что мы принимаем за материю
есть призрак,иллюзия воображения,а в реальности существует только
поток сознания,состоящий из легких и твердых частиц ЦИ.Частицы ЦИ
отдаленно напоминают монады Лейбница.
"Импульс к творчеству присутствует всегда и везде,его надо только
выявить и освободить из сетей косной плоти/т.е. от дурных помыслов
сознания/,как Микельанджело освободил юное тело Давида от косного
мрамора."
В те времена проблемы творчества особенно волновали меня,ибо против
жестокого окружения хотелось выстроить хотя бы невысокую стену
веры в свои труды и силы,потому что за свои труды я не получал ни

наград,ни денег,ни какой компенсации,живя тем более в мире меркан-
тильном,где все оценивается на деньги и ранги.Однажды хозяин Иван
выразил свое мнение по поводу моего творчества следующее:
"Я"конечно,ничего не понимаю,что пишешь,но судя по тому,сколько ты
красок тратишь,выходит что есть смысл в твоей работе."
И такая оценка была наилучшей и исходила от человека простого,но
доброжелательного ко мне.Мир требует,чтоб ты был членом чего или
кого-нибудь.В институте я был студентом,а потом стал никем.Прав-
да,одну лазейку от милиции я сделал,поступив в ленинградский гор-
ком графиков,что давало возможность работать только по договорам.
"Желание вечной жизни самому себе возможно только через веру и пос-
редником между абсолютом и людьми является Иисус Христос,родивший-
ся по православному календарю по новому стилю в ночь с 7 на 8 ян-
варя,время,когда пишутся эти строки."Значит натопил печку,сейчас
даже через-чур жарко,дрова хорошие,березовые,а под утро выветривает
тепло до изморози на ресницах.
Плоть мыслит,только иным образом,как мыслят дельфины,а мы их не по-
нимаем.
"Импульс к творчеству присутствует всегда и везде,его надо только
выявить из сетей косной плоти,как Микельанджело увидел в испорче-
нном куске мрамора юного Давида с большими кистями рук.....Говоря
о саможизни абсолюта вспомнился древний символ египетских иерофан-
тов/жрецов/ - свернувшееся в кольцо змея,кусающая собственный хвост
Символ Кундалини в индийской системе Йоги."К этому отрывку добавлю,
что аналогический символ имеется в древнекитайской культуре в об-
разе свернувшегося в кольцо дракона.
"Художника можно уподобить цветку,поутру раскрывающему лепестки,
следующие за движением солнца в~~склоне~~ ~~реальные~~ ~~уел,~~ ~~дающие~~ ~~жизни-~~
~~творение~~ ~~жизн~~ /На египетских стелах лучи солнца оканчиваются кис-
тями рук/,к вечеру с заходом солнца вновь укладывающиеся в бутон-
головку."На сегодняшний день,я бы сказал:сентименты.Но пусть!
Хорошо наблюдать лучи солнца,когда они вырываются из отверстия,об-
разовавшегося в тучах,и падают каскадом на голубые холмы Умбрии.
В Италии до сих,слава Богу,солнца много.
"Творческий импульс пробуждает энергетические поля,в которых орга-
низуются силы,направляемые мастером/творцом/ в нужном направлении.
Выбор направления - "Я есть альфа и омега" - предопределен прин-
ципами строения природы,нам дано:Божественная свобода и "насилие"-
это направление заложено в творении до соТворения;
Второй выбор-направление определяется Мастером в процессе формиро-
вания Сил,когда наступает момент реализации образа.Процесс творче-
ства можно разделить на ряд этапов большого пути/"Каховка,Каховка,
родная винтовка.."/:
1.СамоЖизнь Абсолюта,два момента:центростремительный и центробеж-
ный:желань вечного покоя и желание познания вечной СамоЖизни.Оба
момента составляют равные и противоположные состояния/начала/,от-
сюда взаимное уничтожение до состояния вечного блаженства в НИЧТО. "
Два слова об этом отрывке:здесь в наивной форме рисуется картина

взаимодействия двух Начал мироздания ИНЬ и ЯН,но ни вкоем случае
описание жизни СУщества Бога,хотя замах был.Однако мне интересно
другое,что в период писания "трактата" я ничего не знал и не читал
ни онатурфилософии ИНЬ-ЯН,ни о принципах Аркан Таро,однако интуи-
тивно правильно чувствовал секрет войны двух начал,благодаря кото-
рой возникает Жизнь.Продолжаю извлекать "истины":
"2.Определение в Реальности экранирующего/женского/ начала.Импульс
самопознания отталкивается от экрана и рассыпается на бесчисленное
множество лучей,несущих заряд духовного самозародыша,повторяющего
макрокосм тела абсолюта.Монада как носитель Божественных акциденций.
Прорыв лучей,несущих заряды,во внутрь оболочки духовного тела.Оболоч
-ка в НИЧТО не есть земная полиэтиленовая оболочка,в НИЧТО нет
оболочки,ибо она везде.Отсюда лучи,стремясь выйти из тела абсолю-
та,попадают вовнутрь его."
Каша приличная.Первая фраза об экране есть ничто иное как первые
интуиции о Великом зеркале истины?довольно громко?великое?зеркало?
да еще истины?ну и хер с ним?!!/А вот слова об оболочке очень ин-
тересны:здесь говорится о ментальном образе пустоты,наподобие куз-
нечных мехов,сравнение,которое еще употреблял Лао-цзы.Но самое
интересное дальше,когда я десять лет тому назад писал о лучах бла-
годати,или любви,как хотите,которые "обегают' сферу и возвращаются
на круги своя,а сегодня развиваю эту тему в принцип "выворачивания
мешка",почему лучи остаются на местах,продолжая двигаться в пустоте.
Вывод напрашивается единственный от таких сопоставлений:первые ин-
туиции были правильными вне зависимости от эзотерических знаний,ко-
торые существовали испокон веков,но я их не знал по невежеству,
а сегодняшние разработки в области обратной и линейной перспектив,свя-
занных с принципом "выворачивания мешка",суть развитие первых наив-
ных интуиций.Принцип "выворачивания мешка-меха" и одновременное со-
существование двух взаимоисключающих преспектив результат ассими-
ляции эзотерических восточных знаний,но сущность осталась той же ,
что и в первых мистических интуициях.
"3.Образование в НИЧТО/видимо под НИЧТО я в те далекие и не столь
прекрасные времена понимал пустоту,шуньяту/кузнечные меха/ локаль-
ной зоны,где самозарождение реализуется в материальную каплю Все-
ленной,являющуюся проОбразом нашего космоса,где в безбрежных прос-
транствах зарождается малая песчинка солнечной системы с планетой
Земля.
Оставя на некоторое время теокосмогонические рассуждения,перейдем
к бытийному акту творчества/тон довольно менторский,прямо гегелев-
ский,только на минутку он,т.е. "Я" десять лет назад,оставит проб-
лему рождения Метагалактики,разрешит менее важные проблемы,а затем
вернется к проблемам всеобщим и последним штрихом завершит изуми-
тельную хуйню,нарисованную его гением!наглости предостаточно,впро-
чем её и сейчас довольно!/,итак,перейдем к бытийному акту творчест-
ва/бля,как любил говорить один прятель-вор:хуй собачий,а не соба-
чячий/,думая,что любое земное рождение есть подобие импульса,сот-
воренного в теле Абсолюта.Поэтому рассуждение,почему именно этот,а
не тот образ избрал Мастер,не имеет значения,так как задача Мастера:

построить перекидной мостюк между небом и землей/всего лишь!/,про-
гуляться по нему,не заглядывая в бездну/ах,эта бездна!как она при-
тягательна!/,чтоб не закружилась голова;добравшись до Шамбалы,по-
добрать у подножья горы,где живут боги и посвященные,красивые ка-
мешки-идеи и благополучно спуститься на землю.ПРИЯТНОЕ ПУТЕШЕСТВИЕ.
А что делать с камешками?Если от такого путешествия останутся силы
и желание,пусть Мастер осчастливит мир воспоминаниями о путешествии
к чаше Грааля своими реалиями,произведениями типа "Божественная
комедия",зевсами и аполлонами в мраморе,соборами,протыкающими сво-
ими иглами башен небеса,симфониями и фугами,научными трудами."
Тут Кулаков 1969 совсем впал в благодушное настроение и благослав-
ляет любой сорт творчества.Между прочим о притягательности бездны я
вспомнил случай,произошедший с нами,Пашкой и мной,под Звенигородом.
Было лето 1956 года,божественный для всего моего будущего год.Тогда
я родился как личность,ну скажем как полу-личность.Под Звенигородом
есть чудные места вокруг Нижне-Савинного монастыря в холмах и кора-
бельных соснах.Правда,в 1974 или 75 годы я был с Марьяной и сестрой
Наташей и слегка разочаровался:вокруг понастроили хибарок,дач и
во множестве появились секретные огороженные территории,где слуха-
чи день иночь следят бдительно за спутниками и прочей хуйней.В
1956 году монастырь был заброшен,какие-то склады под капусту,туриз-
ма еще не было,был один санаторий,куда Пашка ходил крутить любовь
с местной врачихой.А вокруг холмы в соснах,вдали змеиной чешуей по-
блескивает Москва-река,еще дальше поля,а еще дальше голубые дали
безмятежного детства.На берегу Москва-реки сидит художник в панам-
ке от солнца,этюдник раскинул,как рыболовную сеть.Задумался худож-
ник на пленере,от солнышка разморило,лежит себе под парусиновым
зонтиком и ни хера не пишет этюд.Я несколько раз проходил и заг-
лядывал от любопытства в этюдник- чистая белая картонка,а художник
как смотрит в даль,так и продолжает благое дело,не меняя положения
тела.Однажды с Пашкой стояли мы на холме,где красуется жемчужиной
Успенский собор,в котором работал Андрей Рублев,после войны в полле-
нице дров нашли самые его известные иконы,теперь находящиеся в
Третьяковской галерее,"Спас нерукотворный","Архангел Михаил",и
"Апостол Павел",- все преизрядно попорченные.Под горой,где стоит
Успенский собор,течет источник,местные говорили,что в нем
до сих пор святая вода течет.Стоим мы на крутом берегу холма ,уже
темно,смотрим вниз,как по дороге красные огоньки передвигаются,-
это с электрички люди домой по дороге возвращаются,покуривая.
И вдруг чувствую,именно чувствую,потому что не зги не видно,что-то
с Гашкой произошло.А у самого внутри замерло все и дыхание остано-
вилось.
—Пашка,что с тобой?-спрашиваю спертым голосом.
Молчание.Я ПОворачиваюсь к нему вплотную.
—Мне страшно стало, - через довольно длинный промежуток слышу от-вет.
Нет ,нет.Не ты кручи,-поспешил разъяснить Пашка.-Страшно стало отж
мысли,на которой я себя поймал,мне вдруг в какую-то долю мгновения
захотелось столкнуть тебя с кручи.Вот от этого и стало страшно.
Сам проповедую добро и непротивление злу/Пашка увлекался в те вре-

мена толстовством/,а ~~поймал~~ (ПОПУТАЛ) себя неожиданно на желании смерти приятелю.Вот ато и страшно.-
Я инстиктивно слегка отодвинулся от края обрыва.
-А знаешь,я почувствовал ~~что-то~~ опастность для себя и сжался внутри,как будто перед дракой.И если бы ты столкнул меня,я успел бы схватить тебя и мы упали бы в обнимку вместе.-
Ах,обольстительная бездна!
Ни мало,ни много в трактате продолжается перечисление достоинств:
"В моей суме около десяти/а не девять с половиной?/ таких драгоценных камней/несмотря на то что путешествие кподножию Шамбалы
еще не состоялось,камешки в суме,наверное подобрал в Коктебеля/,
которые позволяют не раздумывая долго выбирать по вкусу в соответствие с сегодняшним внутренним настроением,имеющим контакт с экологической средой/наверное,тогда впервые услыхал слово "экология" и не
удержался,чтоб не вставить,имеющим контакт с гинекологической средой/наверняка,контакт с гинекологической средой будет точнее/,имеино те образы,которые мне кажутся наиболее подходящими в настоящую минуту."Ну,здесь уже полное вранье:"в настоящую минуту","текущий момент",словно на экзаменах по политэкономиии.Вранье.Что приходило в голову и рисовалось,то и хорошо было,как Бог на душу положил.
"Ибо у меня в суме/наверное в кармане тогда было настолько пусто,
что приходилось утешаться выдуманной сумой и драгоценными камешками творческого процесса/ десять камней и со моей воли,а не от коллективной воли общества,зависит,как я распоряжусь данным мне богатством."Вот и правильно,а что остается делать,как не посылать общество полальше,если оно послало тебя!
"Если перевести с небесных высот разговор о творчестве/пора,бля ,
голубчик,пора переводить/ на человеческий язык/без семантики и
семиотики,ну их на хуй!/,то предстанет следующая картина:"...
Прежде описания картины одно маленькое замечание в пристрастии к
пунктам 1.2.6...9=и т.д. и к перечислению "картин",позаимаствованное
от аккуратности и чиновничьего стиля отца,обожавшего дома составлять графики соревнований по футболу,различовывая жирным красным
карандашом.Такая любовь к графикам произошла еще раньше от конспектирования классиков марксизма-ленинизма,от желания навести хотя
бы в своей тетрадки желаемый порядок.
Теперь можно вернуться к описанию творчества,спустившись,как пишет
Кулаков образца 1969 года,с небес и без всяких научных выкрутас:
"1.Бессознательное накопление информации и интуитивное рождение
внутри себя/где?/ преИдеи,предОбраза.Самый счастливый миг в жизни
Мастера!" В "Дневниках писателя" Достоевский отмечает,как ему нравилось сочинять сюжет про обдумывал ходы и характеры,но совсе/М
с другим настроением он приступал к самому процессу писания.
"2.Выбор только этого образа из десятка камешек- идей похож на
любовь с первого взгляда,по образному выражению Виктора Александровича Сосноры,когда ты понимаешь,что симпатии возникли обоюдные -
ты выбрал её/его/,она/он/ ответила тебе взаимностью.
3.Реализация образа,в процессе происходит вторичное выяснение вза-

имоотношений и довольно часто ситуация меняется,Мастер способен к
непостоянству и выбирает новый образ,который может оказаться и по
содержанию и по форме диаметрально противоположным первому.После
вторичного/н-го/ выбора работа близится к завершению.Мастер меч-
тает о новом камешке с голубым отливом.
Постоянной величиной при выборе образов в процессе над стихом,фор-
мулой или картиной будет некая гипотетическая площадь силового по-
ля /Галактика номер 1/,заключенная кривой со многими случайными
зигзагами вовне и вовнутрь,т.е. граница между полем №1 и внешней
пустотой настолько неопределенна,что невозможно определить зону
пустоты и зону галактики.

Однако в творческом акте вычерчивается одна единственная локальная
тема-галактика,заключенная в более определенный контур силового
поля образа. номер 2.Итак зона Галактики №1-условное обозначение
полноты заний,зона №2 - зона конкретного образа,реализованного
в материале.Контур №1 может сжиматься до контура №2 и вновь распол-
заться до неопределенного контура,словно масляное пятно на воде.
Площадь протуберанцев,образуемых зигзагообразной линией/кривой/,
замыкающей галактику №1,символизирует свободу импровизации в выбо-
ре образа для темы №1/камешек/и графически изображает пульсацию
/дыхание/ данной темы.Таким образом в системе постоянного звучания
главной темы/галактика №1,или камешек из сумы/ допускается свобода
рождения взаимоисключающих друг друга образов/зона №2/."
Писалась такая галиматья давно,поэтому она требует некоторых объ-
яснений.Насколько я понял мысль Кулакова 1969 года,здесь говорит-
ся о взаимоотношениях темы,которая называется камешком,а их,как
хвастается автор,у него штук десять,с конкретным образом,выражаю-
щим главную тему.Хорошо ли,плохо ли,не знаю.У автора явная склонность
к топологическому мышлению/без специального образования/ через на-
ивные схемы.Видимо сказались неуспехи в десятилетке,когда маленький
Кулаков получал пятерки по гуманитарным предметам и с трудом натя-
гивал тройки-четверки по математике.Далее,в тексте явно путается
слово"тема" с полнотой знаний,ибо ,скажем,десять тем-камешков пре-
дставляют поле полноты знаний,а не одно поле галактики №1.Итак,до-
бавление к архаическому мышлению Кулакова 1969 года,правда,не ме-
нее,наивное:есть Метагалактика,состояща я из

из десяти тем-галактик/цифра "10" условна,как и все,что пишет Кулаков/,каждая из которых в свою очередь делится на локальные зоны то же определенного количества/возьмем цифру 7/,символизирующие конкретные образы.Например,тему любви можно изобразить как через образ ненависти,так и через образ сладостных объятий- и то, и другое будет правомочно.Потенциально тема №1 содержит,скажем, семь образов,через которые более или менее возможно выразить тему характерно,но после выбора конкретного образа/любовь с первого взгляда/ тема сжимается наподобие опустевшего меха,в котором на дне осталось вино,вино старое,имеющее вкус и цвет.Конкретный образ становится выразителем общей темы,главным представителем на ярмарке тщеславия.от фирмы "Главная тема".Последуем дальше за описанием творческого процесса,которым занимался Кулаков в 1968-69 годах, живя в Левашово в 30 км от Ленинграда.

"Творческий акт можно представить в виде следующей схемы/опять схемы и чертежи!научное мещанство!/:

Центр окружности,он же точка окружности и одновременно окружность с максимально малым радиусом - есть духовное тело,посылающее по бесчисленным радиусам творческие импульсы.Движение по линии окружности символизирует процесс творчества.Точка отсчета творческого акта произвольна,акт может происходить в любой точке окружности как и не происходить.Если процесс не происходит в данной точке окружности/т.А/,значит из центра духовного тела получен более сильный импульс в данную точку А,который

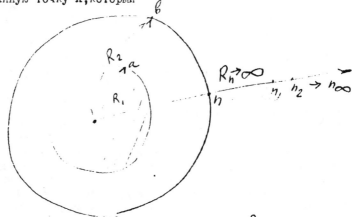

разрывает границу натяжения в зоне образа/с радиусом R_1 /.В точке А происходит момент накопления сил и разрыва зоны первого образа/дискретность момента/,импульс продолжает двигаться по вектору радиуса R_1 до остановки в точке В,где импульс слабеет и желает реализоваться,т.е. умереть.В силу накопившейся инерции в момент движения импульс решает "отдохнуть" на привале в точке В,начиная вычерчивать новую окружность с радиусом R_2 Так образуется новая зона окружности с радиусом R_2,зона конкретного образа первого поля с более расширенными перспективами в сторону абстрагирования.Образ

первого поля принимает более "воздушный" характер в зоне второго
поля с большим радиусом.И Если на первой схеме Кулаков образца
1969 года пытался изобразить модель сжимания от бесформенной пус-
тоты до конкретного образа со всеми атрибутами феноменального бы-
тия/движение центростремительное/,то во второй схеме представлен
противоположный процесс,процесс разбегания галактик,конкретный
образ пушкинского Петербурга через туманы Достоевского растворяет-
ся окончательно в андреебеловском Петербурге,теряя последние крас-
ки конкретной действительности/движение центробежное/.
Скажу вам тайну,как некогда говорили мудрецы:оба движения в какой-
то момент встречаются и сливаются в единый процесс покоя.Поэтому
неправильно было бы думать,что движение по центростремительному
направлению приводит к конкретности и индивидуальности/как хороши,
как свежи были розы!/ - отнюдь.Только на определенном полустанке
вы можете получить водку с блинами,следуя дальше вам придеться
перестраиваться на вегетарианский лад,а центре главного силового
поля придеться питаться только нектаром и амбросией,т.е. благодат-
ными эманациями Господа.Тоже самое,если удаляться от центра в бес-
крайние просторы пустоты Метагалактики,на полустанке Земля вы смо-
жете создавать "типическое в типичных обстоятельствах",но далее
вас ждут образы без формы,иными словами:пропадает всяческая потреб-
ность в образах,выраженных через форму.Начинаете ли вы с маслянич-
ных блинов или с макробиотической жвачки,вы так или иначе встетите-
тесь в какой-то точке великого круговорота.Жизнь продолжается и
за пределами сознания.
"Оба процесса/имеются в виду два автономных процесса рождения двух
образов первого поля с радиусом R_1 и второго с R_2/ развиваются
независимо друг от друга,имея единственную возможность контакта
через продолжающийся радиус импульса-благодати,духовным лучом ис-
ходящего из центра ТЕЛА АБСОЛЮТА.Отрезок радиуса между двумя окруж-
ностями -единственная коммуникация,по которой происходит сообщение
двух независимых и совершенно различных по многим степеням качеств
творческих процессов/качества через образ и информацию/.
Люди разных рас и вероисповеданий,Востока и Запада,люди разных
профессий и мировоззрений при всех противоречиях социальных систем
и различных потенциалов наследственных кодов способны благодаря
всюду проникающим лучам любви,и пронизывающим любое материальное
тело,понять без эсперанто друг друга и взявшись за руки,устроить
вселенский хоровод любви и дружбы!Недаром моя сестра Наталья в од-
ном из писем отмечала,что всей нашей породе,кулаковсколомакинской,
свойственна сентиментальность!Сентиментальность сойственна и дик-
таторам."
О хороводах мечтал Федоров.О хороводах в космическом плане.
Поплясали бы за околицей земли вместе.Бражки попили бы.Ебалники
начистили друг другу.Разве плохо?А опосля побрели бы на завалу
отдыхать,один на марс,другой на юпитер,третий на полярную звезду
поостыть от веселья.
"В Апокалипсисе указано число благословенных:144 тысячи.Боюсь,что

вакантные места уже заняты....и как сказано:"много званных,мало
избранных".Судя по этому отрывку охота попасть в благословенное
число,но слишком много претендующих на вакансии,одних только свиде-
телей Иеговы достаточно для занятия последних свободных мест.
Куда уж нам чай пить,как любил цитировать Пушкин друга детства и
известного повесу Каверина.А может быть гусара Д.Давыдова?
Менторский тон продолжается:
"Однако/однако!/ волевой импульс не есть единственное,с чего на-
чинается творческий акт,а составная крупица всеобъемлющей любви
в виде лучей благодати,которые имеют двойственную природу по анало-
гии с квантовой теорией,где квант расматривается и как материаль-
ная частица,корпускула,и как волновое движение энергий.Мы купаемся
в лучах любви,но столь несовершенны наши телесные и душевные орга-
ны,~~слоено решето~~ пропускающие лучи сквозь наши органы чувств,как
вода сквозь решето,и не задерживающие в себе."
~~Побавлю замечание~~ По поводу несовершенства наших органов чувств,
с чем я согласен,требует добавления,что по природе своей/природа
принципов,ноуменальная,а не природа феномена/ человек совершенен,
или как сказано в одной книге:"Человек есть по природе тело Будды."
Но для раскрытия совершенного тела будды необходимы усилия.
"Лучи любви,имеющие своей природой единство волевого импульса с
духовными волнами благодати,индуктируются не только из духовного
тела АБСОЛЮТА,но и из подобия духовного тела,называемого у чело-
века "сердцем".Имеется в виду не физиологический орган человеческо-
го тела,сердце,а "сердце" как средоточие любви и лучших душевно-
духовных качеств человека.Искать "сердце",символ любви,в сердце
или коре головного мозга,или других не менее важных телесных орга-
нах,не имеет смысла,так как "сердце",символ любви,есть слово духов-
ное,не имеющее телесночувственных подобий."
В йогической практике одна из важных чакр находится около сердца,
чакра судьбы и стихии огня.Для ментальных тренировок ,разумеется,
важно представлять определенное место расположения чакры сердца,
как бы существующей в сердце или рядом,но сепаратно и неслиянно от
физиологического органа сердца с желудочками и предсердиями,
"Величие творческого акта заключается в способности улавливать
духовные лучи,исходящие из духовного тела АБСОЛЮТА,при одновреме-
нном истекании лучей любви из собственного крохотного "сердца".
Кульминация творческого акта - слияние лучей любви АБСОЛЮТА с
лучами "СЕРДЦА".Малый сий сливается с абсолютом и становится им,
абсолют рождается в(сердце человека и становится человеком.
Обращаю внимание на условную терминологию и модели с "лучами".Они
существуют только в нашем сознании,когда описывается процесс,а не
когда он происходит."К цитированному из трактата добавлю,что под-
час уровень ментального образа человека реализуется с помощью выс-
ших сил в конкретную Реальность.Григорий Палама созерцал Свет Фа-
вора,а простая монашка при Серафиме Саровском~~явление~~ Богородицы
в окружении ангелов в блистающих светом ,словно от драгоценных
камней,одеждах.Реальность ментального образа зависит от направленнос
-ти сознания и дара личности.Простота образного

мышления Нила Столбенского ие менее одухотворена,чем Йогическое
созерцание исихаста византийца Г.Паламы.
"Это ПРО творческого акта.Теперь КОНТРО.В дзеновских интуициях
ставится акцент на недоверие к человеческим реалиям,символам,сло-
вам,не выражающим полноты божественного знания.В зен практикуются
медитации,чтоб полноту знаний получить через озарение/сатори/ сию
секунду без помощи знаковой системы.Поэтому основные мысли различ-
ные секты зен высказывают через заведомую ложь,произведения искусс-
тва в виде притч,через метафору и пр.Иисус беседовал с народом и
учениками притчами,своего рода народного фольклора,действовавшими
на простые умы народа точно и запоминающе и понятно,однако среди
учеников,будущих апостолов,Иисус говорил совсем другим языком,язы-
ком эзотерическим.Погружаясь в молитву-медитацию,аскет отказывается
от внешних средств коммуникаций,как-то язык,слово или язык
искусства.Мейстер Эккарт писал:"Истина познается в молчании".И от-
сюда,мы,люди,не достигшие высот мудрецов и святых,лишены знаний
об их внутренней жизни,которая не зафиксирована ни в каких эссе,
мемуарах или философских трактатах,не говоря уж о произведениях
искусства:чем глубже проникаешь в духовную среду около абсолютного
неСуществования,тем сильнее ощущаешь одновременное молниеносное
существование рождения и смерти и рядом-тайна рождения-существо-
вания-смерти."В моем конце - начало" /Элиот/.
Если бы человек сумел реализоваться полностью как личность,он из
-жил бы себя и сам себе не был бы нужен.Человек страдает/или раду-
ется,здесь одно и тоже/ от ощущения покоящейся в нем преизбыточной
истины,страдает от понимания невозможности высветлить всю жизнь,
все тайны природы материи и духа,и понимает благость такого стра-
дания,дающего ему путь более высокий,чем Ангелам,как говорит
апостол Павел."
Далее следует излюбленный пример из истории искусств,до сих пор
применяемый мной,пример о драме Микельанджело.
"Честный и требовательный к себе Микельанджело уничтожил столько
же,сколько сделал за всю жизнь."Явное преувеличение в угоду иллю-
страции,но действительно разбил одну пиету и уничтожил ряд картонов
"В конце жизни,неудовлетворенный своими произведениями,понимая,что
не выполнил поставленную молча в себе задачу - создать не менее,а
может быть и более прекрасное искусство,чем искусство античной
Греции - разбивает "Пиету" и уничтожает много рисунков и картонов."
Во второй фразе МК69 оказывается более точным:
"В поставленной задаче ощущается гордость гения,опалившего крылья
желаний и упавшего,как Икар,в бездну отчаяния. А нужно ли ставить
подобные задачи?Нужен ли миру Наполеон в искусстве?Вопрос,над кото-
рым бился мучительно Раскольников - Достоевский.Выходит,что нужен,
ибо зло Наполеона и зло гордыни творца стимулирует ход истории,не
дает покоя человеку/а ведь "покоя сердце просит"/.Этот кусок совсем
не хочется цитировать и реагировать на него,пошла такая ерунда,врод
"Вперед,старина!все-таки вперед,не находя ищи,как писал Р.Роллан:
"Бороться и искать,не найти и не сдаваться".Тухлый мещанско-интелли
гентный лозунг,лозунг без веры,поэтому и купился "Жан кристоф"
довольно просто на политические лозунки страны Керосинии.

Каков стиль:"НО человек слаб,нищ и гол."Стиль библейский.
"Он может /надоело:может-не может/ пробыть в белых одеждах Бога
не больше одной секунды,больше не выдержать.При всех достигнутых
совершенствах медитации и молитвенного экстаза,он хромает,после
еды обязательно [зачёркнуто] в туалет,далее следует описание слабостей
человеческих,можете сами их перечислить для себя.По-настоящему
сей мудак или Человек с большой буквы становится великим в час
смерти,если всю жизнь готовился к этому акту и просил духовных сил
принять его искру духа в общий костер/почему не котел?/ тра-та-та
Честно говоря,надоело цитировать,поэтому в двух словах речь идет
о другой особенности творческого процесса,как о самоОправданиии
перед высшими силами.Перед своим "Я".В более низком срезе жизни-
оправдание в глазах общественного мнения.

"Едите ли,пьете ли,или делаете что-либо иное,делайте во славу
Господа." /ап.Павел/

"В свое время Мережковский писал о священной плоти.Плоть обычно
воняет,урчит,чавкает,наслаждается,болеет,гниет,сочится,просветляет-
ся,мочится,покрывается мурашками,умирает и рождается и т.д.
Мережковский имел в виду священную плоть чисто символически,абс-
трактно....Не все символы выражают в достаточной степени истину.
Священность плоти в таком случае следует изобразить в виде бодле-
ровской падали или дохлой кошки,начиненной червями и жучками.
Плоть есть плоть.Как сказано:"Рожденное от [зачёркнуто] духа есть дух,
рожденное от плоти есть плоть."И ничего священного в плоти нет,но
из некрасивых кирпичей слагается прекрасное здание.Плоть есть стро-
ительный материал ,сосуд,в котором бережно хранится вино божьего
гнева,оно же и мальвазия благодати.И чем совершеннее плоть,чем
чище и прозрачнее стенки сосуда,словно выточенные из цельного крис-
талла горного хрусталя,тем легче хранить холод родниковой воды
вечности. и жар духовного очистительного пламени.
Динамизм мысли осуществляется при помощи реалий и строительного
материала плотности и плоткости материи.И необходимым условием в
раскрытии актуальности динамизма является Игра,божественная игра
ума и тела,которую мы ежедневно наблюдаем в ходе историииииии.
Начало игры уходит в корни все того же творческого импульса,само-
любования самим собой перед великим зеркалом истины."Между прочим,
последние фразы добавлены сейчас,в более зрелом возрасте.Выше я
писал о Главном зеркалеИстины,являющемся как бы стыком двух миров:
внешнего мира БРАХМАНА и внутреннего мира АТМАНА.Дети играют и
верят в то,во что играют,хотя понимают,что это игра,а "не на самом
деле",игра по-нарошке.В нижнем мире,мире форм основой игры может
быть миф,такая же реальность,как стол,на котором я пишу.
С чего начинается игра?
В верхнем мире начинается с НИЧТО,в желании самоЛюбоваться на себя
в Главном зеркале Истины;в нижнем -от скуки.А когда начинаешь кру-
житься,то верхний мир становится нижним и наоборот.И тогда появ-
ляется странный вывод:скука есть то же самое,что начало божественной
ИГРЫ В
САМОЛЮБОВАНИИ.

Я пишу о̂игре в 1969 году следующее:
"Почему появилась скука?От однообразия жизненных ситуаций и психо-
логического пресыщения.Но ведь так бывает,когда культура достаточ-
но высока и общество достигло высокого материального уровня,как
было в последний имперский период Рима,или в каком состоянии сей-
час находится европейская цивилизация.По Шпенглеру конец культуры-
цивилизация .У каждой культуры были взлет,развитие и падение.Мы же
выясняем истоки игры."
Ассоциация:отголоском божественного самоЛюбования является миф о
влюбленном в себя и вечно смотрящем в зеркало ручья на свое отра-
жение Нарциссе.
"В основе начала игры лежит не скука,а НИЧТО.Что это такое?
Если бы спросили у дзеновского монаха,что такое НИЧТО,он ответил
вероятно в таком духе:НИЧТО есть ничто.А что такое будда?Будда есть
будда, - ответ дзен.Ответ красивый,но неудовлетворительный для не-
способного к медитациям европейского темперамента.Вот как говорит
псевдо-Дионисий ученику Тимофею:"Милый сын Тимофей,ты должен с
безмятежными чувствами устремиться за пределы самого себя,за пре-
делы душевных сил,образа и существа,в сокровенный тихий мрак,дабы
ты пришел к познанию неведомого сверхбожественного Бога!"познание
самого себя без средств и образов,ведущее к самопогружению/медита-
ции/.Опять Восток!"Знаменательная фраза,как постепенно восточное
мышление завоевывает уголки моего испорченного схоластическим вос-
питанием разума –СОЗНАНИЯ.
"Игра начинается от избытка сил,или когда ситуация позволяет выс-
вободить потенции,принявшие участие в играх,словно выбежавшие после
звонка на перемену школьники.А игры бывают разные:дети играют в
"пап и мам"/сексуальные игры/,в "войну",принимающие совсем не бе-
зобидный характер в более зрелом возрасте.Игры бывают двух родов:
игры телесные и игры ума - в псевдо-научном мышлении дело обстоит
именно так, а в жизни спортсмену помогает находчивость разума,
ученому или писателю помогает моторная память мышц тела,об этом в
свое время писали французские авангардисты/сейчас с бородами/,
"текстуальные практики",вроде Гюйота.
Сокровенный тихий мрак - вот что такое "ничто"/по Дионисию/.Уда-
ляясь все дальше от неделимого Единства мы находим больше катего-
рий и качеств.Поэтому с чего бы не начинал поиски жаждущий,вн ес-
тественно придет к единоНачалию, из которого все произошло.
Майстер Эккарт:"Он захотел,и они стали."Вопрос "начала начал
игр" уходит в далекое НИЧТО,теряя по мере приближения к абсолюту
краски рбразов и формы игр,превращаясь в математическую точку,слов-
но улетающая от земли ракета."
Богоборческий момент в трактате выражен трусливо в мысли,что пример
Богочеловека Христа обязывает работать человека над собой в выпол-
нении тех заповедей,которые инкриминированы Творцом во Втором за-
вете,в Евангелиях,так же как "на абсолютное НЕБЫТИЕ/здесь слово
НЕБЫТИЕ употребляется как антитеза бытию/ налагается обязанность
/неудачное слово "обязанность",но если его одухотворить...../ по-
любить плоть в образе творности и раскрыть возможности

ворений,материальности плоти в Самом Себе,что и есть Второе при-
шествие,когда произойдет помощь в отделении души от тела,и духов-
ность,проявленная в человеке,будет признана как высшее состояние
материальности и послужит помощью во вхождение в "новое небо и
новую землю".Далее следует противоречивая фраза о том,что как ху-
дожник,а не монах и религиозный адепт,я не могу согласиться с Мей-
стером Эккартом,сказавшим:"Для этого необходимо освобождение от
всех вещей,ибо противно Богу творчество в образах."
Вот здесь в фразе "ибо противно Богу творчество в образах" слишком
доминирует богоборческий аспект,когда человек,какой бы он ни был
гений,насилует Тайну,наделяя её слишком человеческим.Однако если
такое состояние происходит от любви к Творцу,от жажды истины,то
человеческая тенденциозность простительна:любовь растворяет гор-
дыню разума.Но как практикующий зен и художник я не могу согласиться
с последней фразой Майстера Эккарта,хотя он прав,что в высших слоях
неба Реальность пребывает вне формы.Но чтобы "добраться" до высших
сфер,совсем необязательно тренироваться в абстрактом мышлении,сос-
редотачивая свое внимание на движении мысли,а не на образе мысли.
Любой объект несет определенный заряд любви Творца,существующий вне
форм и содержания.Не многобожие каждого творения,а многоЛюбие еди-
ного Творца – разница в пантеистическом мышлении и в монотеистическом мышле-
ниях.
Материя спиритуальна,искать божественное присутствие в конкретном
запахе и в конкретной сосне,в конкретном образе искусства,а не
уходя в "чистую спиритуализацию" , – таков путь сближения с Реаль-
ностью через Конкретность.Душа есть собирательный образ сознания.
После смерти плоть превращается в прах,но сознание продолжает жить
через душу,как сосредоточение психо-сознания.Утверждение свидете-
лей Иеговы,что со смертью тела душа "засыпает" или "спит" до момен-
та Страшного суда,неверно.Религия свидетелей слишком материлизует
химически-физически душевно-духовные процессы.Действительно,душа
есть переходное состояние,тот самый перекидной мостик,по которому
можно перейти из феноменального мира в мир божественного эфира.
Творение совершенно и план Творца гениален:кроме чуда со стороны
Творца в воскрешении плоти/её данные записываются в книгу бытия/
есть душа,которая и является частью этой книги Бытия,т.е. в ней,
в душе записываются наши дела-грехи и строение нашего конкретного
тела.Душа как кристал,на бесконечных гранях которого записаны все
наши данные,все необходимые характеристики для будущего воскрешения.
Вот почему в течение жизни соблюдая храм души,нашу плоть,мы готовим-
ся к будущему воскрешению через активное воздействие Духа святого.
Чем чище кристал нашей души,тем проще "воскресить" наше тело.
После трех дней Христос явился во плоти,преображенной через воскре-
шение действием Духа Святого.Он есть/а тогда был/ сосредоточие
"новой земли и нового неба",Царства Божьего.Душа может спать,наде-
ленная земными желаниями,может путешествовать/астральное тело/,
может и вознестись в сферы святых для участия в общих делах/пения
осанны/.Иисус воскрес через три дня,что является символом стран-
ствия души сквозь три мира:Христос спустился в ад,чтобы вывести

совершенномудрых дохристианского периода,прошел через мир форм/в
буддизме обозначается вторым небом форм/ и соединился с Высшей реа-
льностью последнего неба фез форм,после чего вернулся на земл(?)
в новом воплощении.
Возвращаясь к фразе "когда произойдет помощь в отделении души от
тела,и духовность,проявленная в человеке,будет признана как высшее
состояние материальности",я бы хотел добавить,что и плоть станет
высшим мерилом духовности,а не только духовность мерилом материаль-
ности.Вот о такой плоти и писал Мережковский,называя её священной.
У Мережковского были глубокие интуиции,совсем зря многие пренебре-
жительно называют его талантливым журналистом и только.
"Нет!Богу не противно творчество в образах.Творчество есть дар
Божий.Дар Божий,дар Божий - слабо,очень слабо.Мне кажется,я угова-
риваю себя продолжать заниматься искусством,а стало быть и жить.
Теперь я могу для себя поставить знак равенства между "жить" и
"творить".Как мне хочется не в первый раз и не в последний бросить
искусссство и полностьюпорруизвеяявввмедитацию!С какой тоской гля-
жу на молодое поколение,свободное от привязанностей и иллюзий на-
шего времени/"наше время" пролетело как один оборот стрелок на
циферблате,"наше время" было сосвсем-совсем недавно/.Впрочем все
стоящее вряд ли достигается легко и свободно.При "легко" и "сво-
бодно" легко и свободно потерять достигнутую свободу.Чтобы оценить
преимущества свободы,надо её достичь/раскрыть в себе/,а чтобы стре-
митьоя к достижению необходимо соблюсти еще одно условие:быть нес-
вободным,жить в миру,в обществе,среди людей.
Пушкин был на голову выше и глубже учителя юности Байрона.Его ис-
кренность и слабость гения видны как в таких произведениях,как
ода "Вольность","Пророк" или "Послание в Сибирь",так и в русопед-
ских стихотворениях "Клеветникам России,или исторических сочинениях
. Струя руссофильская будет подчеркнуто развита в сочинениях Досто-
евского,особенно в журнальных очерках,из которых составлен "Днев-
ник писателя".Инстинкт самосохранения?Почему бы и нет!Боязнь смерти
и самооправдание перед нацией?и это возможно.Однако в лучших своих
произведениях он чист как слеза,в прозе я люблю "Египетские ночи" и,
конечно,"Повести Белкина",в стихах "Пророк" на уровне библейских
пророчеств псалмов Давида...... и один раз на много столетий рож-
дается чуткий орган бытия,в нежных почках и зеленых молодых рост-
ках которого записана дальнейшая судьба культуры страны.Не будем
рассуждать об "онтогенезе" и "филогенезе",а скажем - такое бывает
один раз!ибо в следующий будет все не так!!!!"
Завершается трактат рассуждениями о двух типах :Мастере,собиратель-
ном типе интуитивного сознания с провидческим даром через откро-
вение,и философе-трупоеде+систематизирующем знания для передачи по-
колениям.Мастер олицетворяет творческуб силу ЯН,философ-ученый -
женское начало ИНЬ.Это в идеале.А пом-не в Мастере воплощаются
оба начала бытия,ибо кроме откровений Мастер есть хороший мастеро-
вой,профессионал,быть же хорошим профессионалом без знаний и на-
копления информации -невозможно.Поэтому для меня Мастер является

воплощением жизни и смерти,творчества и остановки для фиксации.
"О чем идет речь?О гениииииии и трупоеде философе,без которого
не сможет существовать мастер,так же как не о чем говорить и раск-
ладывать по полочкам философу без мастера.Вывод получается версаль-
ский - мы де нужны друг другу,давай любить друг друга и под руч-
ку вместе будем рассекать волны жизни.Как бы не так!Я причисляю се-
бя к классу Мастеров,хотя время от времени пытаюсь мыслить и об-
культуривоваться,подчитывать,узнавать,слушать,учиться.Друзья или
враги,временно сходящиеся на пятачке у пивного ларька или сталкива-
ющиеся лбами на улице,из класса философов считают меня плохим мыс-
лителем и никудышным ученым.Они правы,ибо как не старайся быть
широким.....а про себя никаким знанием не уничтожить долю презрения
к трупоедству искусствоведа или философа,основанного на внутренней
убежденности в собственной избранности и,что только мы/"много зва-
нных,мало избранных"/ обладаем полнотой знаний,говоря житейски,
зачем все.И тут как не старайся встать в позу вежливого и культурного,
в минуту срыва вдруг/о!опять вдруг!я всегда буду прославлять вдруг!/
всплывет презрение брахмана к подметальщику из шудр.Философ отвеча-
ет тем же,как ни старнно, он с тобой заигрывает,ты ему нужен как по-
допытный кролик,он тебя изучает и ласкает,а разъяв на части и поняв
механизм твоего бытия,как ему кажется,довольный своим умом,прони-
цательностью,логикой и другими достоинствами,накалывает тебя,как
бабочку в коллекцию,в пятаках...Не в силах примирить равновесие
между классами философами и мастерами,буду говорить в пользу кла-
сса мастеров против класса философов.Блок для философа загадочен
/беру Блока,как типичного представителя класса мастеров/ поэтичес-
ким рением и философской глупостью,предчувствиями грядущей револю-
ции и неспособностью отличить разницу между кантианцами и неокан-
тианцами.Предчувствия,предчувствия,поется в одной песенке....
У меня свои предчувствия-понимая незрелость русской ортодоксальной
религиозной мысли,надеясь на творческий акт,как путь,ведущий к
истине,имею внутреннюю ориетацию японско-индийского характера,ду-
маю временную,этапы большого пути.....Далее о предчувствиях:
Мастер всегда предваряет культуру в предчувствиях,которые реали-
зуются отчасти в его творчестве,но главным образом в дальнейшем в
самом ходе истории.Почему так?Тождество сущего и исторического бы-
тия наблюдается мастером внутри себя в нереализованном состоянии,
что и является его духовной потенцией.Духовная потенция - главный
источник любви к бытию,жизни.Творческие реалии,искусство,наука,
философия суть символы,требующие от мастера обратного процесса в
сторону медитации,такого состояния,когда вероятнее всего ощущаешь
неРеализованность Сущего.Поэтому любой знак-символ мастер полнее
может воскресить,обладая воображением и способностью к обратимости,
погружаясь через ощущение нереализованного потенциального единс-
тва,как бы проверяя конкретность и правдивость символа,полнее вос-
станавливая в душе своей все его земные качества и краски,пропус-
тив через азотную кислоту небытия духовной потенции,умертвив,предав
символ Голгофе,а через символические три дня/они могут быть мгно-
вением/ воскресив его во всей полноте земного бытия."Здесь

разговор шел о символе-знаке,перекидном мостике между мирами феноменальным и ноуменальным.Символ есть то,что метко охарактеризовал в "Мертвых душах" Гоголь:ни в городе Богдан,ни в селе Селифан,или в русской поговорке:ни рыба,ни мясо,а в Апокалипсисе:ни жарко,ни холодно.В знаке есть отражение нереализованной духовности третьего мира и чуть -чуть конкретного навоза нашего мира,довольно шаткий мостик,но и на том спасибо.На перепутье символа встречаются два мира,контакт между которыми практически невозможен за исключением. Если суметь проскочить остановку "символ" без пересадки в обратную сторону,то последние конкретные черты символа-феномена начинают размазываться в эфире нового измерения.Возвращение символа-образа на родину в третий мир,мир без форм,мир Реальности,необходимо для проверки нужности ~~его существования~~ его существования на земле.Контроль происходит в зеркале Истины,о котором я писал выше, ~~~~ если двойник символа оказался совершенным,то он отражается от идеальной поверхности и возвращается в мир форм.Процесс взлета и нисхождения символа идентичен штурму горы и возвращению в условия обычной жизни,структура процесса похожа на механику центробежной и центростремительной сил-начал.

Заканчивается трактат:"Разница между мастером и философом — один умеет/во всяком случае стремится/ сохранить ощущение неРеализованного в себе,понимая,что полная выраженность есть выдох,смерть тогда как философ по роду профессиии и судьбы/ ~~~~ осознать,понять и приклеить ярлык/ должен при максимальном стремлении к истине выговариваться до пустоты в мошонке,уничтожив этим в самом себе и идущих за ним эликсир жизни,способность ощущать красоту и истину в небытие,в ощущениии неРеализованного сущего."Проверяя выводы тех лет,легко убеждаешься во временности позиций.Например,сейчас фраза "полная выраженность есть выдох,смерть" мне не кажется негативной, как в 1969 году.Наоборот,я желаю полной выраженности в надежде на новую жизнь при жизни или после смерти в новом измерении.Однако я понимаю,что хотел сказать МК69.Он говорил о тайне каждого,что не след её выговаривать каждому и по любому случаю.Это было бы похоже на мальчика или девочку,первый раз влюбившихся,которые сию секунду бегут к приятелю/подруге/,чтоб выговориться.А выговоришься — наступает момент равнодушия и поиска новых ощущений.

21 декабря 1979
с Нидаем солнечных Тотубеганцев
в 1980 году

ХРИСТЕ, СВЕТЕ ИСТИННЫЙ
ПРОСВЕЩАЙ И ОСВЯЩАЙ ВСЯКОГО ЧЕЛОВЕКА,
ГРЯДУЩЕГО В МИР!
ДА ЗНАМЕНАЕТСЯ НА НАС
СВЕТ ЛИЦА ТВОЕГО,
ДА В НЕМ УЗРИМ
СВЕТ НЕПРИСТУПНЫЙ.
И ИСПРАВИ СТОПЫ НАШИ
К ДЕЛАНИЮ ЗАПОВЕДЕЙ ТВОИХ,
МОЛИТВАМИ ПРЕЧИСТЫЯ ТВОЕЯ МАТЕРЕ
И ВСЕХ ТВОИХ СВЯТЫХ.
АМИНЬ!

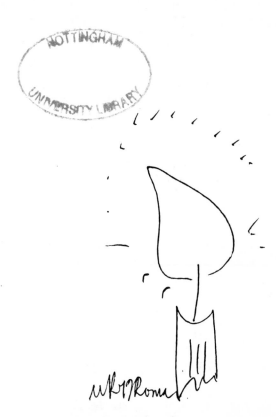

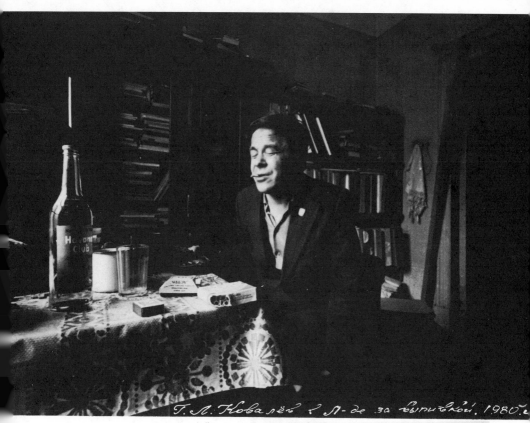

Г. Л. Ковалёв в Л-де за выпивкой. 1980 г.

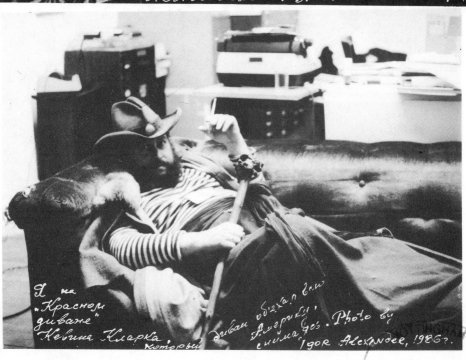

Я на
"Красном
диване"
Кевина Кларка   диван объехал всю
                который   Америку,   Photo by
                                 снимался.   Igor Alexander, 1986?